La ciencia de Cervantes

Foro Hispánico

Editorial board

Brigitte Adriaensen (*Radboud University Nijmegen, NL*)
Sebastiaan Faber (*Oberlin College, USA*)
Konstantin Mierau (*University of Groningen, NL*)
Dianna Niebylski (*University of Illinois at Chicago, USA*)
Alison Ribeiro de Menezes (*University of Warwick, UK*)
Valeria de los Ríos (*Pontificia Universidad Católica de Chile, CL*)

VOLUME 71

The titles published in this series are listed at *brill.com/foro*

La ciencia de Cervantes

por

Vicente Pérez de Léon

BRILL

LEIDEN | BOSTON

Ilustración de portada: "A Vision of the Holy Family near Verona". Atribuido a Paolo Fiammingo. Allen Memorial Art Museum, Oberlin College, Ohio. Kress Study Collection, 1961.

Library of Congress Cataloging-in-Publication Data

Names: Pérez de León, Vicente, author.
Title: La ciencia de Cervantes / por Vicente Pérez de Léon.
Other titles: Foro hispánico ; 71.
Description: Leiden ; Boston : Brill, 2023. | Series: Foro hispánico,
    0925-8620 ; 71 | Includes bibliographical references and index.
Identifiers: LCCN 2022039681 (print) | LCCN 2022039682 (ebook) | ISBN
    9789004518292 (hardback) | ISBN 9789004518315 (ebook)
Subjects: LCSH: Cervantes Saavedra, Miguel de, 1547-1616—Criticism and
    interpretation. | Cervantes Saavedra, Miguel de, 1547-1616—Philosophy.
    | Literature—Philosophy. | Knowledge, Theory of, in literature. |
    Civilization, Baroque. | Baroque literature—History and criticism. |
    Intellectual life—History. | Literature and science—History—16th
    century. | Literature and science—History—17th century.
Classification: LCC PQ6358.P5 P47 2022 (print) | LCC PQ6358.P5 (ebook) |
    DDC 863/.3—dc23/eng/20220822
LC record available at https://lccn.loc.gov/2022039681
LC ebook record available at https://lccn.loc.gov/2022039682

Typeface for the Latin, Greek, and Cyrillic scripts: "Brill". See and download: brill.com/brill-typeface.

ISSN 0925-8620
ISBN 978-90-04-51829-2 (hardback)
ISBN 978-90-04-51831-5 (e-book)

Copyright 2023 by Koninklijke Brill NV, Leiden, The Netherlands, except where stated otherwise.
Koninklijke Brill NV incorporates the imprints Brill, Brill Nijhoff, Brill Hotei, Brill Schöningh, Brill Fink, Brill mentis, Vandenhoeck & Ruprecht, Böhlau, V&R unipress and Wageningen Academic.
All rights reserved. No part of this publication may be reproduced, translated, stored in a retrieval system, or transmitted in any form or by any means, electronic, mechanical, photocopying, recording or otherwise, without prior written permission from the publisher. Requests for re-use and/or translations must be addressed to Koninklijke Brill NV via brill.com or copyright.com.

This book is printed on acid-free paper and produced in a sustainable manner.

Dedicado a Alicia, vida mía

Índice general

Prefacio XI
Lista de ilustraciones XVII

Introducción 1
1   Controversias creativas y destructivas   5
2   Literatura y experiencia en Cervantes   8
3   Aspectos de la recepción de la figura de Cervantes y de su obra   10
4   Cervantes clásico   24
5   Sobre las posibles fuentes del conocimiento de Cervantes   31
6   La Ciencia en Cervantes   35

1 **Cervantes, autor sabio, clásico moderno**   43
   1.1   Cervantes entremesado   43
      1.1.1   *Risa entremesada*   44
      1.1.2   *Entremesar durante la burbuja cultural barroca*   46
      1.1.3   *Entremesar a Cervantes*   48
      1.1.4   *Cervantes entremesador*   51
      1.1.5   *Entremeses cervantinos entremesados*   53
      1.1.6   *Conclusión: entremesar indecorosamente es cervantinamente antiejemplar*   57
   1.2   La recepción de la obra de Cervantes y el antihéroe barroco   59
      1.2.1   *Sobre la recepción cervantina en su propio tiempo*   61
      1.2.2   *La recepción de Cervantes más allá de 1614: los antihéroes barrocos reaccionan a Don Quijote*   65
      1.2.3   *El caballero puntual I y II: los principios de Don Quijote, ante el juicio de Cervantes*   66
      1.2.4   *El* Quijote *de Avellaneda: una apropiación anti-ejemplar*   70
      1.2.5   *La (mala) imitación de Carrillo Cerón de la narrativa de Cervantes*   72
      1.2.6   *El endogámico tribunal literario de Castillo Solórzano*   77
      1.2.7   *Conclusión: antihéroes barrocos contra (anti)héroes humanistas*   78

2 **Cervantes antisupersticioso**   81
   2.1   Cosmovisión antisupersticiosa y "ciencia" popular   81
      2.1.1   *Cosmovisión y control de la narrativa antisupersticiosa*   84

- 2.1.2 *El monopolio de la fuerza y la hegemonía del discurso antisupersticioso* 91
- 2.1.3 *El discurso antisupersticioso y la ciencia española* 101
- 2.2 Antisuperstición cervantina 103
  - 2.2.1 *Autoconsciencia del uso del artificio literario para alcanzar la verosimilitud* 112
  - 2.2.2 *El autor de la realidad no divina en la primera parte del* Quijote 117
  - 2.2.3 *El autor de la realidad no divina en la segunda parte del* Quijote 120
- 2.3 De asedios, retablos y simulacros antisupersticiosos 127
  - 2.3.1 La Numancia: *El discurso antisupersticioso en el asedio, la no-victoria romana y la no-derrota numantina* 127
  - 2.3.2 El retablo de las maravillas *de Cervantes y el discurso antisupersticioso* 140
  - 2.3.3 *Simulacros antisupersticiosos* 148
- 2.4 Conclusión: la presencia antisupersticiosa en la obra cervantina 165

3 Alma animal 171
- 3.1 Vulgo y animales en los espectáculos barrocos 171
  - 3.1.1 *Celebrar la (des)igualdad* 171
  - 3.1.2 *Sobre la recepción de los espectáculos animales en el Barroco* 181
  - 3.1.3 *Animales desalmados* 188
- 3.2 Alma animal cervantina 199
  - 3.2.1 *Sobre el alma de los brutos y de los esclavos* 206
  - 3.2.2 *El animal figurado al nivel de los seres humanos en Cervantes* 209
  - 3.2.3 *Extraño sueño, delirio …* 220
  - 3.2.4 *La segunda parte de* El coloquio 221
  - 3.2.5 *Conclusión: el sentido de la subversión de la gran cadena del ser en la naturaleza de Berganza y Cipión* 226
- 3.3 *Non tibi sed* Don Quijote. Entre la animalización de Don Quijote y la humanización de Alonso Quijano 231
  - 3.3.1 *De bestias y seres humanos* 236
  - 3.3.2 *El barco y las bestias* 240
  - 3.3.3 *Simulacro de caballos voladores* 242
  - 3.3.4 *De cerdos y falsos caballeros* 243
  - 3.3.5 *Degradación, muerte y recuperación de la humanidad cristiana perdida* 245

4 Explorar los límites del infinito   249
  4.1 El género del sueño que ilumina en la segunda parte del *Quijote*: de Cicerón a Montesinos   254
    4.1.1 *El descenso al pensamiento onírico quijotesco en la cueva de Montesinos*   257
    4.1.2 *Reflexiones sobre el sueño incompleto como fuente de conocimiento: el* Sueño de Escipión *de Cicerón como viaje interior y exterior*   261
    4.1.3 *Conclusión*   264
  4.2 La exploración de los límites de la razón, la fe y la lógica de los sueños como fuente de conocimiento cervantino: de la aventura del barco encantado al *Persiles*   265
    4.2.1 *La exploración geográfica y existencial hacia el conocimiento en la segunda parte del* Quijote: *El caso del barco encantado*   268
    4.2.2 *La exploración de los límites de la fe y la lógica de los sueños como fuentes de conocimiento para Antonio en tierra de bárbaros y en la interpretación del mapa existencial de Mauricio en el primer libro del* Persiles   274
    4.2.3 *La lógica ensoñadora de Mauricio*   276
    4.2.4 *Conclusión: explorar los límites de la perspectiva: cartografía de un sueño o la utopía de la idea entreverada*   279

5 Sabiduría y ciencia   282
  5.1 Sabiduría, ciencia y epistemología literaria   282
    5.1.1 *Humanidad, conocimiento y divinidad*   287
    5.1.2 *Sabiduría y Contrarreforma en España*   295
    5.1.3 *La ciencia barroca española*   299
    5.1.4 *Ciencia y Sabiduría en Cervantes*   309
  5.2 ¿Sueñan los perros cervantinos como humanistas? La representación de la verdad en los sueños neoplatónicos contrautópicos de Maldonado, Cervantes y Kepler   320
    5.2.1 *Nuevas perspectivas privilegiadas desde el abismo neoplatónico: El eremita y el* Sueño *de Maldonado,* El casamiento *y* El coloquio *de Cervantes y el* Sueño de la luna *de Kepler*   326
    5.2.2 *El extraño sueño de Maldonado*   329
    5.2.3 *Perspectivas, sueños y lunas de Kepler*   336
    5.2.4 *Diálogos y perspectivas humanistas para desvelar la verdad de los perros de Cervantes, los habitantes de las antípodas y de la luna de Maldonado junto a los selenitas de Kepler*   340

5.2.5 *Conclusión: sueños neoplatónicos contrautópicos con nuevas perspectivas, o la difícil convivencia de las ideas puras con la verdad perceptible* 351

Epílogo: sueño y verdad; sabiduría y ciencia; humanismo y neoplatonismo 359

Obras citadas 365
Índice 392

Prefacio

Este ensayo cierra la trilogía sobre la Ciencia y el saber presentes en la obra cervantina, iniciada con *Tablas desempladas*, que trata sobre el comportamiento de los protagonistas entremesiles, en relación con ciertos tratados y conocimientos de medicina del período, y que continúa con *Cervantes y el* Cuarto Misterio, donde se interpreta el sentido de aquellos pasajes literarios en los que aparecen sincronicidades.

La ciencia de Cervantes es el resultado del estudio de ciertos pasajes cervantinos a la luz de dos principios que habían sido explorados por pensadores como Cusa y Kepler, consistentes tanto en la preponderancia del análisis metodológico de la evidencia por encima de la idea preestablecida como en la necesidad de conocer la obra divina mediante la tercera vía mística de acercamiento a Dios. Los textos cervantinos relacionados con estos criterios se agrupan entre aquellos en los que se problematiza el modo en el que opera la realidad ante la superstición (discurso antisuperticioso), los límites del ser humano (alma animal) y los límites del mundo (la Cartografía, en tiempos de exploraciones). El contexto literario que se aporta a este estudio es el de la recepción de Cervantes en su tiempo, como autor sabio y clásico-moderno a la altura de Garcilaso, lo que se hace evidente en la distancia existente entre la obra cervantina y la de sus imitadores, a partir de los criterios estudiados en este ensayo. *La ciencia de Cervantes* concluye con un estudio comparado de varias obras de Maldonado, Cervantes y Kepler, donde se demuestra que, por encima de sus diferentes movimientos artísticos y creencias religiosas, todos ellos comparten principios neoplatónicos comunes, en sus contrautópicas aproximaciones a la realidad, expuestos en sus obras de ficción, convirtiendo así la Literatura en una herramienta válida para la interpretación del mundo. Sin ánimo de pensar que los criterios aportados son suficientes para poder explicar la obra cervantina en su totalidad, lo que sí que se puede afirmar, a partir de la evidencia encontrada en este estudio, es que los criterios estudiados en la obra de Cervantes, también presentes en las obras científicas de autores como Maldonado y Kepler, confirman la complejidad metodológica y epistemológica del Barroco. En este período, cualquier aproximación al conocimiento estará limitada por diferentes condicionantes religiosos, epistemológicos, artísticos, morales y políticos, entre otros. En este contexto, el Neoplatonismo, el Humanismo, el discurso antisuperticioso, la Reforma y la Contrarreforma, por citar algunos de los más relevantes, contribuirán a aportar diferentes aproximaciones a la realidad que definen la complejidad metodológica barroca de la obra cervantina. En este ensayo se confirma, a partir del estudio de los diferentes textos estudiados, que el método del conocimiento barroco era esencialmente multidisciplinar y que, a partir de principios comunes en el Arte y la Ciencia que se armonizan mediante alegorías y otros recursos literarios como los estudiados y comparados en este ensayo, se conseguirá alcanzar un nivel artístico y científico único en la historia de la humanidad. El mero hecho de que existieran autores como Cervantes, que pudieran llegar a considerar la Literatura como una herramienta para el conocimiento del mundo, hace que su obra adquiera una relevancia fundamental para la comprensión del propio período en el que escribió, influida por criterios humanistas, neoplatónicos y contrarreformistas que eran considerados esenciales para la adquisición del saber en este tiempo.

Así, *La ciencia de Cervantes* sitúa varios textos de la obra cervantina dentro del cambio de paradigma del pensamiento neoplatónico iniciado por Cusa, el cual culmina con el estudio teórico de Kepler sobre el movimiento de los planetas donde, a partir de la divergencia entre lo que dictaba la experiencia verdadera sobre un fenómeno y las fuentes clásicas que lo describían, se establecerán las bases metodológicas de la ciencia moderna (Hallyn 9). En *La ciencia de Cervantes* se estudian distintas aproximaciones tanto científicas como artísticas que están presentes en los episodios cervantinos sobre exorcismos, animales y exploraciones geográficas de obras como *La Numancia, Don Quixote, Persiles* y las *Novelas ejemplares*. En estos textos se advierten ciertos episodios en los que se percibe la presencia de la metodología humanista, escolástica, antisuperciosa y científica, las cuales se debaten dentro de sus tramas. De este modo, se confirma la validez de la Literatura como lenguaje universal, de un modo similar a lo observado en las obras de otros autores neoplatónicos como Maldonado y Kepler. Se confirmará así que el Barroco fue un período de inestabilidad metodológica, en el que el cambio de paradigma que conducirá a establecer los criterios de la *Nueva Ciencia* estaba comenzando a definirse, paralelamente, tanto en el ámbito del Arte como en el de la Ciencia.

Por un lado, el cuestionamiento cervantino acerca de la autoridad del uso irreflexivo de las fuentes clásicas, tal y como se expone en el prólogo del *Quijote* y, por otro lado, su experimentación con la metaliteratura y la perspectiva en ambos volúmenes de su obra cumbre, confirman una autoconsciencia del cambio de paradigma en el pensamiento artístico y científico, muy en la línea de autores neoplatónicos como Kepler. Esto también se confirma no sólo en la conciencia cervantina sobre la presencia del principio cusano de dar prioridad a la experiencia ante la fuente clásica, sino también en que el propio debate sobre el asunto se comparta con el lector. Por ejemplo, Cervantes utilizará los textos que describen las experiencias de los personajes de la primera parte, como memoria válida y referencia literaria para la creación de la segunda parte del *Quijote*.

La ciencia de Cervantes trata de cómo los criterios de aproximación a la verdad que rigen la ciencia barroca se hacen presentes en diferentes momentos de la obra cervantina. Se estudia así tanto la presencia del método que ilumina distintos pensamientos sobre la Ciencia en Cervantes como el modo en que su obra está informada por otros criterios como los antisupersticiosos y los neoplatónicos, algo que sucede en textos como *El coloquio de los perros*, donde se aprecia la aplicación de este tipo de principios epistemológicos al ámbito de los sueños. El resto de los casos cervantinos estudiados incluyen eventos aparentemente sobrenaturales, diálogos humanistas sobre la Ciencia, viajes oníricos e imaginarios, exorcismos, e interacciones entre seres humanos y animales.

En este ensayo no sólo se exploran criterios de la Filosofía Natural del período, como son las diferencias entre animales y seres humanos en la cadena del ser, los límites entre el sueño y la realidad, junto a la diferencia entre los ámbitos de Dios y del demonio. Además, se comparan ciertos pasajes de Cervantes en relación con las obras de otros autores neoplatónicos como Maldonado y Kepler, descubriéndose que existen principios, metodologías y otros criterios que son comunes a todos ellos, dentro de su concepción común de la Ciencia y la Literatura como metodologías y lenguajes válidos para la explicación del mundo.

La interpretación de ciertos pasajes cervantinos, a la luz de otros textos en los que existe evidencia sobre la aplicación en la Literatura de principios similares a los utilizados en la ciencia experimental, tendrá en cuenta otras obras paradigmáticas de este período. Éstas incluyen el tratado de Hevelius sobre la luna, donde también existe una fuerte autoconsciencia literaria del autor, o el *Sueño* de Kepler, donde la perspectiva es fundamental, dentro del amplio contexto epistemológico en el que se desarrollan, en momentos clave de la evolución del cuestionamiento del pensamiento escolástico.

Como culminación de una trilogía que apunta a un mayor conocimiento sobre la metodología y epistemología del conocimiento que informa la obra de Cervantes, en *La ciencia de Cervantes* se profundiza además en el estudio del método para la interpretación del mundo sensible que era hegemónico durante este período: el discurso antisupersticioso. Su presencia en textos cervantinos, en los cuales existe una verosímil imitación literaria de eventualidades complejas de comprender en nuestro plano de realidad, se materializa en varios casos representativos, de entre los que destaca el simulacro de una posesión demoníaca.

Aunque en *La ciencia de Cervantes* se estudian los principios de la ciencia barroca dentro de la obra cervantina, tampoco se excluye la ciencia, entendida como saber y conocimiento general en el período[1]. Así, dentro del marco de la presencia de la ciencia barroca, en este ensayo se incluyen diferentes debates científicos, filosóficos, teológicos y literarios que informan los textos de Cervantes. Estos se contrastan y contextualizan en referencia a la cultura del Humanismo, la Reforma y la Contrarreforma, pero particularmente con relación al contexto más amplio del criterio neoplatónico de la relación entre la verdad y la idea, con la intención de desvelar mejor el sentido epistemológico de la obra cervantina.

En este ensayo aprecia que el principio literario de perfeccionar la verosimilitud artística es esencialmente anti-ideológico en Cervantes, como se evidencia en los numerosos casos de personajes que fracasan cuando la verdad es filtrada mediante ideologías que condicionan su sentido, lo cual no suele conducir a una correcta percepción e interpretación del mundo sensible. Esto se confirma, por ejemplo, en la alienación del individuo que se produce en episodios en los que se presenta este tipo de corrupción cognitiva, como ocurre con los personajes de Don Quijote y el licenciado Vidriera. En estos casos, no se evita el filtrar la realidad a través de una idea, fábula o ficción, demostrándose que las consecuencias de este tipo de desviación epistemológica pueden llegar a afectar al ser humano, provocándole lo que hoy en día denominamos disonancias cognitivas. A partir de la consideración de que el principio de la separación de la idea y la verdad es uno de los que informan el sentido de sus textos, se aprecia al Cervantes más neoplatónicamente literario.

En *La ciencia de Cervantes* se exploran los límites del sentido de la naturaleza (antisuperstición), del ser humano (animales), del universo (viajes) y de la propia la sabiduría en el Barroco, a partir de un estudio de ciertos textos literarios comparables que se relacionan con la obra cervantina, en los cuales se exploran autoconscientemente los criterios que rigen la Filosofía Natural, como son los *Sueños* de Maldonado y Kepler. En las diferentes secciones de *La ciencia de Cervantes* también se contrastan las diversas fuentes de la cultura, el Arte y la Ciencia que pudieron influir en la consolidación de los criterios literarios cervantinos y que fueron utilizadas para la representación verosímil de la realidad en el período. Así, en los cinco capítulos de este ensayo se presentan varias perspectivas que informan la sabiduría y la ciencia cervantina, lo que define tanto su estilo como la estructura profunda de su corpus literario:

1. En el primer capítulo se incluyen dos ensayos, que sirven como introducción a la recepción de Cervantes como un autor sabio, justo, clásico

---

1 Para el propósito de este estudio, el período barroco se sitúa desde el principio del reinado de Felipe III hasta la muerte de Calderón de la Barca en 1681, siendo en su mayoría coincidente con el tiempo en que tanto Portugal como España estaban bajo la Casa de Austria.

y moderno, a partir de la evidencia del modo en que su obra fue recibida por parte de sus contemporáneos.

2. El segundo capítulo se centra en la influencia de la cultura antisupersticiosa en la cosmovisión que informa la obra cervantina, tal y como se presenta en obras como *La Numancia, El retablo de las maravillas* y el episodio del exorcismo de Isabela Castrucho en el *Persiles*.

3. En el tercer capítulo se aprecia cómo la presencia de animales contribuye a la mejor comprensión de los límites del ser humano en diferentes pasajes de la obra cervantina, donde también se tratan asuntos relacionados como la continuidad en la cadena del ser y el alma animal.

4. En el cuarto capítulo se explora la cosmovisión cervantina, tal y como se ilustra en episodios significativos de viajes reales e imaginarios. En ellos se confirma la recurrencia por asimilar el conocimiento asociado a la exploración de los límites del mundo conocido en este período. Esta sección sirve como marco teórico y práctico para abordar el estudio comparado del capítulo siguiente.

5. En la quinta sección se aporta un contexto teórico para la comprensión del modo en el que la metodología asociada a la ciencia y arte barroco informa la epistemología literaria cervantina, que se pone a prueba mediante un estudio comparado entre *El coloquio de los perros* y dos sueños neoplatónicos contrautópicos, de otros tantos escritores humanistas del período, como son Maldonado y Kepler.

En resumen, *La ciencia de Cervantes* reúne una variedad de aproximaciones al conocimiento que explican, textual y contextualmente, detalles tanto del saber como del sentido que informa la epistemología literaria cervantina, en el contexto general de la cultura científica y artística del Barroco. Para ello, se incluyen cuatro aproximaciones teóricas, que incluyen otros tantos casos prácticos de antisupersticiones, debates sobre el alma animal, técnicas aplicadas a las exploraciones y la interpretación del sentido de ciertos sueños neoplatónicos contrautópicos, desvelándose así un tipo de sabiduría que había sido aplicada a la epistemología artística, que es única en la historia literaria.

En este ensayo también se aportan criterios válidos para la explicación de aquellos momentos humanistas y barrocos cuando la Ciencia y el Arte comparten sus distintas epistemologías, en su búsqueda común de un mayor y mejor acercamiento a la verdad. Estas disciplinas del saber se desarrollan en un momento histórico de constante cambio, precisamente derivado de un impulso histórico paralelo del conocimiento artístico y científico, que está guiado tanto por la mayor aceptación del suplemento de la evidencia ante los sentidos como de la aplicación de nuevos recursos innovadores, en las prácticas tradicionales de adquisición de conocimiento. En *La ciencia de Cervantes* se confirma que esta clase de principios del saber del método científico-experimental convivían en el Barroco con el método escolástico y otro tipo de cosmovisiones que no siempre se orientaban al progreso de los principios racionales antropocéntricos. En este sentido, el progreso en el saber científico será administrado y oficializado en discursos como el antisupersticioso, el cual sirvió, en principio, para aportar cierto sentido común en la interpretación de situaciones aparentemente inexplicables, con una marcada dependencia de fuentes clásicas y sagradas, que frecuentemente preponderaban por encima del estudio de la evidencia. El sentido de la cambiante naturaleza del arte y ciencia barrocos se explican mejor, precisamente a partir de las contradicciones que nacen de pretender entender el misterio de la divinidad del ser humano mediante métodos y conceptos utilizados para la interpretación del mundo que pueden ser intelectualmente incompatibles, defendiéndose ciertas cosmovisiones que están todavía muy vinculadas a creencias más asociadas a la superstición y la fe religiosa, que a la evidencia científica.

Agradezco el poder reproducir versiones revisadas del ensayo del primer capítulo "Cervantes entremesado" (*e-humanista*) y de los dos textos que conforman el cuarto capítulo. Por un lado, "El género del sueño que ilumina en el *Quijote II*: de Cicerón a Montesinos" (*Anuario de estudios cervantinos*) y, por otro, "La exploración de los límites de la razón, la fe y la lógica de los sueños como fuente de conocimiento cervantino: de la aventura del barco encantado al *Persiles*," (*e-humanista*). Mi agradecimiento también al Allen Memorial Museum de Oberlin, por haberme dejado reproducir la *Visión de la Sagrada Familia cerca de Verona*, 1581, de Paolo Fiammingo. También a la sección de "Special Collections" de la biblioteca de la Universidad de Glasgow, por haberme permitido utilizar varios dibujos del manuscrito de Tlaxcala y varios emblemas de Alciato. Encantado además de poder contar con ilustraciones de Esperanza Jiménez y Frank Quitely (con permiso especial de Bcam Suntory) las cuales iluminan diferentes capítulos de este ensayo.

Estoy agradecido tanto a la oficina del decano del *College of Arts* como a la *School of Modern Languages and Cultures* de la Universidad de Glasgow por haberme permitido dedicar mi sabático a terminar *La ciencia de Cervantes* y por todo su apoyo a este libro. También a la Universidad de Melbourne, por facilitar mis estancias de investigación en Chicago, Harvard, Carolina del Norte y la BNE de Madrid, que hicieron posible parte de la documentación original de este ensayo. Mil gracias a los excelentes profesionales de la editorial Brill, por su confianza y apoyo en la edición de este libro, particularmente a Christa Stevens y Dinah Rapliza.

Ilustraciones

1   *Visión de la Sagrada Familia cerca de Verona.* 1581, Fiammingo, Paolo. Allen Museum, Oberlin, OH   42
2   *Detalle del demonio*, "No Corners to Hide". Frank Quitely   80
3   Manuscrito de Tlaxcala. Folio 239v. *Levantamiento de la primera cruz de Nueva España por parte de doce frailes franciscanos.* Glasgow University Library Special Collections   102
4   Manuscrito de Tlaxcala. Folio 242r. *Monjes franciscanos quemando libros y ropas tradicionales indígenas. Las imágenes en la hoguera representan la destrucción de dioses antiguos, cuyas máscaras corresponden a los veinte signos del Tonalamatl.* Glasgow University Library Special Collections   104
5   Manuscrito de Tlaxcala. Folio 238r. *La primera predicación del Santo Evangelio en Tlaxcala, en medio de la plaza, por los frailes de la orden del padre San Francisco y el modo de enseñar que tuvieron.* Glasgow University Library Special Collections   105
6   Manuscrito de Tlaxcala. Folio 240v. *Quema e incendio de los templos idolátricos de la provincial de Tlaxcala por los frailes españoles y consentimiento de los naturales.* Glasgow University Library Special Collections   106
7   *Los toros de Lerma.* Esperanza Jiménez   170
8   *Non tibi sed religioni.* Emblema 7. Alciato, Andrea. *Los emblemas de Alciato traducidos en rimas españolas: añadidos de figuras y de nuevos emblemas en la tercera parte de la obra.* Trad. por Diego López, Nájera, 1615. Glasgow University Library Special Collections   234
9   *Dulcinea desencantada.* Esperanza Jiménez   248
10 "Que hemos de ir por donde Dios nos llama." Emblema 3. Alciato, Andrea. *Los emblemas de Alciato traducidos en rimas españolas: añadidos de figuras y de nuevos emblemas en la tercera parte de la obra.* Trad. por Diego López, Nájera, 1615. Glasgow University Library Special Collections   255
11 *In simulachrum Spei.* Emblema 44. Alciato, Andrea. *Los emblemas de Alciato traducidos en rimas españolas: añadidos de figuras y de nuevos emblemas en la tercera parte de la obra.* Trad. por Diego López, Nájera, 1615. Glasgow University Library Special Collections   256
12 *Sueños de Cervantes y Kepler.* Esperanza Jiménez   281
13 *Detalle de la búsqueda del demonio*, "No Corners to Hide". Frank Quitely   358
14 *Detalle del barril endemoniado*, "No Corners to Hide". Frank Quitely   364

Introducción

> (Cervantes) [...] aquel prodigio de ciencia y que en esta materia se aventajó a todos.
>
> CARRILLO CERÓN 205

∵

La obra cervantina se publica durante unos años en los que se da la confluencia de un contexto de crisis socioeconómica (Maravall, *cultura*) y un proceso de fuerte indoctrinación religiosa (Culianu, Campagne *homo*). Tanto en el período renacentista como en el barroco el neoplatonismo humanista convive con el escolasticismo mientras, técnicamente, se anticipa el comienzo de la ciencia experimental, pudiendo entenderse así algunos momentos de la obra de Cervantes como el resultado de intentar distinguir y fusionar este tipo de métodos del saber, a pesar de su posible incompatibilidad.

El Barroco es un momento histórico de elevada creatividad, en el que conviven diferentes aproximaciones hacia el conocimiento de la verdad. Durante este período se continuará explorando cómo el Arte y la técnica, aplicadas al conocimiento, podían contribuir a una mejor comprensión de la propia obra divina. Este mismo impulso por mejorar los métodos de adquisición de conocimiento mediante recursos innovadores se aprecia en el esfuerzo en dar prioridad a elevar sublimemente la técnica literaria en ciertos momentos de la obra de Cervantes. En ellos se aprecia un afán de reproducir los propios principios artísticos con los que estaba operando el autor, compartiéndose así un respeto a la neoplatónica separación entre los ámbitos de verosimilitud artística y de la verdad, en armonía con lo que era común en las disciplinas del conocimiento más avanzadas del período. Así, en ciertos pasajes de obras como *La Numancia*, el *Quijote*, las *Novelas ejemplares* y el *Persiles* existen ciertos momentos de reflexión metaliteraria, en los que se dialoga sobre la propia problemática de la materia de lo que es artísticamente verosímil.

En este ensayo se contextualiza la obra cervantina, a partir de un recorrido por las posibles influencias del espíritu artístico del período presente en ella. Así, se estudia particularmente la relación de la aproximación literaria cervantina con el desarrollo tanto del papel de la Inteligencia como del lenguaje literario para poder interpretar el mundo, igual que ocurría en disciplinas como la Astronomía o las Matemáticas y en las propuestas de teólogos como Cusa,

Lefèvre y Bovelles. Se aprecia así que, en ciertos momentos de la obra cervantina, se revela un tipo de exploración artística ambiciosa y única, en la que se aprecia un esfuerzo en la comunicación con el lector acerca de la lógica y técnica literaria, para hacerle entender realidades que tienen sentido, tan solo cuando son entendidas desde la aproximación o punto de vista adecuados. Esto se consigue con el uso de un lenguaje literario que demuestra su potencial como herramienta válida para interpretar verosímilmente realidades de cierta complejidad, algo que se confirma y desvela dentro del propio proceso creativo. En el método literario cervantino se aprecia además un desafío tanto de los modelos clásicos que le preceden como de los contemporáneos que le acompañan, algo que se manifiesta en una obra que está, en muchos momentos, orientada a "desmontar" las incoherencias existentes en el intento de reproducir verosímilmente realidades que no corresponden con las descritas tradicionalmente en los géneros y subgéneros literarios clásicos.

La aplicación filosófica de ciertos principios epistemológicos de otras disciplinas del saber al arte literario, como Borges y Unamuno entendieron muy bien, será utilizada por Cervantes de un modo similar al que Cusa hace con la Música, con su demostración de la falta de armonía entre la perfección de las ideas por un lado y la "imperfección" musical por otro. El "Podemos ver cómo en la Música no se da la exactitud por medio de la norma" (Cusa II, 2) también se puede apreciar en el momento de la comedia cervantina de *El rufián dichoso*, donde se afirma que las obras se hacen: "[...] no en relación, como de antes, / sino en hecho" (II). En ambos casos se acepta la posibilidad de identificar y explorar la validez de unas disciplinas del saber, las cuales están orientadas a resolver la discrepancia entre lo que avala la experiencia y el ámbito de las ideas preconcebidas, para la explicación artística del mundo material.

En el período barroco se observa un novedoso interés por la innovación científica y artística, gracias a ciertos artificios y recursos que contribuyen a confirmar, cada vez más, la frecuente no correspondencia entre la aparente "perfección" de la idea preconcebida y las "imperfecciones" del modelo artístico verosímil. Esta nueva vía hacia el conocimiento, condicionada por la concepción pitagórica universal, será conflictiva y hasta "peligrosa" políticamente ya que, dentro de la interpretación del mundo a partir de los dogmas religiosos, este tipo de saber no sólo podría haber sido guiado por la inspiración divina sino también por la que no lo fuera (demoniaca), como dicta la lógica que rige el discurso antisupersticioso.

El espíritu barroco de pensadores como Cervantes y Kepler está presente en un período en el que se aprecia el desarrollo de una exploración profunda sobre la relación de los ámbitos del mundo ideal y del mundo sensible. Su confusión, a partir de las explicaciones del propio Platón, se entendía que podía originar un tipo de ideologías asociadas a un número elevado de controversias, en disciplinas como la religiosa, la científica y la artística. En convivencia con ciertos valores humanistas, que todavía estaban muy presentes, se aprecia que, un espíritu barroco o manierista, frecuentemente ideologizado por tendencias políticas y religiosas, dominará particularmente los países del ámbito católico en este período. Esto es algo comprensible históricamente, a partir de la necesidad de un desarrollo propagandístico orientado a un impulso evangelizador, acorde a la expansión y consolidación territorial de las potencias cristianas. Aunque este ruido ideológico y político impedirá apreciar la armonía del acercamiento del ser humano a una interpretación menos ideologizada y más racional del saber, como les ocurrirá a los nativos de las antípodas en el *Sueño* de Maldonado, esto no será óbice para que se puedan escribir textos neoplatónicamente sublimes en este período, como son los sueños estudiados en este ensayo.

El desarrollo de la tercera vía del saber místico, la del acercamiento a Dios a través del conocimiento de su obra, unido a la aplicación cusana de la idea neoplatónica de dar preeminencia a la verdad de la experiencia ante la idea, sugieren un cambio de paradigma científico y artístico a partir del Renacimiento (ver Cassirer). Estas tendencias se verán interpretadas imaginativamente por autores como Bovelles, en cuya obra se reafirma el uso de la Sabiduría como la propiedad que conecta al ser humano con la divinidad. Las mentes creativas que son capaces de comprender el alcance de este reconocimiento de la inteligencia como una facultad antropocéntricamente divina dedicarán sus esfuerzos a desarrollar técnicas y "artificios" o innovaciones artísticas cada vez más mejorados. Con ello buscarán acortar la distancia entre la propia naturaleza divina del ser humano y las diferentes disciplinas del saber, en armonía con las leyes de la Filosofía Natural y siguiendo un impulso común tanto a la exploración científica como a la representación artística.

La obra cervantina ha sido frecuentemente identificada como desmitificadora, lo que puede deberse a su especial atención a la confusión que surge cuando la mente humana se sitúa entre los ámbitos de la realidad y la ficción. La evidencia textual confirma un interés en que se haga consciente al lector de que la superstición o creencia sin fundamento puede surgir fácilmente de presunciones y asunciones falsas o distorsionadas, en las que se confunde ficción y realidad, idea y verdad. Esto se aprecia, especialmente, en aquellos episodios cervantinos en los que se describen más detalladamente desilusiones y engaños, individuales y colectivos, que a veces incluyen simulacros y otros trucos sensoriales. De hecho, un espíritu similar al del método del conocimiento del discurso antisuperticioso concuerda con el "tono desmitificador" de la obra cervantina, en su común propósito de descubrir "farsantes" manipuladores de la realidad, como ocurre, por ejemplo, en el caso de Maese Pedro o en el de los magos impostados de *El retablo de las maravillas*[1].

La humanidad comienza donde acaba la "animalidad" dentro de la cadena del ser. Entender el modo en el que el debate acerca de estos límites convencionales se refleja en novelas como *El coloquio de los perros* nos ayuda a asimilar mejor el tipo de criterios que definen la cosmovisión de un tipo de narrativa que facilitará que Cervantes llegue a materializar, literariamente, la contrautopía de que los brutos puedan llegar a adquirir la capacidad de pensar, discernir y por lo tanto disfrutar del libre albedrío en sus acciones. Dentro de estas premisas, su tránsito por el mundo les permite a los animales ser testigos privilegiados de situaciones en las que los seres humanos pueden llegar a comportarse más instintiva y menos racionalmente que ellos, particularmente en las muchas ocasiones en las que suelen orientan su libre albedrío hacia el mal. En *El coloquio* también se deja la puerta abierta a que, mediante la hechicería, se pueda alterar el principio de continuidad que posibilita la propia existencia de los humanizados animales cervantinos. La consecuencia de esta contrautopía sobre el límite de lo humano es la reafirmación de la Divina Humanidad en su conjunto; bien sea expuesta por seres humanos virtuosos, o por perros cuyos valores quedan muy por encima de los de la mayoría de los bestializados seres humanos descritos en esta novela. Este enfoque tan particular sitúa esta obra dentro del espíritu de las controversias del período al respecto de la propia de la existencia del alma animal, en un tiempo en el que la frontera entre animales y seres humanos seguía, como es el caso hoy en día, siendo objeto de encendidos debates intelectuales[2].

---

1 Ahondando en el sentimiento desmitificador en Cervantes, críticos como Díaz de Benjumea se llegarán a plantear por qué la crítica cervantina hacia las novelas de caballerías no se podría haber extrapolado a la cosmovisión religiosa: "[...] si Cervantes notó y observó en la literatura caballeresca, ó sea en el mundo pintado, ese desdén de las leyes físicas y morales, esos absurdos de hacerse la materia penetrable, los cuerpos sólidos aéreos, los ligamientos [...] y metamorfosis por el poder de hadas, magos, vestiglos y endriagos, no tenía que abrir mucho los ojos para ver que, no ya en el mundo pintado de los libros caballerescos, sino en el mundo real, en la sociedad viviente sucedía lo mismo con las creencias supersticiosas en— el favor de los ángeles, enemistad de los diablos, en los milagros y demás creencias de que estaba saturada la humanidad en aquel tiempo, y especialmente nuestra católica y creyente España. Pues si en ambas había los mismos defectos; si los de la mística eran más graves y actuales, porque en su tiempo ya no salían caballeros sino un loco de su invención, mientras que la mayoría de la sociedad, cuerda, vivía entre laberintos de visiones, encantamientos, alucinaciones de diablos, apariciones divinas y embelecos y musarañas entre una guerra de Satán, tentador por un lado y Nuestra Señora, [...] abogada é intercesora por otro, ¿cómo puede negarse que el autor de la sátira de los unos, no fuese el autor de la sátira de los otros?" (215–17).

2 La aproximación al estudio de los animales propuesta en este ensayo se aleja de cualquier revisionismo animalista. Un ejemplo extremo de este tipo de ideologías es pretender

INTRODUCCIÓN

En resumen, en *La ciencia de Cervantes* se aportan criterios que informan al lector sobre la epistemología literaria cervantina, particularmente en asuntos tales como la divergencia y confluencia entre diferentes metodologías para la interpretación de la realidad, que son comunes y están presentes en la Ciencia y el Arte, la Filosofía Natural, el Neoplatonismo, las controversias literarias, la antisuperstición y los límites de lo humano, en un momento histórico en el existía un interés artístico por contrastar y verificar el efecto de las diferentes propuestas culturales e ideológicas inspiradas tanto en la Reforma católica como en la posterior Contrarreforma.

1   Controversias creativas y destructivas

Las controversias sobre los espectáculos motivaron encendidos debates, a partir del interés suscitado por su profusión y popularidad durante el Renacimiento español, alcanzando todos los ámbitos del saber y extendiéndose en el tiempo, más allá del siglo dieciocho. Los críticos se esforzarán en describir, concienzudamente, el propio objeto del debate, para poder destacar así las diferencias de criterio entre modelos estéticos, ideológicos o morales dados. En los argumentos de estas controversias se aportan numerosos detalles históricos y testimoniales, que son útiles para entender la presencia de determinados asuntos, los cuales se considera relevante cuestionar. Así, en la parte del planteamiento de la controversia, más descriptiva y detallada, es donde existe una clara presentación de la problemática y se sugieren alternativas posibles al texto o espectáculo que es objeto de la crítica. Tras ello, se suele ofrecer una explicación y respuesta concluyentes, en forma de dictado moral. Por ejemplo, si se trata de un entremés lujurioso, (a) la descripción de la nefasta transcendencia de sus aspectos más polémicos y transgresores suele ir seguida de (b) razonamientos

---

relacionar el comportamiento de nuestros predecesores al de "alienígenas," "primates," y "chimpancés": "In 1492 aliens invaded the western hemisphere. Conquerors from the Iberian Peninsula would dominate vast territories from that time until the Latin American independence movements of the early nineteenth century. [...] the aliens were not only Spanish and Portuguese primates. They also included microbes like smallpox, plants like wheat, and nonhuman animals like cattle, horses and sheep [...] unlike H.G. Wells' Martian invasion in *The War of the Worlds*, the invasion of the Americas was real [...] *The Animals of Spain* will approach Spaniards as animal actors themselves, always asking the extent to which the inhabitants of the Spanish empire could see this, and the extent to which they saw themselves as all too special and transcending the other animals around them. [...] Spanish imperialists identified themselves culturally in acts of benevolence and brutality, even as a male chimpanzee can be a food-sharer and supporter of subordinates acout to lose in a conflict, while also being capable of occasionally brutalizing and even killing a rival for alpha status" (Alves 1–2, 89).

sobre el daño moral que causaría en la sociedad y sus costumbres, (c) abogándose finalmente por la necesidad o no de prohibirlos[3]. Llama la atención que tanto esta controversia como la del pensamiento antisupersticioso se dieran en paralelo y concluyeran en un tiempo cercano a la fecha de abolición de la Inquisición en 1834[4].

En el discurso antisupersticioso, el ámbito de la Religión Católica es el marco general para contrastar el fenómeno a tratar (aojamiento, posesión, etc.). En la descripción del evento y para explicar el caso propuesto se podía concluir que a) bien el acto tuviera un origen divino; b) bien pudiera haber sido inspirado por el demonio; c) o se tratara de un simulacro. En situaciones como la de la propia existencia de una persona "endemoniada," los argumentos refrendados por la autoridad religiosa, para la evaluación de la posibilidad de la presencia del maligno, solían ir acompañados de otros en los que se ofrecía una descripción más realista, donde parte o todo lo ocurrido se encuadraría dentro del orden natural de las cosas.

El objetivo de estos planteamientos antisupersticiosos podía ser, bien confirmar el suceso dentro de la cosmovisión socialmente aceptada, con la pretensión de "normalizarlo," o bien descubrir cualquier tipo de impostura. Para la resolución de los diferentes casos que se plantean se presentarán argumentos variados, mediante los que ambas autoridades político-morales aspiraban a revalidar su sistema de creencias, en cada una de las conclusiones de sus veredictos. La metodología preeminentemente es escolástica, con fuerte dependencia de fuentes religiosas como la Biblia, aunque evolucionará con el tiempo, aceptándose, poco a poco, la colaboración de los médicos.

En definitiva, se advierte una intención por parte del polemista, arbitrista o ideólogo de este período de asegurarse de que la situación descrita estaba de acuerdo con los principios que ordenaban el pensamiento y la cosmovisión que estaban refrendados por las oligarquías para las que trabajaban, en la mayoría de los casos. Con este tipo de fusión contradictoria de aproximaciones y metodologías para la interpretación de la realidad se irá consolidando un tipo de pensamiento único con relación a cómo operaba el orden natural de las cosas prescrito por el poder. Éste se describe detalladamente tanto en la evidencia de los numerosos casos que ilustran los textos compendiados en la

---

[3] Ver *Histéresis creativa* para un estudio más detallado sobre la polémica de la prohibición de los espectáculos en tiempos de Cervantes.

[4] De entre los tratados antisupersticiosos publicados en fechas cercanas al período cervantino destacan las obras de Pedro Ciruelo (1530), Antonio de Torquemada (1570), Juan de Horozco y Covarrubias (1588), Benito Perer (1591), Martín del Río, (1599), Francisco Suárez (1608), Pedro de Valencia (1610) y Francisco Torreblanca Villalpando (1618).

INTRODUCCIÓN

Bibliografía de las controversias sobre la licitud del teatro como en los numerosos tratados antisupersticiosos publicados en el período. Para alimentar este pensamiento único oligárquico en la interpretación del mundo barroco se utilizarán argumentos que serán debatidos dentro de un esquema moral e intelectual que era limitado y restrictivo hacia el libre pensamiento, en el que se hacía prevalecer el dogma religioso, como guía tanto de la realidad prescrita como de los sucesos del mundo sensible, a pesar de que, en muchos casos, pudieran ser ambos incompatibles.

Como se podrá apreciar en este ensayo tanto el debate sobre las controversias de la licitud del teatro como el antisupersticioso son relevantes en la obra cervantina, algo que se observa, por ejemplo, no sólo en sus paratextos y diálogos sobre el Teatro y la Literatura en general, sino también en la presencia y resolución de varios "casos" antisupersticiosos en su obra, en particular.

En resumen, se puede apreciar que durante el Barroco se producen diferentes intentos de resolver la difícil conciliación entre métodos de conocimiento, que estaban condicionados por el monopolio en el poder de interpretación del mundo sensible otorgado a la Iglesia[5]. La intención final era la de consensuar el sentido oficial de los hechos de los casos que se evaluaban, asegurando así el respeto requerido hacia la lógica del pensamiento único del momento. La legitimidad oficial se apoyaba en un sistema de análisis de la realidad eminentemente escolástico, que incluía tanto fuentes clásicas como sagradas y con el que se pretende consensuar una realidad dada, incluso cuando la correspondencia entre ésta y lo anteriormente preestablecido no estuviera muy clara. La convivencia de métodos del conocimiento incompatibles facilitará la confusión en la interpretación de los fenómenos de la naturaleza por parte del ser humano. Esto es algo que influirá en el establecimiento de una epistemología del conocimiento consensuada, aunque la posibilidad de sacar partido político de esta apropiación metodológica no será desaprovechada por parte de las instituciones con el monopolio interpretativo del mundo sensible.

---

5 "En la naturaleza ideológica de la ofensiva contrarreformista, está inscrita la capacidad retórica misma de anexionar los vocabularios de los discursos secularizados. Y ello con el objeto de hacerlos servir en un marco superior de relato, donde todo valor aparece contrastado con una verdad totalizadora, y hasta con todo un sistema u ordenamiento metafísico, que los procesa, indefectiblemente, como hijos del error y de la barbarie pagana. Como ha escrito R. Westfall, refiriéndose a la Compañía, pero ello puede hacerse extendible al total del movimiento contrarreformista: 'the jesuits sought to employ the new learning to bolster the old'" (Rodríguez de la Flor "ciencia" 102).

2   Literatura y experiencia en Cervantes

La simple observación de la práctica del oficio paterno[6] habría ofrecido a Cervantes la posibilidad de aprender detalles sobre la estructura profunda de la propia sociedad de su tiempo, algo que podría haber complementado posteriormente con las lecciones aprendidas de maestros literarios del arte dramático popular como Lope de Rueda, uno de los pocos autores ponderados en sus paratextos. El ser hijo de un cirujano, cuya prosaica función era la de "[…] sanar las llagas, o heridas, o postemas" (Campagne *homo* 216), además de nieto de una familia de médicos por parte de madre, le habría permitido familiarizarse con diferentes situaciones que pudieron haberse resuelto gracias a la aplicación de la lógica del vigente discurso antisupersticioso[7]. Hacer Literatura de lo cotidiano, con un educado gusto por lo popular, donde la superstición se une a la desprendida alegría, desenfado y a la imaginación desbordante, es un saber apreciado por Cervantes, autor capaz de complementar y contextualizar este tipo de percepciones de la realidad de su tiempo dentro de la cultura humanista y contrarreformista. Todo ello contribuirá a definir el estilo de un autor caracterizado, precisamente, por su extenso dominio de los diferentes registros culturales y lingüísticos de su tiempo. La capacidad cervantina de aceptar e integrar lo popular como materia válida para ser representada dentro de la obra de ficción se combina con su característico cuestionamiento de ciertos preceptos literarios, que son frecuentemente utilizados como referencia para integrar mejor sus verosímiles y metaliterarios artificios artísticos[8].

---

6   Es llamativa la autoridad que otorga Ciruelo al oficio de cirujano en su manual antisupersticioso, donde se incluyen apuntes sobre sus extensos conocimientos: "Las supersticiones que se ordenan para se librar los hombres de algunos males y peligros valiéndose de ensalmos para sanar las llagas, heridas y apogtemas, o otras cosas sobre que suelen entender los cirujanos" (106, 108). También cita esta profesión, en igualdad de funciones a la de los médicos, en varias ocasiones (115, 237, 242, 248). Para una información más detallada sobre el oficio de cirujano en la juventud de Cervantes ver el capítulo "De profesión, cirujano: Rodrigo de Cervantes en Alcalá de Henares" (Lucía Megías).

7   "[…] Es cierto que su abuelo paterno, el licenciado Juan de Cervantes, fue abogado y familiar de la Inquisición, pero la mujer de éste, Leonor de Torreblanca, pertenecía a una familia de médicos cordobeses y, como tal, bien pudo tener alguna 'raza' de confeso. En cuanto a Rodrigo, el padre de Miguel, se casa hacia 1542 con Leonor de Cortinas, perteneciente a una familia de campesinos oriundos de Castilla la Vieja; pero su modesto oficio de cirujano itinerante, así como sus constantes vagabundeos por la península, durante los años de infancia de sus hijos, no han dejado de suscitar sospechas, llevando a Américo Castro a considerarlo como converso, mientras otros cervantistas se negaban a admitir semejante hipótesis" (Canavaggio).

8   En este ensayo, se utilizarán los términos "artificio artístico" y "artificio literario," en su acepción original en tiempos de Cervantes, tal y como se estudian en el capítulo segundo más

En el *Quijote*, escrito tras *Guzmán de Alfarache*, obra donde se había satirizado moralmente la novela picaresca, se ha apreciado una adaptación del modelo literario de Alemán a la sociedad rural de su tiempo, utilizando, en su caso, las caducas novelas de caballerías, en lugar de la picaresca, como marco literario de las aventuras del protagonista[9]. El educado conocimiento expuesto en el *Quijote* sobre la verosímil cultura popular representada ambienta las numerosas advertencias sobre los peligros de la contaminante fabulación de la obra de ficción "mala," que es frecuentemente asociada al vulgar deleite. Es así como el hijo de un cirujano, consciente del discurso antisupersticioso, será capaz de reproducir pasajes narrativos sobre la sociedad de su tiempo, verosímilmente y sin alejarse de la clásica intención de "enseñar y deleitar."

Precisamente, el aire "moderno y familiar" cervantino se hace presente en el reconocimiento de principios como los defendidos en el controvertido discurso antisupersticioso en su obra. Con él se prescribía lo que existía y también lo que no, dentro de un debate autoconsciente sobre la necesidad de distinguir entre la mentira de la creencia sin fundamento y la verdad de la evidencia. La corriente antisupersticiosa podía ser utilizada como método imperfecto para el conocimiento de la realidad divina y el refuerzo del camino hacia la tercera vía mística de la lectura del "libro de la naturaleza." Pero también podía servir para asegurar la imposición de una cosmovisión hegemónica, orientada al control social. Aunque los episodios más aristotélicos de la obra cervantina se centran en llamar la atención sobre los peligros de esta segunda vía, en sus pasajes más neoplatónicos también se exhibe la posibilidad antropocéntrica del uso de la Literatura, nacida del ingenio e imaginación humana, como un lenguaje universal para la comprensión del mundo.

---

en detalle. Estos recursos son entendidos como un tipo de innovación artística orientada a elevar el sentido de verosimilitud artística de la obra, como se aprecia, por ejemplo, en la *Galatea*, donde el artificio es descrito por el pastor Lauso como una acción para exagerar y elevar el gusto artístico: "Pare aquí el artificio, cese el arte / de exagerar el gusto que en un alma / con mano liberal amor reparte." También se alude al artificio, en términos similares, en la conclusión de *Pedro de Urdemalas*: "Destas impertinencias y otras tales / ofreció la comedia libre y suelta, / pues llena de artificio, industria y galas, / se cela del gran Pedro de Urdemalas."

9   La ausencia de referencias en los clásicos no excluía que se abordara la preceptiva de nuevos géneros literarios, como era la propia novela, practicada por ambos autores: "Given the preponderance of Aristotelian poetic discourse during the Renaissance, it is not surprising that, even though Aristotle never mentioned the novella in the *Poetics*, Bonciani and Lugo y Dávila refer to him in order to prescribe rules of composition and to justify the very existence of the genre [...] exploiting the didactic potential of three of the qualitative parts identified by the philosopher in tragedy, comed and epic: fable (or plot), character and thought" (Rabell 16, 17).

La epistemología neoplatónica convivirá así con las ideologías y contradicciones históricas del humanismo renacentista y del barroco en la obra de Cervantes, situándose así a la altura de otros escritores de su período como Kepler en su *Sueño*, quien es también capaz de aunar y desarrollar diversos conocimientos de las disciplinas de la Ciencia y el Arte, dentro de la obra de ficción. La técnica literaria y los planteamientos epistemológicos cervantinos para integrar la autoconsciencia en la obra artística también recuerdan a los de otros humanistas renacentistas, como se aprecia en las narraciones de Maldonado, los tratados de Hevelius, las ilustraciones de Bovelles y el arte de Paolo Fiammingo[10].

3   Aspectos de la recepción de la figura de Cervantes y de su obra

Aproximadamente a partir del siglo diecinueve existe una tendencia histórica dentro del cervantismo consistente en la identificación de la corriente interpretativa romántica de Cervantes, la cual se alejaría notablemente de la intención y recepción verdadera de su obra, en su propio tiempo[11]. Close (*Romantic*) evidencia cómo este tipo de tendencia crítica contribuyó a que la interpretación del *Quijote* estuviera condicionada por los paradigmas estéticos e ideológicos del Romanticismo. Esta aproximación no correspondería a la evidencia de su propio tiempo, cuando habría sido concebida y aceptada como una obra cómica, cuyo humor nace precisamente de la falta de coincidencia entre las idealistas fábulas caballerescas y la verosímil realidad manchega de Don Quijote.

Así, la obra y figura de Cervantes ha suscitado aproximaciones críticas muy diversas, proponiéndose el estudio del *Quijote* como obra seria, cómica, política o religiosa, entre muchas otras posibilidades, más o menos excluyentes entre sí. La razón de ser de esta profusión de puntos de vista, muchos de ellos filtrados ideológicamente, ha sido estudiada en detalle por el citado Close

---

10   Nótese la atribución a Marco Angolo del Moro de *A Vision of the Holy Family near Verona* en mi volumen anterior (*Cervantes*), la cual ha sido actualizada en la figura del pintor Paolo Fiammingo, a partir del estudio de Mauro Lucco (ver Badiee Banta 116–18).

11   La corriente romántica de la interpretación cervantina parte del presupuesto de no darle la suficiente relevancia al propósito de combatir las fábulas caballerescas en el *Quijote*: "Since the principal point of Cervantes's satire is that chivalric romances are 'quite outside the bounds of common nature' it is logical that he should have chosen to present his tale in a naturalistic way. To show the hero's literary delusions in head-on collision with common nature [...]. Romantic criticism sets up several buffers to nullify that comical shock [...]. depreciates the importance of the reasoned critique of chivalric romances [...]" (Close *romantic* 24).

(*Romantic*), quien constata la convivencia entre lo que considera una interpretación más literal y contextualizada de la obra cumbre cervantina y otras exégesis que están influidas por una crítica más ideológica, cuya preeminencia se acentuará a partir del período romántico. Es decir, que la teoría original de Russell de considerar el *Quijote* como un texto cómico se opondría a otras exégesis en las que se entiende a Don Quijote como un personaje heroico de la tradición romántica. Este último tipo de crítica, más ideológica, habría abierto la puerta a la aceptación de numerosas interpretaciones posibles para la obra de Cervantes que, para justificar su validez, apelarían a un supuesto acomodo ideológico cervantino[12]. Lógicamente, afirmar que un texto dado se presta a una infinidad de interpretaciones, a partir del abismo existente entre el lenguaje utilizado y su críptico sentido final, confirmaría la enorme complejidad que plantearía su lectura y comprensión[13]. Es durante el siglo veinte cuando se dará un impulso definitivo a la hegemonía crítica de la interpretación ideológica de Cervantes y de su obra[14]. La publicación de los ensayos de Castro sobre Cervantes (*casticismos, Cervantes, pensamiento*) tendrán continuidad en los

---

12 "Américo Castro, al rechazar tanto la imagen de candorosa sensatez y conformismo intelectual que le había adjudicado a Cervantes la escuela de Menéndez Pelayo, como las interpretaciones esotéricas de críticos como Díaz de Benjumea, empeñados en hacer de Cervantes un clarividente precursor del republicanismo librepensante, trasladó la interpretación 'filosófica' del Quijote a un plano nuevo [...] a partir de 1925 [...] son los críticos acomodaticios los que dan más porrazos y llevan la voz cantante" (Close "crítica" 313–14).

13 La presentación de diferentes perspectivas de la realidad literaria dentro de una misma obra, recurso también presente en obras como el *Lazarillo* y el *Guzmán*, será percibida en el *Quijote* como el intento de representar una verdad oscilante en relación con el lector, a partir de los argumentos defendidos por la crítica postmoderna: "Don Quijote es el mayor (portador) del tema de la realidad oscilante [...]. Esa inseguridad (acerca de la consistencia) de la que vemos, a veces se da plenamente en Don Quijote (es decir, que un mismo objeto puede ofrecer diferentes apariencias); aunque lo más frecuente sea que él (perciba) un aspecto (de las cosas) y nosotros, con los demás personajes, otro distinto. El Hidalgo sabe que (lo visto por la gente) posee muchos modos de realidad: 'Andan entre nosotros siempre una caterva de encantadores que todas nuestras cosas mudan y truecan [...]'" (Castro *pensamiento* 83).

14 Curiosamente, la visión romántica encajaría mejor con el carácter melancólico tanto del personaje como, para algunos críticos, también del autor. El que se haya identificado un tono melancólico en el estilo de Mateo Alemán, que está ausente en Cervantes, a pesar de que la vida le habría dado numerosos reveses, llama la atención de Castro, ya que contradice la tesis de un Cervantes con un tono resentido como el del autor del *Guzmán*: "Ya era significativo no haber sido galardonado Cervantes al volver de su cautiverio de Argel [...] le fue negado el puesto de Indias [...] el conde de Lemos no aceptó sus servicios como secretario en el virreinato de Nápoles [...] Cervantes contemplaba a España desde su periferia o, más propiamente, desde sus arrabales. Lo hará ver, sin duda alguna, la forma en que son tratadas en sus obras ciertas cuestiones" (Castro *casticismos* 34).

de otros críticos como Parker, Forcione, Vilanova y posteriores, en su mayoría en defensa del acomodo cervantino y de su posible adaptación a la influencia erasmista. El aceptar a Cervantes como criptoerasmista, al igual que su contemporáneo Tasso[15], se ha de conciliar con el hecho de que el autor del *Quijote* ocultara un sentimiento religioso opuesto al que prevalece en su obra, lo que le convertiría en uno de los escritores canónicos más hipócritas[16].

El que personajes como Don Quijote contribuyeran a centrar el debate de la obra que protagoniza en la falsedad de la fábula, haciendo al lector corresponsable del esfuerzo interpretativo, ha sido precisamente utilizado en defensa de la debilidad intencionada de la relación entre los signos del lenguaje y su sentido en la obra cervantina, argumento con el que se sustentará también un tipo de aproximación interpretativa multiperspectivista[17], defendida, entre otros,

---

15   Hatzfeld menciona el precedente del autor italiano, en la tradicional justificación de la hipocresía cervantina; "Ahora bien, supuesto que haya en el *Quijote* huellas de la contrarreforma [...] todavía se trata aquí de si Cervantes ha seguido los patrones de Trento tan sólo por una coacción externa—como Torcuato Tasso—o por estar con ellos de acuerdo y por pura convicción. [...] en el primer caso se podrían señalar e interpretar todos los lugares de su obra en que el humor se ceba en la Iglesia, el Dogma y la Moral, como desahogos críticos de un escéptico, en vez de verlos como bromas cordiales del creyente ingenuo. [...]. En el segundo caso habría en la obra total de Cervantes una ruptura; habría un Cervantes con dos ideologías, concepción totalmente insostenible. En un tercer caso habría armonía en todas las obras de Cervantes y el *Quijote* sería, como las otras, obra típica de la Contrarreforma" (132).

16   Existen así numerosos estudios que asocian pasajes de su obra con aires reformistas justificados, entre otras razones, por una posible cita de Erasmo por parte de López de Hoyos, maestro de Cervantes, aunque el propio Castro reconoce la falta de evidencia para asegurar la presencia de fuentes erasmistas directas: "Ignoro en qué medida tuviera Cervantes directa noticia acerca de la doctrina erasmiana, ni hasta dónde se extendiese la influencia de López de Hoyos; no se sabe cómo fuesen las lecturas y conversaciones de aquel curioso viajero durante los años italianos; y desde luego no es prudente negarse a admitir la posibilidad de que Cervantes hubiese leído a Erasmo basándose en las prohibiciones de los índices y en el hecho de que el Enquiridión no aparezca literalmente copiado en el Quijote" (*Cervantes* 235).

17   En la introducción a su obra sobre el escepticismo en Cervantes, Ihrie sugiere dos vías de interpretación de la obra de Cervantes, la basada en creer "[...] firmly in a fixed reality which can and should be accurately aprehended through proper use of human faculties" y la vía relativista, que se apoya en que "[...] reality is determined by each individual viewer and that no absolutes exists" (11). Visto con distancia temporal, el perspectivismo consensuado en la crítica de Cervantes del siglo veinte constituye una estrategia útil para poder presentar a Cervantes como un autor sin ideología propia, pudiéndosele así atribuir una cualquiera: "La persistente vigencia del perspectivismo se explica por la cómoda coartada que ofrece para justificar la antítesis entre lo afirmado por los críticos acerca del Quijote y lo afirmado por su creador. Si bien, según los críticos, Cervantes dice lo contrario de lo que realmente quiere decir, afirmando que el mundo es negro cuando da a entender

por Ortega y Gasset[18]. De hecho, la evidencia textual de episodios como el del baciyelmo parece evidenciar esta posibilidad de aproximarse críticamente a la obra cervantina desde cualquier punto de vista u opinión más o menos fundamentada, pretendiéndose, en el proceso, justificar su gran capacidad creativa[19].

El propio acto de la publicación de la obra de Cervantes constituye una evidencia de que las ideas expuestas en ella podían convivir con los valores hegemónicos defendidos por la Iglesia Católica de su tiempo, algo también refrendado por la presencia de numerosos personajes suyos, que defienden heroicamente los principios del catolicismo contrarreformista. A no ser que se prefiera aceptar el alcance de la hipocresía cervantina a personajes como Ruy de Biezma y a la mayoría de los perfiles católicos contrarreformistas similares, presentes en sus *Novelas ejemplares*. Críticos como Hatzfeld cuestionan la posibilidad de que Cervantes fuera religiosamente acomodaticio, al no encontrar evidencia al respecto en su obra, reconociendo su grado de aceptación de los valores de la Contrarreforma, como la interpretación más razonable[20].

---

claramente que es blanco, esto se debe a que tiene una mentalidad blanquinegra, o sea, congénitamente ambigua" (Close "crítica" 333).

18   "El racionalismo que socava la fe será el rasgo distintivo de la modernidad. La hipocresía no es, por tanto, una actitud moral de las personas, sino un hecho objetivo de la historia del pensamiento. Por esta razón, Ortega llama a Cervantes '[...] el más profano de nuestros escritores' y Américo Castro siguió la línea intelectual de Ortega" (Morón Arroyo 302).

19   Así, se ha llegado a interpretar a Cervantes como un autor que hace uso de una multiperspectiva radical e intencionalmente indefinida: "Al decir 'manierista' o 'barroco' con referencia a Cervantes [...] el lector vacila, trata de encontrar puntos de apoyo en la forma genérica de otras formas de arte previas o contemporáneas [...]. Parece que al decir 'barroco' se alude a falta de proporción y medida entre la forma artística y la idea, objeto o tema que le sirven de fondo o núcleo. La exornación predomina sobre el ser de lo exornado. El arte se hace conflictivo, y los contrastes y oposiciones embarazan la fluencia del curso expresivo. El escritor brega con cuanto resiste a su intento de dejarse llevar por la mesura y la reflexión." (Castro *casticismos* 40) … y si se quiere, estaría también retroalimentada por estudios de Física cuántica, principalmente a partir de la escuela de Copenhague, con Bohr y Einstein, entre otros científicos de tiempos de Castro (Ver Gasta "debate" y Nelson "Baroque" para una exploración contemporánea de esta línea de investigación): "El relativismo—el que cada figura humana y cada objeto aparezcan conectados con un punto de vista—es inseparable de las múltiples posibilidades latentes en el objeto. Cuando éstas se revelan, se entabla debate sobre la realidad de la persona o de la cosa [...] el Miguel de Cervantes manipulador del mundo que se ha inventado, también se estaba expresando en forma multidimensional, y contemplaba desde varios puntos de vista lo latente y lo explícito en la expresión literaria" (*casticismos* 68).

20   En su estudio sobre el *Quijote*, Hatzfeld está también de acuerdo con otros críticos que defienden que nunca ha existido ninguna duda ni ambigüedad en la religiosidad cervantina, ya que el pensamiento católico ofrecía suficiente acomodo para acoger una evolución intelectual amplia y diversa. Las obras de teólogos del período como Bovelles también lo confirmarían. González de Amezúa resume el sentir religioso cervantino presente en su

Otros exégetas cervantinos como McGrath están también de acuerdo, a partir de su consideración de una Contrarreforma que podría no haber sido tan excesivamente rigurosa en España[21]. Esto es algo que, en mayor o menor medida, defienden también críticos como Menéndez Pelayo ("cultura"), González de Amezúa (*Cervantes*), Casalduero (*Quijote*), Avalle Arce (*Quijote*), Morón Arroyo[22], López Calle ("cosmología") y García, entre otros, algo que está refrendado en la interpretación de varios episodios representativos tanto de la biografía como de la obra de ficción cervantina.

Acierta Close no sólo al confirmar el tono general de entretenimiento lúdico y ejemplar sino también al identificar el fuerte sesgo ideológico hacia la obra maestra cervantina desde el Romanticismo. Una interpretación literal del *Quijote*, como advertencia sobre los peligros de la contaminación de la "fabulación" en las mentes de sus contemporáneos, precedería así a la influyente aproximación de la crítica romántica. De hecho, en el propio período cervantino ya

---

obra: "[...] no conozco novelista de su época en que lo religioso se presente en su producción literaria con la reiteración y calor con que él lo emplea [...]. No hay escritor de libros de ficción en su tiempo que tanto las prodigue [las confesiones de propia identidad religiosa] ni lugar, en el curso del relato de sucesos profanos y novelescos, en que no brillen como una centella de su sentir religioso, de su fe cristiana profunda y arraigada. Todas sus obras están copiosamente sembradas de pensamientos, juicios y reflexiones cristianas demostrativas de su acendrada religiosidad. Los principales postulados de la fe católica, como el que la fe sin obras es muerta; el tema de la conversión y arrepentimiento del pecador; el perdón de los enemigos; el camino angosto de la virtud frente a la anchura de aquel que lleva al vicio; la santidad e indisolubilidad del matrimonio; la vida del hombre como una milicia sobre la tierra; la exaltación de las virtudes cristianas" (*Cervantes* 98).

[21] "The polylithic religious milieu of Cervantes's time, as well as the events that transpired in his life, exposed the author to different ideologies. It is no wonder then that there exist a number of interpretations of the novel's religious ideology. The universal and timeless appeal of *Don Quixote*, however, has distanced its hero from its author and its author from his own life and the time in which he lived. My analysis of Cervantes's nuanced treatment of Catholicism in *Don Quixote* is based on a reading that returns Cervantes's hero to Cervantes's text and Cervantes to the events that most shaped his life. [...] It is my assertion that the religiosity and spirituality of Cervantes's masterpiece illustrate that *Don Quixote* is inseparable from the teachings of Catholic orthodoxy. Furthermore, I argue that Cervantes's spirituality is as diverse as early modern Catholicism" (McGrath 56, 5).

[22] Este autor también aporta valiosos criterios acerca del catolicismo cervantino: "Cervantes (1547–1616) refleja la cultura de su momento histórico: la transición del humanismo al barroco. Él escribía obras de entretenimiento y condenó formalmente la mezcla de lo humano y lo divino en ese género. Los ejemplos más inmediatos de esa mezcla eran en 1604 el *Guzmán de Alfarache* de Mateo Alemán, y *El peregrino en su patria*, de Lope de Vega. El catolicismo, como dogma y como ética, es el trasfondo ideo lógico de la obra de Cervantes, pero no es su tema. Por tanto, no tiene sentido convertirle en un epígono de la teología tridentina. Pero si hacer a Cervantes teólogo es absurdo, lo es todavía más hacerle un racionalista poco menos que ateo" (Morón Arroyo 300).

se había producido una reacción crítica hacia Cervantes y su obra por parte de autores contemporáneos suyos como Salas Barbadillo, el anónimo autor que se esconde tras Avellaneda y Carrillo Cerón, como se desarrolla en el primer capítulo. El que obras literarias como el *Quijote*, o las *Novelas ejemplares*, inspiraran a autores de su propio tiempo a imitarlas, o incluso "contestarlas" metaliterariamente, incluyendo en sus respuestas artísticas, no sólo referencias directas y personajes originales, sino detalles sobre la propia filosofía literaria mediante la que se les concibe, es excepcional en la historia literaria, siendo un recurso que otros grandes autores-críticos posteriores como Unamuno y Borges también practicarán.

Aunque la ideología religiosa y la cuestión teológica no sean objeto de debate en muchas de las obras cervantinas, cuando se presentan, no sólo no se evitan, sino que se utilizan para elevar la tensión de ciertos pasajes literarios, como ocurre, por ejemplo, en el caso de la novela de *El Cautivo*. En la literatura cervantina predomina la contrarreformista reafirmación de la fe religiosa por los actos, como ocurre en los numerosos ejemplos de protagonistas "hijos de sus obras," que se dedican a defender sus virtuosos valores, haciendo alarde de una ética y moralidad cristianas, las cuales se hacen particularmente presentes en las *Novelas ejemplares* y el *Persiles*[23]. Coherentemente, en su propio tiempo Cervantes no será considerado el escritor más pío, sino el más sabio, justo y consciente de su fama inmaterial en vida, por lo que será celebrado como un autor clásico-moderno, cuya máxima innovación fue el novelar por primera vez en español[24].

---

23 Así, se ha apreciado el respeto a la fuente bíblica y directrices recomendadas por el Concilio de Trento en la obra cervantina: "Estas citas de la *Biblia* serían un argumento más para probar que Cervantes sigue el decreto tridentino sobre la supremacía de la *Vulgata* sobre cualquier otra Biblia. Y no creo que ello se deba a hipocresía o disimulo para evitar conflictos con la Inquisición. Todo ello unido a las numerosas citas del Nuevo Testamento, a doctrinas que chocan con el protestantismo, a citas del Concilio de Trento sobre los duelos, y otros puntos más, corroboran su alienación en la corriente tridentina, en la que estaba inmerso todo el país" (Bañeza Román "Cervantes" 227).

24 Todo ello, a pesar de la diferencia existente entre la Literatura de la primera y segunda parte del dieciséis, la cual se irá "contrarreformando," a medida que se aproximaba al fin de siglo: "El teatro religioso español de la primera mitad del siglo xvi se puede considerar como un teatro en consonancia con el espíritu de la reforma católica. Es un teatro que busca, a través de la representación sensible, la instrucción de los fieles; está, podemos decirlo, al servicio de la piedad popular. El ejemplo más significativo es el teatro de Sánchez de Badajoz, un teatro que hace la función de 'una especie de catecismo escénico, de cartilla de la doctrina cristiana montada sobre las tablas', en palabras de Pérez Priego. Es, por tanto, un teatro catequético, es decir, el dramaturgo utiliza el teatro como auxiliar de la cura de almas en la triple función: dogmática, moral y litúrgica. La reforma católica, en este momento, afecta tan solo al orden moral y disciplinar de la vida de los clérigos o

Las propuestas fundamentales del Concilio de Trento[25], que la Monarquía española asumirá como política de Estado e inspiran la Contrarreforma, incluirán la unificación de rituales y de principios como la predicación y los Siete Sacramentos, dando prioridad a las obras ejemplares, por encima de la fe, para la salvación[26]. En esta línea, la defensa del buen uso del libre albedrío será un asunto también muy presente en la obra cervantina, como se aprecia tanto en el énfasis en el consentimiento de ambos cónyuges en el matrimonio como en la ética de la que hacen gala muchos protagonistas cervantinos de progresar en la vida, buscando la fama mediante el esfuerzo virtuoso y honesto. En este sentido, llama la atención que en la obra de Cervantes se incluyan aproximaciones a la verdad, que son defendidas por ciertos personajes "examinadores," como son los curas, cirujanos y médicos, quienes son coincidentemente responsables de estudiar y confirmar la evidencia sospechosa, en el discurso antisupersticioso contrarreformista. Al poder haber sido expuesto al oficio de cirujano, no es difícil poder imaginar a un joven Cervantes contemplando cómo su padre examinaba a un endemoniado, en presencia de un exorcista[27],

---

del comportamiento social, dejando traslucir conflictos sociales entre las dos castas: el cristiano viejo y el cristiano nuevo. [...] Durante la segunda mitad del siglo XVI el teatro religioso español estará ya marcado por el espíritu tridentino. La reforma católica se convierte en contrarreforma" (Menéndez Peláez 59).

25   El Concilio de Trento, como es sabido, unificó la vida religiosa, el rezado, el calendario litúrgico y el culto a los santos, entre otros muchos aspectos no menos importantes como la aceptación de la Tradición, en tanto que parte de la Revelación conjuntamente con las Sagradas Escrituras (frente al Lutero de *Sola Scriptura*); la cuestión sacramental, los siete sacramentos reconocidos por la Iglesia Católica, frente a los tres que reconoce Lutero; la predicación y, sobre todo, reforzó el papel de las obras, en el importante Decreto de Justificación, en oposición al lema luterano de *Sola Fides*, y la concepción de una Iglesia jerárquica, visible en la figura del sucesor de Pedro y sus obispos y sacerdotes, frente a una Iglesia invisible, únicamente percibida por Dios, que es la que defiende la teología luterana (Garau 77).

26   En la última sesión del Concilio, la número XXV de día 2 de diciembre de 1563, trató "De la invocación, veneración y reliquias de los Santos y de las sagradas imágenes (*El Sacrosanto y Ecuménico Concilio de Trento* 1847: 328 y ss.)", en la línea de exigir, como veíamos en los comentarios de Cano, el decoro y dignidad en el tratamiento de estas figuras de ejemplaridad. Y es precisamente en torno a ese carácter modélico donde podremos observar, en mayor medida, la presencia contrarreformista en los hagiógrafos posteriores a Trento (Garau 78).

27   El marco teórico de la lucha contra la superstición se centrará en combatir las fábulas corruptoras y demoniacas con pensamientos y principios virtuosos, algo que también se aprecia en el encaje de algunos de los pasajes "serios" del *Quijote* dentro del discurso hegemónico, como, por ejemplo, aquellos sobre la existencia del demonio: "Cervantes cree en el carácter ilusorio de algunos hechos sobrenaturales. Sabe, sin embargo, que no todo lo sobrenatural es ilusorio. Entiende que algunos de estos prodigios son obra del demonio, pero entiende que también pueden ser milagros de Dios. Sabe que sólo Dios puede

cómo su progenitor intentaba equilibrar los alterados humores de una víctima de aojamiento o de un ensalmador, o cómo identificaba cuáles podían llegar a ser los efectos de una sangría bien o mal practicada. De entre los muchos aspectos políticamente negativos de la cultura supersticiosa del período, uno de los positivos es, precisamente, su objetivo afán por desmontar ciertos actos de fabulación y simulacros. Esto es algo que coincide con el tipo de valores que informan la epistemología literaria cervantina, la cual está predominantemente orientada a alcanzar una verosimilitud autoconsciente, donde la verdad no esté contaminada ni por la ideología, ni por la mentira[28].

La fundamental separación entre el ámbito divino y el del demonio está muy presente en la ideología antisupersticiosa instaurada, no sólo en España, sino también en la conversión de la cosmovisión original indígena, en los territorios administrados por la Corona (véanse las ilustraciones de Muñoz Camargo en el *Manuscrito de Tlaxcala*). Este impulso del discurso antisupersticioso de principios del dieciséis ha sido interpretado como un avance en contra de la superstición imperante, sobre todo en el ámbito rural (ver Sánchez Granjel). También ha sido considerado un paso positivo en el progreso del control de la autoridad

---

permitir la perturbación del mecanismo de la naturaleza, pero tanto el hombre como el demonio son para él posibles sujetos de este permiso divino para manipular lo natural como parte del Plan de Salvación [...] para Cervantes el diablo indudablemente existe, es y representa el Mal" (Padilla 44, 46).

28 El concepto de ser humano y la sabiduría humanista de teólogos como Bovelles (Bovilio) es relevante en la búsqueda de modelos para justificar el sistema de valores que ordena la obra cervantina. En este sentido, Bataillon ha apuntado también a la recepción de Lull y Cusa a través de Bovelles, quien además estuvo vinculado al círculo complutense de Cisneros: "Una Introducción a la metafísica que era, como su otra obra, una introducción al método de Nicolás de Cusa. Y en un opúsculo que aparecía al mismo tiempo, Bovelles diseñaba con fervor el retrato del verdadero sabio, cuya ciencia recogida y secreta llega a la esencia, florece en sabiduría y da el dominio del Universo. [...] No podemos sino adivinar las razones que lo atrajeron a España. Su maestro Lefévre, a fines de 1505, preparaba una edición de las Contemplaciones de Raimundo Lulio, a las cuales añadió el Diálogo del amigo y del amado: entre los discípulos que le ayudan en la tarea, no vemos figurar a Bovelles. Éste, que el 8 de mayo de 1505 había escrito todavía desde Bruselas a su maestro, se había embarcado verosímilmente para la Península en Brujas o en Amberes. El 20 de abril de 1506, Lefévre le escribe desde París diciéndole cuánto se alegra de que se encuentre en casa del Obispo de León. Por otra parte, hemos visto que fué huésped del Arzobispo de Toledo. Nada tiene de extraño que el discípulo de Nicolás de Cusa se haya sentido atraído por la patria de Raimundo Lulio y Raimundo de Sabunde. Quizá emprende su viaje con la esperanza de comprar o copiar en España manuscritos de estos filósofos. Y parece, sin que esto pueda precisarse más, que Cisneros le confió ciertas obras de Lulio destinadas a publicarse en París" (*Erasmo* 64).

sobre la exégesis de la superstición y la ignorancia[29], apreciándose así cierta orientación de esta metodología del saber hacia un discurso más coherente y hegemónico, en el que, para historiadores como Sánchez Grangel, los pilares de la ciencia española podrán ir asentándose en el futuro. Sin embargo, el poder sobre el discurso antisupersticioso otorgaba también un privilegio, un monopolio en la interpretación del mundo sensible, responsabilidad que era frecuentemente compartida entre eclesiásticos y médicos[30]. La propia presencia de ambos representantes de disciplinas del saber, complementarias para el conocimiento de la verdad, supone así el reconocimiento de la existencia de diferentes ámbitos, el de Dios y su obra en la tierra, junto al del maligno.

Cervantes escribe entre finales del siglo dieciséis y principios del diecisiete, cuando el discurso antisupersticioso era relevante como método de interpretación de la realidad, especialmente para dilucidar los actos de naturaleza más dudosa. Además, coincide con un espíritu contrarreformista que convive con

---

29   La superstición va asociada a un tipo de aproximación al mundo que es atractiva, al eximirnos de la responsabilidad individual en la interpretación de un presente "mágico" que, en muchos casos, puede ser "resuelto," gracias a la apropiación del control del discurso ideológico hegemónico, por parte de los representantes de la oligarquía dominante: "La Iglesia llegó a ser uno de los principales propietarios y rentistas de España [...]. En conjunto (los eclesiásticos) formaban la aristocracia intelectual. [...]. La España de los Felipes sufría crisis de ideales y acentuada relajación moral; circunstancias ambas muy propicias para desarrollar el virus supersticioso. Éste prendió entre gentes de toda condición, sin excluir las más cultas, revelándose en las distintas relaciones de la existencia, y llegando a los desvaríos más grotescos. [...]. Añade Madame d'Aulnoy estos prodigios que le refirieron: Ciertos lagos exhalaban vapores que desataban la tempestad o guardaban peces monstruosos en su fondo [...]. El monte Moncayo tenía la propiedad de acarrear la muerte a las ovejas que pacían en él antes de salir el sol, y de sanar, en cambio, a las que lo hacían, estando enfermas, bajo los rayos del astro rey [...]. El Demonio era obsesión y pesadilla para los hombres del siglo XVII [...] servía para explicar todos los misterios de índole morbosa, como los microbios lo son en la sociedad contemporánea" (Deleito Piñuela 53, 58, 186, 37, 192, 214).

30   Aunque la obra de Castañega no tuviera gran difusión en su tiempo, es relevante su capacidad para explicar detalles como la afección física del exorcismo en el cuerpo, distinguiéndose así, respectivamente, sus conocimientos como sacerdote y médico a la vez: "Pero el discurso de Castañega era aún más audaz. El franciscano sostenía que la posesión demoníaca se veía facilitada por la complexión física de los individuos. El exceso de bilis negra y de humor melancólico facilitaba la tarea de los malos espíritus. Llevada hasta sus últimas consecuencias, esta naturalización del fenómeno volvía innecesaria la misión del sacerdote-exorcista. Aún en los casos reales de posesión, era tarea propia del médico purgar el humor melancólico que facilitaba el accionar del demonio en el cuerpo de la víctima: 'Y el remedio destos tales por vía natural se ha de procurar con medicinas naturales, confortando el celebro, purgando el humor melancólico, esforzando el corazón. regiéndose en su comer y beber por regimiento de médico, dotor sabio, y de la pasión bien informado'" (Campagne "medicina" 427).

la constante propagación de los valores hegemónicos de la Monarquía e Iglesia católicas. Igual que en algunos manuales antisupersticiosos, autores como Cervantes entendieron que una representación artística y literaria más verosímil podría contribuir a situar al individuo dentro de su propia realidad, alejándole de aquellas falsedades externas que le causaban turbación e inquietud.

La obra cumbre de Cervantes se basa en dos fuentes de conocimiento fundamentales; por un lado, el universo de las órdenes de caballerías, que teólogos como Lulio habían utilizado como alegoría del conocimiento místico. Por otro lado, el de las propias novelas de caballerías, ficciones con un elevado grado de fabulación o fantasía. El discurso de Don Quijote incluye alusiones a sendos ámbitos, a uno mediante referencias verosímiles e históricas y al otro a través del contramodelo de sus textos inverosímiles, como lo era la propia naturaleza fantástica del género caballeresco. Y es que el discurso y la propia existencia de Don Quijote delatan que los romances de caballerías constituyen una distorsión de los principios tradicionales del mundo real de las órdenes de caballería[31]. En este sentido, atendiendo a las quejas y recomendaciones expuestas en el *Libro de Contemplación* del místico Lulio, cuya obra todavía circulaba libremente en tiempos de la Contrarreforma, junto a la de otros filósofos españoles[32], existe una descripción de la fuente de conocimiento que se asocia al

---

31   Rey Hazas reflexiona sobre la relación del *Quijote* con las fábulas caballerescas, las verdaderas órdenes de caballería y la picaresca: "Don Quijote, obvio es decirlo, defensor a ultranza de la vieja caballería andante, se encontraba más cerca de la postura de Navarrete que de la que ofrecía la realidad social de su época, y por ello, desde su altura superior, desdeñaba la nueva situación de los caballeros cortesanos [...]. Y es que, en efecto, hidalgos y pícaros aparecían casi indiferenciados, con toda intención, para que se viera que la hidalguía no implicaba superioridad verdadera alguna, sino todo lo contrario: hermanamiento con la picaresca. [...] Los hidalgos se hallaban en el centro del arco social áureo. De ahí que su figura se encuentre, asimismo, en la base de la novela moderna. No es casual que fuera así, ya que la hidalguía constituía el gozne que abría o cerraba el paso hacia la nobleza, máxima aspiración de todos los que tenían dinero para intentarlo, apetecible siempre por el prestigio y los privilegios que comportaba. Los hidalgos, ciertamente, estaban en medio, como decía el Pinciano, y eran censurados por todos: por unos, los de abajo, los burgueses, porque no entendían las razones de su superioridad; por otros, los de arriba, los caballeros, porque su miseria desprestigiaba a la clase nobiliaria. Por fas o por nefás, arremetieron contra ellos desde ambos lados de la contienda, a consecuencia de su posición central, a consecuencia de que eran *medianos*. Quienes dieron cauce a la novela moderna, quienes, por las mismas fechas, crearon el *Quijote* y la novela picaresca, detectaron tales tensiones sociales y las llevaron, con sensibilidad extraordinaria, al centro de la mejor y más original prosa de nuestro Siglo de Oro."

32   Así, Menéndez Pelayo apunta a la libertad de pensamiento en las principales obras filosóficas del Renacimiento: "Afirmo, pues, sin temor de ser desmentido, que, en toda su larga existencia, y fuese por una causa ó por otra, no condenó nuestro Tribunal de la Fé una sola obra filosófica de mérito o de notoriedad verdadera, ni de extranjeros, ni de españoles. En

universo heroico de los caballeros andantes, la cual corresponde a valores similares a los que están presentes en los pasajes más lúcidos del *Quijote*[33].

De igual manera que ocurre con Colón y su *Libro de las profecías*, Alonso Quijano decide inscribir su historia particular en la general de su tiempo y lugar, imitando las "hazañas" de sus referentes literarios, con las cuales pretende reescribir su biografía. En plena crisis existencial, contaminado por el deseo de dejar un heroico legado de su presencia en el mundo, anhelará la fama de los pocos que son recordados por los inexistentes historiadores responsables de los *Anales de La Mancha*. Sin embargo, esta idealizada intención de ser famoso, una vez se va materializando, desvela la fina línea existente entre fama e infamia, especialmente cuando la capacidad quijotesca de "fabular" e imponer fantasías en el verosímil ambiente manchego demuestra estar guiada por una fallida metodología del conocimiento, lo que tiene consecuencias tanto en su integridad física como en la de los demás. En el *Quijote* se aprecia también cierta reacción en contra del escolasticismo, con el que todavía se defendía la hegemonía de ciertas fuentes clásicas y sagradas incuestionables, aunque éstas fueran incompatibles con la evidencia científica. El denostar paradigmas obsoletos ante la verdad empírica es algo muy presente en la obra cervantina, lo que demuestra la consciencia del autor de que, para convertirse en un clásico moderno, era también necesario tener la capacidad de reproducir la evidencia literaria verosímilmente y dentro del espíritu de su tiempo. Esto es algo que se

---

vano se buscarán en el índice los nombres de nuestros grandes filósofos: brillan, como ahora se dice, por su ausencia. Raimundo Lulio se permite íntegro; de Sabunde sólo se tacha una frase; de Vives, en sus obras originales, nada, y sólo ciertos pedazos del comentario á la *Ciudad de Dios*, de San Agustín, en que dejó imprudentemente poner mano a Erasmo; el *Examen de ingenios*, de Huarte, y la Nueva filosofía de la naturaleza del hombre, de doña Oliva, que no escasean de proposiciones empíricas y sensualistas, sufrieron muy benigna expurgacion; y los *Diálogos de amor*, de León Hebreo, mezcla de cabala y neo-platonismo, se vedaron en lengua vulgar, pero nunca en latin. ¡Y ésta es toda la persecución contra nuestra filosofía!" (*heterodoxos* 707–08).

33 De hecho, el héroe es el protagonista de algunas de las alegorías del conocimiento renacentistas: "Renaissance philosophy the figure of the hero is usually associated with the thought of Giordano Bruno (1548–1600). After all, he wrote a vibrant dialogue entitled *De gl'Eroici Furori* (*The Heroic Frenzies*, 1585) in which he expressed that true thinking is an act of self-transformation. And since transformation is a form of death, so Bruno argued, true thinking presupposes heroic qualities. Clearly, philosophy as a fatal undertaking in the process of which the philosopher receives—intellectual—death by his or her own hand, challenges the more traditional understanding of philosophy as a quest for wisdom. But there may be an assumption here in that one thinks of having to make a choice: wisdom or heroism, as if there would have to be a crossroad at which one would be compelled to abandon one path for the other. How about wisdom and heroism as two intertwined paths?" (Albertini 297).

logra cada vez que se desmonta el propósito de que Don Quijote consiga hacer realidad sus fabulaciones caballerescas.

Además de las diferentes corrientes religiosas de la Reforma, el Protestantismo y la Contrarreforma, en el período cervantino coinciden tres aproximaciones al conocimiento, cuyo desarrollo contribuirá, en mayor o menor medida, al desarrollo del arte y de la ciencia modernas, que son el Humanismo, el Escolasticismo y el Neoplatonismo. El primer movimiento ocurre entre el siglo quince y dieciséis, cuando:

> [...] se consideraba humanista al estudioso de los *studia humanitatis*, siendo éstos el tipo de educación que debía poseer una persona culta, y que abarcaba conocimientos de gramática, retórica, poética, historia y filosofía mora. Además de dominar estas materias, los humanistas, primero en Italia y más tarde en toda Europa, llevaron a cabo importantes aportaciones en el campo de la medicina, la astronomía, el derecho, la ingeniería, la teología y muchos otros saberes. [...] pudieron recuperar y estudiar de forma más precisa los textos de Galeno, Hipócrates, Tolomeo, Vitrubio o la misma Biblia, entre otros. Además, la retórica les capacitaba en la lectura, interpretación e imitación de los modelos en prosa de la Antigüedad [...].
> CASTILLA URBANO 202-203

La escolástica, por otro lado, es:

> [...] el producto de una enseñanza impartida y recibida originariamente en las escuelas catedralicias y que tenía como contenido el *trivium*, el *quadrivium*, la filosofía y la teología. Con el tiempo esas enseñanzas pasaron a las universidades y el término "escolástico" vino a designar un método de trabajo adoptado por sus profesores y estudiantes donde la dialéctica fue desplazando a las disciplinas hermanas del *trivium*, esto es, a la gramática y la retórica. Dicho método se servía de las aportaciones lógicas y metafísicas de la filosofía griega y estaba al servicio de la fe cristiana, lo que acabó haciendo de la teología el centro de las preocupaciones teóricas de los escolásticos y convirtió a la filosofía en instrumento de sus investigaciones. Esto no quiere decir que la escolástica no contribuyera a la comprensión y solución de problemas de todo tipo, pero su dedicación preferente a la teología y el uso de fórmulas silogísticas, unido al abuso de estructuras repetitivas y de argumentos de autoridad, alejan sus contribuciones del estilo propio del pensamiento moderno. [...] muchas de sus aportaciones gramaticales, morales, políticas, económicas, físicas

y de historia natural no sólo no eran ajenas a las necesidades de la vida diaria, sino que permitieron dar respuesta a las nuevas realidades antropológicas, políticas, geográicas o astronómicas del Renacimiento. [...]

CASTILLA URBANO 203-4

Por último, en el Neoplatonismo renacentista:

[...] Su rechazo, en mayor o menor medida, del naturalismo aristotélico les hace reivindicar la filosofía platónica, especialmente a través de la versión tardía de autores como Plotino, Poririo, Jámblico o Proclo, algunas de cuyas obras fueron editadas por Marsilio Ficino. [...] Las doctrinas neoplatónicas siempre mantuvieron un carácter sincrético que las hizo buscar su inspiración más allá de Grecia, en Oriente. La aceptación de las enseñanzas del persa Zoroastro y, sobre todo, del egipcio Hermes Trismegisto y de la Cábala judía no fue algo excepcional sino consustancial a sus miembros. [...] Muchas de las críticas de un grupo a otro tienen que ver con el estilo. El uso del argumento de autoridad en las disputas escolásticas contrastó siempre con el criticismo de los análisis ilológicos e históricos de los humanistas y los neoplatónicos;

CASTILLA URBANO 204-205 [...]

Para el propósito de este ensayo, los conocimientos que nacen de principios neoplatónicos como del de Cusa, al identificar la divergencia entre los preceptos de la Música y el sonido musical y que se confirma en la primera ley de Kepler sobre el movimiento de los planetas, serán considerados como fundamentales en el progreso de la ciencia moderna[34]. La expansión de este principio neoplatónico de la separación entre lo preconcebido y la evidencia, en busca de un acercamiento más eficiente al sentido del mundo, de la obra divina, se explorará, en este ensayo, dentro de la obra cervantina, donde se aprecian otras aproximaciones al conocimiento como la del método

---

[34] "With Kepler's First Law and the postulation of elliptical orbits, the old simplicity was destroyed. The Second and Third Laws established the physical law of constancy as an ordering principle in a changing situation [...]. It was therefore a bold step to search for harmonies beyond both perception and preconception. [...]. The investigation of nature becomes an investigation into the thought of God, Whom we can apprehend through the language of mathematics [...]. In the end, Kepler's unifying principle for the world of phenomena is not merely the concept of mechanical forces, but God, expressing Himself in mathematical laws" (Holton 64, 69).

INTRODUCCIÓN   23

antisupersticioso, que también combinan el uso de la evidencia con un método más escolástico[35].

A partir de los numerosos casos identificados de la exploración en detalle del "abismo neoplatónico" existente entre idea y verdad en la obra cervantina, evidenciados, por ejemplo, en el contraste entre géneros literarios idealizados y otras descripciones verosímiles de la realidad de la aplicación de estos géneros en la sociedad cervantina, se aprecia el uso de la Literatura en Cervantes como una herramienta para el conocimiento del mundo.

Aunque existen muchos momentos de la obra cervantina donde no se cuestiona el hegemónico escolasticismo como metodología del conocimiento[36], en otros se llegarán a plantear debates sobre diferentes aproximaciones al saber dentro de la propia obra literaria, como es el caso de *El coloquio de los perros*. Aunque la convivencia e intento de acomodo de diferentes epistemologías es típico de este período, como se aprecia también en la obra de Maldonado y de Kepler, este ensayo se centra en cómo se acompasan o interfieren con el principio neoplatónico de Cusa y Kepler, el cual sirvió para el establecimiento de la primera ley científica moderna. El espíritu neoplatónico, antropocéntrico y experimental de utilizar un principio de Platón (verdad-idea) para la exploración mística del conocimiento de la obra divina, con la ayuda de herramientas específicas creadas por el ser humano (artificios literarios), se identificará en momentos de la obra de Cervantes, donde se aprecia una curiosidad experimental similar a la científica. Se demuestra así que en la Literatura se pueden desarrollar mecanismos para hacer resaltar la disonancia existente entre lo idealizado y la evidencia. Afortunadamente, la existencia de una obra literaria escrita por Kepler nos ofrece la oportunidad única de confirmar este mismo espíritu neoplatónico presente en ficciones como la suya, la de Maldonado y la de Cervantes.

---

35 "[...] en general, el control de las universidades renacentistas fue escolástico más que de ningún otro movimiento y ese factor pudo ser decisivo para que, a pesar de todas las críticas humanistas o neoplatónicas y, con posterioridad, racionalistas, empiristas e incluso ilustradas, los escolásticos perduraran varios siglos mientras que humanistas y neoplatónicos desaparecieron como corriente durante la segunda mitad del siglo XVI" (Castilla Urbano 207).

36 En este sentido, se ha distinguido la influencia de la Teología escolástica en personajes como Diego de Miranda, Sancho o Pedro de Urdemalas (Bañeza Román "instituciones" 79–83), lo que es reflejo del propio pensamiento del período contrarreformista y de la convivencia, en la obra cervantina, del escolasticismo con una autoconsciencia del progreso en el conocimiento asociado al método científico y artístico neoplatónico, basado en la distinción entre idea y evidencia, junto a la innovación con "artificios," para acercarse más y mejor a la verdad.

El planteamiento de la mejor manera de representar la realidad mediante artificios literarios verosímiles es un asunto primordial en la obra de Cervantes. De hecho, el discurso cervantino se suele elevar contra la fabulación y la mentira, que son entendidas en su obra como aspectos corruptores de la capacidad cognitiva del mundo sensible del receptor. En su aproximación artística se prima la evidencia sobre las fuentes clásicas que no se alinean a ella, como se argumenta, por ejemplo, en los paratextos del *Quijote*. Un recorrido sobre algunos de los principios clásicos que puede haber informado la obra cervantina contribuirá a delimitar ciertos criterios determinantes de su epistemología literaria neoaristotélica y neoplatónica, la cual también coincide, en cierto sentido, con la de autores como Maldonado, Bovelles y Kepler.

4 Cervantes clásico

Diferentes detalles preceptivos, presentes en Aristóteles y otros autores neoaristotelicos como El Pinciano, además de Platón, pudieron haber influido en el estilo literario cervantino (Cascardi "two"). En la obra de Cervantes se aprecia que su conocimiento de las técnicas fundamentales del arte pictórico del período es también relevante, como se hace evidente en el episodio séptimo del libro cuarto del *Persiles*, durante la presencia de Periandro en la pinacoteca de Hipólita. Este tipo de posible adaptación o inspiración cervantina de aproximaciones artísticas concretas para mejorar el efecto de la verosimilitud literaria puede relacionarse con el modo en que Aristóteles describe sus ideas sobre la mimesis o imitación en su *Poética*[37]. En esta obra, donde se prescriben las diferentes maneras de alcanzar la verosimilitud artística, se enfatiza la necesidad de representar todos los aspectos de la realidad y se recomienda que el verdadero artista no tenga condicionantes morales a la hora de reproducirla:

---

[37] Para un estudio más detallado de la presencia de los clásicos en Cervantes ver Lida de Malkiel y Forcione. Este último crítico ha señalado la presencia de la preceptiva aristotélica en Cervantes, evidenciada tanto en la intervención del canónigo de Toledo en el *Quijote* como en la presentación del falso conocimiento de Vidriera (*Cervantes* 242), aludiendo también al valor de la creatividad en el *Quijote*, en un período en el que el ingenio estaba frecuentemente sometido a criterios morales: "Like the Canon of Toledo the neo-Aristotelians are 'short-sighted,' preferring to confine the artist's vision to the surfaces, on which all lines and details appear in sharp relief, preventing him from turning toward the depths, in which outlines dissolve and reality becomes problematic. At the same time Don Quixote's celebration of the value of the creative powers of the artist or artificer and his ironic intervention as narrator between his story and audience suggest that for Cervantes the artist stands beyond all the norms and restrictions by which criticism would control his creative powers, as god above both his creation and his audience" (*Aristotle* 125).

INTRODUCCIÓN

> Mas, puesto que los que imitan, imitan a hombres que actúan y éstos necesariamente serán esforzados o de baja calidad (los caracteres, en efecto, casi siempre se reducen a éstos solos, pues todos sobresalen, en cuanto al carácter, o por el vicio o por la virtud), o bien los hacen mejores que solemos ser nosotros, o bien peores o incluso iguales o, lo mismo que los pintores. Polignoto, en efecto, los pintaba mejores; Pausón, peores, y Dionisio, semejantes. Y es evidente que también cada una de las imitaciones dichas tendrá estas diferencias, y será diversa por imitar cosas diversas como se ha indicado. [...] Hay todavía entre estas artes una tercera diferencia, que es el modo en que uno podría imitar cada una de estas cosas. En efecto, con los mismos medios es posible imitar las mismas cosas unas veces narrándolas (ya convirtiéndose hasta cierto punto en otro, como hace Homero, ya como uno mismo y sin cambiar), o bien presentando a todos los imitados como operantes y actuantes.
>
> 2, 131, 133

La "ejemplaridad cervantina" también casa con la propuesta aristotélica de mejorar moralmente a los protagonistas literarios:

> En cuanto a los caracteres, hay cuatro cosas a las que se debe aspirar. La primera y principal, que sean buenos. Habrá carácter si, como se dijo, las palabras y las acciones manifiestan una decisión, cualquiera que sea; y será bueno, si es buena.
>
> Y esto es posible en cada género de personas; pues también puede haber una mujer buena, y un esclavo, aunque quizá la mujer es un ser inferior, y el esclavo, del todo vil.
>
> 15, 179

Por su parte, a través de su más famosa alegoría, en su séptimo libro de la *República*, Platón introduce un planteamiento también presente en la técnica artística cervantina, donde se ilustra la separación del mundo sensible del de las ideas. Su confusión, aunque sea temporal, puede tener consecuencias, las cuales son reconocibles en la obra de Cervantes, como ocurre en el caso de la locura de Don Quijote y el tipo de "ceguera conceptual" que le provoca el estar alejado de la verdad, no llegando a ser un "ser humano completo" hasta su autoreconocimiento final como Alonso Quijano[38]. Aquel que aprecia la

---

[38] En este sentido, para teólogos como Bovelles, el sabio sería un ser humano completo, a diferencia del loco: "Le sage est un homme délimité, c'est-á-dire ordonné et achevé dans ses limites. L'insensé, par contre, est illimité, inaccompli, inachevé. [...] Le sage est un home qui mérite d'être célébré comme un petit monde, fils de ce grand monde qu'est

verdad, es capaz de utilizar su propia capacidad para poder observarla activamente y razonar[39], que es tanto como acostumbrarse a mirar a la luz de frente y sin deslumbrarse. Esta descripción de la ceguera ante la verdad recuerda a otros principios similares, también expuestos en las *Novelas ejemplares*, los cuales alcanzan el resto de la literatura cervantina más verosímilmente ejemplar. Así, para Platón, el deber del poeta neoplatónico es iluminar al que está cegado por la falseada realidad[40]:

[39] l'univers; seul en effet le sage s'est composé, développé et accompli à l'imitation du grand monde; seul il peut imiter la nature, seul il conserve toutes ses parties en accord et proportion avec celles de la nature. Le sage mérite certes d'être appelé non seulement le peti, mais aussi l'autre grand monde, [...]" (VII, VIII, 48, 53).

De hecho, la razón es fundamental en el ser humano, siendo su preponderancia desarrollada por Bovelles en *De Sapiente*, quien sigue la idea del alma de Platón: sólo el ser humano puede hacer uso de su razón para contemplar la verdad; sin razón no hay sabiduría, al consistir el alma en intelecto, memoria, contemplación: "Bovelles describes the human situation as follows: Nature endows humans with simple Being. The wise person, acting as skilled craftsperson of herself, brings forth the human of virtue, the image and wisdom of the naturalis Homo, a person who complies in all things with the guidance of Reason (31.3). Reason in the De Sapiente is, in general, the term for Intellect when applied to humans [...]. The soul is life in the body, and is either rational, sensory or vegetative; inanimate things are without soul. The rational soul is one and indivisible substance, yet threefold, consisting of intellect, memory, and contemplation, the latter being an activity (functio) of both intellect and memory.16 Intellect is first and observant of all things, and presents them to the memory" (Trowbridge 355–56).

Por todo ello, la sabiduría se considera una facultad exclusivamente humana: "Human wisdom, which, at the end of his book, Bovelles also calls human science (humana doctrina) and whose potentialities and lasting effects he endlessly explores and exploits, he definitively identifies as philosophy (whose basic and etymological meaning he recovers) and exalts its autonomy and irreducibility to any sector of knowledge, and that it is 'not subject to any practical use', balanced between knowledge and contemplation" (Margolin 294).

[40] Precisamente, en el *Libro de la Sabiduría* del teólogo neoplatónico, neoluliano y neocusano Bovelles se desarrolla este concepto de razón y sabiduría, que sirve como puente entre los textos clásicos y humanistas, dentro de un ejercicio intelectual realizado en el ámbito de la Filosofía, el cual se asemeja al llevado a cabo por Cervantes en el campo literario. En la obra de Bovelles se exploran diferentes vías intelectuales que conducen a la iluminación platónica, dentro del mundo intelectual católico. También se desarrollarán ideas místicas sobre la perspectiva de la realidad, el infinito y los diferentes estados de la vida, desde los brutos animales hasta los sabios, proponiéndose un tipo de debate en el que frecuentemente se exponen las limitaciones del método escolástico, que resume así Cassirer: "El contenido de la filosofía escolástica contradice su forma; ambos se excluyen recíprocamente. Debe de existir una posibilidad de pensar y conocer lo absoluto, lo infinito, pero ese pensar, en tal caso, no puede ni debe a apoyarse en las muletas que le brinda la lógica tradicional, con ayuda de la cual marchamos siempre de algo finito y limitado a

—Y si se le obligase á mirar al fuego, ¿no sentirla molestia en los ojos? ¿No volvería la vista para mirar á las sombras, en las que se fija sin esfuerzo? ¿No creerla hallar en éstas más distinción y claridad que en todo lo que ahora se le muestra? [...]
    Y bien, mi querido Glaucon, esta es precisamente la imagen de la condición humana. El antro subterráneo es este mundo visible; el fuego que le ilumina es la luz del sol; este cautivo, que sube á la región superior y que la contempla, es el alma que se eleva hasta la esfera inteligible. Hé aquí por lo menos lo que yo pienso, ya que quieres saberlo. Sabe Dios si es conforme con la verdad. En cuanto á mí lo que me parece en el asunto es lo que voy á decirte. En los últimos límites del mundo inteligible está la idea del bien, que se percibe con dificultad; pero una vez percibida no se puede menos de sacar la consecuencia de que ella es la causa primera de todo lo que hay de bello y de bueno en el universo; que, en este mundo visible, ella es la que produce la luz y el astro de que ésta procede directamente; que en el mundo invisible engendra la verdad y la inteligencia; y en fin, que ha de tener fijos los ojos en esta idea el que quiera conducirse sabiamente en la vida pública y en la privada.
>
> *república* VII, 53, 55

La concepción epistemológica cervantina del arte literario puede haber tenido también como una de sus referencias al *Timeo*, donde se describen las acciones de los poetas malos que se limitan a imitar, tema recurrente en obras como los entremeses, pero especialmente en los textos cervantinos contra la segunda parte de Avellaneda, donde se ironiza acerca de la facilidad de escribir obras de poca calidad:

> No es que desprecie yo la raza de los poetas; pero es una cosa sabida por todo el mundo, que la clase de imitadores imitará fácilmente y bien las cosas en que ha sido educada; mientras que respecto a las cosas extrañas al género de vida que ha observado, es difícil reproducirlas en las obras, y más difícil aún en los discursos.
>
> *Timeo* 152

En el libro segundo de la *República* existe además una advertencia contra el peligro de permitir fabular a cualquiera, debido a la nefasta influencia de

---

algo también finito y limitado, pero con la que de ninguna manera podemos ir más allá del dominio de lo individual y condicionado" (26–28).

ciertas ficciones en los niños. Para combatir contra los potenciales corruptores del pensamiento inocente se recomienda vigilar a qué tipo de obras se les expone a los más jóvenes de la República:

> —¿Llevaremos, por tanto, con paciencia que esté en manos de cualquiera contar indiferentemente toda clase de fábulas á los niños, y que su alma reciba impresiones contrarias en su mayor parte á las ideas que queremos que tengan en una edad más avanzada?
> —Eso no debe consentirse.
> —Comencemos, pues, ante todo por vigilar á los forjadores de fábulas. Escojamos las convenientes y desechemos las demás. En seguida comprometeremos á las nodrizas y á las madres á que entretengan á sus niños con las que se escojan, y formen así sus almas con más cuidado aún que el que ponen para formar sus cuerpos [....].
>
> *república* II, 134

La polémica figura de un censor de Corte, recomendada por Cervantes en la primera parte del *Quijote*, iniciativa también debatida en el contexto de la controversia de los espectáculos del período, en aras de la protección moral de los espectadores, puede tener su origen en este tipo de recomendaciones de Platón. Existen además otros juicios platónicos acerca de las fábulas, que también recuerdan el tono moral de algunos de los paratextos cervantinos, especialmente en referencia a las reflexiones sobre el mejor modo de representar la verdad y particularmente dentro del contraste que se establece entre el arte narrativo y el pictórico:

> En cuanto a las fábulas que les cuentan hoy, deben desecharse en su mayor parte.
> —¿Qué fábulas?
> —Juzgaremos de las pequeñas por las grandes, por que todas están hechas por el mismo modelo y caminan al mismo fin. ¿No es cierto?
> —Sí, pero no veo cuáles son esas grandes fábulas de que hablas.
> —Las que Hesiodo, Homero y demás poetas han divulgado; porque los poetas, lo mismo los de ahora que los de los tiempos pasados, no hacen otra cosa que divertir al género humano con fábulas.
> —¿Pero qué fábulas? ¿Y qué tienes que reprender en ellas?
> —Lo que merece serlo y mucho en esta especie de invenciones corruptoras.
> —¿Qué quieres decir?
> —Quiero decir que nos representan á los dioses y a los héroes distintos de como son, como cuando un pintor hace retratos sin parecido.

> —Convengo que eso es reprensible, ¿pero en qué sentido puede decirse de los poetas?
> —¿No es una falsedad de las más enormes y de las más graves la de Hesíodo (1) relativa a los actos que refiere de Urano, á la venganza que provocaron en Saturno, y a los malos tratamientos que infirió éste á Júpiter y recibió de él á su vez? Aun cuando todo esto fuera cierto, no son cosas que deban contarse delante de niños desprovistos de razón; es preciso condenarlas al silencio; o si se ha de hablar de ellas, sólo debe hacerse en secreto delante de un corto número de oyentes, con prohibición expresa de revelar nada, y después de haberles hecho inmolar, no un puerco (2),
> —Sin duda, porque semejantes historias son peligrosas.
>
> *república* II, 135

Del peligro para la República de las fábulas falsas, por constituir corrupciones de la realidad, no se libran, ni los tiranos, ni los políticos:

> —Por lo mismo no deben oirse nunca en nuestro Estado. No quiero que se diga en presencia de un tirano joven que, cometiendo los más grandes crímenes y hasta vengándose cruelmente de su mismo padre por las injurias que de él hubiera recibido, no hace nada de extraordinario, ni nada de que los primeros y más grandes dioses no hayan dado el ejemplo.
> —¡Por Júpiter! no me parece tampoco que tales cosas puedan decirse.
> —Y si queremos que los defensores de nuestra república tengan horror á las disensiones y discordias, tampoco les hablaremos de los combates de los dioses, ni de los lazos que se tendían unos a otros; además de que no es cierto todo esto. Menos aún les daremos á conocer ni por medio de narraciones, ni de pinturas ó de tapicerías, las guerras de los gigantes y todas las querellas que han tenido los dioses y los héroes con sus parientes y sus amigos. Si nuestro propósito es persuadirles de que nunca la discordia ha reinado entre los ciudadanos de una misma república, ni puede reinar sin cometer un crimen, obliguemos á los poetas á no componer nada, y á los ancianos de uno y otro sexo á no referir á tales jóvenes nada, que no tienda á este fin.
>
> *república* II, 136

Platón otorga el deber de la descripción de las fábulas no reprensibles a los poetas, de igual modo que, en tiempos de Cervantes, se les responsabilizaba de ser mediadores en la interpretación del discurso antisupersticioso a los religiosos y a los médicos:

—Lo que dices es muy sensato; pero si se nos preguntase cuáles son esas fábulas admisibles, ¿qué responderíamos?

—Adimanto, ni tú ni yo no somos poetas. Nosotros fundamos una república, y en este concepto nos toca conocer según qué modelo deben los poetas componer sus fábulas, y además prohibir que se separen nunca de él; pero no nos corresponde a nosotros componerlas.

república II, 137

Aunque también se advierte de la capacidad de los poetas de confundir y blasfemar sobre los dioses:

Por consiguiente, Dios, siendo esencialmente bueno, no es causa de todas las cosas, como se dice comunmente. Y si los bienes y los males están de tal manera repartidos entre los hombres, que el mal domine, Dios no es causa más que de una pequeña parte de lo que sucede á los hombres y no lo es de todo lo demás. A él sólo deben atribuirse los bienes; en cuanto á los males es preciso buscar otra causa que no sea Dios.

—Nada más cierto que lo que dices.

—No hay, pues, que dar fe a Homero ni á ningún otro poeta, bastante insensato para blasfemar de los dioses y para decir que

Sobre el umbral del palacio de Júpiter hay dos toneles, uno lleno de destinos dichosos y otro de destinos desgraciados (1); que si Júpiter toma de uno y otro para un mortal,

Su vida será una mezcla de huenos y malos días (2); pero que si toma sólo del último,

El hambre devoradora le perseguirá sobre la tierra fecunda (3).

No hay que creer tampoco que Júpiter sea el distribuidor de los bienes y de los males (4).

república II, 138

En resumen, este tipo de significativas directrices clásicas pudieron llegar a tener cierto eco en la obra de Cervantes, directa o indirectamente, como se refleja en las correspondencias de los pasajes señalados con determinados momentos cervantinos, presencia que se seguirá desarrollando en este ensayo. La implementación literaria de este tipo de recomendaciones clásicas elevará el tono ejemplar de la obra cervantina, especialmente cuando este tipo de principios se complementa con la constatación de su aplicación a casos prácticos y verosímiles en la sociedad coetánea a los textos literarios, un detalle más por el que Cervantes es reconocido como un clásico moderno, en su propio tiempo. Mientras Garcilaso consigue escribir sonetos en castellano con *sprezzatura*,

INTRODUCCIÓN 31

Cervantes es capaz de reflejar principios y cuestionamientos clásicos sobre la verosimilitud en su obra narrativa actual, lo que le sirve para ser reconocido por sus iguales como el primero en novelar en lengua española.

5 Sobre las posibles fuentes del conocimiento de Cervantes

Dentro del espíritu contrarreformista destaca la reafirmación de la necesidad de la intermediación de la Iglesia en la interpretación del mundo sensible, algo que contradecía el espíritu de la primera Reforma Católica[41], la cual había contado con pensadores partidarios de una simplificación en los rituales y de revisar la relación del individuo con Dios en el culto, como fue Erasmo, muy popular e influyente en Europa[42]; se entendía así que, mediante la afirmación de la necesidad de darle una mayor importancia a las obras del buen cristiano, se alcanzaba una comunicación más directa e íntima con lo sagrado[43]. Posteriormente, el cisma protestante contribuirá a que se radicalice

---

41　Bataillon separa la apertura de la Reforma católica de la cerrazón contrarreformista: "El mayor equívoco de esta terminología consistía en hacer de la Reforma un sinónimo anacrónico del Protestantismo, en adscribir a Contrarreforma todo lo vigoroso y nuevo del catolicismo después de 1517. Cuando lo que, entre 1517 y 1560, merece en rigor el nombre de Contrarreforma es una actitud negativa, hostil a toda reforma, tanto católica como protestante, y que abomina poco menos a Erasmo, al Maestro Juan de Ávila, a los primeros jesuitas, que a Lutero y Calvino. Esquematizar la Reforma católica, de Lutero en adelante, como Contrarreforma equivale a empobrecerla, y el que la Compañía de Jesús, después de 1560, haya sido una gran fuerza antiprotestante no quiere decir que San Ignacio haya sido más que otra cosa un Antilutero" (*Erasmo* xiv).

42　Morón Arroyo resume la doctrina erasmista, aunque descartando su potencial presencia en Cervantes:
"1) Estudio del texto de la Biblia.
2) Antiescolasticismo.
3) Monachatus non est pietas.
4) Catolicismo de conducta frente a fórmulas.
5) La Moría y la ironía erasmiana.
No creo que nadie asocie a Cervantes con el proyecto fundamental de Erasmo, que consistió en purificar el texto del Nuevo Testamento y leerlo de manera nueva, siguiendo el camino abierto por Lorenzo Valla (1407–1457). Frente a Valla y Erasmo, que atacaron muchas tesis de la teología escolástica, cuando Cervantes se refiere a conceptos filosóficos y teológicos, repite ideas y términos escolásticos […] (*Quijote*) Una obra clásica— ni moderna ni antigua, 'intrahistórica'—porque investiga y plasma en su texto un rasgo esencial del humano: el punto de encuentro y diferencia de nuestro hacer y nuestro recibir. Don Quijote toma decisiones llevado por su fantasía influida por los libros leídos, es decir, por la lengua, por 'los medios'" (310, 333).

43　En este sentido, precediendo la presencia del erasmismo en España, también se habrían dado corrientes ideológicas afines, con las que se habrían materializado mejoras

este discurso reformista católico y ante esta nueva situación, con el impulso de la Contrarreforma, la Iglesia Católica intentará combatir la nueva amenaza a su hegemonía político-ideológica, a partir de la racionalización y refuerzo en la propagación de rituales y cultos, enfocándose en la Revelación como vía de conocimiento, en su afán de conseguir la evangelización universal. Con el impulso contrarreformista se plantea así el difícil reto de concebir tanto una cosmovisión como un discurso hegemónico, aceptables y aceptados, que sirvieran para cohesionar y controlar la convivencia en territorios extensos, diversos y lejanos, los cuales habían de ser acogidos dentro de una narrativa evangelizadora más simple, efectiva y reconocida por todos los fieles.

En este sentido, muchos hechos inexplicables serán interpretados por la entente formada por médicos y representantes de la Iglesia Católica, a partir de sus respectivos deberes de informar y reafirmar la cosmovisión antisupersticiosa. La experiencia en la sustitución de las creencias tradicionales de los indígenas de las tierras conquistadas se aplicará, con igual fervor evangélico, en la conversión e imposición de una realidad hegemónica en la propia metrópoli y viceversa. Los mediadores entre el individuo y el mundo sensible, médicos, cirujanos, sacerdotes y otros cargos religiosos, no ahorrarán en el esfuerzo de coartar la libertad de pensamiento del individuo, con su dictado de lo que se interpretaba oficialmente como divino o demoniaco. El poder de este discurso homogeneizador (Campagne *homo*) se alineará a los intereses de la política monárquica de propagar sus grandezas en todos sus territorios, para asegurarse su hegemonía (Maravall *cultura*), ya que la estabilidad existencial de la Corona también se basaba en la aceptación de su poderosa narrativa, la cual se fundamentaba en su interesada interpretación de la historia pasada, presente y futura (Ver Pérez de León *histéresis*).

La epistemología literaria de Cervantes se define como no dogmática, aunque moral y éticamente firme. En ella se prioriza la representación artística verosímilmente antropocéntrica, a diferencia del modo en que se describía el ser humano en obras narrativas como las picarescas, cuyos protagonistas se presentaban como supervivientes, dentro de un universo corrupto y decadente. En contraste, en algunos pasajes de la obra de Cervantes se llegarán a

---

institucionales y sociales, que fueron similares a las propuestas en la Reforma Católica: "Y, por fin, en cuanto al resto de las ideas que los erasmistas del siglo xx han atribuido a Erasmo, no le pertenecían; un ejemplo, las deficiencias e inmoralidades eclesiásticas fueron denunciadas por espíritus inquietos, dentro del cristianismo, mucho antes de que él les diera forma. Limitándonos a España, las de los frailes carecían de sentido, porque Cisneros había concluido la reforma de los conventos, tanto los de hombres como los de mujeres, antes de que Erasmo comenzara sus primeros escritos de denuncia" (Villanueva Fernández 322).

explorar las causas finales del origen del comportamiento humano, siendo justificado, en algunos casos, como parte de un desequilibrio físico (enfermedad) o incluso moral, aunque encajando siempre dentro del concepto de creación divina como pequeño mundo[44]. Esto refleja la capacidad de Cervantes, como autor, de suplementar la relación del ser humano con el universo, a partir de las innovaciones artísticas nacidas de su imaginación y creatividad.

La ciencia y el conocimiento que iluminan la literatura cervantina son neoplatónicamente antropocéntricos. En su obra se manifiesta también una curiosidad intelectual equilibradamente humanista, influida culturalmente por tendencias contrarreformistas y antisupersticiosas. Su vía hacia la verdad artística suele consistir en desnudarla de su ideología, siempre que sea posible, exponiendo y denunciando cualquier error que permita secuestrar el uso del libre albedrío del individuo y conducir a desastres de malcasadas y viejos celosos, o cualquier otro acto que vaya en contra del "orden natural de las cosas" literario. Mediante contramodelos como el de Grisóstomo, Don Quijote o Anselmo, en el arte cervantino se celebra la posibilidad de conocer el mundo sensible sin pensamientos apriorísticos, tan solo a partir del criterio de lo que media entre éste y la obra divina, que es el ser humano. El secreto del mundo sensible se esconde en el pequeño mundo; conociéndolo, también se aprende sobre el universo sagrado, pues está articulado concentradamente en él. Es así como el arte literario puede así ser utilizado como ciencia y lenguaje para acercarse a un mayor conocimiento sobre los misterios de la Filosofía Natural. Este tipo de influencia antropocéntrica, neoplatónica y humanística que se percibe en la obra cervantina pudo provenir de autores como Pico de la Mirandola o Ficino con su *Teología platónica*, quienes, al igual que en el caso de Cusa, orientan su obra a preparar el camino hacia la elevación del ser humano por sus virtudes. Este tipo de antropocentrismo acompañará naturalmente a una nueva cosmovisión basada en la evidencia científica, con la que se irá recuperado la dignidad del lugar de la propia Tierra en el universo, en paralelo con el desarrollo humano de la vía intelectual hacia Dios, que era defendida por autores como Bovelles (también a través de Cusa); con todo ello también se reconoce el potencial de la aplicación de la imaginación humana al artificio científico y artístico, como se expone en la obra cervantina. Es decir, que el papel del ser

---

44 López Calle desarrolla el concepto del pequeño mundo en Cervantes: "Podrá ser el hombre un ser cósmicamente insignificante, morador en un punto solitario del universo, innoble y sujeto a la descomposición, pero el ser un microcosmos o mundo abreviado, su entendimiento o razón, su libertad y su destino eterno inscrito en su alma inmortal, dones recibidos del Dios que lo ha creado y que Cervantes celebra especialmente, lo convierten en la viva y más perfecta imagen de su divino creador y, por tanto, en el ser más excelente (de mayor 'primor') del mundo natural" ("cosmología").

humano como mediador sagrado y pequeño universo también se refuerza por el conocimiento que nace de su capacidad para idear maneras de acercarse y conocer las experiencias que nacen de su interacción con el entorno. Esta realidad está acorde con la posibilidad de aceptar la necesaria presencia del científico experto (médico) para interpretar el mundo sensible, lo cual se ha considerado un gigantesco paso hacia el progreso del conocimiento humano (Sánchez Granjel).

Aunque la verosimilitud y la ejemplaridad son señales de literatura de calidad en las "repúblicas bien ordenadas," la confusa fantasía sin sentido es todo lo contrario en la obra cervantina. En ella se suele separar "literatura mal fabulada y supersticiosa" de aquella "virtuosa y ejemplar," mientras se profundiza en comprender el papel del poeta en la sociedad, dentro de su capacidad de dominar un tipo de lenguaje capaz de generar emociones, de mover al receptor[45]. Llama la atención que esta defensa de la figura de un poeta-censor del arte literario sea algo que encaje tanto con el evaluador de las controversias sobre la licitud del teatro como con las figuras de los intermediadores antisupersticiosos. Pero sería, precisamente, la potencial irresponsabilidad de utilizar la capacidad de "mover" del poeta, con fines alejados de la virtud y en prejuicio de la sociedad, lo que haría más necesaria la figura de un censor que interpretara adecuadamente las obras literarias, algo necesario para proteger a los más corruptibles y vulnerables de la República, como recomienda Platón. Esto refuerza la posición de la propia Literatura como fuente de sabiduría, además de reafirmar su relevancia social como lenguaje posible para el progreso del conocimiento. Si para comprender el mundo sensible es necesario un evaluador médico y uno eclesiástico, es lógico que para interpretar el mundo literario también se necesite un intermediador, en este caso un poeta-censor. En la obra de Cervantes se revindica el valor de la Literatura como un tipo de "medicina del alma" para curar melancolías, aunque también se apunta a su capacidad para poder confundirnos. La existencia de figuras mediadoras responsables, que protejan al receptor del potencial efecto negativo de la mala

---

45   Riley recuerda el efecto de la fábula en los inocentes, algo que se puede relacionar con la necesidad platónica de la protección de los repúblicos ante los malos poetas: "El segundo problema se refiere a los efectos que la literatura imaginativa produce en la gente. De nuevo es aquí Don Quijote un caso extremo. Pero el tema era de importancia considerable en la época de la Contrarreforma, sobre todo en España. Durante el siglo—o poco más—que había pasado desde la invención de la imprenta, el número de lectores había crecido enormemente [...]. En la novela de Cervantes, la literatura imaginativa ha actuado sobre la conducta de otras muchas gentes además del héroe [...]. Las vidas de las gentes se ven afectadas por los libros; la literatura es parte de su experiencia; la novela de Cervantes se refiere, entre otras cosas, a la influencia de los libros en la vida" (*teoría* 78).

ficción, parece ser necesaria socialmente, ya que, muchas veces, carecemos de las dotes interpretativas necesarias para poder distinguir entre fábula, verosímil o inverosímil, e historia.

La necesidad de la clara separación entre ficción verosímil e historia también se problematizará como un asunto filosófico y teológico en las controversias sobre los espectáculos barrocos. Cervantes, al debatir este tipo de polémicas dentro de su propia literatura, permite que se puedan comprender de un modo único y ejemplar. Esto ocurre, por ejemplo, con las acciones teatralizadas dirigidas al regreso de Don Quijote por parte del cura y el barbero, que muchas veces también era cirujano, en los capítulos finales de la primera parte del *Quijote*, siendo esta la pareja típica a la que se acudía en los casos de supersticiones rurales. El diálogo entre el cura y el canónigo también trata de la pertinencia social de las obras literarias, confirmándose la utilización cervantina de la "buena" literatura, no sólo como herramienta filosófica válida para el conocimiento del mundo, sino también para la mejora de las "repúblicas bien ordenadas."

6   La Ciencia en Cervantes

El tiempo de Cervantes corresponde a un período fundamental en el desarrollo de la ciencia barroca. De Armas, Castillo, Egginton (*man*), López Terrada, Nelson, y García Santo-Tomás (*science*), entre otros críticos, han explorado las diferentes maneras en las que la Ciencia hizo acto de presencia en las obras literarias españolas de este período[46]. Estos estudios cubren aspectos teóricos

---

46   Tanto De Armas como Castillo han tratado diferentes maneras de innovar mediante la técnica literaria durante el Barroco, señalando la perspectiva (Castillo *anamorfosis*) y la descripción artística (De Armas *Ekfrasis, Quixotic*), como recursos con los que se proponen nuevas aproximaciones a la realidad. La utilización del teatro como vía para la presentación de teorías y debates científicos y médicos propuesta por López Terrada ("prácticas"), junto a la aplicación de la idea de Molina de la "ciencia media" por parte de Nelson ("Baroque") son también significativos ejemplos de la exploración del Barroco como un período de experimentación científico-artística. Estos puntos de vista se unen a la contextualización de las contradicciones de los artificios del Barroco que fueron proyectados en la pionera técnica literaria del *Quijote*, que desarrolla Egginton (*man*), a lo que se suman otros textos relevantes relacionados, como son las diferentes aproximaciones reunidas por García Santo-Tomás sobre la Ciencia y la técnica en el teatro del período cervantino (*science*). Más allá del ámbito de la ciencia barroca, se ha seguido progresando en esta dirección, como se aprecia en el volumen de la revista *Cervantes* sobre "Cervantes y la Ciencia Ficción," donde se incluye una variedad de imaginativas aproximaciones sobre el asunto en los diferentes ensayos de Nelson ("algorithmic"), Domínguez

y técnicos, aportando relevante información sobre la presencia del conocimiento científico tanto en la obra de Cervantes como en las de sus contemporáneos. Los argumentos propuestos en los diferentes capítulos de este ensayo aspiran a complementar estas propuestas críticas, para seguir progresando en el estudio del sentido último del panorama científico barroco, en los tiempos y en la obra de Cervantes. En este sentido, en *La ciencia de Cervantes* se continuará con la exploración de la utilización de marcos teóricos como el del vínculo propuesto por Hallyn entre alegoría y conocimiento en la obra de Kepler, que ayudan a desvelar la mentalidad artístico-científica barroca, confirmando la presencia de una concepción multidisciplinarmente fusionada del conocimiento, basado en principios neoplatónicos comunes, que incluye tanto a la Ciencia como al Arte, donde alegorías contrautópicas, como la del *Sueño* de Kepler, constituyen un modelo de la síntesis de estos dos ámbitos del saber. Este autor, cuya obra científica supone un salto cualitativo fundamental en el avance de la Ciencia, reconocerá la influencia de Cusa a la hora de elaborar su primera ley acerca de la imperfecta y discontinua elipse en el movimiento de los planetas, figura que no correspondía con el perfecto círculo pitagórico[47]. Tanto en la observación de los cielos como de la Tierra y gracias también a las exploraciones allende los mares, la verdad se podía documentar, contrastándola con lo que afirmaban los clásicos y revelándose así sus contradicciones. El epítome del conflicto entre fuentes antiguas y evidencia es el citado manuscrito del *Libro de las profecías* de Colón, donde se refleja la pretensión escolástica del descubridor de encontrar un sentido a su propio papel en la historia, a partir de los textos sagrados donde se habría profetizado su hazaña civilizadora.

("imaginar"), Mancing (*Cervantes*), Connor Swietlicki, De Armas ("Rocinante"), Castillo ("Awakening"), Egginton ("black") y Burningham ("becoming").

47   Es destacable así, que muchos de los fundamentos de la cosmovisión católica se basaban todavía en el pensamiento pitagórico en tiempos de Kepler: "The concept of cosmos assumed a beneficent deity, the divine monad of the Pythagorean school. This Holy One began the creation with an archetypal idea to which he gave physical extension into a time-space continuum, thereby producing the universe as we perceive it. Because the creating deity is benefitient, his creation is good and beautiful. Because he worked from a rational plan, it is orderly, with the endless variety of the world carefully organized into a systematic arrangement. Each item has its proper place and is related both to the whole and to every other item—hence universe. The word, in fact, comes from *unus* plus *versus*, and means literally 'that which rolls around as one.' The heavens continually circle in their course and carry all within them in a regulated movement [...]. As another important corollary in this theory of cosmos, the pattern of the archetypal idea in the divine mind persists throughout the universe" (Heninger 7).

Durante el Barroco o Manierismo, el pensamiento escolástico, sustentado por referencias clásicas, muchas de las cuales ya habían sido cuestionadas en el Renacimiento[48], todavía convive con el paulatino descubrimiento de una realidad en constante expansión, gracias al desarrollo técnico y científico. Ésta comienza a ser mejor comprendida, a partir de la creciente revalorización de la autoridad del contraste científico basado en la evidencia. El que los resultados científicos se reafirmaran gracias a nuevos instrumentos técnicos que favorecían el poder evaluar, investigar y medir el mundo sensible con mayor precisión tendrá su equivalencia en el desarrollo de nuevas técnicas artísticas, orientadas a aumentar y mejorar el efecto de la verosimilitud, siguiendo un método con el que se puede observar autoconscientemente la verdad, a partir nuevas perspectivas autoconscientes, como es el caso de "científicos del Arte" como Paolo Fiammingo.

El ser humano se adaptará al nuevo reto epistemológico que proponía la ciencia barroca, interpretando la verdad, cada vez más, sin la mediación esencial de fuentes obsoletas, teorías arbitristas, supersticiones o historias sin fundamento ni evidencia, ante la realidad percibida mediante los sentidos[49]. Para este propósito, el Arte es fundamental, debido a su retroalimentación constante con el progreso de la propia ciencia que regía el modelo artístico, siendo cada vez más relevante, como herramienta intelectual para la comprensión

---

48 Las revoluciones artísticas y científicas del Renacimiento coincidirían con un período en el que existe un autoconsciente interés en la búsqueda de la verdad: "No necesita demostrarse que el Renacimiento, con todas sus fuerzas activas y espirituales, está enderezado a lograr un ahondamiento en el problema del individuo. En este sentido la exposición básica de Burckhardt es inconmovible. Pero ciertamente Burckhardt se ha limitado a describir sólo parcialmente ese proceso de liberación por el cual el hombre moderno va cobrando conciencia de sí mismo. "Durante la Edad Media las dos caras de la conciencia (la que da al mundo exterior y la que se relaciona con el interior del hombre mismo) yacían como ocultas por un velo, en un estado de ensueño o semivigilia. El velo estaba tejido por la fe, la cortedad pueril y la ilusión; mirando a través de él, el mundo y la historia aparecían teñidos; por maravillosos colores y, conforme a esto, el hombre sólo se reconocía como raza, pueblo; partido, corporación, familia; en fin, su existencia era siempre una forma de lo universal. Italia fue el primer país donde este velo comenzó a desvanecerse en los aires; es éste un despertar que principia con la consideración y el tratamiento objetivos del Estado y, a la postre, de todas las cosas de este mundo; pero junto a esa actitud objetiva se yergue con violento ímpetu lo subjetivo; el hombre se torna individuo espiritual y se reconoce plenamente como tal"" (Cassirer 55–57).

49 Así, Castro defiende cierta armonía dentro del encaje entre naturaleza y razón en Cervantes, sugiriendo un debate sobre la realidad similar al que se lleva a cabo también en el discurso antisupersticioso: "Cervantes, al igual de Montaigne, construye la vida de sus personajes teniendo en cuenta una moral fundada en naturaleza y razón" (*pensamiento* 251), idea que Close ampliará ("crítica" 313–16).

de los misterios religiosos y naturales más recónditos, para ayudar así al ser humano a recordar su origen divino, con sus alegorías y recursos artísticos orientados a poder hacer asimilar intelectualmente lo inefable.

El método para intentar desarrollar eficientemente un tipo de verosimilitud literaria contrasta con cualquier otra aproximación artística centrada en desarrollar obras más ideologizadas. Es así como Don Quijote inscribe su verosímil historia personal en la Mancha, utilizando referencias de sus propias aventuras de la primera parte, las cuales sirven de referencia en la segunda mitad de su historia. En ella pasará de ser un caballero andante inventado, a uno peregrino hacía ninguna parte, hasta que recibe el sacramento de la extremaunción y regresa al ámbito del sentido común, tras decidir acogerse al universo divino. El uso de la primera parte como fuente para la segunda constituye en sí un excelso acto manierista. También prueba que el propio texto literario puede servir como lenguaje para comprender mejor el sentido del mundo. Si Alonso Quijano había superpuesto una fábula (novelas de caballerías) ante la realidad de La Mancha, en su primera parte, sus propias hazañas se presentan como una evidencia mucho más verosímil en el segundo volumen, donde se propone una historia que es más creíble cada vez que se contrasta la primera parte con la también "verdadera" de las nuevas aventuras manchegas de la tercera salida, en el segundo volumen.

Cervantes escribe verosímilmente, libre de dogmas y reflexionando sobre la propia obra de ficción, la cual es presentada como herramienta artística para conocimiento del mundo, explotando así la posibilidad de la utilización autoconsciente del arte literario como fuente de saber. Su obra se desligará frecuentemente del pensamiento único de la literatura de su tiempo, mucha de la cual se dedicaba a labores propagandísticas de los parabienes y agendas políticas de las oligarquías en el poder. A este tipo de autores paniaguados les era más difícil delatar el efecto pernicioso de la representación de la falsedad a la que habían de adaptar su libertad creativa, la cual estaba muchas veces condicionada ideológicamente y sometida a los dictados del capricho de los representantes de la hegemonía política.

Autores contemporáneos a Cervantes, como Salas Barbadillo, le convirtieron en un juez de ficción, alabando así su sabiduría literaria, suficientemente probada en su capacidad artística para novelar, al ser considerado de entre los pocos elegidos como clásicos modernos al nivel de Garcilaso, quien le acompañará en el improvisado tribunal de *El caballero puntual*. Este realizado deseo literario nos retrotrae al prólogo a las *Novelas ejemplares*, donde Cervantes reclamaba haber sido el primer narrador en lengua castellana. Igualmente, Garcilaso había sido el primer poeta de su tiempo en adaptar el soneto italiano, siendo por ello homenajeado por Herrera con una edición anotada de su obra[50]. Herrera y Salas Barbadillo son autores conscientes de la necesidad altruista y honesta de reconocer que otros colegas suyos de la profesión se habían convertido en clásicos modernos por haber conseguido innovar artísticamente, superando los géneros literarios practicados por otros gigantes literarios que les habían precedido. Esto ocurre en el campo de las Letras, del mismo modo en que los navegantes barrocos estaban descubriendo nuevos continentes, con los que se contribuirá a redefinir los mapas antiguos, mientras los Astrónomos reconfiguraban el lugar de los astros en el universo mediante la evidencia de sus observaciones, cuestionando lo prescrito en unas obras clásicas que podían quedar instantáneamente obsoletas. Entendida así, la Literatura tampoco habría de ser ajena a la misma dinámica que ordenaba otras disciplinas del conocimiento de este período, con una lógica similar a la de la Ciencia, en su ferviente deseo común de innovación y superación de las escolásticas propuestas asociadas a ciertas fuentes clásicas. Éstas eran recuperadas, estudiadas y revindicadas por los humanistas, planteando así desafíos constantes con los que poder contrastar la evidencia de los descubrimientos de todos los campos del saber, como fue el caso de la paradigmática recuperación de la *Geografía* de Tolomeo.

La imitación cervantina de la verdad está también lógicamente influida de la realidad histórica de su tiempo[51]. El arte vinculado a los dictados de las

---

50   Ver el desarrollo de esta controversia literaria en la edición de J. M. Asensio, además del estudio de Bianchini. Con un sentido de autoconsciencia autorial similar a la de Garcilaso, con su adaptación del soneto al castellano, la pertenencia de Cervantes al mundo de los clásicos modernos se desarrollará también en el prólogo a sus *Novelas ejemplares*: "Los comentarios a escritores de la Antigüedad favorecieron la aparición de una crítica sistemática en torno a Garcilaso, el cual, a los cincuenta años de su muerte, era reputado ya como un clásico. La teoría poética pasó de los ambientes eruditos a los círculos de los poetas. El momento significativo de esta transición sobrevino cuando Fernando de Herrera, tras el comentario principalmente filológico de El Brócense a las obras de Garcilaso, publicó su propia edición, con abundantes notas, en Sevilla, en 1580. Este libro, obra de un poeta que era al mismo tiempo un erudito, a pesar de que el tema tratado en él era bastante limitado, marcó la dirección que había de seguir la teoría poética en España" (Riley *teoría* 16–17).

51   "La alianza entre trono y altar dirigió la política absolutista de los Austria, pues de esta forma su poder se sustentaba en un discurso legitimador que se refería a instancias trascendentales e infalibles y por ello de 'obvia' aceptación por parte de los vasallos. La Iglesia, las artes y las ceremonias públicas o fiestas cortesanas apoyaron esta política que, además, se levantaba por encima de las diferencias entre las diversas partes del imperio español y afirmaba un orden social, estableciendo una relación entre Dios y el monarca Habsburgo que poseía formas propias de glorificación, como la siempre renovada devoción por la

oligarquías literarias en el poder de la generación de Lope de Vega se acomodará perfectamente al nuevo contexto ideológico contrarreformista, como ha estudiado Maravall (*Barroco*). La monarquía del período de Felipe III se esforzará en la creación y promoción de un aparato de propaganda, con el que se aspiraba a convertir ideológicamente todos los rincones del imperio. Este afán de revisión histórica contrarreformista situará a la Corona en un lugar hiperbólicamente privilegiado, haciendo gala, por ejemplo, de la frecuente comparación encomiástica de Felipe III con Alejandro Magno (Pérez de León *histéresis*).

En la obra narrativa y dramática de autores como Castillo Solórzano, Salas Barbadillo y Quevedo, entre otros, se suele proponer una visión del mundo conservadora, en la que se presenta al arribista de la Corte como una amenaza, denigrándose su capacidad de engañar y alterar el orden natural de la sociedad, por lo que se dedican numerosas páginas a describir sus desventuras y fracasos. No sólo llama la atención el hecho de que la obra cervantina no participe de este tipo de tendencia estético-ideológica, sino también que se proponga una clara alternativa a la del antihéroe barroco de su tiempo. Muy al contrario, el verosímil héroe contrarreformista ejemplar cervantino encontrará la vía para progresar y ser socialmente reconocido por la virtud de sus obras.

En resumen, Cervantes vive en un período único en la historia literaria, cuando su sociedad estaba en un proceso autorreflexivo sobre la inconsistencia de las fuentes clásicas ante la nueva evidencia experimental. El uso y aplicación práctica de unas herramientas, mejoradas gracias al progreso técnico instrumental, contribuirá a que la reputación del nuevo método de pensamiento experimental se fuera consolidando, para poder entender tanto las antiguas como las nuevas realidades de la Filosofía Natural, como nunca se había hecho hasta entonces. En la obra cervantina se pone de manifiesto una dinámica similar a la existente en el ámbito de otras áreas de conocimiento de su tiempo. De hecho, una medida posible del progreso del arte literario barroco reside en la propia capacidad de autores como Cervantes de aplicar métodos similares a los del conocimiento experimental científico a la Literatura, utilizando el mismo principio de que los nuevos avances e innovaciones (técnicas o artísticas) podían contribuir a cuestionar lo prescrito en las fuentes clásicas. En el caso cervantino, los géneros literarios tradicionales son el objetivo principal del contraste y la exposición de su cuestionamiento ante el nuevo tipo de narrativa que propone, basada tanto en referencias verosímiles actuales como

---

eucaristía, caballo de batalla, por otro lado, frente a la Reforma protestante (*vid.* Cardim 2001, Castilla Pérez y González Dengra 2001, Negredo del Cerro 2002, Álvarez-Ossorio Alvariño 2002 y Lobato y García García 2003)" (Rodrigues-Moura 25–26).

en reflexiones sobre la propia obsolescencia escolástica de la mala literatura. En el caso de la primera y la segunda parte del *Quijote* ocurre algo parecido a lo propuesto en la autoconsciente *Selenographia* de Hevelius, donde también se materializa una demostración de cómo el libre albedrío y la creatividad son capaces de superar el "determinismo" de los géneros literarios, en una obra en la que el autor muestra su propio taller al lector, compartiendo con él sus herramientas de trabajo.

El Barroco es un período en el que se explorarán los límites de la metodología que ordenaba los diferentes ámbitos del saber, algo de lo que no se excluye a la Literatura. Su combinación, prevalencia, fusión, compatibilidad o incompatibilidad contribuirá a generar un tipo de arte único en la historia de la humanidad, en el que se refleja la efervescencia de este tipo de encuentros y desencuentros entre lo antiguo y lo moderno; lo clásico y lo actual; lo verdadero y lo falso; lo justo y lo injusto. Es así como se explica que tengamos que esperar hasta este periodo para poder tener experiencias sensoriales únicas, como la que Periandro vivió en la pinacoteca de Hipólita en el *Persiles*, o el efecto de la *Visión* de Fiammingo, estudiado en este ensayo. De igual manera que el mundo sensible y el de las ideas nunca se podrán superponer del todo, aunque se puedan llegar a parecer muchísimo, como defendía Cusa en su alegoría del polígono y el círculo, la concepción verosímil del mundo literario de Cervantes difícilmente coincidirá con muchos de los usos literarios de su tiempo, al menos tal y como la verdad era representada por la mayoría de sus contemporáneos. Esto es debido a que los métodos neoplatónicos del saber cervantino, aplicados a su narrativa, eran innovadores, no sólo por el género en el que aparecieron sino también por el modo en el que se presentaron.

El reto cervantino fue mayúsculo, al proponerse retratar detalles de la vida en su conjunto, desde la mística al mundo del hampa, aplicando innovadoras técnicas literarias. Al tiempo, era literariamente autoconsciente acerca de la prevalencia del uso de la experiencia verosímilmente narrada como fuente literaria, entendiendo así que, mediante el arte literario, se podía mejorar neoplatónica y ejemplarmente la "República." Su capacidad de describir, verosímil y ejemplarmente, el resultado del epítome de la creación divina, el ser humano, elevará su Literatura a la altura de disciplinas como las Matemáticas[52] y la Música, tradicionalmente sancionadas como válidas para poder interpretar el universo (Gal y Chen-Morris 7–8).

---

52   Los estudios de las Matemáticas serán relevantes durante Felipe II, algo que se confirma con los estudios que realizaron autores como Lope de Vega, Quevedo y Calderón en la Real Academia de Matemáticas de Madrid (Gasta "theory" 60).

FIGURA 1   *Visión de la Sagrada Familia cerca de Verona.* 1581, Paolo Fiammingo. Allen Museum, Oberlin, OH

CAPÍTULO 1

Cervantes, autor sabio, clásico moderno

Este capítulo incluye dos ensayos en los que se contextualiza la recepción de Cervantes y su obra por sus contemporáneos a partir de diferentes controversias literarias y aproximaciones estéticas barrocas, lo que servirá como evidencia para facilitar una mejor comprensión del desarrollo teórico y práctico de la obra cervantina en los restantes capítulos.

1.1 Cervantes entremesado

> Y Fadrique: […] y a mi fastidio de decir cosa, que esta materia de la risa es fundada en torpeza y fealdad, y ansí será fuerza que yo sea en ello feo y torpe.
> LÓPEZ PINCIANO 375

Para Cervantes, entremesar evocará algo distinto a lo que significaba en muchos de sus escritores coetáneos, siendo ésta una divergencia significativa en sus prácticas de autor. Para entremesar se requería "teatralizar a lo burlesco" mediante una serie de secuencias cómicas y breves, como el propio género del entremés sugiere. En esta sección se hace un recorrido por la controvertida y efímera prevalencia de la acción de "entremesar" durante el barroco español, que coincidió con un periodo en el que se dieron diversos debates literarios sobre los límites del humor, algo particularmente relevante en varias de las últimas obras cervantinas. Con ello se aportará un contexto literario para entender mejor la recomendación de evitar las "ofensas a terceros" del humor cervantino, en contraste con el humor practicado en otras obras de su mismo período.

La controversia estético-ideológica que se propone se ilustrará a partir de una exploración de ciertas tendencias literarias agrupadas tanto en torno al acto de entremesar como con relación a su aspecto opuesto, el de "ejemplarizar." Se situará así, por ejemplo, la entremesación de Sancho en el *Quijote* apócrifo a un lado del espectro, mientras que en el otro estarían algunas otras obras de teatro breve cervantinas. Para evidenciar el alcance y sentido del concepto de "entremesación" se analizará su presencia, en mayor detalle, en dos de las continuaciones de obras cervantinas publicadas durante el periodo, como fueron el *Quijote* de Avellaneda y *El coloquio de los perros* de Carrillo Cerón.

1.1.1   Risa entremesada

La diferencia entre bailes que son o no entremesados es que, a diferencia de los segundos, los primeros suelen contener un elemento dramático-burlesco (Huerta Calvo 73). Esta distinción atañe también a otros géneros como la loa y la jácara (49), lo que confirma la asociación del concepto de entremesar a la burla teatralizada. Tanto Prieto García Seco como Jiménez Ríos, en sus estudios sobre la evolución semántica de ciertos términos en varias ediciones históricas de diccionarios españoles, aportan detalles sobre la inclusión de la entrada *entremesar*. El primer crítico ha explorado la aparición del término, en obras como *La pícara Justina*:

> Veamos ahora la acepción que consignaron los académicos: "Hacer papel en los entremeses u divertirse con ellos," con la indicación de verbo neutro. Si nos fijamos con atención, observaremos que no es éste el sentido que *entremesar* presenta en la *Pícara*. Es posible que se interpretara erróneamente debido a que el texto estaba deturpado y cercenado, sin su objeto directo ("entremesar a las panzas"). Lo que viene a significar el verbo *entremesar*—que, dicho sea de paso, es transitivo—es "divertir a alguien (en este caso a las animizadas panzas") del mismo modo que se hace con los entremeses. El empleo que encontramos en Avellaneda (también transitivo) es muy parecido al de la *Pícara*: "entremesar la presente Comedia". Continuando con la comparación con el teatro que se hace en el prólogo, aquí se emplea *entremesar* en un sentido figurado, es decir, con el valor de "dotar de entremeses, de dichos festivos y graciosos. [...]." Terreros [...] definió el verbo *entremesar* así: "voz burlesca, divertir con mesas o comidas, V. La Pic. Just. T. 1, lib. 2". Por su parte, Salvá (1846), bajo el mismo verbo, incluye de su cosecha los siguientes significados: "Hacer divertida o chistosa una composición" y "joc. Divertir con mesas o comidas". [...] en la edición de 1884, se dividió esta última acepción en dos: "Hacer papel en un entremés" (que, como se ha mostrado, nunca ha existido) y "fig. Mezclar cosas graciosas y festivas en una conversación o discurso, para hacerlo más divertido"
>
> "*autoridades*" 1608–09

Posteriormente, en algunas de las siguientes ediciones de diccionarios de español, se llegará a considerar la omisión de este término, debido tanto a la naturaleza de su acepción como a la falta de continuidad en su uso:

> Veamos cuál fue la actitud de Terreros en relación con el mismo tipo de voces. En el prólogo, en un principio, declaró la voluntad de prescindir

de ellas: "Aún con más razón omito aquellas voces que son notoriamente bárbaras, voluntarias y burlescas, y que luego se entienden sin explicación alguna."

PRIETO GARCÍA-SECO "Terreros" 292

Blasco ha estudiado también las divergencias semánticas del término entremesar, existentes entre la *Pícara Justina* y el *Quijote* de Avellaneda (63–65), donde, como se sabe, las alusiones a Cervantes son de gran relevancia para poder confirmar la identidad de su autor[1]. A partir de la publicación del *Quijote*, la respuesta literaria de Avellaneda y la posterior reacción cervantina que se expone en su segunda parte, nacerá una controversia literaria entre Cervantes y el escritor de la versión apócrifa[2]. En ella, Cervantes será acusado tanto de ostentar sinónimos voluntarios como de que su original incluyera recursos literarios ofensivos a terceros. Así, ante una supuesta ofensa literaria cervantina original, Avellaneda justificará que la primera parte del *Quijote* sea entremesada, algo que se evidencia en el protagonismo cómico-burlesco de sus personajes, confirmándose la asociación del acto de entremesar con un recurso literario burlesco y ofensivo. Sin embargo, la respuesta a este tipo de afrentas literarias de Avellaneda ya había quedado reflejada en la segunda parte de la obra cumbre cervantina. En ella destacan la serie de juegos literarios que se llevan a cabo en casa de los duques, donde los aristócratas se entretienen prestando atención al desarrollo de unos simulacros que habían preparado, con la intención de incitar las airadas reacciones de los protagonistas de la novela. Estos son "entremesados" en los guiones de los simulacros de los aristócratas. Las burlas asociadas a estos disonantes episodios ocurridos en casa de los duques son útiles para aclarar el alcance de su potencial "crueldad," teniéndose en cuenta que Cervantes los sitúa cercanos "a la moda" de antihéroes burlescos barrocos como el caballero puntual o Pablos en *El buscón*.

El autor implícito del prólogo a la segunda parte del *Quijote* responderá ante el agravio de que su obra cumbre fuera entremesada literariamente tanto en el propio paratexto como en varios de los capítulos finales. Lo hará, apropiándose y reorientando las ofensas y acusaciones personales de Avellaneda.

---

[1] Ver la edición de Gómez Canseco y los estudios de Martín Jiménez "Cervantes" y "Quijote," junto al de Madroñal ("Juan"), para un resumen del estado de la cuestión.

[2] Curiosamente, la propia publicación de la obra no autorizada confirmaría el sentido cómico del *Quijote* original: "El *Quijote* de Avellaneda, pues, es una réplica inmisericorde y destructiva hecha desde la perspectiva de los caballeros auténticos y cortesanos de la España de la época contra el *Quijote* de Cervantes, lo cual demuestra que la inmortal novela no sólo se leyó en su momento como un libro cómico y divertido, sino también como una obra polémica y crítica que atentaba contra los privilegios de los caballeros" (Rey Hazas).

Su propuesta apunta más a la "ejemplarización" que a seguir en el juego de entremesar y contraentremesar, es decir, de teatralizar "a la burlesca," con sus enemigos literarios, mutuamente, sus obras narrativas. Esta intención se confirma en el tono de la explicación de los cuentos de los locos donde, entre otras lecciones morales, se ilustra lo fácil que puede llegar a ser el escribir obras de ficción ofensivas y de ínfima calidad, aludiéndose también a la autoría, legitimidad de la impresión y calidad general del *Quijote* apócrifo[3]. A partir del intercambio literario entre Cervantes y quien se escondiese bajo el seudónimo de Avellaneda se aprecia la existencia de cierto desacuerdo en el uso del humor como "arma dialéctica" en este período. Se puede distinguir así entre aquellos escritores barrocos que utilizaban un tipo de humor burlesco y con "ofensa a terceros" y otros como Cervantes, quienes aseguraban defender un tono cómico más ejemplar y menos hiriente.

1.1.2   *Entremesar durante la burbuja cultural barroca*

En la evolución del teatro breve del siglo dieciséis al diecisiete se aprecia un cambio estético, acontecido entre obras como los pasos de Lope de Rueda y el nuevo modelo de entremés propuesto por autores como Quiñones de Benavente, el cual aparece condicionado por una paulatina "entremesación" de los asuntos "urbanos" de actualidad, en este período. Atendiendo a lo expuesto en el *Arte nuevo* de Lope de Vega, esta tendencia estaría orientada a satisfacer la demanda de una audiencia, la cual disfrutaría del vínculo existente entre lo que ocurría en las tablas y la cambiante realidad cotidiana, la cual estaba siendo paulatinamente "teatralizada," para poder incluir los temas más candentes de la sociedad de entonces. El recurso de la entremesación de asuntos de moda también se manifiesta en los episodios burlescos de obras como *El buscón, El caballero puntual* o *Las aventuras del bachiller Trapaza*. En éstas y otras narrativas barrocas similares, se teatralizan diferentes anécdotas apicaradas, que incluyen referencias directas a asuntos de la sociedad del período, todo

---

3   El mal uso del lenguaje retórico de Avellaneda facilitará que Cervantes tenga sólidos argumentos en contra de él en su respuesta (Ver Martín Jiménez "Quijote"). De un modo significativo, esta reacción cervantina podría asociarse a la figura literaria del burlador-burlado, que fue descrita por López Pinciano como risa pasiva: "Hugo dijo: Pues no habernos bien acabado estos lugares de tomar la risa, porque, aunque es así que son los tres dichos generales, conceptos, palabras y obras, no habernos hecho memoria de una diferencia de risa, llamada pasiva, la cual es de las más graciosas de todas." "¿Qué esto de pasiva? preguntó el Pinciano." "Y luego respondió Fadrique: Bien dice Hugo, risa pasiva se dice, cuando la risa se convierte en burla del que pretende que otro sea el reido y burlado. Desta especie se ven algunas en el Cortesano y en otros libros [...]" (396).

ello orientado al deleite de unos lectores que veían, en el fracaso de los arribistas urbanos y rurales, un castigo justo a su osadía, sirviendo además como un mecanismo para la "protección" de las clases privilegiadas (Maravall *cultura*). Los entremeses y el teatro breve cobrarán cierta relevancia como obras dramáticas dirigidas a esta difusión de una aproximación cómico-burlesca sobre un asunto socialmente candente. Así, la evolución del teatro breve entre los siglos dieciséis y diecisiete se materializa en la transición desde un tipo de obra basada en argumentos breves y de fábulas, muchas de ellas en un ambiente rural, hacia otro modelo que incorporará la teatralización de anécdotas más realistas y cercanas (ver el desarrollo de este itinerario literario en Asensio y Huerta Calvo). Este último paradigma literario se impondrá por ser atractivo y popular para las audiencias de los corrales, las cuales apreciaban esta clase de reflexiones burlescas sobre asuntos de actualidad, sazonados de picardías y decepciones varias. Este tipo de transformación del humor coincide con lo descrito por el autor implícito del prólogo a las *Ocho comedias*, quien testifica sobre los cambios ideológicos que acompañaron la transición del teatro rural e itinerante, al urbano y más estable, en este tiempo.

El entremés evolucionará así a partir del paso, para consolidarse como una pieza fundamental en el conjunto del espectáculo urbano de la comedia nueva. La reivindicación de su validez como obra transgresora será reclamada por autores "literariamente comprometidos" con un tipo de teatro que disfrutaba de cierta libertad de condicionantes ideológicos o estéticos, lo cual, sin embargo, dificultará su difusión y representación, algo que se aprecia no sólo en el caso del teatro cervantino para ser leído, sino también en el de obras de otros autores como Castillo Solórzano (ver Pérez de León *histéresis*). Así, el modelo de entremés barroco conforma una obra burlesca y desmitificadora, en muchos casos de asuntos y personajes de candente realismo, asociada al contexto de las anécdotas populares y cotidianas en este período. Su éxito dependerá de que la temática entremesada fuera reconocida por una audiencia que estaba preparada para comprender y disfrutar de la teatralización de asuntos cómico-burlescos, como parte de sus experiencias colectivas[4].

El tipo de humor que acompañaba al teatro breve barroco está presente en la polémica en la que Cervantes se implica a partir de la publicación del *Quijote* apócrifo de Avellaneda, con la que se confirma retóricamente el voluntario alejamiento cervantino de la estética burlesca del entremés barroco, algo que ya se había planteado en la primera parte del *Quijote*. En ella, Cervantes se había

---

4 Véase, por ejemplo, la teatralización de diferentes polémicas científico-literarias barrocas como la del "agua de la vida," en Pérez de León "iatroquímica."

esforzado por no atribuir a Don Quijote y Sancho características típicas de "antihéroes barrocos," como los burlescamente humillados Pablos y Trapaza, asumiendo unos valores y comportamientos muy distintos, humorísticamente hablando.

La aproximación estético-literaria defendida por Cervantes demuestra estar en contra de la tendencia de este tipo de antihéroes barrocos "entremesados," la cual renuncia a explotar, a pesar de ser la más popular, como se aprecia en las obras picarescas de sus contemporáneos. Como se ha apuntado, tan sólo se puede apreciar un atisbo del mismo tipo de humillaciones que sufren este tipo de pícaros barrocos en diferentes momentos de la presencia de Don Quijote y Sancho en casa de los duques para enfatizar, precisamente, cierta crueldad en las entremesaciones ideadas por los aristócratas, donde ambos se muestran atrapados, dejando en el lector una desazón iluminadora sobre el efecto ofensivo de unas burlas que se adaptan a la propia capacidad de los protagonistas de percibir este tipo de simulacros como reales.

1.1.3 *Entremesar a Cervantes*

La entremesación que había realizado Avellaneda de Don Quijote y Sancho en su versión no autorizada del *Quijote* parece buscar un tipo de aprobación popular hacia el humor empleado en la obra. De hecho, para gran parte de los lectores, este tipo de entremesación cómico-burlesca de los célebres protagonistas cervantinos era la mejor diversión que podía ofrecérseles. Así, en el prólogo al *Quijote* de Avellaneda se desdeña el hecho de "entremesar mal," mientras que el uso literario de sinónimos, junto al no ofender, son reconocidos positivamente, confirmándose además que el acto de entremesar a Sancho consiste en hacerle objeto de burlas: "No sólo he tomado por medio entremesar la presente comedia con las simplicidades de Sancho Panza, huyendo de ofender a nadie ni de hacer ostentación de sinónomos voluntarios, si bien supiera hacer lo segundo y mal lo primero." Por tanto, es lógico que la propia presencia del escudero en el *Quijote* apócrifo, en relación con el original, se haya interpretado como un tipo de "entremés[5]." También se ha destacado un papel central del Sancho "entremesado" en esta obra, particularmente en aquellos episodios en los que el aldeano tiene agencia como protagonista en la narración de la

---

5 "El prologuista del Quijote apócrifo (parece ser que el propio Lope) critica con fiereza a Cervantes y deja entrever que pensaba algo parecido a lo que antes comentábamos sobre la naturaleza verdaderamente teatral, no sólo del Quijote, sino también de otras novelas cervantinas. Incluso compara su estructura con una fiesta teatral de la época—en la que los entremeses y otras piezas breves salpicaban de humor la obra principal—, según lo cual Sancho es a don Quijote lo que el entremés era a la comedia" (Urzáiz 475).

historia. Con ello se enfatiza más la distancia tanto estética como moral, entre ambos personajes homónimos[6].

La entremesación de Sancho alcanzará una mayor relevancia por su papel central en la narración del *Quijote* apócrifo[7], el cual está asociado también a su nuevo rol más dramatizado. En su acto de apropiación del *Quijote*, Avellaneda parece autolegitimado para entremesar las simplicidades de Sancho, siempre que destaque su afán de "no ofender[8]." Sin embargo, al enfatizar burlescamente las simplicidades de Sancho, entremesándole, irá en contra del espíritu

---

6 "Me ha parecido conveniente establecer una relación entre dos evoluciones a menudo señaladas por la crítica: la que por un lado sufre el personaje de Sancho entre la primera y la segunda parte del *Quijote* cervantino, y la que por otra experimenta en la pluma de Avellaneda. Aunque se trata de evoluciones radicalmente opuestas, ya que en el primer caso se hace Sancho más discreto, mientras que en el segundo se transforma en un rústico zafio e ignorante, lo que ambas reflejan es en el fondo el concepto que cada autor tiene de lo popular" (Joly 489).

7 "Esta sucesión de narraciones orales se abre y se cierra con la intervención de Sancho. Antes de que Bracamonte diera comienzo a su historia, Sancho intenta encabezar el turno de narradores: "Si no es más de esto, yo les contaré riquísimos cuentos, que a fe que los sé lindos a pedir de boca. Escuchen, pues, que ya comienzo: Érase que se era, en hora buena sea, el mal que se vaya, el bien que se venga, a pesar de Menga. Érase un hongo y una honga que iban a buscar mar abajo reyes ...". Su gesto es cortado bruscamente por don Quijote, pero tiene su continuación en el capítulo XXI, donde cuenta una historia de gansos. El de Sancho es un cuento folklórico que sirve de contrapunto cómico a los dos narradores serios y que, como no podía ser de otro modo, responde a los modos tradicionales del cuento [...]. Como ya había anunciado en el prólogo, Avellaneda se limita a entremesar las dos historias teológicas con las bufonadas de Sancho, que abren, interrumpen y cierran el ciclo narrativo, actuando en él como descanso cómico y como enlace con la acción central. Al tiempo, las tres historias conforman un alarde con el que Avellaneda posiblemente quiso demostrar su superioridad como escritor y narrador frente a Cervantes" (Gómez Canseco. 61–62).

8 "En la primera aventura del falso don Quijote, éste, acompañado por Sancho, llega a una venta que toma por castillo a pesar de la opinión del escudero [...] Como se ve, hay una imitación bastante clara de la primera aventura del verdadero don Quijote. Pues bien, justo al comienzo de éste pasaje de Avellaneda, encontramos una grave alusión ofensiva contra Cervantes [...] y esta ofensa está basada en 'sinónimos voluntarios,' ya que menciona a Aries, Capricornio y el castillo de San Cervantes, en clara referencia a la condición cervantina de marido engañado" (Bernaldo de Quirós Mateo 119).

Esto se ha asociado a la rivalidad entre Cervantes y Lope de Vega cuando el último residía en Toledo; también se ha llegado a profundizar más en la naturaleza literaria de los diferentes intercambios literarios que se produjeron entre Cervantes y Avellaneda: "Toda esta polémica hay que situarla en los momentos próximos a la aparición del primer *Quijote*, es decir, cuando Lope se ha instalado en Toledo a consecuencia del destierro (1604), y ha constituido en torno a él un grupo de intelectuales que lo reconocen como maestro, de la misma manera que el Fénix reconoce a la ciudad como patria a la que hay que defender y promocionar" (Madroñal "Juan" 128).

del *Quijote* original cervantino[9]. En este sentido, muchas de las connotaciones semánticas del teatro breve con la burla dramática se han identificado además en las aventuras del Sancho apócrifo[10]. De un modo muy distinto a lo que ocurre en la obra de Avellaneda, se ha destacado además el énfasis cervantino en difuminar la jerarquía existente entre sus dos protagonistas, en su original promoción de una aproximación igualitaria y respetuosa entre caballero y escudero en el *Quijote*[11].

En la introducción al teatro de Cervantes se elaborarán argumentos opuestos al ofensivo acto de "entremesar" que se pretende validar en el prólogo a la segunda parte apócrifa. Muy al contrario, se revindicará la simpleza cómica de los pasos, rechazando así el autor implícito del teatro cervantino la burla contra "terceros," la cual dominaba el teatro breve y muchas de las novelas picarescas de su tiempo. Este homenaje a los pasos también se puede relacionar con la decisión de publicar varios de los entremeses en prosa, gesto literario orientado a una mejor comprensión de la trama, como recomendaba López Pinciano (81, 311), en un período en el que la mayoría de los autores de teatro

---

[9] "Tal vez pueda añadirse la extraordinaria ampliación cervantina de la respuesta del falso Sancho a la lista ya importante de préstamos identificados por los exégetas tanto del Quijote cervantino como del de Avellaneda, confirmándose así la transmutación, en la alquitara auténtica, de la materia avellanedesca en oro cervantino. Partícipe de esa conversión, maravillosamente ambigua y compleja, la asnería de Sancho de II,—cuyo embrión supo identificar Cervantes en Avellaneda—no podía de ningún modo, por más que lo fuera, aceptar el calificativo de 'necedad' o 'simpleza.' Al adoptar el lenguaje de los asnos para hablar a unos asnos, rebuznando a contratiempo y a la vez con la más ocurrente oportunidad, lo que hace Sancho es superar, obrando, las asnadas de su doble espurio, dándoles la única respuesta merecida: un auténtico y atronador rebuzno" (Ly 123).

[10] "Una de las constataciones más evidentes de esta distancia ideológica quizás la comporte la forma como Avellaneda trasuntó en Sancho Panza su comprensión de los campesinos en cuanto comunidad. Si el Sancho original da muestras de discreción y cautela, como lo sugieren las reiteradas ocasiones en que trata de advertirle a su amo la conveniencia de no precipitarse ante un hecho o de hacerle ver los errores de su percepción del entorno, el segundo Sancho es un personaje reducido a sustrato animal, voraz y sandio, mal vestido y hablado, pestilente, desleal y oportunista, cuya voracidad no redunda en experiencias compartidas como las viandas que departe el escudero original con Tomé Cecial o con Ricote. [...] Las burlas que anteceden al desenlace y que son infligidas contra hidalgo y escudero se sostienen sobre una ideología en la que un grupo social, el de los poderosos, se atribuye el derecho a usar para su esparcimiento a individuos considerados socialmente inferiores" (O'Kuinghttons Rodríguez 130–31).

[11] "Don Quijote pone, por ende, un signo de igualdad entre un caballero y su escudero y, como en tantas ocasiones, lo justifica evocando la caballería andante [...] la emplea como sinónimo de la Edad dorada igualitaria [...] don Quijote no trata de esta manera fraternal sólo a Sancho, su escudero, sino a todos los humildes, como, por ejemplo, a los cabreros, labradores, galeotes y hasta bandoleros [...]" (Osterc 274).

breve representaban sus obras en verso. El autor implícito cervantino parece comprender el acto de entremesar en el contexto de las directrices generales tanto del propio López Pinciano como de otros preceptistas de este tiempo sobre el humor, optando por defender una aproximación clásica, en la que se recomienda una separación entre géneros dramáticos, lo que se traducía en un énfasis en el decoro:

> [...] en todos esos ejemplos citados hay disparidad, oposición y contraste manifiesto entre lo que se intenta y lo que se hace, entre lo que se imagina y lo que es en realidad; una contradicción, en fin, entre la inteligencia y la voluntad, motivada por ignorancia, presunción, cobardía y demás debilidades y defectos humanos, pero nunca por la fealdad; y de esa contradicción surge lo cómico o ridículo de las situaciones y de las palabras; [...].
>
> LÓPEZ PINCIANO, 394n1

Se confirma así que el acto de entremesar tuvo relevancia dentro de la controversia del *Quijote* apócrifo, entre Cervantes y quien fuera el autor anónimo, muy probablemente dentro del círculo literario de Lope de Vega. En este sentido, entremesar se entiende como un recurso literario que radica en la apropiación de un personaje, el cual es utilizado en un contexto y con un tono diferente al pretendido por su autor original. En un contexto más amplio, también consiste en "revisitar" obras, asuntos o personajes a lo burlesco; en el caso de esta polémica, en forma de imitación y apropiación de la obra literaria cumbre cervantina. Paradójicamente, evitar la ofensa se defiende como algo deseable y prestigioso, afirmación en la que coinciden tanto Cervantes como Avellaneda, a pesar de que no la suscriban, como se evidencia en la controversia generada entre ambos autores.

1.1.4 *Cervantes entremesador*

La última etapa del corpus cervantino incluye obras como la segunda parte del *Quijote*, donde el asunto de entremesar está también muy presente. Cervantes, como se observa en el prólogo a su teatro, parece resignarse ante la dificultad de poder volver a tener éxito en las tablas, defendiendo en sus paratextos los motivos para no caer en la "entremesación" que explotarán literariamente ciertos autores de narrativas burlescas del período. En el prólogo a su teatro, al igual que ocurre en la primera parte del *Quijote*, el autor implícito utilizará el recurso ficticio del metaprólogo, en este caso aludiendo al propio arte dramático. Se apuntará así a un sentimiento nostálgico acerca del teatro puro y simple, cuyo icónico representante es Lope de Rueda, llamándose la atención acerca de la propia importancia del teatro breve como género:

> En el tiempo deste célebre español, todos los aparatos de un autor de comedias se encerraban en un costal, y se cifraban en cuatro pellicos blancos guarnecidos de guadamecí dorado, y en cuatro barbas y cabelleras y cuatro cayados, poco más o menos. Las comedias eran unos coloquios, como églogas, entre dos o tres pastores y alguna pastora; aderezábanlas y dilatábanlas con dos o tres entremeses, ya de negra, ya de rufián, ya de bobo y ya de vizcaíno: que todas estas cuatro figuras y otras muchas hacía el tal Lope con la mayor excelencia y propiedad que pudiera imaginarse.

Dentro de este recorrido por la memoria histórica del teatro de su tiempo, el autor del prólogo destacará su propia contribución a la evolución técnica teatral, que incluye tanto su reducción de las comedias a tres jornadas como la presentación de figuras morales en escena:

> *La destruición de Numancia* y *La batalla naval*, donde me atreví a reducir las comedias a tres jornadas, de cinco que tenían; mostré, o, por mejor decir, fui el primero que representase las imaginaciones y los pensamientos escondidos del alma, sacando figuras morales al teatro, con general y gustoso aplauso de los oyentes; [...]

Su dificultad en seguir representando obras se asocia al omnipresente teatro de Lope de Vega:

> Tuve otras cosas en que ocuparme; dejé la pluma y las comedias, y entró luego el monstruo de naturaleza, el gran Lope de Vega, y alzóse con la monarquía cómica; avasalló y puso debajo de su juridición a todos los farsantes; llenó el mundo de comedias proprias, felices y bien razonadas, y tantas, que pasan de diez mil pliegos los que tiene escritos, y todas (que es una de las mayores cosas que puede decirse) las ha visto representar, o oído decir, por lo menos, que se han representado; y si algunos, que hay muchos, han querido entrar a la parte y gloria de sus trabajos, todos juntos no llegan en lo que han escrito a la mitad de lo que él sólo.

El narrador considera que, aunque no haya llamado tanto la atención de los autores, su teatro merece la pena ser leído:

> Torné a pasar los ojos por mis comedias, y por algunos entremeses míos que con ellas estaban arrinconados, y vi no ser tan malas ni tan malos que no mereciesen salir de las tinieblas del ingenio de aquel autor a la luz de otros autores menos escrupulosos y más entendidos.

Por último, también se alude al asunto de los ataques personales que son dirigidos desde la obra literaria, además de la necesidad de asegurarse del decoro de los personajes:

> Querría que fuesen las mejores del mundo, o, a lo menos, razonables; tú lo verás, lector mío, y si hallares que tienen alguna cosa buena, en topando a aquel mi maldiciente autor, dile que se emiende, pues yo no ofendo a nadie, y que advierta que no tienen necedades patentes y descubiertas, y que el verso es el mismo que piden las comedias, que ha de ser, de los tres estilos, el ínfimo, y que el lenguaje de los entremeses es proprio de las figuras que en ellos se introducen; [...]

El prólogo al teatro cervantino se suma al de las *Novelas ejemplares*, en su defensa común de no agraviar a terceros mediante la obra literaria. La intención de las *Novelas ejemplares* será, muy al contrario, la de crear belleza y armonía en el alma humana, siendo estas obras comparadas con jardines y alamedas. En ambos casos, se dejará la responsabilidad al lector de hacer la lectura que crea conveniente, a partir de su uso del libre albedrío y dentro de su particular experiencia:

> Heles dado nombre de *ejemplares*, y si bien lo miras, no hay ninguna de quien no se pueda sacar algún ejemplo provechoso; y si no fuera por no alargar este sujeto, quizá te mostrara el sabroso y honesto fruto que se podría sacar, así de todas juntas como de cada una de por sí. Mi intento ha sido poner en la plaza de nuestra república una mesa de trucos, donde cada uno pueda llegar a entretenerse, sin daño de barras; digo, sin daño del alma ni del cuerpo, porque los ejercicios honestos y agradables antes aprovechan que dañan. [...]
>
> Horas hay de recreación, donde el afligido espíritu descanse. Para este efeto se plantan las alamedas, se buscan las fuentes, se allanan las cuestas y se cultivan con curiosidad los jardines. Una cosa me atreveré a decirte: que si por algún modo alcanzara que la lección destas novelas pudiera inducir a quien las leyera a algún mal deseo o pensamiento, antes me cortara la mano con que las escribí que sacarlas en público. Mi edad no está ya para burlarse con la otra vida, que al cincuenta y cinco de los años gano por nueve más y por la mano.

1.1.5 *Entremeses cervantinos entremesados*

La aplicación del concepto de entremesar en dos de los ocho entremeses de Cervantes, *El vizcaíno fingido* y *El retablo de las maravillas*, desvela una serie de detalles literarios que apuntan a la difícil tarea de pretender acompasar la obra dramática breve a la estética ideológica a la que estaba acostumbrado el público de este tiempo, mientras se pretenden mantener ciertos principios "ejemplares" en el tipo de humor que se practicaba. A través de una breve exploración de estos dos significativos entremeses se confirmarán ciertas aportaciones cervantinas al debate literario sobre el humor en la obra literaria en este período. Se apreciará así cierta intención en atender a las demandas del público de su tiempo, al tratarse temas de actualidad, los cuales se presentan cómicamente en ambos entremeses, adornándose las obras con un tipo de humor más reflexivo. Esto confirma que el autor del Quijote no evitará escribir un tipo de teatro orientado y adaptado a satisfacer los gustos de los receptores de su obra, optando además por reflejar asuntos candentes de su tiempo, a la moda de lo que se hacía entonces, algo que es evidente en obras como *El vizcaíno fingido*. En un momento de este entremés, la protagonista Cristina debatirá con su amiga Brígida sobre la polémica de la prohibición de los coches, cuya privacidad facilitaba el ejercicio de la prostitución, actividad que era muy perseguida:

> Brígida: ¡Y cómo si tendrás parte! Y mucha, si eres discreta, como lo eres. Has de saber, hermana, que, viniendo agora a verte, al pasar por la puerta de Guadalajara, oí que, en medio de infinita justicia y gente, estaba un pregonero pregonando que quitaban los coches, y que las mujeres descubriesen los rostros por las calles.
> Cristina: Y ¿ésa es la mala nueva?
> Brígida: Pues para nosotras, ¿puede ser peor en el mundo?
> Cristina: Yo creo, hermana, que debe de ser alguna reformación de los coches: que no es posible que los quiten de todo punto; y será cosa muy acertada, porque, según he oído decir, andaba muy de caída la caballería en España, porque se empanaban diez o doce caballeros mozos en un coche, y azotaban las calles de noche y de día, sin acordárseles que había caballos y jineta en el mundo; y, como les falte la comodidad de las galeras de la tierra, que son los coches, volverán al ejercicio de la caballería, con quien sus antepasados se honraron. [...]
> Brígida: ¡Ay Cristina! No me digas eso, que linda cosa era ir sentada en la popa de un coche, llenándola de parte a parte, dando rostro a quien y como y cuando quería. Y, en Dios y en mi ánima, te digo que, cuando alguna vez me le prestaban, y me vía sentada en él con aquella autoridad, que me desvanecía tanto, que creía bien y verdaderamente que era mujer principal, y que más de cuatro señoras de título pudieran ser mis criadas.

Cristina: ¿Veis, doña Brígida, cómo tengo yo razón en decir que ha sido bien quitar los coches, siquiera por quitarnos a nosotras el pecado de la vanagloria? Y más, que no era bien que un coche igualase a las no tales con las tales; pues, viendo los ojos estranjeros a una persona en un coche, pomposa por galas, reluciente por joyas, echaría a perder la cortesía, haciéndosela a ella como si fuera a una principal señora. Así que, amiga, no debes congojarte, sino acomoda tu brío y tu limpieza, y tu manto de soplillo sevillano, y tus nuevos chapines, en todo caso, con las virillas de plata, y déjate ir por esas calles; que yo te aseguro que no falten moscas a tan buena miel, si quisieres dejar que a ti se lleguen; que engaño en más va que en besarla durmiendo.

En la reflexión de Cristina se justifica la prerrogativa oficial contra los coches, argumentándose que, de no prohibirse, se "echaría a perder la cortesía" de las damas. Aunque Cristina acabe siendo engañada, como otros antihéroes barrocos del período, es capaz de demostrar un sentido común inusitado para este perfil de personajes cómicos, en su reflexiva intervención en el entremés. Esto confirma que, aunque el asunto de la prohibición de los coches ha sido "entremesado," la obra mantiene un tono ejemplar típicamente cervantino.

En *El retablo de las maravillas* se explora también un tipo de arquetipo de antihéroe barroco, en este caso en el entorno del mundo rural. Chirinos, Chanfalla y Rabelín aparecerán en una aldea donde presentan un teatro imaginario. Adoptando un papel similar al de los duques ante Don Quijote y Sancho, los pícaros idearán un artificio dramático en forma de simulacro. Mientras en el caso de los duques su motivación era el mero entretenimiento, en el de los pícaros del entremés el engaño perseguirá un beneficio material a costa de la ignorancia de los rústicos:

Chanfalla: Yo, señores míos, soy Montiel, el que trae el Retablo de las maravillas. Hanme enviado a llamar de la Corte los señores cofrades de los hospitales, porque no hay autor de comedias en ella, y perecen los hospitales, y con mi ida se remediará todo.
Gobernador: Y ¿qué quiere decir Retablo de las maravillas?
Chanfalla: Por las maravillosas cosas que en él se enseñan y muestran, viene a ser llamado Retablo de las maravillas; el cual fabricó y compuso el sabio Tontonelo debajo de tales paralelos, rumbos, astros y estrellas, con tales puntos, caracteres y observaciones, que ninguno puede ver las cosas que en él se muestran, que tenga alguna raza de confeso, o no sea habido y procreado de sus padres de legítimo matrimonio; y el que

fuere contagiado destas dos tan usadas enfermedades, despídase de ver las cosas, jamás vistas ni oídas, de mi retablo.

De igual forma que Don Quijote y Sancho en casa de los duques, los altivos personajes del entorno rural acabarán bailando al son de la música impuesta por los pícaros. La propuesta ejemplar de *El retablo de las maravillas* se ajusta también a la moda del antihéroe barroco, cuya vanidad solía ser castigada cruelmente. En este caso, los rústicos serán reprendidos no tanto por su ambición material y de medro, como era frecuente en el caso de los antihéroes barrocos, sino tras desmontarse la estructura profunda de su imaginaria cosmovisión cristianovieja en las tablas. Así, en esta obra se ofrece una entremesación cervantina del asunto del antihéroe rústico, el cual expone patéticamente su localista y reaccionaria defensa de los valores más retrógrados de su sociedad, cada vez que se le presenta la ocasión. La entrada final del Furrier confirmará el retorno de la obra a una realidad social donde el desacato se castigaba seriamente:

> Benito: Basta: ¡dellos es, pues no vee nada!
> Furrier: Canalla barretina: si otra vez me dicen que soy dellos, no les dejaré hueso sano.
> Benito: Nunca los confesos ni bastardos fueron valientes; y por eso no podemos dejar de decir: ¡dellos es, dellos es!
> Furrier: ¡Cuerpo de Dios con los villanos! ¡Esperad!
> (Mete mano a la espada y acuchíllase con todos; y el Alcalde aporrea al Rabellejo; y la Cherrinos descuelga la manta y dice:)
> Chirinos: El diablo ha sido la trompeta y la venida de los hombres de armas; parece que los llamaron con campanilla.
> Chanfalla: El suceso ha sido extraordinario; la virtud del retablo se queda en su punto, y mañana lo podemos mostrar al pueblo; y nosotros mismos podemos cantar el triunfo desta batalla, diciendo: ¡vivan Chirinos y Chanfalla!

En ambos entremeses se muestra la intención cervantina de integrar sus obras en el contexto de la estética del humor preferido por el público del período. Se aprecia así un esfuerzo por estar al día en asuntos candentes en este tiempo, algo también presente en otras obras como *El rufián viudo* y *La elección de los alcaldes de Daganzo*. El Cervantes entremesador de asuntos de actualidad, tanto en el ambiente rural como en el urbano, se pone de manifiesto en estos entremeses, donde se confirman unos principios literarios en los que la ofensa desmedida y sin sentido no tiene cabida. Muy al contrario, en estos ejemplos se prefiere darle un sentido al humor, como el de un recurso literario que va en contra de ciertas desviaciones sociales como la de las taimadas prostitutas o la de los soberbios paletos. La elección de estos perfiles de antiheroes burlescos sirve para establecer un tipo de distancia moral y de principios estéticos e ideológicos con los equivalentes de sus contemporáneos. La sofisticación de las burlas y las reflexiones sobre éstas les diferencia de los desgraciados hidalgos, verdaderos o falsos, que serán objeto de múltiples humillaciones, en muchas de las obras narrativas de este tiempo.

1.1.6 Conclusión: entremesar indecorosamente es cervantinamente antiejemplar

Cervantes no renuncia a la corriente estética de entremesar o teatralizar a lo burlesco, experimentando con ella en obras suyas como *El vizcaíno fingido*[12] y *El retablo de las maravillas*. En estos entremeses se tiende a profundizar en el aspecto más ejemplar del arte literario, percibiéndose así un espíritu teatral, no tan alejado del que se propone en el prólogo de las *Novelas ejemplares*. De hecho, Cervantes entremesará a los protagonistas de estas obras como advertencia en contra de sus errores ideológicos y antisociales. Esta aproximación es diferente a la de ciertos autores de su tiempo, quienes consideraron sus novelas y entremeses como obras que ofrecían la oportunidad de incluir asuntos de moda con personajes cruelmente burlados, para el deleite de la gran mayoría del público. El que entremesar equivaliera a utilizar recursos dramáticos burlescos, haciendo que un asunto o personaje populares fueran más relevantes para la audiencia, es un recurso compartido tanto por Cervantes como por sus contemporáneos, aunque el primero lo presentase acompañado de cierta intención de hacer un tipo de crítica social más razonable y menos ofensiva.

Cervantes fue un autor cuyos textos han trascendido debido, entre otros aspectos, a su esfuerzo en que su percepción acerca de la literatura de su tiempo quedará reflejada en su propia obra para la posteridad. Su consciente relación con una generación determinada de autores fue un asunto relevante y característico de su identidad literaria. Al igual que en el caso de Castillo Solórzano, Cervantes identifica el entremés como un género literario con el que poder expresarse con mayor libertad, al carecer de las restricciones asociadas a otros géneros populares del período, debido a la protección ideológica que muchas veces ofrecía su tono humorístico, algo demostrado en obras como *El retablo*.

---

12   Vease el estudio de Baras Escolá, en relación con una posible burla hacia ciertas personalidades de la Corte.

La dinámica de la rivalidad literaria entre Cervantes y Avellaneda ayuda a comprender mejor los debates estéticos que acontecieron con respecto al humor en el Barroco. Todo ello dentro del marco más amplio de la estructura político-social del momento, en un tiempo de supersticiones, en el que las burbujas económicas y culturales provocarán que se combinen inesperados periodos de abundancia con otros de gran miseria. Este tipo de inestabilidad social y espiritual no tiene por qué no reflejarse en unas obras literarias, las cuales responderán tanto a las expectativas del momento histórico en el que se crearon como a los valores literarios e ideológicos de sus autores, todo lo cual se ha explorado en esta sección, a partir de evidencia textual contrastada. La generación literaria en la que vivió Cervantes reconocerá su relevancia como escritor, algo que se evidencia en las célebres controversias literarias en las que participará. Cervantes será admirado como un autor prestigioso, siendo uno de los pocos cuya obra merecerá la pena imitar para humillarle, pero también para homenajearle, como se apreciará en los casos de Avellaneda, Salas Barbadillo, y Carrillo Cerón. De este modo, se destacará más su transcendencia literaria, en reconocimiento de su valentía para afrontar debates estético-morales, como es el propio asunto de los límites del humor ofensivo.

Cotarelo y Mori describe el teatro breve como "migajas del ingenio," a través de las cuales se puede llegar a identificar el alimento principal del cual se nutría el espíritu literario de este período. En estos "restos literarios" se aprecia la evidencia que condujo a un autor como Cervantes a ir contra corriente del tipo de humor burlesco que se usaba en su tiempo, en obras como los entremeses estudiados en este ensayo. No por ello dejará de caer en otro tipo de contradicciones y ofensas literarias que, al parecer, pudieron haber sido identificadas en la primera parte del *Quijote* y después ser respondidas por parte Avellaneda, en su segunda parte apócrifa. Lo que es evidente, sin embargo, es que el tipo de humor que defiende Cervantes no suele ir en detrimento gratuito de otros seres humanos en situación de inferioridad, sino más bien en castigo de algunas tendencias no muy virtuosas, como el pretender, por ejemplo, que se pueda imponer la dogmática ideología cristianovieja en la sociedad de su tiempo, tratándola, por ello, como un miedo supersticioso más.

Ampliar el concepto de entremesar del teatro breve a otras obras narrativas que también cuentan con antihéroes barrocos ha abierto nuevas posibilidades en el camino hacia la revisión de los debates estético-morales asociados con el humor, en este tipo de polémicas literarias del Barroco. Cervantes utilizará su primer volumen del *Quijote* para saldar algunas deudas pendientes con sus rivales, o al menos, algunas partes de su obra serán interpretadas de esta manera. El humor ejemplar cervantino, sazonado de puyas que están disimuladas en los nombres de unos personajes que sonarían familiares a muchos lectores, no excluirá un tipo de "sinónimos voluntarios" que serán ofensivos a determinados "terceros." Existe así, paradójicamente, una reafirmación de un tipo de humor moralmente intachable en la estructura superficial, aunque su estructura profunda pudiera esconder ciertas ofensas y respuestas a otros autores de su período. Esta doble estrategia de atacar o contraatacar con humor ofensivo a personajes literarios específicos, mientras defiende preceptivamente una comicidad ejemplar y no agresiva, es algo que, probablemente, fuera debido a su necesidad de protegerse en un ambiente literario hostil.

En los paratextos de algunas de las últimas grandes obras cervantinas se refuerza el interés del autor implícito en alimentar una imagen literaria intachable ante mecenas y lectores. Este tipo de estrategia literaria habría funcionado, si lo que buscaba este autor era el ser recordado y transcender honrosamente. La memoria inmediata de la figura literaria de Cervantes será, en general, muy positiva tras su fallecimiento, algo que se desarrolla en la siguiente sección, siendo algo que contrastará con la miserable experiencia existencial de sus últimos años. Especialmente debido a su denigrante trabajo como recaudador de impuestos y tras sus turbulentos episodios familiares durante su estancia en Valladolid, hechos que también pudieron haberle motivado a reafirmarse en su célebre "ejemplaridad" artística, con la intención de que su figura literaria también pudiera ser recordada como la de un escritor moralmente prestigioso, al final de su existencia.

1.2 La recepción de la obra de Cervantes y el antihéroe barroco

> Baroque and rococo cannot be foreign to a Spaniard. They are profoundly congenial and Quixotic, suspended as it were between two contrary insights: that in the service of love and imagination nothing can be too lavish, too sublime, or too festive; yet that all this passion is a caprice, a farce, a contrition, a comedy of illusions.
>
> SANTAYANA 254

El objetivo de esta sección es contribuir a una mejor comprensión de varias de las controversias sobre el legado de Cervantes que acontecieron cercanas al tiempo de publicación de su obra[13]. Se apreciará así, cómo esta recepción

---

13 El Barroco en España fue condicionado por el contexto de una crisis socioeconómica administrada por la Monarquía que condujo a diferentes momentos de "burbujas" de activos, naturales y provocadas, (inmobiliaria, con el cambio de corte a Valladolid). Esta sección es parte de un estudio más amplio sobre la relación entre la burbuja económica

literaria fue condicionada por diferentes debates estéticos y morales, los cuales se hacen evidentes en varios episodios metaliterarios de las obras de ciertos autores contemporáneos al legado artístico cervantino.

Cervantes supone un caso raro en la recepción literaria, debido a las numerosas interpretaciones existentes acerca del significado de su cosmovisión artística, las cuales sirven para informarnos mejor sobre el contexto hermenéutico del origen de la propia novela moderna. A lo largo de la historia, diversos autores han señalado la trascendencia de la ficción cervantina durante el Barroco, la Ilustración, pero especialmente tras el Romanticismo (Close *Romantic*). Este reconocimiento se ha producido, en algunos casos, a través de imitaciones y apropiaciones tanto de la figura de Cervantes como de sus obras. Al redescubrimiento del sentido literario de la técnica cervantina y de su valoración como creador de una de las obras barrocas más reconocidas[14], se ha ido sumando una mayor contextualización de su obra, destacándose mejor su papel central dentro de la Historia de la Literatura universal[15].

La influencia de las obras de Cervantes fue controvertida, incluso durante sus años más productivos. Como es bien sabido, el *Quijote* es uno de los libros más leídos y traducidos. Para la cierta mayoría de críticos literarios, esta obra representa un momento álgido en la historia de la novela; Fielding, Dostoyeski, García Márquez, Allende y Rushdie se encuentran entre los muchos autores que han sido capaces de captar la autenticidad del familiarmente moderno estilo de Cervantes. La profundidad de su trascendencia literaria también será apreciada cuatro siglos después de su muerte por escritores-críticos como Unamuno y Borges. Al aplicar algunos recursos y teorías cervantinas en sus

---

y el contexto artístico durante el Barroco español, utilizando la teoría de la narrativa económica de Shiller (ver *irrational* y *economic*).

14   Uno de los aspectos que hacen única la recepción de la obra de Cervantes es el deseo crítico de reconocer el estilo cervantino, el cual es frecuentemente imitado, prestando atención tanto a su sentido autorreferencial como al ejemplar. El efecto de los autores que creen haber descubierto en la obra cervantina una fuente filosófico-literaria puede ir más allá de su tono autoconsciente. Profundizar en la comprensión e interpretación del contexto artístico que contribuyó a que Cervantes adquiriera su singular estilo literario animó a algunos autores a emular y celebrar la trascendencia literaria cervantina. Así, el legado cervantino está presente en las obras de Borges, Unamuno y Pirandello tanto como en las de otros seguidores de su estilo autorreferencial, especialmente a partir del siglo XX.

15   Obsérvese la destacada relevancia de Cervantes en el *Western Canon* de Bloom, estando entre los pocos autores de reconocido prestigio, por su capacidad de concebir un nuevo género literario, la novela moderna.

propios ensayos y obras de ficción, su homenaje no fue sólo literario, sino también metaliterario.

Al igual que habían hecho anteriormente otros autores del siglo diecisiete como Calderón[16], Unamuno y Borges interpretaron los retos literarios de Cervantes, adaptándolos a la literatura de su propio tiempo. En sus textos críticos y de ficción incorporarán reflexiones que están relacionadas con una comprensión y representación de la existencia humana similar a la cervantina, la cual es entendida como parte de una matriz literaria trascendental, que nos envuelve a todos y a todo. Por ejemplo, Unamuno demostrará su capacidad para captar y debatir el conflicto existencial de un personaje consciente de sí mismo en *Niebla*; en *Vida de don Quijote y Sancho* interpretará la muerte de Don Quijote con relación al máximo sacrificio humano, como si se tratase de una figura hagiográfica. Entenderá así la novela cumbre de Cervantes como una alegoría de la vida, dentro de un ámbito espiritual que trasciende los límites de lo intelectual, algo que está evidenciado por el talento de Cervantes para crear un tipo de personaje capaz de elevar el espíritu literario de su tiempo y que servirá de inspiración en la propia obra literaria de Unamuno.

Para escritores como Borges, la exploración de la estructura profunda de la presencia del autor conformará un nuevo paradigma en la evaluación de la grandeza artística de Cervantes. Las reflexiones filosóficas sobre su figura literaria y su obra se convierten, en sí mísmas, en el propio meollo argumental, en narraciones como *Pierre Menard* y *Nota sobre el Quijote*. En los distintos puntos de vista de Unamuno y Borges se interpreta la concepción del universo cervantino dentro de un tipo de alegoría artística mediante la que los autores literarios pueden superar las expectativas literarias de su propio tiempo, gracias al uso de la Literatura para la comprensión y explicación de los episodios más transcendentes a los que se puede enfrentar el ser humano.

1.2.1   *Sobre la recepción cervantina en su propio tiempo*

La innovadora narrativa cervantina, epitomizada en el *Quijote*, ha contribuido históricamente a inspirar las obras de grandes escritores. La recepción de los textos de Cervantes es única, en su capacidad de atraer ciertos patrones de interpretación literaria, en los que se aprecia una reacción creativa a su autorreferencialidad y ejemplaridad. Al explorar la causa última de este juego de imitación artística se evidencia que el modo en el que la obra cervantina se

---

16   La presencia del *Quijote* de Cervantes en *La vida es sueño* ha sido estudiada por Regalado y Palacios Rodríguez.

relaciona con el espíritu literario de su época puede haber ayudado a configurar su distintivo estilo literario y, por extensión, la conceptualización de la novela occidental moderna. Esto se evidencia en la recepción de las narraciones más difundidas de Cervantes por parte de sus colegas de profesión, las cuales incluyen sus *Novelas ejemplares*, además de las dos partes del *Quijote* y el *Persiles*.

En primer lugar, se observa un período entre 1614 y 1619, poco antes e inmediatamente después de la muerte del autor, cuando su figura y sus obras gozaban de una mayor popularidad. En estos años, por un lado, el autor del *Quijote* es cuestionado en el texto de Avellaneda, el autor del *Quijote* apócrifo, como se refleja en su agresiva reacción literaria contra Cervantes y su obra, la cual es similar a la que había sufrido Mateo Alemán con su *Guzmán de Alfarache*. Por otro lado, la presencia de Cervantes, como un personaje de renombre en el imaginario popular y figura literaria de gran prestigio, es algo que se aprecia en el homenaje que se le hace en *El caballero puntual* de Salas Barbadillo.

En segundo lugar, durante la década de 1630, Castillo Solórzano y Carrillo Cerón, junto con otros autores destacados como María de Zayas (especialmente en sus novelas) y Calderón de la Barca, en su llamativamente metateatral obra *La vida es sueño*, también rindieron un homenaje a las obras y a la figura de Cervantes, interpretándolas y adaptándolas tanto dentro de sus respectivos universos literarios personales como en el contexto de su época. Por ejemplo, el reconocimiento de la tesis de la existencia de oligarquías antimeritocráticas que dominaban la "corte" de los dramaturgos que monopolizaban la escena teatral madrileña es algo que se refleja en la novela picaresca de Castillo Solórzano *Las aventuras del bachiller Trapaza*. Esta reflexión podría haber salido de la propia pluma cervantina, al ser coincidente tanto con lo expuesto en el prólogo de su teatro como con los diálogos literarios entre el cura y el canónigo, del capítulo cuarenta y seis al cuarenta y nueve, en la primera parte del *Quijote*. Del mismo modo, Carrillo Cerón también reaccionará literariamente a Cervantes, aceptando el reto cervantino y publicando la secuela de una de sus obras más populares, *El coloquio de los perros*. Esta nueva versión está escrita a la manera de la segunda parte no autorizada de Avellaneda, aunque no tanto con una intención difamatoria, sino celebratoria del legado cervantino. En resumen, la recepción de Cervantes en la década de 1630 demuestra, por un lado, que era muy considerado y reputado en su tiempo y, por otro, que existía cierta necesidad de reconocer que sus principios e inquietudes artísticas merecían ser homenajeados en las propias obras de ficción contemporáneas a su obra.

La contextualización propuesta de los textos de Cervantes en su propio momento histórico y literario contribuirá a una comprensión más amplia de sus obras. Para ello, el sentido de las diferentes controversias sobre criterios estéticos y morales debatidas en el período ayudarán a informarnos mejor sobre los debates literarios que inspiraron a uno de los autores más autoconscientes de la Historia de la Literatura. Esto contribuirá también a dilucidar, no tan solo cómo se recibieron sus obras poco después de publicarse, sino también por qué se necesitaron tres siglos para obtener, de nuevo, una informada respuesta literaria con relación a la estética literaria original de Cervantes, por parte de autores como Unamuno y Borges.

Identificar cómo el contexto literario de un periodo histórico pudo haber influido en Cervantes también ayudará a comprender mejor a uno de los escritores occidentales canónicos de mayor influencia, quien fue capaz de concebir personajes como Don Quijote, Marcela, Maese Pedro, Cipión y Berganza[17]. Algunos de estos protagonistas llegarán incluso a autorreflexionar sobre la "realidad literaria a la que pertenecen," revelándose, así, como seres conscientes de las controversias literarias de su tiempo. De hecho, el propio autor implícito cervantino demuestra también un tipo de autoconsciencia acerca de su propio legado, en su interacción con los detractores e imitadores contemporáneos a su obra, demostrando así la concepción de su propia literatura como una fuente para el progreso y la difusión del conocimiento artístico.

La obra cervantina será rápidamente reconocida pocos años después de la publicación de la primera parte del *Quijote*, cuando tanto los episodios de los discursos de Marcela como el de las "Armas y las Letras" fueron seleccionados para formar parte de la colección de textos incluidos en el *Homicidio de la fidelidad y la defensa del honor*, editado por Richer en París, en 1609. *El caballero puntual* y el *Quijote* de Avellaneda también se publicarán entre 1614 y 1619, poco antes y tras la muerte de Cervantes, cuando su figura y sus obras literarias eran todavía muy populares. Posteriormente, Carrillo Cerón y Castillo Solórzano también reconocerán a Cervantes en sus obras literarias, durante la década de 1630.

Los dos primeros decenios del siglo diecisiete fueron testigos de un crecimiento en el número de textos publicados y representados, muchos de los cuales seguirán el nuevo canon de la comedia nueva. Este movimiento estético contrarreformista floreció en el contexto de una "burbuja cultural barroca," en línea con una expansión de un tipo de espectáculos que incluían, entre otros, entradas reales, comedias, obras de teatro de Corte y pomposos actos

---

17   Al ser una de las novelas ejemplares más numinosas y proféticas escritas por Cervantes *El coloquio de los perros* fue utilizada por el joven Freud en un intercambio epistolar con su mejor amigo, ambos disfrazados bajo el seudónimo de sus protagonistas, Cipión y Berganza (Hernández).

religiosos, junto a todo tipo de celebraciones y entretenimientos[18]. Esta expansión espectacular coincide con el auge de la comedia nueva y el desarrollo del arquetípico antihéroe picaresco en tiempos de Felipe III y IV[19]. Durante este período se incrementará el apoyo de los mecenas a diferentes obras artísticas de prestigio, lo cual se entendía que mejoraba su reputación, en su objetivo de competir en el juego político cortesano, con mayor favoritismo[20]. Así, el canon literario que incluye las obras poéticas místicas de santos como Teresa y Juan de Ávila, junto a textos como *Celestina* y *Lazarillo*, contrasta con la posterior escena literaria del Barroco, en la que para protagonistas como los pícaros literarios y los antihéroes contrarreformistas, su mayor aspiración será vivir su efímera fama barroca, simulando y disimulando acerca de su verdadera identidad, oculta bajo su ropa y habla impostados. Figuras artísticas como Góngora, Gracián, Lope de Vega, Calderón y el propio Cervantes compartirán este período histórico, política y literariamente expansivo, el cual será también favorecido tanto por un proyecto de evangelización y expansión territorial

---

18   Ver Wright E. para un estudio del mecenazgo cortesano de Lope de Vega y Pérez de León *histéresis*, para un relato del contexto histórico de la burbuja cultural del barroco cortesano español.

19   De hecho, la segunda parte del *Quijote* incluye secciones que pueden considerarse respuestas literarias ejemplares a la literatura barroca del periodo, como son los comentarios sobre la verdad y la ficción de las biografías del capítulo treinta y dos de la primera parte del *Quijote* y los apuntes del sacerdote al final del *Curioso impertinente*, entre otros.

20   La expansión colonial ibérica alcanzará a consolidar un sistema burocrático en sus virreinatos y provincias, contribuyendo paralelamente al desarrollo de una escena teatral y artística propagandística, también en constante expansión. Contextualizar el espíritu literario del Barroco no resulta una tarea fácil, al ser uno de los períodos estéticos más complejos de la historia de España, cuando los acontecimientos públicos de todo tipo, la poesía, el teatro y la novela eran muy demandados por lectores y espectadores. Muchas de estas obras cumplirán la función de servir de propaganda de ciertos valores oligárquicos, aportando prestigio cultural a los mecenas, mientras entretenían y deleitaban a una gran mayoría de sus receptores, algo que ha estudiado en detalle Maravall (*Barroco*).

De entre los acontecimientos históricos más relevantes de este período destaca el hecho de que la Corona Ibérica (1581–1640) fuera capaz de alcanzar la Paz Hispánica, con la que se aportará cierta estabilidad a su plan de expansión imperial por diferentes áreas de los territorios hispanoportugueses que eran reclamados por todo el planeta, tal y como se había acordado en el tratado de Tordesillas. Sin embargo, a principios del siglo diecisiete, decisiones como la de suspender los viajes de Quirós al Pacífico delatarán un reconocimiento de la aceptación de la conformidad de tener que mantener las limitaciones de la presencia española en ultramar, debido a la patente dificultad de sustentar una estructura que estaba administrativa y políticamente sobredimensionada.

como por un progreso técnico en el arte de la navegación y la guerra, a partir del lejano impulso de la misión original de la Reconquista (ver Kamen)[21].

1.2.2 La recepción de Cervantes más allá de 1614: los antihéroes barrocos reaccionan a Don Quijote

En el caso particular de la obra literaria de Cervantes se aprecia que, a pesar de que ni su teatro ni su poesía encajarán necesariamente con la nueva estética barroca de principios del siglo diecisiete, la categoría moral de sus narraciones será destacada e imitada por sus contemporáneos, en reconocimiento de su talento literario. En el contexto social de un período en el que se vivían situaciones económicas difíciles, se tomarán decisiones políticas, las cuales no siempre se orientarán al bien común, como será, por ejemplo, el traslado de la Corte de Madrid a Valladolid y su regreso a Madrid poco después. Este tipo de actos puramente especulativos tendrán su reflejo en un tipo de obras de ficción, en las que se promovía frecuentemente el mensaje de que la relevancia social de los personajes locales que ansiaban seguir medrando en la Corte corría el peligro de ser usurpada, debido al ingenio de ciertos hidalgos venidos a menos, de arribistas y de todo tipo de pícaros (ver Maravall *Barroco*).

Tanto la lentitud burocrática como la inacción monárquica definen el estilo de la Corte barroca española como un espacio complejo de interacción entre castas y estamentos, donde las reglas sociales debían de dominarse, para poder seguir aspirando a mantener o acrecentar el estatus social alcanzado en las pocas oportunidades que se presentaban. La Corte española del período de Felipe II y III se describe frecuentemente como un "artificio" cruel y de alto riesgo, donde no se garantizaba la propia subsistencia, debido a la existencia de un ambiente inestable, en el que era frecuente la negociación de principios y valores, como se ilustra en el floreciente género de los manuales cortesanos. En este contexto, la burguesía urbana sufrirá cada vez más, en su proceso de adaptación a un entorno económico impredecible, mientras se esforzaba por

---

21   En tiempos de Felipe III se presenta así una difícil dependencia hacia una oligarquía renovada y muy posiblemente no tan preparada para asuntos de Estado como la de los mejores períodos de Felipe II. La débil estructura política resultante incluía una selecta élite cortesana responsable de todas las decisiones esenciales de gobierno. El ser incluido o excluido de esta esfera de poder podía determinar recompensas inmediatas o el olvido permanente. Esta concentración y estructura de poder afecta a los artistas del Barroco que se alineaban con los oligarcas en su búsqueda de una posición dominante en estos círculos de influencia, para garantizar favores y recursos tanto como para su propia relevancia social y cultural. La evidencia de que el negocio literario había replicado políticamente la estructura cortesana fue asumida en la Corte por muchas de las mentes creativas de este período, incluyendo al propio Cervantes.

comprender la lógica del tráfico de información privilegiada, en el que la fortuna podía cambiar, repentinamente, en el curso de una audiencia privada. Esta incertidumbre social y económica, vinculada a la especulativa expansión de la empresa ibérica, civilizadora y evangelizadora, pero también con fuertes intereses coloniales, estaba además acentuada por una rivalidad con otras potencias europeas, en disputa por las vías de enriquecimiento que ya habían sido adquiridas por la Corona Ibérica.

En este contexto, personajes como el caballero puntual encarnarán el espíritu de la "épica cortesana" de este momento histórico. Representa así al arquetipo de antihéroes arruinados quienes, por un lado, hacen un esfuerzo en interpretar correctamente las reglas del juego cortesano, aunque por otro parecen incapaces de adaptarse a su circunstancia socioeconómica particular. A partir de la naturaleza de este tipo de seres de ficción, parece enviarse un mensaje de tranquilidad, dirigido a los medradores cortesanos "legítimos," confirmándose su capacidad de seguir beneficiándose de la estructura jerárquica del poder, que los acogía y privilegiaba. Las aspiraciones irreales e individualistas de este tipo de antihéroes arribistas barrocos se pueden comprender como modelo de un tipo de "continuidad monstruosa," en la "cadena social del ser[22]." Al no ser nobles de nacimiento, fingiendo y a veces llegando incluso a poder aparentar el pertenecer a una escala social superior, mediante sus simulaciones y disimulos contribuirán antiheróicamente a reforzar los valores hegemónicos de la sociedad barroca española con la que se identificaban.

1.2.3 El caballero puntual I y II: *los principios de Don Quijote, ante el juicio de Cervantes*

El caballero puntual fue publicado en dos volúmenes, escritos en 1614 y 1619, dedicados al duque de Sesa y al duque de Cea, respectivamente. En estas obras narrativas se rinde homenaje, por un lado, a Don Quijote, personaje que en la primera parte escribe una carta dirigida al protagonista y, por otro lado, al propio Cervantes, a quien se le representa como un escritor sabio y juicioso, en la segunda parte.

El caballero puntual de Salas Barbadillo narra la historia de un hombre sin linaje de prestigio, que se mueve por diferentes lugares de la Corte de Madrid, tratando siempre de mejorar su suerte e intentando acomodarse a un tipo de

---

22 La continuidad de la escala del ser es la posibilidad de existir entre dos niveles, como se creía que eran algunas de las figuras de peces deformes encontradas en las playas españolas, cuyas imágenes difundidas en las *relaciones* eran consideradas por muchos, dentro de los conocimientos de la época, humanas y animales al mismo tiempo.

valores aristocráticos de los que hace gala, por ser los de una clase social a la que quiere pertenecer obsesivamente. *El caballero puntual* utiliza un estilo satírico que es explotado cómicamente mediante la burla hacia las frustradas aspiraciones de su protagonista, en línea con otras novelas similares de Salas Barbadillo como *La ingeniosa Elena* o la *Corrección vicios* (López Martínez 13, 14, 19).

Los antihéroes de las obras narrativas barrocas sufren frecuentemente humillaciones similares a las de su arquetípico pariente, el pícaro contrarreformista, personaje también popularísimo, que contaba con diferentes versiones y variaciones suyas, tanto en el teatro breve como en la comedia. No hace falta decir que no se espera una identificación del receptor con el personaje del caballero puntual. Muy al contrario, sus desventuras parecen tener como objetivo atraer a lectores deseosos de aprender cómo se sobrevive, a duras penas, a la oscura y agresiva sociedad barroca, a partir del ejemplo negativo de este tipo de existencias degradadas. Se puede hablar así de un contramodelo de lo que debería ser un protagonista, cuya pretendida clase social le permite "arrimarse a los buenos para ser uno de ellos," imitando a la nobleza en su habla y presencia. La historia de su vida se resume en su dedicación a intentar, en la mayoría de las ocasiones sin éxito, aprovechar cada oportunidad disponible, para disfrazar y ocultar temporalmente su estatus social, con el fin de cumplir con su objetivo de formar parte de una clase privilegiada pasiva y rentista.

El caballero puntual es el reflejo de cómo la dinámica de poder que emanaba de la Corte española confundía a unos individuos, quienes llegarán a consideran que merecía la pena dedicar su existencia a apropiarse de los valores de la nobleza. El fracaso de este personaje demostraría así cómo este tipo de intrusos aspirantes a cortesanos no eran aptos para revolucionar la arquitectura política del sistema hegemónico del medro (Maravall *Barroco*). Los pecados originales de su falta de origen conocido y de no ser valorado socialmente le conducen a su inadecuado comportamiento como ser inadaptado, con lo que se refuerzan así principios como el de la pureza de sangre, al no ser tanto "hijo de sus obras" como, más bien, "hijo de sus miserias."

El protagonista es un huérfano que había sido adoptado por un noble de Zamora. Precariamente disfrazado de aristócrata, el puntual intentará reinventarse con su nueva identidad como don Juan de Toledo. La novela transcurre en las cercanías de Madrid, donde su reputación será finalmente humillada. Por el camino, tiene la oportunidad de hacer alarde de su vanidad, conciencia de clase frustrada y materialismo extremos. Utiliza sirvientes temporales y además lleva cadenas de oro falsas en el pecho, con la supersticiosa intención de poder atraer magnéticamente cualquier inesperado privilegio. Su filosofía de vida se basa así en intentar sacar el máximo provecho de la apariencia de ser rico, tratando de beneficiarse de cualquier circunstancia para acercarse a los elegidos, siguiendo un esquema moral similar al del arquetipo picaresco iniciado por el protagonista de *Lazarillo de Tormes*.

El caballero puntual se arriesga constantemente a que sus trazas sean descubiertas, lo que se evidencia en episodios como en el que lleva una cruz hueca, para simular una sacrificada devoción. O cuando afirma ser pariente del cardenal Cisneros en Alcalá de Henares y pretende capitalizar así el acontecimiento que suponía su presencia en la ciudad. Como en otras novelas barrocas de antihéroes, e incluso en el propio *Quijote* de Avellaneda, las burlas y decepciones parecen hechas a su medida, orientadas a provocar sus divertidas reacciones, que son el objetivo último del deshonesto entretenimiento propuesto en esta historia.

La presencia cervantina en esta narración comienza en la primera parte, cuando el personaje de Don Quijote escribe a Juan de Toledo, "[...] con ánimo de ser informado en las aventuras de la corte" (71)[23]. Don Juan responde al "[...] caballero celebrado por los chicos y por los grandes, y por toda la Cristiandad," reconociendo los tres aspectos por los que Don Quijote era admirado. Primero, por su talle y disposición; segundo por su lenguaje y acciones corporales; tercero por su traje y aseo en los vestidos. Sin embargo, las aventuras de Don Quijote con los leones, gigantes, castillos y ejércitos no se considerarán comparables a las desgracias del puntual contra "[...] la malicia, ira y soberbia de los hombres" (72). Al comparar las aventuras cervantinas con su propia exposición a los peligros asociados a su disimulación en el arte del medro se aprecia un sentimiento de nostalgia, que se materializa en el enfoque de don Juan sobre el heroísmo quijotesco.

En la segunda parte de *El caballero puntual*, el sirviente Salazar criticará a su amo, empleando palabras que podría haber proferido el furioso sacerdote de la casa del duque, en el capítulo treinta y dos de la segunda parte del *Quijote*:

> ¿Hasta cuándo habéis de ser, oh, vano señor, no sólo fábula de un pueblo, como otros, sino de toda una provincia? ¿No os lastimáis de veros el principal entretenimiento de España, y que pasen vuestros errores impresos en la Primera parte de vuestra vida a las últimas tierras que ha

---

23   Así, la influencia de Cervantes en esta obra de Salas Barbadillo ha llamado la atención de críticos como Peyton, Arnaud y Pagnotta, entre otros, siendo una novela difícil de clasificar, aunque tradicionalmente se haya relacionado con el género picaresco (López Martínez 137–38).

descubierto la osadía de nuestra nación? [...] Considerad que el caer un hombre en el desprecio del pueblo es un estraño género de infamia que nunca se restaura, porque en aquellos que una vez reconoció por culpados aun de su arrepentimiento presume mayor culpa.
> 236–7 (Ver López Martínez 130-174 para un estudio más detallado de la presencia de Cervantes y *Don Quixote* en *El caballero puntual*)

Por último, en uno de los episodios finales de la obra se puede apreciar otro homenaje literario a Cervantes. De forma similar a la trama del entremés de *El hospital de los podridos*, el autor del *Quijote* se presentará convertido en una especie de "examinador de ingenios," ante un desfile de lo que, en aquella época, se considerarían personajes disfuncionales y divertidos, que eran aquellos que mostraban algún tipo de sesgo cognitivo u otro comportamiento digno de ser satirizado. En compañía de escritores ilustres como Garcilaso, Figeroa y Liñán, Cervantes atacará sin piedad a figuras estereotipadas y alegóricas como el *Interesado*, en un tipo de episodios breves, cómicos y altamente teatralizados o "entremesados." Salas Barbadillo homenajea a Cervantes, ofreciéndole la oportunidad de ser un tipo de "juez de ingenios," figura lejanamente asociada al perfil del censor literario que se sugería en el diálogo entre el cura y el canónigo, al final de la primera parte del *Quijote*.

Así, *El caballero puntual* es una obra en la que se homenajea a Cervantes, dentro de un ambiente cultural y social donde se confirma que su reputación literaria está considerada entre la de aquellos pocos autores que merecen formar parte del Parnaso personal de Salas Barbadillo. Allí se encuentran otros ingenios como Garcilaso de la Vega, máximo exponente del soneto italiano en España, al cual se le hace acompañar al autor del *Quijote*, quien es puesto a su nivel por haber sido el primero en novelar. Cervantes fue así considerado en su tiempo un autor clásico-moderno como Garcilaso, siendo frecuentemente asociado a principios morales sólidos, como se aprecia en el hecho de que muchos de sus personajes sean capaces de superar ingeniosamente la locura y el sinsentido de la impredecible y engañosa cultura barroca. En *El caballero puntual* se sugiere la necesidad de un conjunto de valores como el coraje, la honestidad y la fidelidad a principios ejemplares para poder sobrevivir en la sociedad de su tiempo. En este contexto, la figura de Don Quijote se eleva a la altura de los pocos héroes legendarios capaces de presentar valientemente batalla contra este tipo de adversidades "mundanas." Utilizando diferentes ángulos literarios en sus planteamientos, Cervantes, Don Quijote y Salas Barbadillo coinciden en que la burbujeante cultura material de la Corte española no se podía considerar una fuente virtudes humanas, sino, más bien, todo lo contrario.

1.2.4   *El* Quijote *de Avellaneda: una apropiación anti-ejemplar*

El anónimo Avellaneda, declarado adversario literario de Cervantes, reaccionará contra él último con su versión apócrifa del *Quijote*, en la que tanto el protagonista como su autor son retratados como figuras cercanas a la cultura cortesana, la cual condenaba el fracaso del arquetipo del arribista, de un modo similar al de los protagonistas de obras como *El caballero puntual*. Los ataques contra Cervantes comienzan en su prólogo, al parecer escrito por un autor diferente al del resto del texto. En el cuerpo de la novela, Don Quijote y Sancho será también vilipendiados por personajes que los conocen y por ello son capaces de anticipar sus divertidas reacciones. A medida que la trama se va desarrollando, se va incrementando la crueldad de las distintas diversiones que han sido concebidas en torno a Don Quijote y Sancho, con la intención de ofenderlos. Se articula así una lógica infernal, que recuerda a las bromas sufridas por ambos protagonistas en presencia de los duques, en la segunda parte del *Quijote*. Después del frustrado intento de Don Quijote de participar en las justas de Zaragoza, los nobles granadinos que le acompañan seguirán preparando una serie de escenarios imaginarios para la pareja protagonista, utilizando trucos, cada vez más sofisticados, para burlarse de ellos, mientras visitan Madrid, Sigüenza e incluso Alcalá de Henares, la ciudad natal de Cervantes. Bárbara, la prostituta a la que Don Quijote ha rebautizado como Zenobia, le acompañará hasta que es finalmente enviado a un manicomio. Ella misma será acogida en un hogar de mujeres arrepentidas y Sancho, en contra de lo acontecido en la novela original cervantina, terminará sus días al servicio de un hombre poderoso.

El autor intenta replicar el estilo cervantino en esta imitación, aunque tan solo consigue representar al protagonista y a su escudero como un tipo de antihéroes cortesanos carentes de idealismo, ingenio, valores y propósito final, en sus respectivas existencias. Sus personalidades son muy diferentes a las de los protagonistas de la novela cervantina original, resultado lógico de la decisión del autor anónimo de adaptar los famosos personajes de Don Quijote y Sancho a una estructura narrativa en torno a la figura popular del frustrado antihéroe medrador barroco. El primer *Quijote* es una novela que trata del error conceptual neoplatónico de filtrar la realidad a través de una ideología de ficción, la cual está guiada por la lógica de las novelas de caballerías. Sin embargo, Avellaneda orienta su versión a que el lector se divierta con el propio asunto que es objeto de los ataques literarios del autor implícito en la narrativa original cervantina. Pero su intención de ofender al autor y su obra llega mucho más allá, al describirse la creación de Cervantes como "no ingeniosa," añadiendo, con muy mal gusto, que el autor tenía "más lengua que manos" (7). En el mismo prólogo de la imitación también se llegarán a apuntar otros episodios oscuros de la vida de Cervantes: "[...] Pero disculpan los hierros de su primera parte, en esta materia, el haberse escrito entre los de una cárcel, y así, no pudo dejar de salir tiznada dellos, ni salir menos que quejosa, murmuradora, impaciente y colérica, cual lo están los encarcelados" (8).

En la novela apócrifa también se promete continuar con la misión original cervantina de luchar contra los libros de caballerías, reivindicándose el éxito de la versión burlesca que se está presentando, la cual, en la nada humilde opinión de su autor, supera a la obra de Cervantes: "Yo sólo he tomado por medio entremesar la presente comedia con las simplicidades de Sancho Panza, huyendo de ofender a nadie ni de hacer ostentación de sinónimos voluntarios, si bien supiera hacer lo segundo y mal lo primero" (7). En el *Quijote* de Avellaneda se aprecia así un esfuerzo por establecer una agresiva distancia entre su propuesta literaria y la de Cervantes:

> En algo diferencia esta parte de la primera suya, porque tengo opuesto humor también al suyo; y en materia de opiniones en cosas de historia, y tan auténtica como ésta, cada cual puede echar por donde le pareciere, y más dando para ello tan dilatado campo la casilla de los papeles que para componerla he leído, que son tantos como los que he dejado de leer.
> 8

En línea con los paratextos de otras obras como la *Celestina*, el planteamiento del acto de la imitación de la obra de Cervantes se llegará a someter a juicio del propio lector:

> No me murmure nadie de que se permitan impresiones de semejantes libros, pues éste no enseña a ser deshonesto, sino a no ser loco; y, permitiéndose tantas Celestinas—que ya andan madre y hija por las plazas—, bien se puede permitir por los campos un don Quijote y un Sancho Panza a quienes jamás se les conoció vicio, antes bien, buenos deseos de desagraviar huérfanas y deshacer tuertos, etc.[...]
> 8

Como se podía anticipar, la novela de Avellaneda concluirá de manera antiheroica para Don Quijote, Sancho y el equivalente al personaje de Dulcinea, Zenobia. Paradójicamente y, en opinión del autor, las aventuras del caballero habían sido entretenidas.

Esta "novela entremesada" sigue el patrón de ser una "burla de los personajes de los que se esperan reacciones predecibles," algo también muy presente en obras como *El caballero puntual*. El autor del apócrifo *Quijote* denigra a Cervantes, aunque su acto de imitación se convertirá en un serio homenaje con el tiempo. Como el protagonista de la versión original había demostrado con sus acciones, sus valores no eran fáciles de imitar o adaptar a los del antihéroe del barroco burlesco, por lo que la publicación de la narración apócrifa de Avellaneda tendrá un efecto histórico opuesto al que se pretendía originalmente. Cervantes conseguirá transformar este texto ofensivo en un acontecimiento literario en la segunda parte del *Quijote*, algo que le servirá para añadir una mayor profundidad metafísica a su novela, transformándola en una de las mejores narrativas jamás escritas.

1.2.5 *La (mala) imitación de Carrillo Cerón de la narrativa de Cervantes*

El desprecio al entorno de la Corte y la bucólica alabanza de la vida rural, argumentos que se habían desarrollado en el famoso ensayo de Guevara, habían llegado a ser asuntos muy populares durante la primera mitad del siglo dieciséis. Pero también parecen volver a ser muy relevantes en el contexto del conflicto humano y la crisis de identidad del primer barroco español, cuando muchas obras literarias se contextualizarán en el atrayente espacio urbano de la Corte. El nuevo escenario socioeconómico de principios del diecisiete sugiere la necesidad de unos valores literarios específicos, o al menos así lo interpretan escritores como Carrillo Cerón, cuya obra pertenece a la generación de escritores del período de Lope de Vega, como fueron Avellaneda, Salas Barbadillo y Castillo Solórzano, entre otros. La Corte de Madrid suele ser retratada, literariamente, como un espacio negativo, algo que se demuestra en que, en el caso de Cervantes, personajes suyos como Don Quijote, Periandro y Auristela, la eviten.

Tanto Carrillo Cerón como Castillo Solórzano fueron capaces de reconocer el estilo e ideología literaria de Cervantes en sus propios textos narrativos. Por un lado, el primero elogia a Cervantes en el prólogo a sus *Novelas de varios sucesos* de 1635 (ver los estudios de Madroñal "introducción" y Lauer), paratexto que precede a su segunda parte de *El coloquio de los perros*. Por otro lado, Castillo Solórzano imitará a Cervantes, en sus denuncias contra un "tribunal literario" de seguidores de la estética e industria de la comedia nueva en Madrid. El autor implícito de la novela de Castillo Solórzano parece así alinearse con todos aquellos escritores excluidos de los favores y beneficios de la escena teatral madrileña de ese tiempo, como habría sido el caso del propio Cervantes.

La obra de Carrillo Cerón refleja los valores de la típica novela poscervantina. Su segunda parte de *El coloquio de los perros* responde a los rasgos literarios más comunes de la narrativa barroca, siguiendo un patrón artístico que se relaciona con el citado antihéroe barroco, el cual era el protagonista de un tipo de tramas burlescas, frecuentemente repetitivas y predecibles. La segunda parte de *El coloquio* también confirma la existencia de una polémica sobre el legado de novelístico cervantino que está centrada en los límites de la trascendencia de la ejemplaridad literaria. Esta controversia se presenta en el contexto de un mundo en conflicto y necesitado de consejos prácticos que avisen contra los ingeniosos pícaros y pícaras cortesanos, quienes protagonizan sus *Novelas de varios sucesos*, situando la contribución literaria de Cervantes como merecedora de un lugar de honor en el Parnaso literario español, por corresponder a la de sabio comprometido con su ideas y principios estéticos.

Como sucede en la segunda parte no autorizada de Avellaneda, Carrillo Cerón será otro autor capaz de interpretar el estilo metaficticio y ejemplar de Cervantes como un reto literario, lo que demuestra al escribir la secuela de una de las obras cervantinas más populares, *El coloquio de los perros*. Pero a diferencia del texto ofensivo de Avellaneda, en el prólogo a sus novelas, Carrillo Cerón describirá a Cervantes como "[...] aquel prodigio de ciencia y que en esta materia se aventajó a todos." Sin embargo, concluirá su paratexto dedicándoselo a Lope de Vega: "No sé cómo me atrevo a dedicar a v. m. esta humilde novela que intitulo *Segunda parte de Los perros de Mahudes* que hizo el insigne Miguel de Cervantes Saavedra, siendo v. m. el Apolo, el oráculo, el Fénix, el Virgilio de nuestros tiempos" (205). Carrillo Cerón elogia la sabiduría de Cervantes, considerándolo como el segundo escritor, tan solo detrás de Lope de Vega, sugiriendo que el autor del *Quijote* será recordado como un hombre de vastos conocimientos, mientras que Lope es considerado una leyenda poética viva cuya desmesurada creatividad le sitúa a la misma categoría que Virgilio.

En la continuación apócrifa de la novela de Cervantes por parte de Carrillo Cerón se disfrazará a su protagonista dentro de la estética y el estilo ideológico del antihéroe barroco contrarreformista, algo común en las obras de autores como Avellaneda, Salas Barbadillo y Quevedo. Estos arquetipos reaccionarios se solían quejar de ciertas disfunciones en el sistema meritocrático de la sociedad española de la época, al que ponían a prueba mediante las delirantes y burlescas acciones de sus protagonistas, que solían estar dirigidas a conseguir medrar socialmente. Estas narraciones suelen concluir con un mensaje conservador, destacándose el fracaso del arribista, el cual se ilustra con una serie de burlas anecdóticas, elaboradas dentro del débil hilo narrativo que se propone.

Estos cuentecitos se relacionan entre sí por compartir argumentos cómicos similares a los del teatro breve, aunque siendo mucho más incoherentes y dispersos que los episodios originales de las obras narrativas cervantinas. Por ejemplo, aunque el hidalgo manchego parte de tener una disfunción similar a la de los antihéroes cortesanos, la de querer ser algo a lo que no puede aspirar, en su caso no es tanto por querer elevar su estatus social, sino por ser un héroe con ciertos valores ejemplares, dentro de la lógica de la ficción fantástica que lucha por imponer, en su verosímil entorno manchego. De hecho, su recorrido rural por La Mancha es aprovechado por el autor para explorar los límites de su delirante idea original, incluyéndose también la perspectiva de los diferentes personajes de ficción que interactúan con Don Quijote. Cervantes crea así un honesto entretenimiento, precisamente en contra de los peligros del abuso de las obras de ficción más irreales y "malas," que en su grado máximo de manipulación pueden conducir a un lector a querer transformar el mundo a imagen y semejanza de este tipo de modelos artísticos imposibles.

El espíritu literario de la obra de Carrillo Cerón, al igual que el de la de Avellaneda, está lejos del modelo literario ejemplar y humanista de Cervantes. La segunda parte de *El coloquio de los perros* incluye una fuerte crítica a ciertas actitudes, tendencias y comportamientos individuales, que aparecen ordenados como una variedad de textos narrativos anecdóticos, muy alejados del tono de las narrativas cervantinas, las cuales solían incluir un conjunto de valores morales implícitos, como son los que se resumen en el prólogo a sus *Novelas Ejemplares*. Aunque Carrillo Cerón reconozca la creatividad de Cervantes, no renunciará a vincular su segunda parte de *El coloquio de los perros* a la estética y espíritu de la obra de los autores del círculo de Lope, lo que demuestra en sus novelas cortas y se defiende en su prólogo.

Al igual que Avellaneda y Castillo Solórzano, Carrillo Cerón entremezclará en su narrativa partes específicas del original de Cervantes, que influirán estéticamente tanto en la unidad como en el significado general de la nueva versión que se propone en su segunda parte de *El coloquio de los perros*. Por ejemplo, la novela miscelánea de Carrillo Cerón excluirá episodio alguno en el que las brujas formen parte de la vida de los perros (Madroñal "introducción" 79). De hecho, cualquier reflexión sobre la naturaleza y los orígenes de los rasgos humanos atribuidos a los perros está también ausente en la propuesta de Carrillo Cerón, a pesar de que la reflexión sobre los límites de la humanidad sea una sección clave en la novela de Cervantes. Así, en su vaga emulación del estilo cervantino, el imitador optará por una alteración de este tipo de pensamientos transcendentes del original de Cervantes sobre la naturaleza de sus personajes de ficción.

La novela dialogada de Carrillo Cerón despliega una colección de anécdotas existenciales, vividas y atestiguadas por Cipión, que llegan a incluir el popular cuento erótico medieval del pintor Pitas Payas, publicado previamente en *El libro de Buen Amor*. La nueva versión entrará en un tipo de diálogo con la estructura narrativa original de Cervantes que recuerda vagamente el vínculo literario entre *El casamiento engañoso* y el primer *Coloquio de los perros*. La segunda parte es, en efecto, el resultado de la promesa de Cipión a Berganza de contar su versión de los hechos más relevantes de su existencia, la cual no se había cumplido en un principio, siendo esta nueva *Novela de varios sucesos*, la que es ahora narrada por Cipión. Al igual que en la segunda parte del *Quijote* de Avellaneda, los lectores se enfrentan a una respuesta literaria oportunista, para la que se aprovecha que *El coloquio* original se dejara con un final abierto, algo en lo que Carrillo Cerón también sigue a Avellaneda, ambos con su afán de encontrar motivos "legítimos," para justificar sus respectivas imitaciones de la obra de Cervantes.

A medida que avanza la trama de la segunda parte, el superficial tono y significado de la secuela literaria se hace más evidente. En ella se van introduciendo diferentes historietas sin mucho hilvanado temático que no sea otro que el de constituir unos interludios cómicos dispares sobre la existencia de Cipión, narrados en forma episódica[24]. Aunque la conversación humanista había igualado a los perros de la obra cervantina, la experiencia de Cipión es muy diferente, en este caso, a la de Berganza, en la novela de Carrillo Cerón, donde este último personaje mantiene cierta distancia social con Cipión (Ver Madroñal "introducción"). Además, la segunda parte de *El coloquio de los perros* incluye también un tipo de comentarios autoconscientes y paternalistas que pueden llegar a recordarnos a los apuntes quijotescos hacia Sancho, con relación a la expansión aleatoria de partes de su discurso durante el episodio de los cabreros, en el capítulo veintiuno de la primera parte del *Quijote*.

El coloquio de Cervantes demuestra cómo la Literatura puede servir para plantear profundas reflexiones, tales como aquellas centradas en la comprensión de los límites del ser humano, con respecto al animal. A pesar de que la crítica social cervantina ofrece oportunidades para una reflexión profunda sobre las acciones humanas, el autor de la segunda parte decide alejarse de la exploración de las consecuencias de la exposición de Berganza a diferentes seres degradados, que se produce en la primera parte. De manera muy distinta, en el "viaje al final de la noche" del Cipión de Carrillo Cerón, se establecerá

---

24 "[...] Cipión, proceso de aprendizaje con sus primeros amos (mondonguera y jifero, pasteleros, pintor de Toledo), madurez (clérigo de Cubas) y final (estudiante de Villacastín). Este proceso de aprendizaje permite a Cipión burlarse de algunos personajes y no ser mero espectador de las burlas de estos: así ocurre, por ejemplo, con el caballero portugués que desprecia a una mujer pobre y pedigüeña, al que hace caer; así ocurre igualmente con el clérigo de Cubas, burlado ahora por su nuevo amo, el estudiante. El final para este consiste en entrar en religión y se corresponde con la llegada de Cipión al hospital vallisoletano" (Madroñal "introducción" 61).

una distancia razonable entre el protagonista y las anécdotas que suceden a su alrededor.

La imitación de Carrillo Cerón concluye, después de que el maestro-estudiante de Berganza negocia la mejor manera de recluirse como franciscano:

> Él estimó en mucho lo que había dicho de el hábito de señor san Francisco y dijo que sería posible se quitase de servir y de las incomodidades de vida y se entrase en religión. El fraile le dijo que, si era vocación de Nuestro Señor, lo hiciese para servirle como buen religioso y no por las incomodidades que representaba [...] lo que el buen religioso debe hacer en guardar los tres votos tan sabidos y que el de la obediencia era el más penoso [...]
> 152

La vida de Cipión acabará a la luz del día, dejando de ser un hombre en cuerpo de perro, para volver a ser un can en un cuerpo de perro:

> Vino a la mañana y el padre religioso, habiendo almorzado, prosiguió su camino y yo me vine a Valladolid. Recibiome Mahudes para el efeto que ves. Ya parece que la luz entra por las rehendijas de las puertas y ventanas, que es hasta cuando nos dura la habla, demás de que los enfermos nos pueden oir.
> —Con esto dio fin a su vida Cipión. Si no lo he dicho con más brevedad, perdonad.
> 154

A diferencia de la primera parte, el final de la novela de Carrillo Cerón confirma la intención original del autor de ser una verdadera novela de "varios éxitos." En este sentido, en la crítica social de la secuela literaria, en línea con la corriente neo-picaresca y de antihéroes barrocos de principios del siglo diecisiete, se confirma así una reutilización o apropiación del *leitmotiv* del "menosprecio de corte."

En resumen, esta segunda parte responde a los rasgos más comunes de las narrativas postcervantinas, muchas de las cuales estaban enfocadas en denigrar el "medro no autorizado" de un tipo de antihéroe barroco, cuyas aventuras se asemejan a algunas de las narradas por los perros, en las que también se explota el fracaso de ciertos aspirantes a la órbita del medro cortesana en este período, quizás para que pudieran ser tomadas por los lectores como "aviso de navegantes," en contra de su presencia y proliferación.

1.2.6 *El endogámico tribunal literario de Castillo Solórzano*

Castillo Solórzano es, junto a Cervantes, uno de los pocos escritores barrocos que se quejan metaliterariamente de las dificultades de escribir y representar comedias sin el apoyo de un mecenas teatral y, por tanto, sin posibilidad de éxito, durante el período de hegemonía estética de la comedia nueva, cuando la elevada demanda de comedias pudo proporcionarle ingresos a Lope de Vega para desarrollar su carrera artística, sin tener que depender, necesariamente, del apoyo de sus mecenas (García Reidy).

Como se expone en su novela picaresca *Las aventuras del bachiller Trapaza*, Castillo Solórzano, igual que Cervantes, también sugiere la creación de un arbitrista tribunal de comedias para paliar el exceso de obras favorecidas y de mala calidad que se estaban aceptando y representando. Se apunta así a que la producción teatral del momento había adquirido la forma de un tipo de corte literaria paralela, donde ciertos oligarcas del teatro barroco español mercadeaban con unos autores afines que, en muchos casos, eran injustamente beneficiados con ver sus obras representadas.

La castañera es un texto paradigmático, en relación con dos aspectos que invitan a una reflexión más amplia sobre la ideología del teatro breve en la época. Por un lado, existen alusiones metateatrales que preceden y siguen a este entremés, en la propia narración picaresca del bachiller Trapaza. La tendencia reaccionaria contra las "novedades de la Corte" se utiliza como excusa adecuada para justificar las acciones de aquellos personajes como Juana, típicos de las novelas picarescas de principios del siglo diecisiete. Su actitud desviada se desarrolla en el contexto festivo de un entremés barroco con tintes carnavalescos. Por otro lado, la protagonista domina el arte del disimulo y la simulación, actitudes típicas cortesanas. De hecho, la corte madrileña también se presenta como un lugar en el que la lucha por la supervivencia depende del buen uso del ingenio tanto para los que la habitan como para los individuos que quieren acceder a ella, en *La castañera*. En el contexto de esta obra, parece que Madrid sólo puede ser "conquistada" a través de la adquisición de cierta experiencia y dominio de la dinámica social de ciertos espacios públicos como son los teatros, donde se puede llegar a tener la oportunidad de "acercarse a los buenos para representar comedias gracias a ellos." El tratamiento de este tipo de asuntos define un tipo de ideología barroca, la cual se adapta a una estructura literaria que era común en la generación de los narradores post-cervantinos de tiempos de Castillo Solórzano.

El caso de *La castañera* es el de un texto único que está contextualizado en un entorno metaliterario propagandístico e ingenioso donde el personaje del poeta de la novela de *El bachiller Trapaza* parece defender unos valores opuestos a los retos meritocráticos oficiales, los cuales se consideraban adecuados para que una obra teatral se pudiera representar. El protagonista apunta a la pureza literaria del entremés publicado, utilizando algunos de los argumentos antes empleados por Cervantes en el prólogo a su teatro. Paradójicamente, *La castañera* fue reimpresa y muy probablemente representada con cierto éxito en Madrid en este período[25]. En la obra de Castillo Solórzano también se aprecia el asunto del desprecio de la Corte adaptado a la estética barroca, confirmándo este tema como parte de un tipo de ideología asimilada al contexto de la propia "corte literaria" por parte de diferentes escritores del momento. Con ello se llama la atención sobre la existencia de la réplica de un sistema jerárquico cortesano en el ámbito literario, la cual va acompañada de una queja acerca de la crisis de identidad que sufrirían aquellos que quedaban excluidos del círculo hegemónico teatral.

1.2.7   *Conclusión: antihéroes barrocos contra (anti)héroes humanistas*

Existe evidencia en la que se identifica la existencia de cierta polémica literaria sobre el legado de la obra cervantina entre un grupo de escritores barrocos, unos seguidores y otros detractores de la industria y estética de la comedia nueva quienes, en general, reconocen la sabiduría asociada al enfoque moral de Cervantes para crear obras y personajes ejemplares. Estos tienen valores muy distintos a los del antihéroe contrarreformista que frecuentemente protagoniza sus propias narrativas barrocas. Quizás, la mayor lección existencial de los ejemplares personajes cervantinos y por lo que seguía siendo admirado Cervantes como escritor fuera, precisamente, su rechazo a la cultura de pretender sobrevivir y medrar dentro del nuevo sistema de valores de la Corte madrileña. Ésta se presenta como un lugar al que el propio Don Quijote rechaza ir, lo que no evita la apropiación que se produce de este personaje y su denigración estética por parte de "desalmados literarios" como Avellaneda.

En las evidencias textuales aportadas de ciertos autores barrocos que rinden homenaje a la obra y figura de Cervantes se aprecia que el legado personal más reconocido del autor del *Quijote*, en su propia época, fue su sabiduría literaria, epitomizada en su aportación original sobre el concepto de ejemplaridad en sus novelas, como queda patente, entre otros, en el debate clave sobre esta cuestión de Carrillo Cerón, presente en el prólogo a sus *Novelas de varios sucesos*. Las quejas cervantinas contra la corte literaria, endogámica y hegemónica, presentes tanto en sus paratextos como en ciertas partes de su obra narrativa también parecen tener cierto eco, décadas después, en la obra de Castillo

---

25   Véase Pérez de León "Alonso" para un estudio de este entremés, contextualizado dentro de la obra narrativa que lo contiene.

Solórzano, algo que se une al sabio homenaje que Salas Barbadillo lleva a cabo sobre Cervantes y su obra en *El caballero puntual*.

El legado, relevancia y popularidad cervantina en su tiempo forma también parte del argumento de las dos versiones no autorizadas de su obra estudiadas en esta sección tanto la de Avellaneda como la de Carrillo Cerón. Mientras se denigra a Cervantes en la imitación del primero, se le eleva en la narrativa del segundo. Paradójicamente, Avellaneda y Carrillo Cerón confirman algo que el propio Cervantes había señalado en el prólogo a su *Persiles*, durante el encuentro del autor de ficción con un estudiante: su fama ya estaba intrínsecamente ligada a su figura literaria.

En esta sección se han apreciado las diversas formas en las que ciertos autores contemporáneos de Cervantes reconocieron la contribución de este escritor a la consolidación de varios principios de la narrativa española, a partir del reconocimiento estético e ideológico de los fundamentos de su "novelar ejemplarmente." Para encontrar su propia identidad literaria, estos escritores tienden a reemplazar el sentido de la cosmovisión literaria de Cervantes por una serie de "lecciones" en forma de anecdotas, muchas de ellas de estilo picaresco. Llegan así a adaptar temas, argumentos y personajes de la obra cervantina a un género narrativo que está plagado de episodios narrativos burlescos encadenados, los cuales eran muy apreciados durante este período, a juzgar por su popularidad. De hecho, el contexto más amplio de la ética de la fama será un tema clave en la formación de los personajes cervantinos, especialmente teniendo en cuenta el propio fracaso literario de Cervantes en diferentes momentos de su carrera, algo que podría justificar su afán de experimentación con la estética de la comedia nueva en sus *Ocho comedias*. Sin embargo, en sus últimos años Cervantes no se centraría tanto en la creación de "obras literarias exitosas a toda costa," como en escribir "obras literarias de honestidad ejemplar," algo que se confirma en el *Quijote*, el *Persiles* y las *Novelas ejemplares*.

Desde el Barroco pasarán varios siglos hasta que autores como Unamuno y Borges llegaron a comprender plenamente el alcance del pensamiento metaliterario de Cervantes. Podemos confirmar ahora no sólo que Cervantes se adelantó a sus tiempos, sino que sus logros literarios se alcanzaron sin renunciar a su estilo de escritura ejemplar, el cual no siempre estaba en armonía con el espíritu literario de su época. Parece darse una conexión directa entre la interpretación de Cervantes del ser humano en el Barroco y la de principios del siglo XX. En ambos casos se aprecia una reacción contra una visión específica del mundo. Mientras Cervantes cuestionaba ejemplarmente la materialista cultura del Barroco, los textos literarios de Borges y Unamuno situaron sus obras en un universo donde el nuevo espíritu cuántico también ponía en duda las leyes de la Física tradicional.

FIGURA 2   *Detalle del demonio*, "No Corners to Hide". Frank Quitely

CAPÍTULO 2

Cervantes antisupersticioso

En esta sección se estudia cómo la cosmovisión del discurso antisupersticioso pudo haber influido en la aproximación literaria cervantina, a través de los tres casos prácticos de *La Numancia*, *El retablo de las maravillas* y *Persiles*.

2.1   Cosmovisión antisupersticiosa y "ciencia" popular

La controversia antisupersticiosa comienza en España a principios del siglo quince con tratados como los de Lope de Barrientos de 1430 y culmina con el último, publicado en 1784 (Campagne *homo* 31–24)[1]. La necesidad política por parte de las élites de apropiarse y utilizar argumentos del método antisupersticioso para poder confirmar su "alejamiento natural" de las clases no privilegiadas ha sido identificada como una de las causas de la prevalencia de este discurso durante más de tres siglos (Campagne *homo*). En otro sentido, la lucha contra la superstición, mediante el uso de textos sustentados en argumentos médicos y teológicos, contribuyó también al aislamiento de las prácticas culturales supersticiosas como objeto de estudio, siguiendo un modelo clásico, greco-latino y cristiano "[...] discutido por los Padres de la Iglesia, cristalizado en sus componentes fundamentales por Agustín de Hipona en el siglo V, refundado por la escolástica de Tomás de Aquino en el siglo XIII y sintetizado de manera definitiva por el jesuita Francisco Suárez en el siglo XVII [...] en su *De superstitione et variis modis*, [...]", resultando en un tipo de discurso que se irá actualizando a partir de la paralela propagación del método científico-racionalista (*homo* 37)[2].

---

[1] De los estudios sobre el discurso antisupersticioso destacan los de autores como González de Amezúa (*tratado*), Sánchez Granjel, Campagne y específicamente en Cervantes de Kallendorf, Ortiz y Pedrosa, entre otros críticos.

[2] De entre los manuales antisupersticiosos llama la atención el de Torreblanca Villalpando, contemporáneo a Cervantes, que se ocupa de la magia católica y pretende dar respuesta a las causas de la superstición mediante la inspiración tanto del saber de la Teología como de la propia "ciencia" de la Magia, añadiendo también detalles de conocimiento médico. La Medicina, como ciencia del conocimiento, aspiraba a elevar su prestigio, autoridad y presencia social a partir de su distinción ante la magia y lo supersticioso, algo que irá alcanzando, a medida que se producen mayores avances metodológicos y científicos, los cuales contribuyen a poder establecer de un modo más claro los propios límites de la disciplina.

Dentro del esquema del pensamiento antisupersticioso, el paradigma católico propuesto por San Agustín[3] habría sido, en gran parte, responsable de la credibilidad histórica otorgada al maligno para la interpretación de lo inexplicable[4]. De hecho, la visión antisupersticiosa del Siglo de Oro heredará del santo de Hipona su imaginario, símbolos y rituales, el conocimiento de las diferentes "puertas" de acceso hacia el diablo, así como la consideración del *homo superstitiosus* como una criatura soberbia, por su desafío de la divinidad (*homo* 59–62). Dentro de esta visión del mundo, aunque la responsabilidad de muchos de los casos de superstición se le atribuía al recurrente y siempre tentador demonio, su influencia era imposible sin ser previamente consentida por el individuo supersticioso, en plena disposición de su libre albedrío (ver Montaner y Lara).

Vincular todo lo que desafiaba el orden divino al maligno iba asociado tanto a una vigilancia específica del alarde de conocimiento como a la cuidadosa interpretación de aquellas acciones que parecen salirse de lo dogmáticamente establecido, del "orden natural de las cosas," por lo que se busca así encuadrarlas dentro de la lógica antisupersticiosa. De hecho, este tipo de aproximación a la realidad es familiar en la obra cervantina, donde existen ciertos casos en los que se pretenden justificar, lógicamente, fenómenos y situaciones de difícil explicación, algo que ocurre, por ejemplo, en *El retablo, El coloquio* y el *Persiles*.

---

3   "Contra todas las tendencias precedentes, la principal contribución de San Agustín consistió en unificar bajo un único término, *superstitio*, prácticas de orden cultural con otros excesos y prácticas no culturales. El primer grupo se refiere a abusos y desviaciones cometidos durante el proceso ritual, durante el acto de adoración de la divinidad. Por su parte, las prácticas no culturales—creencia en amuletos, en maleficios, en horóscopos, en agüeros—, no guardan relación inmediata con la adoración divina; en muchos casos, se trata de costumbres y prácticas que no hacen siquiera referencia a ninguna manifestación sobrenatural. [...] que describe en su *De doctrina christiana*: 'Es superstición todo aquello que los hombres han instituido para hacer y adorar a los ídolos, o para dar culto a una criatura o parte de ella, como si fuera Dios'" (Campagne *homo* 53, 56).

4   "Es al demonio a quien dirigen sus esperanzas quienes llevan a cabo prácticas y creencias que el teólogo cristiano califica, de aquí en más, como *vana superstitio*: '[...] en todas estas creencias se ha de temer y evitar la sociedad con los demonios que con su príncipe el diablo no intenta otra cosa más que obstruirnos y cercanos el paso.' ¿Por qué afirma el santo que detrás de estas prácticas vanas se esconde un pacto con los demonios (*'societas daemonum'*)? Porque si las *superstitiones* son vanas en cuanto a su capacidad para producir efectos reales—derivados de la naturaleza o de la intervención divina—, no queda otra alternativa que esperar que los mismos se produzcan por intervención de los demonios *cum principe suo diabolo*. En consecuencia, el conjunto de imágenes, símbolos y caracteres utilizados en dichas prácticas debe ser considerado como los signos con los cuales los *homines superstitiosi* entran en contacto con las fuerzas del mal. La noción de pacto con el demonio, destinada a cumplir hasta fines del siglo dieciocho un papel central en las persecuciones religiosas de la Europa Occidental y de la América colonial, se sustentará sobre esta extraordinaria teoría de los signos agustiniana" (Campagne *homo* 58).

Estos casos se suman a otras extrañas manifestaciones de "sabiduría sobrevenida," como ocurre en los episodios de la cabeza encantada y del mono, en la segunda parte del *Quijote*.

Profundizar en la cosmovisión que inspira el corpus narrativo de escritores del Siglo de Oro como Cervantes a través de las controversias sobre la superstición de su tiempo y poniendo el foco en aquellos textos en los que se hace patente la reacción de algunos personajes, ante situaciones difíciles de justificar por causas naturales, ayuda a encontrar explicación a los detalles más racionalistas y escépticos que caracterizan el sentido de la modernidad de su pensamiento literario. Siempre, claro está, que la capacidad de distinguir autoconscientemente entre realidad objetiva y creencia religiosa, superstición o mito se entienda como una facultad del ser humano moderno.

El tono desmitificador cervantino suele aparecer contextualizado en aquellos momentos literarios en los que se comparten con el lector los efectos de la duda ante lo inexplicable. El contraste entre creencia "ignorante" y "escepticismo informado" se ilustra en la presentación y conclusión de aquellos acontecimientos en los cuales se nos obliga a tomar partido, juzgando la cosmovisión del mediador que "informa" del caso. Como se ha podido apreciar, el tratamiento y los criterios utilizados para desvelar la verdad oculta de un acto de difícil explicación denota cierto conocimiento por parte de Cervantes de la cultura antisupersticiosa, especialmente en ciertos detalles de su obra que están también presentes en algunos de los manuales más populares (Kallendorf), particularmente en el episodio de *El retablo de las maravillas* (Pedrosa) y el del exorcismo de Isabela en el *Persiles* (De Armas Wilson).

La cultura popular fue objeto de un ampio debate social en la modernidad temprana, como demuestran los numerosos recursos dedicados a regular sus diferentes manifestaciones y prácticas (ver Campagne *homo* y Culianu). Su conocimiento y control partía de la necesidad de la justificación racional de algunas costumbres y actos, los cuales podían interpretarse como aparentemente inexplicables. Este tipo de situaciones podían estar arraigadas y ser muy populares, aunque no siempre se encuadraran dentro de lo conocido, a pesar de que hubieran sido estudiadas en las fuentes escolásticas de las culturas clásicas y católicas. Como resultado, muchas de las prácticas populares de las que las instituciones oficiales decidían no apropiarse en forma de sincretismo serán objeto de persecución, siendo prohibidas y condenadas al ostracismo social.

El debate antisupersticioso continuará durante el período contrarreformista, como se aprecia en la profusión de ediciones y reediciones de obras de autores como De las Casas, Del Río, Ciruelo, Torreblanca Villalpando, Castañega y Navarro. La comedia nueva, la revivida picaresca de fines del dieciséis y el primer *Quijote* coincidirán significativamente con este nuevo auge en la promoción y el estudio del discurso antisupersticioso. Es por tanto lógico que esta controversia sea relevante para dar sentido a ciertas acciones de los protagonistas cervantinos.

2.1.1 *Cosmovisión y control de la narrativa antisupersticiosa*

El debate acerca del progreso intelectual de la sociedad española durante el Siglo de Oro ha continuado hasta nuestros tiempos. Llama así la atención el poder otorgado a la Inquisición para combatir la idolatría, cuya omnipresencia será también coincidente con el periodo en el que el discurso antisupersticioso estaba contribuyendo a crear una oportunidad excepcional para la reflexión acerca de las causas del orden natural de las cosas y, por ende, a acercarse más al pensamiento científico (Sánchez Granjel 27)[5]. En este sentido, la necesidad de reevaluar el movimiento antisupersticioso también ha partido de premisas como la de que "La identificación entre las nociones de superstición y cultura popular no surge en el interior del modelo cristiano, sino en el seno del modelo científico-racionalista de superstición" (Campagne *homo* 631).

En la modernidad temprana existieron diferentes maneras de entender el mundo, llegando a poder convivir una concepción mágica y supersticiosa de la vida con otra que apuntaba a un espíritu más racional y científico basada en el estudio de la evidencia, algo que acontecerá en el contexto general de la transición desde un cosmos orgánico a uno mecanicista, siendo el primero: "[…] inteligible mediante conexiones generales y reacciones simpático-miméticas de índole espiritual o numinosa […]"; y el segundo, uno que comenzaba a enfocarse en "[…] conexiones concretas y reacciones causales de tipo mecánico" (Rallo 846).

El "control de la narrativa supersticiosa" otorgado a las oligarquías les posibilitará ejercer el monopolio del poder para actuar sobre un ámbito que, éticamente administrado, podía contribuir a cierto progreso racional e intelectual

---

5 Sin embargo, otros críticos como Culianu no interpretan positivamente, ni la campaña contrarreformista, ni la protestante, en contra la superstición, algo en lo que coincide Wright A. D: "[…] both Reformation and Counter-Reformation had common origins. The continued attempts at reform of the medieval Western Church, despite the disappointed hopes aroused by Conciliarism, produced, at the end of the fifteenth century and beginning of the sixteenth century, a religious revival that was both institutional and personal […]. The patristic revival of the fifteenth and early sixteenth century was thus a common inspiration for both the Protestant Reformation and the Counter-Reformation, since both in fact emerged from the single movement for Christian revival, personal and communal, of the late medieval and Renaissance period. The Protestant Reformation, in its search for a purified Christian life, and the authorities of the Fathers for that, was thus in one sense, and for all its early and further internal divisions, a continuation of important aspects of immediately pre-Lutheran religious reform" (1–2, 3).

de la sociedad, a pesar de las contradicciones e incompatibilidades existentes en su metodología evaluadora. Sin embargo, la implementación del discurso antisupersticioso también se puede constituir en una poderosa estructura de control político, debido a su propósito de pretender alcanzar una amplitud de ámbitos "interpretables" tanto de la vida pública como de la privada. La incursión de la Iglesia en las prácticas supersticiosas mediante su destrucción, apropiación por sincretismo o tolerancia interesada habría contribuido, como suele ocurrir históricamente con este tipo de monitorización excesiva de la cultura popular, a sentar las bases de un pensamiento común que no habría de estar siempre guiado por un deseo de desvelar la verdad. De hecho, no existirá ningún tipo de contrapoder para evitar que la constatación de los hechos pueda estar supeditada y adaptada a los intereses del poder hegemónico, para el que trabajaban los propios evaluadores antisupersticiosos.

Ante la potencial amenaza a la hegemonía cultural no sólo en los territorios de ultramar, sino también en la metrópoli, a causa del conocimiento y práctica de cualquier religión diferente a la católica, la Iglesia decidirá reinterpretar, asimilar y remplazar, cuando fuera necesario, los rituales y creencias de las nuevas culturas que se iban incorporando a la Corona, en las diferentes conquistas territoriales[6]. Así, durante la Contrarreforma y en reacción a la amenaza protestante, como apuntan tanto Culianu como Campagne, se promoverá una ambiciosa colonización cultural o proyecto de aculturación, con el que se tiende a la separación y represión del pensamiento mágico para enfatizar la distancia de las propias oligarquías "examinadoras" hacia ciertas prácticas y rituales populares, muchas de las cuales no se acomodaban a la hegemonía cultural promovida por las élites (Campagne *homo* 397). Todo ello contribuirá a hacer que aumenten las diferencias entre alta y baja cultura, apreciándose así una doble ficción en la que se ampliará la brecha social existente entre: "[...] por un lado, [...] un *Homo Superstitiosus* genérico, a quien en términos discursivos se continuó relacionando con el vulgo; por otro lado, [...] una élite intelectual y letrada, la cual, en términos ideales, se asumía al margen del pecado de superstición [...]" (*homo* 299)[7]. En este sentido, destaca el hecho de que muchos de los manuales antisupersticiosos serán publicados en lengua

---

[6] Ver Campagne *homo* y los dibujos del manuscrito de Tlaxcala de Muñoz Camargo, para una representación tanto escrita como gráfica del tratamiento de las supersticiones ultramarinas en el período.

[7] "El nacimiento de la oposición entre cultura popular y cultura de élite fue, por lo tanto, producto de una retirada de la élite. Por diversos factores relacionados con la construcción y reproducción del sistema hegemónico, las élites socioculturales profundizaron el abismo cultural que debía separarlas de las costumbres, las creencias, los comportamientos, (y) las prácticas de las clases subalternas" (Campagne *homo* 629).

vernácula para su mayor difusión[8]. En ellos se estudian las prácticas antropológicas más arraigadas en ese momento histórico, tales como las aplicadas a la curación, o aquellas en las que se celebraban rituales mágicos y adivinatorios, contra los que se advertía:

> Ay también unos hombres vanos, y curiosos, o impíos, y sin religión, que el conocimiento de las cosas por venir, y de otras ocultas procuran con tanta demasía, que no reparan en que por investigar, conocer estas cosas, incurren de muchas maneras en ofensa de la divina ley. Porque unos se dan a la Geomancia, Hydromancia, Acromancia, Pyromancia, Onomancia, Cyromancia, Necromancia, y otros sortilegios, y supersticiones en compañía por lo menos oculta, o tácito concierto de los demonios, usando también de las fuertes de los dados, o de arrojar las habas, y los granos de trigo.
> TORREBLANCA VILLALPANDO 538

En este sentido, prácticas como la adivinación y la Astrología solían ser también perseguidas: "[...] los Astrólogos, y los demás que avemos dicho, que sin revelarlo Dios se atreven a decir antes, y conocer las cosas, injustamente, y sin vergüenza toman para sí y usurpan lo que es de Dios" (538). La propia Literatura, incluyendo la poesía, se vinculaba a la naturaleza humana en los manuales antisupersticiosos, justificándose su existencia con argumentos atribuidos a autores clásicos como Aristófanes y Sócrates:

> Porque como la naturaleza humana sea más aficionada al deleite, que a la virtud, tuvo necesidad la Philosophia moral, de usar la poesía para hazerla delictible, por la qual dixo Aristophanes, que una de sus oraciones, en que procuró amonestar a sus ciudadanos, le hizieron poeta [...]. I Socrates dixe, que los Poetas antiguos enseñaron a vivir mejor [...] porque la Poesia no es otra cosa que Philosophia metrificada, según lo prueba Max. Tyrio.
> 528

---

8 Esta práctica reforzará su función propagandística: "Los tratados médicos, que centran nuestro trabajo, estaban dedicados no sólo a los profesionales de la medicina, sino también a la minoritaria clase alta, culta, que tenía la posibilidad de leer en latín, y buscaba confirmar a través de la ciencia la existencia de una enfermedad de compleja descripción aunque de posible cura. Por el contrario, la literatura antisupersticiosa se escribía siempre en castellano y sus destinatarios eran no sólo los encargados de velar por la pureza de la religión y las costumbres, sino también aquellas personas que podían verse influidas por estas creencias populares, que, en todo caso, eran negadas y recriminadas" (Sanz Hermida 958).

Y es que en este tiempo todavía se creía en la posibilidad de cierta conexión de los poetas con la inspiración divina: "Porque en los Poetas entendían que avia alguna divinidad que les inspiraba y allí los llamavan interpretes de los Dioses, i quel furor les venia del Cielo" (529). Por ende, no será antinatural el hecho de que la mala literatura se asociara también al ámbito del demonio, como se apunta, por ejemplo, en *El retablo*. De hecho, en la advertencia de Torreblanca Villalpando de que la acción del demonio se percibe, independientemente de que se haya manifestado el propio maligno o incluso de que un individuo crea en su intervención[9], se utiliza un argumento similar al del enfoque cervantino sobre el efecto negativo de la mala literatura en el lector. Es lógico, por tanto, que los autores que aceptan el uso de la Literatura como potencial lenguaje para la interpretación del universo entendieran que los buenos textos se asociaban a Dios, mientras que los de baja calidad se vinculasen al maligno.

Dentro de la lógica antisupersticiosa, para tener el poder absoluto de comprender y regular el conocimiento del orden natural de las cosas que regía el primer cielo, el situado entre el cielo divino y aquel lugar donde el demonio imperaba, era previamente necesario apropiarse, sincretizar y reinterpretar todo aquello que no tenía explicación. Esta necesidad creada se beneficiará del impulso de un ente u organismo oficial orientado a legitimar la regulación de una realidad adecuada a los intereses oligárquicos, lo cual contribuirá a la consolidación y ampliación de la autoridad de la Iglesia católica en la sociedad peninsular durante varios siglos. Así, los agentes antisupersticiosos no escatimarán en su uso de paradigmáticas citas de los clásicos para justificar unas interpretaciones de la realidad que están fundamentadas en un método de pensamiento eminentemente escolástico. Un ejemplo es el caso del pez Callionymo, cuya consideración como milagro fue juzgada, el cual, al situársele sobre el rostro de un niño, pudo devolverle la vista. En su resolución se utiliza el testimonio de la acción de un médico, Galeno, como autoridad para justificar las propiedades curativas del pescado, confirmándose así que la recuperación del paciente podría ser no tanto un milagro como el efecto de la Magia Divina, la cual había sido suplementada por el efecto natural de la medicina (posible

---

9 Así, la superioridad que se le atribuía al demonio era tal que hechos como el que no tuviera que cumplir su palabra se consideraban una señal de su superioridad sobre el ser humano: "[...] i no piense que porque la magia segunda está condenada, que por eso sus delitos son simulados, y fingidos, porque es mentira, que antes por ser ciertos, i verdaderos, se prohíben, y no ai Concilio ni autor clásico, que sienta lo contrario [...]" (Torreblanca Villalpando 535).

acción terapéutica del pez)[10]. Este paradigma de la doble intervención, divina y racional, será el predominante para la dilucidación de numerosos casos antisupersticiosos, dejando así satisfechos tanto a los médicos (razón) como a los representantes institucionales de la religión católica (fe).

Autores antisupersticiosos como Torreblanca Villalpando defenderán la necesidad de diferenciar los milagros (intervención divina directa), de la magia divina y natural (aceptar la existencia de fenómenos que, aunque puedan llegar a ser incomprensibles, entran dentro de la lógica divina y natural)[11]. Precisamente, debido a la natural divergencia entre la magia natural y la divina, el maligno contaba con diferentes posibilidades para dejar su impronta, algo facilitado por su natural potencial para crear estados de confusión. Es entonces cuando los agentes evaluadores antisupersticiosos, como si se tratase de un tipo de "policía del pensamiento," podrán ofrecerse para intermediar mejor en este tipo de casos de dudas y supersticiones. Su intención es la de protegernos del diablo, a cambio de que les otorguemos el poder de interpretar nuestra realidad, cuyo sentido dominarán a su voluntad, a pesar de que pueda ser inexplicablemente imposible para nosotros.

---

10   "Porque aunque algunos an querido dar aquí milagro, donde se puede escusar, no ai para que traerlo, pues si fuera milagroso, no avia menester pasar tiempo para que obrasse, como dice el sagrado texto, i assi se ve que es natural, alcanzado por la Magia, mediante la compañía del Archangel, porque el pez Callionymo tiene esta virtud [...] no porque el otro no alcance la causa con su mal juicio, hemos de decir que estos Santos fueron hechizeros, ques son efetos de la Magia divina i natural, como otros muchos que ai e io refiero algunos en mis libros. Unge el hijo los ojos de su padre con la hiel del pez, y recobra la vista" (569).

11   La magia se consideraba una ciencia fundamental con la que se podía alterar "la realidad existente," como se aprecia en el capítulo primero de la obra de Torreblanca Villalpando, que trata "De la excelencia de la Magia i de la necesidad que ai de las letras humanas, para las divinas": "[...] Porque la Magia fue la ciencia de las ciencias (que ello quiere decir en voz Persica) la magestuosa, la magistral de todas ellas, de quien penden, como de su principio, dándolo a las demás, [...]," donde también se destaca que "[...] los Magos no son encantadores, como algunos piensan, sino sabios, i letrados del mundo [...]" (522). Díaz Martín ha estudiado la relevancia de la magia en este período en mayor detalle: "Tal cual vemos, como resultado de la reivindicación de la privilegiada encrucijada que en el universo ocuparía el hombre—punto de engranaje entre la naturaleza y lo divino, único ser que, por su doble naturaleza, conoce, posee y contiene todo en sí mismo (microcosmo), y que por tanto es un reflejo del Todo (macrocosmo)—se produce en el Renacimiento una reorientación psicológica sustancialmente nueva hacia un uso operativo de la voluntad (el voluntarismo de que hablaba Garrote). Esta reorientación llevará a nuevas modulaciones del tema de la libertad y se concretará sobre todo en tres figuras que a veces no resultan fácilmente deslindables: el Hombre del Arte, aquel que se crea o recrea a sí mismo; el Mago, u hombre que ejercita los poderes que le ha conferido el conocimiento de ciertas leyes secretas de la naturaleza; y el Artista, hermano de ambos en su facultad creadora, y cuyo concepto, o el lugar que ocuparía ese concepto, nace antes de que se aplique a una actividad artística sectorial concreta, [...]" (163).

Llama la atención que el principal propósito original del manual antisupersticioso de Torreblanca Villalpando con respecto al diablo era el de "[...] dar a entender sus engaños al mundo," teniendo en cuenta la existencia de diferentes tipos de magia, como la divina y la maligna[12]:

> Pero esta es diferente de la Magia, de que tratamos i si toda una, contra ambas escribo, porque estos libros son en defensa de la primera Magia, de quien Dios es autor y en detestación de la segunda, de quien es inventor el demonio, i así es gran disparate condenar lo uno con lo otro, pues ai en ello la diferencia que entre Cristo y Belial como se podrá ver por mis libros [...]
> 524

La separación del estudio de ambas posibilidades evita que los casos transciendan del ámbito religioso al legal:

> [...] I no entender esto assi es error manifiesto, porque es contra cuanto la escuela Theologa i jurista enseña i aplicar lo de una a la otra, es blasphemia conocida, pues es atribuir a Dios las obras del Demonio. I entender que debajo de la prohibición de la Magia se comprehenden ambas es heregía calificada, porque es disentir de todo lo que la Iglesia tiene recebido [...]
> 524

En el marco del propósito último de los tratados antisupersticiosos centrados en la identificación de lo demoniaco[13], Ciruelo defenderá la existencia de tres

---

[12] Así, para Torreblanca Villalpando, como era conocimiento común en la cultura popular, la magia demoniaca tenía su origen en los saberes del mítico y oscuro Zoroastro: "[...] Llamaronle Zoroastro, quasi vivum astrum, porque murió abrasado de un raio, el qual fue común opinión aver sido el inventor de la Magia perniciosa. [...]. Pero como el diabolo se desvele tanto en depravar todas las obras buenas [...] i santas: esta que lo es tanto la ha ido contaminando, mezclando en su lugar la vanidad i superstición. Cael Calcgn. Lib de Magia amasor [...] I con este nombre de Magia segunda a diferencia de la primera, que es santa y buena, fue conocida siempre, i empezó como ella desde el Paraiso, procurando el demonio en caxarla en su lugar, con aquellos ahíncos de divinidad, que le derribaron de la gloria, i quiso sembrarlos aca. [...]. I como la fuerza de la mentira sea el parecerse tanto a la verdad, siempre se ha tenido por mui dificultoso el diferenciar la una de la otra, i dar a entender sus engaños al mundo, que es lo que hago (con el favor de Dios) en estos libros; i en lo que se desvelaron casi todos los Padres de la Iglesia Griega, i Latina [...]" (523, 524).

[13] "In the opinion of Christian intellectuals, ignorance of natural mechanisms led to excessive credulity among the uneducated masses, which in turn led them to attribute any poorly understood event to divine intervention or the agency of spirits. As a result, in antisuperstition treatises we find as much naturalization as demonization. [...] As we have

órdenes dentro de lo posible. Primero está el sobrenatural, para todo aquello sometido a la acción de Dios (milagros)[14]; segundo el de los espíritus puros, ángeles y demonios, que son creaciones de Dios, las cuales entran también dentro del orden natural y están por encima de la capacidad humana, conformando una especie de orden natural extraordinario; finalmente, el tercer orden corresponde al natural ordinario de todo aquello que proviene de causas naturales (Campagne "witchcraft" 32–33)[15]. En este recorrido sobre las posibilidades de la realidad, en el que incluye el factor de la acción de los ángeles malignos, se reforzará, una vez más, la concesión del poder de la interpretación de este tipo de efectos diabólicos a la Iglesia. Sin embargo, aunque las acciones vanas atraían la intervención del maligno, era el ser humano el que plantaba la semilla, le abría la puerta, le "llamaba" utilizando su libre albedrío, siendo, por ello, el último responsable de unas acciones que él mismo habría provocado. Aceptar la propia lógica de la existencia del diablo constituye así un traspaso voluntario de poder hacia los agentes antisuperticiosos, convertidos en las autoridades oficiales en la materia. Estos evaluadores estarían así

---

seen, early modern demonology contained within it a powerful naturalizing tendency. In the Spanish works surveyed here, from anti-superstition treatises to the works of medical humanists, the powers of the devil have been consistently relegated to the preternatural realm, which is to say that they have been construed as marvelous conjunctions of natural forces. And this naturalizing bent worked not only to distinguish demonic power from the supernatural power of God, but also to temper the credulity of the 'superstitious' masses" (Keitt 25, 31).

14 Castro recuerda la descripción de Huarte de San Juan sobre los milagros, que Cervantes respetaría: "[...] obras sobrenaturales y prodigiosas las hace Dios para mostrar, a los que no lo saben, que es omnipotente y que usa de ellas para comprobar su doctrina; y que, faltando esta necesidad, nunca jamás las hace" (*pensamiento* 56).

15 "The triple classification of causes proposed by Pedro Ciruelo in his *Reprobación de supersticiones y hechizerias* of 1530 reflected the evolution undergone by theological thought from the mid-eleventh century. The Spanish theologian adapted the classification to his own purpose: the condemnation of superstitions. Ciruelo kept the first two categories initially proposed by Anselm of Canterburye: very thing that happens in this world 'either comes from natural causes "or" comes from God who acts miraculously on the course of nature.' Anxious to stress the vain character of superstitious practices, however, Ciruelo reduced the third order of causality, the effects produced by the will of creatures, to the actions of separate intelligences: 'it comes from good or evil Angels, which join with the natural causes.' But Ciruelo kept the essential element: the actions of pure spirits belonged to the natural order, because they 'join with the natural causes.' Given this distinction between the natural and supernatural orders, superstitious rituals alone could not produce the desired effects. Thus, if the *homines superstitious* persisted in the vain practices, the awaited effects could only take place through the intervention of the devil" (Campagne "witchcraft" 37).

habilitados y legitimados para ofrecer la interpretación válida, única y legal sobre cualquier evento dudoso o inexplicable. En el acto de esta transferencia de poder se desvelará la vulnerabilidad política de los individuos implicados en "casos" antisupersticiosos, quienes estarán subyugados al juicio de los evaluadores y siempre en riesgo de quedar bajo sospecha.

Se aprecia así que tanto en el ámbito del discurso antisupersticioso (divino-demoniaco) como en el de la moralidad de los espectáculos (buenos-malos), existen mediadores que se presentan como "jueces" necesarios para garantizar el "orden natural de las cosas," a partir de los valores y principios que dicen representar. Los casos en los que se intenta disfrazar o confundir el contenido de este tipo de oposiciones binarias ofrecerán oportunidades para que el ingenio creativo pueda sacar partido de las contradicciones inherentes de este tipo de sistemas de pensamiento que se pretenden imponer en una realidad del mundo sensible en la que, a veces, no tiene cabida lo natural. Estos raros casos de ambigüedad son, precisamente, los que llaman la atención de autores como Cervantes, quien los transforma en situaciones literarias excepcionalmente barrocas donde la verdad desnuda demuestra que el "supersticioso" consenso entre opuestos, su excepcional "continuidad," aunque parezca fantásticamente posible, metodológicamente no lo es.

2.1.2 *El monopolio de la fuerza y la hegemonía del discurso antisupersticioso*

El control político sobre la influencia negativa del diablo facilitará el sometimiento de una población subyugada por su respeto hacia el efecto de la aplicación del poder asociado a la interpretación antisupersticiosa, en todos los territorios del imperio español[16]. El dominio sobre la legitimidad de los actos

---

16 Ortiz reafirma la labor de la mediación eclesiástica en el éxito de la revolución cultural antisupersticiosa en América, señalando que la necesidad de colonizar las almas de los nativos americanos requiere de un tipo de aproximación evangelizadora similar a la que estaba siendo implantada en el ámbito rural de la Península Ibérica, con el uso de "[…] el lado más supersticioso de la Religión católica como son los rituales, culto a las imágenes, santos, celebraciones, pasacalles, para combatir supersticiones" (*diablo* 13). Así, las acusaciones relacionadas con la magia se utilizan como herramientas intimidatorias para el control político, dentro de la frecuente apropiación de la interpretación de los fenómenos de la filosofía natural: "El autor de un libro que discute la operatividad mágica diabólica tiene conciencia de que su labor es útil, valiosa y necesaria, se concibe como 'director de las almas'; parte de su autoridad consiste en la obligación de ejercer el poder de amonestar y dirigir. Tal rol inalienable presupone la idea de que el hombre común requiere de tutores, intermediarios e intercesores actuando entre la divinización del mundo, la fe, la imperfección y las verdades trascendentes. […] si el miedo se combina con una ausencia

sobrenaturales, o de difícil interpretación, como eran los sueños[17], o los milagros, se le otorgará a unos mediadores a los que se les posibilita, por ello, actuar malintencionadamente y poder beneficiarse materialmente de su enorme privilegio. Su raramente cuestionado monopolio de poder sobre los diferentes "casos[18]" facilitaría que, por ejemplo, tras confirmarse un milagro, frecuentemente acompañado de peregrinaciones masivas, se diera la consiguiente transferencia de riqueza hacia una localidad determinada y no hacia otra[19].

En definitiva, la capacidad de definición, acotación y atribución de la posibilidad de la interpretación tanto del universo del demonio como del divino

---

de prestigio del poder que dicta las normas para incursionar en el contacto cosmogónico, o con un excesivo afán de control del mísmo, o con un acontecimiento nuevo poco explicado por la tradición, o con algún tipo de 'disturbio' sociocultural, la superstición ofrece 'respuestas' que gracias a su carácter ficticio devienen en arcanos contradictoriamente funcionales" (*diablo* 13).

17 Así, en el tratado contemporáneo al segundo volumen de *Don Quijote de la Mancha*, en la sección "De los delitos de la Magia y de la verdad que tengan para su castigo" de la Defensa en favor de los libros católicos de la magia de 1615, Torreblanca Villalpando entiende que se han de juzgar como verdaderas las ensoñaciones e imaginaciones: "[...] siendo la Magia cosa tan cierta como queda probado [...]. Antes deste, diga ahora el curioso que todos los delitos que ai, o se fingen della son sueños, e ilusiones del demonio. [...] Pues es cierto que y si los delitos de la Magia fueran todos imaginados, no los castigara Dios, ni los llamara fornicación, porque aunque sea espiritual, es y menester que sea cierta y real, y por esto se llama la heregia fornicación en las sagradas letras [...]. I así a los que confesaren que el demonio los lleva corporalemente al delito, o a sus concilios, donde se cometen los más feos, según diximos [...] se les ha de castigar, como a verdaderos delinquentes, que cometen delitos reales, corporales, y verdaderos, y no soñados, ni fingidos [...]" (529–533).

18 Para evitar la "inflación" milagrera, autores como Ciruelo reducen las expectativas de que se dieran milagros en su tiempo: "[...] porque Dios no suele hazer sus milagros ansí a cada hora, y en cada cosa que a los hombres se les antoje, sino en tiempos y lugares muy señalados, de mucha importancia, [...] y esto haze muy pocas vezes" (54, 55). No se producían ya aquellas obras milagrosas que hacían "[...] los santos primeros de la Iglesia [...] porque en aquellos tiempos auía necessidad de muchos milagros para confirmar la Fe Cathólica. Mas después que ya fue convertido casi todo el mundo, cessaron los milagros" (56). De hecho, era considerado pecado mortal tentar a Dios, queriendo sanar, por su milagro, enfermedades que tenían remedios naturales (Campagne "medicina" 433).

19 "If miracles and interventions were to be identified as such, if preternatural was necessary to be able to make an exact judgment of the boundaries between the natural order and the other two. Natural philosophy had to exhaust the range of phenomena potentially possible inside the natural order. Only then was it legitimate to consider potential effects of supernatural and preternatural origin. The third range of the possible thus had to determine the 'extraordinary' phenomena that could nonetheless be explained by referring to the hidden secrets of nature; it had to establish the natural phenomena that, in spite of their unusual and prodigious character, should not be attributed to miracles or to angelic intervention" (Campagne "witchcraft" 49).

constituirá una herramienta muy poderosa de control social durante el Barroco. Servirá de combustible para alimentar el discurso hegemónico que sustentaba la cosmovisión oficial del período, algo relevante, especialmente cuando se trataba de advertencias en contra de la "rara sabiduría," la cual se le atribuía frecuentemente al diablo: "Es cosa muy nefaria, o mala que donde tenemos la Sagrada Escritura, y la doctrina de la Iglesia Católica, queramos aprender del diablo" (Ciruelo 170). En el proceso de alertar en contra de quien pretende sustituir el conocimiento divino por el del diablo, a quien se le atribuía un saber excepcional[20], es fácil deducir que los agentes antisupersticiosos podrían estar más interesados en la perpetuación de su metodología eminentemente escolástica, la cual les garantizaba su subsistencia, que de una entusiasta promoción de la ciencia barroca experimental. Por ello, no es extraño que una de las herramientas para el progreso humano, como era el desarrollo de la capacidad creativa del científico para inventar nuevas técnicas y artilugios, del tipo de los telescopios o los astrolabios, con el objetivo de poder aproximarse mejor al objeto de estudio, pudiera ser algo también fácil y caprichosamente atribuible al ámbito demoniaco[21].

El discurso antisupersticioso contribuyó a reforzar el papel de la Biblia y de otros textos religiosos como fuentes escolásticas, para poder así ofrecer respuestas a las diferentes situaciones que acontecían en el mundo sensible.

---

20   En otro sentido, el proyecto cultural antisupersticioso es también relevante por llamar la atención sobre el estado de ignorancia y superstición en el que vivía la población bajo la Monarquía hispánica en este tiempo: "Al encararse los autores de la que venimos denominando 'literatura antisupersticiosa' con aquel mundo de creencias y prácticas, turbio y misterioso, cuyas tinieblas esperaban deshacer a la luz de sus razones, la primera obligación que hubieron de cumplir fue la de definir el sentido de dos términos: 'superstición' y 'hechicería', que luego habrían de utilizar reiteradamente. Cumplido este quehacer inicial, otros dos problemas también previos y fundamentales, esperaban de ellos solución; el primero de ambos exigía descubrir qué poder sobrehumano podía ocultarse en tales prácticas supersticiosas, y solventando este problema, el segundo les obligaría a desenmascarar en aquellos actos hechiceriles la naturaleza del poder que les confería su virtud, llamémosla así, maligna o beneficiosa, pero siempre reprobable, por herética, a los ojos del verdadero creyente" (Sánchez Granjel 21).

21   El poder de la presencia negativa del diablo en su ámbito era complementado con el tipo de castigos a los que iba acompañada la justicia divina. No sólo se asociará la represalia de Dios al mal comportamiento, sino también se llegará a establecer una relación entre la actitud moral y la enfermedad: "Ciruelo proponía finalmente un regimiento de diez reglas medicinales emparejadas con diez reglas morales. El hombre discreto debía cumplir las primeras, pero recordando siempre que las segundas eran las realmente necesarias. Si las primeras adjudicaban el mal a causas naturales, las segundas recordaban que la causa última de la pestilencia era la ira divina" (Campagne "medicina" 438).

Esta imposición del criterio de los exégetas religiosos del texto bíblico contaba con el beneficio de poder combinar su capacidad interpretativa con la de los médicos y los cirujanos. De este modo se podrán aportar nuevos criterios para complementar los puramente religiosos, lo que demostraba la gran capacidad de adaptación y el sentido de la supervivencia política de la institución eclesiástica. Es así como este tipo de "evaluación oficial" del mundo sensorial, asociada al método antisupersticioso, ha podido ser también interpretada como un avance con respecto a la exégesis de la realidad exclusivamente religiosa, ya que la Medicina era una de las ciencias más avanzadas en España en el Barroco. Esta disciplina contaba con suficiente prestigio para poder asociarse al discurso religioso, reforzando así, con nuevos argumentos, la lógica del método antisupersticioso cuando fuese necesario, algo que se aprecia, por ejemplo, tanto en la obra de Martín de Castañega[22] como en la de Ciruelo[23].

El impulso del discurso antisupersticioso cae dentro de una lógica reacción defensiva institucional católica, al poder ser usado como escudo contra la posibilidad de que la resolución de fenómenos de difícil interpretación fuera apropiada por otro tipo de exégetas de diferentes religiones o disciplinas del conocimiento, con el peligro de que se cuestionara o debilitara la autoridad eclesiástica. Al basarse este control político hegemónico en muchos de los actos cotidianos de la sociedad del período, se promoverá una visión del mundo dependiente de una interpretación fácilmente corruptible por los intereses particulares de cualquier alianza ideológica entre los criterios de los evaluadores del discurso antisupersticiosos. Así, algunos actos de difícil explicación se tenderán a "normalizar," al identificarse con diversas fuentes sagradas y clásicas escolásticas, quedando la interpretación final al albedrío del agente antisupersticioso[24]. La vía de corrupción intelectual de intentar consensuar

---

22   En el *Tratado de las supersticiones y hechicerías* de Fray Martín de Castañega se resume muy bien el pensamiento antisupersticioso del momento, señalándose, por ejemplo, que la Iglesia católica tenía su contrapunto en la diabólica que incluía exacramentos o ceremonias contrarias a los sacramentos (Muro Abad 47), advirtiéndose también de la radical diferencia entre las dos, tanta como la que se daba entre el ámbito natural y el sobrenatural.

23   Sánchez Granjel, en su defensa de los elementos positivos del discurso antisupersticioso, apunta a la identificación del universo diabólico en la obra de Ciruelo: "La labor de la Inquisición española en estos dos siglos de nuestra historia no se limitó a la tarea represora llevada a cabo por sus Tribunales: unió a ésta una lucha ideológica orientada a demostrar, con razones, la falacidad de muchas creencias supersticiosas, así como la verdadera naturaleza diabólica de otras que la credulidad popular, unida a la ignorancia, aceptaba y practicaba. [...] la fama que logró este libro nos la demuestra el elevado número de sus ediciones y la rapidez con que éstas se sucedieron" (13, 17).

24   Campagne profundiza en las consecuencias de otorgar el poder de la interpretación de la realidad a los representantes eclesiásticos: "La visión del mundo de los reprobadores de supersticiones se organizaba a partir de un único clivaje esencial. El pueblo de Dios se

verdad e ideología religiosa va acompañada de la consecuente servidumbre a un discurso que subyugaba al individuo a cualquier interpretación interesada que fuera considerada como válida por los siervos de la Iglesia, especialmente, gracias al margen de acción que ofrecía la caprichosa extensión del ámbito del maligno.

La libertad de pensamiento será así un valor muy poco apreciado dentro de un esquema intelectual en el que se le priva al individuo de cualquier herramienta para poder interpretar la realidad, la cual es delegada a un representante de la cosmovisión oficial. En este tipo de restricciones y limitaciones intelectuales e interpretativas es donde se pueden encontrar poderosos argumentos para justificar el retraso en el desarrollo del pensamiento y de la ciencia experimental en España. Es así comprensible que, a partir de la adquisición de un tipo de monopolio hegemónico sobre este perfeccionado sistema oligárquico de control social antisupersticioso, no existiera ni incentivo, ni interés alguno en ceder o devolver este enorme poder para interpretar el mundo a los ciudadanos. La forzosa delegación del monopolio de la fuerza para la interpretación de la verdad a representantes de la oligarquía dominante conllevará así una gran pérdida tanto de poder político como de un elevado control social sobre la gran mayoría.

Si en la "conquista" de pueblos indígenas se podía considerar el "reeducarles" dentro de los valores de la cultura dominante como un acto natural y legalmente derivado de la victoria sobre ellos, el control del discurso antisupersticioso era igualmente considerado necesario para el mismo propósito subyugador dentro de la metrópoli, permitiéndoles a las élites seguir perpetuando así su poder político. El refuerzo artificial del papel de la institución eclesiástica oficial para ser mediadora entre el individuo y la verdad, otorgándosele a la Iglesia el "monopolio de la interpretación del maligno," coincide inquietantemente con un momento histórico en el que el conocimiento del mundo apuntaba a un universo que, cada vez más y mejor, se podía explicar mediante una lógica científica y mecanicista.

dividía entre los teólogos y el resto de los buenos cristianos. Desde la perspectiva de esta construcción ficcional, los teólogos, los 'sabios perfectos', se constituían en guardianes de la doctrina, en un reducido grupo provisto de la facultad de formular las verdades esenciales de la fe. En oposición a esta *élite* clerical-teologal, única productora legítima de significados y valores, se encontraba el resto de la sociedad cristiana: la nobleza, la *élite* mercantil, el campesinado, los pobres urbanos, los profesionales liberales, los grupos intelectuales laicos, los sectores bajos y medios del clero; también, los propios monarcas y los sectores de la prelatura no especializados en la reflexión teológica. El monopolio de la reflexión antisupersticiosa en manos del reducido grupo de representantes de la alta cultura teologal, convertía al resto de la sociedad, en su conjunto, en potenciales sujetos de la superstición, en potenciales *homines superstitiosi*" (*homo* 296–97).

La perpetuación de este tipo de estructuras político-ideológicas, en las que tanto la represión de la libertad de pensamiento como la promoción de la corrupción en la interpretación de la verdad[25] podían estar perfectamente orientadas a cercenar la creatividad del individuo, constituye una vía eficiente para la consolidación de una predominante servidumbre voluntaria, la cual acabará siendo una característica intrínseca de la cultura y sociedad nacional. Especialmente, cuando este dominio hegemónico se lleva a cabo a través de un tipo de dogmáticos, sofisticados y eficientes sistemas represores del librepensamiento, que se perfeccionarán y perpetuarán. Y es que, en última instancia, la imposición de mediadores entre el individuo y su propia interpretación de ciertos eventos numinosos asocia la suerte del sujeto bajo sospecha a la mejor o peor preparación y honestidad del propio evaluador[26], como se aprecia en el simulacro de posesión en el *Persiles*.

Se aprecia así la existencia de un sistema social e intelectualmente represivo que facilitará la proliferación de pastores sin incentivos para no actuar como lobos, que no fuesen los propios límites de su moralidad[27]. De contrapoderes

---

[25] En este sentido, la consecuencia lógica de la revolución cultural antisupersticiosa fue la profusión de un tipo de textos con argumentos maniqueos centrados en enfatizar y fijar las diferencias entre lo supersticioso y lo que no lo era, los cuales servirán tanto de "arsenal" ideológico como de demostración de la "necesidad" de continuar explorando esta "ciencia," que nunca lo fue, sino, más bien, adoctrinamiento ideológico: "En suma, para el discurso antisupersticioso, los 'otros' prestan oídos a Satán, engañados o conscientes, son idólatras, paganos, infieles, pactantes, nigrománticos, inmorales, descreídos, apóstatas, por lo tanto, herejes. ¿Qué ha de hacerse entonces para preservar la 'verdadera fe'? evangelizar, convertir, bautizar, purificar, salvar el alma; empero, para hacer el trabajo de Dios en la tierra se requiere información, instrucciones, guías, herramientas, armas en la lucha contra la avanzada del mal entre los pueblos de la tierra: manuales inquisitoriales, tratados contra la magia, formularios exorcistas, textos que digan cómo lidiar y triunfar en la guerra contra el diablo y sus huestes" (Ortiz *diablo* 23).

[26] Como afirma Keitt, en línea con Sánchez Granjel, la alianza entre religiosos y médicos beneficiaba a ambos: a los primeros para poder reforzar y mantener su poder hegemónico e incuestionable sobre la realidad; a los segundos se les despejaba la realidad de supersticiones, pudiendo ejercer mejor su ciencia tradicional: "The relationship between medicine and the critique of superstition was a mutually beneficial one. As physicians consolidated themselves into one of the first true professions in early modern Spain, anti-superstitious discourse could serve as a means of discrediting the competition [...] Anti-superstition writers, in turn, saw doctors as allies in the identification and eradication of superstitious practices. In his *Tratado de las supersticiones*, for example, Martín de Castañega urges his readers to consult a physician when there is any doubt about the provenance of unusual phenomena in order to avoid misidentifying the causal forces at work. Castañega warns that in many cases what is commonly taken to be demonic possession is in fact merely ignorance of natural mechanisms" (28–29).

[27] Así, la capacidad de decidir qué era superstición y qué era "natural" otorgó un rol que los intérpretes del discurso antisupersticioso podrían aprovechar políticamente: "La

ni hablar, ya que la naturaleza hegemónica de un poder, delegado del Monarca y de Dios, no se podía considerar un peligro para los ciudadanos sometidos a este tipo de culturas y cosmovisión, porque cuestionarlo sería ir en contra del propio sistema de creencias predominante. Muy al contrario, esta asociación de los evaluadores con la divinidad y la Monarquía les habría reforzado y consolidado como una presencia oficialmente sancionada que parece lógicamente necesaria para asegurar la "tranquilidad" del individuo y garantizar así que "conozca" lo que le conviene, rechazando lo que el poder consideraba política o religiosamente prohibido. Esta (auto)legitimación como monopolizadores del control sobre los dogmas de la fe católica en la interpretación del mundo de un grupo privilegiado y sin contrapoderes va asociada, inevitablemente, a actos de corrupción, como los que son expuestos en obras como el *Lazarillo*. En ellas se constata que ciertos subterfugios y engaños, si eran validados oficialmente por miembros de la Iglesia, otorgaban poder sobre otros individuos, desvelándose así la potencial corrupción intrínseca existente en el poder de sancionar realidades por parte de los privilegiados exégetas que representaban al poder oficial. La organización humana resultante del sistema burocrático de la Iglesia contrarreformista, la cual disfrutará de un sustancial monopolio político sin contrapoderes, será naturalmente proclive a que la corrupción material sea la amalgama de la arquitectura que sostenía muchos de los valores de estas sociedades sometidas al yugo ideológico.

En un entorno social en el que el arte de la manipulación individual y de las masas está muy presente, la lógica del discurso antisupersticioso se difundirá por numerosas vías institucionales, que incluían tanto los sermones como los espectáculos públicos. Esto coincidirá con la promoción de un tipo de géneros narrativos como el picaresco, en el que también se presenta una sociedad

---

pedagogía del miedo y la lógica del reemplazo no agotaban los mecanismos de aculturación a que podía recurrir el discurso antisupersticioso español. Los reprobadores tenían a su alcance un tercer recurso: la naturalización de las supersticiones. No sólo teólogos y filósofos hallaban dificultades para determinar las causas concretas de los fenómenos extraordinarios. La triple tipología de causalidades provocaba también con frecuencia los errores vulgares. El mecanismo de naturalización cumplía entonces diferentes objetivos. En algunos casos, debía demostrar que los fenómenos que la ignorancia atribuía a milagro o a intervención diabólica no tenían sino causas naturales. En otros momentos, debía demostrar que determinadas creencias resultaban inconsistentes y absurdas desde el punto de vista natural. En ocasiones, los reprobadores podían recurrir a experimentos para convencer a su auditorio. Correspondía también al mecanismo de naturalización revelar los fraudes y engaños que se ocultaban detrás de fenómenos supuestamente maravillosos. Por último, los demonólogos utilizaban el mecanismo para demostrar que los enormes poderes que la teología atribuía a los malos espíritus, no eran sino producto de su capacidad natural como seres creados" (Campagne *homo* 429–30).

imbuida en un sistema de corrupción de principios, donde la capacidad del individuo para simular, disimular y engañar es también un valor al alza. ¿Cuál era el incentivo para que la Iglesia y Monarquía cedieran tanto su hegemonía en el control del discurso antisupersticioso como su poder de ser cadena de transmisión de la política papal, en su proyecto de colonización católica del orbe? ¿Cuál sería su motivación para abrazar la Nueva Ciencia aplicada a la interpretación del mundo, en sustitución de la dependencia escolástica católica, que tantos réditos políticos les estaba dando a estas oligarquías políticas? No parece así que existiera, en el ámbito ibérico, ninguna urgencia para aceptar y desarrollar un tipo de pensamiento donde se promoviera la creatividad y la vía experimental, ya que esto era algo que podía ir en contra del monopolio en la interpretación caprichosa e interesada de cualquier "superstición," utilizando unos dogmas y argumentos religiosos que estaban bajo el control de las élites en el poder. La propia evidencia de la profusión en la publicación de nuevos textos antisupersticiosos de referencia, que reforzaban y ampliaban la aproximación escolástica de los evaluadores, confirma el interés en consolidar la implementación del método antisupersticioso como un mecanismo de control social[28]. Inversamente, cualquier otra fe religiosa rebosaría de motivación y necesidad de encontrar argumentos para poder cuestionar la arquitectura social antisupersticiosa mediante disciplinas del conocimiento más arriesgadas para la interpretación del mundo, como resultará ser la ciencia experimental.

La posibilidad de utilizar el discurso antisupersticioso como una sofisticada herramienta política para el dominio de la interpretación del mundo sensible fue predominante en tiempos de Cervantes. En este sentido, será lógico que la alianza de poder entre médicos y curas siempre esté más motivada en perpetuarse políticamente que en el desarrollo del conocimiento de la verdad, a través de la Ciencia, en España. Todo ello en un período en el que el control del saber era algo que se consideraba natural en el contexto antisupersticioso, ya que, una vez más, su exceso o alarde era considerado algo diabólico:

---

28 "[...] un tratadista como Castañega participa del modelo que podríamos denominar la 'naturalización de la realidad espiritual,' que es básicamente el modelo de la biología católica, de Santo Tomás al Padre Suárez. El mundo de lo natural abarca la totalidad de lo creado, incluyendo las entidades puramente espirituales como ángeles y demonios, cuya realidad queda reafirmada de modo taxativo. Lo sobrenatural queda reducido a las intervenciones de la gracia, y aquí también la realidad de estos fenómenos 'por encima de la naturaleza') es sostenida de la forma más firme posible. Lo sobrenatural, y dentro de ello los milagros, ocupa entonces un lugar pequeño, el mismo que le adjudica Castañega ('ni lo hemos de otorgar si no fuéramos constreñidos por la necesidad, faltando la potencia y virtud natural', cfr.supra), pero de absoluto privilegio, y sus actos son tan reales como los del mundo natural" (Muro Abad, nota 5, 100–01).

> Tienen todos los hombres deseo natural de querer saber [...]. Hay también cosas que aunque se puedan saber por razón natural, mas para saberlas es menester trabajo y curso de tiempo [...]. El diablo halló estas artes para engañar y cegar a los hombres vanos que se devanecen en estas fantasías [...]. Las cosas que estos nigromantes aciertan, no las pueden saber sino por secreta inspiración del diablo.
>
> CIRUELO 55-56

Ante cualquier otra opción existencial, se dará prioridad a una ley natural divina que, si no era respetada, podía convertír al hombre en una bestia[29]:

> La ley de la naturaleza es la regla de la razón Quiere Dios que todos los hombres guarden la ley natural. Quando los hombres no guardaba la ley natural, vivían como bestias y vino la vida dellos a grande corrupción. Deliberó Dios de renovar la ley de naturaleza viendo que todo el mundo se iba a perder contra toda ley de hombres.
>
> CIRUELO 1

El pensamiento único del período dictaba además que el estar en armonía con el "orden" divino era el objetivo de todo cristiano:

> Por el primero mandamiento es obligado cualquier Cristiano a ser muy devoto y leal servidor a su Dios, acordándose del voto que hizo en el bautismo. Mayor pena merece el que es traidor contra Dios, que el que lo es contra los hombres [...]. La Religión es virtud muy apacible a Dios, y muy provechosa a los hombres.
>
> CIRUELO 2

---

[29] El discurso hegemónico promoverá un tipo de revisión histórica en la que se informa de edades en las que el ser humano no se distinguía de los brutos, en una descripción que recuerda mucho a la representación de los soldados de Escipión en la *Numancia*: "[...] eran en sí muy vivos a manera de brutos animales, por donde embió Dios sobre ellos el castigo del diluvio y de Sodoma y Gomorra y otros muchos [...] casi todos vivían como bestias [...] caían en vicios muy malos contra toda ley de hombres [...]"; la existencia de diablos que arrastran al hombre estaba también constatada: "Es luego el primero fundamento de nuestra doctrina que todos los Cristianos tengan por cierto artículo dela Fe que en el mundo hay diablos," además de "Pactos con el diablo, expreso y tácito" (Ciruelo 3, 17, 36, 1).

Lo expuesto sobre el discurso antisupersticioso justifica que la propuesta ideológica escolástica contrarreformista se fundamente en no incentivar, necesariamente, ni la Ciencia ni la experimentación, fuera de lo que era preescrito por las Escrituras, que eran interpretadas, en exclusividad, por los intermediarios eclesiásticos[30]. Muy al contrario, se promoverá el contraste escolástico de la realidad con la autoridad de algunos autores clásicos y la Biblia u otras fuentes inspiradas católicamente, que serán interpretadas al albur de unos mediadores eclesiásticos y médicos que tenían la última palabra sobre la censura del mundo sensible. Es así también lógico el proceso de sustitución de las supersticiones populares por un tipo de "superstición del método de la interpretación escolástica de fuentes elegidas, que son defendidas como incuestionables," independientemente de que este último recurso entrara en contradicción con la evidencia. Las alternativas a la entrega de la agencia del poder interpretativo a los mediadores eclesiásticos era quedar estigmatizado y degradado humanamente, a partir de la indefensión asociada a la vinculación de un individuo con lo demoniaco. Esta horrible situación de vulnerabilidad no sólo afectará a seres marginales en este período, como los discapacitados o los enfermos mentales, sino a cualquier otro ser humano que fuera "interpretado" negativamente, en su contraste con la fuente sagrada o clásica, al criterio del que poseía el control del discurso antisupersticioso.

El constante intento de armonización de la aplicación del método antisupersticioso al control del desarrollo del estudio fenomenológico del mundo sensible es evidente, en unos tiempos en los que todavía se identificaban ciertas localidades en España como nigrománticamente relevantes[31]. Los efectos de esta fuerte imposición cultural, que se extenderá hasta el siglo diecinueve, explicarían por qué la libertad creativa y de pensamiento no ha sido, tradicionalmente, tan valorada en el ámbito hispánico, al haber sido un objetivo primordial a combatir (y demonizar), por parte de instituciones oligárquicas como la eclesiástica, para facilitar su propia perpetuación en el poder.

---

30 Rodríguez de la Flor describe el ambiente "científico" contrarreformista, que estaba alineado con los principios escolásticos y asociado figurativamente a una oscura estética, en la que se respetaban los principios del discurso antisupersticioso: "Gabinetes de trabajo escolásticos en los que priman sobre todo otro mobiliario, las calaveras y crucifijos, imponiendo sobre el pesado ambiente un sentido prioritariamente ascético, moral, de lo que es el oficio intelectual, que no es nunca, para estos modelos, averiguar lo desconocido o, por el momento, acometer la observación del mundo natural, sino, por el contrario, mantenerse siempre férreamente anclado a la exégesis autorizada, anclado al texto que ilustra el contenido de las Escrituras" ("ciencia" 97).

31 "España es de la misma constelación que la Persia, mayormente en Toledo y Salamanca [...] El Cristiano que ejercita la nigromancia, que tiene pacto claro y manifiesto con el diablo, es apóstata y traidor contra Dios y contra la Iglesia Católica" (Ciruelo 43).

La lógica política incentivaría, de hecho, el que las élites limitaran y controlaran cualquier tipo de descubrimiento que pudiera hacer que la propia autoridad interpretativa quedara potencialmente obsoleta, expuesta y cuestionada, ya que entonces se podría desvelar su propia naturaleza como un enorme aparato político-ideológico, que estaba sostenido por otra superstición aún mayor, basada en los miedos infinitos asociados al demonio. En otro sentido, se podría defender que este sistema de control social también pudo contribuir a evitar que surgieran focos de disidencia, dentro de un sistema territorial difícil de controlar materialmente y en constante expansión. Sin embargo, el sometimiento, durante siglos, al dominio intangible de una propaganda limitadora del pensamiento libre facilitará que arraigue una cosmovisión en la cual se perpetuará un tipo de hegemonía ideológica que estará siempre a favor de aquella promovida por la oligarquía en el poder, que poseía el monopolio, el "control interpretativo oficial" tanto del cuerpo como del alma de todo individuo residente en el territorio considerado bajo su dominio.

2.1.3 *El discurso antisupersticioso y la ciencia española*

El discurso antisupersticioso ha sido interpretado como esencial dentro de la revolución cultural necesaria para hacer salir del propio estado supersticioso y de ignorancia a diferentes comunidades de individuos en España, desde el siglo dieciséis hasta casi el diecinueve (Sánchez Granjel). Es indudable que, en algunos casos y en ciertos períodos, con el discurso antisupersticioso se contribuyera a racionalizar un poco más y mejor la evidencia, evitándose situaciones de cultos y creencias extravagantes, o sencillamente diferentes a la hegemónica. De hecho, autores como Culianu defienden que este proceso de aculturación fue acompañado de la devastadora destrucción de una cultura europea popular, la cual se perdió para siempre. Y es que, a largo plazo, como se ha argumentado, la estructura del pensamiento antisupersticioso contribuyó a sembrar las bases para la perpetuación de un sistema de control, en el que la dependencia del individuo de agentes institucionales para la interpretación de la realidad pudo facilitar tanto la relajación del pensamiento crítico como el abrazo instintivo del ser sometido a una servidumbre voluntaria, necesaria para su subsistencia. La docilidad intelectual, en muchos casos asociada a la "bondad" cristiana, era la actitud preferida para que se pudieran aceptar mejor ciertas exégesis dogmáticas que estaban regidas por varias premisas fundamentales. La primera es que todo lo que estaba fuera del cristianismo pertenecía al ámbito demoniaco, donde se situaba gran parte del conocimiento heterodoxo. La segunda, derivada de la primera, es que el exceso de conocimiento de un individuo le asociaba peligrosamente al maligno. La tercera es la aceptación de que el poder de evaluar la

FIGURA 3
Manuscrito de Tlaxcala. Folio 239v.
Levantamiento de la primera cruz de Nueva España por parte de doce frailes franciscanos
GLASGOW UNIVERSITY LIBRARY
SPECIAL COLLECTIONS

evidencia siempre se le había de ser otorgado al representante de una institución oficial.

Es muy posible que el método de experimentación científica no prosperara tan rápidamente en el ámbito católico a causa de este tipo de condicionantes ideológicos que, en muchos casos, no incentivan, sino limitan o suprimen la posibilidad del progreso en el método experimental para la interpretación del mundo sensible. Por encima de la creatividad y curiosidad científica se impondrá así un discurso, en el que se defenderá una metodología opuesta basada en el método escolástico, en muchos casos reaccionaria y condicionada a beneficios políticos. Por un lado, el éxito del discurso antisupersticioso estaba avalado por la capacidad de la Inquisición y la Monarquía de contar con el monopolio de la violencia material y propagandística. Por otro, estaba también amparado por leyes que defendían, en muchos casos, al acusador, cuya identidad no podía ser revelada, con el argumento de que se le protegía de represalias, dejando así indefenso al acusado. Esto contribuye a crear un aparato de control ideológico totalitario que perpetuará un miedo social hegemónico con el que se evitará también cualquier intento de culpar al propio sistema de control de la paralización en el progreso del pensamiento libre y creativo.

Con la tradicional imagen del emblema del filósofo cristiano que lee la Sagrada Escritura acorde al libro de la naturaleza se pretende convencernos de la difícil armonización escolástica de la Ciencia y la Religión. La posibilidad de consensuar metodologías opuestas para interpretar diferentes realidades, ámbitos y mundos también se promoverá iconográfica y textualmente en numerosas publicaciones del período, en las cuales se enfatiza que tanto el mundo de la perfección divina como el del ser humano estaban permanentemente expuestos a las fuerzas del diablo. La radical separación entre ámbitos sagrados y demoniacos es difícil de consensuar, algo que es particularmente relevante en diferentes documentos sobre la colonización americana como, por ejemplo, ciertas imágenes que acompañaban al manuscrito de Tlaxcala.

En esta serie iconográfica se define perfectamente la estructura ideológica que justifica la acción política del discurso antisupersticioso. En ella se muestran a varios sacerdotes "mediadores" entre el ámbito del demonio y el que no lo era, quemando con "fuego divino" los "ídolos indígenas" en una acción "purificadora," mientras rezan ante una cruz, la cual aparenta protegerlos del descenso de unos demonios alados. En estas imágenes parece enfatizarse que, cuanto más desconocidos y exóticos sean los denostados ídolos y demonios, más necesarios se hacen los propios mediadores eclesiásticos que los interpretan y combaten.

2.2   Antisuperstición cervantina

La obra cervantina se publica en pleno apogeo tanto del discurso antisupersticioso como de la controversia de la licitud de los espectáculos, de la que participan el cura y el canónigo en el primer *Quijote*. De hecho, dentro de la polémica contra el teatro de la comedia nueva del Siglo de Oro, la aproximación cervantina se decanta por la necesidad de censores literarios para asegurar la ejemplaridad de las obras representadas ante el vulgo, considerando el pernicioso efecto de la mala literatura en el lector como algo comparable a un tipo de superstición[32]. La cosmovisión de personajes como Alonso Quijano es también resultado del nefasto influjo de los géneros literarios evasivos y de

---

32   La familiaridad cervantina con la cultura antisupersticiosa ha sido destacada, especialmente en referencia al popularísimo tratado de Ciruelo: "We can be almost certain that Cervantes read specific texts which refer to some form of demonology. [...] Cervantes demonstrated a fairly sophisticated knowledge of some of the finer points of Christian demonology [...] available to Cervantes were Pedro Ciruelo's *Tratado en el qual se repruevan todas las supersticiones y hechicerías* [...] Martín de Castañega's *Tratado muy sotil y bien fundado de las supersticiones y hechicerias y vanos conjuros y abusiones*" (Kallendorf 194).

FIGURA 4   Manuscrito de Tlaxcala. Folio 242r. *Monjes franciscanos quemando libros y ropas tradicionales indígenas. Las imágenes en la hoguera representan la destrucción de dioses antiguos, cuyas máscaras corresponden a los veinte signos del Tonalamatl*
GLASGOW UNIVERSITY LIBRARY SPECIAL COLLECTIONS

FIGURA 5   Manuscrito de Tlaxcala. Folio 238r. *La primera predicación del Santo Evangelio en Tlaxcala, en medio de la plaza, por los frailes de la orden del padre San Francisco y el modo de enseñar que tuvieron*
GLASGOW UNIVERSITY LIBRARY SPECIAL COLLECTIONS

FIGURA 6   Manuscrito de Tlaxcala. Folio 240v. *Quema y incendio de los templos idolátricos de la provincial de Tlaxcala por los frailes españoles y consentimiento de los naturales*
GLASGOW UNIVERSITY LIBRARY SPECIAL COLLECTIONS

entretenimiento vano, como eran las novelas de caballerías, donde la idea de que el mundo es fantástico e impredecible (¿supersticioso?) domina la acción de la trama. Ante la difusión popular de estas narrativas, en la obra cervantina parece darse una reacción neoplatónica contra sus autores y promotores por "corromper la República," presentándose, por otro lado, una realidad manchega alternativa, la cual es exagerada y carnavalesca en sus golpes, comidas y risas, lo que nos recuerda nuestra igualdad como seres humanos.

En su tratado sobre la caballería, Lulio[33] denuncia la no deseada desviación de los caballeros de la verdad ni de sus obligaciones con respecto al sentido del honor militar[34]. Criterios similares a estos son los defendidos por el

---

[33] Menéndez Pelayo resume la filosofía de Lulio: "Tal es, interpretado a la moderna, el arte de Lulio: principios universales y trascendentes, paralelismo entre las leyes del pensar y las del ser, unidad de la ciencia, identificación de la Lógica y de la Metafísica, realismo platónico, unidad ontológica y diversidad cosmológica, y la vida ideal latiendo apresurada debajo de la diáfana superficie de lo real, que sólo tiene valor por el mundo encantado, henchido de pompas y esplendores, que allá, en el fondo, se trasluce. De tales ideas, aun profesadas por un filósofo gentil, por un Platón, o por un Plotino, es fácil el tránsito al misticismo. ¡Cómo no había de serlo en una alma tan escandecida de amor y de fe como la de Lulio!" (Menéndez Pelayo *heterodoxos* 32).

Blanco Mourelle ha señalado la presencia de Lulio en el siglo dieciséis: "A pesar de que suceden en esferas distintas, la discusión sobre la naturaleza teológica y la naturaleza epistemológica del arte luliana son inseparables. Ambas son el motor de las nuevas ediciones lulistas del siglo XVI y de las reelaboraciones del arte. De este modo, el documento emitido por Juan de Herrera pidiendo a los oficiales del reino a cargo de los archivos que envíen a Roma en el nombre de la Corte cualquier documentación relevante para el avance del proceso de canonización de Llull. Estos documentos tienen que ver a la vez con la prueba de los milagros y de la autenticidad de los hechos de la vida de Llull y con la demostración de la legitimidad de las experiencias de enseñanza su doctrina en la Península ibérica desde su muerte. Estos no solo sedimentan la importancia de esta enseñanza, sino que inscriben la geografía peninsular de manera decidida en el recorrido de la influencia luliana, poniendo centros como Alcalá y El Escorial en conexión con Mallorca, València, Barcelona, Paris o Pavia, conocidos por ser centros de impresión y por atesorar importantes manuscritos. El documento de Herrera marca también el momento de apogeo de interés de la Corte en los asuntos lulianos" (78).

[34] "De cómo se observa lo que hacen los caballeros:
'1. ¡Ah! Dios honrado, loado, poderoso, ama, querido y temido por todos los pueblos. Los caballeros, Señor, vemos que son elegidos para que sean perseguidores y prendan a los malos hombres que son traidores, homicidas, ladrones, engañadores, y desobedientes a su príncipe; y por esto los caballeros tienen armas con que puedan defenderse y puedan dominar a sus enemigos; y van a caballo para que puedan alcanzar a los enemigos de la justicia y de la paz.
2. Mas paréceme, Señor, que los caballeros han tomado otro rumbo contrario al oficio por el cual entraron en caballería, porque con las armas con que debieran destruir a los malos

protagonista del *Quijote*[35], cuyo pensamiento se había diluido en el que imperaba en las novelas de caballerías, influidas parcialmente, aunque en general muy alejadas del verdadero universo caballeresco del honor, la verdad y la justicia. La fama de la pareja protagonista definirá los actos de la segunda mitad del *Quijote*, la cual es más literariamente autoconsciente que la primera. En esta parte, ambos protagonistas se reafirman frente a sus lectores y admiradores, revindicando sus "hazañas" y siendo conscientes de estar "escribiendo" su propia historia. ¿Qué mejor manera para combatir la "superstición" de la mala literatura que dar vida a un personaje absorbido por un "paganismo literario malo," quien fracasa al querer interactuar, dentro de la lógica de sus principios, en un mundo real y verosímil[36]?

> hombres, vemos que matan y destrozan a hombres justos y a los que más aman la paz por la guerra.
>
> 3. Por lo cual, Señor, este descarriamiento y desorden cae sobre los mismos caballeros que han mudado la manera y la ocasión por qué son caballeros y esta mudanza hace que no sean amigos de la verdad; y más que a la verdad amen las vanidades de este mundo. De esta suerte salen del verdadero camino, y van al fuego perdurable.
>
> 4. ¡Oh, Vos, Señor, que sois creador, y recreador nuestro! Nosotros vemos que la caballería se envejece y divide en dos partes; porque vemos unos caballeros de este mundo y a otros del otro siglo. Porque son caballeros del mundo los que están sólo en vanidades y en la gloria mundana; y otros aman la verdad, mirando hacia el otro siglo, y menosprecian las vanidades de este mundo.
>
> 5. Vemos, Señor, caballeros mundanos que se guarnecen de hierro y empuñan lanza; y les vemos combatir y herir y morir, y que con grandes trabajos van a penas perdurables; y vemos, Señor, caballeros del cielo, que se revisten de amor, de paciencia y de verdad, y con devoción, y lágrimas, y llantos, y contrición, y con gran deseo y placer, van a la gloria sin fin.
>
> 6. Veo, Señor, a los caballeros mundanos que se combate entre sí con hierro y con lanza, y con palabras villanas y orgullosas se deshonran a sí mismos, y se amenazan los unos a los otros. Mas en la batalla de los caballeros celestiales, Señor, no sucede así; porque combaten con amor, con verdad, humildad, paciencia y lealtad contra los malvados hombres orgullosos; y no llevan en sus manos espada, ni maza, ni cuchillo, ni en su boca palabras villanas e injuriosas'" (Lulio *contemplación* 98–99).

35   La posible influencia luliana en el *Quijote* provendría de la representación de un tipo de personaje que alcanza la verdad, partiendo de la corrupción de la mentira de la fábula y pasando por diferentes etapas, las cuales se podrían asociar a las del caballero místico: "Lull became one of the first in the Iberian context to carry out the spiritualization of knighthood along with that of the courtly tradition of love. [...] He transformed the former into both a messianic as well as a mystical Christian militancy which influenced in the composition of Martorel's *Tirant lo Blanch*, and through this work, he may have been influential in the transformation of the Quijote from a purely satirical short story into the sublime creation that it did indeed become" (Disalvo 199).

36   En este sentido, es destacable además que autores como Díaz de Benjumea hayan defendido la figura de Cervantes como resultado de un momento y cosmovisión histórica que

La afirmación de que la literatura mala y sin intención ejemplar es negativa socialmente, debido a su capacidad de confundirnos y situarnos entre las fronteras de la realidad y la ficción, se puede asociar a un espíritu desmitificador y escéptico similar al del discurso antisupersticioso. Cuando se intentan consensuar ambos ámbitos se alimenta la confusión, mientras que reafirmar su separación radical parece implicar la aplicación de un tipo de saber neoplatónico, a favor del proceso de distinguir mejor entre la idea y la verdad.

En el modo en que se resuelven algunos de los casos de superstición, naturales o "sobrenaturales," que acontecen en la obra cervantina, también se aprecia el marco ideológico general del discurso antisupersticioso contrarreformista típico de este período[37]. En los diferentes casos planteados se aprecia

---

le acercarían a un tipo de pensamiento pagano. No existe, sin embargo, evidencia textual que sustente una visión pagana o anticlerical en la obra cervantina, con la excepción de alusiones específicas a individuos concretos como el "mísero" tío de Isabela Castrucho (ver también Johnson y Martínez Torrón).

[37] Este tipo de totalitarismo ideológico encuentra resistencia en los principios de la libertad del ser humano, dejando por el camino diferentes opciones de compromiso con la ideología impuesta. Pollman defiende la posibilidad de definir el apego contrarreformista entre actitudes conservadoras, activistas y voluntarias, que podrían fácilmente utilizarse para evaluar la adscripción a diferentes principios contrarreformistas, en momentos específicos de la obra cervantina:

Conservative: "For conservative Catholics such as Weinsberg the religious changes of the sixteenth century demanded much reflection and major adjustments. By the end of his life, the casual anticlericalism of his youth was no longer de rigueur. He slowly developed an appreciation for new Counter-Reformation practices, but was hardly at the vanguard of change. It was others, especially lay women, who pushed him in that direction. Unlike Weinsberg, these women were not conservative, but highly innovative and activist. How had that come about? [...]"

Activists: "Lay Catholics like Boudewyns and De Pottre had started to take responsibility for the preservation of the Catholic faith, and this was an experience that marked them even after the restoration of the Habsburg regime and the recatholicization of the Spanish Netherlands. Importantly, moreover, the regime capitalized on these new energies, by presenting prayer and devotion as one way in which Catholics could 'do their bit' for the war effort against the rebel Dutch Republic. The Habsburg governor Farnese claimed in 1587 that he would win the war against the Dutch rebels with 'the prayers of good and devout people'. A pastoral letter by the bishop of Bruges was to claim in 1625 that the greatest miracle wrought by the Confraternity of the Seven Sorrows of Our Lady was that 'its devotions appeased God about the sins of the Netherlands, and ended the civil war'. Decades earlier the Brussels town secretary Philips Numan had already argued that the appearance of the miraculous image of the Virgin at Scherpenheuvel was a sign that 'at this place He will be appeased by the prayers of devout people, and will make a new covenant with the people of the Netherlands'. The experiences of exile and religious war had turned the people of the Southern Netherlands, once so prone to heresy, into stalwarts of the Counter-Reformation [...]."

la presencia del diablo, de exorcismos y de milagros dudosos, situaciones que se suelen resolver a través de lecciones ejemplares y desmitificadoras, desvelándose entonces los sofisticados mecanismos que el ingenio humano ha ido desarrollando para engañar, simular y disimular la realidad. Así ocurre en obras como *El retablo de las maravillas*, con Maese Pedro, en *El coloquio de los perros* o en el episodio de la cabeza encantada de la segunda parte del *Quijote*.

Uno de los propósitos para los que se solían escribir muchos de los manuales antisupersticiosos era el de explicar el modo en el que se manifestaba el demonio en el mundo sensible. En este sentido, se ha apuntado el interés cervantino en explorar este tipo de fenomenología: "Si bien Cervantes nunca niega su existencia, el Gran Engañador es para él un pretexto para la reflexión y un instrumento para la enseñanza, la belleza y el asombro" (Padilla 41), describiéndose la demonología cervantina como "[...] acomodaticia y fluctuante (46)." También se ha destacado que la influencia demoníaca en su obra está acorde a lo señalando sobre el discurso antisupersticioso, con referencia a los rituales idólatras: "[...] la crítica tensa del demonio de la falsa devoción es más importante—o por lo menos más urgente—que la reflexión sobre el ser en sí de Satanás [...]" (41), concluyéndose que "[...] para Cervantes el diablo indudablemente existe, es y representa el Mal" (46). Esto mismo también se ha confirmado en el teatro cervantino, afirmándose que su autor "[...] sabía de demonios y conjuros y que los podía llevar al escenario con espectacularidad" (González 210). De hecho, para Molho, el demonio en Cervantes "[...] domina el concepto de la vida moral y de sus prácticas transgresivas. Él es quien da fe de la obra divina. Él solo atesta por sus mañas la existencia de Dios, del que es la imagen negativa e inversa [...]" ("sagaz" 30–31).

En la obra literaria cervantina, la educación del receptor para distinguir la fábula de la verdad se complementa con la labor del poeta y el historiador, quienes serían socialmente responsables de evitar la influencia de la mala literatura y la fabulación, asumiendo así un papel similar al de curas y médicos en el discurso antisupersticioso. De hecho, como se ha podido apreciar, el contexto intelectual de la formación cervantina pudo haber contribuido a

---

Voluntary: "For Verbeeck, both his own spiritual state and the state of his society offered a prompt to reason, to reflect and to write. He was framing public events, as well as his own life, in a manner that was very recognizably Catholic. At the same time, the way in which he used domestic poetry to express his religiosity was very similar to that of his Protestant contemporaries in the Dutch Republic. Perhaps life in a multiconfessional society like the Republic, which in day-to-day life demanded a level of toleration, meant that religiosity was more easily expressed in domestic, private settings. Believers of all denominations, Catholics included, in this context displayed a great deal of religious self-reliance" (175–79).

elevar su sensibilidad ante el asunto antisupersticioso. Esta hipótesis quedaría reforzada por los datos biográficos de la familia de médicos por parte de madre y la profesión de sangrador de su padre, Rodrigo Cervantes, al ser este gremio el que apelaba al discurso antisupersticioso español moderno con mayor frecuencia (Campagne "medicina" 418).

La obra de Cervantes se ocupa de algunos sucesos que no parecen quedar ni en el ámbito de Dios, ni en el del orden natural de las cosas, ni tampoco eran milagrosos, ni actos de ángeles, como parece ocurrir en el episodio de la falsa muerte en las bodas de Camacho, cuya naturaleza milagrosa es puesta en tela de juicio (Redondo "parodia" 147) al descubrirse el simulacro al final de la historia. En otros casos, llaman la atención las afirmaciones cervantinas sobre lo numinoso, aceptándose en el *Quijote* que los misterios son "[...] aquellos que parecen milagros y no son, sino casos que acontecen raras veces" (II, 1, 164). En el *Persiles* también se defiende que "[...] la fuerza de los hechizos de los maléficos y encantadores, que los hay, nos hace ver una cosa por otra [...]" (I, 18, 135) y que "[...] las cosas de admiración no las digas y las cuentes, que no saben todas gentes como son" (III, 16, 381). Así, ciertos personajes cervantinos parecen ser capaces de poder trascender sus papeles meramente literarios, apreciándose en sus actos una clara intención de desvelar al lector los secretos del poder de la manipulación del engaño y el simulacro. La propia advertencia contra los peligros de las novelas de caballerías en el *Quijote* sugiere también la necesidad de combatir un tipo de literatura que causaba confusión sobre lo que era o no era la realidad en los lectores. Es así como la filosofía moral que envuelve tanto al *Quijote* como al resto de la obra cervantina[38] nos descubre a un autor

---

38 En este sentido, la "intención ejemplarizante" de la obra de autores farsantes como Higuera, contemporáneo a Cervantes, con su inmoral apropiación del concepto de ejemplaridad y su defensa de la importancia de la "apariencia de la verdad" por encima de la evidencia a la hora de elaborar los *Cronicones*, llama la atención en relación con la ética muy radicalmente distinta que utiliza el autor del *Quijote* en su obra: "Even as many other practitioners of historical scholarship in early modern Europe were attempting to extricate the apocryphal from the historically verifiable elements of sacred traditions—in other words, separating 'poetry' from 'history'—the long tradition of relying upon legends and noncanonical texts for additional information about holy history continued in the work of Higuera, and many others; [...] In his poetics, then, Higuera was, once again, a typical Jesuit professor of Latin and letters. As a good student of classical and medieval rhetoric, Higuera knew that 'poetic fables' could, if used properly and with good intention, possess moral utility. In his texts, Higuera sought not to trick or confuse the reader, but to explain, clarify, justify, and elaborate. His histories possessed a normative, moral function; even if the texts could not always be confirmed beyond a doubt or by human means—at least at the level of detail—they nonetheless spoke to a deeper truth, one that was particularly important for the purposes of instructing and edifying the faithful during difficult and contentious times. In this sense, Higuera privileged the appearance of truth

consciente de los efectos del artificio literario, particularmente cuando se utiliza para imitar una realidad cambiante y confusa, como lo era el propio ser humano, en este período.

2.2.1   Autoconsciencia del uso del artificio literario para alcanzar la verosimilitud

Igual que ocurre en cualquier otro corpus literario, la obra cervantina resultará de una serie de circunstancias históricas, artísticas, socioeconómicas y políticas. Tras su éxito inicial a finales del dieciséis en el teatro, la posterior imposición de la industria y la estética de la comedia nueva coincidirá con la dedicación de una parte sustancial de los últimos años de su carrera literaria al género narrativo. Las segundas partes no autorizadas del *Quijote* y de *El coloquio* confirman la dificultad de imitar a Cervantes a partir de los paradigmas estéticos de la narrativa popular en el período. Atendiendo a la evidencia aportada por sus escritores coetáneos, la obra cervantina será reconocida por la contribución de este autor de ser el primero en novelar en español, siendo, por ello, universalmente reconocido en vida, como uno de los escritores fundamentales en el desarrollo de este género. Dentro de sus aportaciones, innovaciones y experimentaciones, se ha destacado tradicionalmente la capacidad de Cervantes de dar voz a sus personajes para debatir dialécticamente sobre la influencia y presencia de diferentes géneros literarios en la propia obra de ficción. Esto ocurre con la novela pastoril, la bizantina, la de caballerías o la *novella* italiana, lo que eleva aún más el tono autoconsciente y metaficticio de sus narraciones. A sus personajes se les permite expresar sentimientos profundos, que se suelen acompañar de reflexiones existenciales, como la de una Marcela disfrazada de pastora de ficción, quien explica la muerte del también falso pastor Grisóstomo, en un epítome de la confusión existente entre la idealización bucólica y la verdad más literariamente verosímil. La presencia de otros asuntos metaliterarios en sus textos, como es el comentario del plagio y publicación de la segunda parte no autorizada de su obra cumbre, es reflejo de un tipo de prácticas literarias no poco frecuentes en su tiempo, siendo algo que también le había ocurrido a autores como Mateo Alemán, con su *Guzmán de Alfarache*. El literalizar este tipo de acciones y "artificios" malintencionados, o de autores "malos," no sólo es un reconocimiento de su existencia, sino también de la necesidad de convivir con estos actos, al tener origen y ser consecuencia de la propia naturaleza humana.

---

over particular truths. He used 'fables' to move his audience toward the greatest good, the ultimate truth, namely, the veneration of God and the saints" (Olds 125).

Compartir las innovaciones literarias con el lector para mejorar la verosimilitud narrativa responde a una intención similar a la del "poeta clásico," en su proposición y capacidad de mejorar la República a través de una honesta y no engañosa representación literaria. Muchos de los novedosos recursos para la imitación del mundo sensible no existían en la época clásica[39]; de hecho, a diferencia de los clásicos, el escritor barroco podía adaptar su obra tanto a un universo en constante expansión como a la palabra divina. En este sentido, ciertos artificios innovadores relacionados con la autoconsciencia y la perspectiva literaria contribuirán tanto a hacer que los hechos narrados parezcan más verosímiles como a despertar el sentido estético del lector[40]. Así, algunos artistas renacentistas y barrocos fueron conscientes de su capacidad para poder recrear una realidad que, siendo suplementada por un arte verdadero, podía, excepcionalmente, hacer recordar al receptor su origen divino, en una función mejorada del papel clásico de la poesía, género literario que había sido considerado tradicionalmente como un arte necesario para mejorar las costumbres del ser humano. Es así lógico que muchos autores contrarreformistas

---

39 De entre ellos destaca la autoconsciencia creativa característica de Cervantes, que se había encuadrado, en la mística alegórica, dentro del círculo continuo del autoconocimiento: "Charles de Bovelles teaches a precious lesson: there is no need of destroying the beast in one's Self. The truly heroic act consists in making Hydra act upon itself and, by doing so, transforming it, as in an alchemical process, into a figure that supports the continuous circle of self-knowledge" (Albertini 306).

40 Así, la autoconsciencia, desde Lulio a Bovelles (ver Victor *Bovelles*), se identificará como una fuente de conocimiento con la que se establece un paralelismo entre sabiduría y acercamiento a Dios, dentro de la vía teológica donde la perfección del ser humano se alcanza a través del enriquecimiento del intelecto: "The world of the senses, on the other hand—the world of modern science—is characterized by Bovelles as the world of naturalis Homo, the incomplete human who exists by nature and requires perfecting. Bovelles would maintain that contemporary humans who are rich in the facts and things of the sensory world, yet lacking suprasensible knowledge, are not truly human. True humanity consists in the self-knowledge arising from the Intellect in the act of contemplation, whereby a person becomes all things. In this, Bovelles was not introducing a new idea. Aquinas, citing Aristotle, wrote that 'The soul is said to be all things in a certain sense, as it is intended to know all things'. Fulfillment for a human is union with the divine, and one thus becomes a sort of earthly god. Theosis is another important and oft-mentioned theme in Bovelles, as it is to his guides Dionysius Areopagita and Nicholas of Cusa. Bovelles was impressed with the idea from close reading of both Dionysius Areopagita and Nicholas of Cusa—both of whose works were edited by Bovelles' teacher, Lefèvre d'Etaples. Cusa's treatise De Filiatione Dei, On Sonship with God, begins with Cusa writing to the canon of Meinfelt monastery in response to the latter's inquiry into the sonship promised in the Gospel of John. Cusa responds, 'I do not judge "sonship with God" to be other than deification, which is also called "theosis" in Greek' (52.2–4).13" (Trowbridge 355–56).

se esforzaran en introducir valores esenciales de la filosofía católica en sus obras, reflejando en ellas detalles de lo que entendían como un tipo de "literatura ejemplar," capaz de mover el alma humana hacia la virtud. Para ello se ayudarán de novedosas técnicas y recursos artísticos que serán necesarios para lograr alcanzar un reflejo verosímil de la compleja realidad de la sociedad barroca. Es imposible adivinar el resultado de no haber empleado el enorme talento de esta nación en el arte y la propaganda, si se hubiera desarrollado más hacia el progreso técnico-científico, utopía impensable en una sociedad en la que este tipo de saber estaba escrutinizado y no siempre armonizaba con la cosmovisión oficial. Mucha de la energía empleada en el desarrollo de la Ciencia con el uso de instrumental adecuado se habría preferido así utilizar para el desarrollo de sofisticados recursos artísticos.

La diversidad semántica del concepto de artificio[41] en Cervantes revela ciertos indicios de acepciones, las cuales delatan el alcance epistemológico del tipo de recursos literarios que ayudaban al escritor barroco a alcanzar el propósito artístico de reflejar, verosímilmente, lo que ocurría en el ámbito de lo verificable:

a) El artificio como acción para exagerar y elevar el gusto artístico: el pastor Lauso habla del artificio como "arte de exagerar el gusto" en la *Galatea*: "Pare aquí el artificio, cese el arte / de exagerar el gusto que en un alma / con mano liberal amor reparte." Tras la canción de Lauso, Darinto también asociará el artificio con el arte excelso cercano a la verdad: "Con razón lo puedes decir—respondió Darinto—, pues la verdad y artificio suyo es digno de justas alabanzas." De hecho, este mismo sentido del artificio también se aprecia en el final de *Pedro de Urdemalas*: "Destas impertinencias y otras tales / ofreció la comedia libre y suelta, / pues llena de artificio, industria y galas, / se cela del gran Pedro de Urdemalas." La alusión a este término en *El retablo de las maravillas*, en palabras de Chanfalla, apunta a este mismo significado:

> ¡Atención, señores, que comienzo!
> ¡Oh tú, quienquiera que fuiste, que fabricaste este retablo con tan maravilloso artificio, que alcanzó renombre de las Maravillas por la virtud que en él se encierra, te conjuro, apremio y mando que luego incontinente muestres a estos señores algunas de las tus maravillosas maravillas, para que se regocijen y tomen placer sin escándalo alguno!

---

41 Según Covarrubias, artificio se define como "[...] la compostura de alguna cosa o fingimiento; artífice es el maestro de algún arte; artificioso el que tiene en sí la cosa hecha con arte; artimaña es el engaño hecho con disimulación y cautela. Artificial, se opone a lo natural" (65).

La estancia de Berganza en dos compañías de comediantes trae también a colación la asociación del artificio con un poder para crear belleza mediante el arte, en *El coloquio de los perros*:

> Pues todo lo que has oído es nada, comparado a lo que te pudiera contar de lo que noté, averigüé y vi de esta gente: su proceder, su vida, sus costumbres, sus ejercicios, su trabajo, su ociosidad, su ignorancia y su agudeza, con otras infinitas cosas: unas para decirse al oído y otras para aclamarlas en público, y todas para hacer memoria dellas y para desengaño de muchos que idolatran en figuras fingidas y en bellezas de artificio y de transformación.

b) El artificio como invención engañosa: en el episodio de *El curioso impertinente*, del capítulo treinta y tres al treinta y cuatro de la primera parte del *Quijote*, se produce un diálogo entre Camila y Lotario sobre los poetas enamorados, en el cual se describe el plan de Anselmo como un artificio:

> A lo que dijo Camila: Luego, ¿todo aquello que los poetas enamorados dicen es verdad?
> —En cuanto poetas, no la dicen—respondió Lotario—; mas, en cuanto enamorados, siempre quedan tan cortos como verdaderos.
> —No hay duda deso—replicó Anselmo, todo por apoyar y acreditar los pensamientos de Lotario con Camila, tan descuidada del artificio de Anselmo como ya enamorada de Lotario.

En el capítulo treinta y seis de la segunda parte del *Quijote* también se identifican ciertos artificios e invenciones: "Finalmente, con intervención de sus señores ordenó otra del más gracioso y extraño artificio que puede imaginarse. Preguntó la duquesa a Sancho otro día si había comenzado la tarea de la penitencia que había de hacer por el desencanto de Dulcinea," igual que ocurre en *El casamiento engañoso*: "Señor alférez, no volvamos más a esa disputa; yo alcanzo el artificio del coloquio y la invención, y basta." Además, en el capítulo undécimo de la segunda parte del *Quijote*, Sancho definirá como un artificio la preocupación de Don Quijote de que les lleguen noticias de Dulcinea a los vencidos gigantes:

> —Quizá, Sancho—respondió don Quijote—, no se extenderá el encantamiento a quitar el conocimiento de Dulcinea a los vencidos y presentados gigantes y caballeros; y, en uno o dos de los primeros que yo venza y

le envíe, haremos la experiencia si la ven o no, mandándoles que vuelvan a darme relación de lo que acerca de esto les hubiere sucedido.

—Digo, señor—replicó Sancho—, que me ha parecido bien lo que vuestra merced ha dicho, y que con ese artificio vendremos en conocimiento de lo que deseamos

Este sentido del artificio se suma al de otras obras cervantinas del período, como es *La gitanilla*, donde se asocia más claramente al de un engaño: "Dime, Andrés, ¿si en esto hubiera artificio o engaño alguno, no supiera yo callar y encubrir quien era este mozo?" Además, en el capítulo quinto del segundo libro del *Persiles*, también se identifica con la mentira: "Veamos, pues, desmayado a Periandro, y ya que no llore de pecador ni arrepentido, llore de celoso, que no faltará quien disculpe sus lágrimas, y aun las enjugue, como hizo Auristela, la cual, con más artificio que verdad, le puso en aquel estado."

En estos ejemplos de la obra cervantina, el artificio se asocia tanto a un recurso artístico exagerado como a un truco o a una trama para alterar la realidad engañosamente. Artificio es el "arte transcendente que imita la naturaleza," pero también una "invención o falsedad, hecha con arte, para alcanzar un propósito." En el segundo caso, su origen se suele asociar a personajes dudosos y dotados de un exceso de creatividad, con una destreza en el manejo del "arte" especulativo, algo que no suele ser considerado muy positivamente en la obra cervantina. Este tipo de exceso de capacidad creativa les sirve a ciertos protagonistas para alterar temporalmente el orden de la naturaleza con la intención de adaptarla a su propia cosmovisión y objetivos, no siempre virtuosos. Sin embargo, las situaciones literarias resultantes de este tipo de "artificios" pueden ser atractivas para el lector, aunque no sean necesariamente ejemplares, o lo sean cuando se aclara la deshonestidad de los actos. Llama la atención que este tipo de creatividad, censurada moralmente, se pueda asociar, aun lejanamente, al "exceso de conocimiento" demoniaco, sancionado por el propio del discurso antisupersticioso.

Para complementar este recorrido del contexto conceptual del artificio, se ofrece ahora otro repaso sobre la presencia del propio demonio en la obra de Cervantes, con el propósito de sumar más conclusiones relevantes sobre el modo en el que la obra cervantina se alinea con este tipo de creencias y asociaciones relacionadas con el método antisupersticioso. La presencia del diablo como autor de la realidad no divina se une a su consideración como sabio y engañoso, a lo que se añade la identificación de otras acciones que necesitan ser explicadas tanto para aclarar la confusión inicial al respecto de su sentido como para poder así informar adecuadamente al lector de lo que ha acontecido realmente.

2.2.2 *El autor de la realidad no divina en la primera parte del* Quijote

En la primera parte del *Quijote*, la presencia del diablo se reduce principalmente al ámbito popular y folclórico, atribuyéndosele la causa de ciertos hechos aparentemente excepcionales, los cuales contradicen las expectativas creadas, como se ilustra, por ejemplo, en la alusión a los disfrazados inquilinos de la venta que capturan a Don Quijote para devolverle a su aldea:

a) El diablo como autor de la realidad no divina: en el capítulo séptimo de la primera parte, durante la segunda salida de Don Quijote se da la primera aparición del maligno, el cual se muestra como autor de una realidad no divina. En principio, Alonso Quijano le culpa de la desaparición de sus libros, a pesar de que se le acabe atribuyendo esta acción a un personaje del imaginario de las novelas de caballerías, el sabio Muñatón, que luego será Frestón, pero que tiene las mismas propiedades y capacidades que el demonio:

> —No era diablo—replicó la sobrina—, sino un encantador que vino sobre una nube una noche, después del día que vuestra merced de aquí se partió, y, apeándose de una sierpe en que venía caballero[1], entró en el aposento, y no sé lo que se hizo dentro, que a cabo de poca pieza salió volando por el tejado y dejó la casa llena de humo; y cuando acordamos a mirar lo que dejaba hecho, no vimos libro ni aposento alguno: solo se nos acuerda muy bien a mí y al ama que al tiempo del partirse aquel mal viejo dijo en altas voces que por enemistad secreta que tenía al dueño de aquellos libros y aposento dejaba hecho el daño en aquella casa que después se vería. Dijo también que se llamaba "el sabio Muñatón."

Al aparecido se le asociará a una "sierpe," la cual deja humo en la casa, siendo ésta una señal tradicionalmente demoniaca. Llama la atención la confusión acerca de los inexplicables hechos descritos sobre la realidad no divina en este episodio, donde también se vincula el imaginario católico con el de las novelas de caballerías.

Posteriormente, en el capítulo dieciocho, Sancho también aludirá al diablo como responsable de que su amo tenga visiones de gigantes, en lugar de ver rebaños: "Señor, encomiendo al diablo hombre, ni gigante, ni caballero de cuantos vuestra merced dice parece por todo esto, a lo menos, yo no los veo; quizás todo debe ser encantamiento, como las fantasmas de anoche." Así, la presencia demoniaca se utiliza para explicar la diferencia entre la realidad y lo que proyecta la trastornada mente generadora de supersticiones caballerescas de Don Quijote. En el siguiente capítulo, los portadores del muerto también juzgarán la agresividad del hidalgo como propia del diablo:

> Los enlutados, asimesmo, revueltos y envueltos en sus faldamentos y lobas, no se podían mover; así que, muy a su salvo, don Quijote los apaleó a todos y les hizo dejar el sitio mal de su grado, porque todos pensaron que aquél no era hombre, sino diablo del infierno que les salía a quitar el cuerpo muerto que en la litera llevaban.

El efecto de las acciones violentas de Don Quijote se reflejará en los quejidos del enlutado, el cual quedará tendido, desamparado y con la pierna rota. En el capítulo veinte, Sancho alude, una vez más, al urdidor diablo, cuando narra el folclórico amor entre la pastora Torralba y su amante: "Así que, yendo días y viniendo días, el diablo, que no duerme y que todo lo añasca, hizo de manera que el amor que el pastor tenía a la pastora se volviese en omecillo—y mala voluntad;[...]." En el capítulo treinta, el escudero también menciona que "Aun ahí sería el diablo," es decir, que "sería peligroso," ante la alusión de Don Quijote a un posible mal de Rocinante, para confirmar después que el maligno había tenido responsabilidad en los hechos ocurridos la noche anterior: "Dígolo—respondió—porque estos palos de ahora más fueron por la pendencia que entre los dos trabó el diablo la otra noche, que por lo que dije contra mi señora Dulcinea, a quien amo y reverenció como a una reliquia, aunque en ella no lo haya, sólo por ser cosa de vuestra merced." En el capítulo cuarenta y cuatro se apela a la presencia de un omnipresente diablo, en referencia al encuentro entre el barbero y Sancho: "[...] cuando el demonio, que no duerme, ordenó que en aquel mesmo punto entró en la venta el barbero a quien Don Quijote quitó el yelmo de Mambrino y Sancho Panza los aparejos del asno, que trocó con los del suyo." En el capítulo cuarenta y siete, mientras Don Quijote está "encantado," se produce otro diálogo sobre la realidad no divina y la presencia del diablo:

> "No sé yo lo que me parece", respondio Sancho, "por no ser tan leydo como vuestra merced en las escrituras andantes. Pero, con todo esso, osaria afirmar y jurar que estas visiones que por aqui andan, que no son del todo catolicas."
>
> "¿Catolicas? ¡Mi padre!", respondio don Quixote; "¿cómo han de ser catolicas, si son todos demonios que han tomado cuerpos fantasticos para venir a hazer esto, y a ponerme en este estado? Y si quieres ver esta verdad, tocalos y palpalos, y veras como no tienen cuerpo sino de ayre, y como no consiste mas de en la apariencia."

"Par Dios, señor," replicó Sancho, "ya yo los he tocado, y este diablo que aqui anda tan solicito es rollizo de carnes, y tiene otra propiedad muy diferente de la que yo he oydo decir que tienen los demonios. Porque, segun se dice, todos huelen a piedra azufre y a otros malos olores, pero este huele a ambar de media legua."

Dezia esto Sancho por don Fernando, que, como tan señor, debía de oler a lo que Sancho dezia.

"No te maravilles desso, Sancho amigo," respondio don Quixote, "porque te hago saber que los diablos saben mucho, y puesto que traygan olores consigo, ellos no huelen nada, porque son espiritus, y si huelen, no pueden oler cosas buenas, sino malas y hidiondas. Y la razon es, que, como ellos dondequiera que estan, traen el infierno consigo y no pueden recebir genero de aliuio alguno en sus tormentos, y el buen olor sea cosa que deleyta y contenta, no es possible que ellos huelan cosa buena. Y si a ti te parece que esse demonio que dizes huele a ambar, o tu te engañas, o el quiere engañarte con hazer que no le tengas por demonio."

Con sus palabras, Don Quijote pretende aclarar a Sancho la verdadera naturaleza de los cuerpos que le han raptado, atribuyendo el acto al diablo, tras ofrecer detalles que recuerdan a otros casos similares descritos en los tratados antisupersticiosos. Después de acercarse a los personajes disfrazados, Sancho asegura que huelen a ámbar, en lugar de azufre, concluyéndose así que su confusión se debe a la capacidad del maligno de alterar la realidad de las cosas, algo que también recuerda al episodio de la desaparición de la biblioteca de Don Quijote.

b) El diablo sabio y engañoso: Sancho apela a la capacidad del diablo de alterar la realidad, justo antes de que su amo lleve a cabo su ataque contra los molinos en el capítulo octavo: "Mire que digo que mire bien lo que hace, no sea el diablo que le engañe." Será el propio Don Quijote el que contradiga al escudero, al asegurar que, al igual que en el caso de su biblioteca, es un mago y no el diablo quien ha obrado la transformación de los gigantes en el último momento. La sabiduría del diablo se vuelve a manifestar en el capítulo doce, cuando Sancho "[...] ya daba al diablo el tanto hablar del cabrero." De igual manera, en el capítulo veinticinco y en plena penitencia de Don Quijote, el rústico equipara al hidalgo con el diablo, por su común sabiduría: "Digo de verdad que es vuestra merced el mesmo diablo, y que no haya cosa que no sepa." En el capítulo treinta, en su afán de ver casado a Don Quijote, Sancho apela al maligno para que torne la realidad a su favor: "Cásese, cásese luego, encomiéndole yo a Satanás, y tome ese reino que se le viene a las manos de vobis, vobis, y, en siendo rey, hágame marqués o adelantado, y luego, siquiera se lo lleve el diablo todo." De hecho, estas proféticas palabras parecen anticipar su gobierno de la ínsula en la segunda parte. En el capítulo veintitrés, el supersticioso cabrero que se encuentra la maleta de Cardenio alude a que: "[...] es el diablo sotil, y debajo de los pies se levanta allombre cosa donde tropiece y caya, sin saber cómo ni cómo no." Posteriormente se narrará el episodio de *El curioso impertinente*, donde la capacidad de engaño del diablo se revelará de nuevo, apuntándose a que la vanidad y el narcisismo han facilitado su intervención. Se utilizará, hasta en dos ocasiones, la palabra artificio, la cual había sido originalmente relacionada con el demonio: "[...] usando en esto del artificio que el demonio usa cuando quiere engañar a alguno que está puesto en atalaya de mirar por sí: que se transforma en ángel de luz, siéndolo él de tinieblas, y, poniéndole delante apariencias buenas, al cabo descubre quién es y sale con su intención, si a los principios no es descubierto su engaño." Esta alusión al artificio supone aquí también la posibilidad de que se pueda crear de la nada una realidad inexistente e inventada para alterar o suspender la percepción del orden "natural y divino" (Torreblanca Villalpando), aunque en otros momentos del resto de la obra cervantina estudiados también se pueda entender como acción no divina, para exagerar el gusto artístico, además de como acción que no es, ni divina, ni artística, como se ha podido apreciar.

Tras destrozar los cueros de vino, a Don Quijote también se le equipara al diablo en el capítulo treinta y cinco: "Que me maten—dijo a esta sazón el ventero—si Don Quijote, o don diablo, no ha dado alguna cuchillada en alguno de los cueros de vino tinto que a su cabecera estaban llenos." Por último, en el capítulo cincuenta y dos, tras su pelea con un cabrero, a Don Quijote también le identificará con el diablo: "Hermano demonio, que no es posible que dejes de serlo, pues has tenido valor y fuerzas para sujetar las mías, ruégote que hagamos treguas, no más de por una hora."

2.2.3   *El autor de la realidad no divina en la segunda parte del* Quijote

Muchas de las acciones de los protagonistas están enmarcadas dentro del énfasis del prólogo y los primeros capítulos en los efectos de la lógica de la fama-infamia, en la tercera salida. Así, Sancho y Don Quijote parecen estar abocados a no poder escaparse de los vínculos que han creado con los lectores de sus "aventuras" de la primera parte, situación que les perseguirá durante toda la segunda. En este contexto, llama la atención cómo el diablo es convertido en una especie de actor metaficticio más, el cual contribuye al propósito de servir de attrezo del gran espectáculo quijotesco, el cual ha sido organizado por unos desocupados lectores (los duques) para divertirse con y de los protagonistas, en varios de los episodios de la segunda parte:

a) El diablo como autor de la realidad no divina: en el prólogo al lector aparece la primera alusión al maligno, donde el autor reconoce su existencia a partir del indicio de las tentaciones a las que ha sido sometido el autor implícito:

> Si, por ventura, llegares a conocerle, dile de mi parte que no me tengo por agraviado: que bien sé lo que son tentaciones del demonio, y que una de las mayores es ponerle a un hombre en el entendimiento que puede componer y imprimir un libro, con que gane tanta fama como dineros, y tantos dineros cuanta fama; y, para confirmación desto, quiero que en tu buen donaire y gracia le cuentes este cuento

En el capítulo décimo, durante la búsqueda de Dulcinea, también se menciona al diablo como autor de la realidad no divina. Ocurre a partir de las quejas de un Sancho que se llega a arrepentir de haberse ofrecido para encontrarla: "¡El diablo, el diablo me ha metido a mí en esto, que otro no!" Este "artificio," que se interpreta como el resultado de la asociación de Sancho con la acción del diablo, pasará por ser uno de los más creativos del criado en todo el volumen.

En el capítulo veintiséis, donde prosigue la aventura del mono, se hará mención a su diabólica sabiduría: "Ninguno nos lo podrá decir mejor que mi mono—dijo maese Pedro—, pero no habrá diablo que ahora le tome." En el capítulo treinta y cuatro Sancho entrevistará a un falso diablo, cuestionándose dicotomías como el cielo-infierno y el bien-mal, en el transcurso de la conversación:

> Yo soy el Diablo, voy a buscar a don Quijote de la Mancha, la gente que por aquí viene son seis tropas de encantadores que sobre un carro triunfante traen a la sin par Dulcinea del Toboso. Encantada viene con el gallardo francés Montesinos, a dar orden a don Quijote de cómo ha de ser desencantada la tal señora.
> —Si vos fuérades diablo, como decís y como vuestra figura muestra, ya hubiérades conocido al tal caballero don Quijote de la Mancha, pues le tenéis delante.
> —En Dios y en mi conciencia—respondió el Diablo—que no miraba en ello, porque traigo en tantas cosas divertidos los pensamientos, que de la principal a que venía se me olvidaba.
> —Sin duda—dijo Sancho—que este demonio debe de ser hombre de bien y buen cristiano, porque a no serlo no jurara "en Dios y en mi conciencia." Ahora yo tengo para mí que aun en el mesmo infierno debe de haber buena gente.

En el capítulo treinta y cinco, mientras se prosigue con el desencanto de Dulcinea, existe una escena en la que Merlín aclara que su padre no fue el diablo: "Yo soy Merlín, aquel que las historias / dicen que tuve por mi padre al diablo / (mentira autorizada de los tiempos)." El propio enviado del mago había llegado también disfrazado:

> A estas razones respondió con éstas disparatadas Sancho, que, hablando con Merlín, le preguntó:
> —Dígame vuestra merced, señor Merlín: cuando llegó aquí el diablo correo y dio a mi amo un recado del señor Montesinos, mandándole de su parte que le esperase aquí, porque venía a dar orden de que la señora doña Dulcinea del Toboso se desencantase, y hasta agora no hemos visto a Montesinos, ni a sus semejas.
> A lo cual respondió Merlín:
> —El Diablo, amigo Sancho, es un ignorante y un grandísimo bellaco: yo le envié en busca de vuestro amo, pero no con recado de Montesinos, sino mío, porque Montesinos se está en su cueva entendiendo, o, por mejor decir, esperando su desencanto, que aún le falta la cola por desollar. Si os debe algo, o tenéis alguna cosa que negociar con él, yo os lo traeré y pondré donde vos más quisiéredes.

Poco después se confirmará que Merlín se había enterado del encantamiento de Dulcinea del Toboso, gracias a su "ciencia endemoniada":

> Supe su encantamiento y su desgracia,
> y su trasformación de gentil dama
> en rústica aldeana; condolíme,
> y, encerrando mi espíritu en el hueco
> desta espantosa y fiera notomía,
> después de haber revuelto cien mil libros
> desta mi ciencia endemoniada y torpe,
> vengo a dar el remedio que conviene
> a tamaño dolor, a mal tamaño.

Finalmente, en el capítulo cuarenta y seis, en casa de los duques, durante la aventura del espanto gatuno y la enamorada Altisidora, Don Quijote reaccionará contra unos encantadores; a uno de ellos se le identificará con el demonio:

> —¡Afuera, malignos encantadores!
> [...] don Quijote dijo a voces:

> —¡No me le quite nadie! ¡Déjenme mano a mano con este demonio, con este hechicero, con este encantador, que yo le daré a entender de mí a él quién es don Quijote de la Mancha!

Existe también evidencia del diablo como autor de la realidad no divina en esta segunda parte del *Quijote*, donde también se resaltan ciertas supersticiones populares vinculadas a este personaje. Pero, a diferencia de la primera mitad, donde la mayoría de sus atribuciones se remiten a las asociaciones folclóricas del diablo con su sabiduría o a cambios radicales en las expectativas creadas, en el segundo volumen aparecerán personajes propiamente disfrazados de diablos, quienes contribuyen a elevar notablemente el tono autoconsciente de la historia. El diablo parece intervenir, materializarse y armonizar con la locura quijotesca, que en esta segunda mitad se va haciendo más decadentemente autorreferencial con la disfrazada presencia del maligno en los episodios con los duques y similares, donde se enfatizan, aún más, los vínculos entre Literatura y superstición en esta obra.

b) El diablo sabio y engañoso: en el capítulo undécimo de la segunda parte, durante el episodio de las Cortes de la Muerte, aparece una carreta de extraños personajes; a uno de ellos, que "[...] guiaba las mulas y servía de carretero," se le asociará con el maligno, reafirmándose así el ilimitado conocimiento del que hace ostentación ante los protagonistas:

> —Carretero, cochero, o diablo, o lo que eres, no tardes en decirme quién eres, a dónde vas y quién es la gente que llevas en tu carricoche, que más parece la barca de Carón que carreta de las que se usan.
> A lo cual, mansamente, deteniendo el Diablo la carreta, respondió:
> —Señor, nosotros somos recitantes de la compañía de Angulo el Malo; [...] yo, de Demonio, y soy una de las principales figuras del auto, porque hago en esta compañía los primeros papeles. Si otra cosa vuestra merced desea saber de nosotros, pregúntemelo, que yo le sabré responder con toda puntualidad; que, como soy demonio, todo se me alcanza.

Más tarde, Don Quijote y Sancho serán atacados por un ingenioso "demonio bailador" lleno de vejigas, el cual "actúará" ante todos:

> Mas, apenas hubo dejado su caballería Sancho por acudir a don Quijote, cuando el demonio bailador de las vejigas saltó sobre el rucio, y, sacudiéndole con ellas, el miedo y ruido, más que el dolor de los golpes, le hizo volar por la campaña hacia el lugar donde iban a hacer la fiesta. Miraba Sancho la carrera de su rucio y la caída de su amo, y no sabía a cuál de las dos necesidades acudiría primero; pero, en efecto, como buen escudero y

como buen criado, pudo más con él el amor de su señor que el cariño de su jumento, puesto que cada vez que veía levantar las vejigas en el aire y caer sobre las ancas de su rucio eran para él tártagos y sustos de muerte, y antes quisiera que aquellos golpes se los dieran a él en las niñas de los ojos que en el más mínimo pelo de la cola de su asno. Con esta perpleja tribulación llegó donde estaba don Quijote, harto más maltrecho de lo que él quisiera, y, ayudándole a subir sobre Rocinante, le dijo:—Señor, el Diablo se ha llevado al rucio.

—¿Qué diablo?—preguntó don Quijote.

—El de las vejigas—respondió Sancho.

—Pues yo le cobraré—replicó don Quijote—, si bien se encerrase con él en los más hondos y escuros calabozos del infierno. Sígueme, Sancho, que la carreta va despacio, y con las mulas della satisfaré la pérdida del rucio.

—No hay para qué hacer esa diligencia, señor—respondió Sancho—: vuestra merced temple su cólera, que, según me parece, ya el Diablo ha dejado el rucio, y vuelve a la querencia.

Y así era la verdad; porque, habiendo caído el Diablo con el rucio, por imitar a don Quijote y a Rocinante, el Diablo se fue a pie al pueblo, y el jumento se volvió a su amo.

—Con todo eso—dijo don Quijote—, será bien castigar el descomedimiento de aquel demonio en alguno de los de la carreta, aunque sea el mesmo emperador [...].

—Pues con todo—respondió don Quijote—, no se me ha de ir el demonio farsante alabando, aunque le favorezca todo el género humano.

En el capítulo veinticinco, durante la aventura del titerero, también se exponen las memorables adivinanzas del mono adivino, sospechándose entonces que Maese Pedro ha de estar de acuerdo con el demonio, por su gran conocimiento:

—Mira, Sancho, yo he considerado bien la extraña habilidad de este mono, y hallo por mi cuenta que sin duda este maese Pedro, su amo, debe de tener hecho pacto, tácito o expreso, con el demonio.

—Si el patio es espeso y del demonio—dijo Sancho—, sin duda debe de ser muy sucio patio; pero, ¿de qué provecho le es al tal maese Pedro tener esos patios?

—No me entiendes, Sancho: no quiero decir sino que debe de tener hecho algún concierto con el demonio de que infunda esa habilidad en el mono, con que gane de comer, y después que esté rico le dará su alma, que es lo que este universal enemigo pretende. Y háceme creer esto el ver que el mono no responde sino a las cosas pasadas o presentes, y la sabiduría del diablo no se puede extender a más, que las por venir no las sabe si no es por conjeturas, y no todas veces; que a solo Dios está reservado conocer los tiempos y los momentos, y para Él no hay pasado ni porvenir, que todo es presente. Y, siendo esto así, como lo es, está claro que este mono habla con el estilo del diablo; y estoy maravillado cómo no le han acusado al Santo Oficio, y examinádole y sacándole de cuajo en virtud de quién adivina; porque cierto está que este mono no es astrólogo, ni su amo ni él alzan, ni saben alzar, estas figuras que llaman judiciarias, que tanto ahora se usan en España, que no hay mujercilla, ni paje, ni zapatero de viejo que no presuma de alzar una figura, como si fuera una sota de naipes del suelo, echando a perder con sus mentiras e ignorancias la verdad maravillosa de la ciencia.

En el capítulo treinta y cuatro, al tratarse de desencantar a Dulcinea del Toboso, se pretende mostrar al diablo en persona, cuya sabiduría se describe de un modo muy afín a lo defendido en la doctrina agustiniana:

Luego el Demonio, sin apearse, encaminando la vista a don Quijote, dijo:
—A ti, el Caballero de los Leones (que entre las garras dellos te vea yo), me envía el desgraciado pero valiente caballero Montesinos, mandándome que de su parte te diga que le esperes en el mismo lugar que te topare, a causa que trae consigo a la que llaman Dulcinea del Toboso, con orden de darte la que es menester para desencantarla. Y, por no ser para más mi venida, no ha de ser más mi estada: los demonios como yo queden contigo, y los ángeles buenos con estos señores.

Y, en diciendo esto, tocó el desaforado cuerno, y volvió las espaldas y fuese, sin esperar respuesta de ninguno.

Renovóse la admiración en todos, especialmente en Sancho y don Quijote: en Sancho, en ver que, a despecho de la verdad, querían que estuviese encantada Dulcinea; en don Quijote, por no poder asegurarse si era verdad o no lo que le había pasado en la cueva de Montesinos. Y, estando elevado en estos pensamientos, el duque le dijo:
—¿Piensa vuestra merced esperar, señor don Quijote?
—Pues ¿no?—respondió él—. Aquí esperaré intrépido y fuerte, si me viniese a embestir todo el infierno.
—Pues si yo veo otro diablo y oigo otro cuerno como el pasado, así esperaré yo aquí como en Flandes—dijo Sancho. En el capítulo XXIII que

trata de las admirables cosas que el extremado don Quijote contó que había visto en la profunda cueva de Montesinos, tras ser interrogado don Quijote confirma que ha sido encantado:

—Aquí encaja bien el refrán—dijo Sancho—de dime con quién andas, decirte he quién eres: ándase vuestra merced con encantados ayunos y vigilantes, mirad si es mucho—que ni coma ni duerma mientras con ellos anduviere. Pero perdóneme vuestra merced, señor mío, si le digo que de todo cuanto aquí ha dicho, lléveme Dios, que iba a decir el diablo, si le creo cosa alguna.

Finalmente, en el capítulo cuarenta y nueve, mientras Sancho está rondando su ínsula, se enfrentará a un joven desafiante al que también llama demonio y le exige respuestas por ello:

—Todo eso es cosa de risa—respondió el mozo—. El caso es que no me harán dormir en la cárcel cuantos hoy viven.
—Dime, demonio—dijo Sancho—, ¿tienes algún ángel que te saque y que te quite los grillos que te pienso mandar echar?

En estos episodios de la segunda parte destaca la presencia del diablo engañoso y sabio, particularmente en las aventuras de las Cortes de la Muerte, del desencanto de Dulcinea y del titiritero. Aunque el maligno parece ser capaz de alterar la realidad en los dos primeros casos, en el último se asocia al titiritero y al mono para justificar así la elevada sabiduría de ambos. A diferencia de la primera parte del *Quijote*, la presencia del diablo en la segunda contribuye, en general, a reafirmar el tono autorreflexivo típico cervantino, especialmente al confirmar y consolidar al maligno como una seña de identidad recurrente para justificar lo inexplicable. Aparecen menciones al diablo tanto en los casos de los individuos disfrazados (que anteriormente también se habían dado en el rapto de Don Quijote de la primera parte) como en ciertas reflexiones sobre las acciones atribuidas a orígenes no divinos.

Así, en cuanto a la presencia del diablo en una obra como el *Quijote*, en el contexto del discurso antisupersticioso, se aprecia que, por un lado, en la primera parte se presenta al demonio en el contexto folclórico de su atribución a lo desconocido por parte de ciertos personajes alterados, ignorantes o locos que interactúan con la pareja protagonista. Por otro, en la segunda parte aparecen también varios casos de otros protagonistas, los cuales hacen un esfuerzo por disfrazarse, comportarse y hablar como diablos, lo que contribuye a que se aborde el asunto de su presencia con un tono más desmitificador. Aunque al final se cuestionen los "artificios" demoniacos y la presencia diabólica suela responder a razones más o menos peregrinas, tales como los delirantes deseos de diversión de los duques, no dejan de llamar la atención los poderosos diálogos metaficticios y autoconscientes que "confirman" o "cuestionan" su existencia en la novela. Estos contribuyen a trasladar el "concepto" del diablo desde su asociación a un mal infinito al nivel de la comprensión del ser humano, quien es capaz de entender el "alcance real" de estas "entidades," gracias al arte teatral.

En el uso de los campos semánticos de los artificios y del demonio se aprecia un conocimiento exhaustivo por parte de Cervantes del alcance del discurso antisupersticioso. Por un lado, los artificios literarios se entienden, en una de sus acepciones, como aspectos del progreso técnico-artístico de la Literatura, con su doble posibilidad de ser usados para convencer artísticamente de verdades, o para manipular la realidad con mentiras. Por otro lado, la presencia del diablo, bien como una superstición más, siendo el imposible autor de la realidad no divina, o como el ser al que se le atribuye una sabiduría fuera de lo común, demuestra un profundo conocimiento de las tesis razonadas sobre la interpretación del ámbito del mal en el discurso antisupersticioso. Esto se confirma en ciertos episodios donde se aprecia una interpretación agustiniana del mal, la cual se combina con otros textos en los que su uso es recurrente, folclórica y literariamente. Todos estos ejemplos de diablos cervantinos reflejan, por un lado, las diferentes maneras en las que, social y antropológicamente, se percibía la presencia del diablo en la sociedad del periodo. Por otro, en los demonios disfrazados también se puede apreciar la posibilidad de que el maligno no sea algo externo a él, si no una creación del propio ser humano, como se deduce las tesis de Bruno, expuestas en su célebre tratado sobre la magia de los vínculos.

2.3 De asedios, retablos y simulacros antisupersticiosos

En esta sección se profundiza en tres casos cervantinos, donde se aprecia más concretamente la presencia del discurso antisupersticioso, en obras como *La Numancia*, *El retablo de las maravillas* y el episodio del simulacro de una posesión de los capítulos veinte y veintiuno del libro tercero del *Persiles*.

2.3.1 La Numancia: *El discurso antisupersticioso en el asedio, la no-victoria romana y la no-derrota numantina*

En esta parte del ensayo se plantea tanto la no-victoria numantina como la no-derrota romana en el contexto de la cosmovisión histórica propuesta en *La Numancia* cervantina, ahondando en detalles tales como la razón de ser de los rituales paganos de esta obra, en relación con la cultura antisupersticiosa del período[42].

La *Numancia* es una obra temprana de Cervantes, escrita con el tono épico de otras tragedias del mismo género, de autores como Juan de la Cueva o Virués, que están caracterizadas por reafirmar en escena ciertos valores estoicos asociados a las acciones de sus protagonistas. En este caso, su singular energía dramática recae tanto en el problema de liderazgo de Escipión ante su decadente ejército como en las temerarias dudas de los sacrificados numantinos. La obra culmina en un escenificado suicidio colectivo que precede a la decepción imperial final. Roma tendrá que aceptar estoicamente su no-victoria en Numancia, tras fracasar por no cumplir unas expectativas de conquista, las cuales no se pueden confirmar históricamente mediante el espectáculo ritual de que al menos un prisionero sea capturado y humillado ante el foro romano[43]. A pesar de que, históricamente, ocurriera todo lo contrario y que

---

[42] Para ilustrar lo que se podía considerar el universo pagano de los numantinos en el período vienen de nuevo a la mente las ilustraciones de Muñoz Camargo en el manuscrito Tlaxcala, particularmente aquellas en las que se ilustra la intervención de sacerdotes para combatir las manifestaciones culturales y religiosas de los tlaxcaltecas, que, en su caso, son consideradas supersticiosas. En el folio 242, por ejemplo, aparece un fraile con una antorcha de la que emergen numerosas máscaras y otros objetos de culto tlaxcalteca que están siendo "purificados" por el fuego. En el folio 239 aparecen más frailes, por encima de ellos cruces y encima de éstas vuelan algunos diablos alados que se escapan de ambos. En estos casos llama la atención la confirmación de la estructura jerárquica de los cielos y las esferas, en armonía con la alegoría de la gran cadena del ser, la cual queda marcada por la organización vertical de cada imagen. Se confirma así que el culto "pagano" tlaxcalteco pasará, de estar en los cielos de esa cultura a desaparecer en el fuego tras la intervención de los religiosos.

[43] El personaje alegórico de la Fama confirmará la mala suerte romana en la cuarta jornada: "Fama: Vaya mi clara voz de gente y gente, / y en dulce y suave son, con tal sonido / llene las lamas de un deseo ardiente / de eternizar un hecho tan subido. / Alzad, romanos, la inclinada frente; / llevad de aquí este cuerpo, que ha podido / en tan pequeña edad arrebataros / el triunfo que pudiera tanto honraros; / que yo, que soy la Fama pregonera, / tendré cuidado, en cuanto al alto cielo / moviere el paso en la subida esfera, / dando fuerza y vigor al bajo suelo, / a publicar con lengua verdadera, / con justo intento y presuroso vuelo, / el valor de Numancia único, solo, / de Batria a Tile, de uno al otro polo."
El discurso de la Fama también concuerda con el de otros personajes alegóricos, en este mismo sentido, en la misma jornada: "Indicio ha dado esta no vista hazaña / del valor que los siglos venideros / tendrán los hijos de la fuerte España, / hijos de tales padres herederos. / No de la muerte la feroz guadaña, / ni lo cursos de tiempos tan ligeros / harán que de Numancia yo no cante / el fuerte brazo y ánimo constante. / Hallo sólo en Numancia todo cuanto / debe con justo título cantarse, / y lo que puede dar materia al llanto / para poder mil siglos ocuparse. / La fuerza no vencida, el valor tanto, / digno de prosa y verso celebrarse; / mas, pues de esto se encarga la memoria, / demos feliz remate a nuestra historia."

unos cincuenta prisioneros fueran paseados por Roma, para celebrar la gran victoria.

Los numantinos, conscientes de que no podrán resistir más el sitio romano y gracias al sacrificio final del joven Bariato, tendrán éxito en su plan de no querer vivir, para que su no-derrota ante los romanos no pueda ser reconocida como una victoria moral del enemigo, aunque sí material, lo que les otorgará un lugar de honor en la historia, aquél de los que dan su vida por una causa colectiva y justa[44].

La no-victoria romana[45] o, si se quiere, la victoria romana imposible de ser ritualizada y celebrada como tal, es sufrida por unos antepasados ibéricos que, a pesar de no ser católicos, presentan ciertos valores y costumbres asociados a esta religión, tales como su desprecio de toda riqueza material. Además, de su preferencia en dar prioridad al valor inmaterial de la fama y la transcendencia en sus acciones[46], llama también la atención su transcendente sentido de la historia, debido a su convencimiento tanto de la necesidad de ofrecer su vida por el bien común como de que su buen nombre quede reflejado en las crónicas del asedio[47].

Las líneas argumentales que confluyen en la conclusión de la tragedia, junto a la reflexión histórica acerca del suicidio del patriota Bariato, están aliñadas de diálogos en los que se desvelan varias de las preocupaciones más transcendentales de los contendientes. De entre éstas destacan las de un Escipión que está enfrentado tanto a la evidente amoralidad de sus tropas como a unos numantinos que se lamentan por los estragos causados por el sitio y que

---

44   Bariato desafía al ejército imperialista, al que sabe vencerá, entregando lo más valioso que tiene, su vida, por la patria: "Tened, romanos, sosegad el brío, / y no os canséis en asaltar el muro; / con que fuera mayor el poderío / vuestro, de no vencerme estad seguro /. Pero muéstrese ya el intento mío, / y si ha sido el amor perfecto y puro / que yo tuve a mi patria tan querida, / asegúrelo luego esta caída."

45   Lo que pretende Escipión en Numancia no se llevaría a cabo, por lo que se puede afirmar que no es victorioso en su empeño: "Con uno solo que quedase vivo, / no se me negaría el triunfo en Roma / de haber domado esta nación soberbia [...]".

46   Este desapego de lo material queda reflejado en las palabras de Teógenes a todos los numantinos: "En medio de la plaza se haga un fuego, / en cuya ardiente llama licenciosa / nuestras riquezas todas se echen luego, / desde la pobre a la más rica cosa; [...]".

47   Véase así el caso de Lira en la cuarta jornada, el cual ilustra la entrega de la vida por amor al prójimo, algo que es común en los numantinos. Reemplacese Dios por Júpiter y se podrá interpretar similarmente la reacción de cualquier cristiano, en similares circunstancias: "¿Qué aguardo? ¡Cobarde estoy! / Brazo, ¿ya os habéis turbado? / ¡Dulce esposo, hermano amado, / esperadme, que ya voy!. (Sale una Mujer huyendo, y tras ella un Soldado numantino con una daga para matarla). Mujer: ¡Eterno padre, Júpiter piadoso, favorecedme en tan adversa suerte! ¡Aunque más lleves vuelo presuroso, mi dura mano te dará la muerte!"

también afrontan su necesidad de decidir entre morirse y pasar a la historia, o vivir dejando un infame recuerdo.

Escipión, cuya fama le precede[48], se presenta en la primera jornada de la obra como un personaje trágico, que considera la obligación de conquistar Numancia como una "difícil y pesada carga[49]" y que describe su ejército como "[...] olvidado de gloria y de trofeo [...] embebido en la lascivia ardiente; [...]" a lo que añade que "Primero es menester que se refrene / el vicio, que entre todos se derrama; / que si éste no se quita, en nada tiene / con ellos que hacer la buena fama [...][50]." La tribulación más relevante del afamado general no es tanto estratégico-militar, sino de liderazgo ante sus tropas. Para lograr el objetivo de la toma de Numancia, primero ha de ser capaz de motivar a un ejército que parece haberse olvidado del sentido del deber asociado a su profesión. De este modo, llama la atención cómo la censura de Escipión a sus hombres está acorde a lo expuesto en los sermones y manuales antisupersticiosos, que también atacaban duramente al que olvidaba a Dios y se entregaba a los placeres mundanos. En este caso, el propio general romano señalará así el abandono de su ejército: "En blandas camas, entre juego y vino, / hállase mal el trabajoso Marte." En contraste a esta ausencia de compromiso de los soldados romanos está la impulsiva reacción, por parte de un numantino anónimo, que recuerda a la de cualquier rústico de comedia: "Escipión: Verdad decís; y ansí, para mostraros / si sé tratar de paz y hablar en guerra, / no quiero por amigos aceptaros, / ni lo seré jamás de vuestra tierra; / Numantino: ¡Pues, sus! Al hecho; / que guerra ama el numantino pecho." Las respectivas situaciones dramáticas de la tragedia, a uno y otro lado del muro que separa las dispares y a la vez interdependientes realidades de los contendientes, se unirán en ciertos momentos, como cuando un amor de juventud provoca que varios impulsivos numantinos decidan sacrificar sus vidas para poder alimentar a sus seres queridos, a costa de robar comida romana.

Tal y como se presenta en la obra tanto el ámbito histórico numantino como el romano responden a una visión del mundo que en la época de Cervantes se consideraba como pagana. Sin embargo, en el caso de Escipión y, más

---

48   Como afirma Jugurta: "¡Quién, Cipión? Quien tiene la ventura, / el valor nunca visto que en ti encierras, [...]."

49   Es una losa que amenaza con cuestionar su bien ganada fama como excelente general: "Esta difícil y pesada carga / que el Senado romano me ha encargado / tanto me aprieta, me fatiga y carga / que ya sale de quicio mi cuidado [...]."

50   Jugurta también apunta a la injusticia que imperaba en el ejército de Escipión: "No dudo yo, señor, sino que importa / recoger con duro freno la malicia, / y que se dé al soldado rienda corta / cuando él se precipita en la injusticia. / La fuerza del ejército se acorta, / cuando va sin arrimo de justicia."

evidentemente, en el lado numantino, se describen una serie de acciones que responden a criterios en los que también se vislumbra una visión del mundo eminentemente estoica, la cual estaba muy bien considerada en la cultura católica del período. Las acciones de los protagonistas de *La Numancia* se complementan con el discurso coral de personajes como España o el río Duero. Su tono alegórico caracteriza sus reflexiones ante la contemplación de la batalla, desde perspectivas históricamente privilegiadas, al ser capaces de conocer el pasado, presente y hasta el futuro. Se aporta así un ángulo atemporal, vinculándose la falta de libertad de los españoles a acontecimientos históricos como las invasiones, las cuales han definido su identidad como pueblo[51]:

> España: ¿Será posible que continuo sea / esclava de naciones extranjeras / y que un pequeño tiempo yo no vea / de libertad tendidas mis banderas? [...]
> Duero: De remotas naciones venir veo / gentes que habitarán tu dulce seno / después que, como quiere tu deseo, / habrán a los romanos puesto freno; godos serán [...]

2.3.1.1 La superstición de Plutón

En relación con la cultura antisupersticiosa, llaman la atención la sucesión de sacrificios y rituales que los numantinos preparan en honor a Plutón, con la

---

51 En contraste al sentido histórico y marcial de Escipión, tanto Teógenes como el primer Numantino se afanan en mostrar el lado trágico de la conquista colonial romana, la cual les ha dejado con muy pocas opciones de supervivencia. De hecho, la asociación de vida y muerte del primer numantino mantiene un tono que se puede describir como cercano a la mística: "Teógenes: Tiénennos los romanos encerrados / y con cobardes manos nos destruyen; / ni con matar muriendo no hay vengarnos, / ni podemos sin alas escaparnos. [...].

Numantino 1: O sea por el foso o por la muerte, / de abrir tenemos paso a nuestra vida; / que es dolor insufrible el de la muerte, / si llega cuando más vive la vida. / Remedio a las miserias es la muerte / si se acrecientan ellas con la vida, / y suele tanto más ser excelente cuanto se muere más honradamente."

Tras una primera aproximación a la escena de Escipión, con su queja ante la carga difícil de resolver del vicio de sus tropas, la intervención de España y el río Duero anticipa otro tipo de problemas más acuciantes asociados a la tragedia de la falta de libertad de los numantinos. Finalmente, en la obra se pasa de un diálogo sobre la vida y la muerte a reclamarse la presencia de Júpiter para poder continuar indagándose sobre lo que deparará el futuro, dentro de la lógica de una acción herética y supersticiosa: "Numantino 4: También primero encargo que se haga / a Júpiter solemne sacrificio, / de quien podremos esperar la paga / harto mayor que nuestro beneficio. / Cúrese luego la profunda llaga / del arraigado acostumbrado vicio. / Quizá con esto mudará de intento / el hado esquivo, y nos dará contento."

intención de poder saber cuál será su futuro. Estos culminarán con la resurrección de un cuerpo, en cuyas palabras se fusionan, místicamente, vida y muerte, algo familiar para la audiencia, al haber sido empleadas, en boca de otros personajes numantinos, anteriormente[52]. El escenario se llenará entonces de diferentes objetos que preludian la consumación del ritual pagano[53]. La conjura al maligno se confirmará en las palabras de Marquino; tras invocar a Júpiter, el pueblo numantino encomendará su suerte a las adivinaciones de Plutón, trasunto del demonio:

> Marquino: Está muy bien, y es buena coyuntura / la que me ofrecen los propicios signos / para invocar de la región oscura / los feroces espíritus malinos./
> Presta atentos oídos a mis versos, / fiero Plutón, que en la región oscura, / entre ministros de ánimos perversos, / te cupo de reinar suerte y ventura; / haz, aunque sean de tu gusto adversos, / cumplidos mis deseos en la dura / ocasión que te invoco; no te tardes, / ni a ser más oprimido de mí aguardes.
> Quiero que al cuerpo que aquí está encerrado / vuelva el alma que le daba vida [...] Envíala. ¿Qué esperas? / ¿Esperas a que hable con más veras?
> [...] aunque el fiero Carón del otro lado / la tenga en la ribera denegrida / y aunque en las tres gargantas del airado / cancerbero está penada y escondida. / Salga, y torne a la luz del mundo nuestro / que luego tornará al escuro vuestro. / Y, pues ha de salir, salga informada / del fin que ha de tener guerra tan cruda / y de esto no me encubra y calle nada / ni me deje confuso y con más duda / la plática de esta alma desdichada. / De toda ambigüedad libre y desnuda / tiene de ser [...].

---

52 Véase así el caso de Teógenes: "Marquino haga la experiencia entera / de todo su saber, y sepa cuánto / nos promete de mal y la lastimera / suerte, que ha vuelto nuestra risa en llanto. / (Vanse todos, y quedan Marandro y Leonicio.) Marandro: Leonicio, ¿qué te parece? / ¿Han remedio nuestros males / con estas buenas señales / que aquí el cielo nos ofrece? / ¡Tendrá fin mi desventura / cuando se acabe la guerra / que será cuando la tierra / me sirva de sepultura!"

53 La imaginación de Cervantes se desata en esta escena, donde se incluyen detalles tradicionalmente asociados con el maligno y la magia negra: "(Aquí sale Marquino con una ropa de bocací grande y ancha, y una cabellera negra, y los pies descalzos, y la cinta traerá de modo que se le vean tres redomillas llenas de agua; la una negra y la otra clara y la otra teñida con azafrán; y una lanza en la mano, teñido de negro, y en la otra un libro; [...])."

A través de Leonicio, los numantinos harán pública la necesidad de víncular su destino al de Júpiter:

> Sosiega, Marandro, el pecho; / vuelve al brío que tenías; / quizá que por otras vías / se ordena nuestro provecho, / y Júpiter soberano / nos descubra buen camino / por do el pueblo numantino / quede libre del romano, / y en dulce paz y sosiego / de tu esposa gozarás, / y la llama templarás / de aquese amoroso fuego; / que para tener propicio / al gran Júpiter tonante, / hoy Numancia en este instante / le quiere hacer sacrificio.

A partir de aquí, el escenario se inundará de nuevo de una serie de objetos y de personas que anticiparán una escena de sacrificio:

> ([…] flores, y un paje con una fuente de plata y una toalla, y otro con un jarro de agua, y otros dos con dos jarros de vino, y otro con otra fuente de plata con un poco de incienso, y otros con fuego y leña, y otro que ponga una mesa con un tapete donde se ponga todo lo que hubiere en la comedia, en hábitos de numantinos; […])

La superstición de los numantinos se evidenciará, aún más, cuando se reconoce a su "eterno padre," que no es otro que el inmenso Plutón, situando así la obra dentro de una cosmovisión que está acorde a la antisuperticiosa, a partir de la lógica de que todo lo que no habitaba en el espacio de Dios, lo hacía en el del maligno:

> Sacerdote 1: ¡Oh, Júpiter! ¿Qué es esto que pretende / de hacer en nuestro daño el hado esquivo? / ¿Cómo el fuego en la tea no se enciende?
> Sacerdote 2: ¡Desdichada señal, señal notoria / que nuestro mal y daño está patente! […] Pues debe con el vino ruciarse / el sacro fuego, dad acá ese vino / y el incienso también ha de quemarse.
>
> (Rocía el fuego con el vino a la redonda, y luego pone el incienso en el fuego, y dice)
>
> Al bien del triste pueblo numantino / endereza, ¡oh gran Júpiter!, la fuerza / propicia del contrario amargo sino. /
> Ansí como este ardiente fuego fuerza / a que en humo se vaya el sacro incienso, / así se haga al enemigo fuerza / para que en humo, eterno padre inmenso, / todo su bien, toda su gloria vaya, / ansí como tú puedes y yo pienso;

[...]¡Oh, gran Plutón, a quien por suerte dada / le fue la habitación del reino oscuro / y el mando en la infernal triste morada! /

Ansí vivas en paz, cierto y seguro / de que la hija de la sacra Ceres / corresponda a tu amor con amor puro, / que todo aquello que en provecho vieres / venir del pueblo triste que te invoca, / lo alegues cual se espera de quien eres.

Atapa la profunda, oscura boca / por do salen las tres fieras hermanas / a hacernos el daño que nos toca, /y sean de dañarnos tan livianas sus intenciones, que las lleve el viento, como se lleva el pelo de estas lanas.

(Quita algunos pelos del carnero, y échalos al aire)

Poco después se presentará un ritual con un vínculo mágico, que incluye un cuchillo, la sangre, el alma, el pensamiento y la tierra numantina, con la esperanza de que estas manifestaciones supersticiosas tengan un efecto positivo en la vida de los sitiados:

Sacerdote 1: Y ansí como te baño y ensangriento / este cuchillo en esta sangre pura / con alma limpia y limpio pensamiento, / ansí la tierra de Numancia dura / se bañe con la sangre de romanos / y aun los sirva también de sepultura.

(Sale por el hueco del tablado un demonio hasta el medio cuerpo, y ha de arrebatar el carnero y todos los sacrificios, y volverse a disparar el fuego)

Sacerdote 2: Mas, ¿quién me ha arrebatado de las manos / la víctima? ¿Qué es esto, dioses santos? / ¿Qué prodigios son éstos tan insanos? /

¿No os han enternecido ya los llantos / de este pueblo lloroso y afligido / ni la arpada voz de aquestos cantos?

Antes creo que se han endurecido / cual pueden inferir en las señales/ tan fieras como aquí han acontecido.

Nuestros vivos remedios son mortales; [...]

Más adelante, dentro del mismo ritual, se vincularán vida y muerte una vez más, a partir de un diálogo con el recientemente resucitado personaje:

¿No desmovéis la piedra, desleales?

[...]

(Sale el cuerpo amortajado, con un rostro de muerte, y va saliendo poco a poco, y, en saliendo, déjase caer en el tablado.)

¿Qué es esto? ¿No respondes? ¿No revives? / ¿Otra vez has gustado de la muerte? / Pues yo haré que con tu pena avives / y tengas el hablarme a buena suerte.

Pues eres de los míos, no te esquives / de hablarme, responderme. Mira, advierte / que, si callas, haré que con tu mengua / sueltes la atada y enojada lengua. [...]
Muerto: Antes me causas un dolor esquivo / pues otra vez la muerte rigurosa / triunfará de mi vida y de mi alma. / Mi enemigo tendrá doblada palma.
El cual, con otros del oscuro bando, / de los que son sujetos a agradarte, / están con rabia eterna aquí esperando / a que acaba, Marquino, de informarte / del lamentable fin, del mal infando, / que de Numancia puedo asegurarte, / la cual acabará a las mismas manos / de los que son a ella más cercanos.

Esta serie de escenas heréticas podrían interpretarse como una confirmación de la inminente condena del pueblo numantino, precisamente a causa de sus equivocadas creencias y especialmente tras recibir el apoyo de Plutón quien, al invocársele, actúa como entidad adivinatoria, lo que era muy perseguido y combatido dentro de la lógica del discurso antisupersticioso. Por su ignorancia, el pueblo numantino parece haberse abandonado a la superstición de Plutón, del que desconocían que era una versión del maligno; huelga añadir que esta situación les anticipará trágicas consecuencias.

2.3.1.2   Cosmovisión y antisuperstición en *La Numancia*
¿A favor de quién estaría la audiencia de *La Numancia*? ¿De los opresores romanos, predecesores del propio Sacro Imperio Romano Germánico al que pertenecería el espectador del período, o de los oprimidos, heroicos y despegados numantinos, cuyos valores y geografía favorecen una más inmediata y fácil identificación?

La respuesta apunta a que existen argumentos a favor de ninguno, por su idolatría manifiesta y hacia ambos, ya que, por ejemplo, los valores del sacrificio y la lealtad que Escipión intentaba despertar en sus soldados, no eran muy distintos a los que incitarán a la pérdida material y de vidas numantinas. La decadencia del ejército romano tampoco es tan distinta de la numantina, la cual está abocada, en sus últimos días, a la búsqueda de respuestas a su tragedia existencial colectiva mediante sus rituales de sacrificio animal y sobrenaturales resurrecciones humanas. Al fin y al cabo, interpretando la obra desde el punto de vista de la religión católica, los unos y los otros estarían históricamente en la oscuridad de los tiempos, ajenos a la venida de Cristo al mundo.

La acción del máximo sacrificio humano de los numantinos, que se materializa en su suicidio colectivo, contrasta con el deseo de transcender y ser recordado del general Escipión en esta obra, a pesar de no contar con el tipo de soldados comprometidos con el sentido de la historia que él esperaría y del que son un ejemplo paradigmático los numantinos. Cervantes propone así una tragedia doble, planteando unas no-derrotas y no-victorias, en un tiempo de oscuridad espiritual en el que, por un lado, invocándose a Plutón, los numantinos podían resucitar a los muertos, aunque, por otro lado, demuestran su práctica de principios cristianos, como la solidaridad, o el amor puro y espontáneo. Es así como los numantinos están caracterizados con cierto aire utópico, que es similar al de los buenos salvajes del Danubio, o incluso a los habitantes de lugares imposibles de los respectivos *Sueños* de Maldonado y Kepler. Y es que valores como la valentía, la entrega y el sacrificio coexisten naturalmente en Numancia, aun careciéndose de un tipo de razonamiento autoconsciente para poder entender el verdadero sentido sagrado de la existencia cristiana. Sin embargo, al no haberse manifestado todavía la palabra divina, que le otorgara su sentido de transcendencia a la historia humana, no se les debería poder culpar a los numantinos de su ignorancia de Dios.

En *La Numancia* se representa la tragedia de un mundo que echa en falta el conocer su sentido histórico verdadero, por acontecer los hechos en la prehistoria católica, la cual es repensada y adaptada a los tiempos de Cervantes. Por ello, los actores de esta obra, bien guiados por la dinámica de las acciones imperiales, o gracias a su capacidad de resistencia ante la injusticia, acaban fatalmente obligados por la lógica de la guerra del sitio de Numancia, situación que parece despertar su sentido autoconsciente más transcendental. A ojos de Cervantes, así como ante los de cualquier otro autor que afrontara una tragedia histórica en este período, tanto la población de la Numancia como el ejército romano conquistador son representados como seres paganos y supersticiosos. Son creyentes de unos dioses que, al ser convocados, corren el peligro de que se les aparezca el propio demonio en forma de Plutón. Tanto el discurso autorreflexivo de Escipión como la réplica numantina provienen de seres humanos que estaban inocentemente confundidos y ensimismados en este período histórico, lo que no evita que sean juzgados, a partir de la inapelable lógica de una Historia que todavía carecía de su sentido más sagrado en ese tiempo.

Al igual que ocurría con los indígenas americanos, ignorantes de su propia naturaleza como criaturas de Dios, algo que habrían olvidado generaciones atrás, el lugar de los numantinos en la historia era también vulnerable. Su inocencia corría el peligro de poder estar expuesta a merced del demonio, del que parecen desconocer el efecto de sus acciones, algo que se aprecia tanto en el acto de la resurrección pagana como en el del sacrificio en forma de suicidio final de Bariato, los cuales constituían afrentas a Dios para los católicos.

La invocación a Plutón, tradicionalmente asociado al demonio, no hace sino confirmar que los numantinos que fenecen a manos de los romanos son seres sin luz, al no haber sido convertidos al cristianismo, siendo, por tanto, susceptibles de ser considerados individuos supersticiosos, en la sociedad del tiempo de Cervantes, ya que el discurso antisupersticioso del período se centraba, precisamente, en aquellos casos en los que lo sobrenatural amenazaba con hacerles creer que podía existir algo fuera del orden natural de las cosas, que no fuesen los milagros o las acciones de ángeles o demonios.

2.3.1.3   Infantilización y antisuperstición

El objetivo material de Escipión es la conquista de los numantinos para que formen parte del imperio y así completar la romanización del suroeste de Europa (ver Lara Cisneros). Dentro de sus planes estaría así la imposición de la hegemonía cultural romana en los vencidos, mediante unas prácticas idólatras que los numantinos ya abrazaban comúnmente, como se aprecia en su ritual de culto a Plutón. Su patente desconocimiento de Dios, varios siglos antes de la cristianización promulgada en el Edicto de Milán por Constantino en el 313 DC, confirma la interpretación cervantina de que tanto los romanos como los numantinos vivían en su universo primigenio de confusión y oscurantismo, sin conocimiento ni clara distinción entre el bien y el mal, aunque acechados y expuestos ante la presencia del maligno Plutón en sus existencias[54]. Por un lado, los romanos no conocerían a Dios y estarían movidos por valores materiales asociados a la lógica de su imperio, la cual materializarán implacablemente en la conquista de los resistentes. Por otro lado, los numantinos, tentados por el demonio[55], a través de sus idólatras sacerdotes, demuestran, con sus acciones heroicas, una capacidad de sacrificio que recuerda a la de

---

54   En este sentido, en las *Prácticas y creencias supersticiosas realmente existentes (descriptas in abstracto)*, recogidas por la *Reprobacion de las supersticiones y hechizerias*, de Pedro Ciruelo (Alcalá de Henares, 1530) se describen las artes divinatorias como: "[...] supersticiones que se ordenan para saber algunos secretos de cosas que por curso de la razón natural no se pueden saber o no tan presto como ellos dessean" y la adivinación como un "[...] pacto mas encubierto y secreto con el demonio, aunque no tengan habla o platica con el, haciendo ceremonias vanas ordenadas por el diablo" (211).

55   Tiene sentido, dentro de la lógica de la época, que el diablo se fije en los inocentes numantinos: "El demonio no demuestra interés por pecadores depravados, por poblaciones corruptas y viciosas. Atormenta con insistencia, por el contrario, a quienes llevan una vida santa y recta, a aquellos pueblos y aldeas que cumplen y hacen cumplir los mandamientos de Dios. Esta es la razón por la que en tierras de moros, judíos y paganos existen menos testimonios de posesiones diabólicas. [...] Los sacramentos, los sacramentales, el culto a los santos, fueron desterrados sin contemplación de la liturgia protestante. La postura iconoclasta del calvinismo refleja metafóricamente la actitud adoptada para con las prácticas y creencias supersticiosas. Correspondió entonces al catolicismo romano la recuperación de la antigua estrategia de reemplazo. Los predicadores católicos no buscaron tanto abolir cuanto reestructurar las costumbres y rituales populares" (Campagne *homo* 175, 411).

los primeros cristianos que convivieron con los romanos. En este sentido, la relación entre los numantinos y los inocentes nativos de las Indias o los protagonistas de los *Sueños* de Maldonado y Kepler también podría extenderse a los "recién llegados al mundo de las almas," Cipión y Berganza.

Dentro del discurso histórico de justificación de la conquista de América estará presente el deber colonizador y evangelizador para "liberar" a los indios del demonio[56]. Ciruelo aclara en su manual antisupersticioso que las acciones de los espíritus puros pertenecían también al orden natural, por lo que las prácticas supersticiosas de los individuos que las llevaban a cabo, a partir del uso de su libre albedrío, sólo podrían tener sentido a partir de la intervención diabólica (Ortiz *diablo* 37). Así, cualquier aproximación realista a la tragedia, dentro del discurso antisupersticioso del período, habría de tener en cuenta que los numantinos creían en dioses como Júpiter, en su errónea interpretación de la religión verdadera, al no conocer todavía a Dios. Sin embargo, en su desesperación y en disposición de su libre albedrío, se habrían abandonado al culto idolátrico de la tentación adivinatoria y demoniaca de Plutón[57].

---

56   "Para la mayoría de los extirpadores en Nueva España o los Andes los indios que mantenían sus prácticas supersticiosas estaban aún en manos del demonio y dado que su comportamiento no era del todo ingenuo, sino clandestino, y por ello había que reprenderlos con mayor severidad. Para ellos el adivino indígena o falso profeta, eran individuos considerados doblemente dañinos porque no se restringían a practicar sus cultos maléficos en privado sino que pugnaban por atraer a los demás indios a su esfera. A estos personajes (herederos del antiguo sacerdocio indígena), la Iglesia católica les empezó a llamar dogmatizadores" (Lara Cisneros, nota 49).

57   La "corrupción" de los inocentes numantinos, mediante su uso de métodos adivinatorios, coincide con el mismo sentido que autores como Las Casas le daban a la atracción a esta práctica por parte de los indios: "Para Las Casas los indios tenían una propensión a creer en la divinidad lo que fue aprovechado por el demonio quien les llevó a la idolatría, y también se valió de la natural tendencia de éstos de creer en agoreros (personas que pueden acceder a conocimientos por medios no convencionales) para hacerlos caer en el error de atribuirles la capacidad de predecir el futuro. Las Casas señaló que en ocasiones los adivinos indios lograban profetizar y que eso se debía a la intervención de demonios que hacían eso posible valiéndose de sus capacidades cognitivas superiores a las humanas. Las Casas planteó que la adivinación sería imposible si los indios no hubieran establecido un pacto con el demonio. Siguiendo a Santo Tomás, Las Casas indicó que el pacto de los indios con el maléfico podía ser implícito o explícito, y que por ello la adivinación era una forma de idolatría pues implícitamente hay un homenaje a Satanás. En suma, la adivinación que practicaron los indios era una forma de establecer una relación y un compromiso entre éstos y el demonio, y ello era importante pues para detectar la presencia del demonio entre los indios bastaría identificar actos de adivinación o profetismo [...]. Adivinación, [...] es manifestar cosas contingentes ocultas libremente futuras, o de otra manera desconocidas, por un pacto con el demonio, o explícito, por el que, v.gr., se invoca

Un juicio "amable" consideraría a los numantinos como seres inocentes, igual que los indios, que en este momento histórico carecerían de una guía espiritual capaz de hacerles recuperar su sentido de pertenencia al ámbito de Dios, algo verosímil, históricamente, en el período precristiano numantino. Un juicio más riguroso se fijaría exclusivamente en la idolatría que abrazan supersticiosamente, por propia voluntad[58], especialmente los sacerdotes, por lo que, dentro de la lógica antisupersticiosa, habrían de ser penalizados en el contexto de la justicia poética de la obra.

En resumen, se puede afirmar que el sentido del discurso antisupersticioso está presente en varios aspectos fundamentales de *La Numancia*, existiendo argumentos para pensar que Cervantes está aplicándolo para poder darle un sentido histórico tanto a las acciones de los numantinos como a las de los romanos. Esto también se aprecia en que las decisiones que guían la cosmovisión de los protagonistas coinciden con la interpretación y el sentido de aquellos que desconocían la palabra de Dios, que estaba presente tanto en los manuales antisupersticiosos como en las recomendaciones para la evangelización en América.

Por un lado, los numantinos se muestran perdidos e infantilizados, a mitad de camino entre sus buenos valores y su dependencia de rituales supersticiosos. El convivir en un mundo de tinieblas y confusión les permite adoptar, idolátricamente, a Júpiter como su Dios, además de poder elegir entregarse peligrosamente a las demoniacas y adivinatorias manos de Plutón. Sin embargo, por su pureza de pensamiento, los sitiados también parece mostrar cierta disposición innata para ser asimilados a la palabra verdadera.

Por otro lado, para hacer que los numantinos se romanicen y se contaminen de los valores imperiales, Escipión ha de recordarle a su propio ejército la obligación y disciplina marcial a la que está obligado. Aunque los romanos pecan por su exceso de conocimiento de los pecados y los vicios, es más difícil culpar a los numantinos de su incapacidad de conocer la bondad del mundo, a pesar

---

expresamente al demonio, o implícito, como cuando se utiliza algún signo para el conocimiento de las cosas ocultas, que es vano de por sí y no tiene con las cosas ocultas ninguna conexión natural, o virtud para tales efectos, ni sobrenatural, por voluntad y revelación de Dios, o por disposición u oraciones de la iglesia" (Lara Cisneros, nota 26, 23).

58   Dentro del alejamiento numantino del pensamiento racional llama la atención que, al principio de la jornada tercera, Escipión les asocie con fieras: "Escipión: La fiera que en la jaula está encerrada por su selvatiquez y fuerza dura, si puede allí con mano ser domada y con el tiempo y medios de cordura, quien la dejase libre y desatada daría grandes muestras de locura. Bestias sois, y por tales encerradas os tengo donde habéis de ser domadas; [...]".

de que demuestren un comportamiento inocente y alejado naturalmente de los pecados.

Los numantinos, ante la disyuntiva de dejar corromperse por los romanos o morir, eligen pasar dignamente a la historia, aceptando su exterminio como pueblo. Desde la perspectiva temporal de personajes alegóricos como la Fama también se confirma que, aunque se encontraban en tiempos precristianos, el libre albedrío imperaba para poder ofrecer al hombre, incluso en su confusión más primigenia, la oportunidad de elegir entre el bien y el mal. De hecho, sólo entendiendo la distancia histórica marcada por el oscurantismo que invade esta tragedia se puede apreciar la relevancia de la presencia de los dubitativos sacerdotes numantinos. Estos son capaces de mezclar, en un mismo rito, a Júpiter-Dios y a Plutón-Demonio, siendo ésta una idolatría que se castigaba severamente en tiempos de Cervantes.

Finalmente, la interpretación del debate antisupersticioso que permea en *La Numancia* sugiere una actitud cervantina de comprensión hacia los que no conocen la fe, pero que manifiestan cierta inocencia, la cual recuerda a la de los protagonistas algunas de las utopías y sueños del período, quienes también evidencian así su gran potencial para ser iluminados por la palabra divina. Valores numantinos como la valentía, la compasión y la solidaridad hacen que se perpetúe literariamente el abnegado sentido del deber y del orgullo colectivo de una comunidad más patriota que la romana. El pasado histórico precristiano español parece haberse congelado en un momento de pureza e inocencia existencial que Cervantes quiere retratar e interpretar, mientras que, paradójicamente, sus propios contemporáneos seguían siendo forzados a continuar, ahora cristianamente, una labor imperial que no era muy diferente a la de los opresores romanos.

2.3.2 El retablo de las maravillas *de Cervantes y el discurso antisupersticioso*

> Gobernador: Aparte. Basta: que todos ven lo que yo no veo; pero al fin habré de decir que lo veo, por la negra honrilla.

El marco narrativo de *Lazarillo de Tormes* es el de un "caso" en el que está implicado el propio narrador. El vínculo moral que se establece entre su historia y el lector se sustenta en lo verdadero o legítimo de la permisividad moral del protagonista, quien lucha por su supervivencia, desde su "estable" puesto de pregonero, en un momento de su vida en el que su mujer está amancebada con el Arcipreste de San Salvador, en la ciudad de Toledo. Ante el miedo de ser considerado adúltero voluntario y por tanto una suerte de proxeneta, Lázaro presentará numerosas alegaciones contra las acusaciones que se le imputan. Para justificar moralmente su situación presente, irá exponiendo los detalles de ciertas decisiones que había ido tomando en su deambular por la vida, revelando así el mundo hostil que había ido marcando su, por entonces, inocente existencia.

Lo acontecido en el *Lazarillo* es sintomático de la relevancia social que podían llegar a alcanzar los numerosos "casos" que eran objeto de investigación, por parte de las diferentes autoridades del momento. En esta obra, arquetípica del género picaresco, se le presenta al lector un ambiente hostil en el que se juzga públicamente el destino personal de su protagonista, a partir de opciones que, aunque no son moralmente aceptadas socialmente, sí son consentidas por las partes implicadas. Así, en esta narrativa se alcanza a profundizar en lo más hondo de la psique humana del período, al exponerse cómo quedaba afectada la identidad personal, cuando estaba supeditada a ciertas regulaciones y convenciones sociales corrompidas y subvertidas. La acusación planteada contra Lázaro cuestiona el fondo del origen ideológico de aquello que no estaba moralmente aceptado, lo cual solía generar miedo y además podía atraer tanto la represión oficial como la segregación social. La existencia de este tipo de "casos," en los que se juzgan acciones que se han de adaptar a las costumbres morales vigentes entonces, aporta muchos detalles sobre las formas de convivencia del período.

En una situación literaria similar a la de la historia de Lázaro también se reflexiona acerca de cómo la relación entre acusador y acusado ayuda a entender mejor las divergencias existentes dentro de la cosmovisión común que comparten. En esta historia, unos aldeanos son engañados al ser expuestos al efecto de las acciones de unos pícaros. Interpretar *El retablo de las maravillas* como un simpático caso de "superstición sobrevenida" ayudará a comprender mejor el modo en el que este tipo de obras literarias se afanaban en reproducir verosímilmente la realidad como algo negociable y adaptable a las exigencias y demandas de los valedores del pensamiento e ideología hegemónicos. El dominio del arte manipulador de las audiencias no debería ser menor para los experimentados inquisidores y sermoneadores, que para los pillos apicarados. La materia que quedaba en el ámbito de Dios, en el del demonio, o era una falsa interpretación de uno u otro encajará en la trama de *El retablo de las maravillas*, dentro de una cosmovisión adecuada a la del discurso antisupersticioso[59].

---

59 Pedrosa señala cómo tanto en la *Reprobación* de Ciruelo y en la *Aprobación* de Las Casas, entre otros textos antisupersticiosos, se atacaban a ciertos saludadores con un perfil similar al de los protagonistas del entremés cervantino, aludiendo además a la capacidad de estos sujetos para hacer ver al público cosas inexistentes ("Cervantes" 158–69)

En el entremés se presentan una serie de actos naturales, combinados con otros supuestamente sobrenaturales, para varios de los presentes, los cuales se acompañan de una notable cantidad de alusiones al maligno, cuya acción algunos personajes pretenden ver reflejada en un tipo de apariciones inexistentes y mágicas en un retablo. Esta obra de teatro breve es significativa para atestiguar el calado que tuvo el discurso antisupersticioso en Cervantes, en este caso en un entorno rural y metateatral. Como ha estudiado Martínez López, existen numerosas alusiones a la virilidad de los rústicos, que son fácilmente extrapolables a obras lopescas como *Peribáñez y el comendador de Ocaña*. Esta posible burla cervantina al sistema de valores de la comedia nueva, sustentada en pretender simular lo que no está presente, o a la vista, como la virtud, la valentía, el honor y la cristiandad, se ha sugerido que se extiende, como una alegoría, a toda la obra (ver Spadaccini y Gerli), lo que facilitaría aún más su estudio dentro del ámbito de la antisuperstición, teniendo también en cuenta la frecuente equiparación cervantina entre la literatura mala y el diablo.

En los casos de superstición que se planteaban dentro del discurso antisupersticioso, el representante eclesiástico se encargaba de reforzar sus argumentos con criterios religiosos, requiriéndose, en muchos casos, también la opinión de un médico, como se atestigua, por ejemplo, en el simulacro de una posesión de Isabela Castrucho en el *Persiles* (Hasbrouck 119). Acompañando al discurso antisupersticioso, particularmente durante la Contrarreforma, existe una tendencia a consolidar la reducción y adaptación de mitos y supersticiones a los dogmas de fe oficiales. Con ello se podía confirmar mejor la visión unificadora y hegemónica de un mundo favorable a los intereses de las oligarquías en el poder. Pero, al aceptarse la necesidad del estudio de lo que quedaba fuera del ámbito religioso, se fomentará también un tipo de justificación, cada vez más razonada, de la propia naturaleza de la superstición. Autores especializados, como Del Río, Castañega y Ciruelo, elaborarán ensayos antisupersticiosos en los que se describe, clasifica y sugiere cómo afrontar y juzgar dudosos "casos" de culto, rituales, curaciones inesperadas, apariciones o milagros, entre otros, algunos de ellos no tan distintos a los que se plantean en *El retablo de las maravillas*.

El principio del siglo diecisiete fue el período en el que Cervantes comienza su etapa más prolífica, algo que coincide con la publicación de varios tratados antisupersticiosos contrarreformistas relevantes, lo cual confirma el auge y

---

y concluyendo que el entremés cervantino "[...] denuncia la magia como superchería social, como trampa grosera de pícaros engañabobos cuyo mecanismo puede y debe ser desactivado por el escritor [...]"(170).

presencia de este tipo de debates en la sociedad del momento. Aunque existen estudios sobre el sentido de la relación o influencia de este discurso en sus diferentes obras literarias, la mayoría de los dedicados a Cervantes se centra en la presencia del demonio, así como en la delimitación de las acciones naturales y sobrenaturales en su obra. Los ejemplos en los que se describen detalladamente las diferentes formas de manipular y engañar están muy presentes en la obra cervantina, desde el más sofisticado en *El curioso impertinente*, hasta el más evidente en *La elección de los alcaldes de Daganzo*, el personaje de Maese Pedro, *El retablo de las maravillas*, *El vizcaíno fingido* o *El casamiento engañoso*. Estos episodios confirman el característico interés de Cervantes en "desmontar" los artificios y las acciones engañosas de los personajes manipuladores, en sus textos. La fórmula de éxito de este tipo de personajes, disfrazados de "magos" folclóricos, que son capaces de generar miedos supersticiosos, es la de su aprovechamiento de la ignorancia ajena, para beneficio propio. Esto se consigue, en muchos casos, mediante la creación de una realidad simulada o simulacro, que está orientada a convencer a las víctimas del engaño de que acepten algo inexistente como real. Este esquema literario se había presentado más esquemáticamente en el entorno rural, en pasos como el de la *Tierra de Jauja* del, muy admirado por Cervantes, Lope de Rueda.

En el caso concreto de *El retablo* se plantea una crítica sobre cómo ciertas oligarquías rurales se han ido apropiando del hegemónico discurso de la religión y de la sangre. Ambos contextos contienen alusiones hacia ámbitos semánticos "peligrosos," ante los que los rústicos creen encontrarse a salvo. Sin embargo, los aldeanos tampoco disponen de ninguna evidencia que avale que son cristianos viejos, por lo que su acción principal en esta obra es la de la simulación (aparentar que existe algo inexistente)[60]. En relación con cualquier otro entorno de opresión política o cultural comparable, el modelo desmitificador propuesto en obras como *El retablo de las maravillas* se basa en la facilidad de desmontar impostados discursos, no muy sólidamente evidenciados, asociados a espacios seguros, de absurdas correcciones políticas y morales. Esto ocurre tan pronto como los aldeanos se exponen a ciertas situaciones (escenas bíblicas), las cuales son capaces de hacer que afloren sus temerosas reacciones,

---

60   Al igual que en el debate sobre la licitud del teatro estaban aquellos a favor de la representación, los prohibicionistas y los que describían el fenómeno sin más, ocurre algo similar con el discurso antisupersticioso; dentro de una cosmovisión similar, en el entremés cervantino estarían aquellos personajes que aparentan creer en lo ocurrido, algunos otros que lo cuestionan, mientras que otros hacen un esfuerzo por intentar relacionar el acontecimiento supersticioso con una fuente o un fenómeno religioso o científico-médico parecido (Ver López Terrada "prácticas").

las más recónditas e instintivas, delatando así su ideología verdadera. Así, sustituyendo el discurso de la pureza de sangre por otro tipo de ideología, esta obra es adaptable a cualquier tiempo y lugar, como demuestran las versiones de Dieste y Boadella.

El retablo de las maravillas es una de las obras cervantinas que reúne más detalles y, en mayor brevedad, sobre la actitud supersticiosa del ser manipulado ideológicamente en un contexto rural, espacio donde, paradójicamente, más proporción de población sin ancestros cristianos residía en el período. Como es bien conocido, el engaño grupal que se plantea consiste en hacer creer a los presentes en la extraña superstición de poder ver supuestas apariciones asociadas a ciertas escenas, algunas de ellas de la Biblia, en un retablo. Este simulacro es dictado por la imaginación de tres pícaros, cuyo poder sugestivo hace que la imaginación de los espectadores crea que existe un espectáculo real en el retablo. La ilusión es posible sólo bajo una premisa: el afán previo de los engañados de alejarse del miedo a que sus raíces ancestrales no-cristianas sean desveladas. Como se puede apreciar, los manipuladores muestran usos y actitudes que les delatan como magos brunianos, lo que convertiría a su vez a los rústicos en seres "encantados," a quienes el supuesto espectáculo del retablo es capaz de despertarles sus miedos supersticiosos más profundos.

Entendiendo el teatro como un tipo de magia, es más fácil interpretar a los pícaros como magos y a los rústicos como malos autores "encantados." ¿Se denuncia en *El retablo de las maravillas* la capacidad manipuladora del teatro malo, en su doble sentido, moral y estético, con el cual se es capaz de manipular negativamente a las masas, al incrementar las posibilidades de su creencia ciega en las "supersticiones literarias" que se representan en él? Lo cierto es que los espectadores del retablo están "encantados" ante la superchería propuesta, al menos hasta la irrupción del furrier y su imposición final del monopolio de la violencia.

En la obra de Cervantes no escasean los casos de farsantes que idean situaciones en las que se obliga a los espectadores a desvelar involuntariamente sus pensamientos. Una lectura antisupersticiosa de este desmitificador entremés lo sitúa en conjunción con otros textos relacionados con la magia, la brujería y otros tipos de "ciencias" sobrenaturales. Así, se ha asociado la magia de *El retablo* a referencias reales de casos de llovistas y todo tipo de farsantes, quienes pretendían hacer ver una realidad inexistente, algo contra lo que también se escribía en los manuales antisupersticiosos (Pedrosa). Si bien los pícaros utilizan argucias y manifiestan creencias folclóricas familiares en el período, la sofisticación de su proceso de manipulación también les asocia con la ciencia de la magia, relacionándose así sus acciones a las diferentes fases necesarias para la conexión mágica de los vínculos, recomendadas por Bruno (*cause*) (conocimiento del ser a manipular, explotación de su dependencia de ciertos vínculos sensoriales, etc.), como he desarrollado en otra parte (*Tablas* y "sobre"). De hecho, dos líneas de interpretación sobre esta obra la han relacionado, por un lado, con la citada crítica al teatro de Lope de Vega y, por otro, a la magia[61]. Ambas coinciden con dos polémicas del momento, la de las controversias del teatro y la que atañe a lo supersticioso. La fórmula literaria que Cervantes desarrolla en *El retablo de las maravillas* confirma al lector que el efecto de ser forzado a ver lo inexistente sólo es posible a partir de la premisa de poder albergar previamente un tipo de miedos, los cuales hayan sido previamente compartidos colectivamente. Se demuestra así que las asociaciones al débil discurso de la supremacía de la pureza de la sangre pueden ser fácilmente inducidas, en condiciones de "indocta ignorancia" como la que presenta Benito: "A mi cargo queda eso, y séle decir que, por mi parte, puedo ir seguro a juicio, pues tengo el padre alcalde; cuatro dedos de enjundia de cristiano viejo rancioso tengo sobre los cuatro costados de mi linaje: ¡miren si veré el tal retablo!"

Desde que los tres magos brunianos, Chirinos, Chanfalla y Rabelín, llegan al pueblo, hasta su "victoria" final, se confirma que su dominio de la magia vinculante puede ser instrumental en la promoción de la ideología de la pureza de sangre. Es así como se aprecia que el deseo de personajes como Benito Repollo de asociarse a las prácticas y rituales que aparecen en el retablo nace de su deseado alejamiento y desvinculación de lo hebreo o del diablo. En línea con otros pícaros-magos cervantinos, la hegemonía ideológica dictada por los recién llegados contribuye a crear un espectáculo en el que se contempla una realidad distorsionada, pero adecuada a sus intereses. De hecho, la supuesta obra que acontece en el retablo está orientada a recordar y promover el temor inherente a ser considerado no cristiano, hasta el punto de que uno pueda llegar a "jugarse la vida," a cambio de ser reconocido dentro del invisible simulacro, que es lo mismo que ser "integrado" dentro del sistema de castas regido por la "pureza de sangre," sin que exista, necesariamente, evidencia alguna de ello.

En el proceso de alejamiento de todo lo que suene a hebreo por parte de los personajes rurales manipulados se produce un inevitable acercamiento a cualquier ritual o mito disociado de esa cultura, siendo preferible ser considerado

---

61   De entre las aproximaciones a esta obra destaca tanto su diálogo con la comedia nueva de Lope de Vega (Martínez López, Spadaccini, Gerli) como la presencia de la magia vinculante, que había sido sintetizada en el tratado *De magia* de Bruno, como un saber que inspira a los pícaros (Pérez de León "sobre", *Tablas*; Llosa Sanz). Aunque críticos como Iffland cuestionan el conocimiento cervantino de la obra de Bruno en general, el reciente estudio de Pedrosa confirma el conocimiento cervantino de tratados de magia como el de Las Casas.

supersticioso (jurar ver algo sobrenatural), que ser asociado a lo no cristiano. Los ignorantes pueblerinos comprobarán que han huido de un "mal" (no tener ancestros cristianos), para vincularse a otro peor (afirmarse como supersticiosos), al final de la obra. Ejemplos de esta transición de los rústicos hacia lo supersticioso son las numerosas asociaciones tanto a Lucifer como a la mala literatura:

> Chirinos: ¡Válame Dios! ¿Y que vuesa merced es el señor licenciado Gomecillos, el que compuso aquellas coplas tan famosas de Lucifer estaba malo y tómale mal de fuera?
> Gobernador: Malas lenguas hubo que me quisieron ahijar esas coplas, y así fueron mías como del Gran Turco. Las que yo compuse, y no lo quiero negar, fueron aquellas que trataron del Diluvio de Sevilla; que, puesto que los poetas son ladrones unos de otros, nunca me precié de hurtar nada a nadie: con mis versos me ayude Dios, y hurte el que quisiere.

En este sentido, la Chirinos contribuirá a elevar el ambiente intimidatorio del entremés, al acusar al gobernador de ser difusor de cierta poesía luciferina. De hecho, el temor infligido en el acusado posibilita que éste actúe a favor de la voluntad de la pícara, a partir de entonces. Chanfalla ahondará aún más en esta relación entre la Literatura y lo malo, con su afirmación contra los poetas: "¿Poeta? ¡Cuerpo del mundo! Pues dale por engañado, porque todos los de humor semejante son hechos a la mazacona; gente descuidada, crédula y no nada maliciosa." Estos "malos poetas" son autores rurales aficionados, los cuales se retratan como seres a los que se les puede amedrentar cuando se les atribuyen coplas sobre Lucifer, algo que, dentro del ámbito del discurso antisupersticioso, les situaría como autores demoniacos. Igual que Don Juan sabe que podrá gozar de Arminta, debido a que el sentido del honor está muy marcado en las aldeas, lo que facilitará que Batricio la rechace tras la mentira de su donjuanesca seducción, los escritores aldeanos, seguidores "a pies juntillas" del método antisupersticioso, muestran también una creencia firme en la cosmovisión cristianovieja en *El retablo*, delatándoles sus reacciones ante las acusaciones que se les hace de haber escrito sobre el demonio.

De las escenas representadas en el retablo destaca la apasionada contemplación de la bella judía Heroidas bailando. Aunque Benito Repollo cuestiona las razones por las que se puede ver el retablo de las maravillas, Chanfalla le recordará su capacidad de decisión, con su apunte a las "excepciones," al ser el pícaro el que ha establecido las reglas del juego dialéctico en el que el alcalde confirma estar atrapado: "Benito: Ea, sobrino, ténselas tiesas a esa bellaca jodía; pero, si ésta es jodía, ¿cómo vee estas maravillas? Chanfalla: Todas las reglas tienen excepción, señor Alcalde." De hecho, Chanfalla también intervendrá en un momento de la obra para llamar la atención sobre la distancia que el alcalde quiere establecer con Rabelín, advirtiendo que no sólo se está rechazando a un buen músico, sino a un "[...] muy buen cristiano y hidalgo de solar conocido." Al contraponer la música mala con ser cristiano, se implica que Benito piensa que Rabelín sirve al demonio, reconociendo, él mismo, la veracidad de esta afirmación:

> Benito: El diablo lleva en el cuerpo el torillo; sus partes tiene de hosco y de bragado; si no me tiendo, me lleva de vuelo. [...]
> Benito: Quítenme de allí aquel músico; si no, voto a Dios que me vaya sin ver más figura. ¡Válgate el diablo por músico aduendado, y qué hace de menudear sin cítola y sin son! [...]
> Rabelín: El diablo creo que me ha traído a este pueblo.

La asociación establecida entre el diablo y el simulacro de espectáculo verbal de los tres personajes apicarados se hace más evidente en el momento en el Furrier llega a escena, siendo entonces cuando se produce una clara confusión entre este personaje, el sabio Tontonelo y el maligno:

> Furrier: Ea, ¿está ya hecho el alojamiento? Que ya están los caballos en el pueblo.
> Benito: Ahora yo conozco bien a Tontonelo, y sé que vos y él sois unos grandísimos bellacos, no perdonando al músico; y mirad que os mando que mandéis a Tontonelo no tenga atrevimiento de enviar estos hombres de armas, que le haré dar doscientos azotes en las espaldas, que se vean unos a otros.
> Chanfalla: ¡Digo, señor Alcalde, que no los envía Tontonelo!
> Benito: Digo que los envía Tontonelo, como ha enviado las otras sabandijas que yo he visto.
> [...]
> Chirinos: El diablo ha sido la trompeta y la venida de los hombres de armas; parece que los llamaron con campanilla.

El final confirma la exagerada y cómica "demonización" cervantina de los autores "malos" en esta obra. Su pésima literatura, no obstante, es capaz de influir en los seres ignorantes, los cuales se ven expuestos y obligados a comulgar con un tipo de superstición personal consistente en la supuesta superioridad de su fabulado linaje cristiano, sin evidencia que la sustente. Es decir, que una situación primigenia de ignorancia sobre la cosmovisión verdadera del mundo ha causado que otro estado aletargado de superstición sea "despertado" por un simulacro en unos rústicos ignorantes, haciéndose públicos sus irreflexivos miedos e inseguridades.

En el estudio que mejor vincula esta obra a una crítica al teatro de Lope de Vega se evidencian precisamente las fuentes del discurso de la afirmación de la pureza de sangre y su promoción de la ideología "supremacista cristiano-rural" (Martínez López), lo cual había calado, hasta el punto de convertirse en una especie de "superstición" entre las audiencias de los espectáculos de la comedia nueva. Esto se confirma si se atiende al recorrido ideológico del pensamiento de Benito Repollo, caracterizado por su tendencia a crear dicotomías entre lo cristiano y lo atribuido a la acción del diablo. Aunque es algo que no parece importarle, en la medida en que su temor a no tener antepasados cristianos supera con creces su deseo de no ser considerado supersticioso. Esto explica su desesperada pretensión de asociarse a cualquier imagen bíblica que se le presente, o a distanciarse de lo hebreo mientras atribuye, muy a la ligera, al demonio la interpretación de las acciones que no comprende.

Para exagerar más el miedo creado por la política de pureza de sangre que conduce a alimentar las supersticiones ideológicas del personaje de Benito Repollo se resaltará también el papel del gobernador como autor de coplas sobre el diablo, lo que confirma aún más esta obra tanto dentro de la cultura antisupersticiosa como de la corriente crítica contra los espectáculos teatrales "malos" del período. Esta equivalencia entre superstición y mala literatura advierte de la capacidad del poder propagandístico espectacular hegemónico de despertar y potenciar temores asociados tanto a la ideología de la pureza de sangre como a la cultura antisupersticiosa, en cualquier temeroso ignorante. Lo cual ilustra y confirma las potenciales situaciones de ostracismo social a las que podía conducir cierto tipo de experiencias o conocimientos incómodos desde la época de *Lazarillo*, hasta los tiempos de Cervantes.

2.3.3 *Simulacros antisupersticiosos*

> Cómo esto pueda ser yo lo ignoro, y como cristiano que soy católico no lo creo, pero la experiencia me muestra lo contrario. Lo que puedo alcanzar es que todas estas transformaciones son ilusiones del demonio, y permisión de Dios y castigo de los abominables pecados deste maldito género de gente
>
> PERSILES I, 8

La presencia del discurso antisupersticioso en diferentes episodios de obras de Cervantes como el *Persiles* y *El coloquio de los perros* se revela especialmente en el modo en que se resuelven los diferentes casos planteados, que incluyen posibles posesiones diabólicas, profecías y hechicerías, las cuales delatan el frecuente deseo cervantino de explicar, racional y verosímilmente, cualquier acto excepcional. En estas situaciones, el autor decide situar lo sobrenatural, dentro del marco establecido en su "orden natural de las cosas" literario, en un período donde, igual que no se negaba la existencia del amparo divino hacia el ser humano, tampoco se excluía que el demonio pudiera, verosímilmente, actuar para apartarnos del sendero virtuoso.

De entre los varios episodios del *Persiles* donde el discurso antisupersticioso se hace presente destaca el capítulo segundo del libro primero, cuando se menciona al diablo, en relación con un hechicero, el cual parece ser capaz de hacer posible su presencia. El modo en que el maligno puede llegar a afectar a los seres humanos es más evidente en aquellos episodios en los que se narran las costumbres de grupos de bárbaros, cuyos métodos de sacrificio humano, que incluyen la extracción del corazón de sus víctimas, recuerdan a los recogidos en algunas crónicas de la colonización americana. Otros aspectos luctuosos que son reconducidos al juicio y sentido común de la cosmovisión católica en esta obra son ciertos rituales que estaban orientados a alcanzar el poder, los cuales se asocian a la capacidad personal de no dar muestras de repulsa ante actos de barbarie, como los sacrificios humanos y el canibalismo[62]. Estos bárbaros cervantinos habitan remotas comunidades, que son visitadas por los peregrinos:

---

[62] En el *Persiles* se describe una realidad nueva, a partir de una cosmovisión presente en la mente de varios de los católicos protagonistas, que reaccionan ante situaciones "bárbaras," las cuales desafían la lógica acostumbrada: "Put more simply, *Persiles* is a book that participated in a vast cultural project struggling to make sense of previously unimagined worlds and peoples. In doing so, it worked to define one moment in the constantly shifting construction of humanity itself" (Mariscal 102). Alegorías como la de la gran cadena del ser contribuyen a apuntalar la distancia existente entre las cosmovisiones católicas y las bárbaras: "The vigorous allegory of the chain of being can be demonstrated from three different points of view. First, consider the human types and the order in which they appear in the romance: at the beginning the barbarians, the lowest of human types; next link, types such as Clodio, the slanderer, and Rosamunda, the harlot, who with all their imperfections are still superior to the barbarians; Prince Arnaldo is greatly superior to them; but Persiles and Sigismunda are above him in the physical and the moral, though intellectually inferior to Mauricio and Soldino; who, in turn, are way below the Holy Father in Rome, where the romance ends" (Avalle Arce "*Persiles*" 11).

[...] esta ínsula, donde dicen que estamos, la cual es habitada de unos bárbaros, gente indómita y cruel, los cuales tienen entre sí por cosa inviolable y cierta, persuadidos, o ya del demonio o ya de un antiguo hechicero a quien ellos tienen por sapientísimo varón, que de entre ellos ha de salir un rey que conquiste y gane gran parte del mundo; este rey que esperan no saben quién ha de ser, y para saberlo, aquel hechicero les dio esta orden: que sacrificasen todos los hombres que a su ínsula llegasen, de cuyos corazones, digo de cada uno de por sí, hiciesen polvos y los diesen a beber a los bárbaros más principales de la ínsula, con expresa orden que, el que los pasase sin torcer el rostro ni dar muestras de que le sabía mal, le alzasen por su rey; pero no ha de ser éste el que conquiste el mundo, sino un hijo suyo.

I, 2

Gracias a un modo de interpretar la realidad a partir de criterios antisupersticiosos, particularmente en estos episodios que tienen lugar en la isla de los bárbaros, en la obra cervantina se definen las costumbres de estos seres como muy alejadas de la realidad compartida por aquellos que no pertenecen a su clan. Así, en el contexto bárbaro del *Persiles*, la cultura antisupersticiosa es un elemento civilizador positivo, una herramienta útil para describir realidades que no existían "católicamente," antes de la llegada de los protagonistas. En muchos casos, al no encontrarse justificación racional a ciertos comportamientos, dentro de lo moral y de lo comprensible, se acaba inscribiéndolos en el ámbito de lo demoniaco, algo que era también acorde a la lógica del discurso antisupersticioso del momento, de un modo similar a lo que ocurre con los numantinos de la famosa tragedia cervantina[63].

---

63   Este tipo de reacción de extrañamiento ante la cultura ajena se ha interpretado dentro del ámbito más amplio de la respuesta oficial al desafío cognitivo y cultural asociado a la forzada integración de nuevos mundos y territorios: "The questions the Spaniards asked during this process were so fundamental as to challenge existing assumptions about the nature of humanity. By studying strange men in alien environments, the Spanish asked questions that were at the same time creative and disturbing: What were the essential characteristics of humanity? What constituted a civilized man, as distinct from a barbarian or an animal? Were the natives, indeed, human or animal? Even if the answers were sometimes inadequate and ill-informed, merely asking them served, in the words of John Elliott, to 'widen the boundaries of perception' ('Discovery of America' 43). It was, above all, José de Acosta's remarkable *Historia natural y moral de las Indias* that brought the nature of the aboriginal cultures of America to the attention of Europeans. Acosta's work, which was translated into several different languages, served as a major conduit of information about the Incas and Aztecs in the early modern period. In one sense, Acosta contributed to a process already well underway. Works such as Fernández de Oviedo's

En una escena del capítulo octavo del *Persiles*, Rutilio dará cuenta de los diferentes avatares que habían marcado su existencia, de entre los que destacará un episodio en el que se señala la capacidad del diablo de permitir urdir transformaciones e ilusiones a una hechicera:

> Y en breves razones le di cuenta de mi viaje, y aun de la muerte de la hechicera. Mostró condolerse el que me hablaba, y díjome: "Puedes, buen hombre, dar infinitas gracias al cielo por haberte librado del poder destas maléficas hechiceras, de las cuales hay mucha abundancia en estas setentrionales partes. Cuéntase dellas que se convierten en lobos, así machos como hembras, porque de entrambos géneros hay maléficos y encantadores. Cómo esto pueda ser yo lo ignoro, y como cristiano que soy católico no lo creo, pero la esperiencia me muestra lo contrario. Lo que puedo alcanzar es que todas estas transformaciones son ilusiones del demonio, y permisión de Dios y castigo de los abominables pecados deste maldito género de gente."
>
> I, 8

Este tipo de hechos sobrenaturales son considerados "[...] ilusiones del demonio, y permisión de Dios y castigo de los abominables pecados deste maldito género de gente" (I, 8). Se confirma así un reconocimiento de la posibilidad de la influencia y manifestación del demonio mediante fenómenos que, aunque parezcan desafiar la lógica acostumbrada, han de ser explicados dentro del orden divino, o "permisión de Dios".

En el capítulo dieciocho del primer libro del *Persiles*, Mauricio también anticipa, gracias a su dominio del arte de la Astrología, un mal suceso que le aviene en el mar[64]. En la explicación de lo ocurrido se menciona tanto al

---

Historia general y natural de las Indias and, above all, Bartolomé de las Casas's *Brevísima relación de la destrucción de las Indias* touched off a Europe-wide dispute over the nature of aboriginal cultures. Spanish efforts to come to grips with the humanity of American natives were sometimes problematic, but they nevertheless opened up entire new ways of seeing humanity" (Eamon 234).

64 De hecho, como la autoridad de la Astrología podía reducir la dependencia interpretativa de la Iglesia, este saber no era muy bien visto, en general (Lanuza-Navarro 190, 211), aunque estaba considerada como fuente válida de conocimiento en la prevención de enfermedades y su ciencia se había llegado a esquematizar en los atlas mediante diagramas (Cosgrove 60): "A finales del siglo XVI y comienzos del siglo XVII seguía manteniéndose, en lo esencial, una concepción mágico-religiosa de la vida y de la enfermedad. Dios castiga el pecado con la enfermedad, pero envía señales desde el cielo para prevenirla y para curarla: los planetas, con sus posiciones entre las estrellas, y la luna con sus fases avisan en cada momento sobre los peligros de adoptar determinadas conductas, pero asimismo

demonio como a Dios, señalándose ambas alternativas como posibles causas de sus sueños. En la aclaración sobre cómo se produce la adivinación de lo que iba a ocurrir, planeará sobre el astrólogo la sombra de la grave acusación de que pueda ser un falso profeta:

> —En verdad, señora—respondió Mauricio—, que si yo no estuviera enseñado en la verdad católica, y me acordara de lo que dice Dios en el Levítico: "No seáis agoreros, ni deis crédito a los sueños," porque no a todos es dado el entenderlos, que me atreviera a juzgar del sueño que me puso en tan gran sobresalto, el cual, según a mi parecer, no me vino por algunas de las causas de donde suelen proceder los sueños, que, cuando no son revelaciones divinas o ilusiones del demonio, proceden, o de los muchos manjares que suben vapores al cerebro, con que turban el sentido común, o ya de aquello que el hombre trata más de día.
>
> I, 18

Al introducir diferentes alternativas a la acción del diablo, el narrador otorga al lector la posibilidad de decidir la causa de la ensoñación de Mauricio entre una acción divina, una demoniaca, o el efecto de una circunstancia física, que pudiera haber llegado a afectar los sentidos de este astrólogo judiciario, a pesar de que también se reconozca que: "[...] el mejor astrólogo del mundo, puesto que muchas veces se engaña, es el demonio, porque no solamente juzga de lo por venir por la ciencia que sabe, sino también por las premisas y conjeturas; [...]" (I, 13).

Posteriormente, en el capítulo octavo del tercer libro parece advertirse también la presencia del diablo en la materialización de una unión sin consentimiento paterno entre dos enamorados: "Témome que mi hija Cobeña anda por aquí, porque estos vestidos de vuestro hijo me parecen suyos, y no querría que el diablo hiciese de las suyas, y, sin nuestra sabiduría, los juntase sin las bendiciones de la Iglesia; [...]" (III, 8). Este comentario moral apunta a respetar la regla de oro de la recomendación cervantina de la elección matrimonial, dentro de la moral católica y del uso del libre albedrío[65], aunque la alusión al ámbito del diablo, en referencia a las uniones que ocurren fuera del matrimonio, también situaría este episodio dentro del orden lógico antisupersticioso.

---

ayudan a que surtan efecto los remedios para los males—entre ellos la enfermedad—nacidos de un mal comportamiento" (Piñeiro 24).

65 "Una parte del problema es que es imposible decidir si Dios ha intervenido en este episodio de manera eficiente o suficiente. La narrativa de Cervantes resiste cualquier intento de establecer de manera definitiva el significado moral de las elecciones de Isabela" (Nelson "eventos" 1050).

En otro momento de la obra, el personaje de Cenotia hablará de las motivaciones y acciones de las brujas, utilizando unos argumentos que recuerdan a la confesión de la Camacha en *El coloquio de los perros*. Para su propia condena, la bruja interpreta el resultado de sus actos como instigados por el demonio, aunque sean permitidos por Dios:

> Mi nombre es Cenotia [...]. Las que son hechiceras, nunca hacen cosa que para alguna cosa sea de provecho: ejercitan sus burlerías con cosas, al parecer, de burlas, como son habas mordidas, agujas sin puntas, alfileres sin cabeza, y cabellos cortados en crecientes o menguantes de luna; usan de caracteres que no entienden, y si algo alcanzan, tal vez, de lo que pretenden, es, no en virtud de sus simplicidades, sino porque Dios permite, para mayor condenación suya, que el demonio las engañe.
>
> II, 9

Todos estos casos denotan no sólo un profundo conocimiento, sino también la consideración cervantina de ciertos aspectos de la metodología antisupersticiosa en la interpretación del orden natural de las cosas de su tiempo. Esto es particularmente relevante en los episodios del *Persiles*, donde el discurso antisupersticioso es aceptado como un avance civilizatorio ante un tipo de culturas que tienen costumbres "bárbaras," precisamente por ignorarlo. Esta actitud hacia lo antisupersticioso estaría en el lado opuesto del espectro de la adoptada por los ignorantes rústicos de *El retablo*, quienes se acogen a este discurso a pies juntillas, algo que parece nublar su entendimiento. Ambos extremos, desconocimiento y aceptación ciega, adolecen del sentido común necesario para poder encontrar una fórmula de interpretar la realidad en su justo medio, la cual garantice la adopción de unos criterios adecuados para la convivencia, que puedan ser equilibradamente compartidos por toda la comunidad.

En general, la presencia del demonio entra dentro de las expectativas de la lógica del discurso antisupersticioso en el juicio de las diversas situaciones extrañas o sobrenaturales que se presentan en el *Persiles*. Sin embargo, Cervantes también quiso dejar evidencia del caso en el que el simulacro de una posesión de Isabela Castrucho[66] provoca un error interpretativo colectivo, el

---

66   La propia presencia de posesiones y rituales de exorcismos se ha apreciado tradicionalmente como síntoma indicativo de relaciones sociales difíciles dentro un grupo humano: "Dicho de diferente manera: podemos visualizar la posesión como un sistema de transformación circular de las relaciones estructurales (familiares, vecinales, personales) en problemas psíquicos y de éstos en aquéllas. La etiología en este caso seria ésta: este tormento interior extraño que siento, ese trastorno de la personalidad, esa alienación, es decir, esa desposesión del yo y posesión por el Otro se origina y tiene lugar dentro del grupo. Pero,

cual es atribuido al desconocimiento y superstición de su tío y la poca profesionalidad de un médico. A estos "examinadores" se les acusa de no haber estado suficientemente "vivos" para haber identificado la falsedad del simulacro protagonizado por la joven, quien muy probablemente ha pretendido esconder su embarazo ante ambos "expertos." En este sentido, existen dos relaciones de exorcismos contemporáneas a Cervantes de 1601 y 1607, que fueron escritas con la intención de propagar los beneficios del culto jesuita[67], donde también se presentan verosímiles casos de curaciones y se llama la atención sobre "[...] la desconfianza respecto a la Medicina," de aquellos que "[...] proclaman la autenticidad de los milagros" y "[...] publicitan una figura religiosa o varias" (Sánchez Iglesias 170)[68]. No parece darse en el *Persiles* ningún episodio que evidencie el desconocimiento por parte de Cervantes de la cosmovisión católica de su tiempo, donde el ámbito de la obra divina incluye el universo de lo terrenal, predecible, lógico, pero también el de lo sobrenatural e impredecible, donde se pueden manifestar otro tipo de actos divinos o demoniacos.

El diablo, en el ámbito del maldad natural y sobrenatural en el que se mueve, a partir de su capacidad de alterar la voluntad de los seres humanos con sus acciones, es conjurado en el caso de una joven cervantina, la cual simula estar

---

       además, el vecino, la vecina, el jefe, el ex-novio. la bruja, la familia. el extraño, el enemigo no son sólo la causa sino también el resultado de la posesión" (Lisón Tolosana "espacios" 280).

[67] El caso del exorcismo descrito en la *Relación de un caso raro en que fueron expelidos de una mujer casada muchos demonios, en la villa de Madrilejos, a los 14 días del mes de octubre de este año pasado 1607 por el padre Luis de la Torre, de la Compañía de Jesús* y la *Relación y autos del pleito que el cura de Madrilexos tubo con el Demonio sobre que este saliese del cuerpo de una criatura* sirvió de base para el argumento de una comedia de Vélez de Guevara, Rojas Zorrilla y Mira de Amescua, (ver Madroñal, "pleito"), obra muy exitosa, pero curiosamente censurada incluso durante el siglo dieciocho. El protagonista era un exorcista que consigue, tras diferentes penalidades, que incluso afectan a miembros de su propia familia, expulsar los demonios del alma de diferentes mujeres como María García o Catalina la Rojela. El nombre de esta última se perpetuará a partir de dicha comedia (ver Madroñal "pleito").

[68] Así, tanto las relaciones de sucesos, como los entremeses, podían servir de fuente de transmisión de hechos aparentemente sobrenaturales, como se evidencia en la frecuente presencia de actos milagrosos y exorcismos en este género. En las relaciones de sucesos también se confirma la existencia de la bipolaridad bien-mal, sustentada por la certificación verosímil de casos populares de uno y otro ámbito, que se ilustran mediante variados hechos de milagros y exorcismos, al parecer muy atractivos, atendiendo a su gran difusión popular: "Estos impresos noticieros circulan por la España del Siglo de Oro y cuentan desgracias con el fin, o por lo menos probablemente con el resultado, de atemorizar, apiadar al pueblo, fomentar la fe católica e instaurar el miedo a lo extraño" (Sánchez Iglesias 176).

endemoniada, algo que provoca que su entorno social cercano pretenda liberarla de su pretendida posesión diabólica, en el capítulo veinte del tercer libro de *Persiles*. En este episodio también se acepta que la posesión de un cuerpo por parte del diablo ofrece una posibilidad única de poder dialogar con él. Las opiniones tanto de médicos como de curas serán consideradas por igual en la investigación y deliberación sobre el episodio del simulacro de una posesión de Isabela Castrucho[69]:

> Al entrar vio la señora Ruperta que salía un médico—que tal le pareció en el traje—diciendo a la huéspeda de la casa—que también le pareció no podía ser otra:
> —Yo, señora, no me acabo de desengañar si esta doncella está loca o endemoniada, y, por no errar, digo que está endemoniada y loca; y, con todo eso, tengo esperanza de su salud, si es que su tío no se da priesa a partirse.
> —¡Ay, Jesús!—dijo Ruperta—. ¿Y en casa de endemoniados y locos nos apeamos? En verdad, en verdad, que si se toma mi parecer, no hemos de poner los pies dentro. [...]
> III, 20

La lógica del discurso antisupersticioso se presenta dentro de las alternativas ofrecidas para evaluar el estado de la joven, de quien se cree que está loca y endemoniada; incluso se duda de que no pueda ser ambas cosas a la vez:

> El endemoniado, como el loco, sabe, y aunque el saber puede conducir a Satán y a la locura, ambos actantes, en su natural ambivalencia, conducen también al conocimiento de lo secreto y al pronóstico del futuro. En

---

[69] Madroñal, a partir de López Martinez, sugiere la inspiración cervantina del episodio de Isabela Castrucho en una comedia de Grazzini ("Grazzini" 397), destacando también la estructura entremesil del episodio (399). De hecho, el uso de este género como una especie de crónica breve de sucesos era práctica común en el período: "The *entremés*, on the other hand, tends to dramatize reception. While the *comedia* is dogmatic, the *entremés* is empirical (also in the sense of the period); it is not concerned with rules, and what it represents on stage is not bookish medical knowledge but the various forms of reception and transmission of medical practice. Illness as such is not represented; either it is implied—by showing its treatment in plots concerning everyday affairs or the theme of 'the world upside-down'—or concepts from the humoral theory of illness are used. Here we shall concentrate on how medical knowledge is experienced and transmitted rather than on its textual origin" (López Terrada "Sallow-faced" 170).

ambos son inherentes la alienación y la alteridad; pero los dos, curiosamente, exaltan la razón. Psicomaquia barroca; combate y alianza perpetua entre tendencias duales.

LISÓN TOLOSANA *demonios* 211

Esta utilización tanto de la autoridad médica como de la del representante de la cosmovisión católica era algo natural dentro de la práctica habitual de la Medicina tras el Concilio de Trento (Andretta 129–148 y Slater, Pardo-Tomás y López Terrada 11), lo que hace posible pensar en el conocimiento cervantino de tratados católicos sobre el asunto, reformistas y contrarreformistas (De Armas Wilson 239–40, Kallendorf 194), como se aprecia en su cuidadosa descripción de este caso práctico, en el que se aplica el discurso antisupersticioso a la resolución del simulacro de una posesión[70].

La acción de las autoridades antisupersticiosas se orienta a dilucidar la pertinencia de un acto de exorcismo en una joven, quien asegura tener el demonio en su cuerpo, asociando su salida y recuperación a poder reunirse con su amado ausente, en esta narrativa. La historia del simulacro de una posesión de Isabel de Castrucho se presenta en un contexto realista para su tiempo, al ser los exorcismos unas prácticas comunes y populares que tenían amplia difusión gracias a las relaciones de sucesos. La adhesión mayoritaria a la creencia en exorcismos, que estaba asociada a una concepción del mundo, en la cual no sólo no se excluía lo demoniaco, sino que se aceptaba como posible, dentro de la cosmovisión católica, evidencia la extendida implantación de la cultura antisupersticiosa en el período en general, tal y como se refleja en este episodio cervantino en particular[71].

Ya en el diálogo inicial entre las cinco mujeres de la historia, con el que se busca una solución consensuada a la situación de Isabela, se plantea su posible

---

[70] "To converse with the Devil and to ask him anything at all ('cosa alguna') is actually fixed as a mortal sin by Ciruelo: he reproves people who, wishing to know 'cosas ocultas [occult things],' actually ask the possessing demon 'cosas curiosas [curious questions]' (111–12). This is precisely what Cervantes dramatizes in his tale of exorcism, when he presents Sr. Marulo asking the 'possessed' Isabela about her knowledge of his son, who in a curious revelation is pictured as picking cherries in Illescas; or when the doctor calls the demon himself a 'know-it-all'; or when Isabela's uncle directly addresses him as a 'demonio maldito [malign demon]' and tells him not to dream of returning to visit her body. It would seem, then, that Ciruelo's *Reprobation* provided at least some of the rules of exorcism for Cervantes's fiction to break" (De Armas Wilson 244).

[71] "Lo que más nos llama la atención es que no se trata de unos comportamientos residuales ni marginales [...] sino que participaban en esta pasmosa dialéctica por igual personas de todos los estamentos sociales, cultos o analfabetos, aunque tampoco faltaban quienes desde la fe o la razón criticasen tales supercherías" (Gómez Vozmediano 419).

posesión diabólica, la cual se asocia a detalles tales como el de atribuírsele a la joven rasgos característicos del diablo, siendo, su sobrehumano conocimiento, el más relevante de todos. De hecho, el proceso de dar sentido al elevado saber que manifiesta Isabela, a través de las diferentes interpelaciones hacia ella, era una fórmula habitual en las prácticas exorcistas del período (Torijano 219–224). En este tiempo, también se daba credibilidad a la posibilidad de que la mujer despechada fuera proclive a la posesión, siendo éste un estado más del ser humano, dentro de todos los posibles[72]. Tanto en este caso como en el episodio de las bodas de Camacho se defiende la elección no forzada y el uso del libre albedrío como garantías de éxito matrimonial (Muñoz Sánchez 455). Además, se reconoce y acepta que, en el amor y en la guerra, las reglas se suelen subvertir, algo también confirmado en las conclusiones favorables a los personajes más manipuladores de ambas historias. De igual modo que ocurre con Basilio y Quiteria, Isabela decide jugarse desesperadamente todas sus cartas, apostando a que el efecto que tendrá su simulacro en los presentes contribuirá a que la unión con su amante se pueda confirmar públicamente. De hecho, a la conclusión de la historia, estará todavía bajo la sombra de la duda el que su obsesión por la presencia de Andrea tenga que ver con el hecho de que esté embarazada de él[73].

La teatralización de la posesión es un artificio elaborado por Isabela, quien pone así a prueba su elevado ingenio ante su improvisada audiencia, algo de lo que no había hecho gala en su primera aparición en la novela, en el capítulo diecinueve (Muñoz Sánchez 436). La resuelta actitud de la joven reafirmaría el valor de esta narrativa cervantina más allá de su tiempo, llegando incluso a situársela dentro del pensamiento postmodernista (ver Williamsen y De Armas Wilson).

---

72 "Los demonios y/o espíritus malos pueden entrar en una persona, siempre según la versión local, debido a la decisión y poder del mismísimo demonio, o a perversa intención de una bruja o meiga que puede tener un pacto con el demonio, o al misterioso poder de personas enemigas, o a personas que se quieren vengar por algún agravio real o imaginado que normalmente tiene la difícil convivencia vecinal como trasfondo, o a la novia abandonada que se venga del novio, o simplemente a envidias" (Lisón Tolosana *demonios* 271).

73 Muñoz Sánchez (445) explorará esta sugerencia de Molho ("filosofía"), quien apunta a que el bautismo al que se alude en la conclusión puede ser el del hijo de ambos jóvenes: "Todos se lo creen, ya que el demonio no es invento de Isabel, sino engendro del credo colectivo. [...] ¿Quién será ese niño anónimo que llevan a bautizar, y que dicen que es el hermano de Andrea? ¿No será más bien el demonio que Isabel llevaba en el cuerpo y acabó saliendo con la llegada in extremis del aficionado a guindas? [...]. Pero lo extraño del caso es que el hijo del hombre no ha podido concebirse sino en un vientre al parecer demoniaco, como si milagro y demonomanía no fueran la misma cosa" (Molho "filosofía" 678–79).

El narrador aderezará la historia de detalles típicos de narrativas sentimentales y ejemplares del período, tales como el de la nobleza sin fortuna de la familia de Andrea, junto al impedimento del deseo del tío de otorgarle una buena dote a Isabela, gracias a su plan del matrimonio de conveniencia para la joven. El anciano la quiere casar con un primo suyo de posibles, que tiene una edad muy dispar a la de Isabela, algo que el lector cervantino puede anticipar que no suele acabar bien. Esta injusticia previa será, de hecho, utilizada por la joven para justificar sus acciones: "[...] mi tío no quiso creer que de enferma, sino de mal contenta del casamiento, buscaba trazas para no partirme."

En este episodio, el médico también tiene la oportunidad de demostrar su experiencia y conocimiento para resolver el caso planteado, al acceder a examinar a Isabela mediante un proceso inquisitivo formal en el que decide comunicarse con el diablo a través de ella. La reacción de Isabela se comprende a partir de la exagerada rigidez y credulidad de su segundo padre, que es su tío. El exorcismo de Isabela comienza a ser cuestionado tras la afirmación del médico acerca del novio Andrea de que "Tan demonio es éste como el que tiene Isabela," ante lo que el tío confirma que "Esperábamos a este mancebo para nuestro bien, y creo que ha venido para nuestro mal." Una vez confirmado el simulacro de la joven, se le requiere que afirme públicamente la veracidad de su intención matrimonial:

> —Con todo eso—dijo el tío de Isabela—, quiero saber de la boca de entrambos qué lugar le daremos a este casamiento: el de la verdad o el de la burla.
> —El de la verdad—respondió Isabela—, porque ni Andrea Marulo está loco ni yo endemoniada. Yo le quiero y escojo por mi esposo, si es que él me quiere y me escoge por su esposa.
> III, 21

A partir de la patente confirmación y aplicación del método antisupersticioso a este simulacro se hacen evidentes los dos puntos de vista de metodologías incompatibles epistemológicamente, pero frecuentemente complementarios y consensuados en el período, los cuales corresponden, verosímilmente, con las prácticas antisupersticiosas en este tiempo, que solían también contar con el criterio de un cura y de un médico.

Por un lado, llama la atención la descripción del tío como mísero, adjetivo que cuenta con dos acepciones, "misericordioso y pobre," además de "digno de compasión y desgraciado"[74]:

---

74   "Mísero: 1ª doc., 1554, *Lazarillo*. Lo emplea ya APal [...] Pero no está claro que ya entonces fuese usual, y Nebrija no lo registra. *Corbacho* 282; también Mena 171, *Celestina* 22

Entró el mísero tío, llevando una cruz en la una mano, y en la otra un hisopo bañado en agua bendita; entraron asimismo con él dos sacerdotes, que, creyendo ser el demonio quien la fatigaba, pocas veces se apartaban della; entró asimismo la huéspeda con el agua; rociáronle el rostro, y volvió en sí.

III, 20

Al no existir ninguna razón para pensar que el tío es digno de compasión en ese momento de la historia, la primera acepción, atribuida a una persona excesivamente creyente, sería la más correcta, lo que explicaría su comprensión literal de las palabras de Isabela, cuando ésta afirma que se iba a canibalizar:

¡Pobre de ti, sobrina—dijo un anciano que había entrado en el aposento—, y cuál te tiene ése que dices que no ha de dejar que te muerdas! Encomiéndate a Dios, Isabela, y procura comer no de tus hermosas carnes sino de lo que te diere este tu tío, que bien te quiere [...] que [...] mi voluntad mucha te lo ofrece todo.

III, 20

Por otro, en su primera intervención, el médico cumple con su papel de evaluar el caso, cuando declara que la joven tiene "[...] esperanza de su salud, si es que su tío no se da priesa a partirse." De hecho, se profetiza así la fatalidad del perverso efecto emocional en el anciano del matrimonio improvisado por su sobrina. El consecuente compromiso entre el cura y el médico de aceptar que Isabela puede estar endemoniada y loca a la vez es una conclusión veraz, basada en el proceso inquisitorio típico a que es sometida, el cual es verificado por ambas "ciencias":

—Yo, señora, no me acabo de desengañar si esta doncella está loca o endemoniada, y, por no errar, digo que está endemoniada y loca; y, con

---

& 2–213. Frecuente en la 1a mitad del XVI 'miserable (APal.). *Corbacho* 144,—'*misérrimo* (1617, S. de Figueroa). Padilla 293, Fernández de Villegas Intr.—*misericordioso* (APal.). *Corbacho* 69" (Smith C. C. 257).

Una breve exploración del contexto de esta palabra en otras obras cervantinas desvela su predominante acepción como miserable o desgraciado. Así, está también presente en la primera parte del *Quijote* tanto en la descripción del cuerpo sin vida de Grisóstomo como en la del vapuleado Sancho: "Yace aquí de un amador el mísero cuerpo helado, que fue pastor de ganado" (I, 14) y "Las voces que el mísero manteado daba fueron tantas, que llegaron a los oídos de su amo" (I, 17). Este término aparece además en el capítulo décimo del tercer libro del *Persiles*: "[...] apenas granjeamos el mísero sustento con nuestra industria, que no deja de ser trabajosa, como lo es la de los oficiales y jornaleros" (III, 10).

todo eso, tengo esperanza de su salud, si es que su tío no se da priesa a partirse.

—¡Ay, Jesús!—dijo Ruperta—. ¿Y en casa de endemoniados y locos nos apeamos? En verdad, en verdad, que si se toma mi parecer, no hemos de poner los pies dentro.

III, 20

La labor del médico complementa la del tío, sirviendo el último como contrapeso "científico" ante la opinión religiosa del primero. Sin embargo, la profesionalidad del galeno se pone en duda, al haberse esperado que hubiera sido capaz de poder desmontar y exponer públicamente la falsedad de la narrativa de Isabela, tras haber comprobado el posible embarazo de la joven (Molho "filosofía" 679). O, al menos, podría haber descubierto la inexistencia de evidencia física alguna que sustentara la posesión, mucho antes. De hecho, no se aclarará definitivamente que el propio médico no crea que las palabras del diablo, en boca de Isabela, sean veraces. Periandro tachará al médico de ignorante por no haber podido acertar en identificar la "traza" o fingimiento de Isabela (Marguet 208), lo cual parece anticiparle la muerte al tío:

Estando en esto, que no parece sino que el mismo Satanás lo ordenaba, entró el tío de Isabela con muestras de grandísima alegría, diciendo:
—¡Albricias, sobrina mía; albricias, hija de mi alma; que ya ha llegado el señor Andrea Marulo, hijo del señor Juan Bautista, que está presente! ¡Ea, dulce esperanza mía, cúmplenos la que nos has dado de que has de quedar libre en viéndole! ¡Ea, demonio maldito, *vade retro, exi foras*, sin que lleves pensamiento de volver a esta estancia, por más barrida y escombrada que la veas!

III, 21

De hecho, el ferviente creyente sufre de otro tipo de ignorancia distinta a la del médico: en este caso, su exceso de misericordia parece haberle cegado su juicio. Tanto la picardía de la sobrina enamorada, que simula estar endemoniada para atraer a su amado como la posibilidad de que se case embarazada son evidencias demasiado difíciles de asumir para el segundo padre de Isabela. El tío ha hecho un esfuerzo para forzar el método escolástico religioso del que hace gala, como metodología válida para la interpretación de la evidencia del caso antisupersticioso ante el que cree que se enfrenta. Sin embargo, su aplicación no le ha permitido descubrir la verdad del caso de la posesión de su sobrina, al tratarse de un simulacro. Es así como se puede entender mejor el exceso del ritual contrarreformista en esta obra (Castillo y Spadaccini), el cual se teatraliza especialmente, cuando el tío hace su entrada en la habitación acompañado de dos sacerdotes y con el hisopo de agua bendita, simbolizando así el fracaso de la ritualizada interpretación eclesiástica del suceso. Este acto también refuerza su definición como "mísero," e intransigente (Lozano-Renieblas 372).

El método antisupersticioso aplicado a la interpretación de fenómenos cotidianos de difícil explicación, que en el período requería de la descripción y separación de acciones consideradas como divinas, ante aquellas que no lo eran, ofrece un espacio de reflexión único para la solución del fallido matrimonio de conveniencia planteado por el tío de Isabela. La resolución de la joven se combina con su enorme capacidad creativa, lo cual se materializa en la elaboración del simulacro de posesión que precede tanto al proceso del falso exorcismo como a la confirmación final de su deseado matrimonio con Andrea. El nivel de la recepción del simulacro de Isabel incluye testigos conscientes del engaño (mujeres que la visitan) y otros que no lo son tanto (tío, médico y beatas). Tras la ansiada llegada de su amado, la sobrina es incluso capaz de adaptar su discurso al tipo de pensamiento que rige la mente de su tío: "Vayan de aquí fuera los demonios que quisieren estorbar tan sabroso nudo, y no procuren los hombres apartar lo que Dios junta," adoptando un tono desmitificador, que incluso se ha interpretado como cómico (Egido 211), cuya estructura entremesil también ha sido apuntada (Zimic 182).

La trama se resuelve con un matrimonio que es precedido por la muerte del tío, fallecimiento del que no se llega a dilucidar si se debe al disgusto de la boda consumada de Isabela, o por su propia concienciación del engaño sufrido por parte de su estimada sobrina. A la joven se le podría aplicar también el consejo de Don Quijote, en las bodas de Camacho, sobre el peligro moral asociado al engaño. Éste puede traer consecuencias trágicas, como lo son las acciones potencialmente violentas derivadas de la sensación de frustración y decepción del propio Camacho ante el engaño de Basilio, lo que supuso el peligro de que la boda se hubiera convertido en una batalla campal entre los invitados.

El tío, como ferviente creyente, ha hecho lo que se esperaba de una autoridad eclesiástica en un caso de antisuperstición, al interpretar las señales de Isabela dentro de la lógica de la doctrina religiosa que profesa: "[...] dijéronle los sacerdotes los Evangelios, y hicieron su gusto, llevándole todos de la señal que había dado quedaría, cuando el demonio la dejase, libre; que indubitablemente la juzgaron por endemoniada [...]" (III, 20). Al hacerlo, se constata el fracaso de su aplicación del método escolástico, por el cual se ha negado la evidencia del examen físico de la joven, que tampoco ha llevado a cabo el médico; la poca profesionalidad de ambos quedará así expuesta públicamente. De hecho, Periandro concluirá el episodio en su conjunto, señalando la poca profesionalidad de los evaluadores: "Pero lo que a él le había descontentado, era la junta del bautismo, casamiento y la sepultura, y la ignorancia del médico, que no atinó con la traza de Isabela ni con el peligro de su tío" (III, 21).

Al tratarse de un simulacro de posesión, no existe un cuestionamiento explícito del proceso del exorcismo contrarreformista, apreciándose así, una vez más, el supremo arte de la intencionada ambigüedad cervantina. Del médico se podría esperar algo más, en su papel de evaluador que utiliza un método en el que se tiene forzadamente que tener en cuenta la evidencia experimental, la cual se puede complementar tanto con su conocimiento de casos anteriores como de los testimonios de otras autoridades médicas sobre situaciones similares. ¿Podría intuirse cierta crítica hacia la poca preparación del médico para aplicar el método científico, quien prefiere guiarse más por la lógica escolástica del ritual del exorcismo, que por lo que tiene ante sus ojos? Si fuera así, esta crítica del método utilizado por el médico para conocer la verdad del caso podría situar este episodio dentro de la recurrente llamada de atención sobre la necesidad de mejores profesionales de la Medicina en el período (Slater, Pardo-Tomás y López Terrada 3).

El simulacro de Isabela concluye con un final muy cervantino, en el que se muestra una diversidad de opiniones con respecto a lo ocurrido, que incluyen una crítica de la agridulce celebración, al mismo tiempo, de tres sacramentos, un bautismo, un matrimonio y un entierro. Tras desvelarse públicamente el truco de Isabela, el episodio acaba reforzando un principio también presente en el *Quijote* y las *Novelas ejemplares*, que es el de la libre elección de la pareja en el matrimonio:

> Pasmado y atónito, tendió también la mano su tío de Isabela y trabó de la de Andrea, y dijo: ¿Qué es esto, señores? ¿Úsase en este pueblo que se case un diablo con otro?
>
> —Que no—dijo el médico—; que esto debe de ser burlando, para que el diablo se vaya, porque no es posible que este caso que va sucediendo pueda ser prevenido por entendimiento humano.
>
> —Con todo eso—dijo el tío de Isabela-, quiero saber de la boca de entrambos qué lugar le daremos a este casamiento: el de la verdad o el de la burla.
>
> —El de la verdad—respondió Isabela—, porque ni Andrea Marulo está loco ni yo endemoniada. Yo le quiero y escojo por mi esposo, si es que él me quiere y me escoge por su esposa.
>
> —No loco ni endemoniado, sino con mi juicio entero, tal cual Dios ha sido servido de darme.
>
> Y, diciendo esto, tomó la mano de Isabela, y ella le dio la suya, y con dos síes quedaron indubitablemente casados.
>
> III, 21

Al igual que ocurre en el caso de las bodas de Camacho, o en *El celoso extremeño*, el intento de subvertir la tradición del uso no forzado del libre albedrío, en decisiones esenciales para el individuo, provoca que las narrativas cervantinas puedan concluir con ciertos estados de decepción similares al de esta historia, especialmente para aquellos personajes que se dedican a forzar la libertad de elegir ajena. En el caso de Alejandro Castrucho, quien había educado a su sobrina para poder entregarla a un matrimonio favorable a sus intereses, pero distinto al que ella deseaba, se expone su fracaso de no poder materializar que un conocido suyo se case con Isabela. Se plantea así una renovada versión del viejo celoso engañado y contestado por una joven de elevado ingenio, la cual es capaz de reafirmarse ante su tío, aparentemente, llegando incluso a manifestar su deseo sexual durante el simulacro de la posesión (De Armas Wilson, Childers 201). La ciencia de la medicina se complementa con la de la práctica ritual religiosa, pero en ninguno de los casos se interpreta bien la evidencia. Esto no demuestra la invalidez metodológica aplicada en la interpretación de este simulacro de una posesión, sino la incompetencia para resolverlo de las propias autoridades representantes de estas disciplinas.

El caso del simulacro de posesión de Isabela Castrucho refleja una posición ante la realidad de la interpretación de la superstición no poco común en otros episodios cervantinos. Una potencial alteración del orden natural de las cosas, que aparenta ser sobrenatural, acaba desvelándose como un simulacro o ingenioso artificio, como se aprecia en los episodios de las bodas de Camacho, la cabeza encantada o *El retablo*. La reiteración de "desmontar" misteriosos sucesos que parecen cuestionar el orden de las cosas, facilitándose que aflore la verdad en el proceso, es algo frecuente en un tipo de episodios cervantinos donde la separación entre lo que es y no es artificio se pretende hacer evidente al lector.

El descubrimiento de los fraudes y trucos llevados a cabo por ciertos personajes de Cervantes se manifiesta, especialmente, en ciertos casos en los que existe una eficaz aplicación de la creatividad del ser humano, la cual se ha orientado a propósitos específicos y no carentes de virtud, como es el de defender su capacidad de elegir libremente. Esto puede constituir algo peligroso, en los casos en los que el engaño es inmoral, como advierte Don Quijote a Basilio al final del episodio de las bodas de Camacho. No parece existir ninguna indicación que cuestione la existencia o validez del ritual del exorcismo en el episodio (De Armas Wilson 233), ya que se trata de un simulacro, al ser falsa la posesión. No hay que olvidar que, si fuera así, toda la arquitectura de la cosmovisión antisuperticiosa se vendría abajo, ya que se pondría en duda la propia existencia del diablo, algo que no está sustentado por la evidencia de su profusa presencia en la obra cervantina. Y es que el estilo metaficticio cervantino puede conducir a este tipo de apreciaciones, que son similares a defender que el *Quijote* sea interpretado sólo como una obra crítica hacia las órdenes de caballerías y no contra los libros de ficción sobre el asunto, como es más bien el caso.

El final del episodio apunta al triunfo del uso no forzado del libre albedrío de Isabela, quien lo ha utilizado exitosamente, dentro de su estrategia para atraer a su futuro esposo. Este suceso ofrece una representación verosímil de la posible resolución de este tipo de casos de simulacros, dentro del contexto de una lógica antisuperticiosa, la cual se aplica a fenómenos que, muy frecuentemente, eran sobrenaturales sólo en apariencia. La muerte del tío de Isabela es también la del representante de la aproximación más escolástica a la resolución del asunto, ya que su "mísero" pensamiento parece preexistir ante la evidencia del simulacro, igual que si se tratase de un rústico ensimismado ante el retablo maravilloso.

El ámbito del demonio se acepta para juzgar costumbres bárbaras como el canibalismo o las transformaciones licantrópicas que ocurren en civilizaciones desconocidas y alejadas del contexto católico. Este no es el caso del simulacro de Isabela, aunque la joven aproveche la creencia colectiva en el maligno para sus propósitos. Poder estar endemoniado y loco a la vez, como ocurre en el caso de la joven, es algo llamativo, ya que, para la resolución de este tipo de situaciones se tendrían que combinar los respectivos conocimientos y métodos de las autoridades interpretativas de la cosmovisión del momento, eclesiásticas y médicas, como es el caso en esta historia. De hecho, ambas disciplinas se unen temporalmente para hacer exégesis de la realidad difícil de asumir de la posesión, en el ejemplo más patente del conocimiento cervantino de las prácticas asociadas al discurso antisuperticioso. De hecho, a la conclusión del episodio, se le "despertará" al lector, informándole sobre la falsedad de los elaborados artificios, aparentemente inverosímiles, que ha contemplado, que no han sido sino simulacros. El triunfo de la creatividad, sabiduría y ciencia de la joven se ha materializado debido a su aprovechamiento de la posibilidad que ha tenido de poder disfrutar de su libertad de elección con acierto, actitud que contrasta con la rígida, restrictiva e impositiva actitud del tío.

Uno de los destacados propósitos originales de la peregrinación en el *Persiles* se desvela cuando los protagonistas, que en su momento siguen a la verdadera peregrina de la historia, confiesan que era "[...] para ver tantas maravillas" (Blanco 633). En este sentido, el modo de narrarse el suceso ha engrandecido también la excepcionalidad del episodio del simulacro de una posesión diabólica, al utilizarse un estilo que también recuerda al extrañamiento presente en las crónicas de las Indias[75]. La combinación de la narrativa de lo que acontece en la Europa católica, con lo que ocurre en otros de sus territorios desconocidos (Armstrong-Roche "Europa" 1124), es además similar a la que se lleva a cabo en otras narrativas de sueños utópicos, donde también se narran, verosímilmente, situaciones alejadas en tiempo y espacio, cuando lo no habitual puede llegar a aceptarse con un tono familiar. Tiene sentido, al pretender reflejarse literariamente la realidad de sociedades cuya visión del mundo no es católica, ante las que los protagonistas tienen que juzgar y resolver diferentes situaciones numinosas, guiados por los principios de la cosmovisión cristiana que comparten.

El método antisupersticioso ha servido como herramienta para desvelar lo verdadero del simulacro, en una historia en la que se reafirma la necesidad de proteger el no forzado uso del libre albedrío para que seres humanos libres como Isabela Castrucho puedan actuar, guiados por criterios basados en su experiencia y educación. La efectividad del simulacro como artificio, en contra la imposición de lo prescrito y ante la evidencia, tiene consecuencias fatales sólo para aquellos que no quieren entender la verdad tal y como es. ¿Es entonces el simulacro, el artificio, el engaño moralmente aceptable, una de las pocas armas defensivas del ser humano para reclamar la libertad del uso de su libre albedrío, ante la asfixia de una concepción del mundo como la antisupersticiosa, en la que, a poco que uno se salga de lo socialmente establecido y dictado, se le puede estigmatizar como excesivamente creativo e incluso demoniaco? En el caso de Isabela, seguro que sí.

2.4   Conclusión: la presencia antisupersticiosa en la obra cervantina

Del catálogo de menciones y "presencias" del demonio estudiadas en el *Quijote* se constata su predominio en situaciones en las que se utiliza para la explicación de diferentes acciones (soberbia o exceso de conocimiento) que contradicen las expectativas de personajes como Don Quijote (imposición del universo de caballerías) y Sancho (simple e ignorante ambición). En este sentido, la obra de Cervantes se suele alinear en contra de la superstición y el artificio vano, en línea con el pensamiento antisupersticioso de su tiempo. Se acepta la

---

75   "El impulso renovador de la estructura narrativa en el *Persiles* tiene su vertiente paradójica: En la novela de Cervantes, los personajes bárbaros y góticos de países inventados se presentan como si fueran históricos; por otra parte, los episodios del Mediodía cristiano—en tierras aparentemente familiares—se narran con el léxico del prodigio y de la maravilla reservado normalmente para la novela caballeresca y la crónica americana" (Armstrong-Roche "Europa" 1124).

existencia de la maldad, como algo que formaba parte intrínseca de la cultura popular de su tiempo, no siendo tan frecuente la recurrente alusión al demonio como ser sobrenatural. Sin embargo, sí es verosímil y decorosa su presencia cuando se adivina su intervención en contextos realistas de tiempos antiguos (Numancia) o tierras lejanas (Isla de los Bárbaros), donde los protagonistas no habían tenido la oportunidad de ser evangelizados. En otro sentido, los irónicos diálogos con el diablo tanto en ambas partes del *Quijote* como en el *Persiles* confirman una actitud escéptica ante su existencia como entidad física en contextos espaciotemporales más familiares, lo que no descarta el reconocimiento de la influencia en la población del "potencial efecto de sus acciones," que era parte del imaginario colectivo común, tras haber sido profusamente difundido en los manuales antisupersticiosos del período.

El concepto de artificio está muy presente en la obra literaria de Cervantes, siendo predominantemente asociado a una acción dirigida a exagerar el gusto artístico. Esta definición incluye su acepción como "suspensión temporal del orden natural de las cosas con un objetivo," el cual puede ser un simulacro o engaño, como ocurre, por ejemplo, en el capítulo de Ginés de Pasamonte-Maese Pedro con el mono. Esta identificación se da también otros episodios y obras cervantinas como *Pedro de Urdemalas* y *El retablo de las maravillas*, sin olvidar las situaciones planteadas en la casa de los duques, donde también existen casos de artificios similares, orientados a confundir el sentido de la realidad de la pareja protagonista.

La presencia del debate antisupersticioso también se aprecia en las acciones de otros farsantes y creadores de artificios, como es el caso de Basilio, en las bodas de Camacho. La "suspensión temporal del orden natural de las cosas" se hace presente también mediante trucos ingeniosos que parecen "imitar" las sobrenaturales capacidades del diablo, confirmando así que Cervantes trata el propio conocimiento del discurso antisupersticioso, en su entorno social, como fuente literaria en su obra. Esto le lleva a desmontar cualquier fabulación concebida por personajes con el potencial de ser creativamente malintencionados. Aunque también se aprecia un esfuerzo en describir lo aparentemente sobrenatural o excepcional con argumentos propios del discurso antisupersticioso, como es el caso de varios de los episodios de la Isla de los Bárbaros en el *Persiles*.

En la obra cervantina también se advierte de la acción del demonio en el imaginario colectivo. Se presenta, así, como un omnipresente personaje folclórico de mil caras, cuya temida presencia parece quedar a la voluntad del individuo que lo conjura, pudiéndose uno asociarse a él, del mismo modo que a un Muñatón, a un Frestón o a quien se tercie, para justificar el sentido de cualquier realidad adversa a sus intenciones. Éste es un demonio racionalizado que está frecuentemente asociado a nuestra excesiva capacidad creativa, que también facilita el hacernos creer que lo inexistente puede ser real.

De hecho, el ser humano es también capaz de imponer toda una arquitectura del mal, concebida por él mismo y existente sólo en su imaginación, lógicamente ordenada como dicta la magia de los vínculos de Bruno, es decir, partiendo de un conocimiento previo de los deseos y tendencias que condicionan las acciones humanas. De este modo, la capacidad del demonio, como ente inexistente, puede utilizarse para afectar el libre albedrío ajeno e inducir un tipo de superstición previamente inexistente, mayoritariamente en personas ignorantes, extremistas, locas o cualquier otro ser acostumbrado a que el maligno le sirva como justificación última de sus propias fantasías o frustraciones.

En los casos estudiados se aprecia que, en ambas partes del *Quijote*, se tiende a justificar la presencia del demonio, bien como expresión folclórica, bien como simulacro, bien dentro de una reflexión autoconsciente. Es así como el razonado estilo cervantino confirma, contradice o incluso subvierte lo esperado por el "sentido común" del lector en este período. Llaman así la atención los ejemplos estudiados de la presencia de supersticiones, artificios y demonios en episodios de la obra cervantina donde se llegan a producir reveses en las expectativas creadas, que están asociados a la acción del diablo, especialmente cuando se pretenden justificar ciertos actos de difícil explicación lógica. Por ejemplo, en el capítulo cuarenta y siete de la primera parte del *Quijote* se da un ejemplo llamativo en el que, por un lado, se ofrecen signos folclóricos tradicionalmente asociados al maligno y, por otro, se lleva a cabo una razonada reflexión sobre él, para justificar el rapto y encantamiento de Don Quijote. Aunque el secuestro se atribuye a los demonios, el propio Sancho desmitifica esta posibilidad, al confirmar diferentes detalles sospechosos en su comportamiento, atribuyendo finalmente la causa de la confusión a la propia naturaleza cambiante del diablo. Una confusión similar también ocurre en el caso de los protagonistas de *La Numancia*, como se aprecia en el caos provocado por las apariciones de Júpiter y Plutón.

La presencia del discurso antisupersticioso está muy presente en los diversos géneros literarios cervantinos. De la actitud de este autor ante la antisuperstición como fuente de inspiración artística destaca su interés en denunciar, literariamente, a los responsables de la creación de los "miedos" asociados a este discurso. Personajes con un "exceso de ingenio," como Chirinos, Chanfalla y Rabelín, suelen ser los encargados de manipular el temor del ignorante, para sacar partido de situaciones dadas a su favor, gracias a su capacidad de poder utilizar vinculantes palabras, con las cuales comprometen a sus interlocutores. De ahí su posible vínculo con la magia de Bruno, que no es más que una explicación racional del universo diabólico, donde el sentido último de la propia naturaleza y conocimiento de Lucifer se lo tiene que dar el ser humano, al poder ser, el propio demonio, una creación suya.

Este tipo de interpretación más racional y antropocéntrica del mal podría constituir una amenaza a la hegemonía en la administración de los propios miedos aplicados al control social del discurso antisupersticioso. Pero tiene sentido en ciertos momentos cervantinos donde, dentro de la cosmovisión del episodio, se podría llegar a entender que el origen de ciertas "supersticiones oficiales," como la del maligno, se sitúan en la imaginación del propio ser humano, como es el caso de los "demonios" disfrazados del *Quijote*. Al humanizar al diablo, se le separa de su asociación con una fuerza ancestral y supersticiosa, la cual había acumulado todas las características negativas asociadas con la maldad. Esta racionalización de los miedos asociados al demonio, identificando su origen en el propio ser humano, se vislumbra también en otros de los episodios cervantinos estudiados en los que se dan creativos simulacros, donde se acusa el exceso de ingenio humano como fuente generadora de fantasía y, por ende, se constata su potencial para hacernos creer en realidades que no existen, pudiéndose así manipular mejor las voluntades ajenas.

El discurso antisupersticioso se utiliza en momentos clave de la obra de Cervantes donde tampoco faltan descripciones en las que se tiene en cuenta el punto de vista del efecto que los manipuladores ejercen en los manipulados. Por un lado, prestando atención a personajes que están caracterizados por su ideología manipuladora, maestros en confundir la realidad del mundo sensible con aquella creada por el aire de sus palabras. Esto implica un reconocimiento de que, aunque el ámbito de lo supersticioso "dormitaba" socialmente, su patente efecto podía manifestarse en cualquier momento. Por otro, también se identifica un tipo de personajes que gustaban de convivir permanentemente con la ilusión, las supersticiones y otras creencias. Es una mayoría ignorante o quizás afectada por algún tipo de desviación, creencia o locura que, bien en su intento de alinearse a los valores de la oligarquía hegemónica, bien por su miedo legítimo a las acciones del demonio, en el que realmente creen, o bien debido a un "exceso de lecturas," no dudan en exponerse a una realidad no presente, que no se puede superponer en el mundo material en el que viven, provocando situaciones ridículas, en las que se hace pública su infundamentada, irracional o "mísera" creencia.

El miedo social descrito en obras cervantinas como *El retablo de las maravillas* no es tan distinto del que acongojaba a Lázaro en la defensa pública de su "simulacro de existencia feliz," cuando devela su tristemente convencional situación de adulterio consentido ante el lector. En ambos casos se pretende encajar la existencia de un individuo dentro de cierta "normalidad." Por un lado, la del matrimonio "deshonesto," por otro la de la excesiva exposición a los valores cristiano viejos. Las imágenes del retablo no tienen que existir en la realidad alternativa al pequeño mundo rural descrito en el entremés, ya que el efecto que causa su potencial manifestación es suficiente para poder paralizar y someter al que es ignorantemente supersticioso. El humor del retablo, nacido del miedo a ser estigmatizado y denostado socialmente, confirma la presencia en la sociedad de un sistema de valores asociado a una cosmovisión dogmática, que sólo fue posible gracias a un poderoso y efectivo mecanismo de control social, que paradójicamente pudo estar contribuyendo a separar, poco a poco, lo verdadero de todo lo demás, racionalizándonos cada vez más, como seres humanos, por el camino.

FIGURA 7   *Los toros de Lerma.* Esperanza Jiménez

CAPÍTULO 3

Alma animal

En este capítulo se contextualizan varios ejemplos de paradigmáticos espectáculos con animales, que ilustran y sirven de introducción a otros estudios más detallados sobre el sentido de su presencia en la obra cervantina.

3.1 Vulgo y animales en los espectáculos barrocos

> "There is safety," Pablo said. "Within the danger there is the safety of knowing what chances to take. It is like the bullfighter who knowing what he is doing, takes no chances and is safe."
> "Until he is gored," the woman said bitterly. "How many times have I heard matadors talk like that before they took a goring. How often have I heard Finito say that it is all knowledge and that the bull never gored the man; rather the man gored himself on the horn of the bull. Always do they talk that way in their arrogance before a goring."
> HEMINGWAY, *For whom the Bell tolls*

3.1.1 *Celebrar la (des)igualdad*

Desde el período clásico, el pensamiento autoconsciente y creativo del ser humano ha evolucionado en torno a principios asociados a nuestra capacidad de armonizarnos con el universo, a partir de nuestra observación de eventos reiterados que, una vez sistematizados, nos informan de las leyes de la Filosofía Natural que rigen nuestro entorno. En el mismo sentido, el progreso de una ciencia inspirada en nuestra capacidad de replicar eficientemente las funciones del universo debería estar asociado a un reconocimiento de nuestro vínculo existencial hacia la comprensión de los propios misterios que rigen nuestro entorno[1]. Este es el caso, por ejemplo, de sofisticadas manifestaciones artísticas, como son las catedrales del Renacimiento y Barroco, edificios en donde se aspira a compartir con el visitante los secretos del sentido místico

---

[1] En el replanteamiento de la cosmovisión existente a partir de los descubrimientos científicos encaja el interés por un reinventado Egipto y la literatura hermética, un área de conocimiento que atrajo a muchos humanistas, en la cual se fantaseaba con la posibilidad de un pasado mítico e iluminador, el cual posibilitaría interpretar, "de una vez," ciertos aspectos desconocidos del ser humano.

del ser humano en el universo. Esta razón última de lo que nos rodea pasará, paulatinamente, de estar casi exclusivamente documentada por los libros sagrados y determinada por la voluntad de Dios, a poder ser inspirada y desvelada por una sistematizada experimentación directa que, a medida que sus métodos se hacen cada vez más eficientes, gracias a las nuevas innovaciones técnicas, facilitan más que se produzcan momentos de saltos cualitativos en el aprendizaje del saber científico.

El aparato teórico asociado a la gran cadena del ser ofrecerá una estructura y un orden en la concepción del mundo, a partir del medievo, que se une al Neoplatonismo como dos poderosas influencias sobre la idea y estructura del universo, siendo la primera una alegoría que era considerada más profunda que cualquier avance científico empírico, en ciencias como la Cosmología, con la que se refutaran sus principios (Lovejoy 99). Dentro de un mundo clásico y geométricamente perfecto, cuanto más se acercara uno a la Tierra, más aumentaría la imperfección de las cosas y viceversa. Al adaptarse esta teoría al cristianismo, tiene sentido que la aspiración de cualquier creyente fuera la ascensión a los cielos tras su muerte, al ser la culminación del alejamiento del estado terrenal, siempre más cercano al infernal. De ahí que las teorías de Copérnico fueran rechazadas, más que nada, por situar a la Tierra en un lugar superior al que se le había asignado, dentro del geocentrismo cristiano[2].

---

2   "For the centre of the world was not a position of honor; it was rather the place farthest removed from the Empyrean, the bottom of the creation, to which its dregs and baser elements sank. The actual centre, indeed, was Hell; in the spatial sense the medieval world was literally diabolocentric. And the whole sublunary region was, of course, incomparably inferior to the resplendent and incorruptible heavens above the moon [...]. John Wilkins in 1640 mentions, as one of the arguments still advanced against the Copernican system, that drawn from the vileness of our earth, because it consists of a more sordid and base matter than any other part of the world; and therefore, must be situated in the centre, which is the worst place, and at the greatest distance from those purer incorruptible bodies, the heavens. It is sufficiently evident from such passages that the geocentric cosmography served rather for man's humiliation than for his exaltation, and that Copernicanism was opposed partly on the ground that it assigned too dignified and lofty a position to his dwelling-place" (Lovejoy 101–102).

Esta concepción del lugar del ser humano en el universo concuerda con la necesidad de su mayor integración en los debates que se llevaban a cabo dentro de disciplinas como la Cosmografía: "Renaissance cosmography rested on a foundation of Aristotelian natural philosophy, but in a context where the terrestrial and celestial spheres were conceived as spaces that could be described mathematically and charted accordingly. A complete description of the universe—the cosmographer's ultimate goal—also required integrating human and natural elements into the mathematized geographical landscape [...]. Cosmography was, in short, the science that explained the earthly sphere by locating it within a mathematical grid bounding space and time. Natural phenomena and human actions that defied mathematization were described; words were the tools that took the phenomena from the realm of the unknown into the known" (Portuondo *secret* 20–21).

A pesar de que se comenzará a cuestionar la documentación de la Sagrada Escritura con el nuevo conocimiento humanista, la lucha entre la Ciencia basada en la observación empírica y los dogmas escolásticos de la Iglesia era, en muchos casos, más puntual y prosaica de lo que se pudiera pensar, algo que se aprecia en debates como el del asunto de la Ascensión (Lovejoy 107–08). El reordenar el esquema de las cosas a partir de los nuevos descubrimientos astronómicos y científicos requería de una reconceptualización del propio universo y, particularmente, del rol del ser humano dentro de él, elevándole de su bajo estado medieval, para lo que habría de negarse previamente la noción Aristotélica de que la posición central humana es la degradada, algo que ya había empezado a ser cuestionado por filósofos como Cusa (Lovejoy 104). El que el ser humano tenía un lugar especial en el universo también tenía sentido, ya que el propio papel de la Tierra en el cosmos era el de ser una parte privilegiada, por su capacidad única de facilitar la creación y destrucción de las almas (Lovejoy 102–103)[3].

En este sentido, los ajustes entre los descubrimientos copernicanos y los dogmas de la religión católica no siempre fueron sencillos, especialmente en asuntos como el geocentrismo (Lovejoy 108–09). El universo físico carecía de centro para autores como Cusa y Bruno; aun sin un plan racional que le diera forma, se creía que disponía de una cantidad múltiple de sistemas aislados, por lo que el cambio del geocentrismo al heliocentrismo se ha considerado menos importante que el cambio del heliocentrismo al "acentrismo" (Lovejoy 108–09). Las nuevas leyes científicas experimentales dejaban la vida humana y terrestre fuera de la excepcionalidad clásica, algo que podrá llegar a cuestionar dogmas Cristianos como, por ejemplo, la Encarnación y la Redención, que se supone que ocurren en un mundo habitado singular y que, de otra manera, plantearían numerosos interrogantes sobre la propia naturaleza divina (Lovejoy 108–09).

La relación ancestral del ser humano con los animales ha sido tradicionalmente orientada hacia su domesticación, para explotarlos como fuente de energía, medio de transporte y materia prima. En ciertos casos, llegaron incluso a tener un uso militar, como ocurrió, por ejemplo, con los elefantes en Asia, o con ciertas razas de perros durante la colonización americana

---

3   Las propias almas de Cipión y Berganza, espontáneamente creadas, confirmarían esta posibilidad. Si del pensamiento de Gómez Pereira se infiere que el alma otorga al individuo la capacidad de distinguir entre el bien y el mal, algo exclusivamente inherente al ser humano, Cervantes presenta esta posibilidad en forma de contrautopía canina. Sin embargo, con el propio acto de la infusión del alma, se les está otorgando la capacidad de razonar a Cipión y Berganza, confirmando a su vez a la Tierra como espacio privilegiado, único y elegido por Dios.

(Schwartz 162–63)[4]. Las enseñanzas de la Iglesia no rechazaban necesariamente la explotación animal, al ser considerados seres que desconocían a Dios (Pagden, Palencia-Roth).

Debido a su historia de convivencia doméstica con el ser humano, el animal gozaba de una larga tradición de asociaciones simbólicas en la modernidad temprana, tal y como se recoge en obras como el *Tesoro de la lengua castellana*[5]. La cultura animal no sólo estaba presente en el día a día de la existencia de muchos seres humanos, sino también era parte del folclore culto. La necesidad de preguntarnos acerca de nuestro propio sentido y lugar dentro del entorno animal es esencial para llegar a comprender los principios que rigen esta relación entre especies diferentes. De este modo, se percibirá como algo natural el que se favoreciera incluir la presencia de animales en el arte y en las fiestas oficiales, donde se les honraba por ser una parte fundamental tanto del mundo cotidiano como del cultural en el ser humano, celebrándose así nuestra capacidad de compartir experiencias comunes con ellos[6].

En las representaciones de animales personificados se les suelen asociar diferentes virtudes y vicios humanos, los cuales se acompañan de una serie de valores y aptitudes vinculadas a ellos que ayudaban a dar sentido a ciertas fábulas e historias ejemplares, dentro de una tradición tan antigua como la propia Humanidad[7]. A cada animal se le asociaban características específicas,

---

4 Un caso muy popular fue el del perro marcial Becerrillo en la colonización de América, siguiendo una tradición romana que también extendida a otras culturas: "Borrowing an established Roman tradition, the Spanish dog was a soldier and regularly used to punish Native Americans one hundred years prior to the English use of its own soldier dogs" (Beusterien 27).

5 Covarrubias, uno de los autores clave en la representación del imaginario animal en sus emblemas, define la bestia como "[...] nombre genérico que comprehende todos los animales irracionales" (p. 322), enfocándose en relatar específicamente lo que la tradición asocia a cada animal: "[...] en algunas ocasiones nos describe todas las empresas, refranes, emblemas y jeroglíficos relacionados con cada animal en cuestión (siendo algunos de los más privilegiados al respecto la abeja, el asno, el buey, el ciervo, el elefante, el gallo, el león, y el águila) [...]," a los que relaciona "[...] con virtudes y vicios típicamente humanos, reconociendo su valor pedagógico y lo que el hombre puede aprender de ellos" (p. 234) (Morgado García 79).

6 El animal se describe como "[...] un elemento más de un intrincado lenguaje de metáforas, símbolos y emblemas," donde confluyen tradiciones como "[...] la jeroglífica de Horapolo, la anticuaria (que se basaba en las monedas y medallas de la Antigüedad), la esópica, la mitológica de Ovidio, Natale Conti o Vincento Cartari, la adágica de Erasmo y la emblemática de Alciato," por lo que "[...] si uno quería estudiar un animal, debía ver el significado de su nombre, las asociaciones que tenía, qué simbolizaba para paganos y cristianos, qué animales tenían simpatías o afinidades con la especie en cuestión, y su posible conexión con estrellas, plantas, animales, números o cualquier otra cosa" (Morgado García 87).

7 La historia del uso de la alegoría animal pasa por una constante reinterpretación del propio símbolo: "Beast literature places the interpretations and their underlying logic so explicitly on the page; they record the living choices of living persons, choices drawn from the entire

muchas veces relacionadas con su forma y destrezas físicas, en las fábulas clásicas occidentales, algo que también se refleja en los emblemas. Así, autores como Covarrubias confirmarán la apreciación de los animales como seres vivos, los cuales habían sido puestos por el Creador al servicio del ser humano, como se aprecia en las imágenes de unos emblemas que son ilustrativos de la convivencia entre animales y seres humanos.

Dentro de la relación dinámica entre ambas especies, sus evidentes diferencias tanto en términos espirituales (alma) como materiales (razón) serán objeto de curiosidad y de estudio[8]. El principio de la continuidad de la cadena del ser distingue al ser humano del bruto por su alma y racionalidad[9]. Sin embargo, no siempre se creía que los hombres y las bestias estuvieran separados, radical y diáfanamente, como dos entes diferentes, en todos los casos. De hecho, en tiempos de Cervantes se llegará a pensar que ambas especies podrían compartir algunas características comunes, las cuales, debido a la atracción al misterio asociado a sus posibilidades de materializarse, podían llegar a formar parte de diferentes celebraciones y contiendas públicas.

El sistema de gradación biológica atribuía a los animales un vínculo sagrado más débil que el humano. Aunque en los primeros se había de manifestar su origen divino, de algún modo también se creía que podían gozar de una suerte de automatismo, el cual regía su destino, dentro de su limitación natural como seres situados en una especie de inocente "limbo" terrenal. Así, el arte del período podrá aprovechar el universo animal como referencia para retratar y profundizar mejor los misterios más recónditos de la racionalidad humana. Su uso otorga al artista una perspectiva privilegiada similar a la que gozan los protagonistas de los sueños utópicos. Será por ello común, en este tiempo, que alegorías del conocimiento clásico, como la de la gran cadena del ser, también prevalezcan en la estructura profunda de ciertos espectáculos públicos, con

---

universe of meaning by available habits of reasoning" (Henderson 46–47). Originalmente y hasta la mitad del siglo dieciséis los animales eran "[...] un mero espejo de los vicios y virtudes humanos, aunque se apreciará un cambio en la actitud hacia la descripción de los animales de fábula hacia una tendencia más descriptiva a partir del siglo diecisiete" (Morgado García 72).

8 En tiempos en los que no se sabía exáctamente cómo se generaba la vida, se había llegado a conclusiones que hoy sonarían rocambolescas: "[...] los ambientes húmedos, sucios y lóbregos permiten el nacimiento por generación espontánea de determinados animales: la polilla, "[...] engéndrase de no sacudir y orear la ropa"; la pulga, "[...] se cría del polvo y de alguna humedad [...]"; "[...] el ratón "[...] suele engendrarse de la corrupción [...]""" (Covarrubias 1369, 1381, 1395, cit. en Morgado García 81).
9 Se sobreentiende así que el "[...] ser humano supone la perfección del reino animal, pero sin pertenecer en modo alguno a un universo distinto: la racionalidad es su gran diferencia" (Morgado García 81).

la intención de aportar criterios sobre la propia naturaleza de la interacción carnavalesca, entre bestias y seres humanos[10].

A lo largo de la historia, los animales han ido cumpliendo diferentes funciones en las celebraciones públicas, especialmente cuando la participación de animales iba asociada a un simbolismo y una función rituales, los cuales podían llegar a trascender el original propósito lúdico. El uso de las bestias en espectáculos oficiales también podrá servir como recordatorio tanto de la potencial destreza y dominio del animal por parte del ser humano como de su propia debilidad o fortaleza ante los brutos[11]. Los espectadores de las fiestas con animales tendrán la oportunidad de ser testigos del planteamiento de ciertos misterios asociados al acercamiento del alma humana al entorno animal, dentro de la propia dinámica de la celebración y como parte de una reflexión de mayor alcance sobre los criterios que regían la interacción entre ambos.

En la mayoría de los casos de espectáculos donde se lidia razón y fuerza bruta se confirmará, lógicamente, la hegemónica superioridad humana. En ellos, la rivalidad entre un ser guiado por la razón y otro por el instinto se resuelve públicamente en peligrosas contiendas que acaban siendo ritualizadas y racionalizadas. En ellas, el ser humano se expone al potencial peligro de su regresión al ámbito del instinto animal, pudiéndose incluso llegar a plantearse la posibilidad de una continuidad en la arquitectura de la gran cadena del ser[12]. El éxito y del poder de atracción hacia los espectáculos animales radicará, precisamente, en la incertidumbre del resultado final y el sentido de la propia interacción pública entre seres humanos y animales.

Dentro de la ancestral inclusión del animal en las celebraciones festivas subyace un miedo y un desconocimiento a su naturaleza, el cual está acentuado por la propia razón de ser de unas actividades con tintes lúdicos, en las que se multiplican las posibilidades de interacción entre entes distintos. A diferencia de la caza, en la tradicional elaboración de los rituales públicos,

---

10   Las fiestas con animales forman parte de la herencia cultural europea, siendo de gran relevancia durante en el período cervantino: "The animal spectacle in Cervantes' time was widespread and functioned as the center of merriment for the carnival or town feast days" (Beusterien 67).

11   "Animals may be mere instruments for human use, but that use can bring with it a reminder not only of human dominance but also of human vulnerability" (William Prynne, *Histrio-Mastix* 1634, cit. en Fudge 2).

12   Esta potencial continuidad ser humano-animal ha sido uno de los asuntos que más han llamado la atención dentro de los estudios sobre animales: "Human exceptionalism is becoming less pervasive and less defensible in many regards. Even what once seemed like the biggest difference between humans and non-human animals [...] that humans are the only species with meaningful language—has been challenged by twenty-first-century research in cognitive ethology (parrots)" (Wagschal 16).

en los que hombres y bestias interactúan, se tiene en cuenta la impresión que deja el espectáculo en una audiencia activa y siempre expectante del resultado de la contienda. Así, en muchos casos, en su relación festiva con el animal, el ser humano se ve obligado a imitarlo para poder vencerlo, reaccionando instintiva y "automáticamente." Esto era algo común, en un tipo de celebraciones barrocas en las que la percepción del propio ser humano era la de un "[...] animal en evolución [...] que experimenta regresiones" (Rodríguez de la Flor *pasiones* 149).

El público espectador participará frecuentemente en las fiestas en las que intervienen animales. Estos espectáculos tienen un elevado tono ritual, al poder dirimirse las diferencias del comportamiento del ser humano, en contraste con el de los brutos, en juegos y contiendas. En este contexto, lúdico y a la vez transcendental, la reacción instintiva puede ser una ventaja en la rivalidad fabricada entre las especies humanas y animales, con la que el individuo puede demostrar, públicamente, su capacidad de dominar a las bestias, eligiendo entre usar su instinto o su razón, mientras evita ser atacado por el "bruto," antes del sacrificio animal final.

Aunque no existiera necesariamente una relación directa entre lo expuesto en alegorías como la de la gran cadena del ser y la realidad empírica, esto no impedirá que se le pueda sacar mucho partido lúdico a la potencial manifestación del principio de continuidad cuando es utilizado creativamente en celebraciones y rituales. Al fin y al cabo, en otros relatos, como los de las brujas, ya se planteaba su poder de transformarse e influir en los animales (Bever 974–75), gracias, precisamente, a su excepcional capacidad de poder "activar" este principio con respecto a las bestias[13]. La continuidad con los animales implica que el descenso al estado subhumano supone un alejamiento de la esencia humana y cristiana, lo que va acompañado de una pérdida de la capacidad

---

13   En este sentido, la animalización también implica un descenso en la cadena del ser en otras obras literarias como *La Celestina*. Así, lo "animal" es una degradación para Calisto y Sempronio en el primer acto y para Melibea en el quince. El planteamiento del ser humano como un ente dinámico dentro de la Creación fue desarrollado por humanistas como Pico de la Mirandola: "El mejor Artesano [...] dio al hombre una forma indeterminada, lo situó en el centro del mundo y le habló así: "Oh Adán: no te he dado ningún puesto fijo, ni una imagen peculiar, ni un empleo determinado. Tendrás y poseerás por tu decisión y elección propia aquel puesto, aquella imagen y aquellas tareas que tú quieras. A los demás los he prescrito una naturaleza regida por ciertas leyes. Tú marcarás tu naturaleza según la libertad que te entregué [...]. No te hice celeste ni terrestre, ni mortal ni inmortal. Tú mismo te has de forjar la forma que prefieras para ti, pues eres el arbitro de tu honor, su modelador y diseñador. Con tu decisión puedes rebajarte hasta igualarte con los brutos, y puedes levantarte hasta las cosas divinas"" (cit. en Galván 466–67).

del libre albedrío, algo que afectaría a la dicotomía semántica cuerpo-alma[14]. Es decir que, en la propia lógica de los actos públicos en los que se evidencia la posibilidad de la continuidad, también se confirma que el concepto del ser humano puede llegar a ser dinámico. Aunque el alma, en su uso del libre albedrío, tiene la posibilidad de salvarse mediante el esfuerzo personal, también puede verse abocada al abismo de un comportamiento "automático," no muy distante del de los "desalmados" brutos[15].

Durante gran parte del período histórico que nos ocupa, la humanidad y cristiandad de los esclavos e indígenas de las tierras recién descubiertas fueron objeto de encendidos debates, con implicaciones filosóficas y existenciales, que estuvieron también condicionadas por otras más económicas y materiales. Gracias a los esfuerzos realizados tanto por científicos como por filósofos

---

14 Proyectos como el del Gran Simio suponen una continuación acerca de los debates sobre la humanidad y "alma" de los animales. Con esta asociación se pretende la liberación del sufrimiento de simios antropomorfos y cetáceos, utilizando argumentos basados en la tradición del movimiento en contra de la esclavitud: "El Proyecto Gran Simio NO pretende que se considere a chimpancés, gorilas, orangutanes y bonobos como HUMANOS, que NO son, si no como HOMÍNIDOS que SÍ son. Si la cercanía genética entre el hombre y los demás simios es grande, aún lo es mayor entre estos y otros homínidos como los neandertales, habilis, erectus, etc. Por lo tanto, ya que los grandes simios son tan HOMÍNIDOS como los neandertales, erectus, etc, el Proyecto Gran Simio solo pretende que se les trate y se les reconozca derechos como se los reconoceríamos a estos si no se hubiesen extinguido. *Una idea, un libro y una organización*: La idea consiste básicamente, en otorgar parte de los derechos básicos de los que, actualmente solo gozan los seres humanos: el derecho a la vida, a la libertad y a no ser maltratados ni física ni psicológicamente. El libro, trabajo colectivo de un grupo de científicos e investigadores, expone un argumento multifacético en contra de la irracionalidad negación de derechos fundamentales a seres que no son miembros de nuestra propia especie, pero que evidentemente poseen muchas características que consideramos moralmente importantes. La organización es un grupo internacional, fundado para trabajar por la supresión de la categoría de 'propiedad' que ahora tienen los antropoides no humanos y por la inclusión inmediata en la categoría de personas. Nuestro objetivo a largo plazo es conseguir una Declaración de las Naciones Unidas sobre los Derechos de los Grandes Simios Antropoides. Cuando se consiga este resultado histórico, defenderemos el establecimiento de territorios protegidos para que los chimpancés, gorilas y orangutanes puedan seguir viviendo como seres libres por sus propios medios.
Cualquiera que manifieste su apoyo a la Declaración de los Grandes Simios Antropoides puede convertirse en miembro de la organización que toma a la sociedad anti-esclavista como su modelo."

15 "Where there is a fear of the collapse of difference, there is also an urgent need to reiterate human superiority. This reiteration can be found in the ways in which people use animals (hunting, riding, eating, vivisecting, staging, and caging them), and it can also be traced in the ways in which people thought with them in different discourses: religious, demonological, satirical, linguistic" (Fudge 2).

hasta entonces, el asunto de los límites del alma humana seguirá siendo objeto de una contienda religiosa que conducirá a que se conciba una legislación para la protección de los indígenas americanos, la cual se encajará dentro de las leyes y la tradición de los derechos de los vencidos. El que su labor fuera preeminentemente el soportar una carga de trabajo pesada y que desconocieran innatamente a Dios hizo que se estableciera una relación directa entre el rol social de los prisioneros "vencidos" esclavizados y el de los animales encargados de labores y propósitos similares. El poder ser considerados "obras divinas imperfectas" implicaba una dificultad en comprender el papel exacto de los vencidos en el mundo, existiendo una conciencia ética sobre sus derechos como seres vivos, para no abusar de ellos y evitar el potencial riesgo de pecar. El reconocimiento legal de que los habitantes de los nuevos territorios ocupados eran seres con alma, hijos de Dios, será un paso fundamental para su respeto, integración y acogimiento, dentro de la sociedad colonizadora.

Llama la atención que Gómez Pereira escribiera su famosa disertación sobre el alma animal, simultáneamente al debate que está teniendo lugar sobre el alma de los indígenas americanos, que fue una de las primeras controversias sobre el asunto de los límites del alma humana en la Edad Moderna, la cual tuvo consecuencias legales, tras reconocérseles sus derechos como seres humanos[16]. El propio Cervantes, habiendo sido esclavo de piratas norteafricanos, cederá la palabra a los dos animales más cercanos al ser humano en la cadena del ser, para que ofrezcan al lector, desde sus perspectivas únicas, visiones degradadas de la imperfecta sociedad con la que cualquier alma inocente estaba obligada a convivir en la España barroca de *El coloquio de los perros*.

Aunque la esclavitud había sido aceptada como un estado más dentro del orden social establecido, las implicaciones legislativas nacidas de la polémica entre Las Casas y Sepúlveda sobre el alma de los indios en Valladolid resultarán en una mayor protección de los indígenas y los esclavos, al menos en el contexto de la colonización americana[17]. Hasta este período se "[...] encontraba

---

16   La posible influencia de Gómez Pereira en Cervantes fue apuntada por Pérez de León (*tablas* 109–11); su exploración desde un punto de vista filosófico se aprecia los trabajos de Bandrés y Llavona: "[...] to accept sensitivity in animals is to accept reasoning and intelligence in animals; because animals do not possess human cognitive abilities, sensations are inconceivable [...] Pereira considers instinctive movements to include those basic processes related to environmental adaptation [...] result of the interaction between natural tendencies in the animal and the concrete environmental circumstances [...] surprising harmony between the beast and its physical, animal, and human surroundings" (10, c.2) (159, 160, 164).

17   Para un análisis del sentido del debate entre la posición de Sepúlveda y la opuesta de Las Casas con relación a la igualdad de los indios ver Brunstetter (412). Egginton resume así ambas propuestas: "The conflict over the legality of the Spanish campaigns in the

natural y lógico enviar indios a España para ser vendidos en pública subasta" (Castellano 55). Predominaba entonces la "[...] tesis aristotelica según la cual era válido sostener que una parte de la humanidad nacía destinada para ser esclava [...]," en opinión de Fray Tomas de Mercado, quien también defendía que "[...] cautivar, o vender negros, o otra qualquier gente es negocio licito y *de jure gentium*, que dicen los Theógos [...] y ay bastantes razones y causas por donde puede ser uno justamente cautivo y vendido," considerándose un acto de caridad el poder evangelizarles y esclavizarles de por vida, ya que era una buena alternativa, al impedir "[...] que el vencedor mate al prisionero de guerra" (55)[18].

La convivencia con los esclavos en tareas cotidianas derivará en un relevante planteamiento ético: para evitar pecar, su interacción con ellos se ha de fundamentar en que su espíritu, aunque es obra divina, podría desconocer a su Creador por causas ajenas a su voluntad, debido a su alejamiento de Dios durante generaciones. Esta lógica se impondrá en muchos de los seres humanos que los europeos se encontraban en América y en el Pacífico, los cuales se creía que procedían de alguna de las tribus perdidas de Israel, mencionadas en la Biblia, que con el tiempo se habían olvidado de Dios. Así, una de las labores de los evangelizadores españoles y portugueses será entonces la de recordarles su propia existencia divina.

La autoconsciencia de los límites de la esencia de la naturaleza del ser humano transciende y complementa el punto de vista del debate tanto del espectáculo animal como del alma de los esclavos. El misterio del "alma" o

---

new world came to a head in the debate at Valladolid in 1550 between Sepúlveda and Las Casas. The debate centered around Sepúlveda's claim that it was just for the Spanish to wage war against the Indians and to enslave them if need be. He supported this claim with four theses, namely: (1) 'Indians are barbarous'; 12 (2) 'Indians commit crimes against natural law' (quoted in AM, 87); (3) 'Indians oppress and kill innocent people' (AM, 89); and (4) 'War may be waged against infidels in order to prepare the way for preaching the faith' (95). To the first of the theses, Las Casas' rebuttal was that Sepúlveda had generalized and simplified Aristotle's definition of 'barbarian' to suit his own purpose, and he responded by deriving three classes of barbarian from Aristotle, and later adding one more derived from scripture. The first there were: (1) 'Those who are bar barians because of their savage behavior'; (2) 'Those who are barbarians because they have no written language in which to express themselves'; and (3) 'Those who are barbarians in the correct sense of the term' (quoted in AM, 83)" ("relativism" 40).

18   El remedio al "problema" de los esclavos no-cristianos incluye "soluciones finales," al entenderse en algunos casos su presencia como la de una "plaga animal," a la que se había que extinguir (ver Márquez Villanueva). El número de esclavos en la Península, lejos de ser anecdótico, es el de un grupo social numeroso. Se calcula que pudo haber llegado al 3% de la población a finales del siglo dieciséis, en una cantidad "[...] entre 100.000 y 300.000, en un país que apenas llegaba a nueve millones de habitantes" (Castellano 55).

espíritu que ilumina al ser humano, en exclusividad al resto de seres vivos, ha sido un asunto que ha estado en la mente de filósofos y científicos desde el principio de los tiempos. De hecho, animalistas como Singer, en su teoría sobre la ética y la inteligencia animal, ha llegado a plantear la necesidad de un movimiento de "liberalización" e igualdad, similar al racial y al de género.

En tiempos de Cervantes, al considerarse el alma infinita, no era tan relevante que el cuerpo material también lo fuera. Por lo tanto, en vida, el ser humano había de dedicarse a preparar adecuadamente su transición hacia la inmaterialidad, utilizando su privilegiada capacidad del uso del libre albedrío para elegir entre el bien y el mal. El espacio transcendente del alma es compartido por los seres humanos dentro de la gran cadena del ser, sucediendo a los ángeles y a Dios, aunque antecediendo al resto de la fauna animal. Si bien los casos de apariciones y hechos sobrenaturales en las vidas de los santos justificaban la correspondencia entre los seres humanos con la realidad celestial y sagrada, es lógico que nada impidiera considerar la posibilidad de que los animales pudieran, excepcionalmente, poseer algunas características humanas. Esta preocupación se comprueba en los residuos gráficos de portentos de sirenas y "pejes" varados en playas, que eran interpretados como seres híbridos de humanos y animales por imaginativos observadores y autores de relaciones, confirmándose así la aceptación de una organización del universo que estaba regido, en muchos casos, a partir de la alegoría de la gran cadena del ser.

Del mismo modo que para demostrar ser cristiano viejo era necesario el escrutinio del linaje propio hasta los mismos reyes Godos, en relación con la imposibilidad de hacerlo para los "nuevos cristianos," la renacida nobleza, especialmente a partir del poder y cargos, profusa y caprichosamente otorgados por Felipe III, se afanará en concebir espectáculos de Corte cada vez más sofisticados, en los cuales se incluyen simulacros, verosímiles torneos y juegos de cañas, además de una participación más activa en comedias palaciegas. Muchas de estas celebraciones están orientadas a hacer presente y pública la distancia aristocrática con el resto de la humanidad. Para que estos oligarcas y aspirantes a cargos y beneficios en la Corte pudieran elevarse por encima del resto de los humanos, la lógica de la gran cadena del ser dictaba que era necesaria la existencia tanto de seres inferiores como superiores a ellos. Al estar a caballo entre seres humanos y una estirpe imaginaria de héroes clásicos legendarios y campeones de la cristiandad, el vulgo ignorante debería estar, lógicamente, más cercano a la frontera entre los seres humanos y los brutos.

3.1.2 *Sobre la recepción de los espectáculos animales en el Barroco*

Durante el Barroco, la cosmovisión cristianovieja será profusamente defendida en los espectáculos oficiales, permeando así en el imaginario popular como una escala de valores hegemónica[19]. Su predominio se basaba en una visión de la historia fabulada, exagerada y adaptada a los intereses políticos de la oligarquía dominante. La Razón de Estado que guiaba el aparato propagandístico era poco fiable por principio, anteponiendo los intereses de las élites ante la verdad, cuando fuese necesario. En los espectáculos barrocos se "secuestra virtualmente" el presente del espectador, al menos durante el tiempo de "interrupción de la realidad" de la descripción detallada de las grandes hazañas y recuerdos de héroes históricos, que se asociaban infundadamente con las estirpes de los que ostentaban el poder hegemónico y organizaban los propios eventos (Pérez de León *histéresis*). Las celebraciones barrocas apelaban a las emociones, a los sentidos y eran dirigidas a una audiencia, en cuya concepción del tiempo histórico se tendía a confundir la sucesión de relatos sagrados, clásicos y contemporáneos a la que era expuesta.

Entre finales del siglo dieciséis y principios del diecisiete se produce una interesada revalorización del papel del espectador en España, una vez es aceptada su mayoritaria y entusiasta presencia en espectáculos de masas como el de muchas de las obras de la comedia nueva. Surgirá así la necesidad de alabar al vulgo, como se aprecia en las loas y otros recursos espectaculares dedicados a obtener su aprobación, los cuales se convertirán en parte fundamental de unas obras diseñadas para su propio entretenimiento y adoctrinamiento[20]. La alusión al vulgo por parte de Lope de Vega en el *Arte nuevo* confirma su papel esencial, y muy a tener en cuenta, para el buen funcionamiento de la obra teatral[21]. Su relevante función era similar a la que le daban los representantes de

---

19   En muchos de los espectáculos barrocos en los que se promueve un pasado de valores cristianoviejos idealizados, sus organizadores suelen proyectar en el presente una ideología que incluye, por ejemplo, la recuperación de la estética y valores caballerescos, algo refrendado, por ejemplo, en torneos y justas simuladas, con múltiples referencias a un imaginado período medieval tanto como en los argumentos de los libros de caballerías y fábulas antiguas (López Estrada 294–99). Todo ello en un período en el que el analfabetismo afectaba a cerca del 90 por cien en el campo, con menos de un millón y medio de personas que podrían leer (Cruickshank 811–12).

20   Se pretendía "contentar" a la audiencia del teatro contrarreformista, como se describe en el *Arte nuevo* de Lope, ya que, en ciertos momentos del espectáculo, ésta podía mostrarse emocionalmente incontrolada, algo por lo que aparece frecuentemente denostada. En este contexto, la presencia del "vulgo" para Lope, entra dentro de un esquema ideológico monárquico-nacionalista, el cual se adapta para intentar agradar a las diferentes clases sociales, como ha apuntado Maravall, en un período en el que, se identifica cada vez más "vulgo" con "pueblo" (Kluge 189).

21   Así, se ha interpretado la presencia del vulgo en el *Arte Nuevo* en el contexto de una propuesta de renovación radical del teatro, con lo que se confirmaría el conocimiento de Lope de las reglas clásicas (Cascardi "Lope" 155).

la Iglesia a los más humildes en los sermones, por lo que también se considerará esencial conocer su comportamiento, para asegurarse así el éxito del acto comunicativo[22]. En este sentido, destaca la capacidad de los espectáculos de influir en los gustos de una audiencia, manipulada como "[...] un concepto negativo, para, poco a poco, trocarlo en positivo" (Sánchez Escribano y Porqueras Mayo 143).

Apelar a los sentidos del público y no a la razón ha sido históricamente entendido como un método efectivo para el adoctrinamiento social, dentro de la propia dinámica de los espectáculos. Esta lógica ha llevado a situaciones en las que la mayor o menor participación del espectador en un evento dependerá de la propia efectividad del espectáculo para manipular las emociones humanas. A partir de la predominancia del teatro contrarreformista de la comedia nueva, se revalorizará un tipo de espectáculos propagandísticos con ciertos valores que servirán como herramienta de transmisión de una ideología hegemónica que, como ocurría en el sermón, pretende alcanzar a todos, en sus más recónditos rincones del alma[23]. Así, a la audiencia se le ofrecerá un tipo de entretenimiento, con un sentido estético atractivo y familiar que está orientado a complacerla[24].

A medida que el arte escénico se revaloriza como entretenimiento de masas, se irá alejando un tanto de su principio clásico de enseñar y deleitar, dejando paso a un característico "deleite al gusto del público." El debate ético de las controversias sobre los espectáculos, que se lleva a cabo en el propio Barroco, teniendo en cuenta la concepción de un teatro para las masas de autores como Lope, situará en un lugar central "[...] la recepción como criterio básico en el afianzamiento y justificación de la comedia nueva" (Díez Borque "Lope" 11). De igual manera que ocurría con los sermones, el éxito de la comedia dependerá así de la capacidad del autor de mantener un discurso atractivamente

---

22 Al ser el vulgo parte de la creación divina, también será valorado por las referencias y asociaciones a él por parte de Jesús; su consideración se debate entre la positiva, dentro de la implementación de valores solidarios católicos y la negativa, que también lo puede llegar a vincular a "[...] pueblo, plebe y turba" (Sánchez Escribano y Porqueras Mayo 123).

23 Históricamente, la afición a la comedia nueva proporcionará la independencia económica a algunos de sus autores, convirtiéndose en un producto del cual se podía obtener cierta estabilidad profesional, aunque "[...] quizá Lope no estuviera tan orgulloso de ello, como se ha pretendido, sino que sintió necesidad de justificarlo, no por él, sino por el *vulgo*" (Díez Borque "Lope" 31).

24 "En el mundo al revés que describe el *Arte nuevo*, el 'gusto'—y además el gusto del vulgo—es lo 'justo'. Esta gran paradoja constituye la mayor innovación del *Arte nuevo*, porque reconoce la relatividad de los gustos estéticos y la influencia del público sobre los escritores" (Sánchez Jiménez "vulgo" 729).

vinculante con la audiencia. El dejar un hondo efecto instintivo y emocional en el vulgo se irá imponiendo, a raíz del éxito de las expectativas y de la capacidad de los autores de poder comunicarse eficientemente con las audiencias, a través del arte escénico. Así, la concepción de unos espectáculos barrocos, en los que se invertirán ingentes cantidades de recursos para su éxito, requerirá de un esfuerzo previo en el conocimiento de las complejas motivaciones que movían al receptor hacia la aceptación de la obra. Este tipo de espectáculos, compartidos por el vulgo y la aristocracia, incluirán detalles sofisticados y carnavalescos, los cuales estaban orientados al disfrute colectivo por parte de estos tipos de espectadores diferentes, como se aprecia en las numerosas descripciones al respecto, recopiladas por Cotarelo y Mori en su *Bibliografía de las controversias sobre la licitud del teatro en España*. Esta popularización del espectáculo teatral era común tanto en las misas como en las celebraciones solemnes y los autos de fe, además de en cualquier otro tipo de actos oficiales similares organizados por la Corona y la Iglesia[25]. Su masa receptora coincidirá con la de la comedia, donde la presencia mayoritaria del vulgo también rivalizaba con la del resto de la audiencia, algo de lo que los dramaturgos y organizadores de espectáculos eran necesariamente conscientes (Díez Borque "públicos" 40–41). Aunque se reconoce y justifica la diversidad en la recepción de las obras, el concepto del vulgo continuará siendo contradictorio y complejo de comprender (Díez Borque "Lope" 15)[26].

En resumen, en este período, las celebraciones públicas se ordenan por un tipo de coherencia espectacular dirigida a una mejor cohesión social a la conclusión de la obra, momento en el que, muchas veces, se confirmaban a los personajes como súbditos de la Monarquía y temerosos de Dios, independientemente de su origen o clase social. Para que se siguieran manteniendo las diferencias entre la aristocracia y el vulgo, no obstante, el último no había de salirse de su papel encomendado dentro del orden natural de las cosas, ante lo que, autores como Cervantes ofrecerán su propia opinión, en defensa de un tipo de "vulgo discreto":

---

25   Aunque el vulgo era mayoría, su influencia en la comedia no debería ser "[…] diferente de la que podría ejercer sobre otros espectáculos públicos—religiosos y civiles—en los que no se cobrara entrada: procesiones, autos sacramentales, entradas reales, ejecuciones, fiestas de cañas, toros, etc." (Sánchez Jiménez "vulgo" 732).

26   "Tanto en estado social como en género y nivel educativo, el público era sumamente variado. Sánchez Escribano y Porqueras Mayo inciden en este punto (1972: 375–79), al igual que Charles Vincent Aubrun (1968: 71), José María Díez Borque (1980; 1981: 297; 1996: 45), Froldi (1968: 165), Gilbert-Santamaría (2005: 36–37), Sebastian Neumeister (1978), Juana de José Prades (1971: 282) y Noel Salomon (1974). Incluso sin acudir a testimonios históricos externos sobre el público de los corrales, el propio *Arte nuevo* nos revela la heterogeneidad de ese público" (Sánchez Jiménez "vulgo" 731).

> Por las rucias que peino, que me corro
> de ver que las comedias endiabladas
> por divinas se pongan en el corro;
> y, a pesar de las limpias y atildadas
> del cómico mejor de nuestra Hesperia,
> quieren ser conocidas y pagadas.
> Mas no ganaron mucho en esta feria,
> porque es discreto el vulgo de la Corte,
> aunque le toca la común miseria.

En esta cita del *Viaje del Parnaso* se reconoce que una "común miseria" no es incompatible con la discreción, en el contexto de una comedia nueva, que ha llegado para quedarse como estética hegemónica. Aceptándose que la realidad representada en la comedia era aquella adaptada al gusto de las audiencias, Cervantes defiende que es siempre preferible escribir teniendo en cuenta a un vulgo discreto, el cual es capaz de asimilar, más racionalmente, el mensaje estético-ideológico preponderante en las tablas, disociando así vulgaridad de estatus social.

En el *Arte nuevo* de Lope se defiende un espectáculo variado para satisfacer a un público que también lo es; aunque escribir para todos es la clave del éxito de las comedias, la propia pluralidad en los niveles de comprensión puede conducir a la necesidad de diversificar el argumento de las obras de teatro para "[...] satisfacer a otras gentes además de las que componen ese vulgo, las que disfrutan de las sabias sentencias y los bellos versos," ya que, de hecho, Lope incluye en su comedia nueva "[...] componentes que se quieren cultos y otros también [...] 'para quienes no ahondaren tanto,' como se dice en el *Lazarillo de Tormes*" (Díez Borque "Lope" 43)[27]. Este deseo de alcanzar audiencias diversas provoca que las tramas puedan ser más carnavalescas y autorreferenciales y se enfaticen en ellas efectos teatrales frecuentemente recurrentes que convivirán con unas imprescindibles alusiones encomiásticas a la grandeza de los propios mecenas que favorecía los espectáculos[28].

---

27 Así, en la literatura de masas, "[...] frente a la novedad, el rasgo personal distintivo, la originalidad, encontramos la repetición y redundancia como garantía de éxito" como "[...] combinaciones estróficas (romances, sonetos, décimas, octavas, tercetos, redondillas, seguidillas, pareados [...] etc.)," incluyendo "[...] repeticiones ideológicas, conceptuales, argumentales" (Díez Borque "públicos" 46–7).

28 El reconocer la relevancia del vulgo y controlar su comportamiento va en consonancia con el objetivo encomiástico de muchas obras donde se ensalza a los nobles con tono un heroico y triunfalista, "[...] llegando a citarse nombres y apellidos concretos de aristócratas distinguidos en acciones militares," algo que convive con la idea de vulgo de Lope "[...] en el sentido de masa indiscriminada, gente común, con un evidente tono peyorativo" (Díez Borque "Lope" 20).

La audiencia más instintiva de la comedia nueva se distinguirá de la más discreta, aunque las obras apunten a privilegiar a la primera, a la que frecuentemente se orientarán los espectáculos en las primeras décadas del diecisiete; mucho más, si cabe, en géneros como el teatro breve. La Literatura orientada a influir, sin necesariamente educar, contrasta con la que buscaba educar y deleitar, que se dirigirá a otro tipo de público receptor específico, más discreto. Considerar al vulgo como una entidad con agencia e instinto emocional propio es un concepto presente en el *Arte Nuevo* de Lope, el cual está también corroborado en muchos de los documentos de las citadas *Controversias*, recopiladas por Cotarelo y Mori. La propuesta de entretenimiento de la comedia nueva apunta a la deshumanización estética, característica de la cultura espectacular en el Siglo de Oro, donde se suele sacrificar la recepción racional del espectáculo, en aras de apelar a las emociones de la audiencia. Este breve recorrido por las expectativas potenciales creadas en la mayoría receptora de los espectáculos barrocos servirá para poder apreciar mejor los criterios por los que se regirán, igualmente, aquellos en los que se utilizaban animales en este período.

En uno de los cuentos medievales más populares, *El hombre que casó con mujer brava* de Don Juan Manuel, se utiliza el sacrificio animal gratuito como recurso para el sometimiento de la voluntad de un personaje hacia otro. En la acción de la historia se presenta un "simulado desapego" hacia estas caras y útiles fuentes de energía y servicios que eran los animales. En un período en el que algunos aspectos de las diferencias entre hombre y "bruto" estaban todavía indeterminados, la tortura animal hasta su muerte, transformada en espectáculo ritual y popular, se asociaba también al efecto "celebratorio" del derroche material. Éste causaría honda impresión, como lo hacen, por ejemplo, las Fallas de Valencia, al quemarse en un instante el trabajo de un año. En el contexto de este tipo de sacrificios gratuitos y públicos de un medio de subsistencia, como eran los animales, ciertas batallas entre bestias "inferiores" en la cadena del ser despertarán la curiosidad de las audiencias[29]. Así, en 1631 se preparó en un espectáculo, que será épicamente relatado, entre "[…] un león, un tigre, un oso

---

29 En este período, el trato a los animales era muy similar en la mayoría de las culturas europeas: "There is no doubt that early modern Spaniards saw animals as food, horses and dogs to be used in battle, and objects to be used for cruel amusement. Of course, the British of the sixteenth and seventeenth centuries had their bear and bull baiting, even as the Spaniards had their bullfight […]. Prisoners eaten by the animals were justly sacrificed to the sacred, while any survivors were judged pure enough to now serve the Inca, the divine emperor himself" (Alves 11).

y un toro del Jarama, que los venció a todos ellos, siendo después matado de un arcabuzazo por el mismo Felipe IV" (Reyes 170)[30].

Muchos de los críticos de los espectáculos de sacrificios animales solían contextualizar las reacciones de los animales dentro del sistema de valores cristiano y clásico, algo que quedará también reflejado en los emblemas. El sacrificio de animales en espectáculos y otros actos públicos generará además ciertas dudas morales, la cuales culminarán en debates como el de la exigencia de su desaparición, algo que ocurrirá en ciertas ocasiones, como cuando se llegó a prohibir el participar en las corridas de toros durante los domingos y otros días festivos[31]. Así, la presencia animal en el arte y los espectáculos públicos puede orientar e inspirar a la audiencia hacia una reflexión más amplia sobre la relación entre bestias y seres humanos, algo que además estaba ocurriendo en otros ámbitos del saber, durante este período[32].

A partir de la pormenorización de las posibilidades que se presentan tanto en los espectáculos como en otros textos donde se suelen aportar reflexiones elaboradas sobre los animales, se aprecia que algunos rituales de sacrificio incluidos en las celebraciones con animales, como son las corridas de toros, pueden conducir a situaciones en las que la cercanía con los animales se relacione con la idea de la continuidad entre ellos y los seres humanos en la gran cadena del ser. Para conjurarse ante esta posibilidad, la presencia de animales se asociará frecuentemente a definiciones degradatorias, siendo aludidos como "[...] bárbaros, perros, canallas, lobos" (Ledda y Paba 258).

En este sentido, dentro del debate sobre el alma y el "automatismo" de los animales, obras como la *Antoniana Margarita* de Gómez Pereira entrarán de

---

30   Se dieron también otros notables ejemplos de enfrentamientos públicos entre animales, como el que ocurrirá entre un toro, un caballo y un oso, organizado por el duque de Lerma en San Juan, para agasajar al cardenal d'Este (Williams "duque" 195–96). Estos espectáculos también serían comunes en el complejo del Buen Retiro, como atestigua el que tuvo lugar en 1638, durante la celebración del nacimiento de la infanta María Teresa de Austria, donde también se juntaron: "[...] leones, tigres, osos, alanos, lebreles y toros" (Ferrer Valls "La fiesta en el Siglo de Oro").

31   Este tipo de regulaciones eclesiásticas sobre los espectáculos taurinos, que castigaban a los infractores bajo pena de excomunión, fueron ordenadas por Papas como Gregorio XIII y Pío V (Rodríguez Luisitano 1599, cit. en Suárez García 248–50).

32   En este sentido, se ha destacado la influencia tanto de los estudios mecanicistas de Oxford (como han estudiado Bandrés y Llavona) como de la escolástica, en pensadores como Gómez Pereira. Para Espinosa: "Los animales compiten y cooperan entre sí, siempre actuando en función de su sola naturaleza y en busca de un aumento de su potencia. Sin embargo, al no ser conscientes de sí mismos, ni de las causas exteriores, están abocados a vivir tal como los hombres ignorantes, constantemente a merced de las circunstancias, bajo el dictado de la apetencia, que no del deseo; [...]" (García Bédmar 103).

lleno en la cuestión del maltrato animal desde un punto de vista filosófico, tras concluir que los animales no pueden sentir, al carecer de alma. En oposición a los seres humanos, son considerados un espejo de máquinas. De hecho, su ausencia de sufrimiento consciente se asociará a su inoperancia práctica; no pueden tener alma, ya que, de otra manera, nada les diferenciaría de los seres humanos (2).

En el recorrido por diferentes espectáculos y representaciones con animales que sigue se comienza con aquellos en los que parece aceptarse que el animal no tiene alma, continuando con situaciones en las que el animal se utiliza para ejercicios marciales y cinegéticos, para culminar con diversos ejemplos del animal que se figura como más cercano al nivel de los seres humanos. Se concluirá con un repaso de otro tipo de representaciones, en las que los animales de ficción son transmisores de la verdad, en relación con la exposición de este mismo asunto dentro de *El coloquio de los perros* cervantino.

3.1.3 *Animales desalmados*

En el Barroco se ofrecieron espectáculos en los que la presencia animal se orientaba a su sacrificio gratuito, lo cual le confirmaba en un lugar inferior en la cadena del ser. Este tipo de ritualización de la muerte animal tiene varias connotaciones. Por un lado, está el propio sentido de la manifestación pública del desprecio hacia la vida animal, dentro del nihilismo asociado a cualquier celebración en la que existe una pérdida o desapego de lo material. Por otro, está su significado en relación con los seres humanos participantes en la celebración ritual.

Como parte de un espectáculo que se ofrecerá durante la entrada de Felipe II a Madrid, en cuya organización participará López de Hoyos, uno de los maestros de Cervantes, se incluirá el extraño concurso público de matar gatos a cabezazos. La diversión del espectador consistirá en contemplar la brutal pericia de los atrevidos concursantes de "cabezas afeitadas," mientras machacaban los órganos vitales del gato, en vivo, lo más contundente y efectivamente posible, evitando ser arañados y mordidos por el animal en el intento[33]. En el

---

33 Su origen folclórico se ha situado en Italia, donde se ha identificado en la pintura de Gabriel Bella *La fiesta del 2 de febrero en Santa María Formosa*, en la que se retrata el modo de "[...] matar un gato con la cabeza rapada" (Del Río Barredo 164 n. 26). El uso de gatos para recreo y diversión no fue infrecuente durante el Barroco, como se aprecia en el famoso episodio protagonizado por Don Quijote en el capítulo cuarenta y seis de la segunda parte, cuando se le vacía, en la oscuridad de su habitación, una bolsa llena de gatos en casa de los duques, epítome de una contienda desigual contra este tipo de animales "innobles," quienes también eran "[...] los compañeros predilectos de las brujas" (Redondo "fiestas" 58).

acto celebratorio se pretende igualar a los contendientes; el ser humano, al no poder usar ni su ingenio ni destreza manual, habrá de utilizar su bruto instinto para poder salir airoso de una situación que está dominada por una indiscriminada e instintiva agresividad animal.

Sin embargo, en este espectáculo de seres humanos contra brutos la lucha es desigual; para acabar con el gato, el ser humano está obligado a utilizar la violencia antes que la razón. Mientras en las corridas de toros es necesario probar el ingenio y destreza humana ante el bruto para derrotarle, en el caso del concurso madrileño, el participante se ha de igualar a la bestia para demostrar públicamente su "valor," en una contienda en la que difícilmente evitará el daño propiciado por las uñas y los colmillos del enfurecido animal. Esta "seducción" de la espectacularidad de las caras y calvas sangrantes nace de un juego macabro en el que los animales exponen en su reacción más instintiva y "automática;" sus sentidos responden con respuestas agresivas ante el no menos bruto y despiadado ataque humano.

En el enfrentamiento carnavalesco entre un "gato automático" y un representante del vulgo, el resultado no puede ser otro que el animal acabe muriendo o malherido, mientras que al atacante humano también se le arañe y quede dolorido, confundiéndose, carnavalescamente, los sangrientos atacantes, con los cuadrúpedos felinos, al final de la celebración. La lógica de este espectáculo tiende a igualar el instinto de las bestias y el de los que se enfrentan a ellas. Ciertos seres humanos se rebajarán a participar en un acto público en el que están obligados a ponerse al nivel de las "bestias" para poder vencerlas, haciéndose así más evidente la diferencia entre la oligarquía organizadora y la vulgaridad públicamente animalizada y ritualizada de los atacantes.

Otro ejemplo de vano sacrificio, donde se confirma la desigualdad entre animal y ser humano, fue la innoblemente popular caída de toros por un barranco, en tiempos en los que las corridas y las cañas[34] eran "[...] fiesta real, como es tan yllustre y claro el ejercicio de las armas" (Luis Zapata, cit. en Cátedra 93). El despeñamiento de los toros en Lerma, descrito en varias fuentes diplomáticas, debido a su extrema y absurda crueldad[35], se citará frecuentemente, para

---

34 En el ostentoso espectáculo de las cañas se ponía a prueba el ingenio humano, aunque también existía la utilización de la fuerza bruta "[...] con lanzas que se han vuelto cañas, reminiscencia de torneos y antiguas luchas en época en que la nobleza se ha hecho cortesana. Es un espectáculo que se le da al pueblo, y que se cobra en prestigio, justificando así la nobleza—dice Clare—su ociosidad y sus privilegios" (Díez Borque "textos" 186).

35 Este sacrificio de toros fue narrado en mayor detalle durante la visita del diplomático-viajero William Edgeman y está relacionado con otro tipo de abuso hacia estos animales, que eran frecuentemente "espectacularizados," como, por ejemplo, el que incluía el prender fuego a sus astas, de lo cual un relator italiano se sorprende, particularmente

ilustrar los gustos y personalidad del binomio que gobernaba España tras la muerte de Felipe II[36]. Algo que llamaba la atención de los testimonios de los diplomáticos y viajeros extranjeros, testigos del "espectáculo," era la razón última por la que el ver caer unos toros por un barranco, varios metros, despeñándose brutalmente por el abismo, hasta un río, del cual difícilmente sobrevivirían tras el batacazo, se hubiera convertido en un placer visual aristocrático, para el cual se acomodó un balcón en los aposentos de la casa del duque[37]. El escenario de Lerma, hasta el cual se accedía desde la plaza ducal, se situaba cuarenta metros por encima del río Arlanza, desde donde los toros se dirigían, inevitablemente, a su trampa mortal, cayendo al río con distinta suerte, ya que o "[...] aprendían a nadar o se ahogaban a la vista de los concurrentes" (Williams "duque" 187). La presencia y promoción del evento, tanto del rey como de su valido, confirmaba su complicidad y disfrute. Mientras el caso de la muerte a cabezazos de gatos a la entrada de Felipe II en Madrid parece tener un origen popular y folclórico, el de los toros de Lerma se puede asociar a la aplicación de ciertas destrezas en el arte de la caza al espectáculo animal, recordando a otras estrategias cinegéticas con las que se conducía a

---

      de cómo el público disfrutaba de su contemplación: "Fra questo splendore comparsero due tori, uno doppo l'altro, pieni di razzi e fuochi artifiziali, che dilettarono il popolo, et infine furono fatti passare sotto la Galleria al ponte che sporta sopra il dirupato, dobe per un trabocchetto precipitarono rotulando fin al fosso con gusto de Principi, che a forza di quantita di torce vedevano tutto fin al basso" (García García "fiestas de Lerma" 229).

36 El descalabro de los toros de Lerma aparece también registrado en otras fuentes, como es el caso de las bodas de los condes de Aguilar, cuando "[...] no se permitió que entrase nadie de fuera a verla, y sus Magestades gustaron mucho de cierto despeñadero que había al río, por donde iban a caer los toros cuando los acababan de correr" (García García "fiestas de corte" 42). Este acto de crueldad contra los animales es también descrito en una recepción real de la embajada inglesa, la cual se quedará asombrada de que su contemplación fuera valorada positivamente por el rey (Williams *valido* 187). En el espectáculo, los caballeros participantes mataban "[...] algunos toros a cuchilladas y otros terminaron saliendo de la plaza por el despeñadero a vista de la gente que podía asomarse a las ventanas y balcones de la galería que daban al foso del parque," en donde se concluye con una mezcla de corrida y despeñe: "[...] en ese momento salió un toro que murió acuchillado por el duque de Cea y a manos de las espadas de otros caballeros. El siguiente fue despeñado, y se corrieron otros dos más que acabaron de igual modo" (García García "fiestas de Lerma" 232–33).

37 "El difunto Duque disfrutaba mucho con las corridas de toros, y, cuando los toros estaban rabiados y casi agotados por las heridas de las lanzas, solía mandar que dejasen abierta una puerta del patio que daba a un gran precipicio, hacia donde solían dirigirse los toros, que se precipitaban a carrera tendida por la cuesta de abajo, donde se hacían pedazos, lo cual solía contemplar el Duque con gran regocijo desde un balcón que estaba sobre la puerta" (Gentilli 52).

los animales hacia hondonadas, como se aprecia, por ejemplo, en el cuadro de Velázquez sobre la cacería de jabalíes en Hoyo de Manzanares[38].

En el espectáculo del despeñe de los toros en Lerma se identifican dos partes. Está, en primer lugar, la corrida del toro que realizan unos individuos, los cuales han de dirigir a los animales al barranco, superando así su instinto. En segundo lugar está el salto involuntario de las fieras, que muy posiblemente les conducirá a su propia muerte, siendo entonces cuando se expone públicamente la marcada diferencia entre las bestias y los "corredores" que las han forzado a su cruel destino. En este despeñamiento real de toros se reafirma que el ingenio humano puede superar al del animal, ya que los brutos son obligados a "suicidarse" o quedar malheridos, tras ser guiados por su instinto a través del ingenioso laberinto ideado por la oligarquía organizadora del evento. El "automatismo" de la reacción del toro evitará su supervivencia, reforzando así al ser humano como superior en la jerarquía existencial y quedando los toros como seres inferiores, brutos en la cadena del ser, en confirmación de su tradicional descripción como tales[39].

Tanto en el caso más popular de la muerte de gatos a cabezazos de las fiestas de Madrid como en el más elitista del despeñe de los toros de Lerma es difícil encontrar argumentos que aseguren que el animal pudieran considerarse como un ser con alma. Sus espectadores parecen divertirse ante la contemplación del uso de la fuerza, en la contienda entre brutos y seres humanos. En esta clase de diversiones y espectáculos ritualizados se darán momentos en los que

---

38 La sofisticación técnica del arte de la caza se consideraba como algo natural, dentro de un tipo de espectáculos aristocráticos que podían servir como adiestramiento para el combate, como confirma el duque ante Sancho en el capítulo treinta y tres de la segunda parte del *Quijote*: "Sancho, mostrando las llagas a la duquesa de su roto vestido, dijo: "—Si esta caza fuera de liebres o de pajarillos, seguro estuviera mi sayo de verse en este estremo. Yo no sé qué gusto se recibe de esperar a un animal que, si os alcanza con un colmillo, os puede quitar la vida; [...] que no querría yo que los príncipes y los reyes se pusiesen en semejantes peligros, a trueco de un gusto que parece que no le había de ser, pues consiste en matar a un animal que no ha cometido delito alguno.—Antes os engañáis, Sancho— respondió el duque—, porque el ejercicio de la caza de monte es el más conveniente y necesario para los reyes y príncipes que otro alguno. La caza es una imagen de la guerra: hay en ella estratagemas, astucias, insidias para vencer a su salvo al enemigo; padécense en ella fríos grandísimos y calores intolerables; menoscábase el ocio y el sueño, corrobóranse las fuerzas, agilítanse los miembros del que la usa, y, en resolución, es ejercicio que se puede hacer sin perjuicio de nadie y con gusto de muchos; [...]" (II, 34).

39 Así, de entre los cuadrúpedos, ni siquiera al propio rey de la selva se le presentaba muy favorecido, reflejando esta doble tendencia del rechazo hacia el animal como fiera y la admiración hacia ellos por los misterios que albergaba su comportamiento: "[...] muerto, con un panal en la boca; subido sobre dos círculos; enfrenado y montado por Cupido, y con su cachorro en la boca" (Fernández Vales 229).

el animal es controlado por el ser humano, demostrando así la ingeniosa superioridad del último, dentro de la jerarquía que los diferencia. La aristocracia organizadora de los eventos parece que también puede elegir entre ser mera observadora y testigo oficial de lo que ocurre, o ser parte activa de este tipo de engaños a las bestias, siempre que esté dispuesta a exponerse a tan peligrosa diversión. Sin embargo, dependiendo del resultado de la contienda, los organizadores se podrían arriesgar a que se pusiera en cuestión su *autoritas*. Dejamos para otra ocasión una taxonomía más amplia de otras fiestas y celebraciones rituales con animales similares a éstas, algunas de las cuales han perdurado incluso hasta nuestros días, algo que quizás se deba, precisamente, a la pervivencia de un ancestral sentimiento de atracción hacia un tipo de espectáculo capaz de plantear, ritualizar y desvelar la incógnita de la superioridad, o no, de la razón humana, sobre el instinto de otros seres vivos.

En el Siglo de Oro se popularizarán los espectáculos con animales, los cuales eran considerados útiles vivos para la práctica, desarrollo y lucimiento de diferentes artes como la guerra y la caza, siendo muchas veces parte de estas celebraciones oficiales y de otros eventos más populares. Aunque sea más difícil de concebir hoy en día, la convivencia con los animales no era infrecuente, pudiendo llegar a ser extrañamente cercana e inhumana, como se evidencia, por ejemplo, en los casos de bestialismo que fueron juzgados por la Inquisición en este período. Los espectáculos de sacrificio animal se pueden relacionar también con el ciclo de la matanza que, una vez carnavalizada y convertida en diversión popular, perdurará como un acto que todavía sirve, especialmente en el sur de Europa, para cohesionar al grupo humano que ha cuidado y convivido previamente con el animal. Combinar antropológicamente el nihilismo de la potencial destrucción pública de bienes para la subsistencia con el misterio de la relación entre hombre y bestia que se plantea en un ritual evidencia el poder de atracción que pueden llegar a tener este tipo de sacrificios públicos.

La corridas, quizás originadas en ritos de iniciación en los que se favorecería la demostración pública de diferentes destrezas humanas, constituyen una teatralización de la rivalidad entre el hombre y los toros. Este tipo de espectáculos se irá sofisticando también durante este período, adecuándose para facilitar una detallada exposición de la profunda relación existente entre hombre y animal, a partir de su interacción pública. En ella, el torero tiene la posibilidad tanto de reafirmarse como de poner en evidencia su superioridad ante un ser "sacrificable," a partir de su ventaja natural de poseer un razonamiento y un ingenio del que la bestia carece.

De entre las relaciones ficcionalizadas de una corrida de toros en la modernidad temprana destaca el episodio protagonizado por el caballero Alonso y su criado Tello al principio del tercer acto de *El caballero de Olmedo* de Lope de Vega, donde se confirma que, en un espectáculo donde el objetivo común es acabar con el toro, la diversión es radicalmente diferente, por un lado, en el caso de los aristócratas y, por otro, en el de los criados. Alonso, como el resto de los nobles contendientes, se presenta plantado en su montura con la intención de hincarle unas banderillas en el lomo de un debilitado animal. El ritual de la matanza que se describe se lleva a cabo colectivamente, correspondiéndole al criado el acto de desjarretar al toro, algo que asocia vulgarmente con cortar rábanos[40]. Mediante esta cobarde estrategia se busca crear un enfrentamiento más desigual entre su amo y el toro[41]. En un momento carnavalesco, Tello acabará reclamando la igualación de sus acciones a las de su señor, algo confirmado también en la opinión del público, que destacará el arrojo de ambos participantes.

En este tipo de corridas populares, donde intervienen el binomio nobleza y vulgo, con sus diferentes funciones jerarquizadas, se sacrificaban los toros en rituales que tienen como precedentes otros asociados a la antigua caballería y, en su origen, a la antigua Roma, donde este tipo de diversiones también se llevaban a cabo tanto a caballo como a pie. Aunque el espectáculo se presenta engañosamente como una "batalla" entre el animal y el hombre, la matanza

---

40 El desjarretamiento consiste en lesionar grave y cruelmente al animal, al que se le cortan los tendones para hacerle más vulnerable:
Tello: ¡Valientes suertes, por Dios!
Alonso: Dame, Tello, el alazán.
Tello: Todos el lauro nos dan.
Alonso: ¿A los dos, Tello?
Tello: A los dos; que tú a caballo, y yo a pie,
nos habemos igualado.
Alonso: ¡Qué bravo, Tello, has andado!
Tello: Seis toros desjarreté,
como si sus piernas fueran
rábanos de mi lugar. (49–57)

41 El "arte" de desjarretar, acción infame dentro del sangriento espectáculo taurino, será muy perseguido con el tiempo por ir contra las normas de la tauromaquia, precisamente porque no añade nada a la corrida, más que una crueldad y daño excesivos al animal, que suele morir sufriendo aún más. El desjarretamiento y posterior carnaval de sangre ocurría con el permiso de las autoridades de la plaza: "Cuando lo han hostigado y cansado bastante y comienza a perder vigor, suenan las trompetas, y es una señal de que lo pueden desjarretar. Al punto le asestan en las patas unos venablos y le meten mano con la espada y el cuchillo, y tratan de alcanzarle en las patas de atrás y de cortarle los nervios; en cuanto se tambalea o se le ve andar sólo sobre tres patas, hacen llover por todas partes estocadas y tajos, que llaman *cuchilladas*, sobre ese pobre animal. Es donde el pueblo bajo deja ver su humor sanguinario, porque los que le pueden alcanzar no se creerían hijos de buena madre si no hundiesen sus dagas en la sangre de esa fiera" (Gentilli 49–50).

de caballos y de toros será lo predominante[42]. En este tipo de espectáculos con animales se le ofrece a la audiencia un sacrificio gratuito, un carnaval de muerte, que suele culminar con la masacre animal final. Al igual que ocurría en los autos de fe, la conclusión del espectáculo es predecible. Uno o varios de los animales participantes en estos rituales y también algún ser humano quedarán frecuentemente malheridos o acabarán con sus vidas. Sin embargo, en estas matanzas disfrazadas de contienda contra un animal también se puede lograr tanto la identificación de un enemigo común para nobleza y plebe como el refuerzo de la relación jerárquica entre ambos.

La costumbre de correr animales antes de sacrificarlos no fue exclusiva de España, siendo también frecuente en otros países del sur de Europa. Un ejemplo es la persecución y muerte de doce cerdos en el palacio de los Dogos durante el Carnaval de Venecia, cuando los animales eran juzgados antes de morir; aunque se intentó abolir, fue imposible hacerlo por el interés popular. Este tipo de contiendas, en las que se celebra el acto de dar la muerte a un ser vivo, ha servido ancestralmente para estrechar los vínculos de una comunidad, con una clase de espectáculos en los que se aúna el poder ritual de la carne con el de la violencia (Muir 87). En España, las corridas incluían diferentes variantes: "[…] toros embolados, toros de fuego, toro jubillo, etc. También hubo toros de fuegos artificiales" (Díez Borque "relaciones" 31) y contaban con un público espectador muy fiel (Gentilli 46), que parecía disfrutar de contemplar el acto del sacrificio animal: "[…] no hay placer mayor para la mayoría de los españoles que el luchar con el toro, y la canalla no halla nada igual al de hacer correr la sangre" (45). En todos estos ejemplos de espectáculos, en los que se produce una contienda entre un ser humano y un animal, la crueldad hacia las bestias se ha identificado entre los mecanismos más efectivos tanto para dar salida a la violencia contenida como para la exposición pública del poder oligárquico, con la que se apunta a impresionar, profundamente, a la toda la audiencia[43]. La espectacularización de ciertas relaciones entre especies diferentes, en sus respectivos escalones en la cadena del ser, pudieron también servir como estrategia contra supersticiones y otras prácticas no deseables entre

---

42   Tampoco era poco común la presencia de perros al final de la corrida para acabar con el toro: "Documents from Seville give early signs that people gathered to see how the dogs and their master brought down the bull. One sixteenth-century document describes how bulls were caped in the corrals of a slaughterhouse" (Marvin 62 cit. en Beusterien 44).

43   "Corridas de toros, juegos de cañas y demás simulacros militares resultaban ser, consiguientemente, una especie de mecanismo de defensa colectiva, un antídoto a la violencia de la época, sirviendo a la vez de pública amonestación, ya que mostraban la fuerza de los mejores, de las clases poderosas" (Gentilli 54–55).

seres humanos y animales, al recordar, a cada participante, su lugar dentro de la estructura social[44].

Sin embargo, también existirán numerosas voces en contra de los espectáculos taurinos, siendo su alto coste organizativo, uno de los principales argumentos en su contra[45]. El poder interactuar carnavalescamente con animales estaba abierto a todos los miembros de la comunidad, lo que no evitará que los espectáculos de toros sean frecuentemente juzgados como actos viciosos llenos de violencia gratuita (ver Cotarelo y Mori *bibliografía*). De la misma manera que con el auto de fe, la función de pacificar los ánimos colectivos, a partir de este tipo de sangrientos espectáculos, se sumaba a que el daño a un animal "inferior" podía también contribuir a conjurar el siempre latente miedo al castigo oficial y público[46].

Dentro del ritual de las corridas de toros, el modo en el que el ser humano se relacionaba con los animales era mediante un tipo de enfrentamientos

---

[44] En uno de los contados casos en los que la corrida se convirtió en un acto cómico, una viajera extranjera señala cómo un hombre acabará en el suelo, tras subirse a un toro domesticado; posteriormente otro sujeto será también derribado de un burro por el toro, tras lo cual éste "[...] le dio un gran golpe entre los cuernos, que brotóle la sangre a borbotones." Acto seguido a esta "valiente" acción, fue a pedir el toro al rey, quien se lo dio, retirándose con el premio "[...] más contento que si se hubiera visto coronado de laureles" (Gentilli 49).

[45] Como recoge Barrionuevo: "Hoy se corren los toros. No los veo, que no gusto de fiestas semejantes donde el calor es excesivo, el cansancio grande, la inhumanidad que allí hay terrible, muriendo unos entre las fieras, quedando otros estropeados a palos de las guardas que asisten, puniéndose todos en semejantes regocijos a treinta con rey. Salen tres a rejonear: no es Barrabás el postrero. Hay lanzadas de a pie y otras cosas; 30 toreadores escogidos, muchas empanadas y garrafones. Gástase que es un juicio, y ninguno le tiene en ocasiones semejantes; abanicos y moscas andan listos. Con que Vm. puede darlos por vistos, sin costarle más que extender los ojos por esta breve relación que le hago" (176).

En este sentido, la cacería del jabalí también presuponía un amplio despliegue de recursos materiales y humanos, como se aprecia en las organizadas por Felipe IV: "[...] hay un amplio recinto cercado con lonas y los cazadores acosan al jabalí hasta allí; avisan al Rey, y él, cuando bien le parece, va allá; [...] el rey va a caballo y lleva en la mano un venablo que valientemente intenta romper sobre la cabeza del jabalí [...] cambia varias veces de caballo hasta que decide que está cansado de la diversión; cuando lo deja suel- tan a unos perros sobre el jabalí, hasta que, habiendo tiranizado de esta manera, tienen bastante compasión como para matarlo" (Gentilli 40).

[46] "No se debe olvidar que en el mundo hispánico la represión de efectos más seguros se producía automáticamente a través de un espectáculo pavoroso: el auto de Fe, máxima expresión institucional y ritual [...]. Fuerza vigilante de toda desviación intelectual, su eficacia es de sobra conocida [...] (corridas de toros). Su violencia servía de descarga a la vez que satisfacía simbólicamente la necesidad del sacrificio sirviendo de cabeza de turco. A la vez las corridas, como los juegos de cañas y otros ejercicios mostraban en público la fuerza de los mejores, de las clases poderosas" (Bonet Correa 56).

donde el principio animal desafiaba a la razón humana[47]. En cuanto al origen y efecto, además de los potenciales objetivos de las citadas celebraciones con animales, independientemente de que hayan sido inspiradas, popular o aristocráticamente, por la caza, el arte militar o la cultura asociada a actos como la matanza, se confirma en todos ellos que la contienda con animales refuerza una visión del mundo que se presenta como "naturalmente jerarquizada[48]."

De entre los espectáculos relacionados con animales destacarán también ciertos bailes rituales, los cuales serán representados como mojigangas sobre carros durante las festividades del Corpus[49]. En ellos también se aprecia el

---

[47] Thomson resume este contraste filosófico entre instinto animal y razón: "However, the word was also used to refer to precisely the natural or mechanical disposition that Digby was defending and was in fact employed by Descartes to mean a natural impulse towards self-preservation or pleasure, which exists in humans and animals. It appealed to defenders of animal mechanism as it enabled actions which were frequently quoted as evidence of a form of reasoning to be given a purely mechanical explanation in terms of a natural disposition which did not require thought; the regularity of animal behaviour was cited as proof that it was not the result of reflection on their part but of nature. Instinct was thus distinguished from reason" (9).

[48] Así, de entre los ejemplos más curiosos de una farsa de continuidad entre animal y ser humano está el del mono de Maese Pedro en la propia obra cervantina, siendo un animal que "[...] contestaba a cualquier pregunta con respuestas transcendentales al oído de su amo." Otro episodio popular relacionado fue un evento que quedó registrado por su excepcionalidad, basada en la sorpresa que levantó el comportamiento "racional" del Toro de San Marcos, el día de su bautizo: "[...] le asen de los cuernos, poniéndoles en ellos roscas de pan, guirnaldas de flores y candelas encendidas, estando tan manso como un cordero, y de esta manera viene en la procesión al monasterio de frailes descalzos de San Francisco, y entrando el toro en la capilla sube las gradas del altar mayor, y llegando a la peana, con el hocico huele y besa el altar, y asiste a la misa y sermón muy manso y quieto hasta que el sacerdote consume, y entonces le hacen señal el mayordomo y cofrades dándole con unas varas y sale de allí corriendo con una bravura que espanta. [...]. Un humanista como el Dr. Laguna tenía que mostrarse escéptico con el prodigio; creía que amansaban al toro dándole de beber vino [...]. Sería superfluo seguir acumulando ejemplos para probar algo que resulta obvio: la Iglesia institucional aceptaba, aprobaba y fomentaba el milagrerismo popular" (Domínguez Ortiz 14).

[49] "The Corpus dances can be classified in two general types, *danzas de saraos*, suites of courtly dance forms performed in spectacular, aristocratic costumes, and *danzas de cascabel*, marked by popular dance forms, costumed figures, and often elaborate narratives. The former were danced to 'noble' string instruments (bowed or plucked vihuelas, lutes, harps), while popular instruments (tambourines, drums, and—but bells, flutes, bagpipes—guitars)—but especially the *tamborilero*, who played a small drum and a flute accompanied the latter. However, a strict separation according to upper and lower social classes did not apply, as stylised rustic as well as aristocratic figures, accompanied by their respective instruments [...]. The *danzas de cascabel*, named after the pellet bells sewn onto the dancers' costumes, displayed an imaginative variety of themes, from historical, antique, allegorical or mythological subjects to folkloric, rural, regional or exotic

contraste de la interrelación y potencial enfrentamiento entre seres humanos y brutos, en el contexto de un tipo de espectáculos públicos en los que ambos parecen poder convivir armónicamente[50]. Dentro de este tipo de celebraciones destacará, entre otras danzas arquetípicas, el baile de los sátiros, en el que la continuidad entre animales y seres humanos se presenta como una posibilidad[51]. Este tipo de coreografías de animales y seres humanos llegará a contar también con ninfas, dioses, amazonas y griegos. Otras imaginativas representaciones alegóricas relacionadas incluirán bailes como el de los locos y los monos, donde se imita, de modo burlesco, el juego de cañas tan popular entre la nobleza[52].

---

displays. On account of their dramatic choreography, fusion of music, dance and plot as well as textless narration, performed exclusively through movement, Matluck Brooks regards them as belonging to the avant-garde of contemporary European theatre history" (Sánchez Cano 126).

50 En este sentido, destaca la recreación del paraíso terrenal ocurrida en Córdoba en 1636, que fue acompañada por una profusión de recursos de arte efímero de entre los que se incluyen animales: "[...] depósitos de agua para soltarla surtiendo ríos, arroyos y fuentes al paso de la procesión. En el terreno inclinado se formaron caminos, peñas y un lago con patos y peces, sembrando árboles de diversas clases y algunas frutas y revoloteando infinidad de aves que sujetas con hilos y alambres no podían escapar en tanto que por el suelo discurrían conejos y reptiles, completando el cuadro unos lobos con sus hijos, varios corzos, dos o tres jabalíes, sujetos con cadenas y un león de cartón bien imitado" (Bonet Correa 64).

51 "Five dances (Satyrs and Silenus, Nymphs, Gods and Goddesses, Amazons and Greeks, Pygmies and Cranes) refer to Antiquity, appropriate content for a Renaissance festivity, although their often loose and even satirical treatment of these themes suggests a less then reverential attitude towards the lofty antique ideal. The dance of the twenty-four Satyrs, for example, has sixteen satyrs with individualised masks, real horns and white and black goat skins, their heads covered with black or white goat's hair, adorned with ivy garlands, laurel and flowers. The contract goes so far as to detail long fingernails and wooden platforms under the feet to simulate hooves. These costume accessories were most likely the reason why the dance was commissioned from the sculptor Mercado mentioned above. Four young and four older maenads, 'female satyrs', strewing flowers along the triumphal route complete this tamely Dionysian clan" (Sánchez Cano 130).

52 "The most imaginative dances, however, at least to modern eyes are the ones depicting social, ethnic or fantastic groups: riders playing cañas, Indians, the zambra of the Moors, Portuguese musicians, lunatics and monkeys. The dances in this group call for extensive narrative, as in the dance of the highwaymen mentioned above or in that of the 'hobby horses' (cavallejos), with its six pairs of riders in Moorish costumes with feathers and turbans. Before the queen 'they are to play cañas with much concert and joy and run their bull and, after finishing, accompany her and amuse the streets till they reach her house i.e. palace'. Cañas was an extremely popular equestrian game, usually held together with bullfights, in which teams of riders threw canes at each other. Here the riders, on fake horses of course, play canes, and also fight against a mock bull, 'of good proportion and well-made like the said horses' [...]. Seemingly more bizarre are the dances of the

De entre todas estas celebraciones, en las que se teatraliza la interacción entre animales y seres humanos, una de las más curiosas fue la de la batalla entre pigmeos y grullas[53]. En esta extraña contienda, de la que se conserva el registro de su representación dentro del espectáculo de la comedia cortesana de *El caballero del sol*, interactuarán animales y seres humanos de una altura aproximada "[...] que a un observador crítico le recordaron las fantasías del Bosco" (Williams "duque" 199). En esta máscara, que también fue utilizada en un desfile en el mismo período[54], se presentaban hombres disfrazados de grullas, junto a otros de "pigmeos," que batallarán, delante del público, en una popular contienda coreografiada. Esta obra necesitaba de numerosa indumentaria y preparación, como reza la documentación que se conserva de una de sus representaciones[55]; su espectacularidad llamará la atención de embajadores y diplomáticos. Tanto los animales como los seres humanos son situados jerárquicamente dentro de un orden similar, alineados, marcialmente, ante la batalla. Esta simulación de contienda, entre seres humanos y grullas puestas a su nivel, tiene un fundamento histórico, el cual se remonta al Antiguo Egipto, presentando al menos dos características que apuntan a una reflexión sobre el

---

(costumed) monkeys with their chains and master, or of the (feigned) lunatics—each with a different toy and led by their 'rector'—or particularly the dance of the Indians" (Sánchez Cano 132).

53 "La villa de Melgar salió diziendo a la Fama que quería representar la batalla entre las grullas y pigmeos, y aviendo discurrido de uno y otro escuadrón con muchos y bien ajustados apodos y sentencias picantes en la imperfección de aquellas naturalezas, tocaron los violones a marchar, y a paso y orden de milicia salieron algunos enanos en hábitos de distintas naciones: tudesco, turco, francés, húngaro, castellano antiguo, villano, portugués. Y aviendo hecho alarde, dando muestra por el patio, el capitán los animó a que desta vez peleasen con las grullas hasta vencer, que no era bien sufrir las afrentas que siempre recebían burlados dellas, y ya que se hallavan en el campo, no avía pensar en huir ni acobardarse, sino guerrear animosamente [...]. Fue grande la risa que causó la desigual batalla. Assi se entraron todos sin declararse la Vitoria. Entre los animales y páxaros de la fiesta huvo naturales e imitados. Estos con tanta propiedad y aquellos tan regulares a las operaciones del ejercicio a que salían, que sólo en la composición de unos, y crecidos cuerpos de otros, pudo quedar el auditorio incrédulo para diferenciarlos" (cit. en Ferrer Valls *nobleza* 280).

54 "Precedían al desfile de los indios un grupo de bailarines disfrazados de grullas que castañeteaban alegremente con sus picos al son de la música, y otro de negritos "[...] encima de unos castillos que llevaban unos hombres"" (Sommer-Mathis 44).

55 "Dance of the pygmies and cranes 6 October Gilders, bridle-makersh, arness-makerss, addlemakers, wordsmiths and other arms guilds Gabriel Rubio and Julian de Herrera, both of Madrid (both dancing masters) 6 pygmies with ruffs, hats with feathers, coloured hose, white shoes, shaved heads; 6 cranes, 'painted to look real' (pintadas al natural) with beaks that open and close; il *tamborilero*, if possible also a pygmy, 1,900 Reales 173 ducats" (Sánchez Cano 150).

lugar de ambas entidades dentro de la gran cadena del ser[56]. En primer lugar, como ocurre en el caso del enfrentamiento entre "desjarretadores" andantes que se encargan de hacer el trabajo sucio a sus "caballeros" y los toros, se sitúa a ciertos seres humanos al nivel de los animales. En segundo lugar, según caiga la victoria en el bando de unos u otros, también se abre la posibilidad de reforzar o debilitar el sentido de la relación entre los propios combatientes, dentro de la alegoría de la gran cadena del ser. Esta contienda, en la que se enfrentan hombres disfrazados de animales y seres humanos a su mismo nivel, es otro ejemplo de un espectáculo donde otros aspectos más profundos, como la gradación y la continuidad entre seres humanos y animales, pueden llegar a plantearse, e incluso a dilucidarse, a través del escenificado simulacro.

Tras este recorrido sobre los animales tanto en la cultura espectacular como en la filosofía del período se profundizará más en detalle sobre el sentido de los animales en *El coloquio* cervantino.

3.2 Alma animal cervantina

> Volverán en su forma verdadera
> cuando vieren con presta diligencia
> derribar los soberbios levantados,
> y alzar a los humildes abatidos,
> con poderosa mano para hacello.
>
> *El coloquio de los perros*

La aceptación de un universo que es cambiante debido a los recientes descubrimientos, teorías e ideas, que iban confirmando las propuestas neoplatónicas de filósofos como Cusa fue posible gracias a la previa consideración del

---

[56] En este sentido, un espectáculo como el consistente en la interacción entre grullas y seres humanos iría en contra de los principios antropocéntricos de autores neoplatónicos como Pico de la Mirandola: "¡Oh suma libertad de Dios padre, oh suma y admirable suerte del hombre al cual le ha sido concedido obtener lo que desee, ser lo que quiera! Las bestias en el momento mismo en que nacen, sacan consigo del vientre materno, como dice Lucilio, todo lo que tendrán después. Los espíritus superiores desde un principio, o poco después, fueron lo que serán eternamente. Al hombre, desde su nacimiento, el Padre le confirió gérmenes de toda especie y gérmenes de toda vida y, según como cada hombre los haya cultivado, madurarán en él y le darán sus frutos. Si fueran vegetales, será planta; si sensibles, será bestia; si racionales, se elevará a animal celeste; si intelectuales, será ángel o hijo de Dios y, si no contento con la suerte de ninguna criatura, se replegará en el centro de su unidad, transformado en un espíritu a solas con Dios, en la solitaria oscuridad del Padre—él, que fue colocado sobre todas las cosas—y las sobrepujará a todas" (6).

ser humano como ser divino y centro de todo tipo de saber. A partir del espíritu humanista antropocéntrico de filósofos como el padre Vitoria y Gómez Pereira, el debate sobre el ser humano se centrará, cada vez más, en los límites del propio concepto de Humanidad[57].

El establecimiento de una clara separación entre los seres humanos guiados por Dios, con alma y libre albedrío, ante el resto de los seres de la Tierra, se extenderá legalmente a confirmaciones como la de que los indígenas de las Indias Occidentales debían de ser tratados como el resto de los seres humanos, algo posible gracias a su evangelización y adaptación a la civilización hispánica. Así, el progreso del ser humano, en armonía con los avances y conocimientos científicos del momento, se irá comprendiendo, cada vez más, dentro de un nuevo paradigma que, paulatinamente, le alejará de la clásica degradación humana medieval y aristotélica, vinculada, en muchos casos, a la visión católica oficial. Muy al contrario, en tiempos de Cervantes se celebró la divinidad humana, en el contexto de un renacido antropocentrismo neoplatónico. A partir de la confirmación de cómo el nuevo conocimiento científico y filosófico iba derrumbando paulatinamente muchas de las barreras ideológicas que habían sido elevadas por los dogmas clásicos y religiosos en el Barroco, es cómo se puede entender mejor el sentido de obras como *El coloquio* cervantino.

Dentro del ambiente carnavalesco de *El coloquio*, la propia existencia de los perros puede ser considerada como el equivalente literario a los grandes avances en otras disciplinas del saber. En el diálogo canino propuesto se describen los rescoldos de un mundo que, si continúa huérfano de los principios humanistas cristianos, parece abocado a seguir eligiendo el mal, perpetuándose así en su autodestrucción, al ser la Tierra un lugar de contienda permanente,

---

[57] Alves resume los respectivos puntos de vista de Vitoria, Sepúlveda y Suárez: "In his laudable effort to debate the most prejudicial positions in his society—to present arguments for Amerindian rationality and humanity—Vitoria created an alien 'other' fully deserving of use and domination. Vitoria's irrational animals were things and property like the kid in the Book of Tobias. Focused as he was on people, he ignored Scholastic arguments for the sentience of nonhuman animals in *De indis* [...]. According to Sepúlveda, they (natives) were lacking intrinsically in rationality, as evidenced by cannibalism, abortions, incest and human sacrifice. Sepúlveda's Amerindians were dominated by their irrational and appetitive animal souls [...]. Amerindians were not 'beasts,' their mental faculties, as noted by Anthony Padgen, were portrayed as 'still only mechanical ones much like those of bees and spiders' [...]. By another route, Suárez ultimately arrived at some conclusions not all that different from Gómez Pereira. While Suárez's animals are fully sentient and beings full of feelings, they are also creatures of necessity, predetermined in their responses and actions by God, and bereft of true agency and choice. Choice was preeminently human for this Jesuit, as it was for Vitoria, Gómez Pereira and even Sepúlveda [...]" (41, 42, 45).

donde la imperfección sagrada convive con el potencial de poder revertirla y mejorarla. Los animales novelistas, con sus almas "puras" y autoconscientemente "disfrutadas," ponen de manifiesto su inocencia y su voluntad de no hacer el mal, estableciendo una clara distancia con unas acciones humanas acordes a la oscura "Edad de Hierro" en la que acontecen, tiempo mítico en el que uno se abandona a los mismos vicios y placeres materiales de los romanos en *La Numancia*[58]. Ante aquellos que se han olvidado de su esencia humana, los perros vienen a recordársela con su diálogo neoplatónico, el cual prueba ser una vía válida para la transmisión y la evolución del pensamiento humanista con el que se nos divierte y enseña acerca de la realidad de que, el ser humano, a pesar de todo, sigue siendo un reflejo de la imagen divina[59].

El sueño neoplatónico contrautópico[60] es un género que permite contrastar situaciones que sólo ocurren en el ámbito de las ideas, con las que acontecen

---

58   De hecho, la aproximación cervantina al mundo animal se ha relacionado también con el pensamiento franciscano, ya que el santo sería el epítome del "buen animalista," en línea con filósofas como Sabuco: "In their inclusion of animals in a world of love and compassion, Cervantes and Sabuco show us intellectuals in Spain who took a stand against placing furze under a horse's tail and who might have seen a wolf's regurgitation of food for his nursing mate as an act of love" (Alves 68). Se cree que este tipo percepciones, más cartesianas, convivían con una concepción más espiritual del mundo animal: "The Spanish empire was not a Cartesian empire (or more appropriately, a 'Malebranchean' empire) that always saw animals as mere machines. Such a view was present in the Spanish empire, but so too was the love and appreciation of animals, arguments for the restrained use of animals, and belief that animals could be blessed messengers of God as well as demonic associates of rebellious Spanish and Amerindian witches" (Alves 17).

59   En este sentido, se ha identificado un origen platónico en la elección de los perros como animales parlantes: "Plato's *Republic* 376 A-C called the dog the most rational of animals; he is followed by Sextus Empiricus, Pyrrhoniae Hypotyposes 1.14.64–71 (and the English humanist Thomas Nashe, Summers Last Willand Testament 1600, lines 670 ff.)—and this is, I think, one likely reason why this colloquy became, early on a colloquy of dogs" (Kinney 491).

60   Dentro de este ensayo, el sueño neoplatónico contrautópico, que une las obras de Maldonado, Cervantes y Kepler comparadas en el último capítulo, es un género en el que se usan dos artificios literarios, que son, por un lado, una perspectiva única (desde la luna o ser un perro con alma). Por otro, un texto autoconsciente donde los protagonistas permiten al lector contemplar situaciones excepcionales en contextos humanos exóticos, que apuntan a una reflexión profunda sobre la propia naturaleza y comunidad en que viven los primeros. Por lo descrito en los tres sueños neoplatónicos estudiados, las utopías y los sueños realizados en las comunidades observadas no siempre tienen los efectos deseados o idealizados en la sociedad. Estos consisten en la fallida evangelización de seres inocentes en Maldonado; una sociedad corrupta y decadente que, a pesar de que conoce el bien, obra voluntariamente mal en Cervantes; una sociedad selenita que, afectada por las inclemencias y diferencias físicas de una luna con la tierra, tiene una existencia muy difícil y muy poco idealizada en Kepler. Esto eleva el sentido contrautópico

en el mundo sensible[61]. En la tradición de la utopía suele existir un contraste entre el observador desmitificador y lo observado idealizado. Cervantes altera estos términos, ya que, en *El coloquio*, los perros son los humanistas y lo observado son las desmitificadas acciones de los hombres. Sólo dentro de la lógica de los sueños se puede explorar el pasado, presente o el futuro, además de llevar a cabo desplazamientos espaciales, que incluyen lugares exóticos como las antípodas o la luna, para ofrecerle así al lector perspectivas privilegiadas de la realidad. La diferencia entre los ámbitos de la verdad y la idea se suele verificar cuando el protagonista despierta.

En el sueño neoplatónico contrautópico cervantino de *El coloquio*[62], la fantasía onírica se basa en la posibilidad de que puedan producirse momentos excepcionales de diálogos inteligentes y racionales, en el marco de un diálogo canino. Se consigue así crear un espacio único de libertad, donde el personaje que ha soñado recuerda sus pensamientos provenientes del mundo de las ideas, los cuales son contrastados con otras situaciones más actuales y verosímiles. Así, el juego de marcos narrativos cervantinos reafirma el planteamiento de que nuestra innata capacidad de "razonamiento humanista" es un don y una responsabilidad divina, exclusiva del ser humano.

Los perros autoconscientes cervantinos reflexionarán sobre el criterio lógico de poder dialogar entre ellos, pudiendo así reafirmarse, con argumentos, la diferencia entre los seres humanos y los brutos. Recordando las reflexiones sobre este asunto Gómez Pereira, la divergencia entre ambas especies reside en el alma de los primeros, aunque se le otorgue también al sistema nervioso de los brutos la capacidad de reaccionar, tal y como resume Francisco de Sosa, en su ataque al médico de Medina del Campo:

> Momo:[...] Sábete que trae cuatro fundamentos, los cuales dice que son causas de los movimientos que en los brutos vemos, por donde a los

---

neoplatónico de estos relatos, en los que se confirma la distancia existente entre idea y verdad.

61 El sueño literario se ha asociado a "[...] un espacio de opinión pública contra cualquier ortodoxia y dirigismo político y religioso, [...] umbral de la utopía personal y colectiva y la manera de legitimar discursos alternativos a los poderes vigentes [...]." (Jordán Arroyo 12–13). El pretendido uso de la capacidad premonitoria del sueño era muy combatido, aunque el onírico todavía seguía siendo un género muy atractivo en este período, llegando, las profecías oníricas de personajes como Lucrecia de León, a influir en monarcas como Felipe II. Por ello, se planteará la necesidad de "[...] determinar la relación entre los sueños y el mundo de la vigilia" (13).

62 De entre los estudios de esta obra destacan los de Casalduero (*novelas*), en su contexto renacentista católico, el de Hart, enfocado en su estructura literaria y el de El Saffar, con su profundo análisis de la estructura onírica dentro de la relación entre el *El casamiento* y *El coloquio*, que se unen a la excelente edición y a su aparato crítico de García López.

> hombres parece que sienten. El primero es decir que, así como la piedra imán atrae al hierro, así las especies de las cosas atraen a los brutos e los mueven por una cierta convenencia y los alimentan otras veces por una desconvenencia. Y, así, dice que las especies del asno silvestre entran por los del león e van a la parte anterior del celebro, donde proceden todos los nervios que mueven los miembros de los brutos. Y estas especies, yendo por aquellos nervios yestando en ellos, mueven todos los miembros del león.
>
> 569–70

Este debate, que fue tan encendido que Sosa llegará a amenazar a Gómez Pereira con la excomunión si no se retractaba de sus ideas sobre el automatismo animal (528), se extenderá también a otros autores. Así, en el ataque a las tesis de Gómez Pereira del *Endecálogo* de Sosa, Mercurio le pide a Júpiter que "[...] al dicho varón condene a las mayores y más graves penas que por todo rigor de justicia de derecho fueren halladas condenar," antes de exponer su réplica[63].

---

63   En esta obra se defiende también que: "[...] todos los brutos fueron criados con ánima viviente y miembros maravillosamente organizados y complixionados para que ejercitasen sus obras y asimismo con todas aquellas cosas que a cada uno dellos convenía, no menos para del hombre y de los otros animales se defender, que para los ofender. [...] porque si los animales no hubieran de vivir vida sensitiva, no fueran criados con ánima viviente, como el hombre, el cual solamente en el uso de la razón los excede; [...] siendo, como es verdad, que todo animal es substancia animada y sensitiva, claro está, pues los brutos son animales, que son sensitivos [...] porque, si la maravillosa armonía de los ojos de los brutos no sirvieran para más de que por ellas pasaran las especies de las cosas al celebro de los animales, bien bastaran unos agujerillos sin tan maravillosa obra [...] porque bien claro parece, pues la serpiente es el más astuto de los animales, que todos los otros animales son astutos, aunque unos más que otros [...] porque las ovejas conocen la voz de su pastor y el asno el pesebre de su señor, agora sea de barro o de madera o de paja, y el buey conoce a su poseedor, y aun la liebre muda cama cada noche si siente que la persiguen y, si no, a lo menos busca siempre los abrigados lugares [...] porque de hoy más, pues los animales no nos movemos, si es así verdad, naturalmente antes somos siempre movidos por las especies de las cosas violentamente y como relojes, a vuestra Majestad suplico ninguno sea condenado por daño que haga, así a los hombres como a los animales domésticos que los hombres poseen, pues por las especies de la cosa dañada es el tal bruto guiado y movido para hacer el dicho daño sin poder el tal bruto dejarle de hacer. Y esto que yo pido es muy justo, pues los hombres que aojan no hay ley por donde sean punidos por no ser en su poder dejar de aojar [...] siendo como es verdad que este varón dice que los brutos son siempre violentamente movidos, vuestra Majestad mande a maestre Vasquín y a otro cualquiera albéitar de su real señorío que a ningún bruto hiera, aunque le dé un par de pernadas en las muelas, pues sus especies y las de su acial mueven a los dichos brutos, según como dicho y declarado tengo" (Sosa 546–47).

Las reacciones hacia la obra del médico de Medina del Campo son de gran interés para entender *El coloquio de los perros*. Por un lado, la de Miguel de Palacios, por mantener un argumento similar al presentado por los perros de Cervantes acerca de la capacidad de razonar, como la principal diferencia entre hombre y bruto. Por otro, la de Francisco de Sosa, por el modo en que se cuestiona el polémico asunto de que el bruto es un ser automático, "como un reloj" y que si no lo fuera, habría de atribuírsele la responsabilidad de sus inocentes actos, por lo cual, la violencia ejercida contra ellos no estaría justificada[64]. De hecho, algunos teólogos del período ya consideraban el ejercer la violencia gratuita contra los brutos como potencial o directamente pecaminoso, a pesar de su carencia de conciencia y de su uso del libre albedrío, que son los dones que Cervantes otorga a sus perros en *El coloquio*.

Tras la intervención del Momo, en respuesta a la pregunta de Mercurio sobre dónde residía la falsedad de los argumentos de Gómez Pereira, en la obra de Sosa se concluirá que los brutos gozaban de algo parecido al alma, aunque carecieran del raciocinio del ser humano. También se asegura que sus actos y su sofisticación natural les hacían diferentes a otras especies. Es decir que, según Sosa, dentro de la posibilidad de la gradación y continuidad en la gran cadena del ser, los animales gozarían de parte del raciocinio humano, aunque

---

[64] "Visto la acusación criminal por el Cocodrilo en nombre de todos los brutos contra el presumptuoso filósofo de la tierra puesta, e la información que por nuestro mandado sobre ello Mercurio hizo, hallamos que debemos condenar y condenamos al dicho filósofo a que su libro sea sepultado en los infiernos, de donde salió. Y, restituyendo a los brutos en su honra, pronunciamos que tienen ánima viviente y que son más que plantas y árboles, y que apetecen y conocen lo que los es dañoso o provechoso, y que sienten y que se mueven por sí, mediante sus formas sustanciales, las cuales con sus complexiones, que son sus instrumentos, ejercitan los dichos sentidos; y con ellos e juntamente con los espíritus animales ejercitan los movimientos. Y aun declaramos algunos brutos sentir por alguno de los cinco sentidos más agudamente que los hombres, de lo cual dieron testimonio los cuervos que de trecientas leguas fueron a Troya sin ser llevados ni guiados por las especies de los muertos, porque, yendo como iban de camino, no hicieron más de avisarlos de la abundancia de carne que en los campos troyanos había, de donde ellos venían, sin esperanza de jamás volver allá; porque, atiende de no haber para qué, eran por los vientos llevados donde ellos querían. Porque declaramos que las especies no tienen otra virtud alguna más de representar aquellas cosas de que son especies, dando testimonio de lo que es cada una, siendo como señal o testigo suyo. Y esto es conforme a la recepción que dellas está fecha por todos los que en el universo las ponen. Declaramos, empero, los tales brutos no conocer lo blanco por blanco, ni colorado por colorado, ni saber si la figura es cuadrada o triangulada, ni menos saben qué cosa es calor ni frieldad, mas declaramos que sienten el daño o provecho que el calor y la frieldad los hacen, aunque no como el hombre, porque el hombre lo siente con ánima racional, y los brutos con ánimas sensitivas. Y aun así como unos hombres tienen mejor ingenio y sentido que otros, así unos brutos sienten más vivamente que otros" (Sosa 575).

no del todo, por lo que podrían ser juzgados, no tanto por sus actos automáticos, sino a partir de la mínima parte del potencial uso del libre albedrío del que disfrutarían, ayudados de sus "espíritus motivos":

> Mercurio: Pues en qué has visto que dice falsedad.
> Momo: Yo te lo diré: porque yo me muevo cuando quiero e voy donde quiero a buscar de comer cuando de la hambre soy molestado. E si voy a beber al río e veo alta la entrada, apártome de allí por no me despeñar. E aunque allí por haber mucha agua hay muchas especies, no me llevan al río, antes yo me voy buscando la entrada llana e segura de todo peligro e por allí entro a beber a mi sabor e no entro en lo hondo del río por no me ahogar; e si va recio, temo que me lleve. Y estando algún cordero en algún corral junto a alguna pared alta, yo busco la más baja; y aunque las especies del cordero no me llaman ni me hacen saltar, yo salto cuan ligeramente puedo, ayudándome de mis espíritus motivos, juntamente con la ligereza natural de mis miembros, que por mi forma sustancial con su complixión son movidos. E con la muerte del cordero, satisfecha mi hambre, me vuelvo a la cueva, que ya con mis uñas en la dura peña en muchos día cavé, donde a mi placer duermo fasta que por la sed o hambre soy concitado a buscar de comer o de beber, o salgo al sol si he frío o al frescor si he calor.

Tanto los planteamientos de Gómez Pereira como los de Sosa y Palacios sirven para contextualizar el debate planteado en *El coloquio* cervantino sobre el "alma de los brutos." Por un lado, debido al énfasis en que la diferencia entre hombres y fieras reside en la razón de los primeros[65]. Por otro lado, en la afirmación de que los brutos podrían no ser responsables de sus actos, al no compartir con el ser humano la capacidad o el don de poder elegir entre el bien y el mal. El pensamiento del período sugiere también que, aunque dispusieran de cierta capacidad de elegir y razonar, esto no implicaba que pudieran disfrutar de un alma similar al humana, algo que no negaba, necesariamente, la existencia de algún tipo de relación con lo divino, dentro de la lógica de la continuidad en la cadena del ser con la que se aceptaba que hubiera seres que

---

65 Sin embargo, en la sociedad barroca cervantina, la relación con los animales no siempre se guiaba por los cauces de la razón, algo que se aprecia cuando se llegó a juzgar a las langostas por ser una plaga para los seres humanos, en un ejemplo de personificación de seres vivos, que iba en contra los propios principios del cristianismo (Tomás y Valiente, cit. en Dopico Black 238–41).

pudieran compartir características, aunque fueran dos especies diferentes, una con alma y otra sin ella.

Los canes cervantinos, al ser capaces de razonar, gozan excepcionalmente de poder utilizar su libre albedrío, por lo que, inevitablemente, han de tener algo parecido al alma. Por ende, la propia existencia de Cipión y Berganza estaría contraviniendo la teoría de Gómez Pereira sobre el automatismo de los brutos, adoptando así un aire contrautópico con respecto a la tesis expuesta en su *Antoniana Margarita*, al otorgar a los perros la posibilidad de desarrollar sus "espíritus motivos." Sin embargo, no es sólo el hecho de que estos perros con alma se expresen ante Campuzano lo que les asocia al debate de Gómez Pereira sobre el alma de los brutos. Siguiendo un argumento similar, se ha sugerido también la posibilidad de que este debate hubiera transcendido desde los animales a los no cristianos y esclavos (ver Rodríguez Pardo), lo que ampliaría aún más la controversia sobre la definición del alma y lo humano.

3.2.1 *Sobre el alma de los brutos y de los esclavos*

El género literario elegido contribuye a relacionar la aproximación contrautópica de Cervantes a la propuesta de Gómez Pereira sobre el alma de los brutos, que parece retomada por Cipión y Berganza. Los filtros narrativos de esta especie de sueño barroco, eco del clásico de Escipión, no hacen sino confirmar la propia grandeza del diálogo humanista, independientemente de que el cuerpo en el que habite el que lo razona sea animal o humano. Este novedoso planteamiento sobre la naturaleza del alma de los brutos asocia literariamente el origen del texto narrativo que estamos disfrutando a unos perros autoconscientes, quienes hacen de este cuento uno de los más complejos y subversivos del período con respecto a la propia naturaleza del ser humano. La regla de la continuidad de la gran cadena del ser, que permite fantasear con que los animales y los seres humanos puedan llegar a poder compartir su alma e ingenio, es fundamental dentro de la lógica existencial de los protagonistas de *El coloquio*. Además, la inclusión de recursos narrativos orientados a que el lector acepte como válida una situación físicamente imposible relaciona esta obra con la literatura onírica de su tiempo, donde se también exploraban los límites del Arte para definir la realidad y de la propia realidad para definir el Arte, algo que ocurre tanto en el *Sueño* de Maldonado como en el de Kepler.

La ampliación propuesta por Rodríguez Pardo de extender el "alma de los brutos" al "alma de los esclavos," a partir de la propuesta de Gómez Pereira sobre la automatización de los brutos, sugiere una nueva dimensión acerca del debate sobre los límites del ser humano en el período. Esta presencia intertextual cobra mayor coherencia dentro de la obra de Cervantes, al provenir de un autor con experiencia personal como esclavo. Un breve repaso de los episodios cervantinos sobre esclavos sugiere una perspectiva con un criterio consistente sobre el sentido y la terrible realidad de la esclavitud en este período.

En la primera parte del *Quijote*, el protagonista promete acompañar a la Micomicona, quien asegura provenir de Guinea; mientras tanto, Sancho alberga esperanzas de que la falsa reina se case con Don Quijote, debido a sus expectativas de poder vivir del cuidado de las riquezas de la mujer. El rústico señala que el reino de la Micomicona es "tierra de negros," fantaseando acerca del beneficio pecuniario de su venta, como intercambio por "[…] algún título o algún oficio con que vivir descansado todos los días de mi vida" (I, 31). Lo significativo de la opinión del ignorante aldeano es como su versión más materialista y egoísta se hace evidente, cuando expresa públicamente su deseo de aprovecharse de tener esclavos a su servicio. El plan de Sancho refleja la esperanza existencial de muchos aventureros europeos, en su pretensión de ascender de clase social mediante la explotación de esclavos, careciendo de cualquier tipo de reserva ética y moral, en su propósito de beneficiarse del trabajo forzado ajeno. El hecho de que esta opinión se ponga en boca de Sancho es realista, acorde a su naturaleza y condición, al ser un aspirante permanente a la vida regalada del rentista, en la novela que protagoniza.

Otro momento en el que el concepto del esclavo aparece en la obra de Cervantes es en el capítulo dieciséis del *Quijote*, cuando el cautivo es sorprendido por Agi Morato en su jardín. Ruy Pérez de Viedma se presenta como "[…] esclavo de Arnaúte Mamí," cuando el padre de su amada le pregunta "[…] si era hombre de rescateo o no, y que cuánto pedía mi amo por mí." El autorreconocimiento de Ruy es significativo, al asociar el dinero a la libertad de la persona, ya que se considera un esclavo cristiano circunstancial, el cual está pendiente de un rescate o de su huida, a diferencia de los esclavos que Sancho considera "permanentes" y cuya posesión cree que le ayudará a salir de su miseria. El asunto de la esclavitud está también presente en comedias como las de *Los tratos de Argel* y *Los baños de Argel*, dentro de un contexto general más amplio sobre las diferentes posibilidades de la pérdida de la libertad en la obra cervantina[66].

---

66   Como afirma Fernández, "Diferentes personajes representan los estados mentales sucesivos de Cervantes durante su cautiverio, así como las posiciones contradictorias que simultáneamente se debatían en Cervantes, quien sopesaba las diferentes alternativas que se le ofrecían, la de renegar entre ellas" (21). Así, el primer monólogo de *Los tratos de Argel* incluye la alocución de Aurelio, vestido con los harapos inconfundibles de cautivo, quien expresa un pesar acerca de su penosa pérdida de libertad: "¡Triste y miserable estado! ¡Triste esclavitud amarga, donde es la pena tan larga cuan corto el bien y abreviado! ¡Oh purgatorio en la vida, infierno puesto en el mundo, mal que no tiene segundo, estrecho do no hay salida!" (844–45 ll. 1–8; 29–32).

En el capítulo veinticuatro de la segunda parte, Don Quijote dialoga con un joven que se dirige al campo de batalla. El hidalgo aprovecha para sermonearle sobre el oficio de las armas destacando, en un momento dado, que no era bueno que se hiciera con los soldados que se hacen mayores "[...] lo que suelen hacer los que ahorran y dan libertad a sus negros cuando ya son viejos y no pueden servir, y, echándolos de casa con título de libres, los hacen esclavos de la hambre, de quien no piensan ahorrarse sino con la muerte [...]."

La realidad de la esclavitud está también presente en novelas ejemplares como la del *El celoso extremeño*, donde el esclavo Luis se corrompe por su amor a la música, facilitando el deseo de Loaysa de entrar en la casa y afirmando "[...] que ninguna cosa dejaré de hacer, como sea posible salir con ella, a trueco de salir con ser músico."

De estos momentos destacados de la obra cervantina, en los que existe una reflexión sobre la existencia, acciones y presencia de los esclavos por parte de Sancho, el cautivo, Don Quijote y Luis se aprecia la consideración de la esclavitud como el peor de los estados humanos, algo que contrasta con que el ambicioso "Sancho" siga considerando su explotación como una forma de ascenso social. También llama la atención el que se les otorgue voz a un tipo de esclavos circunstanciales como Ruy Pérez de Viedma, quien comparte la dureza de su estado con hondura, lo cual le humaniza aún más. Por un lado, este cautivo se autodefine como un esclavo circunstancial y, por otro, sus reflexiones ayudan al lector a comprender mejor los límites de la humanidad, asociados tanto a la carencia de libertad como a estar marginado socialmente. Al estar ausente de su patria, este protagonista juzga lo que le ocurre en tierras lejanas con cierta pureza y libertad. Su privilegiada perspectiva es similar a la que gozan, también momentáneamente, como un accidente más de la dinámica del ser, Cipión y Berganza, además de los protagonistas de los *Sueños* de Maldonado y Kepler.

La flexibilidad que se otorga al estado de la esclavitud también se confirma en el caso de Dorotea cuando, en la primera parte del *Quijote*, la joven demuestra su dignidad y defiende su honor, ante la intrusión de Fernando en su habitación: "[...] tu vasalla soy, pero no tu esclava" (I, 28). Tras haber sido deshonrada en su irreversible acto con Fernando y como Dorotea aspira a no ser una apestada el resto de su vida, para poder recuperar su estatus social y libertad, la joven decide esforzarse en hacer recapacitar al noble sobre la necesidad de honrar su juramento de matrimonio. Para ello, le hace ver que tiene un serio problema moral. En el triple uso de la palabra testigo, como parte de su alocución, refuerza su acto dirigido a la reconciliación, el cual ocurre ante todos los presentes en la venta. Así, la denuncia de Dorotea funciona como un tipo de contrato vinculante, en una escena que recuerda a la conclusión del episodio de las bodas de Camacho[67]. La pragmática Dorotea pasará de rechazar ser esclava, a desear serlo, si con ello su deshonra queda limpia, pues vivir sin ella es morir en vida. Por eso, se permite recordarle a Fernando que la "[...] verdadera nobleza consiste en la virtud," algo que seguro compartirán también personajes como Berganza y Cipión. De igual modo que Dorotea tiene voz propia para denunciar al don Juan que la ha forzado, engañándola, ¿Qué más prueba de que todos somos "hijos de nuestras obras" y de confirmar que lo sagrado puede residir en cualquiera de nosotros, que el hecho de que la realidad contemporánea pueda sea narrada desde la perspectiva de canes de ínfimo, repudiado y vilipendiado origen, esclavos que, a pesar de todo, son capaces de filosofar sobre el don divino de poder ser conscientes de las capacidades de su alma?

3.2.2 *El animal figurado al nivel de los seres humanos en Cervantes*

El coloquio de los perros es una obra donde se vislumbran ciertos aspectos que también habían sido planteados en el debate sobre el alma animal renacentista protagonizado por Gómez Pereira y Sosa[68]. En la novela cervantina, dos canes disfrutan del privilegiado estado para poder expresarse con palabras, situados en una extraña y efímera atalaya onírica, donde se vuelven autorreflexivos acerca de su propio sentido "animado." A partir de su "excepcionalismo," ambos parecen quedar capacitados para hacer un repaso reformista de un mundo desalmado, que es recordado y juzgado racionalmente. Para ello, usarán la fórmula "pícara" de reflexionar sobre experiencias pasadas, desde

---

67 "Y si no me quieres por la que soy, que soy tu verdadera y legítima esposa, quiéreme, a lo menos, y admíteme por tu esclava; que como yo esté en tu poder, me tendré por dichosa y bien afortunada. No permitas, con dejarme y desampararme, que se hagan y junten corrillos en mi deshonra; no des tan mala vejez a mis padres, pues no lo merecen los leales servicios que, como buenos vasallos, a los tuyos siempre han hecho. Y si te parece que has de aniquilar tu sangre por mezclarla con la mía, considera que pocas o ninguna nobleza hay en el mundo que no haya corrido por este camino, y que la que se toma de las mujeres no es la que hace al caso en las ilustres descendencias, cuanto más, que la verdadera nobleza consiste en la virtud, y si ésta a ti te falta negándome lo que tan justamente me debes, yo quedaré con más ventajas de noble que las que tú tienes" (I, 36).

68 En otro sentido, Miguel de Palacios, catedrático de Teología en Salamanca, publicará también unas *Objetione*, las cuales se imprimieron con cierta "apología" de Gómez Pereira, en Medina, siendo encuadernadas con la *Antoniana Margarita*. La postura de Gómez Pereira de negar la capacidad de sentir a los animales provocó la aparición del argumento en contra de Sosa: "[...] sus detractores, que les reconocían la capacidad de sentimiento, figurando entre ellos Francisco de Sosa en su *"Endecálogo contra Antoniana Margarita, en el cual se tratan muchas y muy delicadas razones, y autoridades con que se prueba, que los brutos sienten, y por sí se mueven* (Medina del Campo, 1556)'" (Cátedra 528).

sus paradójicos presentes, aprovechando sus favorables perspectivas temporales. Al introducirse diferentes planos de referencia, el lector se puede llegar a olvidar que tanto la onírica narrativa humana como el diálogo canino son todo parte de la misma ficción. La utilización del recurso de la tropelía, que requiere una interpretación permanente del lector (Kinney 492) está asociada a la autoconsciencia de los perros de su pensamiento humanista, dentro de planteamientos presentes en el discurso de Berganza tales como el por qué uno pertenece y se ha de adaptar al universo en el que convive. La percepción de los perros en la sociedad española tradicional era la de ser considerados seres marginales y fieles, que siempre están dispuestos a ayudarnos. Sin embargo, en su discurso, los animales cervantinos desmontan la idea del "privilegio marginal" de la perspectiva picaresca, al optar por dirigir el debate de su diálogo hacia la autoconsciencia reveladora de su propia naturaleza, no tanto como un recurso potenciador de un narcisismo hipócrita y manipuladoramente interesado, sino como un elevado estado de conciencia. Esta profunda revalorización del mismo antropocentrismo del que disfrutan les otorga una privilegiada posición desde la que concluyen que su realidad no es tan distinta de la de sus amos; si cabe, es mucho más inocente y pura que la de aquellos que los denostaban y marginaban.

El animal literario ha sido considerado un ser un privilegiado, el cual podía contar con un tipo de saber especial acerca de la realidad, tal y como se aprecia en las fábulas, ilustraciones y emblemas que fueron creados para confirmar su relevancia y que han perdurado en el tiempo. *El coloquio de los perros* no es ajeno a esta tradición, pudiéndose argumentar que en esta obra se novela una polémica sobre la propia naturaleza de los animales y se aporta una profunda reflexión sobre la línea divisoria entre el ser humano y el animal. Bajo la apariencia de una fábula en forma de diálogo entre fieles perros, se presenta una narrativa de voces cervantinas "ejemplares," las cuales están encerradas en cuerpos ajenos[69]. En la polémica o controversia que se plantea, al igual que en

---

69 Acerca de la presencia de los animales en la obra de Cervantes se ha destacado su vínculo con las fábulas: "Tampoco cabe pensar en un animalismo cervantino a la moderna que apunte a la emancipación de los animales, sino de una suerte de versión deformada de la fabulística clásica, aunque sin moralismo ni alegoría" (Brioso Santos, 36). Esto ocurre particularmente con respecto a la relación del diálogo de Cipión y Berganza con una fábula animal o "animal exemplum": "In his fiction, Cervantes navigates human experiences of real animals with the history of writing on animals from the Middle Ages onwards [...]. Cipión and Berganza from the 'Colloquy of the Dogs' are gratuitously antrhopomorphized and speak as in an Aesopian fable" (Wagschal 20). En este sentido, González Maestro también ha situado *El coloquio* cervantino dentro de la tradición del desengaño de la literatura española: "En *El coloquio de los perros*, Cervantes supera, simultáneamente, la recursividad de la técnica del diálogo entre animales, propia del apólogo y de las fábulas

la de ciertos espectáculos sobre animales, destaca el planteamiento de la continuidad en la exploración de los límites de lo humano y lo animal, reflexión que ayuda a comprender mejor qué es lo humano. Esta perspectiva privilegiada es equivalente a la de los viajeros oníricos de los sueños de Maldonado y Kepler, como se apreciará en el capítulo final. La conclusión es que este privilegio es algo fácilmente corruptible y decadente, al estar sujeto a las pasiones que condicionan los comportamientos, ya que la fuerza de voluntad que ordena el libre albedrío suele estar permanentemente expuesta a obrar mal, que suele ser la alternativa humana preferida.

Atendiendo al propio género del diálogo onírico protagonizado por los canes cervantinos, parece no haber solución para el ser humano en el universo descrito en la novela. La capacidad de autorreflexionar distancia a los perros de la realidad con la que conviven. Ser autoconscientes de poder utilizar el libre albedrío y de tener alma les capacita para el Arte y la reflexión humanista, separándolos así de su propia naturaleza animal. El humanismo cristiano transciende al propio ser humano quien, cuanto más se aleja de sus instintos más bajos, menos manifiesta su tendencia animal. Más allá del don del habla está el don de reflexionar sobre el don del habla. En *El coloquio*, este pensamiento se transforma en arte y filosofía ejemplar, deleitante, transcendente y de tradición clásica, humanista, neoplatónica y cristiana, en una obra que se asienta en hombros de gigantes como los de Cicerón y Lipsio. El poder dialogar es un regalo divino, una gracia otorgada a quien, en muchos casos no lo merece (lobos-pastores); esta posibilidad se le ha sido denegada tradicionalmente a seres intachables como los perros humanistas. Sin embargo, si tuvieran alma, podríamos experimentar lo que se narra en la obra cervantina, en la que, excepcionalmente, podemos disfrutar de su inocente juicio, a la hora de describir ciertos actos que caracterizan la naturaleza humanizada.

El coloquio que propone Cervantes sumerge al lector en una estructura narrativa con aires picarescos y contrautópicos donde, sin necesidad de justificación moral alguna, se narran unas experiencias significativas, las cuales han sido observadas por unos perros que han sido expuestos al sórdido mundo

---

grecolatinas, y la recurrencia de ideas preexistentes sobre el desengaño en aspectos decisivos de la vida humana, social y política, propia de las literaturas picarescas y barrocas, del *Lazarillo* al *Guzmán de Alfarache*" (129).

Estas afirmaciones concuerdan con la concepción del animal dentro de la tradición de la literatura ejemplar: "With the dog dialogue, Cervantes writes a new *animal exemplum*. He destabilizes the terms of human and animal exceptionalism that formed the base of the two generic forms of *animal exemplum* literature and renders the logic of both as inconsistent and inoperative, abandoning the terms of the ethics of the animal-human divide" (Beusterien 53).

de sus amos, cuyos comportamientos son ciertamente disfuncionales con respecto a su entorno, que aún lo es más. La narración deja la responsabilidad de los hechos, de toda clase y condición, a la capacidad de elegir entre el bien y el mal, asociada al libre albedrío humano. Los perros cervantinos presentan la acción de *El coloquio* desde la privilegiada atalaya animal que les otorga su presencia, actual y excepcional, en el cosmos, lo cual les sirve para reflexionar sobre la propia degradación humana, la cual nace de la insalvable distancia entre las ideas y los actos con los que se disfraza el sentido de su libre elección.

Berganza autorreflexiona, en su viaje al fin de la noche, sobre su propio origen, muy consciente de su condición, a caballo entre ser humano y bestia. Es en esta exploración de la fina línea entre hombre degradado y bruto razonable donde *El coloquio* sitúa mejor su diálogo con el pensamiento filosófico del período, acerca de las relaciones entre hombres y animales[70]. Es así como se entiende la especulación de que un perro con consciencia humanista cristiana pueda atraer más simpatía que los actos de un ser humano decadente y corrupto, cuyas acciones confirman que está haciendo un pésimo uso de su privilegiada naturaleza.

El coloquio de los perros es, formalmente, un sueño neoplatónico contrautópico, en forma de diálogo humanista, que ha sido fabulado, gracias a la presencia de unos animales parlantes, los cuales entroncan con la tradición española de obras como el *Ysopete Ilustrado*. En ellas, el animal, con sus características específicas, proyecta una visión parcial y única de la realidad, asociada a las limitaciones y condicionantes de su propia naturaleza. Sin embargo, en el

---

[70] De hecho, tanto la *Antoniana Margarita* como el propio debate que siguió a su publicación, profundizan también en este tipo de relaciones entre especies distintas. En este sentido, se han identificado tres principios en el sistema filosófico sobre el alma animal propuesto por Gómez Pereira:
– La naturaleza del acto de conocimiento exige un principio indivisible, por lo que sólo el alma, único principio indivisible en el hombre, conoce; el cuerpo no participaría siquiera en el conocimiento sensitivo como instrumento; por lo tanto, el alma, en sus funciones principales (que son las cognoscitivas) goza de una total independencia y de una plena autosuficiencia operativas frente al cuerpo.
– Esta independencia operativa funda lógicamente la independencia entitativa que posibilita la subsistencia del alma separada. Y aunque Pereira no niega los condicionamientos "corpóreos" a los que se halla sometido el conocimiento, según lo atestigua la experiencia, a la que quiere ser totalmente fiel, lo que reconoce es que el alma está lastrada por el cuerpo en sus operaciones de sentir y entender, para la original y absoluta espontaneidad cognoscitiva del alma.
– Una vez afirmada la independencia operativo-entitativa del alma y la consiguiente posibilidad de subsistencia separada, la perpetuidad de dicha subsistencia no le ofrece dificultad, puesto que en el alma, indivisible, no hay ningún principio intrínseco de corrupción (Teófilo González Vila, *op. cit.* pág. 22) (Rodríguez Pardo 181).

plano filosófico, su contexto más inmediato está en el debate sobre el alma de los brutos, originado por el filósofo Gómez Pereira y continuado por detractores suyos como Francisco de Sosa[71]. En la respuesta de este último existe un diálogo similar entre animales donde se defienden diferentes puntos de vista sobre los límites de la humanidad y la animalidad. Los rasgos automáticos de los seres humanos observados, combinados con sus propios pensamientos elevados, confirman la posibilidad de una continuidad entre seres humanos, animales y humanistas, siendo todo ello reflejo de la propia acción divina en la Tierra. Excepcionalmente, los canes disfrutan de su día de carnaval, en el que pueden expresarse y lo hacen como humanistas, disfrutando así de su consciencia del binomio alma-libre albedrío[72]. En el uso de su agencia para obrar reflexivamente, han aprendido de los seres humanos que todo a su alrededor parece estar sujeto a sus bajas pasiones e instintos. Estas tendencias, alejadas de la virtud, se presentan, en su autoconsciente diálogo, como contramodelo de un comportamiento ejemplar que parece estar ausente en las acciones humanas.

Carecer de la posibilidad de actuar según ciertos criterios morales es lo que parece distanciar a animales, seres humanos y humanistas, lo que se puede resolver atendiendo a las leyes ordenadas por Dios, ya que, "[...] al igual que el fenómeno del movimiento de la piedra que cae, o el imán que atrae al hierro, es explicado por una cualidad oculta, los movimientos de los animales han de ser explicados por dicha cualidad que incite a sus cuerpos," entendiéndose así que Dios es una especie de "Alma del Mundo, promueve todo movimiento, incluido el animal" por lo que los "[...] movimientos mecánicos de los brutos serían también obra de una especie de alma del Mundo que se identifica con

---

[71] Así, Gómez Pereira asegura que los "[...] brutos se mueven y lo hacen ciertamente como dotados de voluntad, e incluso de inteligencia," por lo cual nada evitaría que el hombre no fuera "[...] también de la misma naturaleza que el animal o la piedra, de carecer éste de esa alma inmortal que realiza todas las funciones por sí misma?" (49, cit. en Rodríguez Pardo 190).

[72] Este "ser autoconscientemente humanistas, de repente" se ha descrito como un acto de "gratuitous anthropomorphism": "The reader does not have to infer the dog's sentience since they reveal in dialogue through direct speech their deep knowledge of customs, history, literature, philosophy, religion, and more, in great detail [...]. I question to what extent these talking dogs are more than only apparently animal and to what extent speech itself is the main characteristic that defines them as human-like [...]. I will argue that Berganza and Cipión have been gratuitously anthropomorphized throughout and have largely always had humanly embodied minds, not canine minds, even though they have the outwardly appearance of dogs [...] anthropocentric concerns abound as do examples of human conceptualizations, including Berganza's insistence on Christian morality [...]" (Wagschal 194, 196, 202).

Dios" (Gómez Pereira 129, cit. en Rodríguez Pardo 191). Dentro de este razonamiento, se apunta a un origen celestial común e inmanente que proviene de allá donde emana la voluntad divina, la cual ordena tanto a los seres humanos como a los animales.

En el debate sobre la transcendencia asociada al alma de los brutos se aprecia que también se les diferencia de los seres humanos porque sus órganos no ejercen "[...] la misma función en orden a un conocimiento" (Gómez Pereira 50–51, cit. en Rodríguez Pardo 192–93). Es decir, que sus movimientos son "automáticos," por lo que se deduce que no necesitan reflexionar sobre las consecuencias morales asociadas a un libre albedrío del que no disfrutarían, al no tener alma. Los actos animales no están filtrados por ninguna posibilidad de elegir, lo que justifica sus comportamientos "automáticos[73]." Pero, al mismo tiempo, dependerían directamente de la voluntad divina. Por ello, como los recién nacidos, no tendrían la capacidad para ser responsables de sus errores; sus acciones no se pueden someter a juicio porque son automáticas, aunque emanen, lejanamente, de la voluntad divina[74]. Gómez Pereira apunta incluso

---

[73] La idea del automatismo animal se encuentra dentro de la controversia sobre la esencia de lo que es humano (alma, razón) y lo que es animal (instinto), la cual es fundamental en el desarrollo del conocimiento de los límites humanos, en la cultura occidental: "The preceding analysis has brought out the main issues at stake and the role played by the comparison between humans and other animals. While those who wished to abolish the distinction between humans and the other animals were frequently accused of reducing humans to machines, in fact the defenders of orthodoxy were aware that the arguments were more complex. The crucial distinction between humans and animals was as necessary to ensure that humans were not viewed as machines (with the changing implications of what that implied in the early eighteenth century) as it was to avoid according animals an immortal soul, even if some theologians did not seem afraid of this latter conclusion. The solution of according beasts some type of material soul in order to safeguard the distinct immaterial human soul also entailed in the opinion of other theologians the risk, once the possibility of sensitive matter had been accepted, of admitting thinking matter and endangering the immortal human soul. The crucial question, as we have seen, was in fact the nature of matter; whether one insisted on the inertness of matter or on the contrary admitted the existence of a type of living sensitive matter, seemingly intractable theological problems were raised which could undermine fundamental Christian beliefs. These problems crystallised around the nature of animals and the frontier between humans and other animals. The denial of any clear dividing line between the two and the claim that humans are simply more perfectly organised animals became a staple of materialistic arguments, increasingly heard in the eighteenth century and expressed in its most uncompromising form in the works of La Mettrie and Denis Diderot" (Thomson 36–7).

[74] Según Gómez Pereira, los brutos sienten, aunque no tienen conocimiento, debido a la relación del saber con el alma: "Alma inmortal y conocimiento, facultades y alma, todo es lo mismo" (Teófilo González Vila, *op. cit.*, págs. 23–24). (Rodríguez Pardo 184). El alma puede funcionar con facultades sensitivas e intelectivas, es decir, de diferente modo para

a la equiparación entre un acto en contra ellos y oponerse a Dios, algo extrapolable a otros seres vivos, en igualdad de condiciones. De hecho, uno de los asuntos por los que Gómez Pereira será duramente atacado y vilipendiado en la reacción de Sosa es que nadie debería hacer sufrir gratuitamente a otros seres, algo que, los que atacaban los espectáculos de animales, también utilizaban como argumento para su prohibición. Para Gómez Pereira, el ser humano necesita del alma para existir, no siendo así el caso de los animales[75], por lo que se ha llegado a sugerir que la transcendencia de este pensamiento podría haber cuestionado la citada hegemonía de la industria esclavista del momento, lo que explicaría también ciertas reacciones en contra de las teorías de Gómez Pereira[76].

El principio del entorno cognitivo inmediato es causante de la animación de un ser al que no se le puede definir como "[…] "animal racional" […] sino como "animal cognoscente"" porque "[…] para afirmar que un bruto reconoce a un amigo y a un enemigo, no bastaría con afirmar que el cordero percibe al lobo, sino que sería necesario que poseyera en su mente una proposición de tal hecho" (Gómez Pereira 3)[77]. Por todo ello, el contemplar el sufrimiento animal, como parte de un espectáculo, es algo que tampoco comparte Gómez Pereira[78]. Sus razones, relacionadas con el automatismo animal, afectarían

---

pensar, que para sentir, por lo que "[…] no existiría una facultad sensitiva y otra intelectiva, sino que la propia alma actuaría de diferentes modos, bien de modo sensitivo bien intelectivo" (Rodríguez Pardo 182). Para Gómez Pereira, el conocimiento se basa en intuición y abstracción, la primera afectada por los cinco sentidos, la segunda por una parte del cerebro llamada *occipucio*, que es común a animales y personas (González Vila 25).

75 El médico de Medina del Campo ha pasado a la posteridad por su posible anticipación al concepto de automatismo animal elaborado por Descartes, quien consolidará la idea de que todos los cuerpos animales son máquinas. Gómez Pereira había apuntado además que "[…] en caso de tener alma, les sería superflua, pues no les es necesaria para subsistir" (46 y ss., cit. en Rodríguez Pardo 180).

76 Así, Rodríguez Pardo sugiere que, en el debate abierto por Gómez Pereira, donde se mencionan a los animales, podría interpretarse también la presencia de los esclavos: "Y es que esta distinción arriba formulada no sólo se reduce al ámbito que comenta Pereira, sino que se extiende también a la distinción entre distintos grupos humanos, libres y esclavos. De hecho, el maltrato sufrido por los esclavos en los primeros años de la España imperial, podría justificarse afirmando que éstos no eran sino como los brutos, simples bestias de carga, totalmente desprovistos de ciudadanía" (182–83).

77 Por lo tanto, "[…] los brutos carecen de razón, y por ende de alma, pues si poseyeran esta última, tendrían un principio indivisible desde la que juzgar las impresiones del exterior, cosa que niega desde un principio. Ésta sería la prueba directa de la indivisibilidad del alma" (González Vila 46).

78 Como para Gómez Pereira los animales son necesariamente "automáticos," se les figura permanentemente localizados en una especie de "limbo animal," cuyas acciones están directamente guiadas por Dios y no por su libre albedrío. Por ello se opone a su sufrimiento

también al mundo vegetal, al que se le atribuye un "alma nutritiva," dentro de la asociación del alma con un conocimiento autoconsciente[79]. Según Gómez Pereira, existe una lógica ordenada por Dios, en la que se presenta un tipo de inteligencia animal y vegetal, aunque la existencia del alma sólo le corresponde al ser humano, que dispone, por ello, del uso del libre albedrío. El tener alma otorga el "conocimiento" para elegir entre bien y mal, por lo que el ser humano se reafirmará como tal, cada vez que evite realizar el tipo de acciones "automáticas," vinculadas por Gómez Pereira tanto los animales como a los vegetales[80].

El animal, dependiente directamente de la razón divina, siendo inocente y carente, o con un muy limitado uso del libre albedrío, estaría expuesto a actos que podrían ser considerados pecaminosos, pudiendo sufrir abusos de otros seres que sí disponen del uso de su libre albedrío y lo pueden usar para hacer

---

y martirio a manos del ser humano, como lo estaría en contra de cualquier acción contra un recién nacido o un esclavo: "En cuarto lugar, si los brutos hubieran podido ser como nosotros en lo que respecta a las sensaciones externas y órganos internos, tendríamos que admitir que los hombres actúan por doquier de una forma inhumana, violenta y cruel. Porque, ¿qué cosa hay más atroz que el ver a las acémilas, sometidas a pesadas cargas que transportan en largos viajes, caer por la acción de los golpes y sufrir por el pinchazo cruel de púas de hierro, mientras la sangre mana de sus heridas, profiriendo abundantes gemidos y solicitando misericordia con determinadas voces—si es que se puede evocar el estado de ánimo por los gestos? Hay, además, otra crueldad que consideramos tanto más atroz como frecuente. Y es que el tormento de los toros perseguidos alcanza la cima de lo cruel cuando son heridos por pértigas, espadas y piedras—ya que no hay otra práctica humana con la que la vista del hombre se deleite tanto como con estas acciones tan vergonzosas, incluso pareciendo que la bestia pide la libertad con mugidos suplicantes" (8).

Para una continuación de la discusión sobre el sufrimiento animal desde la perspectiva de Gómez Pereira ver Dopico Black (241–45).

79 "Podría reseñar numerosas plantas que rehuyen algunas tierras en las que son plantadas, observándose que perecen como si estuviesen consumidas por una epidemia, [...]. Incluso no se podrá negar (a no ser que alguien esté mal de la cabeza) que se cree que ciertos árboles, y otras plantas, que viven con alma nutritiva, evitan el alimento conveniente, e, incluso, las que se ven obligadas a ascender a las más altas cimas, rechazan lo nocivo y lo inconveniente. También las facultades naturales de los animales que aceptan, o expulsan,—fin al que consagran su vida (según dicen) para atraer lo que les conviene y rechazar lo que no les conviene—, sin requerir su deseo ningún conocimiento" (Gómez Pereira 206).

80 Así, el automatismo animal descrito por Gómez Pereira distingue entre lo puramente mecánico y lo que está ordenado por el alma encerrada en un cuerpo, que sólo podrían disfrutan los seres humanos: "La teoría del automatismo de las bestias está, sin duda, en la base misma de la Fisiología moderna, en tanto ésta prescinde del alma en sus explicaciones, paralelamente a como la Mecánica del Sistema Solar también prescindió de Dios [...]. Gómez Pereira podría haber dicho análogamente, refiriéndose a su *Antoniana Margarita*: "No necesito el Alma para mis cálculos de la economía de los animales" ("Gómez Pereira 1500–58").

el mal. Tiene así sentido que se haya argumentado la inclusión de la *Antoniana Margarita* en el contexto del debate sobre el derecho de gentes, particularmente en la disputa contemporánea sobre el asunto por parte de Las Casas, Sepúlveda y Vitoria[81]. Al extender la teoría de Gómez Pereira a los cautivos no-cristianos, que por ello no podrían distinguir entre el bien y el mal en sus acciones, se refuerza que el pensamiento autoconsciente, inspirado divinamente, sea una de las virtudes que mejor definan al ser humano. Los no-cristianos también tienen un alma que les permite elegir entre el bien y el mal autoconscientemente, a pesar de no conocer a Dios. La autoconsciencia humanista y cristiana, en la Filosofía o en el Arte, confirma la importancia del reconocimiento del lugar del ser humano en el Cosmos, especialmente cuando va acompañado de una exploración y reafirmación de la propia naturaleza humana, a partir de su capacidad de actuar, gracias al uso de su libre albedrío[82]. La autoconsciencia de la naturaleza divina, como facultad del ser humano y guía de su modo de actuar, es también objeto central del debate canino en diálogos como *El coloquio*, lo que también situaría la obra Cervantes en una corriente de pensamiento antropocentrista, común a filósofos como Platón, Cusa y Bovelles.

---

81 "En definitiva, queremos decir que las disputas de Las Casas, Sepúlveda y Vitoria sobre la guerra justa y el Derecho de Gentes estaban sin duda influyendo en la redacción de la *Antoniana Margarita*, que se publica en 1554, unos años después de la famosa Controversia de Valladolid, que tuvo lugar entre 1550 y 1551 [...]. Al fin y al cabo, pensaría Pereira, si los esclavos negros que se veían a diario en el mercado de Medina del Campo tuvieran alma, el trato practicado con ellos sería, al igual que sucedería con los animales, tremendamente cruel" (Rodríguez Pardo 183–84).

82 En este sentido, la identificación del contexto histórico del tráfico de esclavos se hace relevante en la interpretación de la presencia del alma en animales y seres humanos: "[...] ¿cómo es posible dejar de ver en este argumento, orientado a justificar el trato ordinario, pero cruel, de los hombres respecto de los animales, un argumento paralelo de justificación del trato de los hombres respecto de otros hombres tenidos por inferiores y muy próximos a los brutos, a quienes tenían que hacer trabajar mediante el látigo o el tormento, como podrían serlo los negros africanos que se vendían como esclavos en la feria de Carmona, o los propios indios caribes de los que había hablado Ginés de Sepúlveda? Es sabido que antes del descubrimiento de América ya se vendían negros traídos de Africa en ferias andaluzas [...] el trasfondo social y económico de los problemas que Gómez Pereira suscitó, precisamente en Medina del Campo, uno de los mercados más importantes de Europa, demuestran [...] que estaban directamente relacionadas con la dureza obligada del trato a los esclavos, y la necesidad de justificar ese trato por su semejanza con los animales [...]. Y con esto, los argumentos que dibujó Gómez Pereira adquieren una inesperada actualidad, aun cuando estén siendo recorridos en un sentido inverso: los animales son autómatas si admitimos que sus semejanzas con los hombres son aparentes; porque si no lo fueran, habría que admitir, en virtud de la continuidad entre la facultad sensible y la inteligible, que los animales tienen espíritu, o dicho de otro modo, que son de algún modo 'humanos'" ("Gómez Pereira 1500–58").

Además, la combinación del punto de vista privilegiado y la autoconsciencia presentes en *El coloquio* son también parte de los debates teológicos renacentistas y de obras como los sueños de Maldonado y Kepler.

El modo en el que el pensamiento de Gómez Pereira se intuye en *El coloquio* es en forma de contrautopía. El punto de vista arbitrista presente en esta ficción permite revertir, excepcionalmente, el pensamiento de Gómez Pereira. Al aceptarse la posibilidad de la existencia de animales con alma, se confirma que sus razonamientos les pueden equiparar, o incluso hacer superiores intelectualmente, a los propios seres humanos quienes, por su parte, son el origen de toda crueldad y corrupción. La autoconsciencia, guiada por el libre albedrío, separaba al hombre del animal, aunque la voluntad divina todavía conforme e inspire la parte "animal" del ser humano. Cuanto menos esté presente su capacidad de razonar[83], más "automático" y bruto será uno. En la "contienda pública" del diálogo cervantino, igual que si de un espectáculo animal se tratase, sólo uno de los dos, ser humano o animal, puede salir vencedor. Éste es el caso de Cipión y Berganza, precisamente por haber comprendido las implicaciones profundas de la responsabilidad asociada a disponer de un alma. Es así como los perros novelados de Cervantes responden a planteamientos similares a los de Gómez Pereira, los cuales se presentan desde un punto de vista contrautópico: ¿Qué pasaría si dos animales gozaran temporalmente de alma y pudieran reflexionar sobre la miserable realidad desnuda de los seres humanos, muchos de ellos "desalmados"? A pesar de tener la capacidad de elegir entre bien y mal, como se atestigua no sólo *El coloquio*, sino en la aventura de Campuzano en el *El casamiento*, el ser humano elige frecuentemente el mal. Cipión y Berganza, en una tesitura similar y dentro de su inocencia primigenia, con cierta consciencia de su naturaleza original automática y procedente de un estado cercano al inocente limbo, eligen actuar guiándose por valores y pensamientos del humanismo cristiano, entendiéndose así que la razón divina guía todas sus acciones de una forma excepcional y "no automática."

La estructura literaria de *El coloquio* sirve para ilustrar el diálogo de dos canes que argumentan neoplatónicamente sobre las miserias humanas asociadas a

---

83 En esta cita se resume una base filosófica relacionada con la que se utiliza en la contrautopía cervantina en la que también se presentan, excepcionalmente, unos perros con alma y autoconscientes de su capacidad de razonar: "Sus principios fueron los del espiritualismo más radical, un espiritualismo humanista, que concibe al hombre, ni siquiera como un animal racional (al modo escolástico), sino como un espíritu puro, que utilizase el cuerpo animal como un instrumento, a la manera como el piloto utiliza su nave [...]. El espíritu se mantiene también en la consideración de su propia sustancia, con independencia del cuerpo; puede mantenerse teniendo conciencia de sí mismo, mediante el ejercicio de su propio pensamiento" ("Gómez Pereira 1500–58").

los recuerdos de su convivencia con seres humanos. Berganza, cuyo propio sentido de la existencia está estrechamente asociado a estas memorias humanas, particularmente a las relacionadas con su extraña concepción, aprovechará para reflexionar filosóficamente sobre la distancia existencial entre el animal y el ser humano, en un momento único de autoconciencia humanista cristiana. Paradójicamente, cuanto más se parece Berganza a los seres humanos observados, más "animal" será y viceversa. Como resultado de su experiencia nos quedará la narración de un paso de la inocencia a la experiencia, donde presenta el mundo como un espejo deforme que, sin embargo, ofrece la posibilidad de aprender sobre los valores y enseñanzas derivadas de esta experiencia cognitiva única, de unos seres puros y dependientes de un Dios, el cual se asocia a valores virtuosamente humanistas, algo que se confirma en la propia entidad privilegiada de los canes dialogantes[84]. Por un lado, los inocentes perros hacen naturalmente el bien, guiados por Dios, dentro de su limbo animal, del que han salido excepcionalmente, para poder hablar autoconscientemente de su experiencia existencial. Por otro lado, se protegerán de los hombres, precisamente por estar guiados de unos valores cristianos humanistas que son más puros que los de sus amos[85]. La identidad del ser humano, que ha elegido ser pícaro y malvado en el mundo, ha dirigido a los perros humanistas a la búsqueda de un sentido a sus degradantes actos, en un momento en el que la propia humanidad ha llegado a un estado en el que los sueños de los seres humanos son sobre perros. Estos resucitados Escipiones tienen alma y disponen del uso del libre albedrío, algo que se evidencia tanto en su autoconsciencia sobre el don del habla como en su capacidad de dialogar, filosóficamente, sobre su autobiografía. El juego de espejos de sueños y metasueños no debe de confundirnos acerca de la materia esencial de este debate canino. En un trasunto del título de la famosa obra de Philip K. Dick, en esta novela se plantea si los perros cervantinos sueñan como humanistas.

---

[84] Llama la atención la raza de los perros que utilizará Cervantes en *El coloquio*, la cual estaba muy bien considerada:" "The *alano* was a medieval hunting breed and became the most distinguished Spanish breed in the early modern period" (Beusterien 40).

[85] De hecho, para Perry, el habla es la clara línea entre lo humano y lo no humano, en el contexto de los textos con protagonistas animales (23). La anomalía de los perros con alma, autoconscientes y parlantes, marca la modernidad de la narrativa cervantina, tan alejada de la perfección del modelo pitagórico, pero verosímilmente nacida de una "observación" detallada de la realidad del período, lo que prevalece sobre cualquier otra referencia más autorizada sobre ella. En este sentido, en *El coloquio* preponderará la evidencia narrativa de unas acciones picarescas que imperan verosímilmente sobre cualquier otro tipo de idealización de los seres humanos.

3.2.3   Extraño sueño, delirio ...

En *El coloquio*, el lector se expone a la lectura de un texto manuscrito, concebido en un estado de delirante enfermedad, en el contexto de la extraña atmósfera de un hospital vallisoletano, en un ambiente que parece una sombra deforme del sueño de Escipión[86]. La voz narrativa es la de unos canes con valores humanistas cristianos que, desde sus perspectivas inferiores, juzgan los avatares de la decadente existencia humana, en la España del período. Los filtros y recursos barrocos que disfrazan sus diferentes ideas transcendentales sobre la naturaleza del ser humano sirven como complemento estético a los profundos planteamientos filosóficos de esta obra cervantina. Los perros "animados" de *El coloquio* demuestran que son seres privilegiados, al poder hablar de su capacidad de estar discretamente presentes, allá donde los humanos no pasarían inadvertidos. La perspectiva "pura" de las jóvenes almas caninas filtra unas visiones infernales, que se narran mientras se va aclarando la relación de Berganza y Cipión con la bruja Montiela, sobrenatural madre, que ha sido capaz de otorgarle su excepcional naturaleza híbrida humano-animal[87]. Los canes pueden pensar, a causa de un hecho excepcional, el del principio de continuidad de la cadena del ser, el cual se había confirmado en su nacimiento, a partir de una copulación entre especies diferentes: la bruja Montiela ... y el Diablo. ¿Cómo puede salir algo bueno de esta combinación de seres, una de las peores imaginables en este tiempo? Ésta es la lección más profunda de este texto: es factible, lo que también confirma la posibilidad de usar el libre albedrío dirigido a las buenas obras, en las peores circunstancias posibles. *El coloquio* es así una hiperbólica inversión arbitrista y contrautópica, que se resume bien en el episodio de los pastores-lobos. Los perros neoplatónicos eligen

---

[86]   De entre los filtros literarios situados entre el texto y lector destaca la presencia del engañoso y engañado Campuzano, cuyo punto de vista parece contagiar el espíritu del posterior coloquio: "Campuzano, como un lector engañado, no ha sabido interpretar el doble sentido de las palabras de su esposa, quien ha utilizado el lenguaje como herramienta para decir una verdad que lo es tan solo a medias [...]. Estefanía y Campuzano, revelan su capacidad de narrar una historia propia que, con apariencia de verdad, está amañada para ocultar lo que conviene. Del mismo modo, el relato autobiográfico se apoya en su pretensión de veracidad para, en el fondo, poder engañar con el lenguaje y construir una imagen interesada de la propia historia" (Rodríguez Guridi 161).

[87]   La deshonra familiar se encuentra entre los fundamentos del ambiente decadente tradicionalmente picaresco, algo que también encaja con lo propuesto en el diálogo cervantino: "Creo que Justina y Pablos nos dan las dos versiones más plenas de esta pieza esencial de la picaresca, consistente en presentar la deshonra familiar paródicamente en los términos peculiares del honor nobiliario [...] revela un grado de conservación del modelo de la sociedad tradicional muy alto todavía [...] En segundo lugar, hace falta, [...] que ese modelo de sociedad se halle en un grado de deterioro" (Maravall *picaresca* 290).

defender unos principios que son más humanistas que los de sus engañosos amos. En este sentido, esta obra llegará también a incluir un momento único en el debate sobre la Filosofía Natural, que se materializa en el diálogo entre un cosmógrafo, un poeta, un alquimista y un arbitrista cuando se ironiza sobre la medida de las longitudes en navegación y se sitúa a estos "científicos barrocos malos" al nivel de los arbitristas[88]. Una vez más, Cervantes advierte de que la pureza metodológica de cualquier disciplina del saber es fácilmente "apropiable" por seres desalmados, que la pueden utilizar para obtener todo tipo de ventajas sociales.

Dentro de la interpretación de *El coloquio* como contrautopía de ciertos planteamientos sobre el debate del alma de los brutos se confirma que la transferencia de ciertas facultades del ser humano al bruto es posible, en un momento mágico. Éste permite que los perros protagonicen una novela picaresca con una perspectiva única, siendo un recurso literario que también está presente en ciertas utopías renacentistas y barrocas, como se explora en el quinto capítulo. Desde su situación excepcional, los canes pueden observar, discretamente y con raciocinio, la realidad de su tiempo sin filtros ideológicos, aportando cierta pureza en su interpretación virtuosa de la realidad que les permite compartir con el lector una autoconsciente exploración de la naturaleza del ser humano. La obra cervantina reafirma la existencia de animales-humanos, en un mundo de humanos-animales, que son interpretados desde el punto de vista humanista, aceptándose excepcionalmente diferentes niveles de "ser": humanistas, humanos animalizados y animales con sentido.

3.2.4 *La segunda parte de* El coloquio

Bovelles describía, en su carta a Guillaume Briçonnet, obispo de Lodève, que la Sabiduría es aquello que mantiene al hombre firme, evitando así que abandone los límites humanos y comparta un destino similar al de los brutos animales (Mangolin 284)[89]. El ser humano que es capaz de aceptar y disfrutar de

---

88 "En *El coloquio de los perros*, Cervantes se burlaba también de estas vanas pretensiones de haber encontrado la solución al problema de las longitudes. Así, de los cuatro quiméricos personajes que Cervantes presenta en esta obra, postrados en cuatro camas contiguas de un hospital hablando de sus imposibles ambiciones, uno de ellos es un cosmógrafo. Este personaje en su discurso contrapone con ventaja la magnitud de su desgracia a las de los otros tres: un poeta, un alquimista y un arbitrista, pues: 'Veinte y dos años ha que ando tras hallar el punto fijo, y aquí lo dejo y allí lo tomo; y pareciéndome que ya lo he hallado y que no se me puede escapar en ninguna manera, cuando no me cato, me hallo tan lejos de él que me admiro'" (Navarro Brotóns "Astronomy" 19–20).

89 En este sentido, Bovelles había identificado la Teología como un tipo de conocimiento que hacía al ser humano ser dueño de su destino: "In Bovelles' initial emblem, Fortuna and Sapientia are opposed with Sapientia corresponding to the Sapiens, Fortuna to the

su aspecto divino no necesita depender de la fortuna, al estar libre de cualquier tipo de superstición. Es significativo el hecho de que los perros cervantinos estén más cerca de este tipo de valores humanos, descritos por el teólogo francés, que los que observan en los hombres y que comentan en su diálogo humanista. Como se demuestra en la obra cervantina, en la práctica del arte literario se pueden utilizar artificios con los que suplementar el intelecto del ser humano, pudiendo así enmendarse aquello que malinterpreta, a partir de su desconocimiento experimental del mundo. El diálogo humanista de los perros es así una celebración de la experiencia (pastores-lobos) ante lo idealizado (pastores-bucólicos), validándose la evidencia, ante la mentira de lo preestablecidamente dogmático. El principio de que el ser humano es superior al animal se ha de demostrar a partir de la validez de sus actos, en disposición, por parte de ambos, de su uso del libre albedrío.

Todo lo expuesto en *El coloquio de los perros* acerca del debate sobre el alma de los brutos y la excepcionalidad de la concepción de seres animados autoconscientes está ausente en la versión no autorizada de Carrillo Cerón de la novela cervantina. La segunda parte de *El coloquio* carece de la intención original de aprovechar el lenguaje literario para reflexionar transcendentalmente sobre el estado de la cuestión de la sociedad de su tiempo. La narrativa barroca de Carrillo Cerón está ilustrada por una serie de anécdotas burlescas, enlazadas al estilo de otras obras similares del período, como las de Castillo Solórzano y Salas Barbadillo[90]. El espíritu que la ilumina se inspira, precisamente, en la

---

Insipiens. [...] Bovelles describes the 'stability' of Sapientia in human existence as opposed to the random acts of Fortuna. [...] Fortuna holds a wheel in her left hand, upon which a king (Fate) is sitting, and where other awkward men can hardly hold on. For Bovelles, this symbolizes the idea of Fortuna as an existential condition in which man cannot drive his own destiny, but rather is always victim of external events, the existential condition of the Insipiens. By contrast, Sapientia holds a mirror in her right hand in which her face is perfectly reflected, with the sun, the moon and the stars of the universe painted on its frame. Just as the wheel is an essential symbol of Fortuna and the related existential condition of the Insipiens, so too the mirror symbolizes Sapientia and the related existential condition of the Sapiens as the 'real human being'. From this metaphor, we see that, for Bovelles, 'self-awareness' is the anthropological opposite of the unarmed victim of blind destiny. Another lovely detail: the stars painted around the mirror symbolize the Sapiens as the living centre of the universe—the man who realizes his own human nature carries the entire universe within himself. When he becomes a Sapiens, all the universal powers of destiny and fortune depend on a man's mind, through a self-awareness of his own true human nature. [...] Bovelles expresses the idea of Sapientia as a path to freedom and happiness for human beings as the highest and most adequate aim of human condition" (Catà "viewed" 308).

90 "[...] en la época conviven dos formas de componer novelas cortas: la cervantina, sin paréntesis o entremeses [...] y la opción miscelánea [...] en la que la historia se interrumpe por apotgemas, dichos y hechos, comedias, entremeses o autos" (Madroñal "introducción" 63).

celebración del ingenio picaresco como fuente de entretenimiento burlesco, dentro del ambiente de cultura de ocio cortesana y urbana del período. En este sentido, salvando ciertas distancias, se aprecia una estructura y relación similar entre la versión de Avellaneda con respecto a la primera parte original y el segundo coloquio con la primera versión de Cervantes. Algunos de los aspectos más profundos del pensamiento cervantino sobre la naturaleza de los seres animados de ficción que se proponen en la primera parte y que han sido analizados, son alterados y omitidos en la nueva versión, que es la obra de un escritor no muy experimentado en el campo de la ficción. Esto es algo reconocido por el propio autor, cuyo mayor logro parece ser su capacidad de encadenar anécdotas, unas prestadas y otras propias, que se entrelazan sin una clara coherencia ni sentido narrativo, más que el de "entretener[91]." Carrillo Cerón propone así una novela dialogada donde se entrelazan historias y cuentos folclóricos que son presentados episódicamente e incluyen variadas experiencias y memorias asociadas a la existencia de Cipión. Esta segunda parte mantiene la dupla de perros y de hombres, sirviendo la narración de estos últimos también como marco original y final del diálogo, de igual manera que ocurría con *El casamiento*, en relación con *El coloquio*:

> Dijo el alférez al licenciado Peralta:
> —Señor licenciado, aunque el coloquio que a V. M. referí ayer habían tenido los dos perros Berganza y Cipión v. m. lo tuvo por fábula o que yo, como tenía el entendimiento tan agudo de comer muchas pasas y almendras lo soñé.
> 113

Cipión será ahora el narrador, en contraste con Berganza, que lo había sido en la obra original. Al igual que la continuación no autorizada del *Quijote* de Avellaneda, esta nueva versión de *El coloquio* parte de la intención de ser una especie de respuesta literaria a la obra cervantina, aprovechándose, como en el *Quijote* apócrifo, de que la original careciera de un final cerrado, siendo la consecuencia lógica de la promesa original de Cipión a Berganza:

> Cipión: [...] Y, con esto, pongamos fin a esta plática, que la luz que entra por estos resquicios muestra que es muy entrado el día, y esta noche que

---

91 "Su imitador apenas puede seguir con gran esfuerzo el modelo, incorporando facecias y cuentecillos (como el de Pitas Payas, que ya se encontraba en el *Libro de buen amor*), en una mezcla de géneros que van de la narrativa breve a la picaresca, pasando por el entremés" (Alvar 14).

viene, si no nos ha dejado este grande beneficio de la habla, será la mía, para contarte mi vida.
Berganza.—Sea ansí, y mira que acudas a este mismo puesto.

Sin embargo, la experiencia de Cipión será muy distinta a la del Berganza original. De hecho, se ha identificado cierta jerarquía social entre Cipión y Berganza, donde el primero se muestra superior al segundo (Madroñal "introducción" 72), perspectiva que tampoco está presente en la versión cervantina, la cual se había ocupado más de explorar la propia naturaleza de los canes, en su contraste con los seres humanos, que en las diferencias existentes entre ambos perros. El autor de la segunda parte también evita la exploración del infierno social al que Berganza es expuesto en la primera parte, aunque, a cambio, nos presenta a un Cipión que establece una razonable distancia entre las experiencias y anécdotas que ocurren alrededor de él y su propia existencia. A medida que avanza la novela, el perro acabará adaptándose al estereotipo de pícaro-hidalgo, el cual recuerda a protagonistas de otras novelas cervantinas como *La ilustre fregona* o *La gitanilla*, e incluso a otros tipos de antihéroes barrocos. Precisamente, este carácter anecdótico y circunstancial de la narración de Cipión hace que el propio diálogo entre los canes evite profundizar más en otros asuntos transcendentales, como es la autoconsciencia sobre su origen sobrenatural, centrándose en ser una narrativa con cierta crítica social, dentro del estilo de la oleada picaresca de principios del diecisiete y del antihéroe barroco, estudiados en el primer capítulo.

De la segunda versión de Carrillo Cerón destaca también que ambos perros sean cristianos viejos que observan, con cierta distancia, las acciones protagonizadas por los desgraciados personajes de sus anécdotas narrativas. Con los ejemplos de estas injusticias, donde no se respeta la meritocracia, ni el ser "hijo de sus obras," parece pretender validarse su propia estirpe cristianavieja, a la que se asocian unos valores inmanentes, en los que prepondera el origen privilegiado, por encima del reconocimiento por las obras. Esta perspectiva está también muy alejada tanto del espíritu de la novela original cervantina como de otros textos suyos del estilo de *El retablo*. Precísamente, mediante el marco ideológico "sin daño de barras," expuesto en la antropocéntrica obra original cervantina, se neutralizaba cualquier tipo de jerarquizado universo literario que estuviera basado en reafirmar valores como el de la "pureza" de sangre. Esta diferencia de puntos de vista con la primera parte es evidente en las palabras de un clérigo, el cual sugiere aplicar la eutanasia a ciertos "apícarados" canes ociosos, que comen demasiado pan:

> —Estos perrazos son muy buenos para guardar una casa y para los ganados y mataderos, pero perros gozques, si poder tuviera para ello, los había de mandar matar, que no sirven sino de ladrar a los pobres y a los perros forasteros o de otro barrio y juntarse una perrería que no se puede sufrir, y se entran entre las piernas de los que pasan por la calle y, lo que peor es, que se comen mucha cantidad de pan, que bien mirado es mucha consideración y ellos de ningún provecho.
>
> 137

El final de la obra también depara algunas reflexiones cómicas sobre el arte narrativo que se pueden relacionar con las incluidas en la réplica de Don Quijote ante la extensión del discurso de Sancho, particularmente cuando se le regaña al criado por su cuento de las cabras en el capítulo veintiuno de la primera parte, o incluso en el comentario al final por parte del cura en *El curioso impertinente*, el cual es también muy autoconsciente acerca de la naturaleza de la propia obra narrativa:

> —Bien—dijo el cura—me parece esta novela, pero no me puedo persuadir que esto sea verdad; y si es fingido, fingió mal el autor, porque no se puede imaginar que haya marido tan necio, que quiera hacer tan costosa experiencia como Anselmo. Si este caso se pusiera entre un galán y una dama, pudiérase llevar, pero entre marido y mujer, algo tiene del imposible; y en lo que toca al modo de contarle, no me descontenta.
>
> I, 35

El hecho de que el amo de Berganza tome los hábitos franciscanos, aunque quejándose de tener que cumplir el voto de obediencia, precede a que Peralta concluya la novela, tras acabar de contar su vida, al estilo de lo sugerido por Ginés de Pasamonte sobre su propia existencia "literaria," en su respuesta a Don Quijote:

> —Con esto dio fin a su vida Cipión. Si no lo he dicho con más brevedad, perdonad.
>
> El licenciado Peralta dijo:
>
> Bien se echa de ver que Berganza tiene más discurso y más elegancia, pero v. m. no debe darle colores, sino decirlo meramente como ellos lo dijeron.
>
> CARRILLO CERÓN 154

En resumen, en esta obra se propone un tipo de narrativa barroca que evita concentrarse en el original debate cervantino sobre asuntos como la naturaleza humana, el "daño de barras," "el alma de los brutos," o la imperiosa necesidad de una reforma en las costumbres[92]. La obra de Carrillo Cerón constituye así un documento literario valiosísimo, precisamente para poder poner mejor en perspectiva la aportación literaria de Cervantes dentro de su período y poder confirmar el efecto de su ausencia como gran narrador y filósofo literario. Su prestigio, como el primer autor en novelar en español, atraerá a imitadores como Carrillo Cerón, quienes entendieron que la grandeza de la obra del alcalaíno residía más en su estilo que en su transcendental uso del lenguaje literario. Como suele ser el caso de la mayoría de las imitaciones, las de los seguidores cervantinos suelen carecer del coraje intelectual planteado originalmente para poder abordar, con similar arrojo, las incómodas temáticas tratadas por Cervantes, características de su privilegiada y valiente alma creativa.

3.2.5 Conclusión: el sentido de la subversión de la gran cadena del ser en la naturaleza de Berganza y Cipión

Desde el punto de vista de su relación con *El casamiento* que le precede, *El coloquio* es el sueño de un soldado, cuya capacidad de razonar está afectada por una enfermedad venérea, la cual le había sobrevenido a causa de una situación de desengaño matrimonial[93], tras el que Campuzano, su protagonista, atestigua haber escuchado una conversación entre perros, la cual se le había presentado en forma de diálogo humanista. El simple planteamiento de los diferentes niveles de realidad, el del soldado soñador, el del propio sueño del diálogo canino y el del despertar final, hace que este tipo de narrativa requiera de la participación del desocupado lector para desentrañar sus más o menos verosímiles vericuetos narrativos, todos ellos parte de la misma ficción, al fin y al cabo.

---

92 "The dogs' final words could not be more explicit. The dreamers in search of personal and social salvation are totally ineffectual, and the rich and powerful are deaf to the cries of reform. The conclusion at which the dogs arrive is a pessimistic one indeed. They perceive themselves and the society in which they live as hopelessly split, as the spiritual will to growth and transcendence is severed from the material world of commerce and politics. The social structure, which maintains itself by power and hypocrisy, is cut off from the spiritual sources by which it could be renewed and redeemed" (El Saffar 82).

93 "El mismo engaño que ella le hacía a él se lo cuenta doña Estefanía con toda claridad, refiriéndolo a otra persona, y esto en el mismo momento en que tienen que abandonar la casa. El engaño a los ojos, igual que en *Rinconete*. La realidad engaña porque el hombre está decidido a dejarse engañar con la intención de engañar a su vez" (Casalduero *novelas* 247).

En *El coloquio* se ofrece un contraste neoplatónico entre la brutal sociedad de pastores-lobos y la actual de los protagonistas del diálogo cervantino, quienes gozan de una perspectiva que es, paradójicamente, bastante racional[94]. Una relación similar entre sociedades idealizadas, en la luna y las antípodas, en relación con la propia perspectiva onírica actual del protagonista, se produce en el *Sueño* de Maldonado[95]. El interés por la perspectiva y la autoconsciencia están muy presentes en obras claves de este tipo de escritores renacentistas y barrocos neoplatónicos, de entre los que se incluye también a Kepler, como se verá, más en detalle, en el capítulo quinto. En el *Sueño* del primero, por ejemplo, también se le otorga al protagonista la novedosa y privilegiada potestad de observar la Tierra desde la Luna, desde donde no se aprecia tanto el mundo en el que los seres humanos creen que viven, sino en el que realmente habitan, un tipo de cárcel terrenal onírica, muy parecida a la descrita en *El coloquio* cervantino[96].

El espíritu de *El coloquio* abre una nueva vía hacia el conocimiento del ser humano, guiada por la perspectiva privilegiada de la que disfrutan los perros protagonistas, cuya existencia en el presente depende de su interpretación del acto divino, por el cual se les ha otorgado el don del habla[97]. En el diálogo canino se describe el comportamiento humano, aparte de las diferentes situaciones a las que se ha de enfrentar, en las que somos sometidos a engaños, simulacros y traiciones. Gracias a la posibilidad del libre albedrío de la que dispone el alma humana, se puede elegir entre obrar bien o mal; el no poder usar este privilegio, o utilizarlo sin dirigirlo a la virtud, embrutece. En el diálogo cervantino, el ser humano parece haber perdido el norte debido a su

---

[94] En este sentido, otro tipo de narrativas del período, como las de individuos en un estado intermedio entre lobos y seres humanos, también solían incluir reflexiones sobre los límites entre la naturaleza humana y la de las bestias: "These wolf narratives tell us something about the way this specific form of metamorphosis calls on distinct, overlapping, sometimes melding ways of thinking about the world to provide a shape to think with that resonates as fantasy, theology, marvel, and a discourse on the discontents of the civil" (Wiseman 66).

[95] "Su platonismo es, desde luego, un platonismo cristiano, que define la posesión de la verdad en proporción directa a la identificación con la suprema verdad divina" (Avilés Fernández *sueños* 143).

[96] "¿Qué visión de la verdad puede tenerse en la Tierra, dentro de este planteamiento? Coherentemente con el esquema platónico adoptado, el mundo es una cárcel, aunque los que viven en ella no se percaten de su triste situación. Las ideas de los prisioneros terrenales son una sombra difusa y distorsionada de la realidad auténtica" (Avilés Fernández *sueños* 144).

[97] Ver un resumen de la presencia de los perros en toda la obra cervantina con relación a *El coloquio de los perros* en López Barrajón Barrios (192); sobre la relevancia de su capacidad de hablar, ver Checa (303).

incomprensión de que todo beneficio que se obtenga de los demás, mediante sus moralmente censurables artimañas, deviene en daños insolidarios, los cuales dificultan tanto la estructura organizativa como el gobierno del colectivo al que pertenece[98]. Así, los inocentes perros existen para recordar al lector, desde su privilegiada tribuna onírica, que la creatividad humana individual, aplicada al mal, animaliza y bestializa a toda la sociedad. Cipión y Berganza se reafirman en su autoconsciencia de ser capaces de razonar y dialogar, al hacer pública su propia existencia, siendo seres vivos e imaginarios a la vez[99].

---

[98]   En *El rufián viudo, Rinconete y Cortadillo* y el episodio de Roque Guinart en la segunda parte del *Quijote* también se reflexiona sobre la justicia colectiva en el reparto. Por ejemplo, en el episodio barcelonés, que ocurre en el capítulo sesenta de la segunda parte, Sancho es atacado porque su lenguaje es muy directo cuando llama ladrones a los bandoleros. El escudero valora la justicia por encima de su moral práctica, reconociendo que el reparto del botín es también del poder asociado a la efímera estructura política creada por Roque Guinart. El bandido ha de actuar, así, en continuación con el argumento del narrador de que si no se hiciere de ese modo "[...]no se podría vivir con ellos"; la impertinencia de Sancho es recibida con cierto recelo: "Y haciendo brevemente el tanteo, volviendo lo no repartible y reduciéndolo a dineros, lo repartió por toda su compañía, con tanta legalidad y prudencia, que no pasó un punto ni defraudó nada de la justicia distributiva. Hecho esto, con lo cual todos quedaron contentos, satisfechos y pagados, dijo Roque a don Quijote:
—Si no se guardase esta puntualidad con éstos, no se podría vivir con ellos.
A lo que dijo Sancho
—Según lo que aquí he visto, es tan buena la justicia que es necesaria que se use aun entre los mesmos ladrones" (P. 500).
   Este tipo de reflexiones sobre los repartos cervantinos se ha interpretado también en el contexto de la justicia distributiva: "The key term in this passage is justicia distributiva. As Silvia Lorente-Murphy and Roslyn Frank have pointed out, the concept of justicia distributiva, Aristotelian in origin, refers to the distribution of goods and rewards by secular authority. But the authors have missed the point that the irony here derives from the incongruity of using a legal term in this context. Whereas it is true that Roque divides the spoils evenly, there is nothing 'legal' or 'just' about the source of this wealth, or Roque's authority in distributing it. Furthermore, as Roque himself confesses to Don Quijote, his impartiality is motivated by expedience rather than any ideal of justice" (Weber 131–32).
   La paradoja de Roque Guinart puede radicar precisamente en su intento fallido de imitar la estructura monárquica, como es el caso de otra parodia cervantina relacionada, la de Monipidio, ya que en la obra de Cervantes, los derechos políticos diferentes, suelen corresponder a responsabilidades distintas: "[...] justicia distributiva significaba aquello con que el Estado retribuia al pueblo teniendo en cuenta la posición jerárquica del individuo" (Lorente-Murphy y Frank 106).

[99]   La propia existencia de los canes cervantinos ocurre con relación a ciertos principios de la cadena del ser, incluyendo el de la *plenitud* (ver *Britannica*) ya que, a pesar de ser imaginarios, existen en relación con los demás, a partir de compartir algún atributo entre ellos. El principio de continuidad también está presente en *El coloquio* cervantino. A pesar de su pertenencia al mundo de las bestias, los perros tienen una relación directa con el ser

Como se ha podido apreciar, en la versión "ejemplar y honesta" que Carrillo Cerón hace del diálogo cervantino, el tratamiento de la brujería, algo potencialmente ofensivo a las leyes cristianas, es eliminado[100]. La presencia de las hechiceras para explicar el nacimiento de los perros hermanos es problemática en la primera parte tanto por su desafío a los principios de la religión católica como por el propio planteamiento de la diferencia existente entre brutos y seres humanos. Esta posibilidad, en el esquema de la cadena del ser de autores como Ramón Llull, no parecería tan remota, al presentarse a brutos y seres humanos separados tan solo por un escalón; de hecho, se podrá llegar a apreciar a ambos más cercanos y hasta a un mismo nivel, en otras representaciones posteriores.

La continuidad que se manifiesta en la propia existencia de los canes, a partir de su capacidad de razonar, es algo que contrasta con la actitud de la mayoría de los amos de Berganza, a los que se les refiere como seres "desalmados," por haberse abandonado a sus vicios, embruteciéndose y actuando instintivamente, como animales. Las acciones de los amos de Berganza reflejan un comportamiento acorde al *ethos* prevalente en la sociedad de la España de Felipe III. El servicio canino a carniceros desalmados, pastores-lobos, falsos alguaciles, malos poetas y cómicos, junto a científicos que no lo son, describe un desolador panorama social similar al presente en obras como *El diablo Cojuelo*. En este contexto, los canes salen beneficiados de la novela, al estar libres de pecado, dentro de un entorno en el que parece imposible no estarlo.

Una de las características persistentes en los seres humanos del universo cervantino de *El coloquio* que contempla Berganza es el mal uso del exceso de "ingenio," algo común en personajes como Chirinos y Chanfalla, Pedro de Urdemalas o Rinconete y Cortadillo. Ciertos ingeniosos protagonistas "brutalizados," como son, por ejemplo, los "matarifes de seres humanos" y los "pastores-lobos," utilizan el talento aplicado a sus oficios para obtener una ventaja pecuniaria ilícita. Esta actitud es extensible a otros personajes ociosos como son los titiriteros y los malos comediantes, quienes también buscan

---

humano como parte de uno de los eslabones de la cadena del ser, en comunicación con el resto, es decir, con los seres superiores e inferiores en la jerarquía (Berganza comparte la capacidad de hablar con el ser humano, quien comparte con los lobos su capacidad de ser furtivo, etc.). Por último, el tercer principio es el de la gradación lineal entre especies, algo que también concuerda con el modo en que se presenta la jerarquizada existencia de los canes.

100 "[...] el papel central (y medular) del episodio de las brujas en Cervantes se transforma aquí en la descripción de dos acontecimientos religiosos, como son la contemplación de la Verónica en Jaén y la romería de la Virgen de la Cabeza en Andújar [...]" (Madroñal "introducción" 79).

beneficiarse con sus artimañas, sin importarles el perjuicio ajeno. Tanto su "exceso de ingenio" como su creatividad mal usada les permite ganar un dinero, a partir de su capacidad de engañar los sentidos ajenos. La pertenencia de los malos poetas y literatos a este grupo de vividores es también significativa, algo que recuerda a las alusiones, en el mismo sentido, de *El retablo*. Los diferentes amos de Berganza, junto al resto de tipos costumbristas aludidos, parecen imitar algunas de las ociosas actitudes asociadas al derroche y el mal uso del tiempo libre que afectaban moral y económicamente la sociedad barroca. Esta ética del engaño se aprecia también en decisiones oficiales como la falta de correspondencia de lo que se asegura acuñado y el inferior peso del metal de las monedas, a partir de 1582, manipulación que es mencionada en la confesión de Campuzano de que la cadena de su dote, en la boda con Estefanía, era de oropel[101]. Las descripciones de las numerosas diversiones ociosas de los titiriteros, magos, comediantes, bulderos y todo tipo de oficios y actividades callejeras delatan un cierto sentido "keynesiano" en la sociedad del momento. Parece servir para absorber parte de la oferta monetaria, falseada y devaluada a capricho, que fluye caprichosamente desde una Corte imbuida en una cultura derrochadora y que contribuye a la creación de una economía del ocio no virtuoso, la cual había invadido sus calles. Con la tipología de oficios picarescos, tal y como son descritos en *El coloquio*, parece querer informarse también de las actividades pasivas de una clase social que podría ser considerada como un espejo deforme de la cortesana, cuyas ociosas actividades incluían todo tipo de celebraciones, manifestaciones de arte efímero, juegos de cañas, torneos, simulacros de batallas y entradas en ciudades. Esta cultura de entretenimientos cortesanos posibilitaba también hacer creer a ciertos individuos, como es el caso del caballero puntual, de la posibilidad de vivir de "aparentar," esforzándose denodadamente en participar de esta "fácil" cultura del ocio y rechazando otros caminos, más virtuosos y dificultosos, para su sustento.

---

101 Esta clase de engaños no son sino una réplica de los propios "arbitrios" pergeñados por las oligarquías barrocas. De entre ellos llama la atención, por un lado, el conocido y vinculado a una especulación inmobiliaria derivada del caprichoso traslado y retorno de la corte de Valladolid a Madrid a partir de 1606, que enriquecerá a Lerma y a los de su camarilla. Por otro, está la muy conocida y frecuente devaluación monárquica de los metales para acuñar moneda, la cual afectará negativamente el bienestar común, debido a la inflación asociada a este tipo de arbitrios. La devaluación del vellón ocurrirá varias veces, hasta que en 1603 se requirieron para resellarlos al doble del valor original, lo cual conducirá a la bancarota de 1607 y a una sensación de indefensión ante este tipo de fraudes colectivos: "[...] la picaresca, en su forma española [...] se debió al golpe fatal que sobre la sociedad produjeran las fraudulentas maquinaciones del gobierno de la Monarquía sobre el vellón [...] se creó una atmósfera social de desconfianza e insolidaridad y se promovió una mentalidad cuyas manifestaciones se pueden valorar siempre con pesimismo" (Maravall *picaresca* 131, 382).

3.3 *Non tibi sed* Don Quijote. Entre la animalización de Don Quijote y la humanización de Alonso Quijano

> Muerte y vida son mezquinos términos de que nos valemos en esta prisión del tiempo y del espacio [...]
> Unamuno *vida* 463

En esta sección se trata el sentido del reconocimiento de la fe católica de Alonso Quijano al final de la segunda parte del *Quijote*, el cual se interpreta como parte de un paulatino proceso de deshumanización del protagonista, lo cual encaja dentro del paradigma alegórico de la gran cadena del ser[102]. Así, en lugar de entender la muerte de Alonso Quijano como resultado de un castigo por un error o venganza (Castro *Cervantes*, Mann), la culminación de una épica hacia la salvación del protagonista (Sullivan), como una celebración de la fama inmortal (Unamuno), o como el objetivo final de toda la obra (Borges "nota"), se propone interpretarla como el resultado lógico de una concatenación de actos con los que se ha ido deshumanizando al protagonista durante toda la segunda parte.

Muchos de los valores católicos presentes en la obra de Cervantes se manifiestan en los comportamientos de sus protagonistas, como es evidente, por ejemplo, en las *Novelas Ejemplares*. En este sentido, llaman la atención el caso de dos de los últimos trabajos cervantinos, la segunda parte del *Quijote* y el *Persiles*. Por un lado, el significado de la conclusión de la segunda parte del *Quijote* cambia a partir de la súbita conversión de Don Quijote en Alonso Quijano "el Bueno." Por otro, el constante sacrificio de sus protagonistas conducirá también a la celebración final del sacramento del matrimonio, uniéndose para siempre en la Roma del *Persiles*, lo que dará un sentido más transcendental a los viajes de Periandro y Auristela.

El reconocimiento de la fe católica de Alonso Quijano es también el momento concluyente de la recuperación de su humanidad, después de su paulatino descenso existencial, dentro del paradigma alegórico de la gran cadena del ser, en la última etapa de su tercera salida, en la segunda parte del *Quijote*. Mientras en el *Persiles* se celebra el matrimonio católico, al final de la segunda parte del *Quijote* se hace lo mismo con la extremaunción, sacramento

---

[102] Hay que recordar, en este sentido, que la segunda parte del *Quijote* fue escrita al tiempo que Cervantes completaba el *Persiles*, novela en la que críticos como Avalle-Arce han observado la presencia de la cadena del ser como alegoría, recordando que la estructura simbólica que ordenaba el universo en el período también consistía en una escala ontológica, la cual conducía naturalmente hacia Dios (Avalle Arce "*Persiles*").

con el que se recuerda y reafirma lo más profundamente cristiano de la naturaleza humana.

La cadena del ser aporta un marco teórico, en el que se encuadran los desvaríos existenciales del protagonista en la segunda parte del *Quijote*, cuya sensación de degradación existencial caballeresca facilitará que se pueda dar una valoración más elevada al acto de su conversión cristiana final, algo interpretado como una última esperanza para el reencuentro de Don Quijote con Dios, a través de su retorno a ser Alonso Quijano. La presencia de la alegoría de la gran cadena del ser en la cosmovisión de la segunda parte del *Quijote* tanto en su aspecto de continuidad o relación entre sus seres, como de gradación, en superioridad o inferioridad, a diferentes niveles, anticipa el reencuentro final del protagonista con su sentido más espiritual de la existencia. Esto se evidencia a partir de las sucesivas malas decisiones de Don Quijote en su tercera salida, a pesar de las cuales podrá armonizar finalmente su orden natural con el orden divino, como validación de la fé católica que profesa.

Un recorrido de ciertos episodios cervantinos en los que existe algún tipo de convivencia con animales contribuirá a una mejor comprensión del sentido de la progresión existencial de los protagonistas hacia el final de la segunda parte, antes de la conversión final de Don Quijote. Estos incluyen el del barco (II, 29), Clavileño (II, 41) y el de la cerdosa aventura (II, 68). En ellos se relacionarán a Don Quijote y Sancho con cuadrúpedos, en diferentes momentos. Esta deshumanización, que aumenta con las bromas sufridas por ambos durante su estancia en casa de los duques, es precisamente la que se revierte con el retorno de Don Quijote a su ser, en la persona de "Alonso Quijano el Bueno," justo antes de morir[103].

En su tercera salida, los sonados fracasos de Don Quijote y Sancho están relacionados con su imposibilidad de asumir dónde están los límites de su conocimiento. La degradación consiguiente a la reiteración en sus desvaríos revela ciertos aspectos de la lógica que rige la cosmovisión de la obra que protagonizan en significativos detalles, tales como el que, por un lado, se asocie la recuperación de la fe y la espiritualidad a la elevación de los protagonistas como seres humanos y que, por otro lado, se vincule la reiteración en el error al no aprendizaje y a la animalización. Así, la significativa decadencia existencial

---

[103] Así, se ha identificado una profunda exploración del mundo animal en la obra cumbre cervantina: "Para concluir, para buscar al animal en *Don Quijote* a veces hay que leer a Cervantes contra Cervantes, y armar una zoopoética. Es decir, para encontrar al animal verdadero detrás del tropo antropomórfico hay que mirar dentro y más allá del texto en sí, y explorar la historia empírica que le da significado cabal a su presencia" (Martin "animales" 476).

de los protagonistas está informada por el desconocimiento de aquél que no aprende de sus derrotas.

Don Quijote concluye el episodio del barco con su célebre "[...] y ya no puedo más" (II, 29), lo que se ha interpretado tradicionalmente como un acto autoconsciente, mediante el que se confirma su hartura de vivir en una permanente contradicción, tras haber sido expuesto y dominado por fuerzas ajenas a su voluntad. El hidalgo cree, como si de una superstición se tratase, que ciertas influencias externas han alterado el resultado de sus actos heroicos y que le han devuelto a la verosímil vulgaridad de La Mancha. El descenso en la gradación de la naturaleza humana de Don Quijote y Sancho en la aventura del barco tiene un precedente en el episodio de los rebuznos[104]. En ambos casos se produce la confusión de los méritos ajenos con los propios tanto en el arte de rebuznar como en el de conquistar. Es así como las interacciones de los protagonistas con los animales se relacionan con sus sucesivos descensos a un plano inferior en la escala del ser, en ciertos episodios que protagonizan.

La desviación del camino de la virtud se ilustraba frecuentemente con figuras que mostraban el comportamiento de cuadrúpedos, tal y como se demuestra en los emblemas del período. De hecho, en la cultura popular, reaccionar instintivamente en contra del orden natural de las cosas era atribuido a animales como el burro y el asno, considerados tercos e ignorantes. Es así también lógico que el asno que porta el retrato de Isis crea que la poca distancia física entre él y la diosa era también una de méritos y valía. Entender que la ferviente admiración del público ante la presencia de la diosa se dirige hacia el animal es un error de percepción, el cual está cargado de egoísmo e ignorancia.

---

104 En este sentido, se ha apuntado a una relación profunda de los protagonistas con sus cuadrúpedos: "Los animales quijotescos, ahora vale concluirlo, no son autómatas que no entienden, sienten o aman, aun cuando don Quijote y Sancho comparten encarnaciones físicas con Rocinante y el rucio" (Martin "zoopoética" 461). Rucio y Rocinante siguen teniendo protagonismo en la segunda parte, lo que tiene sentido por su popularidad en la versión original. Para Sancho, su burro constituye una posesión material muy valiosa, con la que se llegará a identificar, incluso más de lo aconsejable. Este es el caso en el episodio de los rebuznos, cuando seres humanos y bestias también se confunden: "En *Don Quijote* ambos equinos son tratados bondadosamente por sus dueños, y por el narrador. El rucio no es abusado ni denigrado (actos asociados con la supuesta terquedad del animal, la cual no es más que inteligencia) sino apreciado por sus inquebrantables cualidades de lealtad y paciencia (Bough 2011:136). En vez de presentar al burro como emblema de la estupidez y del ridículo, Cervantes le otorga nobleza y dignidad como la criatura férrea y resistente que es: impasible aun cuando le llueven piedras y Sancho lo utiliza como escudo. Incluso en la aventura del rebuzno (II, 25 y 27) son los regidores los que hacen el ridículo y resultan tontos, no los asnos. Por eso me atrevería a aseverar que *Don Quijote* es en parte una alabanza al burro, aún hoy uno de los animales más usados y abusados de la historia" (Martin "animales" 475).

La exposición del error del cuadrúpedo en el emblema advierte contra la alabanza gratuita, avisándose de que la convivencia con la virtud no puede equivaler, subjetiva y equivocadamente, a un culto inmerecido. De igual forma, ni el ir a caballo hace de alguien un caballero, ni la asociación fútil e infundada con acciones heroicas tampoco le convierten a uno en un héroe:

Non tibi sed religioni.

Isidis effigiem tardus gestabat asellus,
Pando verenda dorso habens mysteria.
Obvius ergo Deam quisquis reverenter adorat,
Piasque genibus concipit flexis preces.
Ast asinus tantum praestari credit honorem
Sibi, & intumescit admodùm superbiens,
Donec eum flagris compescens dixit agaso,
Non es Deus tu aselle, sed Deum vehis[105]

FIGURA 8
Non tibi sed religioni.
Emblema 7. Alciato, Andrea. Alciato, Andrea. *Declaración magistral sobre las* emblemas *de Andrés Alciato*. Trad. por Diego López, Nájera, 1615
GLASGOW UNIVERSITY LIBRARY SPECIAL COLLECTIONS

---

105   Un asno porta la imagen de Isis, sosteniéndola con todos sus misterios y todos los que se encuentran con él le hacen reverencias a la diosa, a la que rezan arrodillados. El asno se creía que era él el honrado por todos, elevándose su orgullo hasta que su amo le redujo a golpes recordándole que no era el dios, sino simplemente su portador (Trad. de la edición de los *Emblemas* de Alciato de Rovilio).

En correspondencia a lo que le acontece al asno del emblema séptimo de Alciato, la paulatina "animalización" de los protagonistas de la segunda parte del *Quijote* está también relacionada con su deseo de asociarse a ciertas acciones que atraen fama y reconocimiento. La reiteración en sus errores les convierte en atractivos espectáculos literarios para los verdaderos dueños de sus destinos, que son los duques, quienes se motivan en promover las aventuras de ambos personajes para entretenerse. Para ello, no ahorrará en utilizar todo tipo de recursos materiales, llegando a imitar los ambientes originales de las fábulas caballerescas, que incluyen viajes imaginarios y damas encantadas, además de simulacros que corresponden, verosímilmente, a los sofisticados actos privados de diversión de la nobleza del período (ver "Fiestas" y "Seemly" de Close). En el contexto de la merecida fama de los "hijos de sus obras," algo muy presente en el corpus literario cervantino, la apropiación sin permiso ni derecho del mérito ajeno, fuese una gran obra literaria como el *Quijote*, o la gloria de un descubrimiento marítimo, degrada al ser humano. Esta reflexión concuerda con la reafirmación del valor público de la fama, que es también un asunto central en la segunda parte del *Quijote*, como se aprecia a partir del prólogo y durante sus primeros capítulos. En este sentido, la presencia de la versión no autorizada de Avellaneda conduce a alteraciones en el argumento de la historia de Don Quijote, algo sobre lo que se reflexiona en la comedida reacción del autor del prólogo de la segunda parte verdadera. Éste parece verse obligado a encontrar el mejor modo de enfrentarse al embrollo en el que le ha metido un innombrable "autor-asno." Dentro del orden literario al que pertenece, el escritor anónimo es reconocido por su infame deseo de querer transportar la ofendida imagen de Don Quijote, famosa creación ajena de la cual pretende aprovecharse creativamente, como ocurre con el cuadrúpedo que transporta a Isis.

El abuso que se hace de la novela cervantina por parte de Avellaneda es también similar al de los duques sobre Don Quijote y Sancho, para su propio entretenimiento. En ambos casos, se intenta alcanzar un mérito, por asociación, a un personaje o a una obra literaria famosa. Burlarse literariamente de la creación de un escritor no requiere de un talento especial, sino todo lo contrario: basta con haber desarrollado cierta capacidad de ofender y llamar la atención, siendo éste un asunto también presente en los cuentos sobre los locos del principio de la segunda parte del *Quijote*, los cuales tratan, precisamente, del tipo de fama basada en la apropiación del mérito ajeno.

Con la introducción de la presencia del imitador Avellaneda, el universo de ficción, asociado a la tercera salida emprendida por Don Quijote y Sancho, se verá invadido, a partir del capítulo cincuenta y nueve, por una trama que el autor "literaliza" para que pueda suplementar una reflexión más amplia sobre la fama y la infamia que ya estaba presente en gran parte de su obra. Con ello se envía así un aviso a navegantes, presentes y futuros, algo que se ilustra muy bien en el que encabeza el emblema de Isis, el cual es fácilmente adaptable al caso de Avellaneda: *Non tibi, sed* Don Quijote. Es decir que la fama de Don Quijote, de la que tanto los duques como Avellaneda quieren apropiarse, es similar a la que ostenta el asno, que en su ignorancia, pretende apropiarse del prestigio de Isis. Esto confirma que, en la segunda parte del *Quijote*, la fama, entendida como capital simbólico, sirve para suplementar los linajes de ciertos "piratas literarios," ansiosos de medro artístico, algo que se relaciona fácilmente con la cultura de ascenso social existente en la Corte del período. Por ejemplo, Ginés de Pasamonte celebra su linaje como delincuente, al haber comprendido el alcance del valor simbólico de la atracción asociada a las acciones antivirtuosas de su "capital cultural" picaresco, el cual es valorado por todos aquellos curiosos de disfrutar de los argumentos de las desmedidas aventuras que va creando, a medida que continúa viviendo.

3.3.1   *De bestias y seres humanos*

La identificación entre seres humanos y asnos en la aventura del rebuzno (ver Morell) continuará con la del barco, donde también se relaciona a Sancho y a Don Quijote con sus "bestias." Anteriormente, había destacado la curiosa distinción de un cabrero, quien defendía la necesidad del trato diferente de hombres y bestias, al pertenecer a ámbitos distintos, en el capítulo cincuenta de la primera parte:

> Contento dieron las palabras del cabrero a los que las oyeron, especialmente al canónigo, que le dijo:—Por vida vuestra, hermano, que os sosegués un poco y no os acuciéis en volver tan presto esa cabra a su rebaño, que pues ella es hembra, como vos decís, ha de seguir su natural distinto, por más que vos os pongáis a estorbarlo. Tomad este bocado y bebed una vez, con que templaréis la cólera, y en tanto descansará la cabra. [...]
> —No querría que por haber yo hablado con esta alimaña tan en seso me tuviesen vuestras mercedes por hombre simple, que en verdad que no carecen de misterio las palabras que le dije. Rústico soy, pero no tanto, que no entienda cómo se ha de tratar con los hombres y con las bestias.
> I, 50

A partir de esta pertinente separación, merece la pena recordar el recorrido semántico de los conceptos de bestia y bruto en otros momentos de la segunda parte del *Quijote*, lo que aportará más evidencia para solidificar la tesis de la paulatina deshumanización de Don Quijote y Sancho en la tercera salida.

En la definición del *Tesoro de la Lengua castellana* de Covarrubias se llama bruto a aquél "[…] animal irracional, cuadrúpedo, tardo, grosero, cruel, indisciplinante. […] De do vino llamar brutos a los hombres de poco discurso y groseros" (238). Bestia y bruto se utilizaban, en el período, como insultos o advertencias contra aquellos seres humanos con un comportamiento ciertamente degradante, el cual recordaba al de los animales. Se especifica así que la práctica del uso del término bruto, asociado a un animal cuadrúpedo, había derivado hacia la descripción de ciertas actitudes y comportamientos del ser humano. Este es el caso en los capítulos de la segunda mitad del *Quijote* que siguen, donde la animalización de Sancho y Don Quijote también se lleva a cabo mediante su asociación a asnos, caballos (reales y de madera) y cerdos.

Así, en la segunda parte del *Quijote* abundan situaciones en las que se presenta el vínculo entre la bestia y el ser humano como un insulto. Por ejemplo, en relación con el estado mental del loco de Sevilla, se asociará a este personaje con una bestia, interpretándose su regresión como un castigo divino:

> Y entre otras cosas que el loco le dijo fue que el retor le tenía ojeriza, por no perder los regalos que sus parientes le hacían porque dijese que aún estaba loco y con lúcidos intervalos; y que el mayor contrario que en su desgracia tenía era su mucha hacienda, pues por gozar della sus enemigos ponían dolo y dudaban de la merced que Nuestro Señor le había hecho en volverle de bestia en hombre.
>
> II, 1

En otro momento del capítulo once, tras el supuesto encantamiento de Dulcinea en El Toboso, Sancho limita la capacidad de las bestias a sentir un tipo de pena que normalmente se asocia a los seres humanos:

> —Señor, las tristezas no se hicieron para las bestias, sino para los hombres, pero si los hombres las sienten demasiado, se vuelven bestias: vuestra merced se reporte, y vuelva en sí, y coja las riendas a Rocinante, y avive y despierte, y muestre aquella gallardía que conviene que tengan los caballeros andantes.
>
> II, 11

En el capítulo posterior también se aludirá a la posibilidad de la amistad entre animales:

> Digo que dicen que dejó el autor escrito que los había comparado en la amistad a la que tuvieron Niso y Euríalo, y Pílades y Orestes y si esto es así,

se podía echar de ver, para universal admiración, cuán firme debió ser la amistad destos dos pacíficos animales, y para confusión de los hombres, que tan mal saben guardarse amistad los unos a los otros. [...]

Y no le parezca a alguno que anduvo el autor algo fuera de camino en haber comparado la amistad destos animales a la de los hombres, que de las bestias han recibido muchos advertimientos los hombres y aprendido muchas cosas de importancia, como son, de las cigüeñas, el cristel; de los perros, el vómito y el agradecimiento; de las grullas, la vigilancia; de las hormigas, la providencia; de los elefantes, la honestidad, y la lealtad, del caballo.

II, 12

Justo antes de que los protagonistas sean invitados a las bodas de Camacho, el narrador aludirá a la caballería de unos campesinos en el capítulo diecinueve: "Poco trecho se había alongado don Quijote del lugar de don Diego, cuando encontró con dos como clérigos o como estudiantes y con dos labradores que sobre cuatro bestias asnales venían caballeros" (II, 19). Llama la atención esta curiosa referencia a los asnos, al distinguirse la acepción de "bestia," de la de "bestia asnal," la cual se asocia, sin embargo, exclusivamente a este tipo de cuadrúpedos. Con ciertas reminiscencias del comportamiento de "El roto" en el primer volumen, debido a su locura de amor, en la segunda parte del *Quijote* también se vinculará a Basilio a un bruto animal. Esto se debe a su enajenado comportamiento en el episodio de las bodas de Camacho:

De todo no me queda más que decir sino que desde el punto que Basilio supo que la hermosa Quiteria se casaba con Camacho el rico, nunca más le han visto reír ni hablar razón concertada, y siempre anda pensativo y triste, hablando entre sí mismo, con que da ciertas y claras señales de que se le ha vuelto el juicio: come poco y duerme poco, y lo que come son frutas, y en lo que duerme, si duerme, es en el campo, sobre la dura tierra, como animal bruto; mira de cuando en cuando al cielo, y otras veces clava los ojos en la tierra, con tal embelesamiento, que no parece sino estatua vestida que el aire le mueve la ropa.

19, II

Posteriormente, en el capítulo veintiocho y como parte del discurso de Don Quijote hacia Sancho sobre la queja de la tardanza del segundo en recibir la ínsula y obtener un sueldo, el caballero recriminará a su criado, equiparándole con un asno:

Vuelve las riendas, o el cabestro, al rucio, y vuélvete a tu casa, porque un solo paso desde aquí no has de pasar más adelante conmigo. ¡Oh pan mal conocido! ¡Oh promesas mal colocadas! ¡Oh hombre que tiene más de bestia que de persona! ¿Ahora, cuando yo pensaba ponerte en estado, y tal, que a pesar de tu mujer te llamaran señoría, te despides? ¿Ahora te vas, cuando yo venía con intención firme y valedera de hacerte señor de la mejor ínsula del mundo? En fin, como tú has dicho otras veces, no es la miel […]. Asno eres, y asno has de ser, y en asno has de parar cuando se te acabe el curso de la vida; que para mí tengo que antes llegará ella a su último término que tú caigas y des en la cuenta de que eres bestia.
ii, 28

En el capítulo sesenta y dos, el de la cabeza encantada, tras haber manifestado absurdamente su decepción ante las respuestas del artilugio mágico, Don Quijote llamará bestia a su criado, una vez más:

—¿Por ventura, cabeza, tendré otro gobierno? ¿Saldré de la estrecheza de escudero? ¿Volveré a ver a mi mujer y a mis hijos?
  A lo que le respondieron:
  —Gobernarás en tu casa; y si vuelves a ella, verás a tu mujer y a tus hijos; y dejando de servir, dejarás de ser escudero.
  —¡Bueno par Dios!—dijo Sancho Panza—. Esto yo me lo dijera: no dijera más el profeta Perogrullo.
  —Bestia—dijo don Quijote—, ¿qué quieres que te respondan? ¿No basta que las respuestas que esta cabeza ha dado correspondan a lo que se le pregunta?
ii, 62

En la segunda parte del *Quijote* se confirma el uso de bruto y bestia, en ciertos contextos en los que los protagonistas cometen actos irracionales. Con estos insultos se exagera, con intención ofensiva, la ausencia de distinción entre el ámbito animal y el humano. Dentro de la cosmovisión del período, se puede hablar de que la deshumanización constituye un descenso en la escala del ser, siendo algo degradante. Coincide también que tanto la fama eterna ansiada por Don Quijote como la material de Sancho se persiguen al principio de estas aventuras mediante actos que aparentan poder elevar el "capital cultural" de su prestigio. Sin embargo, se acabará demostrando que el tipo de reconocimiento que han alcanzado les ha vulgarizado aún más, durante las aventuras del barco, la de Clavileño y la cerdosa, tres episodios clave sobre la relación entre hombres y animales, en la segunda parte del *Quijote*. En estos capítulos, su degradación humana se va poniendo cada vez más en evidencia, lo que conduce a una lógica interpretación final de la novela, a partir de la necesidad de Don Quijote de volver a ser Alonso Quijano, de humanizarse justo antes de morir. Con ello conseguirá reafirmar su sentido católico más transcendente, en el momento de máxima Sabiduría de su existencia, inspirado por un equilibrio entre razón y divinidad, que ha alcanzado, gracias a su última, y más honrosamente libre, decisión.

3.3.2 *El barco y las bestias*[106]

La más quijotesca osadía acuática concluye con ambos protagonistas confundidos con animales de carga. En la recepción del episodio veintinueve de la segunda parte del *Quijote*, la crítica se ha hecho eco de cómo el narrador degrada a Don Quijote y a Sancho. El recriminarles por su aspiración a imitar a verdaderos navegantes, al simular descubrir nuevas tierras en un río de la Mancha, confirma que la irreflexiva imposición del deseo sobre la evidencia puede acarrear consecuencias catastróficas, asunto también presente en otros momentos de la obra cervantina[107]. El imponer la voluntad individual sobre una realidad objetiva contradictoria, en claro desconocimiento de la falta de relación causa-efecto entre ambas, es algo identificado por Cervantes como materia de inspiración literaria. Este tipo de acciones podrían estar relacionadas con el principio de la "docta ignorancia" planteado por Cusa, cuya presencia se percibe tanto en el prólogo de la primera parte como en ciertos momentos de la segunda mitad del *Quijote*. En concreto, en aquellas aventuras en las que una serie de experiencias frustradas sirven para explorar los límites del (auto)conocimiento. La docta ignorancia se interpretaba como aquella que distinguía "[...] a su portador de aquellos que no han sido instruidos" asumiendo, según las propias palabras Nicolas de Cusa en su libro I, 1 (4:16–17) que cuanto uno más sabe que desconoce, más sabio será:

> [...] sólo existe de modo contraído, de la mejor manera en la que la condición de su naturaleza se lo permite. Por tanto, la creación ha de derivar necesariamente de un ser Absoluto y Divino sin necesidad de cualificación. Consecuentemente y mediante el principio de la docta ignorancia

---

[106] El análisis de esta sección se remite específicamente a la presencia la convivencia de los protagonistas del episodio en el entorno animal. El estudio de este episodio como viaje imaginario se lleva a cabo, en mayor profundidad, en el capítulo cuarto.

[107] Esta actitud quijotesca de cuestionar la regla platónica de diferenciar mentalmente idea y realidad es, significativamente, una constante para el hidalgo en ambos volúmenes, siendo algo que también comienza a serlo para Sancho, a partir de la segunda parte.

> Cusa demostrará en su obra "que es así," tan clara y simplemente como le sea posible.
>
> HOPKINS 3, traducción mía

Para Cusa, este principio rige el orden del universo, por lo que no ir a favor suyo supone una regresión, estar en contra de la naturaleza de las cosas. La degradación en la escala del ser de Don Quijote y Sancho ocurre tras haber pasado por experiencias que desvelan una ignorancia desinformada con la que se evita la posibilidad de "aprender verdaderamente." Así la actitud de ambos, en la mayoría de sus decisiones en la segunda parte, podría considerarse como un contramodelo de los principios de la docta ignorancia. El tipo de ignorancia que conduce al fracaso de los protagonistas de la segunda parte del *Quijote* se ilustra en la aventura del barco, donde se trata el mal uso en el arte de marear. El narrador enfatizará su enojo contra Don Quijote y Sancho, por su indebida apropiación de esta ciencia, algo que también había sido señalado por científicos como el astrónomo Jerónimo Muñoz, el cual apuntaba al peligro que conllevaba, dentro de la disciplina geográfica, el atribuirse descubrimientos inexistentes:

> Se ha de procurar ante todo que no coloquemos nada inexplorado en descripciones de esta naturaleza, pues es preferible que señalemos con líneas imprecisas que esa región es desconocida para nosotros, y dejarla en la oscuridad, que difundir errores entre los estudiantes con descripciones falsas, porque lamentamos que se cometan errores incluso por hombres sabios por el ansia de lucro y por la ambición de dar a conocer su nombre por todas partes.
>
> cit. en PORTUONDO *secret* 47n

Esta recomendación es transgredida por ambos protagonistas, quienes se guían por su uso de un lenguaje nautico aplicado a una realidad, la cual está muy alejada de cualquier escena de un posible descubrimiento geográfico verdadero. Don Quijote se apropia de lo que no es suyo, del prestigio de los verdaderos descubridores, actuando como el asno del emblema, al hacer ostentación de su ridícula aplicación de la ciencia de la navegación, a la exploración de un río de la Mancha[108]. El elemento irónico de este episodio reside en la distancia

---

108   En este sentido, la mención de la Magalona en el episodio del barco se referiría a Magallanes (Padrón "spacious" 2), siendo ésta una de las varias referencias al ámbito de la *Geografía* en esta aventura, que se ha considerado integrada dentro del contexto del conocimiento del universo tolomeico (Ubelaker 117).

entre el discurso de la navegación científica y el escenario real de un río manchego, donde se pretende conformar un viaje imposible en tiempo y espacio. El habla quijotesca está contaminada por el uso de un lenguaje técnico con el que se delata su pretensión de ser recordado como un experto navegador, aun careciendo de los instrumentos necesarios para, ni tan siquiera, medir su localización, lo cual hace técnicamente imposible su viaje. El discurso de Don Quijote, dirigido a su interlocutor Sancho, demuestra seguridad y paternalismo a la vez; se le narra lo ocurrido, con la intención de convencer y manipular al criado, a través de la realidad recreada en el simulacro de la exploración quijotesca.

El mayor insulto del narrador hacia los protagonistas cervantinos, equiparándolos a bestias (II, 29, 437), aparece adornado por dos circunstancias. Por un lado, el fracaso del discurso imitativo de la ciencia de la navegación de Don Quijote, con el que pone en riesgo tanto su vida como la de Sancho, causando la admiración de "pescadores y molineros" (II, 29). Por otro, la canalización de la frustración de Don Quijote, quien culpará a "dos encantadores," los cuales le parecen que han ido marcándole su destino, uno a su favor y otro en contra (II, 29), evidenciándose tanto su creciente desesperación como el aumento de su superstición, cada vez que las circunstancias le son adversas al protagonista. La rivalidad por demostrar conocer la "ciencia" necesaria para poder imitar a una bestia en el episodio de los rebuznos equivale al propio "rebuzno discursivo" de Don Quijote en el episodio del barco, con el que pretende probar sus conocimientos como navegante, en un pequeño río. En ambos casos, la degradación interpretativa de la realidad elevará la tragedia existencial de dos protagonistas, quienes parecen condenados a equivocarse permanentemente tanto por su afán de poder abarcar con su discurso lo que no alcanzan sus acciones como por carecer de la humildad necesaria para aprender de sus errores.

3.3.3 *Simulacro de caballos voladores*

En el episodio de Clavileño se narra el viaje imaginario de Don Quijote y Sancho en un caballo de madera controlado por unas clavijas, siendo éste un capítulo que destaca también por los detalles técnicos aportados sobre el viaje. La propuesta de Don Quijote a Sancho a la conclusión informa al lector de, hasta qué punto, la realidad es negociable: "[...] yo quiero que vos me creáis a mí lo que vi en la cueva de Montesinos. Y no os digo más" (II, 41). Sancho parece temer que su "fama" quede cuestionada, tras su viaje imaginario en el caballo de madera (II, 41), lo que contrasta con que Don Quijote está plenamente convencido de su participación tanto en la aventura de Montesinos como en la del "descubrimiento" del barco. En correspondencia a lo que le ocurre a Don Quijote en la aventura acuática, quien se esfuerza en encontrar la mejor manera de describir lo contemplado con el lenguaje técnico de la navegación, en el episodio de

Clavileño, Sancho también asumirá el rol de "narrador" de lo que ocurre en la supuesta aventura aérea (II, 41). En este caso, nos encontramos ante un tipo de metaimitación entre ambos protagonistas.

El viaje espacial inventado por el criado es tan falso como el propio cuadrúpedo volador de madera. Sancho dice haber contemplado la constelación de las "cabrillas," de las que asegura saberse sus colores; también dice haberse entretenido con ellas (II, 41). Tanto este detalle como la propia presencia de la figura de Clavileño asocian la ignorancia en las acciones de Sancho y Don Quijote con un tipo de "brutalización" de los protagonistas, quienes se abandonarán a la voluntad de un caballo, que supuestamente los eleva y conduce hasta tierras desconocidas. Sus reacciones desvelan su posible "creencia" en la ficción que se les ha preparado, mientras acontece. Esta aventura constituye una osadía mayor que la de creerse descubridor, si cabe, ya que aquí se simula algo imposible en el período, que es volar, nada menos. Se asegura poder hacer, en unos segundos, aquello imposible y que, si fuera factible, requeriría un esfuerzo técnico inalcanzable, fantasía similar a la del famoso viaje de Torralba.

La temeraria aventura es un simulacro organizado por los duques, quienes tienen control directo sobre su comienzo, desarrollo y conclusión. La estética fabulosa impuesta por los nobles se asocia a su disfrute del entretenimiento de observar la reacción de ambos personajes, que son objeto de atracción, por constituir un espectáculo único de "ficción viva." Tras la conclusión de la aventura, el escepticismo de Don Quijote parece haberse incrementado, como se aprecia en su diálogo posterior con Sancho. Al igual que durante la aventura del barco, el narrador también comentará el resultado de lo ocurrido, pero, en este caso, en lugar de asociarse a los protagonistas con bestias, se apuntará a la inexperiencia e ignorancia de Sancho. La degradación en la cadena del ser de Don Quijote y Sancho en la aventura del cuadrúpedo imaginario está presente, como un resultado lógico de la propia naturaleza de su fantástica aspiración, la cual, significativamente, había dado comienzo a partir de la presencia de unos salvajes: "Pero veis aquí cuando a deshora entraron por el jardín cuatro salvajes, vestidos todos de verde yedra, que sobre sus hombros traían un gran caballo de madera."

3.3.4 *De cerdos y falsos caballeros*

La tercera aventura "cuadrúpeda" de la segunda parte es la cerdosa, que va también asociada a la humillación de los protagonistas, quienes se muestran impotentes y vapuleados, entre cerdos, a la conclusión del episodio. Don Quijote asegura que la repentina interrupción de la paz de la que disfrutaba con su escudero ha de ser interpretada como un "castigo" por sus malas obras:

El tropel, el gruñir, la presteza con que llegaron los animales inmundos, puso en confusión y por el suelo a la albarda, a las armas, al rucio, a Rocinante, a Sancho y a don Quijote. Levantóse Sancho como mejor pudo, y pidió a su amo la espada, diciéndole que quería matar media docena de aquellos señores y descomedidos puercos, que ya había conocido que lo eran. Don Quijote le dijo:

Déjalos estar, amigo, que esta afrenta es pena de mi pecado, y justo castigo del cielo es que a un caballero andante vencido le coman adivas, y le piquen avispas y le hollen puercos.

II, 68

Este episodio finalizará con el rapto de ambos protagonistas por parte de los secuaces de los duques; a pesar de encontrarse en un estado patético, se les insultará gravemente, atribuyéndoseles nombres asociados a culturas consideradas entonces "inferiores" en la escala del ser, en lo que supone otro punto culminante en la humillación sufrida por ambos protagonistas:

—¡Caminad, trogloditas!
—¡Callad, bárbaros!
—¡Pagad, antropófagos!
—¡No os quejéis, scitas, ni abráis los ojos, Polifemos matadores, leones carniceros!

II, 68

La degradación que sufren Don Quijote y Sancho, a causa de sus errores en interpretar la realidad que les rodea, no sólo tiene consecuencias asociadas a su integridad física, como ocurría en la primera parte. En la segunda mitad, ambos también sufrirán insultos y se les asociará con animales cuadrúpedos, después de equivocarse y cometer errores relacionados tanto con su percepción del mundo como con su incursión en disciplinas que no conocen (navegación, vuelo). Todo ello es resultado de haberse abandonado, irreflexivamente, tanto a los argumentos de las sofisticadas bromas de los duques como a sus propias fantasías. La cercanía de estos eventos de la segunda parte con el propio fin de Don Quijote y la muerte de Alonso Quijano sugieren la posibilidad de establecer una relación de causa-efecto entre ambas situaciones. Siendo éste el caso, se confirmaría que la decadente trayectoria errática y deshumanizante de la vida y fama de Don Quijote se enmienda cuando éste muere católicamente, recuperando tanto su humanidad como su sentido antropocéntricamente divino.

3.3.5 Degradación, muerte y recuperación de la humanidad cristiana perdida

La relevancia del ritual de la muerte en la sociedad de Cervantes se pone de manifiesto con la de Alonso Quijano, justo tras abandonar su personalidad anterior de Don Quijote. La interpretación de la conclusión de la segunda parte del *Quijote* como consecuencia, o en relación con sus acciones previas, llevaron a Borges a querer explicar todo el *Quijote* a partir de la comprensión de la transcendencia de la muerte del hidalgo ("análisis" 36)[109]. Casalduero, al describir la escena de la muerte del hidalgo, defiende que corresponde a lo esperado para un cristiano de su tiempo, en un ritual y "[...] fenómeno espiritual y, al mismo tiempo, fisiológico y social" (*Quijote* 238). Para Avalle-Arce (*Quijote*), en contra de lo que afirma Thomas Mann (654–58), Avellaneda no tiene que ver en la muerte de Don Quijote, reconociendo que "[...] hasta su lecho de muerte la soberbia es el pecado capital de Don Quijote," sugiriendo así que es un final adecuado a una "absoluta ejemplaridad cristiana." Castro también apunta a la relación entre las acciones de Don Quijote y su muerte, dentro de la doctrina estoica, asegurando que es expiatoria (*pensamiento* 134).

El buen morir de Alonso Quijano se produce en el momento crucial de la vida del protagonista, justo cuando, tras haber recuperado su cordura, parecía haber aprendido de sus errores, se había "desanimalizado" y se había confirmado en su fe católica. Alonso Quijano el Bueno renace tras la capitulación de Don Quijote; su bondad se asocia a una memoria de su ser verdadero, la cual se recupera para que sea así recordada por todos, acorde a la lógica de la doctrina católica que se impone al final de su existencia, por la cual se le ofrece al cristiano una última oportunidad para reconciliarse con el mundo y expiar sus pecados.

---

109   Unamuno ha apuntado a la relevancia de la voluntad del hidalgo al final de su vida. El protagonista es "[...] consciente de cómo tiene que morir" (Aladro 181) y "[...] ya no piensa en cómo vivir, sino en cómo morir" (Guillén 112). Su existencia, asociada a la voluntad de Dios, pasará a ser controlada, en el último suspiro, por el verdadero protagonista de la historia, Alonso Quijano, un hidalgo venido a menos que es capaz de recuperar el sentido del control de su libre albedrío para darse cuenta de los límites de la extensión de su poder de decisión como ser humano, cuando no razona adecuadamente. Todo lo demás se escaparía de su comprensión, al pertenecer al misterioso ámbito de lo divino: "Y conviene veamos también en esto de dejarse llevar del caballo uno de los actos de más profundidad y obediencia a los designios de Dios. No escojía, como soberbio, las aventuras, ni iba a hacer esto o lo otro, sino lo que el azar de los caminos le deparase, y como el instinto de las bestias depende de la voluntad divina más directamente que nuestro libre albedrío, de su caballo se dejaba guiar" (Unamuno *vida* 43–44).

Aunque cualquier hijo de Dios puede elegir entre el bien y el mal, en el caso de un loco no parece que se pueda permitir que esta posibilidad se materialice con todas las garantías. Este condicionante hace que sea necesario que desaparezca previamente Don Quijote (loco brutalizado), para dejar paso a un Alonso Quijano, quien podrá ser así eternamente asociado a la bondad cristiana. El renacimiento del protagonista como "bueno" nos recuerda a los lectores su capacidad para operar dentro de los límites de su libre albedrío, confirmando así que la existencia humana es resultado de nuestra incondicional toma de decisiones, dentro de un esquema moral dado y hasta el último momento. La transformación final de Alonso Quijano, como conclusión de la vida del loco literario, confirma el principio transcendental y reforzado en la Contrarreforma de la posibilidad del uso del libre albedrío para elegir entre bien y mal. El personaje de Don Quijote ha sido un loco que se ha equivocado, en su capacidad de usar del libre albedrío, mientras su juicio estaba limitado por la influencia de las fábulas de caballerías. Sin embargo, Alonso Quijano ha sido capaz de rectificar de sus errores pasados, en la última oportunidad que le ofrece la católica religión que profesa.

La decadencia de los protagonistas de la segunda parte del *Quijote* está asociada a su degradación en el entorno animal, en los tres episodios estudiados. A partir del recorrido de los infortunios existenciales de Sancho y Don Quijote en la segunda parte, su descripción con términos como bestia y bruto apunta a que están ahondando, cada vez más, en su propia decadencia existencial. En la segunda parte del *Quijote*, las acciones de los protagonistas de los capítulos sobre animales ocurren en un contexto en el que la lógica filosófica y científica (cadena del ser) se complementa con la religiosa (expiación y conversión de Don Quijote), en una combinación de áreas de conocimiento similar a las presentes en el discurso antisupersticioso. En los episodios estudiados se castigan reiteradamente errores, tales como el imaginarse ser el conquistador de nuevas tierras o de ciertos espacios imaginarios, donde se asocia a los protagonistas con seres situados en un lugar inferior de la escala o cadena del ser, ya que, debido a sus irreflexivas acciones, van descendiendo y asociándose al entorno de lo animal.

La presencia del asunto de la igualación y la asociación de Don Quijote y Sancho a cuadrúpedos, estudiada en esta sección, revela que el tipo de decadencia asociada a sus errores conceptuales y toma de decisiones, que causa su sufrimiento por los golpes y otras pérdidas materiales, a los que son expuestos en la primera parte, no desaparece en la segunda mitad. Sin embargo, este dolor material se complementa con otro más profundo y espiritual, que afecta el prestigio y la fama de ambos protagonistas, quienes son humillados por unos insultos que parecen estar orientados a advertirles sobre sus irracionales acciones, las cuales les van situando en algún lugar dentro de la fina línea entre hombres y bestias.

La culminación del error existencial de los protagonistas de esta segunda parte se escenifica en el deseo de Don Quijote y Sancho de acabar sus vidas entre animales, cuando consideran convertirse en pastores literarios, algo que acabarán descartando. Esta última voluntad va en contra de lo que el prólogo de la primera parte había combatido: la ficción y la fabulación como forma de vida. Tras frustrarse este último pensamiento, regresarán a su aldea. A pesar de que Sancho continuará irresponsablemente apegado a su papel como ayudante del mentiroso caballero andante, Alonso Quijano morirá católicamente, tras arrepentirse de haber sido Don Quijote. La manifestación pública de su retorno al sentimiento humano más profundo, asociada a su autoconsciencia de la inmediatez de su muerte, antecede el último suspiro de Don Quijote. Se confirmará entonces su ascenso final a un lugar de cierta elevación espiritual dentro de la cadena del ser, destinado a aquellos que han podido alcanzar el tipo de Sabiduría con la que se confirma que el ser humano se equivoca siempre más de lo que desearía y que, salvo contadas excepciones, como las que experimenta el hidalgo al final de su vida, le cuesta razonar y aprender de sus errores.

La muerte cristiana de Don Quijote, tras el reconocimiento de su locura, contribuye tanto a que sea recordado con el nombre de Alonso Quijano el Bueno como para servir de excelente colofón a una obra excepcional, en la que la razón divina acaba imperando sobre el instinto de un protagonista, que es capaz de reconocer sus errores, como acto fundamental y necesario, dentro del proceso de "humanización" que precede a su muerte.

FIGURA 9   *Dulcinea desencantada*. Esperanza Jiménez

CAPÍTULO 4

Explorar los límites del infinito

En las diferentes secciones de este capítulo se estudian ciertos viajes oníricos e imaginarios dentro del *Persiles* y el *Quijote*, que servirán como contexto literario para el estudio comparado del capítulo quinto entre *El coloquio* y los *Sueños* de Maldonado y Kepler.

La responsabilidad de los descubridores de nuevas tierras y cartógrafos era la de colaborar científicamente con el impulso civilizador y evangelizador tanto de la Monarquía como de la Iglesia[1]; se seguirá el modelo estatal establecido tanto por instituciones del estilo de la Casa de la Contratación de Sevilla como por el que se regían otras ciudades orientadas a la navegación como Le Havre, Marsella, Amsterdam y Batavia (Buisseret 1143). Por el contrario, los portugueses (con la excepción de Brasil), entre otras potencias europeas como Inglaterra, no sentirán tanto la necesidad de cartografiar detalladamente las tierras descubiertas, dejando esta función en manos privadas (Buisseret 1171).

Para asegurar el éxito del sistema ideológico y burocrático dedicado a la administración de los territorios bajo el dominio español será fundamental la promoción y aceptación de unos principios comunes, que serán acompañados de un esfuerzo oficial en mantener el orden social. Así, acompasar una cosmovisión que estaba alimentada tanto de la lógica del discurso religioso como de la del mundo clásico (véase el caso de la recuperada *Geografía* de Tolomeo[2]) al conocimiento técnico era necesario tanto para afrontar la compleja realidad que ofrecía el "Nuevo Mundo" como para el progreso adecuado de este

---

1 La Cartografía jugará un papel científico relevante tanto en el Renacimiento como en el Barroco para el conocimiento del mundo, llamando la atención la documentación generada a partir de los viajes de Colón quien, como se ha indicado, se dedicará, en sus últimos años, a identificar su lugar en la historia sagrada, a partir de las acciones que le condujeron al descubrimiento del Nuevo Mundo, como justificación de un plan divino en el que inscribir su presencia (De León Azcárate 378–9), creyendo, hasta sus últimos días, haber descubierto un nuevo cielo y tierra, el cual había de ser evangelizado (Moffitt Watts 386).

2 "The spread of the *Geography* as a geographical model can also be partly explained by the links that the humanists were trying to establish between learning and aristocracy, for it was through power that their program of cultural transformation could best succeed […]. If one examines the writings of the explorers themselves (most notably, of Christopher Columbus), one sees that Ptolemy played an important role […] Columbus read the *Geography* and studied its maps, undoubtedly in the 1490 edition. […] According to Bartolomé de Las Casas, Columbus was critical of Ptolemy and also looked to him for support for his own theories" (Gautier Dalché 319, 329).

proyecto civilizador. La empresa colonizadora hispánica fue parcialmente exitosa en aunar un tipo de objetivos muy diversos, si se atiende al hecho de que la incorporación de nuevas tierras por parte de España y Portugal será única en la Historia, como también lo fueron los enormes problemas administrativos, políticos y militares derivados de este acto civilizatorio.

La Cosmografía era una ciencia capaz de evolucionar, a medida que se actualizaba el conocimiento geográfico; consistía en la interpretación gráfica del mundo conocido en los mapas. La "geografía generalizada" apuntaba a la representación de todo el universo visible, un saber custodiado por los cosmógrafos que, en la Casa de la Contratación de Sevilla, incluían a autoridades como Diego Ribeiro, Alonso de Santa Cruz y Pedro de Medina, entre otros (Cosgrove 56, 59, 60). Dentro de la Cosmografía se plantea una divergencia, por un lado, entre los métodos de conocimiento influidos por cosmovisiones católicas como la jesuita, los cuales eran hegemónicos en las instituciones oficiales de los reinos atlánticos (Lattis 219). Por otro lado, estaba el proyecto de expansión territorial protestante del Norte de Europa, más dependiente de iniciativas e inversiones privadas (Cosgrove 69, 75). Un ejemplo de esta diferencia en la manera de concebir y representar el mundo es la inclusión de mapas en las Biblias protestantes, por un lado,[3] y la cosmovisión cartográfica católica, por otro[4]. En ambos casos se pretendía vincular la evidencia descubierta en

---

3 "Maps began to appear in Bibles in the 1520s, coinciding with Martin Luther's break with the Roman Catholic Church. According to the important work of Delano-Smith and Ingram, these maps are found in Bibles printed in regions of Europe where Protestant reform movements flourished—Germany, England, Switzerland, and the Low Countries. None of the Bibles printed contemporaneously in Spain or Italy contained maps. These findings led Delano-Smith and Ingram to conclude that 'the history of maps in Bibles is part of the history of the Reformation. Bibles that contain maps are overwhelmingly Protestant editions' [...]. The maps printed in Protestant Bibles can be associated with reformed modes of visual exegesis—especially, it seems, with the Protestant emphasis on the primacy of the literal or historical reading of the Bible" (Moffitt Watts 387).

4 "[...] Cosa, who in 1500 made what is usually considered the first map of the New World (see fig. 30.9). The disk composed of Europe, Asia, and Africa and surrounded by the Ocean Sea dissolved into a more uncertain picture, a 'new heaven and new earth' as it were. It seems to allude to Columbus's reference to Saint John's Revelation in a letter written in 1500. Of this passage ('Then I saw a new heaven and a new earth, for the first heaven and the first earth had vanished, and there was no longer any sea'), Columbus said: 'Of the new firmament and land, which the Lord made, as Saint John writes in the Apocalypse, (after what had been said by the mouth of Isaiah,) He made me His messenger, and pointed out the way to me.' To the east is a highly articulated rendering of the Atlantic coastlines of Europe and Africa and sections of Asia. To the west is the emerging shape of newly discovered lands, which the cartographer can trace with accuracy in only a few places. [...] The map is in fact dominated by an oversized iconic figure of Columbus bearing the Christ child on his shoulders across the Ocean Sea, as the pagan giant who became Saint Christopher had once carried the Christ

los viajes a las respectivas creencias religiosas, buscando probar que mucho de lo descubierto en el Nuevo Mundo (no siempre) correspondía a lo que se aseguraba en las fuentes clásicas.

La obra de Cervantes está iluminada por un tipo de catolicismo contrarreformista, el cual está orientado a las acciones virtuosas de los "hijos de sus obras," tal y como recomendaban algunas de las directrices religiosas acordadas en el Concilio de Trento. Su arte literario resulta de una representación de la verdad, la cual se aborda desde diferentes puntos de vista. El sueño neoplatónico contrautópico de obras como *El coloquio* es un género narrativo en el que se presenta un espacio literario ideal para el debate y la opinión sobre cualquier asunto complejo, como es el de la mejor forma de gobierno, o la diferencia entre idea y verdad. En este tipo de obras se tratan abiertamente temas polémicos para la sociedad, gracias a la "protección" que ofrece el ambiente fantástico, tal y como ocurre con el sentido de la vida en la luna, o en las antípodas, en las narrativas oníricas de Maldonado y Kepler.

El sueño es un género que "[...] entraña en muchos casos una utopía" y en el que "[...] se insiste en el extrañamiento, el exotismo, el alejamiento; en la utopía el foco se desplaza hacia el fin de un viaje que no es sino un medio, un pretexto, al dejar la aventura de ser un fin en sí misma" (Trousson 29–30). El recorrido del sueño neoplatónico contrautópico puede incluir la exploración de los límites de la realidad consciente (sueños), del propio ser humano con respecto a los animales (naturaleza), e incluso de una geografía determinada y problematizada (viajes)[5].

Como se ha desarrollado en el capítulo segundo, en la literatura cervantina se presentan diferentes ejemplos de apropiación y uso del discurso antisupersticioso para la interpretación de la realidad, evitándose aceptar y promocionar, sin evaluarlos antes, milagros y otros hechos aparentemente sobrenaturales, los cuales son desmitificados en el propio género literario donde se encuadran, siempre que sea necesario. La verosimilitud con criterio del narrador cervantino pretende convencer al lector de que una realidad de ficción puede llegar

---

child across a turbulent river (fig. 11.2). It appears to illustrate and validate the interpretive project that consumed Columbus in his later years. In that its literal geographical and historical chorographies serve larger spiritual meanings, the map is clearly heir to the tradition of visual exegesis shared by d'Ailly, Bacon, and many others" (Moffitt Watts 387).

5 "The modernization of the *imago mundi* and the work on modes of representation that developed during the early years of the sixteenth century [...] were exploratory games played with reality that took people in different directions. [...] Ptolemy was not so much the source of a correct cartography as a stimulus to detailed consideration of an essential fact of cartographic representation: a map is a depiction based on a problematic, arbitrary, and malleable convention" (Gautier Dalché 360).

a serlo, mucho más que otra menos creíble, con la que se contrasta, en un intento de "[...] encontrar la manera de reconciliar lo maravilloso y 'admirable' con la verosimilitud" (Riley *teoría* 282, 147). Personajes como Don Quijote son mediadores "no fiables" entre una fábula caballeresca y la verdad de La Mancha de ficción, con lo cual se puede generar una ilusión de verosimilitud en el lector que, en ocasiones, también necesita de la mediación del narrador, para poder contrarrestar el ingenioso juicio del hidalgo con una explicación o advertencia más "verdadera."

La fascinación cervantina por lo bucólico favorece el debate entre pastores verosímiles y jóvenes disfrazados, en obras como el *Quijote* y *El coloquio*. La representación de sus pastores como vulgares, ignorantes, taciturnos y poco comunicativos les aleja del prototipo de aquellos clásicos, refinados y enamoradizos, que estaba muy presente en otras ficciones bucólicas del período. Esta distancia estética se asocia al tipo de aproximación a la verosimilitud literaria que define la identidad cervantina. Pastores al uso del aficionado a la literatura bucólica, como Marcela y Grisóstomo, son jóvenes que optan por disfrazarse para vivir una fantasía de ficción, siguiendo un modelo existencial escapista, de voluntario desapego de la realidad, del tipo que es precisamente criticado en el prólogo al *Quijote*[6]. Existen así detalles sobre la cosmovisión y

---

[6] Wardropper, en la línea de Parker, enfatiza el valor de historia ante la novela en la obra de ficción, apuntando a que la verosimilitud cervantina consigue fundir ambas: "La novela es el género más consciente de sí mismo y el más introvertido [...]," donde Cervantes "[...] ha borrado la línea divisoria entre lo actual y lo potencial, lo real y lo imaginario, lo histórico y lo ficticio, lo verdadero y lo falso [...]. Ha escrito una novela, la primera novela, novela que trata del problema que acarrea el escribir novelas."

Igual que se plantea en la primera parte del *Quijote*, en el diálogo sobre el realismo histórico de las acciones de personajes como el Gran Capitán, Campanella también comparte la necesidad de relatar verosímilmente las hazañas de los conquistadores españoles: "In seeking to define the proper subject for the poet, Campanella radically opposes the resort to classical mythology and expresses a contempt for the fables of Greece. The poet should honor true, public heroes, especially contemporaries: if someone might describe the seamanship of Coumbus with that of Magellan, Cortes' conquest of Mexico [...]" (Headley 343). Debatir sobre la mejor manera de presentar literariamente las acciones de los personajes, históricos o de ficción, de un modo verosímil, es algo en lo que coincide también Cervantes con Campanella quien, en su *Ciudad del Sol*, hace una cervantina reflexión sobre la dificultad de imitar la realidad mediante la utilización de ejemplos concretos: "Moisés promulgó leyes dadas por Dios y creó una República ideal. Mientras los hebreos se ajustaron a ellas, prosperaron; mas, cuando dejaron de guardar las leyes, empezaron a decaer. Las retóricas fijan las reglas ideales de un buen discurso, libre de todo defecto. Los filósofos conciben un poema perfecto; y, sin embargo, no hay poeta que deje de cometer alguna falta. Los teólogos describen la vida de los santos; mas ninguno, o muy pocos, la sigue. ¿Qué nación o qué individuo ha podido imitar perfectamente la vida de Cristo? ¿Diremos por ello que es inútil haber escrito

epistemología literaria cervantina que se presentan mejor y más abiertamente en la obra de ficción, gracias a la naturaleza virtual que envuelve el propio género literario que está siendo tratado y, a veces, también cuestionado. Tanto en el *Quijote* como en el *Persiles* se ofrecen ejemplos de viajes imaginarios y sueños en los que los protagonistas son capaces de reflexionar sobre su propia naturaleza como seres de ficción, ante circunstancias excepcionales. El lector tiene la oportunidad de disfrutar de una doble interpretación del sueño o viaje imaginario, la del protagonista y la del resto de personajes, estableciéndose una separación dialéctica entre ambas posibilidades, similar a la que se mantiene con el personaje de Don Quijote, entre los ámbitos de las fábulas caballerescas y la realidad manchega.

En los diferentes episodios cervantinos de viajes reales e imaginarios se describen evidencias geográficas y sociales que sirven para contextualizar situaciones en las que la perspectiva del protagonista le obliga a aceptar lo que ocurre en el mundo sensible antes que en el suyo imaginado, en un contexto en el que la verdad no puede disfrazarse a partir de las creencias previas, aceptándose, como son, las situaciones en las que se representan "[...] mil cosas, / no en relación, como de antes, / sino en hecho" (II). Las nefastas consecuencias de confirmar como real lo ocurrido en el sueño, a pesar de la incertidumbre de su procedencia por revelación divina, de un ángel, o incluso por el demonio, hacen de las narrativas oníricas neoplatónicas contrautópicas un género de particular interés para la presentación de asuntos difíciles de tratar en otro tipo de ámbito literario. Todo ello en un momento en el que efecto de los sueños en el ser humano no estaba suficientemente claro, al creerse, por ejemplo, que recrearlos mediante un simulacro podía tener un efecto similar a haber soñado o vivido esa realidad[7].

En las obras cervantinas que se estudian a continuación se aprecia una constante de querer establecer una distinción entre los ámbitos oníricos, imaginados y verosímiles, a partir de la aplicación de técnicas artísticas experimentales

---

los Evangelios? De ningún modo, pues su fin ha sido estimularnos a no ahorrar esfuerzo alguno, para acercarnos a ellos cuanto podamos. Cristo fundó una República admirable, limpia de todo pecado. Pero ni siquiera los Apóstoles la observaron íntegramente. Del pueblo pasó luego al clero y, por fin, quedó limitada a los monjes. Mas entre éstos persevera hoy en algunos; de los demás apenas se ve alguno que procure armonizar sus actos con ella" (VII).

7 Así, Bruno recomienda que el mago u operador de la magia tenga la capacidad de saber distinguir entre sueños y realidad sensorial, ya que "[...] el hombre está dotado de un cerebro extremadamente complejo y desprovisto de cualquier tipo de dispositivo especial que le permita analizar los estímulos según su lugar de origen: resumiendo, no es capaz de distinguir directamente entre las informaciones oníricas y las que le transmiten los sentidos, la imaginación de lo tangible" (Culianu 136).

como la autoconsciencia y la perspectiva literaria. El contraste entre el ámbito de las ideas y el verosímil ofrece al lector claves para que no deje su propia imaginación abandonada ante la tentación ociosa de la fantasía del viaje imaginario y el sueño, como es el caso de aquellos personajes literarios que deciden compartir sus numinosas experiencias, en las obras cervantinas que se estudian.

4.1 El género del sueño que ilumina en la segunda parte del *Quijote*: de Cicerón a Montesinos

Además de las múltiples interpretaciones y probadas fuentes de uno de los episodios más significativos de la segunda parte del *Quijote*, el sentido último de la bajada a Montesinos puede esclarece más, si se pone atención en la paradoja de la iluminación existencial que acompaña a todo fracaso. La desviación que sufre Alonso Quijano, en el camino hacia su madurez existencial, debido tanto a su exceso de lectura como a su profundización en el universo de las novelas de caballerías tiene su culminación en la aventura de Montesinos. En este episodio, que ocupa los capítulos veintidós y veintitrés de la segunda parte, los interlocutores de Don Quijote son forzados a comprender su vana e inexistente vida como impostado personaje literario de novela de caballerías, ante su afirmación a la salida de la cueva, en la que asegura haberse situado al nivel de Montesinos, Belerma o Merlín, aproximándose aún más al inalcanzable reflejo de sus deseos de trascendencia existencial literaria.

La interpretación que se propone del episodio quijotesco de la cueva de Montesinos parte, en primer lugar, de una contextualización en la que se ilustrará, mediante dos emblemas, la idea de la "desviación del camino" en este período, bien a partir de interpretar equivocadamente las señales de la vida, o bien debido a la creencia en una vana esperanza. En segundo lugar, se atenderá a la lógica de la decepción que supone el ascenso de Don Quijote de la cueva, con un estudio más detallado del sentido que aporta el protagonista al episodio de Montesinos, donde se mezclan detalles de su propia identidad con lo incoherentemente recordado de los personajes supuestamente aparecidos dentro de la cueva, confirmando así que su mundo se había regido entonces por la incoherente lógica de los sueños. Por último, se situará esta aventura en la tradición del género del "sueño que ilumina," a partir de su principal arquetipo clásico, el ciceroniano *Sueño* de Escipión.

El tercer emblema de Alciato, titulado "Que hemos de ir por donde Dios nos llama" trata sobre la importancia en la elección del camino adecuado:

FIGURA 10
"Que hemos de ir por donde Dios nos llama."
Emblema 3. Alciato, Andrea. *Declaración magistral sobre las* emblemas *de Andrés Alciato*. Trad. por Diego López, Nájera, 1615
GLASGOW UNIVERSITY LIBRARY SPECIAL COLLECTIONS

Adonde ocurren de una sola senda muchos caminos, una imagen puesta de el dios Mercurio está para que entienda cualquiera es la vía más honesta. A este dios de flores una prenda tu caminante cuelga, y **mira que esta dudosa vía engaña nuestro tino** si Dios no nos impone en el camino.

negritas mías, 104

En esta ilustración se apunta a que nuestras decisiones mejoran, cuando son iluminadas por algún tipo de conocimiento superior. El que guía a Don Quijote no es divino, sino que está figurado por los recuerdos de sus erráticas y mal interpretadas lecturas caballerescas. Como ocurre con el caminante del emblema, ante varias posibilidades, se ha de decidir la dirección correcta, gracias a algún tipo de inspiración válida. En esos momentos, es fundamental estar adecuadamente informado en el presente, ya que cualquier interferencia que se aleje de lo actual podrá influir en separar al individuo de su destino. En el caso de Don Quijote, el protagonista no puede evitar el filtrar su universo de fantasiosos romances de caballerías en todas sus decisiones; ante la sorpresa de sus testigos se aprecia la falta de correspondencia entre lo que ha ocurrido y lo que defienden sus palabras. Al confirmarse que la fuente de conocimiento que rige la realidad de Don Quijote son los libros de caballerías, es también lógico que sus sueños reflejen diversos fragmentos de este mundo imaginario, el cual no se guía por la lógica de la Sabiduría verdadera. En este sentido, en el emblema cuarenta y cuatro, *In simulachrum spei*, también se explica la dependencia humana de las vanas esperanzas, describiéndose cómo éstas se equilibran, alegóricamente:

FIGURA 11
In simulachrum Spei.
Emblema 44. Alciato,
Andrea. Alciato, Andrea.
Declaración magistral sobre las emblemas *de Andrés Alciato*. Trad. por Diego López, Nájera, 1615
GLASGOW UNIVERSITY LIBRARY SPECIAL COLLECTIONS

Elegante descripción pone aquí Alciato de Esperanza, la cual explica con las señales y compañeros que le da. **Porque la Esperanza siempre trae al hombre alegre y le acompaña hasta la muerte;** esperando cosas mejores, pero cierta esperanza es destemplada, llama a Rhamnusia, la cual castigando, hace vanas las esperanzas, si pasan de lo que es justo, y razón.

negritas mías, 147

El sentido de este emblema también se confirma en la aventura de la cueva de Montesinos, concretamente en la queja de Don Quijote por haber sido apartado de la visión de unos personajes de ficción, los cuales había reconocido como reales en su imaginación. Finalmente, descubriendo su verdad interior acabará compartiendo su aspiración de volver a encontrarse con estos seres imaginarios, para poder interactuar más y conocerlos mejor, esperanza que, como se defiende en el emblema, le acompañará hasta su muerte como personaje. El protagonista se aferra a la vana posibilidad de que lo "ocurrido" en la cueva pueda influir en sus actos del mundo real de La Mancha. De ahí sus denodados esfuerzos por defender su criterio interpretativo sobre lo que pasa en el episodio, ante la contradictoria evidencia, asegurando que sus actos son "verdaderos." En ambos emblemas se destaca la importancia de no equivocarse en las decisiones esenciales de la vida, para no dejarse llevar, ni por una mala acción, ni por la vana esperanza.

4.1.1 El descenso al pensamiento onírico quijotesco en la cueva de Montesinos

Allen resume las tres opciones que el autor nos ofrece en el episodio de la cueva de Montesinos, a través del historiador Cide Hamete; en primer lugar creer como verdadero lo que le ha ocurrido a Don Quijote; en segundo lugar, aceptar que es algo que solo está en su mente, siendo la tercera opción que todo haya sido un sueño (209), por lo que el lector ha de elegir también entre estas posibilidades, para poder darle sentido a este esencial episodio de la novela[8]. El capítulo de la cueva de Montesinos es una parodia de una exploración personal que lleva a cabo Don Quijote, en la cual se combina lo serio con lo burlesco. El protagonista sale de la sima, con el sentimiento equivocado de haber sido apartado de la esperanza de haber conectado con su admirado universo de las novelas de caballerías. El haberse interrumpido la aventura antes de su finalización, a causa habérsele sacado antes de tiempo de la ensoñadora cueva, supone una ruptura en la exploración imaginaria de un submundo ensoñado, el cual era la fuente esencial de conocimiento del protagonista, en este episodio. En el haber de Don Quijote, la aventura es una oportunidad perdida de reencuentro con su ser. Tras su ascenso, el diálogo acerca de los detalles de la bajada servirá tan solo para confirmar tanto su locura como la simpleza de Sancho.

El sueño quijotesco que ilumina el descenso a Montesinos conforma la parodia de un viaje, caracterizada por las justificaciones del fracaso de la aventura por parte de su protagonista, algo que se hace evidente al contrastar sus vivencias con los testimonios de los presentes. Acorde a lo que ocurre en esta

---

[8] Con referencia a esta aventura, Dunn defiende que intentar llegar al centro del cosmos es también hacerlo al personaje que toma esa decisión, apelando al caso precedente de Ulises y Eneas, en cuyas aventuras llama también la atención la prevalencia de un tiempo pasado (193): "No ve a antiguos compañeros de armas, sino a fantasmas que no son ni vivos ni muertos, que no sirven para enseñarle a dejar la vanagloria ni a superar las ilusiones" (201–02). Martín Flores, por su parte, apunta a la relación de Don Quijote con Sancho tras el episodio mediante un discurso "[...] heteroglósico de esclarecimientos, contradicciones, variaciones y asimilaciones de lo sucedido y por él narrado en Montesinos" (57). Percas de Ponseti ha destacado además el sentido de la identidad del protagonista en el tiempo durante el episodio ("cueva" 379). En otro sentido temporal, Murillo ha señalado el período de composición de la obra, veinte años, en contraste con el tiempo literario en el que Sancho y Don Quijote mantienen la misma edad durante ambas partes: "[...] the narrative time of the whole, of the idea of the book or our text, is the imposition of the story line of Part II on Part I" (206). En la misma línea, Sieber pone énfasis en el tiempo literario de esta historia, destacando que el sentido temporal de Don Quijote proviene de su propio universo de ficción, de ahí su capacidad de distorsionarlo en el episodio de la cueva (272).

segunda parte, Don Quijote parece querer seguir sacrificándose física y mentalmente, fracaso tras fracaso, a cambio de la fama efímera y absurda a la que se aferra, que es la misma que se critica en los primeros capítulos de la segunda parte.

La aventura comienza, significativamente, con una llamada a Dulcinea: "¡Oh señora de mis acciones y movimientos, clarísima y sin par Dulcinea del Toboso!" La intención del protagonista es dejar razón de su sacrificio y sufrimiento por amor: "Yo voy a despeñarme, a empozarme y a hundirme en el abismo que aquí se me representa, solo porque conozca el mundo que si tú me favoreces no habrá imposible a quien yo no acometa y acabe" (II, 22). El descenso de Don Quijote cuenta con varias fases, comenzando por la bajada, a la que sigue un tiempo de espera porque la cuerda flojea y finalmente la de su retorno:

> Con todo eso, se detuvieron como media hora, al cabo del cual espacio volvieron a recoger la soga con mucha facilidad y sin peso alguno, señal que les hizo imaginar que don Quijote se quedaba dentro, y creyéndolo así Sancho, lloraba amargamente y tiraba con mucha priesa por desengañarse; pero llegando, a su parecer, a poco más de las ochenta brazas, sintieron peso, de que en extremo se alegraron. Finalmente, a las diez vieron distintamente a don Quijote, a quien dio voces Sancho, diciéndole:
> —Sea vuestra merced muy bien vuelto, señor mío, que ya pensábamos que se quedaba allá para casta.
>
> II, 22

Cuando consiguen reanimarle, el protagonista se queja amargamente de que le hayan apartado de su numinosa experiencia en la cueva:

> —Dios os lo perdone, amigos, que me habéis quitado de la más sabrosa y agradable vida y vista que ningún humano ha visto ni pasado. En efecto, ahora acabo de conocer que todos los contentos de esta vida pasan como sombra y sueño o se marchitan como la flor del campo [...].
> Con mucha atención escuchaban el primo y Sancho las palabras de don Quijote, que las decía como si con dolor inmenso las sacara de las entrañas. Suplicáronle les diese a entender lo que decía y les dijese lo que en aquel infierno había visto.
> —¿Infierno le llamáis?—dijo don Quijote—. Pues no le llaméis ansí, porque no lo merece, como luego veréis.
>
> II, 22

El relato posterior de Don Quijote incluye su llegada a un palacio, donde le habría recibido Montesinos; los detalles, que incluyen sus frecuentes recriminaciones a Sancho, se debatirán con un tono humorístico:

> Respondióme que en todo decían verdad, sino en la daga, porque no fue daga, ni pequeña, sino un puñal buido, más agudo que una lezna.
> —Debía de ser—dijo a este punto Sancho—el tal puñal de Ramón de Hoces, el sevillano.
> —No sé—prosiguió don Quijote—, pero no sería dese puñalero, porque Ramón de Hoces fue ayer, y lo de Roncesvalles, donde aconteció esta desgracia, ha muchos años; y esta averiguación no es de importancia, ni turba ni altera la verdad y contesto de la historia.
> II, 23

El escudero no es el único que cuestiona los pormenores de la narración quijotesca; el personaje del primo también advierte de una aberración espaciotemporal:

> —Yo no sé, señor don Quijote, cómo vuestra merced en tan poco espacio de tiempo como ha que está allá bajo haya visto tantas cosas y hablado y respondido tanto.
> —¿Cuánto ha que bajé?—preguntó don Quijote.
> —Poco más de una hora—respondió Sancho.
> —Eso no puede ser—replicó don Quijote—, porque allá me anocheció y amaneció y tornó a anochecer y amanecer tres veces, de modo que a mi cuenta tres días he estado en aquellas partes remotas y escondidas a la vista nuestra.
> II, 23

Sancho concluirá que Don Quijote había sido encantado, aunque el caballero lo niegue:

> —Creo—respondió Sancho—que aquel Merlín o aquellos encantadores que encantaron a toda la chusma que vuestra merced dice que ha visto y comunicado allá bajo le encajaron en el magín o la memoria toda esa máquina que nos ha contado y todo aquello que por contar le queda.
> —Todo eso pudiera ser, Sancho—replicó don Quijote—, pero no es así, porque lo que he contado lo vi por mis propios ojos y lo toqué con mis mismas manos.
> II, 23

El recuerdo de la visión de Dulcinea sirve para continuar tratando el asunto de su desencantamiento, al tiempo que para provocar que Sancho persista en defender que Don Quijote ha perdido el juicio:

> —En mala coyuntura y en peor sazón y en aciago día bajó vuestra merced, caro patrón mío, al otro mundo, y en mal punto se encontró con el señor Montesinos, que tal nos le ha vuelto. Bien se estaba vuestra merced acá arriba con su entero juicio, tal cual Dios se le había dado, hablando sentencias y dando consejos a cada paso, y no ahora, contando los mayores disparates que pueden imaginarse.
>
> II, 23

Finalmente, no es solo Sancho el que duda de lo narrado por Don Quijote, sino también el propio Cide Hamete:

> Dice el que tradujo esta grande historia del original de la que escribió su primer autor Cide Hamete Benengeli, que llegando al capítulo de la aventura de la cueva de Montesinos, en el margen de él estaban escritas de mano del mismo Hamete estas mismas razones: "No me puedo dar a entender ni me puedo persuadir que al valeroso don Quijote le pasase puntualmente todo lo que en el antecedente capítulo queda escrito. La razón es que todas las aventuras hasta aquí sucedidas han sido contingibles y verisímiles, pero esta de esta cueva no le hallo entrada alguna para tenerla por verdadera, por ir tan fuera de los términos razonables. Pues pensar yo que don Quijote mintiese, siendo el más verdadero hidalgo y el más noble caballero de sus tiempos, no es posible, que no dijera él una mentira si le asaetearan. Por otra parte, considero que él la contó y la dijo con todas las circunstancias dichas, y que no pudo fabricar en tan breve espacio tan gran máquina de disparates; y si esta aventura parece apócrifa, yo no tengo la culpa, y, así, sin afirmarla por falsa o verdadera, la escribo. **Tú, lector, pues eres prudente, juzga lo que te pareciere**, que yo no debo ni puedo más, puesto que se tiene por cierto que al tiempo de su fin y muerte dicen que se retrató de ella y dijo que él la había inventado, por parecerle que convenía y cuadraba bien con las aventuras que había leído en sus historias."
>
> negritas mías, II 23

Es relevante que el historiador haya dejado el peso de la interpretación de este capítulo en manos del lector, estando de acuerdo con Sancho y el resto de personajes, los cuales creen que la interrupción que ha sufrido la aventura deja la fantasía inconclusa. Cide Hamete también confirma la posibilidad de que Don Quijote mienta, apuntando a que la reflexión del viaje fantástico depende, en última instancia, del crédito que se le tenga al autor del testimonio. Este fleco de la aventura no se resolverá hasta el final del capítulo de Clavileño, cuando se lleva a cabo el famoso pacto entre caballero y escudero de creerse mutuamente sus fantasías, tras lo cual estarán por fin igualados, en sus respectivas ensoñaciones aventureras (II, 41)[9].

4.1.2 *Reflexiones sobre el sueño incompleto como fuente de conocimiento: el* Sueño de Escipión *de Cicerón como viaje interior y exterior*[10]

Aparte del sentido transcendente de una vida orientada hacia la fama caballeresca, algo implícito en la esencia del debate literario planteado en segunda parte del *Quijote* desde sus primeras líneas, el autor del prólogo deja constancia, antes de la desaparición de su héroe, de la existencia de una realidad estética transcendente. Ésta había influido notablemente en sus decisiones y se manifiesta, por ejemplo, a la conclusión de experiencias imaginarias iluminadoras como la de Montesinos. Las concluyentes reflexiones de Don Quijote en este capítulo anticipan su negociación posterior con Sancho, quien imitará el exceso de imaginación narrativa del hidalgo en el vuelo de Clavileño[11]. En este sentido, el *Sueño de Escipión* de Cicerón es relevante como precedente arquetípico del género del sueño que ilumina, por tres asuntos que resuenan en la obra cervantina. En primer lugar, por su sentido profético, al tratarse de un diálogo en el contexto de un sueño, en el que la voz narrativa asegura, tras la pérdida de la noción del tiempo, haber sido capaz de conocer su porvenir. Éste se describe en un viaje imaginario que cuenta con un diálogo entre el propio

---

9   Sancho adoptará una postura más pragmática sobre el asunto, al aprovechar su oportunidad para ponerse a la altura de su amo y "resolverle" lo ocurrido en Montesinos, algo por lo que se ha encajando el episodio de Clavileño en su etapa más imaginativa, dentro de la evolución del escudero en la novela: "Moreover, we may consider that Sancho's significant fabrications are the axis of the development of his imagination, and that they mark the culmination of its successive stages. [...] In the 'first quarter' of the story Sancho is in a picaresque world, in the 'second quarter' he is in a chivalrie world, in the 'third quarter' he is in a world of fairy tales, and finally, in the 'last quarter' of Don Quixote, Sancho reaches a more human world, where fantasy and reality coexist in harmony" (Flores 182).
10 Para una ampliación del asunto del viaje imaginario en Cervantes ver Pérez de León "etapas."
11 La participación de Sancho en este episodio ha sido observada como un tipo de prueba con la que el escudero habrá de demostrar su humildad (Cascardi "image" 611).

protagonista y Africano, en el que se anticipa su prometedor futuro militar. En segundo lugar, existe también una clarividente alusión al límite de la transcendencia humana, debido a la fragilidad de la memoria:

> Pues aunque generaciones desde aquí a la posteridad trataran de perpetuar la fama de alguien de nosotros pasada de padre a hijo, no obstante, por causa del fuego y la inundación, que inevitablemente sucederán en períodos fijos del tiempo, seremos incapaces de alcanzar renombre duradero, y menos aún gloria eterna. ¿Qué importancia, además, las cosas a ti concernientes tendrán para los que nazcan después, cuando no quede vivo nada de lo que existió antes? Más especialmente, cuando de esos mismos hombres que van a venir, ninguno sea capaz de recordar los acontecimientos de un solo año. [...]
> La verdadera virtud ha de conducir por sí misma a la gloria real. Deja que los demás se preocupen de averiguar lo que pueden decir de ti: pues está fuera de toda duda que hablarán de ti. La fama humana está totalmente restringida dentro de estos estrechos límites que tú ves, y nunca en ningún tiempo ha ganado nadie renombre inmortal, pues eso es imposible por causa del aniquilamiento de los hombres y el olvido de la posteridad.

En el *Sueño de Escipión*, Africano defiende además que los ciclos anuales se unen a la poca capacidad de recordar del ser humano, lo que provoca el olvido natural, debido a los límites de la fama, vinculada al territorio conocido. Por último, al estar este viaje de la imaginación salteado de una suerte de reflexiones, mediante las cuales Escipión exhibe lo más recóndito de su ser, sirve no sólo de recorrido exterior, sino también interior. Además de dialogar sobre los límites celestes, en el *Sueño* de Cicerón también se apunta a cómo los límites del territorio conocido suelen coincidir con los de la propia fama:

> También percibirás que esta misma tierra está, por así decirlo, circunscrita y circundada por zonas, dos de las cuales, las más separadas y situadas a cada extremo bajo los mismos polos del cielo, están heladas como puedes ver: mientras la zona media, la más grande, se quema con el calor del Sol. Dos zonas son habitables, una de las cuales está hacia el Sur, y aquellos que allí habitan ponen sus pies opuestamente a vosotros, y nada tienen que ver con vuestra raza. En cuanto a la otra zona que habitáis, y que está sometida al viento del Norte, mira qué parte tan pequeña tiene que ver con vosotros: pues toda la superficie habitada por tu raza, limitada hacia los polos y más ancha lateralmente, sólo es una pequeña isla

rodeada por el mar, al que llamáis en la Tierra el Atlántico, el Gran Mar o el Océano. Pero, a pesar de ese nombre, es tan pequeño como tú puedes ver. ¿Cómo es posible entonces que desde esos países conocidos y cultivados, tu nombre o el de cualquiera de los nuestros, pueda cruzar esas montañas caucásicas, que tú ves, o pasar más allá del Gánges? ¿Quiénes, en las partes restantes del Oriente, en las regiones más profundas del errabundo Sol, bien en los Climas del Norte o del Sur, oirán tu nombre? Entonces, descartadas esas partes, percibes dentro de qué estrechos límites trata de extenderse tu gloria; ¿y por cuánto tiempo, incluso, aquellos que cantan tus alabanzas seguirán haciéndolo?

Así, esforzarse por alcanzar la virtud en el presente es más relevante para el protagonista que la obsesión de estar pendiente de la transcendencia futura debido a que el contagioso sueño en vida de la fama temporal puede provocar el olvido de la que debería ser la verdadera guía de las acciones humanas, que es la virtud.

De este viaje imaginario y ensoñador de Escipión, narrado por Africano, destaca también una descripción de los astros cercanos a la tierra, observación que recuerda a lo narrado por Sancho sobre su vuelo en Clavileño. En ambos casos se ofrece una nueva perspectiva de la realidad desde las alturas tanto desde el punto de vista de Sancho "[…] y por allí miré hacia la tierra, y parecióme que toda ella no era mayor que un grano de mostaza, y los hombres que andaban sobre ella, poco mayores que avellanas" (II, 41)[12] como desde el de Africano:

Maravillado ante estas cosas, mis ojos volvían a menudo hacia la Tierra. Entonces dijo El Africano: "Percibo que incluso ahora miras al lugar y morada de los mortales. Pero si a ti te parece tan pequeña, como ciertamente lo es, así vista, afánate por estas cosas celestes y estima menos las de la tierra. Pues la gloria o renombre realmente dignos de ser buscados no derivan de las bocas de los hombres. Tú ves que la Tierra está habitada en esparcidos lugares confinados dentro de estrechos límites, siendo esas regiones habitadas simples motas sobre su superficie con vastas zonas salvajes entre medio: y los que habitan la Tierra no sólo están separados así, pues ninguna comunicación es posible entre ellos del uno al otro,

---

12   Al suplementarse la narración de este episodio con ciertos elementos fabulados, se ha llegado a asociar el viaje espacial de Clavileño con la brujería (Lerner 829), algo sobre lo que el propio Sancho advierte: "[…] que yo no soy brujo, para gustar de andar por los aires" (II, 41).

pues ocupan posiciones en parte oblicuas, en parte transversales, en parte opuestas a las vuestras; [...] seguro que no puedes esperar gloria."

En resumen, se pueden apreciar ciertos detalles asociados al arquetípico viaje de la imaginación de Cicerón en el episodio cervantino del descenso a Montesinos, que incluyen: a) la pérdida de la noción del tiempo y el sentido profético; b) la reflexión sobre la fama; y c) el viaje interior. El que Don Quijote pretenda convencer a su audiencia de su iluminación "caballeresca" vivida en la cueva de Montesinos también confirma este episodio como presente, tan solo en la imaginación de su protagonista. Éste parece haber perdido la noción del tiempo y del espacio, debido a una interferencia de ciertos pensamientos sobre su propia fama caballeresca, con los que se ha visto obligado a enfrentarse. Su autoexploración sobre el sentido de las imágenes que ha contemplado en el reciente viaje interior confirma una intertextualidad con el mismo tipo de planteamiento que acontece en el viaje onírico del *Sueño* de Cicerón. En el viaje imaginario de Don Quijote a) se anticipa proféticamente la exposición de Don Quijote y Sancho, en casa de los duques, a un tipo de simulacros muy similares al vivido por el protagonista en la cueva; b) sirve para plantear los límites de la fama de Don Quijote dentro del círculo de lectores de novelas de caballerías, además de confirmarse que el sueño vivido por el caballero ha provocado c) una profunda reflexión y un tipo de viaje interior.

4.1.3 *Conclusión*

Esta sección ha contado, en primer lugar, con un breve recorrido acerca de la cultura iconográfica sobre la importancia de tomar buenas decisiones, que se ha relacionado con la aventura de la cueva de Montesinos, concluyéndose con el mensaje común de la necesidad de poner coto a aquellos excesos de la imaginación que acaban influyendo en las decisiones del mundo real. Esto se advierte en los dos emblemas estudiados, en los que se sugiere que hay que intentar elegir el camino adecuado, para lo que ayuda mucho el saber distinguir entre lo real y lo especulativo. En segundo lugar, se ha continuado explorando cómo los sueños y los viajes conviven en el universo incompleto y fragmentado de la caballeresca mente de Don Quijote, algo que parece acentuarse en episodios como el del descenso de Montesinos. Tras esta breve introducción sobre los sueños y su asociación con los viajes, donde se describe una realidad incompleta, en tercer lugar se ha puesto énfasis en la relación del episodio de la cueva de Montesinos con el *Sueño de Escipión* de Cicerón, a partir de los tres elementos comunes que condicionan la aventura: a) la pérdida de la noción del tiempo y el sentido profético, b) la reflexión sobre la fama y c) el viaje interior. Se sugiere así que la aventura cervantina se asocia, en estos términos, con el mismo tipo de ensoñación iluminadora que se propone en la obra de Cicerón. El marco teórico que sitúa ambas narrativas, la de Cicerón y la de Cervantes, es el de una exploración imaginada, que se acompaña de un posterior diálogo acerca de la experiencia vivida, donde se reflejan diversas perspectivas sobre la realidad, que son ilustradas tanto por los testimonios de los protagonistas como por los de sus interlocutores.

El descenso a Montesinos es una de las aventuras esenciales de la segunda parte; a partir de entonces, parecen hacerse más relevantes los pensamientos que ocupan la mente de Don Quijote, debido a su particular interpretación de los simulacros que han experimentado. La desviación racional del viejo hidalgo se hace patente en su queja por habérsele apartado de un conocimiento único para él. Sin embargo, la mística de su recóndita y numinosa experiencia parece desvanecerse por el modo en que se comparte el contenido de sus difusas memorias, que son narradas en forma de una serie de anécdotas inconclusas. Este sueño mal recordado sitúa a Don Quijote en el centro de la acción de la novela, como protagonista y metanarrador de una experiencia onírica que confirma su levedad como ser humano, siendo éste el mayor secreto desvelado sobre el protagonista, dentro de esta rocambolesca historia, donde el contraste entre el mundo de la realidad y el de sueños es objeto de reflexiones autoconscientes y a partir de contrastados puntos de vista.

4.2 La exploración de los límites de la razón, la fe y la lógica de los sueños como fuente de conocimiento cervantino: de la aventura del barco encantado al *Persiles*

Es pertinente recordar, en el cuarto centenario de su publicación, que uno de los recursos estéticos fundamentales de la segunda mitad del *Quijote* es hacer literatura de la primera parte de la célebre historia, aprovechándose así la preexistencia de los recuerdos de ciertas acciones de Don Quijote y Sancho, personajes que se aprovechan como energía literaria, generadora de las aventuras del segundo volumen. Esta presencia de la narrativa de la primera parte se suma a otras innovaciones y artificios estéticos que incluyen la presencia de la versión no autorizada de Avellaneda, todo ello dirigido a alcanzar un efecto único de verosimilitud. Avalle-Arce, teorizando sobre los vínculos literarios entre ambos volúmenes, defiende que el *Quijote* se alimenta de una propuesta existencial que se materializa en el afán imitador de su protagonista, a partir de su original confusión entre planos de realidades, concluyendo que Don

Quijote quiere transformar su propia vida en una obra de arte[13]. La dimensión estética metaficticia que se desarrolla en el segundo volumen del *Quijote* incluirá numerosas reflexiones prácticas sobre los límites de la autoría y de la autoridad textual en la obra. Entender la relevancia de la conversión de la primera mitad en Literatura durante la segunda parte ayuda a poder asimilar mejor el sentido creativo y autoconsciente de las diferentes salidas de Don Quijote, particularmente la tercera.

La imitación como proyecto estético existencial se lleva a cabo mediante exploraciones exteriores e interiores, en forma de viajes hacia destinos reales y figurados, en la segunda parte del *Quijote*. Esto es algo que se aprecia también en otras obras de la última etapa narrativa cervantina, como es el *Persiles*. Este tipo de exploraciones literarias contribuye a poner en evidencia la existencia de ciertos límites en el proceso de narrar lo que ocurre en la realidad actual de los protagonistas, especialmente cuando lo que se cuenta desafía el orden natural de las cosas.

Si bien muchos de los desatinos de ciertas aventuras de la primera parte suelen culminar en forma de golpes, en la segunda, los errores parecen adquirir un valor más transcendental. De hecho, algunos fracasos quijotescos van seguidos de reflexiones profundas por parte del protagonista y, a veces, incluso del propio narrador. Este tipo de reflexiones no sólo están presentes en la segunda parte del *Quijote*[14], sino también en otros episodios relacionados en el *Persiles*, particularmente en aquellos donde se llevan a cabo exploraciones interiores, metaliterarias, religiosas y oníricas entendidas, una vez compartidas, como parte de un proceso hacia la búsqueda de un tipo de conocimiento transcendente en la existencia de los protagonistas. Este tipo de metarreflexiones, que

---

13 "No hay que ser muy lince para ver que don Quijote confunde, adrede sin duda, la imitación artística, plenamente justificada en la pintura, como él mismo nos recuerda, con la emulación de conducta. Un caballero andante normal (si los hubo) trataría de emular la conducta de Amadís, su fortaleza, sinceridad, devoción y demás virtudes ejemplares, pero no trataría de imitar las circunstancias en que se ejecutaron los diversos actos de su vida, y en los que se desplegó tal conducta. Cuando lo que se imita no es más ya el sentido de una vida, sino también, y muy en particular, sus accidentes, nos halla con que el imitador quiere vivir la vida como una obra de arte" (Quijote).

14 Como se ha apuntado, en la segunda parte, a diferencia de la primera, la tendencia del protagonista a la no utilización del fracaso como fuente de conocimiento, en acciones dirigidas a poner de manifiesto sus límites, puede ser también asociada a no poder alcanzar un estado cercano a un tipo de docta ignorancia: "Nicholas does mainly understand '*docta ignorantia*' as an ignorance which has been acquired and which distinguishes its possessor from those who are thus uninstructed. Yet, it is equally clear from I, 1 (4:16–17: 'the more he knows that he is unknowing, the more learned he will be') that Nicholas also sometimes understands '*docta ignorantia*' as an ignorance which renders its possessor wise" (Hopkins 3).

interrumpen la acción de la trama, le ofrecen también al lector esa pausa metaficticia con la que poder contrastar mejor ciertas experiencias numinosas de las que es obligado testigo.

La presencia de episodios en los que existe una exploración de la razón, la fe y la lógica de los sueños en el argumento de obras narrativas de la última etapa cervantina, específicamente en la segunda parte del *Quijote* y en el *Persiles*, está asociada a la posibilidad de un tipo de autoconocimiento que alcanzará, desde los testigos, al propio lector. Los planteamientos que se presentan en la trama están asociados tanto a los límites de los territorios físicos como a los de la imaginación humana. Estos viajes interiores y exteriores suponen una evolución en las conciencias de los protagonistas, como se aprecia en la paulatina transformación de Don Quijote y Sancho en la segunda parte, a partir de sus respectivas experiencias simuladas e imaginadas, en las que son capaces de autorreflexionar sobre, hasta que punto, todo lo que les ha acontecido tendrá un efecto en sus existencias.

En ciertos viajes imaginarios de la segunda parte del *Quijote* y del *Persiles* se desvelan espacios por descubrir, donde la imaginación impera. Así, los episodios en los que existe una exploración de los límites de la razón, la fe y la lógica de los sueños suelen estar orientados hacia lugares imaginados o imposibles, que están asociados a un tipo de decepción o fracaso, a los que siguen reflexiones. Éstas permiten constatar, por un lado, tanto los límites de la agencia de los exploradores como los del propio territorio, real o imaginativo, al que se aspiraba a conocer o conquistar. Por otro, los diálogos posteriores a la acción facilitan también el reconocimiento de la propia experiencia en forma de profunda reflexión, lo que conduce a los protagonistas a asumir mejor los límites de su propio conocimiento.

En esta sección se estudian varias fuentes cervantinas de casos significativos de exploraciones de la razón, la fe y la lógica de los sueños, junto a las reflexiones derivadas de ellos, que son interpretadas como fuente de sabiduría, por parte de sus protagonistas. Concretamente, de entre los tradicionalmente identificados como viajes imaginarios de la segunda parte, que incluyen los de la cueva de Montesinos, el del barco encantado y el de Clavileño, se analizará más en detalle el segundo, que servirá como modelo de una fallida exploración geográfica, la cual se acompaña de una profunda reflexión existencial[15]. Esta aventura acuática se relacionará con otras del primer libro del *Persiles*, como son la exploración de los límites de la fe de Antonio y de la lógica de los sueños

---

15　Esta tradición de la adquisición de conocimiento mediante la experiencia, an episodios como el del barco, en relación con las novelas de caballerías, se ha vinculado además a las aventuras de Clavileño y Montesinos de la segunda parte (Torres 1775).

de Mauricio, donde se aprecia un énfasis similar en profundizar en el contexto de aquellos estados de la imaginación que suponen la culminación de un proceso de exploración interior y autoconocimiento.

4.2.1 *La exploración geográfica y existencial hacia el conocimiento en la segunda parte del* Quijote: *El caso del barco encantado*[16]

El episodio de Clavileño contiene alusiones geográficas a lugares lejanos como Candaia, la actual Sri Lanka, las cuales se unen a las de otros territorios exóticos que también habían sido destacados en la primera parte, como es el reino guineano de la Micomicona[17]. En este período no eran poco comunes los relatos

---

16 Mancing ("Lectura") resume la materia esencial del contenido de este capítulo: "El motivo del capítulo (sugerido por la presencia del río en la cueva de Montesinos) es uno de los más típicos de los libros de caballerías: el barco encantado que se encuentra por casualidad al lado del río o del mar y que se lleva por magia a un sitio exótico donde el caballero acaba una gran aventura [...]. La 'aventura' que tiene lugar en este capítulo se parece más a las de la Primera parte que a cualquier otra de la Segunda; es decir, DQ transforma la realidad, emprende la aventura, fracasa, y se disculpa citando la intervención de los encantadores. Pero hay diferencias importantes, sobre todo cuando DQ reconoce la realidad ('aunque parecen aceñas, no lo son') y cuando les paga a los pescadores, cosas que nunca ocurren en la Primera parte, pero que se ven con cada vez más frecuencia en la Segunda" (II-29, nota).

Las fuentes tradicionales que han guiado las principales interpretaciones del episodio del barco encantado han sido resumidas en cuatro, todas ellas relacionadas con el efecto transformador del viaje: "[...] la de las caballerías, la de crónicas históricas, la del itinerario real del protagonista y la de la experiencia sapiencial" (Carrizo Rueda "aventura" 82). Una lectura paródica evidente de esta aventura la relacionaría con la irónica concepción del viaje hacia tierras lejanas como experiencia transformadora y origen de conocimiento, que en este caso se lleva a cabo por El Toboso o el Campo de Montiel (Carrizo Rueda "*Don Quijote*" 48). De entre otras influencias destaca el *leit motiv* de la nave de los locos de Erasmo (Márquez Villanueva cit. en D'Onofrio 357; Torres 1783). Dentro del contexto de aventuras de los libros de caballerías también se han identificado principalmente la del *Caballero de los Espejos, Espejo y Olivante*, además de *Palmerín* (Vidal Navarro 771). Concretamente, en esta última se presenta un evento similar, en el que el protagonista desata un barco abandonado y se sube en él; tras desembarcar en una isla, llegará a un castillo, siguiendo el modelo de un tipo de viaje iniciático presente en muchas novelas de caballerías, algo que se vislumbra también, con cierta ironía, en la aventura del barco encantado: "El viaje en el barco encantado no permite descubrir un rico castillo o alcázar sino unos molinos de agua como si el universo subacuático de las novelas de caballerías apareciera aquí deformado en la superficie. Así, cuando caiga al río, el caballero no se encontrará con bellas doncellas, 'reflejo de la tierra femenina' para María Rosa Lida de Malkiel sino que lo sacarán del agua unos molineros" (Torres 1781).

17 Ambos espacios aparecen destacados en el mapa de García de Céspedes (1606), siendo este desplazamiento cartográfico de una parte a otra, desde el Atlántico al Índico, coincidente también en el tiempo con el reciente viaje de Fernández de Quirós desde América al Pacífico entre 1605 y 1606, tras asegurar "[...] que estaba seguro de conocer dónde podía

de exploradores tanto de América como del Pacífico, en los que se pretendía haber vivido hechos y acontecimientos difíciles de creer, los cuales alimentaban la imaginación de los lectores de estas exageradas crónicas, dentro de la tradición paradoxográfica, que está a caballo entre el ámbito de lo empírico y la invención. El reconocimiento de nuevos territorios existentes, más allá de las fronteras de lo conocido, coincide con el incremento de las exploraciones y los "viajes" imaginarios que ocurren en la segunda parte del *Quijote*, concretamente el de la cueva de Montesinos, el episodio del barco y el de Clavileño. Este tipo de aventuras, en las que la diferencia entre la imaginación de los protagonistas y la realidad de los hechos cobra un papel fundamental, continuarán en el *Persiles*, donde también se debaten ciertas experiencias nacidas de las exploraciones y los viajes imaginarios de personajes como Antonio y Mauricio. Se confirma así cierto interés por los relatos y reflexiones sobre exploraciones y aventuras, tanto reales como imaginarias, en las obras de la última etapa cervantina.

El disparatado simulacro de exploración de la aventura barco confirma la problemática que plantea esta pretendida anomalía espaciotemporal, que se ha llegado a interpretar como una reelaboración del caso de la cueva de Montesinos (Percas de Ponseti *Cervantes* 604–27)[18]:

encontrarse la Gran Tierra del Sur" (Rodamilans Ramos 107). Lo que llama la atención de las noticias sobre el viaje de Fernández de Quirós, en relación con el asunto de este ensayo, es la actitud del descubridor ante el viaje de exploración, caracterizado en sus propios *Memoriales* por un tipo de mesianismo asociado a la búsqueda de una fama trascendente, no inmediata, despreocupada del enriquecimiento material. Recuerda así al tono empleado por Don Quijote en los capítulos de la segunda parte sobre exploraciones imaginarias, donde su discurso está también cargado de un poderoso sentido de la trascendencia, que contrasta con el omnipresente contrapunto materialista de Sancho: "[...] la faceta evangelizadora tiene un gran peso en las motivaciones [...] a quien parece embargar un singular mesianismo evangelizador a la vez que toda una serie de preocupaciones místicas. Desde el comienzo Fernández de Quirós impregna su viaje con un halo de cruzada [...] Los *Memoriales* de Fernández de Quirós están repletos de expresiones providencialistas que le dan a su expedición un carácter de misión divina: 'Considere que pues Dios me sacó a salvo de a donde tantos murieron y fue servido darme a conocer cuanto vale y puede valer caso tan grande y tan santo, que me ofendería mucho dejar de hacer las diligencias que se han de ver' [...]. Sobre las verdaderas motivaciones de Pedro Fernández de Quirós, él mismo pretende dejarlas bien ejemplificadas en su crónica. Estando en Australia del Espíritu Santo, algunos de sus hombres le piden que, como capitán general, les permita realizar una búsqueda de oro, ya que por todos los indicios parecía estar cercano. A lo que éste responde 'que sólo había venido a descubrir tierras y gentes, y que pues Dios le había hecho merced de mostralle lo buscado, no era justo ni razonable arriesgar el todo por la parte'" (Rodamilans Ramos 114, 115).

18   Así, la crítica ha interpretado tradicionalmente el episodio de Montesinos como una referencia esencial para entender la aventura del barco en la segunda parte del Quijote. La

> —Y cuando lleguemos a esa leña que vuestra merced dice—preguntó Sancho—, ¿cuánto habremos caminado?
> —Mucho—replicó don Quijote—, porque de trecientos y sesenta grados que contiene el globo del agua y de la tierra, según el cómputo de Ptolomeo, que fue el mayor cosmógrafo que se sabe, la mitad habremos caminado, llegando a la línea que he dicho.
>
> II, 29

En cuanto a cómo se narran los hechos en este episodio, llama la atención el marcado tono paternalista de Don Quijote hacia su criado, el cual se acentúa a partir de las quejas de un acobardado Sancho, quien reacciona ante la sugestión de creer estar alejándose de su patria, algo que es afeado, en los reproches del hidalgo hacia él:

> Y en esto comenzó a llorar tan amargamente, que don Quijote, mohíno y colérico, le dijo:
> —¿De qué temes, cobarde criatura? ¿De qué lloras, corazón de mantequillas? ¿Quién te persigue, o quién te acosa, ánimo de ratón casero, o qué te falta, menesteroso en la mitad de las entrañas de la abundancia? ¿Por dicha vas caminando a pie y descalzo por las montañas rifeas, sino sentado en una tabla, como un archiduque, por el sesgo curso de este agradable río, de donde en breve espacio saldremos al mar dilatado? Pero ya habemos de haber salido y caminado por lo menos setecientas u ochocientas leguas; y si yo tuviera aquí un astrolabio con que tomar la altura del polo, yo te dijera las que hemos caminado: aunque o yo sé poco o ya hemos pasado o pasaremos presto por la línea equinoccial, que divide y corta los dos contrapuestos polos en igual distancia.
>
> II, 29

La conclusión de la historia incluye una opinión del autor del prólogo en la que se iguala a Don Quijote y Sancho con sus animales, justo después de haber sido contemplados con estupor por varios trabajadores que estaban operando

---

discrepancia entre Don Quijote y Sancho sobre la falsedad o no de lo ocurrido en la cueva había sido alimentada por la reciente consulta con el mono, a través de Maese Pedro: "Especialmente fue y vino en lo que había visto en la cueva de Montesinos, que, puesto que el mono de maese Pedro le había dicho que parte de aquellas cosas eran verdad y parte mentira, él se atenía más a las verdaderas que a las mentirosas, bien al revés de Sancho, que todas las tenía por la misma mentira" (II, 29).

en el río[19]. Tal y como se plantea en este relato y quizás debido a la apresurada organización de ciertos capítulos de la segunda parte, existe una aberración espacial en la que "[...] en dos días Sancho y Don Quijote se desplazaron de Castilla al Ebro en un viaje de 500 kilómetros" (Terrero 184, cit. en Eisenberg 101n, Gasta "debate" 67–9). Por ello, se ha apuntado también a la posibilidad de que la aventura acuática pudiera haberse originado a partir de un episodio pensado inicialmente para la primera parte, entre los capítulos veinte y veintiuno, cuando los protagonistas estaban cerca del Guadiana (Eisenberg 101n), río que sería el Ebro en el segundo volumen.

La excepcionalidad de esta aventura queda confirmada en la observación de que es la única de la segunda parte del *Quijote* en la que no se da un antivoluntarismo por parte del protagonista, ya que a éste, ni le es posible cambiar la realidad, ni equivocarse espontáneamente (Felkel 619). La aceptación de más de un desenlace a la hora de juzgar los hechos acontecidos ha sido interpretada como el comienzo de la vacilación tanto del narrador como del protagonista, ante la realidad (Riley "anticipaciones" 478), algo que se aprecia en citas como la siguiente: "¿Ves? Allí, ¡oh amigo! se descubre la ciudad, castillo o fortaleza donde debe de estar algún caballero oprimido, o alguna reina, infanta o princesa malparada, para cuyo socorro soy aquí traído" (II, 29)[20]. En el confuso discurso de Don Quijote destacará el uso de términos científicos relacionados con el arte de marear, utilizando también conceptos astrológicos, e incluso astronómicos, con los que el hidalgo parece asumir así mejor el control de la narrativa ante el escudero[21]:

---

19   Estos últimos, que se presentan llenos de harina, han sido relacionados con "[...] figuras análogas de los indígenas africanos de *Os Lusíadas*" (Burningham "*Lusíadas*" 263).

20   Casalduero también señala cómo el viaje literario está influido por la imposición de las lecturas quijotescas sobre la vulgar realidad del río, algo que puede ser interpretado como un ejemplo del fracaso del método escolástico, ante aquél basado en la evidencia experimental: "El caballero no está viajando a través de lo que ve en las aguas del Ebro, sino de lo que ha leído y hace por ello alarde de sus conocimientos marineros: 'Don Quijote navega, dando realidad a la visión abstracta en la que ha quedado enjaulada la Tierra: corta paralelos, ve signos, deja atrás imágenes. Ante los ojos de Sancho pasan los coluros, las líneas, los paralelos, los zodíacos [...]'" (297, cit. en Domínguez "coluros" 154).

21   Selig resume las fuentes pseudocientíficas que alimentan el discurso quijotesco en esta aventura: "El episodio refleja una conciencia de una nueva edad, una nueva geografía, nueva técnica, nuevos territorios, descubrimientos, rivalidades de imperios, conquistas, exploraciones—y un nuevo vocabulario—léxico—de esta nueva edad integrada en la novela, el vocabulario técnico de este nuevo mundo. Durante la travesía del río, Don Quixote pide a Sancho que se examine; le pregunta si han pasado la línea equinoccial y si han cortado 'paralelos'; le pide una explicación a base de un texto seudo-científico, un texto apócrifo, una fábula, una anécdota. Sancho Panza tiene sus dudas, y de hecho el barco se ha distanciado y se ha apartado poco de la ribera. Para asegurar a Sancho Panza,

—Haz, Sancho, la averiguación que te he dicho, y no te cures de otra, que tú no sabes qué cosa sean coluros, líneas, paralelos, zodiacos, eclípticas, polos, solsticios, equinoccios, planetas, signos, puntos, medidas, de que se compone la esfera celeste y terrestre, que si todas estas cosas supieras, o parte del ellas, vieras claramente qué de paralelos hemos cortado, qué de signos visto y qué de imágenes hemos dejado atrás y vamos dejando ahora.

II, 29

En las respuestas de Don Quijote a Sancho, el caballero simulará un conocimiento que realmente no tiene, como se aprecia en los detalles relativos a la distancia recorrida[22]. A pesar de que se trate de un simulacro, Don Quijote demuestra estar al tanto del saber geográfico de su tiempo, el cual es aplicado a la navegación, en este episodio[23]. De hecho, el uso del vocabulario relacionado con el arte de marear por parte de Don Quijote se ha asociado también

---

Don Quijote pronuncia y enumera la lista siguiente: 'tú no sabes qué cosa sean coluros, líneas, paralelos, zodíacos, clíticas, polos, solsticios, equinocios, planetas, signos, puntos, medidas, de que se compone la esfera celeste y terrestre [...].' Es la edad de una nueva interpretación y exégesis de Ptolomeo. [...] La lista por medio de esta mezcla irónica y subversiva de términos técnicos y seudocientíficos y las voces interoperativas del texto— el arranque del texto intensificado por esta mezcla hacen posible que Don Quixote confunda lo científico y lo seudo-científico" (633).

22 Ha llamado la atención que en esta aventura no se considere la visión copernicana del mundo, la cual ya había sido aceptada (Alfonseca 258). De hecho, el universo, tal y como lo percibiría Don Quijote, se conceptualiza en un momento en el que "[...] the 'closed world' of Aristotle and the Middle Ages was finally replaced by the 'Infinite Universe,' in the words of Koyré (Navarro Brotóns 'Astronomy' 15); como resume Domínguez: 'La visión geocéntrica del universo procedente de la tradición ptolemaica proponía la esfericidad de la tierra articulada en cuatro esferas concéntricas (una para cada elemento) y rodeando éstas se encontraban las siete esferas planetarias (una para cada planeta). La esfera más remota era la que contenía las estrellas fijas del firmamento y se dividía a su vez en doce segmentos que representaban el zodiaco [...]. El sistema ptolemaico consistía por tanto en un universo finito en cuyo centro se encontraba la Tierra y a su alrededor se hallaban los cuerpos celestes girando en esferas concéntricas. Esta cosmología fue la representación más tradicional de los antiguos griegos que, recogida por Claudio Ptolomeo en su magna *Geographia*, pasaría a través de los siglos" ("coluros" 147–48).

23 "'Mucho [...] porque de trescientos y sesenta grados que contiene el globo del agua y de la tierra, según el cómputo de Ptolomeo, que fue el mayor cosmógrafo que se sabe, la mitad habremos caminado, llegando a la línea que he dicho' (635). ¿Qué importancia tiene esta cita en el panorama cosmográfico del momento? Don Quijote habla de los 'trescientos y sesenta grados' que contiene 'el globo del agua y de la tierra' lo que significa que en este pasaje, a través de las palabras de su protagonista, Cervantes alude al concepto de globo terráqueo en toda su modernidad: 'un sólido tridimensional con una superficie diversificada compuesta por diversas porciones de tierra y agua'" (Navarro Brotóns, "geografía" 18).

a una reflexión más amplia sobre el proceso de colonización en el período (Smith 42). En este sentido, no se puede afirmar con rotundidad que Sancho y Don Quijote se figuren navegando específicamente por el Atlántico, el Índico o incluso en el Pacífico español[24]. A la conclusión de la aventura se pondrá también de manifiesto la rivalidad entre navegantes y molineros en este tiempo[25] y tras la recriminación que sufre Don Quijote por parte de los últimos[26], concluirá el simulacro, culpándose del fracaso a la discrepancia entre dos encantadores, uno a favor y otro en contra:

> ¡Basta!—dijo entre sí don Quijote—, aquí será predicar en desierto querer reducir a esta canalla a que por ruegos haga virtud alguna, y en esta aventura se deben de haber encontrado dos valientes encantadores, y el uno estorba lo que el otro intenta: el uno me deparó el barco y el otro dio conmigo al través. Dios lo remedie, que todo este mundo es máquinas y trazas, contrarias unas de otras. Yo no puedo más.
>
> II, 29

Estas fuerzas de la naturaleza se habrían superpuesto a una realidad con la que el protagonista se solía encontrar de bruces en la primera parte, pero a las que se aferra para justificar su fracaso, a pesar de ser ajenas a la evidencia del

---

[24] En este sentido, se ha confirmado cómo el Pacífico se convierte en la última frontera de proyección de las ambiciones imperiales hispanas en ese período: "To attend to the Spanish invention of the Pacific Rim is to do just this. It is to recover something of the geographical and imperial imagination of early modernity as it existed before history closed off certain opportunities and then retrospectively defined Latin America as the real endpoint of Spain's overseas expansion [...]. The Spanish invention of the Pacific attests to that same power, but it also evinces the resilience of traditional notions of center and periphery, east and west. In the end, the story of Spain's invention of the Pacific is the account of a failed attempt to reinvent the world in the service of empire, and failures always make for interesting stories. [...] Rarely is it remarked that the invention of America was part and parcel of the invention of something we might call the Pacific Ocean. By figuring America the way he did, Waldseemuller dramatically bifurcated the Ocean Sea, in effect hypostatizing a distinct body of water stretching from the newly invented fourth part of the world westward to Asia" (Padrón "sea" 3-4, 6).

[25] "Durante la Edad Media, los ríos se plagaron de azudes que obstaculizaban la navegación. Por esta razón, Felipe II, tras asumir la corona de Portugal, encargó al ingeniero Juan Bautista Antonelli que se deshiciera de los azudes fluviales en el río Tajo para convertirlo así en navegable desde Toledo hasta Lisboa (52)" (González Tascón, cit en Domínguez "coluros" 140, nota 1).

[26] "Los pescadores y molineros estaban admirados mirando aquellas dos figuras tan fuera del uso, al parecer, de los otros hombres, y no acababan de entender a dónde se encaminaban las razones y preguntas que don Quijote les decía; y teniéndolos por locos les dejaron y se recogieron a sus aceñas, y los pescadores a sus ranchos" (II, 29).

mundo sensible[27]. El hecho de combinar el discurso científico con el caballeresco para justificar sus acciones, unido a la recriminación de Don Quijote y Sancho por parte de los molineros y hasta del narrador, encuadra esta aventura dentro de un tipo de ambiente decadente que están presente en toda la segunda parte.

El que además se concluya culpando de todo a la rivalidad entre dos sabios anticipará y complementará la equiparación de Don Quijote y Sancho a bestias poco después: "Volvieron a sus bestias, y a ser bestias, don Quijote y Sancho, y este fin tuvo la aventura del encantado barco" (II, 29). Esta afrenta contra los protagonistas, en forma de insulto ante sus lectores, ha sido tachada de injusta y nada piadosa (Rodríguez Marín nn, 305)[28]. La igualación entre animales y brutos en este episodio es consecuente con un tratamiento similar, que está presente en otros momentos de la obra cervantina, como se aprecia en la precedente aventura del rebuzno (Morell 89), algo que ha sido estudiado más en detalle en el segundo capítulo. Llama así la atención que el ser bruto, o dejar de ordenar el pensamiento por la razón (Berndt-Kelley 593, 594), sea uno de los insultos más reiterados de Don Quijote hacia su criado.

Así, esta exploración geográfica y existencial se caracteriza por el predominio hegemónico del discurso de Don Quijote tanto en su intento de controlar el proceso creativo de la aventura como a causa de su culpabilidad sobre los encantadores; ambos hechos confirman el estado de confusión del hidalgo, en sus horas más bajas, dentro de la novela que protagoniza.

4.2.2 *La exploración de los límites de la fe y la lógica de los sueños como fuentes de conocimiento para Antonio en tierra de bárbaros y en la interpretación del mapa existencial de Mauricio en el primer libro del* Persiles

Antonio padre es un católico español que había llegado a la isla de los bárbaros tras su huida por un caso de honor, tal y como se narra en el primer volumen del *Persiles*. En este territorio hostil y recóndito en las cartas de navegación

---

27 "La palabra 'máquina', con esta acepción resulta sinónima de 'traza' está entendida también como plan para conseguir un fin. De este modo, en la aventura del barco encantado se unen dos sinónimos que funcionan en antítesis, ya que se relacionan con planes y proyectos contrarios, porque el objetivo del segundo es impedir la ejecución del fin del primero" (Vivanco Cervero 29).

28 En este sentido, Covarrubias (1611) señala el uso de bestia como insulto: "[...] hombre que sabe poco, y tiene pensamientos bajos, semejante en su modo de vivir a los brutos. Bestia, en muchos lugares de la Escritura se toma por los Tiranos que han perseguido el pueblo de Dios, y su Iglesia. Bestia, el antecristo, y sus ministros, por muchos lugares del Apocalipsi. Bestia, el demonio" (134).

consigue evangelizar a su esposa Ricla, quien a pesar de haber nacido en una cultura radicalmente opuesta a la de Antonio, es capaz de relatar la experiencia vivida en común muy articuladamente:

> Es, pues, el caso—replicó la bárbara—que mis muchas entradas y salidas en este lugar le dieron bastante para que de mí y de mi esposo naciesen esta muchacha y este niño. Llamo esposo a este señor, porque, antes que me conociese del todo, me dio palabra de serlo, al modo que él dice que se usa entre verdaderos cristianos. Háme enseñado su lengua, y yo a él la mía, y en ella asimismo me enseñó la ley católica cristiana. Dióme agua de bautismo en aquel arroyo, aunque no con las ceremonias que él me ha dicho que en su tierra se acostumbran. Declaróme su fe como él la sabe, la cual yo asenté en mi alma y en mi corazón, donde le he dado el crédito que he podido darle. Creo en la Santísima Trinidad, Dios Padre, Dios Hijo y Dios Espíritu Santo, tres personas distintas, y que todas tres son un solo Dios verdadero, y que, aunque es Dios el Padre, y Dios el Hijo, y Dios el Espíritu Santo, no son tres dioses distintos y apartados, sino un solo Dios verdadero [...]. Con éstas me ha enseñado otras cosas, que no las digo por parecerme que las dichas bastan para que entendáis que soy católica cristiana.
>
> I, 6, 82[29]

La heroicidad de Antonio consiste en poder situar el territorio bárbaro en el que habita en un lugar dentro del mapa de la fe católica, tras convertir a su familia dentro de los valores esenciales de su fe, en este episodio[30]. El denodado esfuerzo evangelizador de Antonio atrae el reconocimiento social de los visitantes; la salvación de su alma, en relación con su oscuro pasado, se planteará como una justa recompensa. El que la exploración y descripción de territorios desconocidos de Antonio concluya con la cristianización de su familia ofrece muchas pistas relacionadas con las motivaciones de este tipo de aventureros católicos cervantinos. Estos son capaces de soportar una existencia más allá de los límites del mundo conocido, defendiendo su propia identidad cultural y existencial, aunque no coincida con la de los habitantes de unos territorios ajenos a los de la geografía bíblica. Antes de su llegada, la isla de los bárbaros era un lugar imposible, un no-lugar, una tierra ausente de los mapas de la cristiandad. Antonio la localiza, encontrando también una oportunidad

---

29 Todas las citas de esta sección son de la edición de Avalle-Arce.
30 De hecho, se ha destacado que es la única "familia tradicional" de la obra cervantina, junto a la de Sancho (García González 486).

de redimirse de los pecados de su anterior existencia mediante sus virtuosas acciones, como es la creación y protección de su familia[31]. Su oscura existencia se llena así de vida, gracias a su voluntad de inscribir los valores de su cultura y de su fe en una tierra baldía[32]. Ante la llegada de sus compatriotas, sus acciones se convierten en historia, al hacerse públicas ante el resto de los católicos entonces presentes en la isla.

4.2.3   La lógica ensoñadora de Mauricio

En relación tanto a los casos de Don Quijote y Sancho en el episodio del barco como al de Antonio en la isla de los Bárbaros, la aventura de Mauricio del capítulo dieciocho del primer libro del *Persiles* también ofrece al lector diferentes claves para entender las motivaciones del tipo de exploraciones interiores y exteriores que se plantean en ciertas obras cervantinas. De este episodio concreto, llaman la atención las dudas existenciales surgidas cuando realidad e ilusión se confunden. Así, en este capítulo, en el que "Mauricio sabe por la astrología un mal suceso que les avino en el mar," el astrólogo tiene diferentes experiencias de autoconocimiento que comparte con sus interlocutores, las cuales comienzan cuando tiene un mal presentimiento, tras el que se da cuenta de que no parece ser capaz de distinguir entre sueño y realidad[33]:

---

[31]   En su transición, del bárbaro norte, al civilizado y espiritual sur, Antonio se muestra como un personaje al que le cuesta contenerse ante la violencia, por lo cual se le ha relacionado al propio Don Quijote (Sánchez Jiménez "Quijote" 488).

[32]   Para De Armas Wilson, el matrimonio de Antonio sirve tanto de contrapeso a la unión meramente carnal de los bárbaros basada en "sangre y poder" como para reafirmar la importancia del factor religioso y espiritual que aporta a su matrimonio (174).

[33]   La visión de Mauricio está también vinculada al intento de rebelión de dos soldados que querían raptar a Auristela y Transila (Forcione *Christian* 67). El protagonista legitima su conocimiento mediante su respeto a las leyes neo-Aristotélicas de la verosimilitud, que defiende con Arnaldo, para criticar la fantasía del sueño de Periandro (Armstrong-Roche *Cervantes* 195). Para Guntert, Mauricio sería así "[...] el representante de la 'ciencia,' defensor de posturas racionalistas y, en el dominio literario, aristotélicas" (39). Este episodio también se enfoca en la importancia de encontrar la adecuada expresion narrativa para comprender realidades difíciles de creer: "La ciencia y la sabiduría no tienen más representante en el *Persiles* que la docta figura del astrólogo. Así como el *Don Quijote*, el *Persiles* carece de grandes figuras eclesiásticas representativas de la espiritualidad católica (los curas y canónigos del *Quijote* no debaten más que de literatura). Los sustituyen los astrólogos, que son dos: el del Septentrión es el irlandés Mauricio (sin duda un Fitz Maurice), y el meridional, que ha establecido su cueva entre Francia e Italia, es el español Soldino que sólo por el sufijo se salva de ser Soldán [...]. La astrología judiciaria o divinatoria que practican Mauricio y Soldino implica un riguroso determinismo que no deja lugar a la libertad humana. El naufragio que leyó Mauricio en los astros no dejó de producirse a pesar de mil inquietas precauciones, y lo mismo con el incendio que pronosticó Soldino" (Molho "filosofía" 673).

Puso los ojos en el cielo Mauricio, y de nuevo tornó a mirar en su imaginación las señales de la figura que había levantado, y de nuevo confirmó el peligro que les amenazaba, pero nunca supo atinar de qué parte les vendría. Con esta confusión y sobresalto se quedó dormido encima de la cubierta de la nave, y, de allí a poco, despertó despavorido, diciendo a grandes voces:
—¡Traición, traición, traición! ¡Despierta, príncipe Arnaldo, que los tuyos nos matan!
A cuyas voces se levantó Arnaldo, que no dormía, puesto que estaba echado junto a Periandro en la misma cubierta, y dijo:
—¿Qué has, amigo Mauricio? ¿Quién nos ofende, o quién nos mata? ¿Todos los que en este navío vamos, no somos amigos? ¿No son todos los más vasallos y criados míos? ¿El cielo no está claro y sereno, el mar tranquilo y blando, y el bajel, sin tocar en escollo ni en bajío, no navega? ¿Hay alguna rémora que nos detenga? Pues si no hay nada de esto, ¿de qué temes, que ansí con tus sobresaltos nos atemorizas?
I, 18, 131

Mauricio, tras su confusión, sugiere que se compruebe que el barco está en perfectas condiciones, conectándose con su realidad actual, como ocurre en los sueños utópicos de Maldonado y Kepler:

—No sé—replicó Mauricio—. Haz, señor, que bajen los búzanos a la sentina, que si no es sueño, a mí me parece que nos vamos anegando. No hubo bien acabado esta razón, cuando cuatro o seis marineros se dejaron calar al fondo del navío y le requirieron todo, porque eran famosos buzanos, y no hallaron costura alguna por donde entrase agua al navío; y, vueltos a la cubierta, dijeron que el navío iba sano y entero, y que el agua de la sentina estaba turbia y hedionda, señal clara de que no entraba agua nueva en la nave.—Así debe de ser—dijo Mauricio—, sino que yo, como viejo, en quien el temor tiene su asiento de ordinario, hasta los sueños me espantan; y plega a Dios que este mi sueño lo sea, que yo me holgaría de parecer viejo temeroso antes que verdadero judiciario.
I, 18, 132

El protagonista interpretará sus ensoñaciones como profecías, considerando la posibilidad de que su temor a la traición esté en el origen de su delirio:

Ni el sueño que a mí me turbó cae debajo de la observación de la astrología, porque sin guardar puntos ni observar astros, señalar rumbos ni mirar imágenes, me pareció ver visiblemente que en un gran palacio de madera, donde estábamos todos los que aquí vamos, llovían rayos del cielo que le abrían todo, y por las bocas que hacían descargaban las nubes, no sólo un mar, sino mil mares de agua; de tal manera que, creyendo que me iba anegando, comencé a dar voces y a hacer los mismos ademanes que suele hacer el que se anega; y aun no estoy tan libre de este temor que no me queden algunas reliquias en el alma; y, como sé que no hay más cierta astrología que la prudencia, de quien nacen los acertados discursos, ¿qué mucho que, yendo navegando en un navío de madera, tema rayos del cielo, nubes del aire y aguas de la mar? Pero lo que más me confunde y suspende es que, si algún daño nos amenaza, no ha de ser de ningún elemento que destinada y precisamente se disponga a ello, sino de una traición, forjada, como ya otra vez he dicho, en algunos lascivos pechos.

  I, 18, 137

Tanto en el caso de Don Quijote y Sancho como en el de Antonio y Mauricio se aprecia que algunos de los pensamientos que nacen de la imaginación del ser humano, si no se refrenan, son capaces de distorsionar nuestra realidad y confundirnos profundamente[34]. En el primer caso, Don Quijote y Sancho fracasan en superponer el discurso de su exploración geográfica ficticia sobre una real, en un territorio que ya es suficientemente conocido.

En el segundo, Antonio encuentra la fuerza necesaria en la institución católica del matrimonio para sobrevivir en un "no-lugar," rodeado de seres hostiles, bárbaros, que desconocen y hasta aborrecen la religión "verdadera." Esto le obliga a permanecer escondido en una cueva la mayor parte de su vida, lo que no le impide llevar una existencia ejemplar de exploración interior y exterior, asumida como un tipo de penitencia dirigida hacia su salvación y la de su familia, por la fe católica.

En el tercer episodio, Mauricio también vive su propia experiencia de exploración interior y exterior, la cual es existencialmente transformadora, debido a su utilización errónea de la Astrología como una herramienta del

---

[34] El caso extremo es el del maldiciente Clodio, que utiliza su incontinencia creativa para concebir planes malévolos contra sus iguales: "Clodio, guiado por su maldad, decide empezar a confundir a su príncipe, enamorado de Auristela, y murmura de ella y de Periandro al sugerir la posibilidad de que en realidad no sean hermanos sino amantes (298–99). Es un claro ejemplo de la idea expresada por Mauricio un poco antes de que la verdad a veces es mejor callarla, sobre todo cuando no va dirigida a hacer el bien sino a dañar al prójimo" (Cacho Casal 314).

conocimiento, para anticipar el futuro. Pretende así dominar sus miedos, a base de interpretar unos sueños proféticos que interpreta como reales y que también le permiten compartir un conocimiento íntimo, el cual acaba derivando en profundas reflexiones sobre la propia naturaleza humana. El episodio que protagoniza es recibido como una advertencia en contra de las ilusiones de la mente, cuya influencia puede conducir a que el ser humano obre equivocadamente, haciendo así indistinguible la verdad de la mentira, algo que justificará finalmente el protagonista: "Esas son fuerzas de la imaginación, en quien suelen representarse las cosas con tanta vehemencia que se aprehenden de la memoria, de manera que quedan en ella, siendo mentiras, como si fueran verdades" (II, 15, 244).

4.2.4 *Conclusión: explorar los límites de la perspectiva: cartografía de un sueño o la utopía de la idea entreverada*

A partir obras arquetípicas como el *Sueño de Escipión* de Cicerón, se comenzará a identificar el sueño como una posible vía de conocimiento para el individuo, quien se puede despertar así hacia una realidad nueva, que nace de su interpretación sobre lo soñado. Como se ha podido apreciar, entre las fases del viaje onírico están: a) la pérdida de la noción del tiempo y el sentido profético, b) la reflexión sobre la fama y c) el viaje interior. En el episodio del descenso a Montesinos se hacen presentes estas etapas del conocimiento, que se exponen en esta aventura para que el lector pueda descubrir fragmentos de aquellos pensamientos caballerescos que están permanentemente filtrados por la mente de Don Quijote.

Tanto Sancho y Don Quijote en el episodio del barco como Antonio y Mauricio, respectivamente, en el primer libro del *Persiles*, llevan a cabo exploraciones personales, ayudados por su conocimiento geográfico, religioso y hasta astrológico, arriesgándose temerariamente en sus búsquedas de los límites de la razón, la fe y la lógica de los sueños, con diversas consecuencias. Por un lado, Don Quijote y Sancho acaban siendo considerados locos por molineros y pescadores, a los que tienen que pagar sus destrozos, siendo además degradados al nivel de bestias por parte del narrador ante sus lectores; todo ello debido a su simulacro de exploración. Por un lado, se le recrimina al primero su creencia de que el resultado de su aventura haya sido alterado por dos sabios. Por otro lado, también se ataca al segundo, a quien su ignorancia le lleva, temerariamente, a arriesgar su vida por seguir a su amo, sin contradecirle; de hecho, según el propio narrador, estamos ante uno de los momentos más bajos de la pareja protagonista, que es producto de la suma de todos sus temerarios errores cometidos hasta entonces.

En otro sentido, Antonio es capaz de sobrevivir precariamente, demostrando su sacrificado apego a la fe católica, en un hostil entorno bárbaro. Su virtuosa aventura, como el árbol que cae en el bosque cuántico, parece no poder ser "verdadera" hasta la confirmación existencial de los creyentes que le visitan, los cuales son testigos de su fervor religioso. Mauricio también quiere justificar su ciega creencia en lo que le ha ocurrido, a partir de su conocimiento astrológico, el cual le hace fantasear sobre su capacidad de prever el futuro. Estos episodios de viajes exploratorios e imaginarios de la razón, la fe y la lógica de los sueños están presentes en diferentes momentos clave de la obra cervantina y sirven como una rara fuente de conocimiento y transformación existencial, para aquel capaz de reflexionar e iluminarse acerca de la experiencia vivida.

En el caso del *Persiles*, también se ofrecen detalles para poder entender el comportamiento del ser humano que está aislado de su cultura, o cuando cree en los sueños y la Astrología. Por un lado, la transcendencia por la fe figura como una especie de redención existencial para el arrepentido Antonio; por otro, el despertar ante la evidencia, que le distancia a uno de la ensoñación asociada a "ciencias" no exactas como es la Astrología, es algo que Mauricio agradece, en su acto de exploración interior.

Autores como Cervantes conciben su obra en un período cuando todavía se debatía acerca de la aproximación adecuada a los límites del mundo sensible; cuando la evidencia de las exploraciones, las observaciones astronómicas y descubrimientos médicos comenzaban a cuestionar ciertos dogmas clásicos y también se iba derrumbando, poco a poco, la antaño infranqueable puerta de la lógica de la metodología escolástica[35]. En el campo de la Mancha quijotesco se puede filosofar sobre una idealizada Edad de Oro, al tiempo que alcanzar a ver distópicamente realizadas ciertas fantasías bucólicas. Por ello, no es extraño que la idea preconcebida de Don Quijote sobre viajes y descubrimientos choque con la realidad de un río manchego más que conocido, en un momento único de cuestionamiento del "método escolástico caballeresco," ante la verosimilitud geográfica de La Mancha.

---

35   Como afirma Cosgrove, al compararse el universo descubierto con el representado gráficamente, la diferencia podía ser, en muchos casos, abismal, por lo que, ante esta realidad, se tiende a representar el cosmos mediante imágenes alegóricas para su mejor comprensión: "Representing an expanding *oikoumene* and deepening heavens itself prompted critical reflection on the means and meanings of vision and illumination at a time before art and science disengaged and parted ways" (Cosgrove 98).

EXPLORAR LOS LÍMITES DEL INFINITO 281

FIGURA 12   *Sueños de Cervantes y Kepler*. Esperanza Jiménez

CAPÍTULO 5

Sabiduría y ciencia

En esta sección, un estudio sobre los criterios del arte y la ciencia barrocos que pudieron haber informado la epistemología literaria de la obra cervantina precede a un análisis comparado sobre tres sueños neoplatónicos contrautópicos de Maldonado, el propio Cervantes y Kepler. En ellos se comparten autoconscientemente con el lector tanto las diversas maneras de tratar el "abismo" existente entre idea y verdad como las dificultades nacidas de la representación verosímil de la realidad a través de la Literatura, disciplina que es así concebida como un lenguaje válido para la comprensión del Mundo.

5.1 Sabiduría, ciencia y epistemología literaria

Cassirer defiende que la obra de Cusa es el pilar alrededor del que se edifica el método del saber que ilumina el Renacimiento[1]. La aproximación a la verdad

---

[1] A partir de la vía de la Teología negativa, Cusa concibe principios como la docta ignorancia, los cuales constituyen un sólido punto de partida para la liberación de la confusión sobre los límites de la adquisición de conocimiento en la que vivimos. Ser consciente de la propia ignorancia condicionará el pensamiento para un saber superior: "Así, pues, a ningún hombre, por más estudioso que sea, le sobrevendrá nada más perfecto en la doctrina que saberse doctísimo en la ignorancia misma, la cual es propia de él. Y tanto más docto será cualquiera cuanto más se sepa Ignorante. Con vistas a este fin asumí los trabajos de escribir unas pocas cosas acerca de esta docta ignorancia. [...] Ninguna cosa, pues, es en sí misma excepto el máximo, y toda cosa que por su razón es en sí misma es porque su razón es el máximo. [...] Todos los entes, pues, participan de la entidad. Eliminada la participación de todos los entes, queda la propia simplicísima entidad, que es la esencia de todos los entes, y no advertimos esta tal entidad misma sino en la doctísima ignorancia, puesto que, cuando remuevo todas las cosas que participan de la entidad, parece que no queda nada. Y por esto dice el gran Dionisio que el concepto de Dios más se aproxima a la nada que a algo. La sagrada ignorancia me enseña que esto que al entendimiento le parece nada es el máximo incomprensible" (Cusa I, XVII).
   La tradición intelectual hacia Dios, en la que se basa el concepto de docta ignorancia cusana, nace de la Teología de la negación, en la que ejercer el culto a Dios es hacerlo a una "[...] luz inaccesible [...] la más simple e infinita, en la cual las tinieblas son luz infinita, y que esta luz infinita luce siempre en las tinieblas de nuestra ignorancia, pero las tinieblas nunca podrán abarcarle," por lo que "[...] la teología de la negación es tan necesaria a la de la afirmación que sin ella no se le rendiría culto a Dios en cuanto Dios infinito, sino antes en cuanto criatura, y tal culto es idolatría, pues tributa a la imagen aquello que sólo conviene a la verdad", confirmándose que Dios "[...] no es Padre, ni Hijo, ni Espíritu Santo, en cuanto

cusana se articula con relación a la separación entre el aristotelismo y el platonismo, aceptándose además la vía negativa como el mejor método de aproximación del ser humano hacia Dios. En la elaboración de sus teorías teológicas sobre el conocimiento, la autoconsciencia sobre la sabiduría y la razón[2] constituirá un punto de partida teórico válido para entender el universo[3].

---

que es sólo infinito. Y la infinidad no es, en cuanto infinidad, ni generante, ni engendrada, ni naciente" (XXVI).

2 La distinción de las dos aproximaciones teológicas, la negativa (no se le pueden aplicar conceptos afirmativos a Dios con excepción de la existencia) y la positiva (el conocimiento que nace de atribuirle a Dios la perfección de la creación) del Pseudo Dionisio Areopagita (Carabine 2, 6) se complementa y sirve de base para la teorización de la separación entre Lógica y Teología por parte de Cusa: "[...] Nicolás de Cusa, con tajante corte, destruye el lazo que hasta ese momento había mantenido ligada la lógica escolástica a la teología. La lógica, que durante la Edad Media se había convertido en un *organon* de la teología, recobra su autonomía. Ciertamente, la evolución de la misma Escolástica, por otra parte, ya había preparado el camino a Nicolás de Cusa para que fuera posible este resultado; en efecto, el nominalismo de Guillermo de Occam y las a él anejas tendencias modernas de la Escolástica, habían relajado ya los vínculos que existían en los clásicos sistemas del realismo, entre lógica y gramática por un lado, y teología y metafísica por otro" (Cassirer 26–28).

Una manera creativa de aplicar este principio en el ámbito cervantino fue la conferencia organizada por Bernat Visitarini y Casasayas en 2000, titulada *Primer convivio internacional de "Locos Amenos,"* enfocada principalmente en estudios "sobre lo que no es Cervantes."

3 Las teorías de Cusa se habían difundido por Europa a principios del siglo dieciséis por teólogos como Bovelles, especialmente a través de las universidades de París, Barcelona y Alcalá de Henares. La asimilación y propagación de los métodos de conocimiento de Lulio y Cusa tiene lugar, principalmente, en la escuela de París con Lefèvre, cuyo interés en recuperar el pensamiento de Lulio se materializa tanto a través de sus ediciones como en la influencia que tuvo en su pensamiento. Su publicación comentada de la obra de Lulio de 1499 incluye: "[...] the *Disputatio Clerici et Raymundi phantastici aut Phantasticus, the Liber natalis aut natali pueri parvuli Christi Jesu*, and two short Catàlan works for which Lefèvre published Latin translations, the *Libre de Sancta Maria* (*Libellus de Laudibus Mariae*) and the *Libre de Clerica* (*Liber clericorum aut clericus*) [...]" (Victor "revival" 510).

En París se había producido un renacimiento de los estudios Lulianos entre 1499 y 1516, que se extiende por Europa gracias al trabajo de "Jacques Lefvre d'iEtaples, his pupil and friend Charles de Bovelles, and the Catàlan theologian Bernardo de Lavinheta [...] From Spain enthusiasm for Lullist studies spread to Italy and then to France, which exercised preeminence in the early decades of the sixteenth century" (Victor "revival" 504). El conocimiento de la obra de Cusa por Europa se acompaña del de la filosofía luliana: "El Cusano estuvo en relación con tres de los centros lulianos de su época: el italiano, principalmente radicado en Padua, el ya citado de Colonia y el de París [...]. Este círculo de Colonia estuvo muy vinculado al parisino, encabezado por Lefèvre d'Étaples [...]. Muy influido por el Cusano, fue la figura más importante para la transmisión del lulismo en París. [...] Con Lefèvre se pusieron las bases de una filosofía ecléctica, que concedía un peso fundamental a Llull como dialéctico, y también como místico, dos estadios progresivos en el pensamiento fabrista" (Ramis Barceló 181).

En tiempos de Cervantes, la representación del mundo sensible se retroalimentaba de diferentes recursos artísticos, que se orientaban al perfeccionamiento de la verosimilitud, los cuales fueron utilizados como herramientas para poder comprender mejor el universo material barroco. Estos podían provenir de diferentes disciplinas del saber, como cuando se explora el límite del mundo sensible a través de la Teología, en el recorrido más allá de las fronteras de los territorios conocidos de las exploraciones y mediante la observación del universo, a través de la Astronomía[4]. La cosmovisión barroca neoplatónica contribuirá así al progreso en el conocimiento, problematizando la relación entre el ser humano y un mundo que estaba, cada vez más, informado por la evidencia y menos por la ideología y la superstición[5].

Por un lado, la metodología del pensamiento científico barroco, al constatar científicamente la realidad del mundo sensible tendrá, cada vez más, una mayor necesidad de reducir su dependencia de fuentes escolásticas. Por otro, la autoridad del método experimental se aprovechará de la expansión del conocimiento teórico y técnico, tanto en las antiguas como en las nuevas disciplinas del saber[6]. La consciencia de que la proyección pitagórica de la perfección matemática y geométrica no ocurriría naturalmente de Cusa, aplicada a la diferencia entre el sonido musical y la concepción ideal de la Música, condujo a que Kepler confirmara el movimiento elíptico y no circular ni continuo de traslación de los planetas como una verdad constatable. Este científico se comprometió con su descubrimiento, a pesar de que contradecía el apriorismo clásico de un mundo que se pensaba que estaba organizado por una geometría pitagórica perfecta y cuya arquitectura intelectual todavía seguía siendo muy

---

4   En el estudio de la Astronomía, se solía asociar el cielo material al espiritual: "The heavens of course belong to an order of being different from the extended universe below, and consequently require a mode of perception other than our senses. The heavens are perceptible to the intellect alone" (Heninger 33).

5   En el ámbito de la religión católica, desastres como el de la Gran Armada, entre otros, todavía eran interpretados como el abandono de España como pueblo elegido: "España seguía siendo para los españoles la nación predilecta del cielo, y providencialmente señalada para los más altos destinos. Nuestros desastres militares y nuestra ruina económica, teníanse como castigos celestes por los pecados de la Monarquía. Una vez purgados éstos, renacería el imperio español, extendiéndose hasta los confines del mundo" (Deleito Piñuela, 1).

6   Mediante métodos del saber como el que nace de la teología negativa aplicada de Cusa, que utilizarán místicos como Bovelles en el desarrollo de su teoría sobre las diferentes fases de la *Sabiduría* humana, se reafirma que una de las justificaciones de la existencia del pequeño mundo del Hombre es su función de observador y mediador para dar sentido al universo, en su vía para poder acercarse al conocimiento divino (Victor "revival" 510, 526), algo que abrirá la posibilidad de nuevas perspectivas en su aproximación a la verdad.

influyente, por entonces, en el ordenamiento de las artes y ciencias[7]. Con el fundamento de su primera ley, en 1609, se consolidará un criterio sólido para distinguir entre el conocimiento asumido como verdadero, sin estar necesariamente sustentado por la evidencia y aquel fruto de la experimentación. Éste es el momento más relevante en el progreso de la ciencia barroca, ya que, a partir de entonces, se confirma que uno se aproximaba más a la verdad, cuanto más y mejor validara las observaciones contrastadas del mundo sensible, lo que también contribuirá a la constatación de un tipo de leyes científicas con las que se aceptaba que el progreso de la técnica podía acercarnos más y mejor a la evidencia.

Científicos barrocos como Copérnico y Kepler adquirirán así la categoría de nuevas autoridades en su propio tiempo, de clásicos modernos, a medida que el resultado de sus experimentos, siguiendo el riguroso método de la observación fenomenológica, comienza a ser aceptado como testimonio y evidencia veraz, capaz de contradecir y corregir la autoridad de las fuentes que regían el pensamiento escolástico[8]. El método científico, que se irá desarrollando a partir de los descubrimientos que avalaban su validez, ofrecerá las herramientas necesarias para entender un universo donde el progreso humano se asociaba, cada vez más, al conocimiento de la verdad tal y como era, no como dictara ninguna otra cosmovisión, ideológicamente interesada[9].

Durante el Barroco se asumían tres posibilidades dentro de la adquisición del conocimiento: la revelación divina, la intuición y el estudio de la Física o

---

[7] "The law of the ellipse represents a submission to facts far removed from a dreamed of perfection. We find the same submission and the same distance among the Mannerists, who verify in their own domain the impossibility of basing a realist representation on codes presumed to be perfect" (Hallyn 207).

[8] Como precedente, la filosofía de Cusa había sido capaz de concebir principios para resolver "[…] los problemas capitales del Renacimiento" que incluyen el "[…] ideal medieval de la totalidad, el conjunto del cosmos espiritual y del cosmos físico" (Cassirer 21).

[9] Además, los grandes descubrimientos del Renacimiento y el Barroco estaban poniendo también en duda la cosmovisión hegemónica escolástica, la cual había sido respetada hasta entonces: "The orthodox worldview in the renaissance, then, consisted in a finite universe set apart from the infinite empyrean. At its center were the four elements, comprising our stationary residence, surrounded by celestial spheres that carried the seven planets. The fixed stars were imbedded in the underside of yet another celestial sphere and were grouped to form the well-known constellations, including the signs of the zodiac. The Sun in its sinuous annual journey determined five climatic zones, only two of which were habitable, and controlled the changing seasons in a prescribed pattern. Surrounding the whole and giving it definition was the rimum mobile, which maintained its sphericity and imparted regular motion. In this system, our Earth stood still while the heavens made a complete revolution from east to west every twenty-four hours. There was no doubting that the Earth is still, and the Sun moves about it. Our senses attest to this fact" (Heninger 44).

lectura del libro de la Naturaleza. El método científico deriva principalmente de la tercera opción, que acabará desligándose del propósito original de revelar los atributos e intenciones del Creador (Heninger 81-82). La exploración de esta tercera vía mística del conocimiento de Dios, a través de la comprensión de su obra, el universo, conducirá a la paulatina aceptación de la necesidad de la utilización de nuevos artificios técnicos y de métodos para la mejora del experimento científico, como es el caso del telescopio de Galileo (Heningen 51). Anteriormente, Cusa ya había sugerido que el progreso en la sabiduría humana se llevara a cabo mediante disciplinas orientadas al conocimiento del mundo sensible, como era la Astronomía. Esto ayudó a constatar tanto la potencial desviación geométrica de los planetas[10], como la existencia de las nuevas leyes de la Filosofía Natural, muchas de las cuales estaban alejadas de aquellas prescritas por las fuentes clásicas.

En obras como la *Geografía* de Tolomeo, que todavía eran relevantes en el Renacimiento, se seguía situando al ser humano en el fondo del eje vertical del mundo (Hallyn 37)[11], algo que pasará a ser invalidado dentro de la lógica

---

[10] La filosofía de Cusa ya había provocado que se plantearan nuevas preguntas sobre asuntos que parecían sólidamente aceptados dentro de la concepción clásica del mundo, siendo el fundamental su constatación de las "imperfecciones pitagóricas" del universo, con las que había de convivir el científico, muchas veces en contradicción con el método escolástico: "[...] el cosmos no representa una esfera perfecta ni describe tampoco órbitas de una rigurosa precisión; permanece, pues, en la esfera de la indeterminación, en la simple esfera del más y del menos. Partiendo de estas premisas metódicas Nicolás de Cusa alcanza las conclusiones esenciales de la cosmología moderna" (Cassirer 46).

[11] Además de constatar la distancia entre fuentes y evidencia en el estudio del cosmos, un aspecto fundamental que se incluye en la filosofía cusana es la reivindicación del descubrimiento científico como una celebración de la Creación, de la que no se excluye la Tierra, hasta entonces considerada como un espacio inferior dentro de la jerarquía celestial: "[...] el hecho de que quede fuera de la absoluta perfección del concepto geométrico—carácter que comparte con todas las cosas de la naturaleza visible—no significa que dentro de esa naturaleza sea algo inferior y despreciable. Es por el contrario un astro perfecto al que corresponde luz y calor y una actividad propia y distinta de la de todos los otros astros, pues, en última instancia, en la coherencia del cosmos ninguna parte es superflua, antes bien, cada una de ellas tiene su particular modo de obrar y conforme a él posee su propio e incomparable valor. [...] Si la nueva forma de la cosmología enseña que en el orden cósmico no hay un arriba absoluto ni un abajo absoluto, que ningún cuerpo está más lejos o más cerca de la fuente originaria, sino que cada uno está en relación inmediata con Dios, a este pensamiento corresponde entonces una nueva forma de la religión y una nueva forma general del sentimiento religioso. [...] Del principio de la docta ignorantia resultaron conclusiones para el conocimiento del mundo, y he aquí que de ese mismo principio resultan ahora otras para el, conocimiento de Dios. [...] Cada ser espiritual es en sí un centro, pero precisamente en esa circunstancia, en esa su individualidad que no puede anularse, estriba su participación en lo divino. No constituye la individualidad un mero límite sino que por el contrario representa un valor particular que no puede igualarse a

del nuevo pensamiento científico experimental, con el que se contribuirá a reavivar un tipo de antropocentrismo que hacía que también disminuyera la tradicional dependencia del escolasticismo. El ser humano será, cada vez más, objeto de estudio, revalorizándose su papel como mediador y vía hacia el conocimiento divino. Así, uno se acercará más naturalmente a la comprensión del universo, a medida que, con los avances técnicos, comience a interpretarse con más precisión la realidad observada. La distancia entre idea y verdad también se aclarará y acortará, gracias al desarrollo de la imaginación y creatividad humana, que será aplicada más frecuentemente a las artes y las ciencias mediante la creación tanto de innovadores artificios artísticos como del diseño de un mejorado instrumental científico.

La consciencia de la necesidad de vincular el conocimiento humano al desarrollo técnico también conducirá al diseño de armas de guerra e instrumental para la navegación más eficientes; el cambio radical en la manera de relacionarnos con el universo también provocará cierta fuerza reactiva del aparato represor y propagandístico de la creatividad humana de los Estados e instituciones oligárquicas del período. Guiados por ideologías religiosas y políticas, concentrarán muchas de sus energías en controlar y suprimir ciertos avances técnicos y artísticos, especialmente aquellos que entendían que podían amenazar su propósito de mantener y reforzar la hegemonía política e ideológica de la que disfrutaban.

5.1.1 *Humanidad, conocimiento y divinidad*

A partir de obras como el *Libro del orden de caballería* de Lulio[12] se aprecia que los valores asociados al honor y a la virtud han constituido, históricamente, fuente de identificación del ser humano con lo divino, algo que supieron reconocer y asimilar teólogos como Bovelles, en su desarrollo de pensamientos místicos como los del propio Lulio y Cusa. Estos están presentes en obras como el *Libro de la Sabiduría* del teólogo francés, cuya innovadora perspectiva teológica contribuirá a iluminar el sentido más transcendente de la Ciencia y el Arte de su tiempo, mediante su propuesta del desarrollo de la vía mística de la Sabiduría, en la que se racionaliza el concepto del infinito y la perspectiva. Así, en su defensa de la utilización de la razón y la inteligencia como vías de acercamiento a la obra de Dios, Bovelles propone la existencia de diferentes

---

los otros ni extinguirse puesto que sólo a través de ella podemos concebir lo uno, lo que está más allá del ser" (Cassirer 46–47).

12 La influencia de este filósofo alcanzará hasta Isabel la Católica, Cisneros y Colón, influyendo incluso en el espíritu general que guiará la colonización americana (Sevilla Marcos 27).

fases en el conocimiento humano, ilustradas por una serie de imágenes místicas, con las que pretende unir, dentro de un mismo pensamiento, la Metafísica y la Filosofía (Faye 450). Tanto los conocimientos del ser humano como los del mundo se muestran conjuntados en el *Libro de la Sabiduría*, algo que se aprecia, a partir de los diferentes emblemas que lo ilustran, donde se utilizan imágenes como, por ejemplo, la del espejo, las cuales apuntan a la importancia del autoconocimiento y del saber autoconsciente. La Sabiduría aparece también como una dama rodeada de una representación del sol, la luna y los planetas, mientras contempla el mundo, lo cual confirma que Bovelles entendía la ciencia del conocimiento del universo como el acto autorreflexivo de la unión entre lo divino animado y lo inanimado (Albertini 301).

Para Bovelles, la gran paradoja del ser humano era su situación entre lo terrenal y lo divino, algo que es constatable mediante una observación informada y autoconsciente, la cual se representa como el enfrentamiento entre la fortuna y el saber, con un Jano bifronte mediante el que se interpreta la diversidad de opciones existentes para aquel sabio que es consciente de su naturaleza humana (Catà "viewed" 308). Además del espejo, se ha señalado también el modo en que Bovelles utiliza el sol como alegoría del conocimiento humano, por su necesidad de ser autocultivado, como es el caso de la autoconsciencia humana, la cual lo dirige hacia su lado divino, para alcanzar una Sabiduría verdadera, que se perfecciona cuando es capaz de internalizar el universo en sí misma, por lo que la propia existencia humana es entendida así como una oportunidad para explorar tanto los límites del conocimiento como los de uno mismo (Albertini 303–04). Esta promoción de la imagen del ser humano como mediador entre lo sagrado y lo terrenal, explorada profusamente en el arte renacentista y barroco, contribuirá a que se dirija el esfuerzo artístico y científico a la aplicación de la razón hacia el conocimiento de la obra divina. En este sentido, se justificará, cada vez más, la necesidad de avances técnicos en la propia observación del mundo sensible, al entenderse como una manera de progresar en la propia exploración del misterio del origen sagrado.

Los nuevos descubrimientos nacidos del avance de la Ciencia y la técnica conducirán así a una relación más atrevida hacia el conocimiento del mundo sensible, algo que se aprecia tanto en la labor de científicos-artistas como Kepler, como en las exploraciones que se vinculaban a proyectos teológicos del estilo de la de Fernández de Quirós en el Pacífico. Pero también en obras literarias como la cervantina, la cual rebosa de creatividad, artificios, autoconsciencia y perspectiva, criterios también presentes en diferentes disciplinas del conocimiento neoplatónico barroco. De hecho, igual que el científico, el artista puede ser también consciente de su origen divino, en su proceso de reproducir la realidad verosímilmente, utilizando cualquier artificio necesario para este fin. Esto ocurre en la práctica de disciplinas como la pintura, la escultura y la arquitectura, en aras de un mejor acercamiento a Dios a través del conocimiento y la representación de su obra. La presencia de un tipo de criterios experimentales, que son aplicados al contexto de la estética manierista o barroca, coincide con un progreso científico notable, en un momento histórico en el que conviven diferentes maneras de acomodar cierto tipo de contradicciones metodológicas, como se aprecia en el discurso antisupersticioso. A partir de los límites lógicos de la disciplina artística, la obra de los autores comparados en este ensayo se estudiará con relación a su exploración del conocimiento en géneros como los sueños, que se identifican dentro de un lenguaje universal literario, que se considera válido para la interpretación del mundo[13].

La Iglesia católica reaccionará tradicionalmente en contra de aquellos sabios que, con evidencia científica, llegarían a cuestionar alguno de sus dogmas, como se aprecia en los casos de Servet, Galileo y Bruno. Pero también contribuirá, gracias a su desarrollo de la Teología católica por otras vías intelectuales, a iniciar un camino excepcional en la historia de la Humanidad que conducirá a redefinir el concepto de la libertad de pensamiento creativo, el cual se irá asociando así al desarrollo de los criterios que anticiparán el progreso en el conocimiento científico, especialmente a partir del refuerzo y promoción del sentido del uso del libre albedrío durante la Contrarreforma. Por esta vía, algunos sectores católicos alcanzarán a desquitarse de dogmáticas imposiciones escolásticas poco fundamentadas, metodología que se estaba quedando obsoleta ante la realidad de los nuevos descubrimientos científicos, algo que coincide con las inquietudes intelectuales y teológicas presentes en las obras de teólogos como Cusa y Bovelles[14]. Es decir, que la aceptación de nuevos

---

13   Como afirma Chen-Morris, los filósofos naturales también relacionaban la imaginación con la adquisición de conocimiento, una vez que las pasiones eran reguladas y controladas, constatándose así el posible uso de la imaginación para dirigir el ojo de la mente hacia el conocimiento de lenguajes válidos para su descripción como el de los caracteres matemáticos, en su función de formar las propiedades naturales del mundo corpóreo (113–14). Gracias al aumento en el interés en distinguir teológicamente entre la razón e imaginación, se comienzan a sentar las bases del pensamiento científico a partir del Renacimiento. Más concretamente, según Gal y Chen-Morris, para teólogos como Bovelles, la creatividad también se asociaba a la poética y la imaginación, a la que se le atribuía una capacidad generativa: "[...] images and phantasms, has always been the source of error and delusion, driving the passions to melancholy and from there—to madness" en reacción a esta realidad estaba la razón "[...] detached from material nature and dependent on the imagination, does not lead us completely astray, had to be entrusted with the orderly functioning of the passions, which direct the human *body* through the vicissitudes of nature and are sanctioned by its survival" ("Baroque" 8).

14   Por un lado, la Teología era considerada, en términos de la magia bruniana, como una disciplina para la manipulación del individuo: "[...] para Bruno, sólo existe un principio

fundamentos epistemológicos como la necesidad de innovar en la creación de artificios técnicos científicos, la búsqueda de un lenguaje unificador para interpretar el mundo, junto a la valoración de la imaginación y creatividad, identificados como aspectos esenciales de la ciencia barroca, se anticipan, de una manera u otra, en el tipo de pensamiento de teólogos como Cusa y Bovelles[15]. Estos autores también habían contribuido a abrir un debate místico sobre disciplinas y conceptos como la Sabiduría, la perspectiva y el infinito, los cuales son también identificados, a partir de Cusa, como fundamentales en la transformación del arte renacentista (Catà "perspicere" 288–89)[16].

---

válido, sólo hay una verdad: *todo es manipulable*, no existe *nadie en absoluto que pueda librarse de las relaciones intersubjetivas*, ya sea un manipulador, un manipulado o un instrumento (De vinculis, III, pág. 654). Incluso la teología, la fe cristiana y cualquier otra fe eran consideradas convicciones de masas instauradas por operaciones de magia" (Culianu 136).

Por otro, la relación entre Ciencia y Teología se consideraba fundamental para articular y entender la relación entre el individuo y Dios: "The domain of science, efficient causes, depends on a certain concept of God. Science continues, therefore, to be conceived from a point of view informed by theology. And to the degree that scientific practice is founded on the consciousness of the incommesurability between God in his *potential absoluta* and man constrained to examine only the *potentia ordinata*, the general practice of scientific discourse necessarily takes on an ironic connotation" (Hallyn 45–6).

15   En este sentido, en la filosofía teológica, asociada al legado de Lulio y Cusa en la Escuela de París de Lefèvre, también se constata la presencia de ideas de Lulio. Su arte de la memoria y pensamiento lógico aplicado a la mística, que se enseñará en las universidades europeas, "[...] condujo al maridaje de la lógica y la epistemología luliana con las de Aristóteles y Ramus"; además "[...] fue usado tanto para la elaboración de una filosofía propia de corte escolástico (en una armonización con el aristotelismo, ockhamismo o escotismo) como para la enseñanza de un método epistemológico útil para todos los saberes" (Ramis Barceló 195). Su arte combinatoria fue también fundamental para la creación de un vínculo entre "[...] doctrines of faith through necessary reasons and to establish system of universal knowledge," sistema que se basaba en principios o categorías necesarias para el progreso del conocimiento, además de contribuir a expresar "[...] the attributes of God and the ars generalis. These were goodness, greatness, eternity, power, wisdom, will, virtue, truth, and glory" (Victor *Bovelles* 522).

16   Victor ha señalado la influencia de ambos filósofos en Bovelles: "Certainly Lefèvre had been Cusanus' most enthusiastic admirer in France, but it was Bovelles who attempted to synthesize the Cusan's thought into a philosophical system which rose from the lowest of the arts to the supreme summit of mystical theology. Between 1495–1515 Bovelles developed two distinct parts of this system: his epistemology depended upon the twin influences of Aristotle and Lull's art of opposites; his philosophical anthropology was likewise a combination of the same with heavy debts to Nicholas of Cusa and the Hermetica. [...] In Lull Bovelles found the principles of beginning, middle, and end and of reconciliation and concord. Building upon his own training in logic and perhaps borrowing from Cusanus, Bovelles claimed to construct an instrument valid for all reality, an *ars*, to be sure, but an art of opposites whose reconciliation was the middle term. This art corresponded to all

El Neoplatonismo había ido evolucionado, desde el Renacimiento, para conducir la relación entre la idea y la materia hacia un momento de desarrollo técnico en el Barroco, en el que, cada vez más, se podía experimentar con las posibilidades de la creatividad y la imaginación, en el progreso del saber. Con ello se podrá desarrollar mejor la tercera vía mística de conocimiento de Dios a través de sus obras, la cual se asocia a los fundamentos mediante los que, con el tiempo, se podrá romper definitivamente con la dependencia dogmática de cualquier otra fuente que contradijera la verdad, que no estuviera evidenciada por los hechos.

La vía mística y neoplatónica propuesta en la obra de teólogos como Cusa y Bovelles ofrece así una visión de la realidad, la cual contribuye a desmontar las limitaciones metodológicas lógicas del escolasticismo. Esto es evidente en su aplicación práctica a disciplinas como la exploración geográfica, ya que, hasta entonces, la interpretación del mundo sensible se había supeditado, tradicionalmente, a la autoridad de las obras prescriptivas de autores clásicos como Aristóteles y Tolomeo[17].

En este sentido, también en el arte de pintores como Zurbarán y Murillo se explorará la unión de conceptos teológicos y técnicos para la representación artística del mundo sensible, como se aprecia en su uso del trampantojo (ver Stoichita). Artistas como Paolo Fiammingo, con su uso de técnicas como

---

of reality because all reality was essentially dualistic and antagonistic; it was mind versus nature, act against potency, and so forth. All reality demanded reconciliation and it was reconciled by the art of opposites within the mind of the wise man. Rational and mystical theology were also built upon the premises of the art of opposites; affirmation and negation had a supernatural reconciliation in mystical theology. In his theology Bovelles went beyond the principles derived from Lull and Aristotle and added several elements which were derived from Cusanus" (*Bovelles*).

Ferrari evidencia esta relación intelectual a partir de un documento epistolar del propio Bovelles: "In a November 1529 letter to Jean Lefranc, Bovelles claims only two intellectual fathers: Ramon Lull and Nicholas of Cusa. But it might be more generous to say that his ideas rely on a creative synthesis of the traditions of thought represented by Aristotle, Lull, and Nicholas of Cusa, and whose work was considered an expression of rational and intuitive ways of gaining philosophical knowledge" (261).

17   La traducción y difusión de la *Geografía* de Tolomeo, entre el siglo catorce y quince, en Florencia, atrajo la atención de los humanistas, quienes buscaban encontrar en ella una reconstrucción del mundo, evidenciada en los textos de los clásicos (Gautier Dalché 295). Se ha señalado también la relevancia metodológica del contraste de este tipo de obras clásicas con los nuevos descubrimientos geográficos: "The ideas propounded by the *Geography*—most notably, the claim that all the earth's oceans were enclosed within a circuit of landmasses or that the Indian Ocean was landlocked—would, this argument goes, hinder rather than help the expansion of the West" (Gautier Dalché 285).

la del *cartellino* en una obra mística, para la representación de lo inefable[18], conducirá igualmente el arte neoplatónico hasta sus límites experimentales. Tanto en el ámbito técnico como en el artístico la vía del conocimiento puro y virtuoso es siempre la opuesta a la del forzado consenso entre ideología, ideas y verdad, que es precisamente la que el ser humano había utilizado para interpretar el mundo sensible, antes del establecimiento del método científico[19].

Tanto la ciencia como el arte barroco pueden contribuir a mejorar el mundo, informándole al ser humano del estado de confusión en el que se encuentra y conminándole a participar en la fascinante exploración de la tercera vía del conocimiento místico[20]. En este sentido, se ha defendido que esta línea de pensamiento teológico antropocéntrico, orientada a mejorar los métodos de acceso al conocimiento, iniciada por Cusa y continuada por otros teólogos como Bovelles[21], pudo ser absorbida en el humanismo típico de autores españoles como Fray Luis tanto en referencia a los conceptos cusanos de *explicatio* y *complicatio* como con respecto a la sabiduría capaz de contener el mundo entero, incluidos el macrocosmos y el microcosmos (Béhar 62). Igualmente, en la obra de otros humanistas de principios del siglo dieciséis, como Maldonado, se puede apreciar la curiosidad multidisciplinar de autores como Cervantes o Kepler[22], quienes también fueron capaces de crear obras barrocas de ficción

---

18   Para un estudio detallado sobre los principios teológicos de la técnica pictórica de Fiammingo ver Pérez de León, *Cervantes* y Badiee Banta.

19   Para alcanzar la plena Humanidad y estar dotado de la Sabiduría que acompaña al autoconocimiento, según Bovelles, el ser humano ha de explorar el universo a través de los sentidos y estar guiado por la virtud. Como describe Ferrari, la Sabiduría iluminada del autoconocimiento de lo sagrado del ser humano se alcanzaba mediante las diferentes vías resumidas en el *Libro de la Sabiduría*, en donde se culminan e integran ideas comentadas de los cinco libros de Bovelles que, con la exclusión de algunos materiales de la tradición escolástica medieval, es una obra distintivamente no-escolástica en su metodología (261). Su concepto de conocimiento parte de la experiencia mística, que nace de la unión del hombre con su sentido último en la creación del cosmos, más allá de tiempo y espacio (Trowbridge 363).

20   En esta línea, Bovelles defiende que, cuando somos conscientes de nuestro vínculo a la percepción sensorial como vía para comprenderlo todo, de una vez y desde una perspectiva privilegiada, somos entonces capaces de equilibrar autoconocimiento y conocimiento del mundo: el que percibe y la realidad percibida (Bocken 346).

21   Llama la atención que la visión neoplatónica de este místico humanista tiene como precedente la arquitectura mística de Lulio, quien en España contribuye a la creación de "[...] una Lógica nueva, dar nombre a un sistema y bandera a una escuela, y escribir una fecha imperecedera en los anales del pensamiento" (Menéndez Pelayo *ciencia* 27).

22   Se ha apuntado una curiosa coincidencia en el nombre de la luna, "Ganímedes," en ambos autores (Gasta "debate" 72–5).

donde se constata un método similar, aplicado a la adquisición del conocimiento y representación literaria del mundo sensible[23].

La necesidad de observar y medir constantemente un universo en expansión con una técnica limitada alimentará la imaginación e intuición humana, en aras de poder identificar nuevos "arbitrios" científicos y técnicos, con los que se pretenden ofrecer soluciones comprimidas y válidas para resolver los monumentales problemas teóricos y confusiones metodológicas que se plantean en el Barroco. Llama así la atención el desarrollo de obras en las que Ciencia y Teología se combinan con esta misma intención, como es el caso de la "cartografía moralizada" (Conley 409), ejemplo de solución interdisciplinar, ante la necesidad de adaptar los nuevos descubrimientos, a las fuentes antiguas. Con este tipo de "mapas morales" protestantes se baraja el poder sintetizar la evidencia de los descubrimientos, a partir de preconcepciones refutadas por fuentes sagradas, como es el caso del contraste entre la geografía descrita en la Biblia y los descubrimientos de la ciencia cartográfica. En el ámbito literario, el Arte se tendrá que adaptar, igualmente, a la nueva realidad de un universo en expansión, con la ayuda de imaginativas técnicas y artificios literarios multidisciplinares, orientados a mejorar su comprensión[24], como se aprecia en el estudio comparado que sigue.

La exploración de modelos y casos donde parece posible la fusión de verdades e ideas en el ámbito del Arte es indicio de la confusión existente entre la evidencia, apoyada por los avances técnicos y la verdad influida por la cosmovisión religiosa, la cual seguirá influyendo tanto en la interpretación científica hegemónica como en las propias fuentes del saber. Al habérsele otorgado el monopolio en la interpretación del mundo a una élite eclesiástica, ésta operaba, frecuentemente, al margen de los avances técnicos y científicos (con la honrosa excepción de los Jesuitas y algunas otras órdenes similares, más orientadas

---

23   Precisamente, una de las diferencias del ser humano con respecto a las bestias sería la autoconsciencia de su humanidad tanto como su capacidad de alcanzar y desarrollar un tipo de sabiduría razonada. De hecho, siguiendo a Platón, Bovelles defiende la relevancia fundamental de la vía mística del intelecto como una categoría esencial del alma, considerando que Dios es bondad y añadiendo que la función del ser humano es dedicar su vida a acercarse a él, a partir de su autoconsciencia de que el intelecto es dependiente de la existencia del alma en el cuerpo (Trowbridge 355–56). En este sentido, el asunto del alma humana, como se ha estudiado en el capítulo tercero, se consideraba de una relevancia capital para el propio conocimiento del ser humano.

24   De hecho, obras como los *Sueños* de Maldonado y Kepler, junto a *El coloquio* de Cervantes, rebosan de este tipo de autoconsciencia y novedosas perspectivas literarias; sus narradores-autores informan al lector de verdades transcendentales, concebidas por la imaginación humana, que son trasladadas al propio arte literario, para su mejor asimilación.

hacia la verdad científica). Estas oligarquías del conocimiento podrían estar más interesadas en promover un tipo de método para la interpretación del mundo sensible que contribuyera a reforzar los principios e instituciones en los que se fundamentaban sus poderes hegemónicos[25]. Paralelamente a esta necesidad política, el método experimental de observación de la evidencia irá haciendo la interpretación de los intermediadores metodológicos eclesiásticos cada vez más innecesaria. Esto contribuirá a que el método científico comience a ser cada vez más incompatible con la autoridad política y científica que se le había concedido a ciertas oligarquías eclesiásticas, las cuales, sin embargo, no iban a renunciar fácilmente a este privilegio. Una vez más, la "cartografía moralizada" es precisamente un reflejo de la pretensión de alinear forzadamente la evidencia de los nuevos descubrimientos con fuentes sagradas, revelándose así como se ejercía el control del conocimiento por parte de la Iglesia, en este período.

---

25   En este sentido, una vez más, los *Cronicones* de Higuera constituyen un documento excepcional, al ser, en cierto modo, una culminación de la burbuja cultural de temas religiosos, que se utilizan como fundamento para sustentar tanto la cosmovisión eclesiástica como el propio sistema político vigente vinculado a ésta. Tanto el modo de compilar datos como el sentido de la investigación de este fraude histórico no sólo definen el sentido ideológico del documento, sino también el sistema de valores de cierto sector del ámbito religioso del período: "It is for this reason that we simply cannot understand Spanish history without accounting for his enduring legacy, as in the local sacred histories, liturgical observances, and modern popular devotions that Higuera did so much to shape. His influence is visible also in less obvious places, and in ways that the sixteenthcentury Jesuit never could have foreseen. As we have seen, his histories were productive on several levels. They engendered several generations and types of texts, including those new cronicones (forgeries of the forgeries) that emerged in subsequent centuries. They also gave birth to new histories, when readers applied what they had learned from Higuera in their own particular historical circumstances. Finally, Higuera's chronicles helped generate a broader discourse in which early modern and contemporary critics debated the criteria by which Spanish sacred history should be written and measured, as well as an ongoing debate at the heart of Spanish intellectual circles about how, exactly, to determine truth. These polemics ultimately contributed to the evolution of critical historical method in Spain. Ironically, the same centuries that saw the emergence of 'scientific' history also witnessed a parallel development that would have made Higuera proud, namely, the study of folklore, which brought serious scholarly interest to vox populi for the first time. In these pages we have seen how, in Higuera's manuscripts, and in the historical, hagiographical, liturgical, and practical uses to which they were put, both official and unofficial knowledge—as well as universal and local norms, and elite and popular culture—twisted around and around each others' stalks like so many disparate tendrils, such that they had to be pried apart by determined critics and reformers. For this we have Higuera and his readers to thank, for better or worse. In confusing facts with fictions so completely that scholars into the twenty-first century were still attempting to sort them out, the Jesuit and his acolytes ultimately succeeded in reshaping the past, present, and future" (Olds 314).

Uno de los resultados del ámbito de la Reforma católica será una mayor orientación de recursos y metodologías hacia la técnica y los instrumentos de medir, para que fueran aplicados y dirigidos a la adquisición de conocimiento, principalmente en el norte de Europa. Por otro lado, la tendencia del escolasticismo contrarreformista será hacia enfatizar la importancia de la Revelación, los ritos y los cultos, la cual será más predominante en el sur de Europa. Históricamente, se irán evidenciando las notables y crecientes diferencias sobre diferentes criterios esenciales en la adquisición del conocimiento, los cuales prevalecerán, de modo distinto, en las diferentes áreas geográficas y culturales europeas[26].

5.1.2   *Sabiduría y Contrarreforma en España*

El método utilizado para intentar armonizar la imposición de un monopolio del discurso religioso (Contrarreforma) con uno político-comercial (imperio) repercutirá naturalmente tanto en el ámbito artístico como en el científico, definiendo así un tipo de impulso, de aire conservador, ante la potencial

---

[26]   De hecho, en principio, la ideología de la reforma católica fue difundida por teólogos como Erasmo, quien llegará a ser influyente en sectores eclesiásticos españoles, aunque también estará en contacto con Lutero y otros reformistas protestantes. En este sentido, críticos como Culianu han argumentado también sobre la intolerancia implícita en la Reforma protestante: "[...] la Reforma representó, por el contrario, un movimiento radicalmente conservador en el seno de la Iglesia [...]. La Reforma no pretendía 'emancipar' al individuo; al contrario, pretendía restablecer en el mundo un *orden cristiano* que la Iglesia católica—convertida a sus ojos en una institución temporal—era incapaz de mantener, siendo intolerantes en su afán de restablecer la pureza cristiana original. [...] uno de los motivos más importantes de la Reforma consiste en extirpar el culto de los ídolos en el seno de la Iglesia [...]", produciendo "[...] una censura radical del imaginario [...]" (251–52, 252–53).

Por otro lado, en el Concilio de Trento se establecen los principios que van a ordenar el pensamiento católico contrarreformista, en el que se comprendió muy bien el papel difusor de las ideas que podía tener el Arte y la Literatura: "El Concilio de Trento y la aportación de los teólogos de la Contrarreforma supusieron una revisión de todos estos postulados, definiendo no solo la doctrina sobre el libre albedrío, el valor de las obras y su relación con la gracia, el concepto de justificación y otras cuestiones fundamentales, sino construyendo todo un *corpus* filosófico y teológico que ayudó a profundizar en la concepción cristiana del hombre. En este contexto—y muy especialmente en España— la literatura se puso al servicio de la ortodoxia católica y los literatos españoles, a través de sus obras, contribuyeron a la formación doctrinal del pueblo. Sin perseguirlo directamente, no cabe duda que buena parte de la literatura española del Siglo de Oro cumplió una finalidad didáctica e incluso catequética, por ejemplo, y muy en concreto, a través de los autos sacramentales de Calderón" (Moncunill Bernet 490).

necesidad de afrontar los riesgos e inversiones requeridos por métodos más innovadores como el de la *Nueva Ciencia*[27].

El cierto desacople científico ibérico con el resto de Europa tendrá que ver además con causas más inmediatas. La calidad de la Ciencia estará, lógicamente, ligada a la propia disponibilidad y capacidad de unos científicos que, en su mayoría, estaban siendo adiestrados para dedicarse a una función civilizatoria, evangelizadora y militar, para lo cual se requerían otro tipo de talentos. La preparación de los burócratas eclesiásticos evangelizadores se orientará así a adaptar la nueva evidencia encontrada en la exploración del mundo a la cosmovisión católica, lo que ayudaba a mantener su estatus privilegiado, como jerarquizados representantes de la autoridad que monopolizaba el pensamiento escolástico contrarreformista. En este sentido, este colectivo eclesiástico carecerá de motivación alguna para no disfrazar cualquier evidencia científica de ideología religiosa, cuando fuere políticamente necesario. Llama la atención cómo este tipo de prácticas y pensamientos hegemónicos convivirán con instituciones como la Casa de la Contratación, obligada a registrar y estudiar científicamente la evidencia encontrada en sus empresas de exploración, cumpliendo dos funciones complementarias, la consolidación política y el control territorial.

Cuando muchos de los seres gobernados no son necesariamente motivados para desarrollar la curiosidad por el conocimiento de la verdad y, por el contrario, confían su interpretación a mediadores institucionales de la Iglesia o la Monarquía, difícilmente se podrá desarrollar plenamente su capacidad para ejercer un tipo de argumentación intelectual libre y con los criterios adecuados para el progreso del saber, que pueda originarse fuera del discurso de las instituciones oficiales. Éstas contarán además con numerosos recursos para preparar concienzudamente a un ejército burocrático, precisamente adiestrado para no promocionar, necesariamente, aquellos conocimientos y avances favorables al desarrollo de un tipo de pensamiento que cuestionase su estatus hegemónico.

---

27 A esto se suman condicionantes particulares como la, no siempre justa, distribución de las riquezas del Nuevo Mundo, repartidas principalmente entre los privilegiados aristócratas y clérigos peninsulares y no tanto entre los descendientes de los exploradores originales. Esta situación creará gran malestar entre los últimos e impedirá, en muchos casos, el crecimiento y el progreso en los territorios de ultramar, incrementado el sentimiento separatista de la clase criolla, como se aprecia en *De iustitia distributiva et acceptione personarum ei opposita disceptatio* de Juan Zapata y Sandoval (ver Pérez de León *Histéresis creativa*). Se llegará a afirmar así que España se había convertido en una especie de Indias para el resto de Europa (Scammell 1969, 406, 410, cit. en Gascoigne 222), en una extraña, pero lógica consecuencia de un tipo de "mal holandés" asociado a la economía colonial española.

Con la sustitución del aprovechamiento del progreso asociado al pensamiento científico por la implantación de una agenda ideológica determinada, política o religiosa, se adulterará la experiencia del propio proceso del conocimiento último de una verdad que podrá así ser transformada en ideología corruptora. La existencia de "burócratas del pensamiento, legitimados política e ideológicamente," añadiría un elemento de distorsión más a la relación entre idea y verdad, lo que contribuirá a corromper la lógica del método científico barroco, especialmente cuando se fuerza la imposible convivencia de ideología y verdad. La vía de acercamiento a lo verdadero, sagrado o no, dependiendo de las creencias del científico, contrasta radicalmente con la de la interpretación de la verdad cuando ha de ajustarse a una agenda impuesta, sea ésta de tipo religioso o ideológico, como siempre ha sido el caso, en cualquier período histórico.

La presencia de las primeras universidades en el continente americano, en lugares como Méjico y Perú, atestiguan el reconocimiento de la necesidad de las oligarquías peninsulares de propagar el propósito último de la empresa política y burocrática ibérica, en sus diferentes centros de difusión del conocimiento. España y Portugal, bajo la Casa de los Austrias, fue capaz de mantener unido un extenso territorio, a través del predominio de la "burocracia de la cruz y la espada," lo que le permitió una expansión política monumental, atendiendo al todavía primitivo progreso técnico del momento. La tensión provocada por cierto déficit de personal y recursos para dominar tanta extensión de territorio, entre otras razones, conducirá a sembrar la semilla de las revoluciones del siglo diecinueve, cuando se produce un cambio en el control sobre los territorios americanos que habían estado, originalmente, bajo la Monarquía hispánica. Estos pasarán a vincularse, cada vez más, a potencias técnica y políticamente más hegemónicas entonces, como eran Inglaterra y Francia. Pero las raíces de estos procesos históricos separatistas quizás pudieron haber crecido gracias al impulso de las oligarquías peninsulares barrocas en promover un tipo de pensamiento orientado a la solidificación de la función represiva y promotora de una cosmovisión religiosa dogmática, no siempre validada por la evidencia científica, cuya vigencia se quiso prolongar hasta la abolición de la Inquisición, el abandono del discurso antisupersticioso y el final de la polémica sobre los espectáculos, hechos aproximadamente coincidentes en el tiempo, a principios del siglo diecinueve.

La cosmovisión hegemónica peninsular se adaptará al propósito de la evangelización universal, dominada por una ideología religiosa, la cual estaba dirigida a la promoción de una interpretación particular de la palabra sagrada basada, durante la Contrarreforma, en la propaganda de la Revelación, a través de unos rituales sagrados con los que se apelaba, frecuentemente, a las emociones, en la comunicación con los fieles. La especialización española en asuntos teológicos, no tan concernientes ni tan relevantes con respecto a los métodos y las ciencias experimentales, situará a España como una potencia no siempre muy implicada en la revolución científica, al menos hasta el siglo dieciocho, cuando se aprecia un mayor esfuerzo en alinearse a los avances científicos y Humboldt atestiguará que el apoyo a la Ciencia de la Corona Española era entonces único, en la Europa de ese período (Gascoigne 224).

La aportación de nuevos criterios en la exploración del conocimiento en todos los campos del saber, durante el Renacimiento, continuará en el Barroco. A partir una mayor consciencia sobre el uso de recursos para facilitar la observación científica del mundo, se producirán numerosos avances técnicos entre el siglo dieciséis y diecisiete, siendo ésta una tendencia que se reflejará paralelamente en el ámbito artístico. En el caso particular del barroco español, el desarrollo en las artes será único, al coincidir el impulso contrarreformista con el desarrollo de la necesidad de las instituciones hegemónicas, la monárquica y la eclesiástica, de difundir su ideología y "grandeza," tanto ante otras potencias como ante su propia población, como se confirma, por ejemplo, en la profusa agenda de viajes, con entradas reales a provincias españolas y extranjeras, muy presentes durante el reinado de Carlos I y Felipe II, los cuales también serán esenciales a partir de Felipe III.

La autoconsciencia política de la necesidad de propagar un discurso hegemónico para la cohesión territorial, dirigido a consolidar el compromiso de la "misión imposible" de evangelizar el mundo, requerirá de un gran esfuerzo colectivo. Éste será promovido tanto institucionalmente como a partir de contribuciones de familias, individuos y grupos de interés, que facilitarán así el impulso material del discurso contrarreformista (Wright, A. D. 1). Esta segunda Reforma Católica o Contrarreforma, que se formaliza con el Concilio de Trento, requerirá de un mayor rigor sobre cómo se había de practicar la fe, en aras de alcanzar una mayor homogeneidad en la evangelización, intentando también responder, con acciones concretas, a las numerosas críticas contra la corrupción burocrática de la Institución.

El Barroco español centrará así gran parte de su desarrollo técnico en el arte contrarreformista, lo que sirvió para que el tipo de conocimiento aplicado al control político y la expansión territorial del aparato de propaganda eclesiástico y cortesano creciera exponencialmente. Esta agenda había sido un tanto distinta durante el Renacimiento, cuando la Iglesia y Corte españolas no habían llegado todavía al desarrollo institucional alcanzado durante el Barroco, ni eran tan conscientes de la necesidad política de que, el aparato para la propaganda sobre sus bondades y parabienes hubiera de estar dirigido hacia su propia población, al igual que era el caso con las potencias amigas y enemigas, especialmente antes del reinado de Carlos I.

El impulso de la Contrarreforma contribuirá así a la cohesión social de una civilización en constante crecimiento ultramarino, cada vez más heterogénea y por ello difícil de evangelizar, gobernar ... y entretener. Es así como el progreso técnico en el desarrollo del arte efímero, la arquitectura sagrada, las celebraciones y los rituales sociales fue muy notable en España, lo que facilitará y retroalimentará la creación de un teatro nacional esencialmente contrarreformista, como fue el de la comedia nueva[28].

5.1.3 *La ciencia barroca española*

Se han identificado tres aspectos fundamentales, que definen la ciencia barroca (Gal y Chen-Morris 7–8):

En primer lugar, se acepta la mediación del artificio técnico, como recurso adecuado para ayudar a diferenciar entre lo sensible y lo inteligible[29], dentro de la exploración de la verdad, particularmente en disciplinas del conocimiento como la Exploración (astrolabio) y la Astronomía (telescopio),

---

[28] El teatro contrarreformista continuará desarrollando un tipo de obras que ya habían alcanzado cierto auge en el siglo anterior: "[...] el teatro religioso del siglo XVI es extraordinariamente variado en sus géneros y temas, consecuencia de su intenso cultivo y aceptación. Arrastrando temas y argumentos de la Edad Media, los transforma y perfecciona por medio de procedimientos literarios a veces tan sutiles como la alegoría, de la que sabe arrancar sus más variadas notas, ya como alegoría ornamental, ya como alegoría moral, ya como alegoría dogmática" (Pérez Priego 144).

[29] "Es inútil pretender descubrir alguna suerte de semejanza entre el mundo sensible y el inteligible. [...] Podemos relacionar lo sensible con lo ideal, podemos establecer que un ser dado en el mundo de lo empírico llene, con mayor o menor precisión, el concepto o noción del círculo o de la esfera correspondiente, pero la diferencia básica entre copia y original no por ello queda anulada, pues la pura verdad del original está precisamente determinada por el hecho de que para ella no tenga validez alguna el más ni el menos; quien intentara quitarle aunque sólo fuera una parte mínima, quien intentara pensarla como algo inferior a lo que en realidad es, la aniquilaría con ello en su ausencia misma. Por el contrario, el mundo sensible no sólo padece esa indeterminabilidad, sino que ella misma constituye su naturaleza propia; lo sensible es en cuanto se da en un ser, sólo es precisamente en esa ilimitación del devenir, de la mutabilidad entre un ser así y un ser de otro modo. Así, pues, es notorio que entre lo infinito y lo finito no hay relación posible; Por cerca que estén la medida y lo medido siempre habrá entre ellos una distinción. Según esto, la inteligencia finita, por grande que sea la semejanza, no puede conocer la verdad de las cosas con verdadera exactitud. Pues la verdad no es ni más ni menos, es algo indivisible [...] De modo que el intelecto se comporta con respecto a la verdad como el polígono con respecto a la circunferencia; en efecto, cuanto mayor sea el número de ángulos y de lados que el polígono presente, tanto más cerca de la circunferencia estará, sin que por ello, y aunque se multipliquen los lados y los ángulos infinitamente, pueda llegar alguna vez a ser la circunferencia misma; análogamente ocurre con nosotros, que sólo sabemos de la verdad tal como es que no podemos aprehenderla con verdadera exactitud. Pues la verdad es la necesidad absoluta, que no puede ser ni más ni menos que como es; nuestro intelecto, en cambio, es mera posibilidad" (Cassirer 38–39).

reconociéndose, por ello, que la naturaleza podía ser comprendida mejor mediante el uso de aparatos científicos (Gal y Chen-Morris 7)[30].

En segundo lugar, existe una tendencia a la identificación de un lenguaje unificador que aporte un orden armónico entre el cielo y la tierra y que facilite una exposición más sintética de la epistemología del saber mediante el uso de la razón, para lo cual se consideran diferentes disciplinas como la Música[31] y las Matemáticas[32] (Gal y Chen-Morris 7–8).

---

30   Así, en el período barroco se aprecia un desplazamiento de los modelos geográficos clásicos a los nuevos, que son descritos a partir de las exploraciones, conformando un nuevo globo terráqueo que también empieza a reflejar los avances científicos de la Astronomía, aunque todavía se conviviera con teorías como la "[...] ptolemaica de los océanos cerrados como cuencas [...]", aunque de hecho servirán "[...] como un modelo para entender la naturaleza continua de la costa americana [...]" (Sánchez Ron 17).

31   Cusa acepta la Música como lenguaje para interpretar el universo, ya que, con esta disciplina se puede probar que la armonía perfecta, que reside conceptualmente en la mente, difiere de la materialización de la "imperfecta" arquitectura musical: "Por todo ello se establece que la verdad abstraída de las cosas materiales, en cuanto que está en la razón, comprende la igualdad, la cual, por otra parte, es imposible experimentar en las mismas cosas, puesto que en ellas no se da sino con defecto. Podemos ver cómo en la Música no se da la exactitud por medio de la norma. Pues ninguna cosa concuerda con otra en peso, ni en longitud, ni en espesor, ni es posible encontrar con exactitud proporciones armónicas entre los varios sonidos de las flautas, de las campanas, de los hombres o de los demás instrumentos, las cuales no puedan ser aún más y más precisas. Ni se encuentra tampoco en los diversos instrumentos el mismo grado de proporción de verdad, como tampoco en los distintos hombres, sino que, por el contrario, en éstos se da necesariamente diversidad en relación con el lugar, el tiempo, la constitución y otras cosas. La exacta proporción, por consiguiente, se da sólo en su razón, pero no en las 'cosas sensibles mismas, en las que no podemos encontrar sin defecto la dulcísima armonía, pues no existe en ellas. De esto se deduce cómo la precisísima armonía máxima es proporción en la igualdad, y que el hombre viviente no puede oírla en su carne, puesto que arrastraría tras ella a la razón de nuestra alma, por ser aquélla la razón de todo. Pues así como la luz infinita absorbe toda luz, del mismo modo el alma, liberada de todo lo sensible, no podría oír con el oído del entendimiento aquella armonía supremamente concordante sin ser arrebatada. Puede obtenerse de esto un gran placer contemplativo, tanto acerca de la inmortalidad de nuestro espíritu racional e intelectual, que engendra en su naturaleza la razón incorruptible, mediante la cual alcanzamos una similitud concordante y discordante en la música, como acerca del gozo eterno al que son llevados, desde las cosas mundanas, los bienaventurados perfectos'" (Cusa II, 2).

De hecho, la aceptación de este nuevo concepto de armonía mediante la alegoría musical ha sido aplicado a la literatura del período, llegándose a interpretar así el *Quijote* como una sinfonía (Hatzfeld) y hasta una fuga musical (Forcione *Aristotle*).

32   Lefèvre fue un gran defensor del uso de las Matemáticas como lenguaje para la interpretación del universo: "Lefèvre, maestro de Bovelles, también había encontrado en las Matemáticas el lenguaje adecuado para sus inquietudes intelectuales, promoviendo su estudio dentro de la lógica para alcanzar una mejor comprensión de la Filosofía y la Teología mediante dos vías, la racional, basada en Aristóteles y la intelectual basada en

En tercer lugar, también se ha destacado la dependencia del uso la imaginación y la creatividad en el acceso al conocimiento (Gal y Chen-Morris 7–8)[33].

Es lógico además que, ante el mayor desarrollo de la nueva manera interpretar el mundo, mediante el método experimental, se dieran intentos de acomodarlo y sintetizarlo dentro de otros sistemas ya existentes, como ocurre en el discurso antisupersticioso. Mediante la tendencia a adaptar la imaginación y la creatividad a instrumentos de medida cada vez más sofisticados se progresará, paralelamente, en la necesidad humana de acercarse al origen divino a través del conocimiento de su obra terrenal, aceptándose así la necesidad de nuevas perspectivas y herramientas para resolver los problemas prácticos y filosóficos que se iban planteando. Esto será también relevante en el Arte, como se aprecia en las nuevas aproximaciones derivadas de nuevos puntos de vista y de técnicas como la anamorfosis, o el sofisticado desarrollo del trampantojo, recursos orientados a provocar que el observador se replantee su tradicional idea de verosimilitud[34].

Las naciones de España y Portugal defenderán políticamente, bajo la Casa de Austria, su autoimpuesta misión conjunta de seguir descubriendo nuevas realidades geográficas (colonización), mientras su labor es reconocida en el tiempo (historia), gracias a su esfuerzo en la cristianización del mundo (evangelización). Instituciones como *La Casa de Contratación de las Indias* de Sevilla atraerán a hombres de ciencia como Vespucci y Cabot[35], mientras la aplicación

---

Pitágoras, Platón, Pseudo Dionisio el Areopagita y Cusa (Ferrari 259). En su propuesta de una alegoría del mundo mediante las Matemáticas queda reflejado el deseo de encontrar una descripción genérica con la que separar el ámbito del intelecto del sensorial" (Gal y Chen-Morris 7).

33   A partir de estos grandes cambios epistemológicos asociados al estudio de la imaginación humana, en el contexto del Barroco también se ha llegado a considerar este período como uno de "[…] guerra civil en la filosofía natural" (Schuster 32).

34   Este mismo espíritu innovador, con el que se promueve una autoconsciencia sobre el método de conocimiento que le rige, está presente en diferentes momentos de la obra cervantina, la cual se caracteriza, precisamente, por compartir detalles de la lógica y el efecto de los artificios literarios con el lector. Diferentes aproximaciones, agrupadas en torno al concepto de metaficción, se han ocupado de estudiar la autoconsciencia como técnica literaria tanto en el Barroco como en Cervantes. Destaca el volumen sobre el asunto editado por Friedman, donde Spadaccini resume los episodios cervantinos que se estudian desde este punto de vista, concluyendo que "[…] Cervantes's texts call attention to themselves as artistic constructs, they also pose a challenge to authority and tradition and, with it, a rejection of all kinds of dogmatisms."

35   "Does scientific theory trump experience? This was one of the key issues discussed between pilots and cosmographers at the Casa de Contratación. […] The discovery and colonization of the New World forced practitioners to reconceptualize what constituted the very discipline of cosmography in one of the clearest examples of how western science changed because of the events of 1492. […] Managing the largest empire

práctica de la Teología mística y neoplatónica se materializaba, arquitectónicamente, en monumentos como el monasterio de San Lorenzo del Escorial[36]. Simultáneamente, la defensa contrarreformista de la posibilidad de aproximarse al conocimiento de lo sagrado mediante la Revelación provocará el refuerzo del culto mediante la promoción de rituales e imágenes, tendencia que no será muy compatible con el método basado en la necesidad de desarrollar la tercera vía mística hacia la sabiduría divina[37]. Precisamente, el tipo de conflictos que surgen de la colisión entre un conocimiento del mundo dependiente de la revelación divina a través del culto y la oración, ante otro que se apoya en la exploración experimental y detallada del universo sensible, será el combustible que avivará el fuego de muchas de las contradicciones que informan tanto el Arte como la Ciencia durante el Barroco.

Alimentada por la necesidad de establecer una distancia neoplatónica entre verdad e idea, la tercera vía del acercamiento hacia el conocimiento último de la verdad del origen de lo sagrado, a través de sus manifestaciones terrenales, tendrá un desarrollo desigual en Europa, durante el período manierista. En el caso peninsular, la prioridad de la defensa de la unidad de culto como garantía de cohesión social, algo hasta cierto punto lógico políticamente, tras más de siete siglos de guerras religiosas, pudo haber limitado el compromiso de España con el método de conocimiento basado en la lectura técnica del Libro de la Naturaleza[38]. El priorizar los esfuerzos en desarrollar una cultura

---

the world had ever known demanded pragmatic cosmographical practitioners. The only knowledge products these institutions of empire needed were those useful for expanding, establishing and maintaining Spanish primacy abroad" (Portuondo "cosmography" 58, 76).

36   En su biblioteca existen obras de autores místicos como Bovelles, cuya difusión se extenderá incluso hasta América. La colección personal del primer arzobispo de México tenía un ejemplar de su *Commentarius in primordiale Evangelium* (París, Josse Bade, 1511), donde "Bovelles se dedica a resaltar el carácter ascético y místico de Llull, es decir, pone de relieve el ejemplo de la vida monástica del Doctor Iluminado, sus ideas de conversión pacífica y la unidad de las ciencias en el universo" (Báez Rubí 50).

37   Esta vía mística hacia el conocimiento podía ser, así, incompatible con el interés de promover una única interpretación de la fe católica en España, enfocada en controlar los rituales y la externalización de la fe y materializada en un discurso hegemónico, que es producto de siglos de conflictos religiosos. El afán evangelizador se aúna a la promoción de la unidad político-religiosa territorial, constatándose que, en el periodo de Felipe IV, el país "[...] estaba penetrado por la religión católica [...]. Su catolicismo, si no siempre en las buenas obras, residía en el pensamiento teológico y en las asiduas prácticas del culto [...]. Material y formalista, esclava de ritos y ceremonias, pero ayuna de ideal evangélico [...]. Con cumplir y aun extremar las prácticas externas del culto, creíanse obtener bula para todo" (Deleito Piñuela 14, 27).

38   En este sentido, se ha señalado que Cervantes pudo haber conocido la obra de autores como De la Torre, quien, en su obra, explora la relación conceptual entre entendimiento

religiosa común y unificada, para fomentar la Revelación Divina a través de rituales y oraciones, es algo que está también avalado y retroalimentado por el crecimiento exponencial de la burocracia asociada a instituciones como la Monarquía y la Iglesia, en el período. En este sentido, el que los dictados de la Contrarreforma sean favorables a priorizar tanto el culto como la Revelación afectará la metodología empleada y promovida institucionalmente para el conocimiento del mundo. Se verá así lógico el supeditar, en algunos casos, la aplicación práctica y eficiente de la búsqueda de la verdad, a partir de su percepción experimental, científica, libre de prejuicios, influencias ideológicas y apriorismos, a otros argumentos menos científicos y más políticos. Esta aspiración oficial de alcanzar la Revelación de una forma más pasiva (oraciones y culto)[39], vinculada tanto a privilegiar ciertas oligarquías como al ideal de la evangelización universal, convivirá con una ferviente actividad científica barroca que, muy al contrario, se guiará por un método más experimental. Incluso cuando comenzó a decaer el impulso hacia la exploración y conversión de las almas, debido a su inviabilidad económica, los esfuerzos se seguirán dirigiendo hacia el sostenimiento de una gran burocracia religiosa ya establecida, interesada en la perpetuación de sus privilegios.

La evolución del dominio hegemónico peninsular, en su formación, auge y decadencia, no es diferente a la de otros imperios de la humanidad, los cuales también han crecido en rivalidad con los intereses de otras potencias hegemónicas de su tiempo, a partir de sus cosmovisiones e ideologías dispares. El afán evangelizador de España se traducirá en una imposición cultural en todos los territorios del imperio católico. Ante la nueva realidad de la existencia de seres humanos a los que había que integrar en el proceso evangelizador, se plantearán debates tan transcendentes en la historia de la Humanidad como el del alma de los indios, el cual pudo haber contribuido a la conservación y

---

y naturaleza: "[...] su autor, al igual que Escipión el Menor, en un sueño profundo se siente transportado a una altísima montaña, cuya cima linda con la esfera de la Luna, donde Entendimiento, personificación del amor a las ciencias, recibe instrucción en las diversas ciencias por unas doncellas [...]" (López Calle "cosmología"), destacando particularmente pasajes como los incluidos en el capítulo veinte de la *Visión Deleytable*, donde se enfatiza la importancia de la verdad cuando "[...] el Entendimiento entra en casa de la Naturaleza" (De la Torre 123–30).

39 La promoción de la vía contemplativa de acercamiento a Dios está asociada a una reivindicación de la igualdad cristiana: "Todo conspira en esta dirección que sitúa sólo en Dios y en la contemplación pura la fuente de todo posible conocimiento. El saber de la mística reafirma esta dirección y la hace complementaria con otra: no son los grandes intelectuales, ni los científicos formados en las academias renombradas los que más cerca se sitúan de la verdad, sino, antes bien, los humildes e ígnaros" (Rodríguez de la Flor "ciencia" 105–06).

pervivencia de algunas de las culturas indígenas hasta nuestros días, algo que sigue siendo una característica singular del imperio español.

El tradicional retraso histórico de la ciencia española se ha atribuido, en su origen, precisamente a la excesiva concentración de energías en el afán de implementar una hegemonía imperial evangelizadora, la cual obligaba a dar prioridad a definir y sostener un gran sistema burocrático oficial. Éste estaba fundamentado, ideológicamente, por una interpretación universal eminentemente escolástica, orientada a un ambicioso plan de expansión territorial, si se atiende a los recursos humanos y materiales con los que se contaba. Esta misión nace del impulso de la auto-otorgada responsabilidad evangelizadora universal a España y Portugal bajo la Casa de los Austrias.

El progreso de la Ciencia pudo estar así condicionado por una intención política y religiosa particular en España, en la que el conocer la sociedad, para cohesionarla más eficientemente, llegará a ser una prioridad en el proyecto de expansión y control del poder, por parte de los representantes de la Iglesia y la Monarquía. La politización del método científico, en el ámbito del barroco español, contrasta con la figura del científico capaz de aproximarse al conocimiento con mayor independencia en otros países europeos con ambiciones y necesidades políticas distintas. Sin embargo, tanto en el ámbito contrarreformista católico como en el protestante, metodologías como la escolástica seguirán condicionando el desarrollo científico durante este período. Existirá, en ambos casos, cierta motivación política para conservar este sistema de pensamiento, que estaba asociado a una burocracia eclesiástica institucional y estatal determinada, la cual se había adecuado al devenir de las respectivas misiones expansionistas cristianas.

Los trabajos de historiadores como Barrera-Osorio, Cañizares-Esguerra, López Terrada, Pimentel, Portuondo y Sánchez Granjel, entre otros, atestiguan de la presencia de ciertos ejemplos de ciencia experimental, que están relacionados con la expansión imperial, en la España barroca. Se ha confirmado así la existencia de registros de algunas travesías tanto cartográficas como comerciales, que no excluían propósitos científicos para llevar a cabo, por ejemplo, estudios astronómicos (observación de eclipses, mediciones, etc.). Sin embargo, el desarrollo del conocimiento científico español estuvo condicionado fundamentalmente por otras necesidades, como la de proteger los descubrimientos como secretos de Estado. Esto se evidencia en la primera expedición científica enviada al Nuevo Mundo en 1570, que fue dirigida por el médico erasmista Francisco Hernandez, a quien le acompañaron grabadores, pintores y un cosmógrafo, regresando con más de treinta volúmenes y dos mil imágenes de la flora y fauna de la Nueva España, cuya publicación tuvo que esperar varios años (Pimentel 22). Al parecer, aunque este tipo de viajes no fueron tan raros,

sí lo era la difusión de sus descubrimientos, lo que ilustra cómo las energías expansionistas se orientaban más a consolidar el control presencial sobre los nuevos territorios y no tanto hacia reforzar el aspecto científico del proyecto civilizador (Pimentel 22, Eamon 239). Se pueden confirmar así ciertas causas objetivas que diferencian a España y Portugal bajo la Casa de Austria de otras potencias europeas, en el desarrollo de la ciencia barroca:
- Por un lado, los resultados de los descubrimientos y estudios basados en el método científico de la observación y experimentación no verán siempre la luz en forma de publicaciones para su difusión, o éstas serán escasas. Esto quizás sea debido a la prioridad en emplear numerosos recursos dirigidos a un tipo de disciplinas del conocimiento, en las que la técnica se especializaba pragmáticamente en la expansión territorial, como la navegación, la minería y la militar, entre otras[40]. Esta tendencia es diferente a la adoptada por la *Nueva ciencia*, con más libertad para la difusión de sus descubrimientos, al no tener que ocultar, necesariamente, información sensible, a otras potencias enemigas.
- Por otro lado, la prohibición de la publicación de libros de autores no católicos, sobre todo a partir de Felipe III y durante el reinado de Felipe IV, no sólo aislará a España con respecto a las novedades de las corrientes científicas en boga en el norte de Europa (Portuondo "conclusion" 254), sino también contribuirá a impedir la libre implementación del método científico español, generando un menor interés por la investigación. Esto coincide con la hegemonía de la cosmovisión religiosa de las fuentes oficiales, de gran influencia en muchos de los volúmenes científicos del período, los cuales son frecuentemente utilizados como evidencia escolástica. De hecho, muchas de las publicaciones para la difusión del saber científico del momento en la Península, o eran promovidas por el entorno de la Iglesia, o incluían en sus planteamientos interpretaciones afines a sus principios, lo que contribuirá a educar al lector en un determinado método de pensamiento que, en muchos casos, no era muy compatible con el científico.

En resumen, a pesar de la existencia de pasajes de la Sagrada Escritura, como el Salmo diecinueve, que confirmaban que, al estudiar los secretos de la Naturaleza, el ser humano podía encontrar atributos divinos, algo que apunta al estudio de la Filosofía Natural como una vía de conocimiento místico (Heninger 8), el desarrollo de la ciencia barroca fue condicionado institucional

---

[40] Esta posición de la Corona española ante la ciencia experimental, la cual es aplicada pragmáticamente en las colonizaciones transoceánicas, se hará más evidente durante el período del dominio de Portugal bajo la casa de Austria, cuando el propio Campanella consideraba la Monarquía de España como la del Mesías, heredera del universo (Eamon 233).

y políticamente, por causas específicas al desarrollo político de España como nación. De entre ellas destaca la necesidad de dedicar muchos de los recursos oficiales de la Monarquía y la Iglesia tanto a la exageración de las propias bondades institucionales (espectáculos y sermones) como a la aplicación política de la propagación del método de pensamiento escolástico, el cual era políticamente más favorable, al poseerse, institucionalmente, el monopolio de la interpretación de las fuentes sagradas. El poder oligárquico de la corte de Felipe III, consciente del efecto político en los ciudadanos de una exageración de la historia favorable, con la que se podía ofrecer una imagen hiperbólicamente positiva a sus intereses, dirigirá abundantes recursos a este propósito. Esto contribuirá a aumentar la confusión nacida de la convivencia con un pasado reinventado, exagerado y deformado, que situaba a la sociedad receptora de los actos, celebraciones y espectáculos oficiales en una fabulación permanente, ante la realidad pasada, presente y futura. Quizás esto fuera considerado algo pragmáticamente necesario para la propia supervivencia y consolidación oligárquica, en un momento dado de la historia, pero supondrá, a su vez, la introducción de un tipo de prácticas alejadas e incompatibles con el pensamiento crítico. Esta tendencia a reconocer la verdad deformada y la media verdad como evidencia, con intereses políticos, se perpetuará durante siglos, lo que pudo influir en un menor desarrollo de un método de pensamiento más riguroso en España. Así, muchas de las energías institucionales se orientarán a la consciente promoción de principios y disciplinas no siempre dirigidos a constatar la verdad y la evidencia, partiendo de la propia Historia, que era frecuentemente deformada hacia intereses particulares y encomiásticos, sin respetar siempre la verdad de los hechos. Todo ello, a pesar de haberse constatado ya con Cusa que la confirmación de la verdad, separando la evidencia de la idea preconcebida, era la vía primordial para el avance del conocimiento humano.

El Barroco español se continuará apoyando así en un método del conocimiento que, en muchos casos, tenía más sentido político que científico: el de la propagación oficial de la deformación de las ideologías, medias verdades y exageraciones, sustentadas por una ideología propagandista monárquica y religiosa, repleta de parabienes propios. Con estas premisas, favorables a la manipulación política y sustentadas por una serie de recursos técnicamente impresionantes, se ayudará a sostener un aparato propagandístico desmesurado, que podía situar al individuo en un estado de cierta parálisis intelectual. Su reacción emocional prevalecerá, en muchos casos, sobre la racional, generándose, con el tiempo, una cultura de masas imbuida de este tipo de metodología, orientada a la percepción adulterada del mundo sensible, como ha estudiado Maravall, entre otros. Se contribuirá así a la promoción, con imágenes, música y texto de la ilusión, mientras la confusión verdad-idea se presentará como factiblemente consensuada, conformándose un tipo de mentes que se acabarán acostumbrando así a ser pasivamente admiradoras, mientras su capacidad creativa y de discernimiento iba cayendo más en desuso, por su menor desarrollo.

Al haber nacido al calor del sistema oligárquico de la Corte y dentro de los principios propagandísticos oficiales, el paradigma ideológico del barroco español será también acomodaticio y firme defensor de los valores contrarreformistas, caracterizados por un interés revisionista y propagandista de la Historia, que se centraba en reafirmar inconsistencias y exageraciones, dirigidas al encomio del poderoso. Este tipo de modelo propagandístico, en el que la verdad se puede alterar y deformar, dependiendo de la agencia y prestigio del autor, es completamente incompatible con cualquier acercamiento a la evidencia científica.

Cervantes, un autor universalmente reconocido en este período, convivirá con esta revolución cultural contrarreformista, que era propagandista de ciertos valores ideológicos y religiosos. Su obra transcenderá, precisamente por su capacidad de identificar y denunciar las posibilidades del propio arte literario, para ser utilizado como medio de propaganda, cuando se alcanzaba la aceptación, política e incuestionable, de sus fabulaciones y exageraciones. También será reconocido por su defensa de la Literatura como vía de comunicación válida para la representación honesta, verosímil, virtuosa y ejemplar de la verdad, ante cualquier ideología contaminante, demostrando así las posibilidades de utilizar este arte como lenguaje universal para la comprensión del universo. Tanto el uso de la propia obra literaria para la identificación del nefasto potencial manipulativo de la ficción como el reconocimiento de la propia Literatura de poder ser una disciplina para facilitar el conocimiento definen la enorme contribución cervantina al pensamiento occidental.

Tiene sentido que, dentro de una cultura oficial, orientada a la manipulación de masas, bajo una estética barroca ideológicamente contrarreformista, sustentada en la admiración que causaba el artificio propagandístico, se considerara el talento de Galileo para aplicarlo al desarrollo de artefactos en el escenario teatral español (García Santo-Tomás *refracted*). Al existir una tendencia dirigida a confirmar la adhesión a los intereses ideológicos del régimen oligárquico, que estaban presentes en las mismas obras que propagaban sus parabienes, como se plantea en el retablo cervantino, tiene sentido que parte de la labor literaria de autores como Cervantes se enfoque en destacar el pernicioso efecto de la manipulación de la verdad en el ser humano barroco. Sus obras son protagonizadas, en muchos casos, por individuos en un estado de confusión, que nace de su pretensión de trasladar al mundo sensible las ideas nacidas de su contaminada imaginación, la cual está influida por vacuos entretenimientos y fabulaciones exageradas, como son los libros de caballerías o el idealizado mundo bucólico. Es una Literatura que advierte sobre el desperdicio intelectual asociado a la "adicción" al arte literario "malo," en muchos casos relacionado con la corruptora y efímera tentación de la fama. Inteligentemente, para la prevalencia de su obra y su propia pervivencia como autor, será capaz de alinear sus ideas más atrevidas sobre el efecto de la propaganda en el individuo a la propuesta contrarreformista de la defensa y promoción de los valores más edificantes del arte literario, algo por lo que será reconocido, incluso por sus propios contemporáneos.

Todos estos factores culturales que influyeron en Cervantes conducirán a que la percepción contemporánea de la España del período sea, principalmente, como hegemónica en el dominio político y religioso, algo que se evidencia en el programa sugerido para expandir los territorios del rey, resumido en la *Monarquía de España* de Campanella, donde se le reconoce a esta nación una preponderancia en la exploración, la propagación de la religión y la disciplina militar[41]. Mientras tanto, se identificarán a los belgas y alemanes como excelentes matemáticos, a los alemanes y a los portugueses como notables astrónomos, a los italianos como buenos administradores, a los centroeuropeos como hábiles fabricantes de maquinaria, junto a los genoveses, que son también descritos como excelentes navegantes (cit. en Pimentel 22–23). Estas opiniones son resultado y confirmación de la decisión española de emplear su impulso contrarreformista en forzar una convivencia y fusión chirriante de conocimiento, verdad y burocracia político-ideológica-religiosa, orientada a expandir, en tiempo y espacio, su misión imposible de materializar una Monarquía Universal Católica, alimentada y sostenida por un sistema de poder religioso y cortesano con gran interés en dirigir los grandes recursos de uno de los primeros Estados modernos hacia su perpetuación hegemónica[42].

---

41 De hecho, durante la Contrarreforma se impone una revolución cultural religiosa, retroalimentada de la aventura americana, de la que se ha llegado a afirmar que "[...] la gran utopía española, no escrita, sino realizada, habría sido América" (Avilés Fernández "utopías" 33).

42 En este sentido, destaca el contraste de los asuntos literarios barrocos españoles con los del barroco protestante. Por ejemplo, en el ámbito anglosajón, la oligarquía económica no era tan dependiente institucionalmente de la Iglesia y la Monarquía. Llaman así la atención los textos en los que se describen proyectos coloniales nacidos de empresas particulares, agrupados en torno a la literatura de exploraciones y aventuras, en los que también se combinan los viajes reales con los imaginarios. La financiación de exploraciones, a través de "economic schemes," se entendían como proyectos económicos para controlar territorios estratégicos, en aras de la explotación comercial de materia primas y esclavos. Estas prácticas coloniales dependían, no sólo del permiso de la Corona otorgado al

5.1.4 *Ciencia y Sabiduría en Cervantes*

En el estudio del origen, desarrollo y pertinencia de la Ciencia en España destacan ciertos detalles históricos acerca de los avances logrados a través del método de conocimiento barroco o manierista. Los numerosos ejemplos del progreso, por ejemplo, en el arte de marear o en el militar, se sitúan dentro de un saber orientado al desarrollo técnico para la mejora de las ciencias, en beneficio de las repúblicas. De un modo similar, en las obras de autores barrocos como Cervantes también se refleja un desarrollo de un método de conocimiento paralelo, que es aplicado a la obra literaria.

El interés en el tratamiento de la confusión entre verdad e idea de ciertos personajes es uno de los fundamentos del criterio de la verosimilitud artística cervantina. Sus diferentes artificios e innovaciones literarias, muchas veces orientados a dilucidar ejemplarmente esta necesidad conceptual de separar verdad e idea, apuntan también a identificar la función mediadora de la propia ficción en la adquisición del conocimiento. Por un lado, se pretende iluminar así al lector sobre el papel potencial del Arte como herramienta para acercarse al saber verdadero. Por otro lado, también se desvela que los conocimientos de la Literatura y del Arte, en general, pueden ser fácilmente aplicados a la manipulación política e ideológica.

La literatura cervantina se caracteriza así por la presencia de ciertos casos de protagonistas que están sumergidos en un tipo de confusión, originada por la falsedad de ciertas "ideologías literarias" que guían unas acciones en las que estos personajes pretenden materializar modelos de existencias fabuladas, tales como las promovidas en los paradigmas de la novela de caballerías, sentimental, pastoril o picaresca. Compartir la exposición de las dificultades metodológicas para la representación verosímil, presente en la propia obra literaria, haciéndonos partícipes a los lectores de la potencial inexactitud de la propia mediación del género literario, parece contribuir a un mayor conocimiento del pequeño mundo del ser humano en la obra de Cervantes[43].

---

monopolio, sino de que fueran proyectos económicamente viables. Para ello, las empresas particulares necesitaban capitalizarse, contribuyendo a la creación de sucesivas burbujas (y ruinas) populares, frecuentemente lideradas por carismáticos empresarios. Este sistema también se empleará en la colonización española posterior a Colón. Derivado de este tipo de espíritu emprendedor está la corriente de literatura de viajes utópicos, que incluyen lugares tan exóticos como la luna, aportándose, en algunos casos, imaginativas perspectivas radicales de la realidad (Ver Nicolson). Huelga decir que este tipo de proyectos coloniales, aunque, en algunos casos, pudieran tener intenciones civilizadoras, en su mayoría serán depredadores de los recursos naturales y humanos, dentro de la horriblemente deshumanizada lógica colonial.

43   Así, en obras contemporáneas al *Quijote* como *Guzmán de Alfarache* también se reflexiona autoconscientemente sobre el género picaresco, algo que pudo ser aplicado al género de

En la Universidad de Alcalá de Henares, una institución creada, precisamente, como un centro intelectual para el debate del conocimiento renacentista, en tiempos de Cisneros existieron precedentes de un espíritu similar al que se expone en la obra cervantina[44]. Bovelles participará en la vida académica de esta universidad en 1506, a la que llegó invitado por el cardenal de Toledo[45].

Para situar mejor la posible ideología religiosa de Cervantes, críticos como Castro y Forcione han distinguido entre la represión ideológica de la Reforma, Contrarreforma y Reforma protestante, vinculando la interpretación de la obra cervantina al erasmismo. A esto ha contribuido que, por ejemplo, en obras como el *Quijote*, la ambigüedad del loco se preste a múltiples interpretaciones. La atribución a Cervantes de creencias erasmistas presupone una hipocresía subyacente en su obra, ya que se desarrolla mayoritariamente en el contexto

---

la novela de caballerías por Cervantes. El resultado de la posible inspiración cervantina puede ser la inclusión de recursos como el diálogo entre sus dos partes, las cuales se convierten en intertextos de un universo literario común, lo que contribuye a dar un nuevo sentido de verosimilitud al conjunto de la obra (Ver Close "episodios").

44 El círculo Complutense de Cisneros no sólo estuvo relacionado con los lulistas de París, sino también contribuirá a la aprobación de una cátedra para estudiar su obra: "Para centrarme en los cursos filosóficos, cabe recordar que el lulismo mallorquín se difundió en Alcalá, Universidad en la que Nicolau de Pacs—invitado por Cisneros—detentó una cátedra personal a partir de 1508. Sus seguidores alcalaínos tuvieron un importante papel en el desarrollo la lógica renacentista hispana, al considerar que la lógica era un instrumento dialéctico e intentar, en una crítica del aristotelismo tomista, una armonización escolar entre la lógica luliana y el nominalismo ockhamista. Pacs estaba asimismo bien relacionado con los lulistas parisinos (por ejemplo, Bouvelles). Con todo, la cumbre del lulismo parisino la constituyó el franciscano rosellonés Bernard de Lavinheta, quien dictó algunos cursos en la Sorbona. Lavinheta fue un profesor de lulismo: no quería utilizar el lulismo para construir su sistema ecléctico (como Heymericus y Sibiuda), sino que quería explicar a Llull a través de una exposición clara y académica. Su magisterio y su obra constituyen la más acabada exposición del lulismo renacentista (que recoge la herencia medieval), y el punto de partida para el enciclopedismo posterior. Su objetivo era el mostrar cómo Llull, a través de su Arte, había puesto las bases de una ciencia general al demostrar los principios primordiales de cada uno de los distintos saberes" (Ramis Barceló 188–89).

45 De hecho, su presencia tuvo la oposición de críticos como Juan de Cazala, quien le desdeñaba por sus profecías (Victor *Bovelles*). La influencia de Bovelles en España se ha relacionado con la expansión del lulismo parisino, que había comenzado con la llegada de Bernardo de Lavinheta desde Paris en 1516 (Victor "revival" 534). Bataillon describe a Bovelles en términos un tanto "quijotescos" como: "[...] un francés que había pasado por Alcalá diez años antes y había dejado ahí fama de hombre algo visionario y chiflado. [...] dedicado [...] a la filosofía cristiana, interesado por Raimundo Lulio, iluminado como él y como Lefèvre por la esperanza de que el cristianismo se universalizara con la derrota de los musulmanes" ("conferencia").

ideológico y restrictivo de la Contrarreforma. Es imposible cuestionar que la Contrarreforma contribuyera a la censura ideológica, como se ha argumentado profusamente en este ensayo. Si embargo, la propia publicación de la obra cervantina, en la que se articula un método de conocimiento que no iba necesariamente a favor de los fundamentos contrarreformistas más dogmáticos, también demostraría la posibilidad de poderse escribir obras de ficción con cierta libertad de pensamiento, en un período intelectualmente restrictivo como éste.

Por un lado, intentar encuadrar la obra cervantina como estrictamente reformista o contrarreformista podría contribuir a limitar ideológicamente el alcance de sus criterios estéticos y epistemológicos, que están fundamentados, precisamente, en el cuestionamiento de toda ideología. Esta presencia de argumentos en favor de la verdad artística en su obra hace que las diferencias entre las tendencias interpretativas ideológicas o religiosas se diluyan y sean irrelevantes ante el propósito mayor y último de presentar, con ejemplos literarios verosímiles, la problemática de la relación entre idea y verdad, la cual guía muchos momentos de su obra. El foco intelectual cervantino suele estar en las reglas del juego, no en las estrategias para ganar la partida.

Independientemente de que exista cierta evidencia de que la fe cervantina provenga del espíritu de la primera reforma católica, de su contrapartida protestante o de la segunda Reforma católica o Contrarreforma, sus textos también reflejan, en ciertos momentos, una profunda inquietud espiritual. Es un tipo de pensamiento barroco en el que la evidencia del mundo sensible, representada verosímilmente, prevalece sobre cualquier modelo artístico e intelectual preestablecido. Su obra se sitúa así cercana al pensamiento de autores como Kepler, en sus principios neoplatónicos comunes, presentes en su corpus literario. En este sentido, también existen precedentes de la adaptación del método neoplatónico a las obras de ficción de otros autores que precedieron a Cervantes, como fue el humanista Maldonado, quien escribe en un período, en el que estaba permitido expresar y debatir las ideas erasmistas más abiertamente[46]. Así, en caso de Maldonado, Cervantes y de Kepler los

---

46 Tradicionalmente, se ha entendido que la adaptación cervantina de la *novella* estaba influida por la crítica moral que Mateo Alemán hace sobre la ficcionalización de la estructura y organización social picaresca (Riley "anticipaciones"). Sin embargo, este tipo de uso metaficticio de los géneros literarios tuvo también precedentes humanistas y erasmistas como el de Maldonado, de quien se ha asegurado que tampoco crea "[...] ninguna poética nueva, simplemente ha combinado componentes de diversas procedencias literarias bien conocidas con un resultado novedoso y original en el contexto del diálogo renacentista, pero de proximidad con la novela pastoril y picaresca limitada sobre todo a ciertos motivos argumentales" (Peinador Marín 45).

árboles de la ideología religiosa de estos autores no nos han de impedir ver el bosque de la orientación intelectual neoplatónica que los une.

La potencial ideología religiosa de estos tres autores implícitos puede quedar opacada por un estilo literario en el que la autoconsciencia, la lógica de la relación entre historia y ficción, la propia denuncia de las consecuencias del sometimiento a la propaganda ideológica y las diferentes vías hacia la virtud humana dominarán muchos de los momentos clave de sus obras. El que se facilite que se compartan con el receptor detalles del propio proceso creativo, mediante el uso de la autoconsciencia literaria, también contribuye a expandir el horizonte de la imaginación lectora en sus obras. Sobre todo, cuando el narrador adopta el papel de "explorador del conocimiento barroco" y es consciente de las posibilidades del uso del recurso artístico, científico y literario neoplatónico en el contexto del género del sueño. Así, la utilización de este tipo de recursos de usar las narrativas como herramientas para la explicación de fenómenos de la Filosofía Natural, siguiendo las preceptivas clásicas del enseñar y deleitar, denota una "instrumentalización" de este género literario, similar a la que los científicos hacían del instrumental técnico para el avance del conocimiento humano, algo que se aprecia también en otros textos del período[47].

La Contrarreforma, que en España se asume como misión de Estado, tendrá su prevalencia en los diferentes contextos intelectuales que habían sido influidos anteriormente por un pensamiento más reformista, el cual había sido asimilado en círculos como el humanista de la Universidad Complutense de principios del siglo dieciséis, momento que coincide con el inicio del desarrollo del pensamiento científico experimental en España[48].

Este impulso original hacia cierta libertad de pensamiento perderá la batalla política avanzado el siglo dieciséis, a causa de la fuerte homogeneización cultural asociada a la Contrarreforma. Esta ideología religiosa se consolidará gracias al apoyo político de discursos como el antisupersticioso, método del que se podrá apropiar, para reforzar más eficientemente el control institucional sobre la interpretación hegemónica de la verdad. De hecho, la lógica

---

[47] Como se ha apuntado, este es el caso en la autoconsciente introducción al tratado de la luna o *Selenographia, sive Lunae descriptio* de Hevelius. El uso neoplatónico de la autoconsciencia, como mecanismo de advertencia sobre la separación entre idea y verdad, es un recurso común en autores como Lulio, Cusa, Bovelles y Lefèvre y también se puede apreciar en la literatura de autores posteriores como Maldonado, Cervantes y Kepler.

[48] De hecho, se ha identificado la presencia de una fuerte influencia erasmista en este mismo período, sugiriéndose que, dadas las características especiales de la población del momento, grupos como el de los conversos habrían agradecido esta corriente reformista de mayor libertad, en los rituales de culto cristiano (Bataillón *Erasmo*).

antisupersticiosa tendrá gran repercusión a partir de principios del siglo dieciséis, apreciándose la coincidencia histórica de la actividad de ensayistas como Ciruelo, en el contexto complutense de Cisneros. El intento de acomodar y sintetizar la Ciencia y la ideología religiosa es algo que recuerda a los citados mapas de la "cartografía moralizada," donde también se querían adaptar forzadamente los nuevos descubrimientos a la geografía bíblica original. Estas tensiones para la implantación hegemónica de la ideología contrarreformista marcarán el sentido y dirección de un arte barroco español, el cual también estará condicionado por una inercia reaccionaria, ante la amenaza de otras potencias europeas contra el discurso hegemónico del poder de una Monarquía católica, que en el período entre 1580 y 1640, mientras Portugal estuvo bajo la Casa de Austria, dominará territorios por todo el orbe[49].

Cervantes escribe mientras el discurso hegemónico y uniforme de la Iglesia contrarreformista está siendo asimilado y promovido por aquellos interesados en que el vasto imperio católico tuviera un sentido político suficientemente coherente y pudiera así ser gobernado por una combinación de personal militar, religioso y burocrático, el cual estaba sustentado por el aparato propagandístico oficial, que estaba dirigido desde instituciones como la Monarquía y la Iglesia[50]. La obra cervantina surge así mientras el estado de la Ciencia se sitúa en un momento histórico, en el que el impulso de la teorización, el desarrollo de la observación y la utilización de nuevos instrumentos científicos

---

49   De hecho, se han identificado tres períodos o fases en la evolución de los estudios de filosofía natural en el período Barroco, donde su segunda etapa, el período crítico de 1590 a 1660, coincidirá con el tiempo de crisis económico-social en el que Cervantes escribirá su obra, momento en el que Portugal y España estaban unidos bajo una misma corona:
"1. The Scientific Renaissance, 1500–1600.
2. The Critical Period (or Natural Philosophical Crisis inside a Larger Crisis), 1590–1660.
3. The Period of Relative Consensus, Muting of Systemic Conflict, New Institutionalisation, and Incipient Fragmentation of the Field, 1660–1720 (Abbreviated as CMF Period below.) [...]
The Critical Period (or Phase of 'Crisis within a Crisis') of the Scientific Revolution (roughly 1590–1650) saw a conjuncture unique in the history of pursuit of natural knowledge, whether in classical antiquity, medieval Islam or Renaissance Europe: On the one hand Kepler, Galileo, and Descartes led an accelerated conceptual transformation in the subordinate entourage sciences—optics, mechanics and astronomy as well as the cognate, mathematics [...]" (Schuster 19–20).

50   La necesidad de transmitir un discurso hegemónico unitario contribuirá a la generación de una "burbuja de clérigos," que coincide con el número creciente de obras antisupersticiosas publicadas en este tiempo: "La milicia innumerable que sin cesar suministraba evangelizadores al Nuevo Mundo constituyó en tiempos de Carlos V y Felipe II la tropa selecta de la Contrarreforma. [...] En otras palabras: hay un verdadero exceso de clérigos, así regulares como seculares" (Bataillon *Erasmo* 11).

tenían también su reflejo paralelo en el ámbito artístico. Esto se aprecia en ciertas obras barrocas, en las que se pretende resolver estéticamente la relación intrínseca entre Arte y Ciencia con alegorías, como prueban los trabajos de Hallyn sobre Kepler[51], o los estudios realizados sobre la Ciencia en el arte de Vermeer[52]. Al aceptarse que la aproximación al conocimiento ocurriría también mediante la aplicación de la imaginación al arte literario, autores como Maldonado, Cervantes y Kepler la dejarán volar en sus sueños y viajes imaginarios, en los que encuentran la libertad artística necesaria para explorar las infinitas posibilidades que ofrecía la presencia y circunstancias del conocimiento humano en el Arte[53]. Llaman la atención el tipo de géneros literarios que practicaron, con aires contrautópicos y protagonizados por una clase de personajes que presentan, con cierto espíritu libre, unos testimonios en los que se aportan ciertas interpretaciones del mundo sensible desde sus diferentes perspectivas, la cuales tienen en común que nunca pierden su conexión con el presente más inmediato: los perros y el hospital desde donde hablan los pícaros militares en *El retablo*; Maldonado y sus hijas en el *Sueño*; y Kepler como científico que aplica su modelo de conocimiento a la obra literaria en su *Sueño o la astronomía de la luna*, como se refleja en la evidencia de sus notas,

---

51 Este crítico defiende que, en los trabajos de científicos del período de autores como Copérnico y Kepler se aprecian poéticas originales para una nueva lectura del universo, materializadas en alegorías como el *Sueño*: "Both Copernicus and Kepler sought explanations anchored in a vertical order: the world is the work of a divine *poietes*, and their project implies that one can reach back through the project of to the Creator's poetics. What they aim to reveal through their own poetics is thus truly, as my title says, the poetic structure of the world" (20).

52 "Vermeer represents the smooth cultural continuum between the peculiar visual sensitivities which historians name 'Baroque' and the intellectual fashioning they recognize in the emergence of early modern science. The emblematic practices of the 'New Science'—mathematical theorization; observation employing high-power instruments; meticulous empirical inquiry—all were intrinsically embedded in the rich tapestries of Baroque 'forceful [...] paradoxes.' Operating a telescope, drawing a geometrical depiction of physical motion or carefully collecting natural specimens was no less 'Baroque' than the hyperbolic metaphors in literature or dramatic light and shadow play in the visual arts. The late Fernand Hallyn noted that the early phases of the New Science adopted late mannerist irony as the poetical mode of structuring its world view (Hallyn 1993, esp. 152–61)" (Gal y Chen-Morris 4).

53 En este sentido, se ha identificado que las obras de Kepler reflejan la tendencia barroca a encadenar disciplinas estéticas y empíricas, en su intento, con creatividad e imaginación, de encontrar un nuevo lenguaje para aunar las ciencias naturales y las espirituales: "If you were a natural philosopher in the 'crisis within a crisis' phase, numerous avenues were open to you [...]. Is natural philosophy to become mathematical? [...] Can natural philosophy articulate to political theory, medicine, theology or not, on whose terms? [...]" (Schuster 29).

las cuales confirman sus afirmaciones. En el caso de Maldonado y Kepler, los protagonistas, homónimos a los propios autores, comparten sus más o menos verosímiles experiencias en primera persona. Así, la validez de la tercera vía mística de la exploración intelectual del saber divino se confirmará en unas obras donde se aprecia un método de exploración de la verdad a través del autoconocimiento y la comprensión de las leyes del mundo sensible. Estas narraciones son contrastadas con la evidencia del propio comportamiento humano más inmediato, que sirve como lastre y contrapoder para evitar que la imaginación vuele demasiado alto.

Ante la pregunta de por qué no existieron más librepensadores como Cervantes en España, la respuesta se puede encontrar atendiendo a lo expuesto hasta ahora sobre las prioridades políticas de la Monarquía y de la Iglesia contrarreformistas[54]. Sin embargo, la propia existencia de Cervantes consta no sólo su excepcional capacidad para describir verosímilmente al ser humano de su tiempo, sino la existencia de cierto reducto de libertad para poder desarrollar la creatividad humana dentro del arte literario contrarreformista. Esta posibilidad parece estar más limitada en otros campos del progreso científico, los cuales podrán contradecir el más politizado e ideológico método del pensamiento hegemónico, el cual había sido predominantemente aceptado para ser utilizado tanto para la expansión territorial como en la evangelización universal.

El gran mérito de Cervantes puede residir entonces en su capacidad de aprovechar el ámbito literario para la propagación de los aspectos más virtuosos del espíritu contrarreformista, mientras también defendía una cosmovisión artística, la cual se apoyaba en principios del conocimiento barroco más avanzado, como era la del desarrollo de la perspectiva y la autoconsciencia, coincidente, tanto en el ámbito científico como en el teológico. Es así como este autor contribuirá a derrumbar literariamente algunos de los muros de contención ideológica preexistentes en la propia narrativa de su tiempo, como se ha estudiado en el primer capítulo, aportando obras de entretenimiento virtuoso, llenas de imaginativos artificios barrocos, que no disgustarían del todo, ni estética ni conceptualmente, a las autoridades políticas y eclesiásticas.

Cervantes se quejará frecuentemente de la hegemonía de un tipo de espectáculos y Literatura, supuestamente al gusto artístico del vulgo. Por un lado,

---

54   El comienzo de la revolución científica en España se ha situado hacia 1520 (Barrera-Osorio 2006, 2, 2007; Cañizares-Esguerra 2004, 2006, 14, cit. en Gascoigne 221), lo que coincide tanto con un momento álgido en su expansión imperial como con el impulso de instituciones como la Complutense, capaces, en ese tiempo, de absorber corrientes de pensamiento de autores como Lulio, Cusa y Bovelles.

este modelo era menos sofisticado intelectualmente y, por otro, tenía una mayor capacidad de albergar elementos propagandísticos, como es el caso de muchas de las obras de la paradigmática comedia nueva contrarreformista. Sin embargo, a pesar de no alcanzar un gran impacto histórico universal, con relación a la cantidad de recursos invertidos para garantizar su continuidad, esta clase de entretenimiento tendrá gran acogida local. Tiene así sentido que este tipo de espectáculos contrarreformistas vayan dirigidos a la misma audiencia entregada a los sermones religiosos, donde se apelaba a las emociones, más que a la razón. Aceptando la imposibilidad, o si se prefiere incapacidad, (véase el experimento fallido de las *Ocho comedias y ocho entremeses*), de participar del discurso hegemónico propagandístico literario español de muchas de las obras de la comedia nueva, Cervantes encontrará en la narrativa un gran potencial para el debate de asuntos intelectuales más profundos. De entre ellos destaca la problemática sobre la recepción literaria y representación de la realidad, verosímil y autoconscientemente, algo con lo que comienza a experimentar en su primera novela[55]. Así, en algunas de las escenas bucólicas de *La Galatea* se tienden a desmitificar al pastor literario ante el más verosímil, siendo éste un problema conceptual, que se vuelve a tratar en *El coloquio*, con la inclusión de protagonistas que son capaces de situar el debate de la pertinencia de la obra de ficción dentro de la propia epistemología narrativa. Con ello se contribuirá a explicar mejor el propio proceso por el que la identidad del ser humano puede quedar absorbida en la fabulación asociada al ser de ficción, como ocurre, entre otros personajes, con Grisóstomo en el *Quijote*.

La vía mística intelectual de acercamiento a lo divino, orientada al conocimiento de la fuente del saber puro, puede llegar a armonizar neoplatónicamente con el fundamento filosófico basado en la necesidad imperante de separar verdad e ideas, siendo factible su manifestación en obras de arte que cuenten con los mecanismos adecuados para poder plantear su alcance intelectual ante los lectores. Los principios neoplatónicos reflejados en la epistemología literaria y científica de autores como Cervantes y Kepler sitúan a estos escritores alejados del tipo de pensamiento que provenía del Medievo, dependiente de diferentes dogmas que se asociaban a autoridades clásicas y eclesiásticas preexistentes. El presente que plantean se basa en un conocimiento que, cada vez más, se desarrollaba y adquiría a partir del desarrollo de la vía experimental[56]. Así, por ejemplo, Cervantes sitúa tanto la acción de *El coloquio*

---

55 La autoconsciencia creativa, como vía de sabiduría humana, se aprecia así en obras cervantinas como la *Galatea* y el *Quijote*; en esta última se mantiene "[...] a lo largo de todo el libro, lo que es casi un ininterrumpido comentario sobre su propia ficción" en muchos casos a través de sus protagonistas, lo cual es "[...] una característica de las *novelle* italianas y sus imitaciones españolas" (Riley *teoría* 60–2).

56 Como defiende Howell, Kepler incorpora en su obra sus creencias acerca de la relación de la Biblia con la Naturaleza, con el sentido moral de descubrir la verdad del universo tal

(entre sueño y realidad verosímil) como a los "artistas" literarios responsables de su diálogo humanista (entre animales y seres humanos), en espacios indefinidos, que les facilitarán el acceso a una perspectiva única para la interpretación de la realidad. Sus puntos de vista son similares a los que adquieren los personajes-narradores de Maldonado y Kepler, con sus testimonios privilegiados, en sus contrautopías narradas mediante sueños neoplatónicos[57].

El conocimiento directo del mundo sensible que se refleja en el criterio verosímil de la narrativa cervantina permite certificar al observador externo a su obra que lo que contempla el protagonista son molinos y no gigantes, igual que el movimiento de los planetas es elíptico y no circular, tomando como buena la evidencia, "[...] no en relación, como de antes, / sino en hecho," como se afirma en el segundo acto de *El rufián dichoso*. En un período en que la Ciencia se identifica con el conocimiento más avanzado y la epistemología artística, mística y técnica se podía dirigir al fin común de la Sabiduría sobre el origen de la obra divina, ciertas obras literarias podrán adoptar también la función de herramientas del conocimiento. Con ellas se hará posible el planteamiento de debates filosóficos sobre, por ejemplo, el modo opuesto de representar la realidad existente entre la fábula y la historia. Tanto Cervantes como Kepler, a partir de ideologías religiosas diferentes, demuestran la posibilidad de la utilización de artificios y otros mecanismos innovadores para la expansión del pensamiento, en sus respectivas exploraciones del origen y sentido de un tipo de cosmovisión trascendente que estaba sustentada en la mística de la Sabiduría[58], demostrando así que la propia ficción puede servir como

---

    y como Dios lo hizo, para motivar al ser humano a emularle, siguiendo una vida perfecta moralmente, en un claro ejemplo de la multidisciplinaridad barroca en el estudio del "libro de la naturaleza:" "Theology as a formal discipline was distinct from astronomy in his mind, but theology as a set of beliefs provided the metaphysical grounding for the true cosmology" (125, ver 125–26, 134–35).

57   El paradigma de las fábulas caballerescas que se pretende superponer sobre la realidad de La Mancha es resultado de un método epistemológico que nace del conocimiento exhaustivo de estas novelas por parte de Don Quijote. En ellas se hace consciente al lector de que la idea se puede corromper y la verdad ocultarse. El que la utopía sea la realización ficticia de una idealización extrema sitúa a este género literario apartado de la propuesta epistemológica neoplatónica de la obra de Cervantes, epitomizada en el *Quijote*. Se aprecia, además, en obras como *El coloquio,* un tipo de crítica del propio género utópico, algo que no concuerda con la interpretación de críticos como Trousson que extienden la presencia de la utopía a toda la obra cervantina, calificándola como: "[...] una gran *Sinapia* o *Bireia* [...]. Pero en ella existe la libertad de la que carece el género utópico" (19).

58   A partir de la reconceptualización mística de la Sabiduría por parte de Bovelles, la inteligencia constituye una herramienta para entender la paradoja de su naturaleza divino-terrestre (Trowbridge 363).

lenguaje válido para la interpretación del mundo, al nivel de la Música y las Matemáticas.

El mismo espíritu que inspirará el método científico, basado en la búsqueda eficiente de evidencia para dilucidar la verdad, con la intención de que ésta predomine sobre la imposición de cualquier fuente ideológica que la contamine, se aprecia en la obra de autores como Maldonado, Cervantes y Kepler. Éste no necesita, ni puede estar condicionado, por ideologías religiosas, sean reformistas, católicas o protestantes. Antropocénticamente, cualquier potencial tendencia religiosa queda opacada por una propuesta epistemológica primigenia de mucho mayor alcance para la comprensión del sentido de las acciones del ser humano: la ideología es enemiga de la verdad. El estudio comparado de las tres ficciones de temática similar de estos autores servirá así para desvelar detalles de sus aproximaciones a la verosimilitud artística, las cuales se orientan a llamar la atención sobre el abismo neoplatónico entre idea y verdad, como se aprecia en sus novedosos e imaginativos usos de artificios literarios.

La obra cervantina participa del proceso de revisión de las fuentes clásicas que estaba teniendo lugar en su tiempo, algo que se aprecia en su exploración artística del mundo sensible, la cual se adaptará al cuestionamiento de la falsedad ideológica que se asociaba a los géneros literarios tradicionales. La confusión entre verdad e idea suele ser recriminada como un error conceptual con consecuencias en la obra de Cervantes, desde *El retablo de las maravillas*, hasta la fantasía pastoril de Grisóstomo, sin olvidar al propio Don Quijote, o al Licenciado Vidriera. El uso de la propia obra de ficción como objeto artístico desmitificador de mentiras y falsedades es algo típicamente cervantino; es como si se les estuviera otorgando a géneros literarios, como las novelas de caballerías, picarescas, sentimentales o bucólicas, la misma función que la *Geografía* de Tolomeo ante las nuevas tierras exploradas y cartografiadas[59]. La imaginación de Cervantes utiliza los géneros literarios para confirmarle al lector todas las imperfecciones nacidas del imposible ajuste de la evidencia

---

59 De hecho, se ha apuntado cómo algunas novelas de caballerías estuvieron informadas por las ciencias de la Cartografía y la Geografía: "That Cervantes has Don Quijote set off blindly in search of knightly adventure following his protagonist's enrapture with works in the mode of the Amadis indicates the breadth of influence the island book exerted on early modern fiction. For Simone Pinet, Cervantes' masterpiece knells the death of chivalric romance, but only through a deeper affiliation with cartography. Both parts of *Don Quijote* are composed of isolated encounters. The novel contains satire of cartography and cartographers but also plots strangely familiar and even subterranean spaces in La Mancha" (Conley 406).

experimental ante cualquier verdad preexistente. Los géneros literarios se subvierten ante su propia versión más verosímil, mientras se debate el asunto dentro de la propia ficción, confirmándose así la posibilidad del uso de la Literatura como lenguaje válido para interpretar la obra divina terrenal[60].

En la obra cervantina se resaltan los efectos negativos de la banalizada literatura de entretenimiento mediante personajes como Don Quijote. Sus acciones han de fracasar, al estar condicionadas por una concepción fantástica e idealizada de la existencia, ya que su método de pensamiento no es operativo en el mundo sensible. La verdad se alimenta de una combinación de experiencia y experimentación en la obra cervantina; no obstante, cuando se interfiere artificialmente en el acto de percepción sensible, con la intención de alterar su manera de operar con respecto a la realidad, el resultado puede ser desastroso.

Existieron autores relevantes por su capacidad de aplicar ciertos criterios neoplatónicos a sus obras literarias, con las cuales se aportaron criterios al debate autoconsciente de la diferencia entre artificio y conocimiento de la verdad, orientados a crear el efecto de la posibilidad de una representación artística verosímil en el lector. Estos pensadores tienen en común su interés por experimentar con métodos epistemológicos que fueran capaces de iluminar la verdad mediante el uso del artificio literario. Por un lado, Maldonado, con el precedente de su *Somnium*, por otro Kepler en su obra homónima y finalmente Cervantes en *El casamiento* y *El coloquio*. Se aprecia en todos ellos una común intención en desvelar la naturaleza autoconsciente del pensamiento humano, desarrollando en sus obras unos artificios literarios nacidos de una corriente epistemológica neoplatónica antropocéntrica, orientada a la puesta en práctica de un método que está inspirado en la tercera vía mística del conocimiento de Dios. Apuntan así hacia un saber que transciende cualquier particular conocimiento filosófico, científico o literario preexistente, el cual se muestra sometido bajo un método común neoplatónico y autoconsciente, dirigido hacia una redefinición de la Sabiduría, acompasada al progreso histórico de las metodologías del conocimiento más avanzado del período[61].

---

60 En este sentido, llama la atención la existencia de textos en los que se presentan situaciones en las que el exceso de imaginación es reconducido radicalmente, mientras otras veces se deja al libre albedrío, en emblemáticos casos de la obra cervantina, que responden muy bien al espíritu de la Nueva Ciencia Barroca: "Enforcing order in the face of threatening chaos, blurring the boundaries between natural and artificial and mobilizing passions in the service of objective knowledge, is our contention, the New Science is a Baroque phenomenon" (Gal y Chen-Morris 8).

61 Así, se ha llegado a sugerir que, para considerar una obra renacentista, ha de encontrarse una autorreflexión o reflexión sobre la relación entre el individuo y Dios, un hálito de recuerdo místico, como ocurre a partir de Cusa en Ficino, Valla, Pico, Gemistus y Michelangelo (Catà "forking" 387).

5.2 ¿Sueñan los perros cervantinos como humanistas? La representación de la verdad en los sueños neoplatónicos contrautópicos de Maldonado, Cervantes y Kepler

Teólogos como Ciruelo, en su *Reprobación de las supersticiones*, reflexionan sobre el sentido de los sueños, defendiendo sus tres tipos de causas: naturales, morales y teologales, siendo la última interpretada como revelación divina o celestial. Además, advertirá contra el uso de los sueños para interpretar el pasado o anticipar el futuro, ya que "El que por los sueños adivina las cosas que acaecieron o acaecerán a los hombres, es vano, supersticioso, y tiene secreto pacto con el diablo, como Cristiano apóstata. Todo buen Cristiano debe apartar de sí este cuidado de pensar en los sueños, [...]" afirmando también que el cuerpo se altera en el sueño "[...] por causa intrínseca de los humores que se mueven dentro del cuerpo [...]" porque "Durmiendo está la fantasía del hombre más desocupada y volando [...]" (76).

El aceptar que el sueño ocurre cuando la consciencia de lo sensible está disminuida y alterada facilita la aceptación de que la idea pura pueda manifestarse sin filtros en el ser humano, desvelándose así los pensamientos más profundos que definen la identidad del individuo. Un modo similar de operar entre dos cosmovisiones, en este caso la de la fábula caballeresca y la de la sociedad de la Mancha, se asocia a ciertos momentos clave de la acción de personajes como Don Quijote. Su participación en episodios como el descenso a la cueva de Montesinos también confirma que las ideas puedan fluir con cierta pureza durante el sueño, mientras que, cuando el individuo se despierta, la confusión retorna a la mente humana.

En diferentes momentos de *El coloquio*, *Persiles* y en el episodio de la cueva de Montesinos de la segunda parte del *Quijote* se aprecian personajes en estados intermedios entre idea y verdad, a caballo entre el mundo de lo sensible y lo suprasensible, lo real y lo imaginado[62]. Estos protagonistas pueden llegar a defender creencias supersticiosas y sobrenaturales, llegando a incluirse la participación de magos para explicar la transformación de su realidad, que incluso explicaría la propia existencia de Alonso Quijano dentro del personaje de Don Quijote (Ortiz "relación" 108). Más allá de cualquier influencia externa, la fundamental transformación de Alonso Quijano en Don Quijote,

---

62　Así, Riley ha encontrado la justificación de una obra como *El coloquio* dentro de varias posibilidades, que fuera verdad (magia) y un sueño o una fabulación de Campuzano, concluyendo que "La fantasía puede justificarse o por su relación con las supersticiones populares, o como un posible sueño, o también como una historia referida por un personaje ficticio de dudosa integridad" (*teoría* 301).

relacionada con todas sus "supersticiones literarias," es el resultado tanto del proceso de su alejamiento de la verdad original como de su acercamiento al ámbito de las emociones nacidas de una imaginación, la cual está afectada por el estado melancólico que sufre. Éste se acentúa, verosímilmente, por su edad y por las lecturas de fábulas "perniciosas," las cuales incrementan su tendencia a asumir como reales lo que son creencias y supersticiones, sin evidencia sólida que las sustenten.

La intención original expuesta en el prólogo a las *Novelas Ejemplares* confirma la existencia de narrativas cervantinas donde se busca deleitar y ejemplarizar, respetándose, a la vez, un tipo de arte literario verosímil. La obra de Cervantes se caracteriza por contener ciertos episodios en los que se aprecian reacciones contra falsarios, simuladores y seres poco virtuosos que parecen afectados por la mentira literaria u otro tipo de fantasías que rigen sus existencias. Estos personajes hacen uso de su capacidad creativa para manipular al prójimo, fabulando y creando artificios. La defensa de la verdad ante el engaño, la idea de perspectiva o la diversidad de puntos de vista ante un mismo hecho aparecen también frecuentemente relacionados con la libertad de elección en la obra cervantina. Aceptar que la verdad puede tener diferentes vías, dependiendo de la capacidad de elegir y gracias al uso del libre albedrío, es otro de los aspectos esenciales de la filosofía artística cervantina. El ser "hijo de sus obras" está presente en un tipo de literatura, en la que se evitan posiciones excesivamente dogmáticas e ideológicas[63] que condicionen la percepción de la realidad del propio individuo, como pequeño mundo, afectando su adecuado conocimiento del universo.

La eliminación paulatina de las barreras ideológicas que impiden la comprensión de la verdad comenzará a acelerarse, a medida que se va desarrollando el método científico, circunstancia que también se reflejará en el ámbito artístico barroco. Es lógico que el Arte, cuyo último fin era tradicionalmente el de reproducir verosímilmente la realidad, como atestiguan las fábulas antiguas sobre la técnica pictórica empleada por los míticos Zeuxis y Parrasio, haya de adaptarse también a una nueva epistemología científica experimental, en la que las fuentes clásicas y sagradas se complementaban, cada vez más, con la evidencia ante los sentidos.

El desarrollo del artificio en el Arte se relaciona así con un espíritu similar al uso de técnicas experimentales en la Ciencia, a partir de su utilización común

---

[63] Bovelles era también firme defensor del conocimiento revelado por el Intelecto, libre del dogma religioso, mediante el que se alcanza a comprender el universo percibido por los seres humanos como un reflejo autoconsciente de la propia psique humana, última responsable de la interpretación que se le da al mundo (Trowbridge 362).

de diferentes herramientas orientadas al progreso del conocimiento humano. Obras como *A Vision of the Holy Family near Verona* de Paolo Fiammingo, el *Sueño* de Maldonado y Kepler, además de *El casamiento y El coloquio* cervantinos tienen en común el ser resultado de exploraciones autoconscientes sobre los propios soportes artísticos que los artistas utilizan para la transmisión de verdades de difícil comprensión. Son visiones o sueños, con los que se cuestiona la obsolescencia de ciertos dogmas preexistentes, que no se habían adaptado a la cambiante realidad observada y replicada por el artista.

La relación entre todos los cuadros anteriores sobre la huida a Egipto de la Sagrada Familia y la propuesta meta-artística de obras como *A vision of the Holy Family near Verona* de Paolo Fiammingo es similar a la que se establece entre Don Quijote y las fábulas caballerescas[64]. En ambos casos, tanto la autoconsciencia como la perspectiva contribuyen a iluminarnos acerca de la posibilidad de utilizar el Arte como lenguaje válido para la comprensión del universo; a partir de sus respectivas propuestas artísticas se demuestran su capacidades para transmitir verdades inefables mediante el Arte. El marco narrativo de unas visiones y sueños, profundamente vinculados a la identidad humana, permite la ilusión del efecto de un artificio verosímil único con el que se puede representar la ilusión de la distinción entre verdad y mentira, a partir del pensamiento más profundo e identitario el individuo. Este tipo de reflexiones son materia central del debate que generan personajes como Cipión y Berganza. Ambos son conscientes de la posibilidad de replicar la verdad mediante el artificio verosímil que nace de su propia capacidad de comunicarse entre sí, a través de un diálogo humanista. Mediante una escena que es verosímil, aunque objetivamente imposible, los canes cervantinos son capaces de expresar ideas profundas sobre la comprensión de la realidad que les rodea, utilizando el lenguaje universal de la Literatura para describir su propio universo de ficción[65].

Así, la concepción de un tipo de arte dirigido a iluminar al receptor sobre cómo se alcanza la propia verosimilitud en la obra literaria que está leyendo define la identidad estética cervantina, algo que se constata en sus momentos y personajes más paradigmáticos. La exposición literaria de casos donde existe

---

64 Badiee Banta, de acuerdo con los planteamientos de Stoichita, describe este cuadro como un "meta-painting," [...] "produced as a commentary on the artist's manual and intellectual talents" (130).

65 En otro sentido, protagonistas como Grisóstomo, Anselmo o Tomás Rodaja también pueden ser considerados "contraejemplos" del mal uso de un método de conocimiento, con el que se reflejan las nefastas consecuencias del engaño en el que cae el ser humano, cuando su capacidad de discernir es confundida por simulacros y otros artificios que les incapacitan para distinguir entre ficción y realidad, asimilando confusamente el "mal" conocimiento, al haber sido expuestos a ciertas manipulaciones cognitivas similares.

una corrupción de la verdad en la obra cervantina se presenta a través de personajes afectados por la ilusión, la mentira, la decepción y la distorsión de la realidad, que son una especie de víctimas del Arte y del artificio manipulador, malo y/o mal entendido, como confirman, por ejemplo, Grisóstomo, Anselmo y las autoridades de *El retablo*. La comprensión de la obra cervantina, dentro de la problemática sobre la separación entre verdad e idea corruptora, como una vía de conocimiento elevado, tiene su epítome en las advertencias contra los peligros de la fabulación extrema que ocurren en *El casamiento*, *El coloquio*, *El licenciado*, *El retablo*, así como en diversos episodios del *Quijote*.

En su estudio sobre el *Sueño* de Kepler, Hallyn defiende la capacidad del científico barroco para comprender la potencialidad creativa que reside en la exploración del saber artístico, como una vía de conocimiento transcendente. Kepler escribirá una combinación de obras científicas y literarias, donde la alegoría se utiliza, según Hallyn, como concepto unificador tanto de su saber artístico como científico, siendo éste un artificio reconocido por el propio Kepler en su obra, como válido para aproximarse desde el mundo de las ideas al de la verdad. Existe evidencia en la obra cervantina acerca de la utilización de criterios neoplatónicos, ante planteamientos similares a los del *Sueño* de Kepler. La epistemología del universo literario de un escritor como Cervantes es coherente con la alegoría del mundo de un científico como Kepler, atendiendo a cómo resuelven sus respectivos planteamientos literarios, dentro del subgénero narrativo que ambos practicaron. Sus epistemologías neoplatónicas convergerán en sus respectivos sueños neoplatónicos contrautópicos[66], aportando numerosas claves con las que descifrar el criterio que rige el pensamiento creativo de estos dos pensadores manieristas. En las obras de Kepler y Cervantes se confirmará, a partir de sus respectivas disciplinas, la Astronomía[67] y la Literatura, la posibilidad del uso de recursos creativos para relacionar las herramientas del conocimiento del ser humano con la verdad última de su origen sagrado.

Una de las razones por las cuales el período Barroco es fundamental, en los estudios sobre la historia de la Ciencia, reside en la comprensión de la manera

---

[66] Hallyn ha identificado detalles contrautópicos en el *Sueño* de Kepler: "The *Dream* nonetheless occupies a precise relationship to this genre, insofar as Duractotus' book constitutes an anti-utopia. The realistic description of the lunar countryside, based on telescopic observations, forms a contrast to possible utopian idealizations [...]. The new positive science negates a positive fiction and does so with the methods of fictional discourse" (275).

[67] "For Copernicus or Kepler, Astronomy constitutes a way to God. They postulate the possibility of true knowledge of the celestial order and its motions as they depend on a higher and ultimate Principle that reveals or communicates itself in what it creates" (Hallyn 23).

en la que se utilizaba la creatividad por parte de sus pensadores, artistas, exploradores y científicos. Estos, en su búsqueda y aplicación de una metodología del conocimiento adecuada, fueron capaces de integrar criterios filosóficos, científicos y estéticos, entre otros, siendo este tipo de tensión multidisciplinar, una parte esencial de la propia epistemología del tipo de arte que practicaban[68]. Se constatará así que su estética manierista no dependía tanto de los modelos geométricos y de la perspectiva clásica como, por ejemplo, de nuevos puntos de vista para contemplar una misma verdad, algo evidente en su interés por la exploración de estos asuntos, que están también presentes en la obra de algunos teólogos del período como Bovelles. Además de continuar imitando a los clásicos, con la intención humanista de asimilarlos y superarlos con ingenio, en el propio arte barroco también se reconoce cómo el mundo había cambiado, acorde a los nuevos métodos de aproximación a la verdad que se habían materializado con la experimentación, a partir de nuevas técnicas artísticas, como se aprecia, por ejemplo, en la presencia de la écfrasis en autores como Cervantes (ver De Armas *Ekphrasis*). El Arte ha de ser verosímil, no tanto por su parecido a la realidad ideal, en imitación de la perfección geométrica, tal y como se intenta reflejar y adaptar en las obras clásicas, sino como una vía que permite imitar y desvelar la evidencia de la verdad inmediata, sensible y comprobable, de la manera más eficiente posible. La verosimilitud estética será preferible a la perfección geométrica, en la transición del Renacimiento al Barroco.

Muchos artistas barrocos son conscientes de su responsabilidad en la interpretación del mundo, debido a sus papeles como mediadores entre los fenómenos sometidos y descritos por la Filosofía Natural y el individuo receptor de su obra. Igual que en el caso de la Ciencia, su reconocimiento como artistas clásicos-modernos podía depender de su capacidad de proveerse de las técnicas e instrumentos adecuados para mejorar su capacidad de crear artificios dirigidos a educar, deleitar y convencer verosímilmente al lector o espectador. Aunque una gran imaginación es capaz de concebir un artificio efectista y causar admiración, su propósito puede ser inútil, cuando su uso no se asocia a un principio virtuoso, como ocurre en el episodio de la pinacoteca de Hipólita en el *Persiles*, *El retablo* o el simulacro de Basilio en las bodas de Camacho. Al conseguirse elevar el conocimiento humano mediante la razón, se alcanza un tipo de Sabiduría único para la comprensión de las obras humanas con relación a lo divino.

---

68   "The coupling of *Baroque* and *Science* [...] signals a methodological interest in intellectual tensions, the compromises they necessitate and the anxieties they cause, rather than in self-affirming narratives of success and failure" (Gal y Chen-Morris 6).

En la obra cervantina llama también la atención la presencia de personajes vulnerables, marginales, sin historia. De igual modo, pintores como Ribera y Velázquez profundizarán en retratar la nobleza de los gestos de los más desfavorecidos, destacando, a su vez, la ausencia de ella en algunos miembros de la oligarquía cortesana. El artista adapta su técnica particular a crear, verosímilmente, una obra que armonice con su tiempo y espacio, donde la inclusión de la autoconsciencia en el Arte hace posible que se compartan con el receptor los fundamentos de la concepción del propio artificio, que incluyen todo lo que la experiencia percibe, tanto lo más sublime, como el universo más materialista descrito por Berganza en *El coloquio*.

El astrolabio o el telescopio no tienen sentido sin el ser humano que pueda dárselo para experimental con ellos e interpretar el resultado de sus respectivos usos. Tanto el propio experimento como el aparato científico suponen una extensión del ingenio del ser humano, en su comunicación directa con el misterio de la Filosofía Natural, que se ha planteado y aspira a resolver. La imaginación del artista utiliza recursos equivalentes a los técnicos utilizados por la Ciencia, con los que también se transmiten conocimientos sobre cómo opera la realidad, para poder entregarle al receptor los secretos de la propia experiencia artística, en la que el autor ha intervenido. Esta acción imaginativa es como la cortina clásica del trampantojo, la cual genera el deseo curioso de apartarla en el espectador, para poder apreciar el contenido que se oculta tras ella. Representar la verosímilmente la realidad implica, para ciertos autores barrocos, advertir al receptor sobre la importancia de evitar confundir idea y verdad, mientras se razona artísticamente sobre la relación existente entre ambas[69].

---

[69] Lo cual diferenciaría esta aproximación de la aristotélica, basada en la continuidad de la materia. Heninger profundiza más en la diferencia entre la razón aristotélica y el intelecto platónico: "From his studies in Plato's Academy, Aristotle absorbed this concept of cosmos, but he chose to restate it in terms which accorded with his own world-view. For Aristotle, ultimate reality did not lie among the ideas in Plato's changeless world of being, but rather it lay among the objects which comprise physical nature. As a result, Aristotle reinterpreted the theory of cosmos as a theory of continuous matter which he called the plenum. For Aristotelians the creation is a universe, but its coherence depends upon the continuity of categories laid edge to edge rather than upon any common pattern that informs each category. There is a scale of being that rises without interruption from stones to plants to animals to man to spirits and eventually perhaps to the deity. [...] The subject matter of cosmography, then, could be the cosmos for those oriented toward idealism, or the plenum for those oriented toward materialism" (8).

5.2.1 Nuevas perspectivas privilegiadas desde el abismo neoplatónico: El eremita y el Sueño *de Maldonado,* El casamiento y El coloquio *de Cervantes y el* Sueño de la luna *de Kepler*

En *A Vision of the Holy Family near Verona*, de Paolo Fiammingo, se superponen varias realidades dentro de la propia obra pictórica (ver Badiee Banta 123–24). Con el efecto del *cartellino* se provoca que una imagen (atardecer en Verona) parezca más verosímil que la superpuesta (fuente bíblica escolástica)[70]. Siguiendo con la tradición clásica, el propósito de este recurso, común en otras obras místicas, era señalar la paradoja de que la procedencia del cuadro era humana y no divina (Stoichita 120). Alcanzar un nuevo sentido de verosimilitud artística mediante esta clase de artificios, nacidos de la imaginación del artista, es una tendencia artística relevante en el período barroco. En este tipo de arte, enfocado, muchas veces, en el desarrollo técnico y autoconsciente de la verosimilitud artística, se apunta a crear un efecto artístico en el observador que le posibilite apreciar aquellos momentos únicos en los que se puede manifestar la relación entre verdad y fantasía, racionalmente. Estos instantes permiten demostrar la capacidad del autor para reproducir complejos planteamientos artísticos verosímilmente, los cuales también entran así a formar parte del sentido último de la propia obra de arte. El pintor neoplatónico capaz de reproducir, de este modo, un sueño o una visión, en este período, podrá también acercar al observador al inefable momento entrevela, cuando el mundo de las ideas arquetípicas del creyente se comienza a mezclar con el de la verdad del universo creado por su Dios, como es el caso representado en *A Vision of the Holy Family near Verona*[71].

---

70   Este detalle artístico se asemeja a lo descrito en la mística del *ars oppositorum* de Bovelles, donde se muestra "[...] the paradoxical character of every vision of God, and of every concrete outward perception, through images and symbols. Images allow for two opposite perspectives to be seen in their unity in one movement, in a way inaccessible to speculation. [...] the interaction of opposite perspectives; perspectives that represent the vision of God within human perception" (Bocken 350).

71   Según Stoichita, el concepto tomista de la visión incluye la vista y la percepción interna de la imaginación. La mística se centra en la descripción de imágenes inefables, las cuales transmiten algo que no puede ser contemplado ni representado (7). Existen artistas capaces de reproducir pictóricamente un instante del mundo de los sueños, cuando verdad e ideas pueden llegar a separarse o confundirse. La imagen preconcebida del universo católico intenta, sin éxito, unirse a la *A vision of the Holy Family near Verona* de Paolo Fiammingo, en un momento de belleza máxima en la naturaleza, con una puesta de sol entreverada que parece corresponder a una visión mística. Pero también constituye el epítome de la imposibilidad artística de fundir la verdad bíblica (escolástica) con la verdad perceptible del atardecer de Verona. Este tipo de experiencias de belleza artística del período se ha descrito como "[...] the fundamental concept in the field of aesthetics, as aesthetics concerns what human beings 'see' as 'beautiful'" (Catà "perspicere" 286–87).

La descripción literaria de un vuelo cercano a la luna, protagonizado por un personaje que está montado en el caballo de madera Clavileño, se presenta en el contexto de los divertimentos organizados por los duques en torno a Sancho y a su amo, en el episodio cuarenta y uno de la segunda parte del *Quijote*. El hecho de que Clavileño sea una máquina añade un aspecto futurista al vuelo: "[...] the wooden animal is described in technological or scientific terms" (Gasta "theory" 73). La propia definición del prodigio técnico por parte de Covarrubias se refiere a: "[...] fábrica grande e ingeniosa," aunque: "[...] maquinar alguna cosa significa fabricar uno en su entendimiento trazas para hacer mal a otro" (538). Los duques "maquinan" con un simulacro que incluye la máquina de Clavileño, para sentir el placer de observar tanto la teatralización del vuelo como el efecto de la aventura en la pareja protagonista. La credibilidad del "viaje" depende, en gran parte, del consenso alcanzado acerca del espacio geográfico recorrido por los "viajeros." El asunto de la inverosimilitud del vuelo está presente en la narración de uno de sus protagonistas. A pesar de que todos los presentes han sido testigos de que no ha salido de la habitación de donde estaban, el testimonio de Sancho contradice esta realidad, reafirmándose en la verosimilitud de su vuelo, el cual queda a la altura del viaje más fabulado y ridículo del período[72]. Esta contribución cervantina a un género que había sido practicado por otros autores de su tiempo, el de los viajes imaginarios, rebosa de ironía, al haberse situado el episodio protagonizado por Sancho dentro de

---

La obra de Paolo Fiammingo incluye múltiples perspectivas, la del pastor y la del caminante, quizás soñando a la vez el momento mágico en el que ideas y verdad parecen poder fundirse, para probarse la existencia de un más allá divino, origen último de todas las cosas. Esta urgencia en la búsqueda de la verdad en el arte, sea como sea y allá donde esté, define las obras de autores como Paolo Fiammingo, Maldonado, Cervantes y Kepler. Por encima de cualquier influencia religiosa, ideológica o estética, su arte es resultado de un interés en representar, mediante sofisticados artificios intelectuales, la verdad trascendente del ser humano.

[72] "En 1525, y a pesar de tan absurda y extravagante vida, Torralba llegó a ser médico de la reina viuda de Portugal, doña Leonor, y con ayuda de Zequiel hizo maravillas. Acortémoslas para llegar a la situación capital eternizada por Cervantes. Sabedor Torralba, por las revelaciones de su espíritu, de que el día 6 de mayo de 1527 iba a ser saqueada Roma por los imperiales, le pidió, la noche antes, que le llevase al sitio de la catástrofe para presenciarla a su gusto. Salieron de Valladolid en punto de las once, y cuando estaban a orillas del Pisuerga, Zequiel hizo montar a nuestro médico en un palo muy recio y ñudoso, le encargó que cerrase los ojos y que no tuviese miedo, le envolvió en una niebla oscurísima, y después de una caminata fatigosa, en que el doctor, más muerto que vivo, unas veces creyó que se ahogaba, y otras que se quemaba, remanecieron en Torre de Nona, y vieron la muerte de Borbón y todos los horrores del saco. A las dos o tres horas estaban de vuelta en Valladolid, donde Torralba, ya rematadamente loco, empezó a contar todo lo que había visto" (Menéndez y Pelayo "cultura").

un estilo cómico adecuado al tono desmitificador del *Quijote*. Así, la ciencia y la técnica de Clavileño han hecho posible una experiencia fabricada e irreal, pero que ha sido capaz de provocar un debate sobre los límites de la realidad a la finalización del episodio.

El tipo de arte en el que se representa la relación entre ficción e historia, idea y verdad ha llamado la atención de ciertos autores curiosos de poner a prueba recursos artísticos con los que se ofrecen nuevos puntos de vista sobre la reproducción artística verosímil. En los sueños neoplatónicos contrautópicos de Maldonado, Cervantes y Kepler se presentan este tipo de artificios artísticos autoconscientes, que están orientados a elevar la verosimilitud de unos textos, en los que se entrega al lector las claves de la interpretación de los sueños de los protagonistas:

> en el caso de Maldonado, cuando se presenta como personaje-testigo;
> en el de Kepler, incluyéndose como autor implícito en las notas a pie de página de su propio texto;
> con Cervantes, a través de las mentes calenturientas de apicarados soldados con enfermedades venéreas, capaces de provocar imaginativas fusiones entre cuerpos animales y mentes humanas.

El modo en el que se cuenta es tan o más relevante que lo que se narra en estas obras oníricas y visionarias, donde la técnica literaria y la perspectiva[73] son presentadas y debatidas dentro de la propia obra de arte y están regidas por criterios válidos para el conocimiento del mundo sensible. En estas ficciones oníricas se le ofrece al receptor la posibilidad de compartir el punto de vista privilegiado que se propone con el artista, mientras se nos sumerge, fantásticamente, en la problemática del abismo neoplatónico existente entre idea y verdad[74]. Así, en las obras de autores humanistas como el *Sueño* de Maldonado se desvelan verdades mediante viajes oníricos verosímiles, a la vez que se promueve un tipo de Literatura en la que se llama autoconscientemente la atención acerca de la propia relación entre idea y verdad[75], como ocurrirá también

---

73 "The human way of achieving infinity is perspective, what Cusanus in his *De visione dei* calls the limited mirror of the human mind [...] For Cusanus every human being is a 'vision of God': for God, 'to see' means 'to create.' For this reason, the relationship between human and God can be assumed under the topic of vision" (Catà "perspicere" 290, 291).

74 El sueño es un género adecuado donde aplicar el concepto de perspectiva artística individual y libre, ya que "Lo que se sueña no puede ser conocido de forma directa e inmediata más que por el soñante, el cual, por su parte, puede manifestar a otros lo que ha soñado, pero no puede ofrecer más pruebas a favor de su testimonio que su credibilidad personal" (Avilés Fernández "cuatro" 138).

75 Este uso del género onírico para referirse a costumbres actuales puede tener como precedente a Lipsio, quien, en su *Somnium*, también escribe en primera persona "[...] una obra

en el caso en las bodas de Camacho, *El retablo*, en las dos partes del *Quijote*,
además de *El casamiento*, *El coloquio* o el *Persiles*. Pero esta posibilidad artística
única, lo es aún más cuando se trata del género de los sueños, ya que éste es tan
individualizado y único, que se pensaba que estaba condicionado por el estado
del individuo justo antes de soñar, como ocurre en el caso del protagonista de
Kepler[76]:

> "[…] ocurrió cierta noche que, luego de haber hecho as observaciones
> de los astros y de la luna, me arrebujé en la cama y me quedé profundamente dormido. Soñé que estaba leyendo un libro traído de la feria", cuyo
> contenido era del siguiente tenor: "Es mi nombre Duracoto, mi patria
> Islandia a la que Ios antiguos llamaron Tule."
>
> 65–66

5.2.2 *El extraño sueño de Maldonado*

El planteamiento del sueño neoplatónico de Maldonado[77] comienza con la
llamada de atención de una viuda, la cual se presenta en forma de una visión
cargada de un elevado tono hagiográfico:

> Primero estuve divagando en sueños de acá para allá, hasta que, al final,
> se me hizo presente María de Rojas, vestida con la elegante negligencia
> con que lo hacía tras la muerte de su esposo. Su traje resplandecía de tal
> manera, brillaba tanto su rostro, centelleaban sus ojos y sus manos de tal
> forma que poco me faltó para creer que era una diosa quien estaba a mi
> lado. Seguro es que, si no la hubiese reconocido al primer golpe de vista,
> me habría postrado para adorarla.
>
> 152

La aparición advierte a Maldonado tanto de la frugalidad necesaria en la vida
como del absurdo de aferrarse a los bienes materiales, incluyendo además
reflexiones puntuales y prácticas sobre la suerte y la voluntad de sus hijas, tras
su muerte:

---

    original, de invención, que retoma las convenciones de un género clásico, la sátira menipea, para hablar de un asunto de actualidad […] Lipsio […] toma la palabra para contar lo que soñó una noche de otoño […]" (Andrés Ferrer 105–25).

76 La mística del momento de la relación entre realidad y sueño conduce a que se llegue a considerar "[…] que el contenido del sueño viene condicionado, de algún modo, tanto por el estado de ánimo como por los contenidos de conciencia que precedieron inmediatamente a la dormición!" (Avilés Fernández "cuatro" 139).

77 Para un estudio detallado del fondo humanista de Maldonado, particularmente en su aplicación en relación con la picaresca, ver Smith y Colahan *Spanish*.

—Tú crees que me angustio—explicó—, por lo que les pueda ocurrir a mis hijas, tanto si heredan, al fin, su patrimonio, como si se ven despojadas de todo y reducidas a la miseria. ¿Para qué fueron creadas y engendradas en último término? ¿Acaso para vivir eternamente en la tierra o más bien para volar al cielo después de haberse detenido acá breves instantes? [...]

En verdad, sólo deseo que mis hijas vivan de tal forma que merezcan el cielo para el que fueron engendradas. No me importa que tengan una gran servidumbre y un patrimonio rico, ni que gocen de la amistad y el favor de los príncipes; es más, todo esto me parece aborrecible.

152

María de Rojas continuará razonando sobre la futilidad de esforzarse en dirigir la vida de las hijas de Maldonado, recordándole su capacidad individual para tomar decisiones, dentro de las posibilidades que les ofrece el uso del libre albedrío:

—Pues, ¿por qué no te apareces—le dije—, a tus hijas y a tu hermana y les aconsejas lo que tienen que hacer?

—No es posible ni conveniente—repuso—. Que cada cual se atenga a su propio juicio o, de lo contrario, fracasará. Las decisiones divinas son insondables. No nos agrada el trato con los mortales, por íntimos que hayan sido. [...]

Por cierto que si los afectos humanos sobrevivieran a la muerte, ¿qué placer sentirían las almas felices en contemplar cómo sus hijos, sus hermanos, sus esposos y sus mejores prendas sufren tormentos infernales?

153

La visión le seguirá descubriendo diferentes aproximaciones realistas a la interpretación de la verdad a Maldonado, a partir de la evidencia proveniente del comportamiento humano en diferentes lugares, familiares y exóticos, del universo. En la primera parada de su viaje imaginario se contempla lo ínfimo que se ve Burgos desde las alturas, ante cuya nueva perspectiva se produce una reacción de sorpresa en Maldonado, similar a la que experimentará Duracoto en el *Sueño* de Kepler:

—¿Qué fue entonces—le dije—lo que te impulsó a aparecer ahora ante mí?

—La razón es bien grave—contestó—, pero tú no la puedes escudriñar ni te creo capaz de entenderla. Pero, puesto que te gusta remontar a menudo el vuelo de tu mente a lo más sublime, velando por rastrear las estrellas y las órbitas celestiales, me vas a acompañar para que puedas entender a fondo cómo vuestras mentes, nubladas por la ignorancia, yerran en el mismo grado en que están sujetas a la podredumbre de la carne.

Yo la seguí ágilmente, como si fuese una pluma arrebatada por un remolino. Burgos se vio pronto tan pequeño como si fuese una aldea o un villorrio. Fue entonces cuando María de Rojas me preguntó medio en broma:

"—¿No le quitas el ojo a tu Burgos?

—Pues la verdad es—le dije—que estoy asombrado de que sean pura nada las cosas que ensalzan los hombres."

154-55

Tras la alusión al reducido tamaño de las personas, que también recuerda al comentario de Sancho, en estos mismos términos, durante su vuelo sobre Clavileño, se prestará atención al instante de una batalla contra los turcos: "Esos que te parecen ratones o grillos—me dijo María—, son hombres y bien es verdad que juegan, pero las prendas que se ganan en ese juego son sus vidas" (156). La descripción bucólica de unas muchachas que se encuentran en la luna evocará a la de las mujeres inocentes y libres mencionadas por Don Quijote en su discurso sobre la Edad Dorada:

No reconocéis ni adoráis a otro Dios que al oro; vuestro afán es la ostentación; vuestra servidumbre, la codicia. [...] Es más, en aquellos tiempos, en que la gente no estaba aún envenenada de avaricia y lujuria, la inmensa mayoría, incluidos los gobernantes, vivían en los campos y en aldeas y criaban a los suyos con los frutos que sus propiedades les rendían sin tasa [...]. A veces, las muchachas, desnudándose, corrían al estanque, se zambullían en sus aguas, buceaban y jugaban como si estuviesen en seco, hasta que, a una leve señal de la reina, volvían a vestirse, se sentaban junto al trono y, conforme llegaban los hombres, los acogían en sus regazos y conversaban con ellos. Celebraban confiadamente a Dios, creador de todas las cosas, y en él cifraban toda su felicidad y su alegría. (158-59, 162)

El armónico universo observado tanto en la luna como en Lima[78] contrasta con la propia sociedad de la que provienen María de Rojas y Maldonado, la

---

[78] La descripción de la virtud, vinculada tanto a la sociedad selenita como a la de los indígenas de las antípodas, se asocia a la descrita en el capítulo cuarto del *Libro de la Sabiduría* de Bovelles, donde se asegura que el ser humano es mentalmente maduro y

cual es muy parecida a la que Berganza había descubierto en su coloquio con Cipión: "No es necesario referirte ejemplos a ti que conoces perfectamente cómo, para la mayor parte de los mortales, no merece la pena acometer tarea alguna, por agradable o provechosa que sea, si no se opone diametralmente a la ley de Dios" (165).

En pleno período de la Reforma católica, la obra de Maldonado sugiere la existencia de un problema básico de interpretación del conocimiento de la palabra de Dios, que se pone en evidencia cuando un alma pura como la de los indígenas es capaz de acertar mejor en cómo llevar a cabo la forma de vida sugerida en el libro sagrado católico, sin necesidad de contar con la intervención de evangelizador alguno[79]. Los territorios que no han sido totalmente contaminados por los colonizadores españoles son lo más parecido a un inocente paraíso donde la verdad religiosa carece de ideología, pudiéndose establecerse así una relación evidente entre estos indígenas y otros salvajes del período, como el del Danubio del *Libro de Marco Aurelio* de Guevara[80]. En presencia de Maldonado, los nativos del lugar relatarán las dificultades nacidas de pretender intermediar entre idea y verdad:

---

perfectamente virtuoso, pero cuando alcanza el conocimiento de los sabios o eruditos, su cuerpo y alma se habrá perfeccionado de tres maneras distintas, por naturaleza, edad y virtud (34-36).

[79] Al haber sido la palabra divina pésimamente interpretada y transmitida por los representantes eclesiásticos, los indígenas optarán por una lectura directa y sin filtros ideológicos del texto sagrado, solución que resuelve su confusión religiosa, originalmente provocada por los malos evangelizadores (Coroleu y Fouto 466).

[80] "Mis antepassados poblaron cabe el Danubio porque, haziéndoles mal la tierra seca, se acogesen al agua húmida; y si les enojase el agua inconstante, se tornasen seguros a la tierra firme. Pero ¿qué diré? Ha sido tan grande vuestra cobdicia de tomar bienes agenos, y tan famosa vuestra sobervia de mandar en tierras estrañas, que ni la mar nos pudo valer en sus abismos, ni la tierra segurar en sus cuevas. [...] Infalible regla es el que toma a otro por fuerça lo ageno pierda el derecho que tiene a lo suyo proprio. Mirad, romanos, yo, aunque soy villano para cognoscer quién es iusto en lo que tiene o quién es tyranno en lo que possee, esta regla tengo: todo lo que los malos con su tyrannía allegaren en muchos días se lo quitarán los dioses en un día, y por contrario todo lo que los buenos perdieron en muchos años se lo tornarán los dioses en una hora. [...] Y este es iusto iuizio de los dioses, que pues ellos hizieron mal a muchos, alguno les haga mal a ellos."

El estado primitivo e inocente de los indígenas también sugiere su descontaminación ideológica y ausencia de corrupción, en línea con el arquetipo del noble salvaje, pero en contra de lo que acontece en la sociedad española del momento: "The second half gives an account of noble savages in the New World and so voices the humanist reformers' desire to return to a more natural way of life and a religion untouched by Rome, one more closely tied in practice to the morality professed" (Smith y Colahan "general" 6).

Al Romano Pontífice no lo conocemos más que de nombre, por lo que nos contaron los marineros que nos trajeron la fe de Cristo. Lo reconocemos como su Vicario, pero no tenemos ni idea de quién es ni en qué lugar del mundo se encuentra.

Tenemos magistrados para gobernar la república, pero apenas hacen nada. Cada uno es su propia ley y si alguno, por azar, se desmanda y quebranta las leyes sagradas, inmediatamente acude al magistrado, confiesa su falta y pide perdón, si la culpa es leve. Si fuese grave, no rechaza el castigo.

175

Este tipo de conversaciones teológicas tratan de asuntos que atañen a lo inmediato de la propia sociedad de Maldonado, en relación con lo idealizado, contribuyendo a dar más credibilidad y valor al criterio de los interlocutores[81]. Al resaltarse la posibilidad de vivir profundamente la fe sin mediación ideológica, el narrador apuntaría también a la revalorización de la propia Tierra fuera de las jerarquías establecidas por las fuentes clásicas, las cuales tendían a situarla en un lugar inferior[82]. En este sentido, las antípodas, al igual que la luna, son

---

[81] Dentro del tono onírico de la obra se sugiere que es posible poner en práctica ideas virtuosas, lo que contrasta, dentro de la misma narrativa, con una trama verosímilmente contextualizada en una fecha y lugar concretos del presente del narrador: "En el otoño de 1532, los cielos confirmaron con sus signos las catástrofes que asolaban la Cristiandad. [...] el cometa de Halley [...]. En Burgos [...] En la noche del 14 al 15 de octubre, nuestro clérigo se desveló pensando en madrugar para ver el cometa. [...] Al final se quedó dormido y comenzó a soñar. El clérigo se llamaba Juan Maldonado. Lo que aquella noche soñó o fingió haber soñado nos lo contó en una deliciosa obrita" (Avilés Fernández *sueños* 107–08).

[82] Esta revalorización terrestre coincide con la cosmovisión de Cusa, quien también "[...] rechaza la teoría aristotélica de los elementos" y por ello "[...] el cosmos no conoce distinción, ni ontológica ni espacial, entre "arriba" y "abajo", "encima" y "debajo". [...] La tierra es una estrella noble, con su luz, su calor. Su propia influencia, que difieren de las de las otras estrellas. [...] está dirigido, partiendo del hombre, a la revalorización del prestigio metafísico de la tierra. Este prestigio le había sido arrebatado por la cosmología de Aristóteles y Ptolomeo" (Culianu 53). La apropiación y promoción de las causas de la degradación terrestre y humana fue utilizada como herramienta ideológica para la manipulación colectiva, logrando que la oligarquía medieval adquiriera un poder sobre las masas ignorantes y supersticiosas gracias a la fuerza de este pensamiento. Éste radica en las inseguridades y miedos que se generaban en el individuo, a partir del desprecio hacia el ser humano y su entorno. El cambio radical que se plantea a partir de Lulio, Cusa y posteriormente se aprecia también en las obras estudiadas de Bovelles, Bruno, Kepler y Cervantes, entre otros, es antropocéntrico, apuntando a una revalorización del lado divino del ser humano, al igual que del lugar privilegiado de la Tierra en el universo. Desafortunadamente, desde el Medievo, no han cesado los intentos del poder establecido en reapropiarse de este tipo de discurso del miedo medieval degradante del ser

espacios donde es posible vivir una existencia en armonía directa con el orden del Creador, muy al contrario de lo que ocurre en el lugar de procedencia de Maldonado, donde la convivencia humana está sometida y supeditada al control tanto de las tropas imperiales como de las órdenes religiosas[83]. Los obispos, quienes eran responsables de interpretar la palabra divina, son descritos como lobos disfrazados de pastores, sin embargo, utilizándose, así, una comparación que también está inquietantemente presente en el *El coloquio*:

> —En verdad—repliqué—es como si me propusieras un acertijo. Creo que nadie hay que no haga lo que hace.
> —Ay, Maldonado—se lamentó—, qué cerrado de mollera eres. Vamos a examinar cuántos son los que, según vosotros, hacen lo que hacen. Los obispos son, de palabra y de nombre, custodios y pastores del rebaño. En realidad, muchos de ellos son lobos que trasquilan y desuellan a sus ovejas con su descuido.
> 171

La religiosidad pura de los indígenas sorprende al observador, el cual aportará un último juicio positivo ante su inocente virtud:

> Al terminar su relato, me pidió que les indicara si dejaban algo que desear sus ceremonias sagradas o si algo dejaba de hacerse según el ritual cristiano.
> —Yo, en verdad—le dije—, no puedo decir nada, porque os faltan los libros que contienen los ritos sagrados. Vuestros sacrificios, sin embargo, son piadosos y no se os puede culpar de que omitáis algún detalle. Conservad vuestros hábitos, mientras no dispongáis de libros. Los españoles, que ya ocupan parte del litoral del país colindante, llegarán pronto hasta aquí y no dejarán que ignoréis nada. Entretanto, rogad al Señor todopoderoso, para que guarde intacta vuestra sencillez y vuestra pureza.
> 177

---

humano para ser utilizado como fuerza coercitiva contra él, olvidándose o minimizando los planteamientos de humanistas y neoplatónicos, que condujeron a alcanzar cotas inimaginables de progreso intelectual, en el conocimiento y la práctica de la tercera vía del acercamiento a Dios a través de sus obras.

83   Una vez más, el contraste de la sociedad real, controlada por obispos y ejércitos, sirve como verosímil contrapunto al fantástico sueño del protagonista: "Maldonado's fable does not teach the stoic acceptance of one's limits, as in Cicero's text, but the absence of any boundary to the visual comprehension of a boundless world" (Carrillo Castillo 142).

Tras esta reflexión, el soñador-autor se despertará, dando por concluido su recorrido imaginario (178)[84].

Por un lado, Maldonado describe un viaje de la imaginación hacia la luna, que está guiado por la visión pura de María de Rojas, quien ha regresado de la muerte, para informarle de la verdad. En el satélite existe una ciudad utópica, en la que la sociedad opera sin lujuria ni avaricia. Esta posibilidad se confirma también en la propia Tierra, donde se plantea la existencia de un pueblo en las antípodas que, simplemente teniendo un acceso parcial a los dogmas cristianos para entender la palabra de Dios, es capaz de vivir armoniosamente, sin necesidad de obispos ni de otros intermediadores religiosos[85]. En las sociedades utópicas descritas en la obra de Maldonado, el individuo puede realizarse plenamente a través del desarrollo intelectual y del uso de la razón, en aras de elevar su Sabiduría. Sin necesidad de mediación alguna entre la verdad religiosa y su asimilación razonada, justifican sus decisiones a partir de seguir, autoconscientemente, la palabra divina[86]. Sin embargo, cuando el mensaje sagrado es interpretado por intermediarios e ideólogos religiosos, la sociedad se acaba corrompiendo, con un sentido claramente reformista, típico de principios de siglo dieciséis.

---

84   El final del *Sueño* de Maldonado coincide con el del *Sueño* de Kepler, que ha sido interpretado como una recuperación del aspecto narrativo de la novela, tras la descripción que le precede (Hallyn 277–78). En el caso del sueño neoplatónico contrautópico de Maldonado, éste se despierta cuando se produce un ruido en su barco, mientras que en el de Kepler, el protagonista lo hace al escuchar el sonido del viento y la lluvia.

85   Llama la atención que este tipo de comunidades descritas por Maldonado son autoconscientes de haber sido capaces de evitar su corrupción ideológica. Al igual que los seres humanos descritos en las sociedades utópicas del *Sueño* de Kepler, corresponden a una descripción del ser humano que, mediante el uso de su intelecto y evitando, neoplatónicamente, cualquier mediación corruptora, son capaces de alcanzar un conocimiento existencial único sobre la verdad y la experiencia religiosa, siguiendo una vía mística intelectual similar a la que ilumina al ser humano en *El libro de la sabiduría* de Bovelles.

86   Los habitantes de las antípodas razonan sobre el sentido de su fe, que han alcanzado racional y autoconscientemente, lo que explica su rechazo a los evangelizadores. Dan gran valor a su elección de la comunicación directa con el Creador, supeditándose así a lo que ordena su voluntad y guiados por una decisión que proviene de su alma, lo que se relaciona con el pensamiento de Cusa en este mismo sentido: "En la teología mística del siglo XV existen dos tendencias fundamentales que se oponen tenazmente; una de ellas considera el intelecto como la fuerza primera del alma, como instrumento de su comunión con Dios; la otra tendencia cree que esa fuerza reside en la voluntad. Nicolás de Cusa se sitúa decididamente en la primera de estas posiciones. El auténtico amor de Dios es amor *Dei intellectualis*, que supone el conocimiento como momento necesario y como condición necesaria, pues nadie es capaz de amar lo que antes no ha conocido en algún sentido" (Cassirer 26–28).

En otro sentido, en el momento en el que ocurre la acción de *El coloquio* no parece darse en España un clima adecuado para el tipo de planteamientos que se ofrecen en el *Sueño* de Maldonado sobre la fallida mediación entre Dios y el ser humano por parte de los representantes de la Iglesia Católica. Aunque en tiempos de Maldonado se consideraba todavía posible proteger la inocencia humana, en el período cervantino parece haberse abandonado ya toda esperanza. En el *Casamiento-Coloquio* se explorarán las consecuencias de la preponderancia de ideas corruptas en la sociedad actual a la acción de la novela, las cuales son verosímilmente descritas por Cipión y Berganza, a pesar de la inverosimilitud de toda la arquitectura narrativa en la que se asienta la historia[87].

La perspectiva cervantina se centra así en la descripción contrautópica de una sociedad en la que todo el mundo vive en oposición a la voluntad divina, como también se afirmaba en la obra de Maldonado. Su novela ejemplar se encuadra, en cuanto a género literario, dentro del espacio seguro de la crítica contrarreformista de las costumbres de la vida urbana y cortesana, que solía tener como protagonistas tanto a los antihéroes barrocos como a los picarescos. Al eco lejano del humanismo neoplatónico de autores como Vives en la obra cervantina (Riley *teoría* 28) se puede añadir el del propio Maldonado, especialmente en su descripción crítica y resolución de situaciones donde la distancia entre idea y verdad parece insalvable, como las que plantea María de Rojas, al principio de su *Sueño*.

5.2.3 *Perspectivas, sueños y lunas de Kepler*

El sueño o La astronomia de la luna de Kepler[88] es otro ejemplo de sueño neoplatónico contrautópico, que incluye diferentes episodios, los cuales recuerdan

---

87 Así, la combinación del sueño distópico de *El casamiento* y *El coloquio de los perros* representa uno de los escasos momentos literarios cervantinos basados en algo que es, "[...] lisa y llanamente, imposible" (Riley *teoría* 289).

88 Además de las fuentes clásicas que se ha identificado en el *Sueño* de Kepler tendrían que estar presentes otras como el *Sueño* de Maldonado y el diálogo sobre la luna de Bruno (*infinito*). Tradicionalmente, también se han incluido a Luciano de Samosata, Cicerón y Plutarco de Queronea (Socas 24). Incluso se ha llegado a mencionar la noticia de Torralba, el licenciado volador, a través del *Quijote* (ver Nicolson, recogido en Socas 30–31). De la obra de Kepler llama la atención la presencia, en una de las anotaciones al texto, de uno de los manuales antisupersticiosos más populares del momento, *Cuestiones de magia* de Martín del Río, que el protagonista asegura haber leído (nota 28, 108); otras influencias destacadas son las de Campanella, Moro y Erasmo: "Escribió Campanela su Ciudad del Sol y ¿por que no escribir nosotros la de la Luna? ¿Es proeza singular pintar con vivos vivos colores las costumbres salvajes de nuestra epoca y, para protegerse, irse uno con su escrito de estas regiones y retirarse a la Luna? Aunque ¿qué convendra deformar, cuando

tanto a los de la narrativa de Maldonado como a *El coloquio* cervantino. Kepler muere en 1630, tras haber informado antes de la intención que tenía de imprimir su obra, algo de lo que sus familiares se encargarán de hacer *post mortem*. Se conserva una carta suya (4–12–1623) a Matthias Bernegger (1582–1640), profesor de la universidad de Estrasburgo, donde el autor asegura que, desde 1621, había estado reordenando la *Astronomia lunar* y procediendo a la confección de sus notas, más de doscientas, que combinaban aquellas "[...] muy rigurosas y técnicas, muchas llenas de referencias eruditas, algunas salpicadas de detalles humoristicos y confesiones autobiográficas" (Socas 17–18). El resumen de la trama es el siguiente:

> La acción (aunque mejor fuera decir 'la vision') se sitúa en el año 1608. Ei autor, que se ha dormido leyendo una vieja crónica, sueña que en la celebre feria de libros de Frankfurt ha comprado un raro ejemplar y que se pone a leerlo. En sus páginas, un islandés llamado Duracoto, que tiene una madre hechicera y ha viajado hasta Dinamarca para trabajar al servicio del astrónomo Tycho Brahe, cuenta que había subido hasta la Luna cabalgando a lomos de duendes o demonios. Para este mágico traslado contó con la ayuda preciosa de la madre y sus brujerías. Después de contarnos su extraordinaria jornada, Duracoto levanta el mapa de su astronomía lunar. Si es capaz de hacerlo, no se olvide, es gracias a las enseñanzas que recibió del maestro Tycho. Pero en la Luna, además del nuevo cielo cuyas líneas, partes y mudanzas describe con esmero, halla un territorio lleno de rarezas y maravillas. Sobre la superficie del satélite y por debajo de ella padece descomunales trastornos un mundo extraño, cuyos habitantes se defienden de las inclemencias del sol y las aguas construyendo fosos y muros circulares.
>
> SOCAS 18

---

ni Moro con su *Utopia* ni Erasmo con su *Elogio a la estupidez* quedaran a buen recaudo sin que tuvieran que hacer uno y otro su propia apologia?" (Kepler 22).

En el contexto de otros sueños barrocos españoles, se ha propuesto también a Pantaleón de Ribera, como seguidor de Kepler y Galileo: "In fact, Pantaleon is more daring than Galileo. While the latter denied lunar habitation, Pantaleón speaks of lunar cities. In this, the Spanish author may be again echoing Kepler, whose *Somnium*, as noted, speculates about habitation, stressing the gigantic nature of lunar beings" (De Armas "Maculate" 64). De hecho, su *Vejamen* también mantiene la estructura del sueño ficticio: "Soñé, pues, que, llevado de mi fantasía, iba peregrino por essos aires, tan hecha al temple de los dos superiores Elementos mi tolerancia, que ni las impressiones i Meteoros en la segunda, ni las vezindades del fuego elementar en la región del aire primera, me ofendían" (39–40).

En la obra se presenta, en primera persona, al protagonista del viaje, Duracoto, en su tránsito a la luna, donde puede comprobar que la realidad selenita operaba de una manera diferente a la terrestre[89]. De igual modo que en el *Sueño* de Maldonado, o en *El coloquio* cervantino, el *Sueño o la astronomía de la luna* de Kepler plantea un problema fundamental en la adquisición del conocimiento, que es el de la perspectiva[90]:

> Nosotros aquí en el globo de la Tierra consideramos polos del mundo aquellos dos puntos de la esfera de las estrellas fijas opuestos entre sí en los que incide el eje de la Tierra prolongado hacia una y otra región del cielo. Estos dos puntos, dentro de la apariencia del movimiento primero, los vemos como inmóviles. Sin embargo, los habitantes de la Luna no los consideran los polos del mundo, ya que el ciclo estrellado no se les muestra en tan breve espacio de tiempo como a nosotros, que creemos que gira alrededor de ellos en veinticuatro horas de las nuestras.
>
> 131

El punto de vista sobre las regiones de la luna observadas cambia con respecto al de la Tierra[91]. Por ejemplo, la realidad aumenta en el satélite, sobredimensionando a los seres que la habitan, por lo que se acorta su existencia (88).

---

[89] De una manera similar, en la obra de Bruno también se reflexiona sobre las consecuencias de este tipo de "descentralización" de la Tierra: "Filoteo: [...] En cuyo caso, si decimos y queremos decir que el movimiento de tales cosas es hacia lo alto y hacia lo bajo, se entiende que ello sucede en determinadas regiones y desde determinados puntos de vista, de manera que, si alguna cosa, alejándose de nosotros, se encamina hacia la luna, así como nosotros decimos que aquella sube, quienes están en la luna, nuestras anticéfalos dirán que baja. Aquellos movimientos, pues, que existen en el universo, no implican diferencia alguna de 'arriba' y 'abajo', de 'aquí' y 'allí' en relación con el universo infinito, sino en relación, con los mundos finitos que están en aquél, ya considerados según las dimensiones de los innumerables horizontes de los mundos, ya según el número de los innumerables astros, casos en los que, aun la misma cosa, según el mismo movimiento, se dice que se dirige hacia arriba o hacia abajo, en relación con los diversos objetos [...]" (*infinito* 91, 115, 126).

[90] "The *Dream* does not simply provide a fictional occasion for the veiled exposition of a body of knowledge. In a controlled fashion, it engages shifting networks of meanings, which are transformed each time the reader modifies his point of view or his interpretive code" (Hallyn 254).

[91] En el diálogo de Bruno también se trata el efecto de la nueva perspectiva que se adquiere desde la luna y otros astros: "Filoteo: [...] Así, nosotros, que estamos en la tierra, decimos que la tierra está en el medio, y todos los filósofos modernos y antiguos, de cualquier secta que sean, afirmarán que aquella está en el medio, sin menoscabar sus principios, como nosotros decimos con respecto al horizonte mayor de esta región etérea que nos circunda,

La descripción lunar de Kepler está llena de detalles científicos, en los que se compara la Tierra con algunas regiones de la Luna: "Sale el Sol para los habitantes de la parte central o interior de Subvolva cuando nosotros vemos la Luna en su ultimo cuarto: en cambio a los habitantes interiores de Privolva les sale cuando vemos el primer cuarto [...]" (74–75). No existen selenitas idealizados utópicamente, sino que la descripción tanto de sus costumbres como de las fuerzas físicas que ordenan el satélite, hostiles y diferentes a las terrestres, ofrecen al autor un nuevo punto de vista para comparar lo que ocurre en la Tierra de un modo distinto. La presencia de los habitantes de la luna es una celebración de la evidencia de que una forma de vida diferente a la humana exista simultáneamente, pudiéndose por ello observar y apreciar mejor, o, al menos, de modo distinto, la vida en la Tierra, con un nuevo punto de vista. Esta propuesta literaria sobre la aceptación de diferentes perspectivas y experiencias confirma que éstas cambian, cuando lo hace de lugar el observador.

Es significativo que Kepler ya hubiera anticipado la potencial existencia de la vida selenita tanto en su *Optica* (1604) como en la *Discusión con el Mensajero de las estrellas* de 1610, donde menciona "[...] cómo en la noche lunar brilla ténue 'un claro de Tierra' [...] y enumera las fases y movimientos de la Tierra vistos desde su satelite" (cit. en Socas 20). El científico sitúa el pequeño mundo del ser humano en la luna mientras dirige, desde allí, su vista hacia la inmensidad del cosmos, donde también se incluye a la Tierra. Tras el recorrido lunar, el protagonista se despertará ante la cotidianidad de su cama "[...] al volver en mi, hallé que en realidad tenía yo cabeza y cuerpo liados en la almohada y las mantas [...]" (90).

    limitada por aquel círculo equidistante, en relación con el cual nosotros estamos como en el centro. De igual modo aquellos que están en la luna consideran que tienen alrededor de sí esta tierra, el sol y otras muchas estrellas, que están en torno al medio y al fin de los semidiámetros propios del propio horizonte. Así, la tierra no es más centro que cualquier otro cuerpo mundano y no tiene ciertos polos determinados, como tampoco sirve de cierto y determinado polo a cualquier otro punto del éter y del espacio del mundo. Y algo semejante sucede con todos los otros cuerpos, los cuales, por diversos motivos, son todos centros y puntos de la circunferencia, polos y cénits y otras diversas cosas. La tierra, por tanto, no está en el medio del universo de un modo absoluto, sino en relación con esta región nuestra [...]. Esto mismo les parece a quienes están en la luna o en los otros astros que existen en, este mismo espacio, los cuales astros son o tierras o soles [...] si yo estuviese en el sol, en la luna o en otras estrellas, me parecería estar siempre en el centro de un mundo inmóvil, en torno al cual todo lo demás se movería, ya que este mismo cuerpo continente en que me hallo se mueve alrededor del propio centro" (*infinito* 90, 126).

5.2.4 *Diálogos y perspectivas humanistas para desvelar la verdad de los perros de Cervantes, los habitantes de las antípodas y de la luna de Maldonado junto a los selenitas de Kepler*

En los sueños neoplatónicos contrautópicos se permiten reflexiones autoconscientes acerca de cómo opera la realidad en la sociedad en la que conviven sus protagonistas. Éste es el caso del *Sueño* de Maldonado que, aunque se presenta como una obra didáctica, un ejercicio de aprendizaje de Cicerón, ha sido considerado uno de los primeros textos utópicos españoles (Avilés Fernández *sueños* 92). Su espíritu desmitificador se pone de manifiesto al principio del sueño en boca del personaje de María de Rojas, quien se encarga de abrir neoplatónicamente los ojos del protagonista, con una reflexión sobre "[...] las aficiones astronómicas de Maldonado para remontarlo a los astros mismos, con la explicación de hacerle caer en la cuenta de la diferencia que existe entre la mezquindad de los conceptos humanos y el esplendor de la realidad en sí misma" (Avilés Fernández *sueños* 141). Con el tono inicial de la significativa perspectiva desengañada de esta viuda, cuya vida ha sido recientemente afectada por la muerte de un ser querido, se describirán posteriormente diferentes tipos de sociedades, las cuales se comparan con la más decadente y actual de los protagonistas[92]. El sentido de este sueño se complementa con el de otra de las novelas de Maldonado, también escrita en latín, donde se aprecia el mismo impulso humanista que iluminaba ciertas obras de la literatura española de principios del siglo dieciséis. En *El eremita* se presenta la historia de un personaje picaresco desengañado, que se narra desde su propia perspectiva, algo similar a lo que ocurre en *El casamiento* cervantino. Con cierta ironía, su protagonista, el desencantado Gonzalo, decidirá apartarse del mundanal ruido después de una disipada existencia, no tras una vida como un caballero de honor, como se recomendaba en el tratado de Lulio[93].

---

[92] Igual que ocurre con Cervantes, se ha apuntado a que Maldonado acude a numerosas fuentes, las cuales iluminan sus descripciones narrativas: "Toma ideas de la mayoria de los autores y escuelas; los usa, pero no como doctrina, sino como punto de partida para la elaboracion de sus escritos" (García García H. 9); sus influencias incluyen "Socrates, Platon, Aristóteles, Plauto, Caton, Ciceron y Séneca [...] Tomas More, Desiderio—Erasmo, Luis Vives, Lutero, Arias Bardosa, Antonio de Nebrija, Cardenal Cayetano, Lucio Plaminio, Christophe de Longueil, Lorenzo Valla, Pico della Mirandola. Pomponio Leto, Andrea Navagero, Jean Budé, Fray Wevero, Benito Teocreno,—etc." (García García H. 9). También se ha considerado que "Maldonado fue ante todo un literato que intentó aunar las tendencias estéticas del humanismo italiano con el fervor y las perspectivas actuales del humanismo erasmiano" (Peinador Marín 43).

[93] Así, se podría apreciar cierta ironía en la presentación de Gonzalo como eremita voluntario, tras sus picarescas experiencias, con relación al ideal de caballero luliano: "En un país acontecío que un sabio caballero había mantenido largamente el orden de caballería

Tanto el *Eremita-Sueño* de Maldonado como el *Casamiento-Coloquio* cervantinos comparten un interés común acerca de la experimentación sobre el punto de vista y la autoconsciencia literaria. *El casamiento* se utiliza como marco referencial verosímil de la sociedad contemporánea y actual al lector cervantino y trata sobre el desengaño matrimonial. Esta obra precede a la fantasía de *El coloquio*, donde se cuenta algo que se aseguraba haber escuchado, soñado o delirado, sin aclararse muy verosímilmente, ni su sentido, ni su procedencia real. La materia de este delirio canino toma la forma de un diálogo humanista, en el que se recuerda el origen existencial de los perros protagonistas mediante numerosas reflexiones y episodios picarescos. Aunque *Eremitae* y el *Sueño* de Maldonado no parecen tener continuidad ni relación entre sí, llama la atención que, sin embargo, temáticamente, se puedan vincular, respectivamente, con la dupla ejemplar cervantina; *Eremitae* y *El casamiento*, junto al *Sueño* y *El coloquio*[94].

El caso que se narra en *El eremita* de Maldonado es el de un decepcionado y experimentado soldado quien, tras partir en busca de mejor fortuna, aumentará su caudal durante el asedio de Túnez, aunque lo dilapidará rápidamente en el juego. Para colmo de su desgracia, al regresar del viaje, su mujer rechazará a Gonzalo tanto por haberse empobrecido como porque, en su ausencia, ella se había buscado un nuevo amante, algo que descubrirá el soldado, tras tenderles una trampa. Mientras persigue al adúltero, unos bandidos le robarán lo poco que le queda; finalmente, el protagonista decidirá perdonar a su mujer y vivir como un ermitaño:

> No faltan—digo—, pero tu conversación y la pureza de tu vida me daban nueva fuerza. Aunque, si no es posible, conozco de mi niñez una ermita,

---

con nobleza y con la fuerza de su ánimo; después que la sabiduría y la ventura le habían mantenido en el honor de caballería en guerras y torneos, en justas y batallas, escogió vida ermitaña cuando observó que ya eran contados los días que de vida debían quedarle, puesto que por ancianidad se hallaba torpe en el uso de las armas. Por esto abandonó sus bienes, dejando herederos de ellos a sus hijos, e hizo su habitación en medio de una gran selva abundosa en aguas y en árboles frutales, huyendo definitivamente del mundo, a fin de que el estado valetudinario a que la vejez había llevado a su cuerpo, no le quitase honor en aquellas cosas en las cuales la sabiduría y la ventura le habían mantenido con honra durante tan largo tiempo" (Lulio *orden*).

94 De hecho, se ha destacado la presencia de una reflexión sobre el propio diálogo humanista en Maldonado, recurso también presente en *El coloquio*: "[…] no rompe el molde del que ha surgido, esto es, el diálogo de su época, ([…] como *El Crotalón, el Viaje de Turquía, Los Coloquios* de Torquemada, etc.). En todas ellas se perciben claramente nuevas tendencias y horizontes que quieren escapar de la forma dialogada de los humanistas; […]" (Peinador Marín, 44).

rodeada de bosques por todos lados, que ahora elijo y hago el voto de tenerla por perpetua morada. Una vez pronunciada así esta promesa, me alejé y, sin interrumpir mi marcha, llegué aquí. Han pasado cuatro años desde que empecé esta vida puedo decir, en verdad, que me haya arrepentido nunca de lo prometido. Antes al contrario, cada día se inflama más en mí el entusiasmo por continuar. Siempre doy gracias a Dios, Suprema Majestad, que me impulsó a que, rechazado todo, no desease otra cosa que vivir aquí y morir, en fin, aquí.

88–89

Tanto en la soldadesca historia de Maldonado como en la de *El casamiento* cervantino se ofrecen reflexiones desde el punto de vista de militares desengañados, aprovechándose para hacer una crítica de las costumbres matrimoniales del momento. Por el camino, se expone la distancia existente entre lo esperado de esta idealizada institución, ya sean valores como la fidelidad, el amor, la comprensión ... y lo que realmente les ocurre a los protagonistas, que son infidelidades, desamores e incomprensiones.

Tanto en *El eremita* como en el *Sueño* de Maldonado se presentan respectivos diálogos humanistas acerca de episodios de engaños terrenales y viajes imaginarios. Por un lado, la novela de *El casamiento engañoso* trata del desengaño del curtido alférez Campuzano, delirante a causa de una enfermedad venérea, la cual es fruto de su fallida unión con Estefanía, en la que ambos cónyuges se han engañado mutuamente. Tras acabar de contar sus desavenencias matrimoniales, el militar continuará narrando el diálogo humanista entre dos canes cervantinos. Por otro lado, la perspectiva del sueño de Maldonado es también la de una sociedad del presente que, en su caso, se proyecta y compara con las de la luna y las antípodas. En la dupla de *El casamiento* y *El coloquio*, el punto de vista del alférez Campuzano también se extiende, desde su adulterado casamiento con Estefanía, al resto de la sociedad del momento, como se atestigua en el diálogo canino subsiguiente. La perspectiva de Campuzano, experimentada y desengañada, encaja perfectamente con la de la viuda María de Rojas. En sus cosmovisiones se aprecia que la convivencia dentro del abismo neoplatónico de la sociedad española ha provocado que el ser humano parezca estar condenado a vivir entre ensoñaciones, engaños y desengaños[95].

---

95   Así, se han llegado a mencionar las obras de ambos autores, en relación con el tono de su común verosimilitud picaresca: "Aunque el problema va mucho más allá de que un personaje cuente sus transmigraciones o su única vida, lo cierto es que el punto de partida radicalmente increíble y fantástico de la metempsícosis echa por tierra cualquier intento serio y coherente de construir un conjunto verosímil, a no ser que elabore un artificio literario tan ambiguo y magistral como el que consiguió el genio cervantino en el *Coloquio de los perros*, lo cual no es el caso aquí" (Peinador Marín 46, nota 18).

En un sentido, el *Sueño* se articula alrededor de un diálogo humanista comparado sobre la sociedad contemporánea entre el protagonista, Maldonado y la desengañada viuda María de Rojas. En la descripción onírica que se lleva a cabo en la ficción de Maldonado se presentan un par de sociedades idealizadas, la selenita y la originaria de las antípodas, ante su primer contacto con los evangelizadores españoles. En otro sentido, en la obra cervantina, en lugar de darse un diálogo entre un muerto y un vivo, la perspectiva original desengañada de Campuzano, contagiada a los dos perros protagonistas, es igualmente novedosa, única e irreal, lo que contrasta con la verosimilitud de los acontecimientos picarescos narrados por ambos animales. En *El coloquio* se describe crudamente una sociedad hipócrita y despiadada, la cual remite al lector al origen del proceso de transformación de Cipión y Berganza en perros con consciencia humana.

Ambas obras, *Sueño* y *El coloquio*, son ejemplos de sueños neoplatónicos contrautópicos, los cuales son sostenidos por elucubraciones ficticias que difieren en sus puntos de vista. En el caso del primer sueño, la sociedad "visitada" y deseada por Maldonado tiene aires idealizados, en principio, aunque su existencia sea difícil de creer para el propio narrador. Sin embargo, al describirla, se le permite hablar más libremente de su propia sociedad, usando a su favor tanto la perspectiva de la luna como la de las poco exploradas antípodas. En el segundo sueño, el cervantino, se realiza un recorrido contrautópico más detallado por la decadente sociedad española. Tanto en el estilo narrativo como en el tono del diálogo de Cervantes se rechaza cualquier tipo de idealización.

Por un lado, con el artificio literario del *Sueño* de Maldonado se racionaliza la considerable distancia existente entre idea y verdad, a través de la exposición de una evidencia que contradice su idealización espacial (luna, antípodas). Por otro, en el diálogo de Cervantes, esta anti-idealización es filosófico-existencial (hombre-animal). Las respectivas aproximaciones contrautópicas de estos autores contribuyen a resaltar mejor el tipo de contradicciones entre idea y verdad planteadas en sus obras. De igual manera que ocurre tanto en el *Sueño* de Maldonado como en *El coloquio de los perros* cervantino, a partir de las novedosas perspectivas que se proponen en estas obras la realidad adquiere otro significado diferente al que se obtiene cuando uno está situado dentro del ámbito terrenal, cínico y picaresco, es decir, bajo la influencia de la frecuentemente irracional presencia humana[96].

---

96 En los tres casos se aportan perspectivas narrativas mediante las cuales se aprecia cómo el ser humano, en su confusión entre idea y verdad, puede llegar a llamar pastores a lobos y obispos a los corruptores de las almas. Su común aproximación artística se apoya en la elaboración de artificios literarios con los que adquirir un punto de vista privilegiado y

Vivir en la Tierra es un factor distorsionador de la razón y del conocimiento, como demuestra la pareja de perros, de igual forma que la vida en la luna va asociada a ciertas complejidades con relación a las fuerzas que rigen el satélite, como evidencia Kepler. De hecho, un diálogo humanista similar al que se lleva a cabo entre los dos perros que narran su propia existencia en la sociedad contemporánea al lector cervantino también se produce en el *Sueño* de Kepler, con su común propósito de presentar ciertas aproximaciones críticas sobre la sociedad del período, a través de novedosas perspectivas que van acompañadas de una autoconsciencia relevante del autor. Estos puntos de vista comunes de ambos escritores incluyen el uso de un tipo de aproximaciones científicas experimentales que se aplican al arte literario, las cuales se sustentan en el diverso comportamiento que tiene el ser humano en sus diferentes contextos, tanto en el espacio tierra-luna como el territorio del alma en el ser humano-perro.

Tanto en el caso de la obra onírica de Kepler como en la de Cervantes existen ciertos detalles que enriquecen sus perspectivas originales, algo que también está desarrollado en el texto de Maldonado y que era tradicional en el propio género de los sueños desde Cicerón. Mientras Maldonado describe los diferentes estados de desengaño de las sociedades de la luna y las antípodas, comparando estas comunidades con la suya propia, las obras de Kepler y Cervantes se centran en destacar la dificultad de encontrar ciertos valores humanistas idealizados en su presente actual. Esto ocurre, a pesar de todos sus esfuerzos en concebir perspectivas radicales hacia el conocimiento de la naturaleza humana (perros) y la del saber astronómico (selenitas), las cuales van acompañadas de numerosas decepciones que elevan el tono contrautópico de los textos, como es el caso de los indígenas, quienes han encontrado la verdad divina sin necesitar la ayuda de evangelizadores ni de "obispos."

El uso de una perspectiva novedosa condiciona los episodios de *El casamiento* y *El coloquio*, poniendo de manifiesto la distancia existente entre idea y verdad (pastores que son lobos). Cervantes elegirá escribir su obra con aires de sueño neoplatónico contrautópico, aprovechando para desmitificar, por el

---

con el que poder contemplar la verdad de la propia sociedad en la que viven: "El hombre cree purificarse en la vision del cielo, que le permite dejar lo bajo y vil, apartarse de este mundo cambiante de las generaciones y corrupciones para dirigirse al territorio de la luz y adquirir allí perspectiva sobre la pequeñez de las cosas de acá abajo. Este es el sentimiento que vibra oculto en *El Sueño* y estalla a las claras en el epitafio que para sí compuso Kepler como diciendo la última palabra de quien pasó su vida en la contemplación de las alturas: *mensus eram coelos, nunc terrae metior umbras: mens coelestis erat, corporis umbra iacet*" "Los cielos repase, mientras que ahora repaso las tinieblas de la tierra: en los cielos la mente se encerraba, tirado queda el cuerpo como sombra" (Socas 32).

camino, como es habitual dentro de su aproximación literaria, el propio género literario que practicaba[97]. Como precedente, Cervantes no había evitado la descripción de una sociedad idealizada y utópica anteriormente en el discurso de la Edad de Oro de Don Quijote, el cual sirve de marco narrativo para ilustrar el caso de la tragedia del pastor de ficción Grisóstomo[98]. La carga utópica de la perspectiva de los perros dialogantes de Cervantes se presenta alegóricamente; es como si el remoto momento de "cuando las ranas críen pelo" estuviera ocurriendo por fin. Ahora que los canes son capaces de hablar, el lector puede ser testigo de que la capacidad de razonar se puede extender a todas las criaturas divinas. Se confirma así que el grado de humanidad puede alterarse, generándose así sujetos capaces de compartir ciertos criterios que son comunes a los de los seres humanos, como si se tratase de la materialización de la posibilidad de la continuidad en la cadena del ser. Aunque la paradójica existencia de animales humanizados sea posible, estos no se parecen a los seres humanos con los que conviven, sino que son humanistas críticos con las propias acciones de los embrutecidos amos que forman parte de su sociedad barroca más actual.

El recorrido de los canes por su pasado sirve como marco al diálogo humanista entre los experimentados Cipión y Berganza, el cual es un reflejo verosímil de la conversación previa entre Campuzano y Peralta. El ser un perro consciente aporta una perspectiva única, equivalente a la que posibilita contemplar la Tierra desde la Luna de Kepler, o tener el privilegio de poder hablar con los indígenas americanos sobre el efecto de la evangelización española de Maldonado. La propia existencia de perros humanistas evidencia la distancia entre intenciones y resultados, ideas y verdades. Por mucho que se describa la lógica de la relación entre idea y verdad, el ser humano, aunque sea inocentemente idealista, suele ser fácilmente corrompido por los de aquellas sociedades decadentes en las cuales esté perpetuado el error epistemológico de creer que la idea de la existencia de pastores cuidadores de ovejas puede suplantar la verdad de que el término de "pastor" ya se asocia, casi permanentemente, a aquellos que se comportan como lobos.

---

[97] En este sentido, Menéndez Pelayo defiende una interpretación irónica de la aproximación cervantina a lo fantástico: "No hay encantamiento, ni trasmigración, ni viaje aéreo que resista al poder de la cómica fantasía que creó la cueva de Montesinos, encantó á Dulcinea y montó á sus héroes en Clavileño, parodiando la nocturna expedición de Torralba á Roma" (*heterodoxos* 675).

[98] El episodio cervantino le sitúa como licenciado de Salamanca, mientras se daba un debate sobre el heliocentrismo en esa universidad, siendo el catedrático de Matemáticas y Astrología el licenciado Gabriel Serrano "[...] anticopernicano convencido y astrólogo practicante" (Piñeiro 26–27).

La réplica de Cipión en *El coloquio* le confirma como un perro que va perdiendo su inocencia, a medida que es consciente de la distancia existente entre lo que debería ser y lo que Berganza desvela que es la sociedad española del momento. Los seres puros y libres del *Sueño* de Maldonado, sean selenitas o limeños de las antípodas, conviven igualmente con la sorpresa de un mundo descrito "a la inversa," desde la perspectiva del narrador protagonista, la cual es también la de aquel que se encuentra con idealizados desengaños que no se ajustan a su propio sistema de creencias, cuando son contrastados con la evidencia. Vivir el momento excepcional de "cuando las ranas críen pelo" posibilita al lector el ser testigo de la materialización de los propios sueños sobre cómo debería ser la sociedad, tanto en Lima como en la luna, algo equivalente a la propia capacidad del habla canina cervantina. Son ambos instantes mágicos de poder y artificio literario, paradójicamente verosímiles, a pesar de su elevado tono de inverosimilitud.

La sociedad española descrita en *El casamiento* y *El coloquio* es la de un gran hospital de almas desencaminadas desde donde se sueña la existencia de seres inconcebibles, perros que piensan como seres humanos, raros e imposibles, aunque neoplatónicamente autoconscientes, cuya capacidad de dialogar parece ser la última esperanza para sus amos, seres corruptos a los que están condenados a soportar. Todos viven fuera de su tiempo, confirmándose que, ni mucho menos, se ha superado el nivel moral necesario, dentro de las edades del mundo clásicas, para llegar a aquella en la que es posible la convivencia armónica entre los seres humanos[99]. El mensaje final es el de la imposibilidad de mejorar el mundo, a causa de la propia naturaleza humana; quizás podrá conseguirse cuando los perros hablen o las ranas críen pelo, algo tan contrautópicamente posible en ese tiempo como la existencia de una sociedad de seres humanos en la luna, o la Lima con libertad de culto de las antípodas.

En el marco literario del sueño de Campuzano, el cual precede al diálogo humanista de *El coloquio de los perros*, supuestamente escuchado y transcrito en el manuscrito leído por Peralta, se establece cierta distancia narrativa entre el origen de los perros y el asunto de la trama principal, que es el propio el sueño neoplatónico contrautópico, consistente en un recorrido por la

---

[99] El tono de la descripción de la sociedad decadente descrita en ambas obras cervantinas coincide también con el expresado en boca de la resucitada María en el *Sueño* de Maldonado: "[...] ¿por qué en la Tierra no se logra lo que tan perfectamente han conseguido los selenitas? La razón es bien simple: María explica cómo los humanos no viven, en estos tiempos, según la naturaleza ni la voluntad divina. [...] Antes se cultivaban los campos para vivir, para descansar, para poder alabar a Dios por sus beneficios. Ahora, dirá María, no importa el sabor ni el aspecto de los frutos. Sólo importa el provecho que pueden proporcionar" (Avilés Fernández *sueños* 124–25).

pesadilla existencial que conduce al secreto del origen de los canes. La Montiel había sido capaz de parir seres, almas con cuerpos de brutos, algo comprensible como una excepción en las reglas de gradación y continuidad de la gran cadena del ser y contraviniendo la teoría sobre el alma de los brutos de Gómez Pereira. Comportamientos como el de los malos pastores son sólo conocidos por Campuzano y Peralta porque han sido capaces tanto de observarlos conscientemente como de poder contarlo. De igual manera, el propio diálogo canino sólo es posible porque Campuzano lo ha escuchado previamente. En una revisión fantástica y atemporal del principio de Bohr tanto el mal como los árboles caídos del bosque sólo existen cuando son percibidos conscientemente[100]. De mucho de lo que acontece privadamente, los seres humanos pueden llegar a sufrir sus efectos públicamente, aunque no tengan que ser necesariamente conscientes de su razón ni de su origen. La existencia de perros capaces de razonar sobre las consecuencias de las acciones humanas ayuda a desvelar los secretos de la distancia entre la idea y la verdad, tanto como la separación existente entre el oficio del pastor y el que, disfrazado como uno, aprovecha para actuar delictivamente, matando ovejas nocturnamente, en lugar de cuidarlas.

Los seres autoconscientemente humanistas neoplatónicos y cristianos, de entre los que Cervantes incluye excepcionalmente a los "animales racionales," son la evidencia de la materialización de la posibilidad literaria de que exista una realidad objetiva y excepcional que pueda ser sobrenaturalmente compartida. Los momentos de autoconsciencia y clara reflexión sobre el acto del habla, como si de un numinoso despertar se tratase, elevarán a Cipión y Berganza a la altura de seres humanos animados, con alma. De hecho, sus valores morales son superiores a los de aquellos con quienes han compartido sus experiencias vitales. ¿Pueden estos animales-humanos llegar a ser mejores que los humanos-animales descritos por ellos? La respuesta positiva a esta pregunta confirmaría el propio arte literario como un lenguaje que capacita al ser humano para describir los actos más recónditos del mundo, a la altura de otras áreas del conocimiento o "ciencias" como la Música y la Astronomía[101];

---

100 Bohr defiende, a partir de la teoría cuántica de la Escuela de Copenhague, que una partícula cuántica no existe en un estado de onda o materia, sino en todas sus posibilidades al mismo tiempo. Es en el momento en el que se la observa conscientemente cuando se le "obliga a decidir," manifestándose en un estado, onda o materia, dentro de lo que se ha venido a denominar una superposición coherente. Aplicado al caso cervantino que nos ocupa, sin la presencia de Berganza ante los seres humanos que le observan, sus acciones no existirían. A su vez, para que exista, Berganza tiene que estar presente en la mente de Campuzano previamente y, a través de él, en la de los lectores; si no, la propia narrativa tampoco existiría (Ver Pérez de León *Cervantes*).

101 Es relevante destacar esta extensión del significado de la ciencia en el período a otras áreas de conocimiento por parte de Cervantes, como es el caso cuando, en *El coloquio*,

de cualquier forma, el lector cervantino, una vez más, decide si es posible o no, en su uso particular del libre albedrío.

En la lectura de *El coloquio* se ofrecen varios planteamientos, de entre los que se incluye el poder aceptar que Berganza exista en el universo lógico compartido con los lectores de *El coloquio*, asumiéndose como real todo lo que cuenta en la historia. Para ello se nos requiere un "acto de fe," ya que lo narrado es sobrenatural, a pesar de ser verosímil. El "acto de fe" para creer a Berganza pasa de ser imposible a factible, a medida que se va descubriendo que Montiela es la verdadera madre de los perros y que estos han nacido de un acto de brujería en el que la mujer había copulado con el diablo. Ahondando sobre los niveles de la irracionalidad del ser humano, Cervantes materializa una posibilidad supersticiosa, confirmándose la capacidad de vivir existencias que están basadas en gestionar el mal asociado a la hechicería, del mismo modo que Don Quijote quiere imponer en La Mancha su presencia como personaje de ficción de novela caballeresca. Igual que ocurre en *El retablo*, el haber aceptado la propuesta de los "pícaros autores" nos ha conducido a un momento en el que, para poder dar sentido, bien al espectáculo, o bien a lo narrado por los perros, hemos de confesarnos como supersticiosos y aceptar tanto la posibilidad del acto de magia de los pícaros rurales como la concepción antinatural de los perros. Así, el descubrimiento del origen de Cipión y Berganza supone que el lector acepte este nuevo "acto de fe," que se ha materializado con aporte de "evidencia verosímil," en la parte final de la novela. Somos así "obligados" a creer en lo narrado acerca del origen de Cipión y Berganza, para poder continuar leyendo una ficción, que ahora parece más mentirosa que la propia narrativa que estábamos leyendo hasta entonces. No hay que olvidar que el propio *Coloquio de los perros*, leído por Peralta, había sido previamente recopilado por Campuzano, mientras estaba yacente en el hospital y se recuperaba de su enfermedad venérea.

Por todo ello, al lector se le obliga a sacrificar su escepticismo, a cambio de creer a Campuzano, aunque sea tan sólo durante el instante que dura el disfrute de este excelso sueño neoplatónico contrautópico. Sin embargo, también puede seguir el consejo de Peralta, el cual decide finalmente no pensar ni juzgar lo acontecido, sino "recrear sus ojos" en el Espolón de la lectura de la novela. La imaginación de Cervantes ha creado a Campuzano, quien nos cuenta, delirando en un hospital, la existencia y el diálogo canino de Berganza y Cipión.

Cipión explica a Berganza el origen de filosofía: "Este nombre se compone de dos nombres griegos, que son filos y sofía; filos quiere decir amor, y sofía, la ciencia; así que filosofía significa « amor de la ciencia », y filósofo, «amador de la ciencia»." Esto también ocurre con relación a otra cita del *Persiles*, donde se afirma que "Ninguna ciencia, en cuanto a ciencia, engaña; el engaño está en quien no la sabe" (ver Gasta "debate" 61).

Berganza, por su parte, asegura ante Cipión haber sido testigo de actos de mala fe e hipocresía por parte de sus diferentes amos, consciente tanto de su convivencia con ellos como de su potencial para juzgarlos, demostrando así su capacidad de elegir entre el bien y el mal. Campuzano y Berganza son testigos de unos actos que, sin su "presencia cuántica," podrían no haber existido. El territorio interiorizado del ser humano-bestia, que se presenta a partir de la mera existencia de ambos canes, parece inexplorado dentro del *oikoumene*[102]. La introducción de la brujería en la historia añade un tipo de lógica, desconocida para muchos, que existe marginalmente, precisamente alimentada del abismo neoplatónico, entre conceptos opuestos "absurdamente consensuados"—ser pastores o carniceros—y las realidades de sus existencias—ser ladrones y asesinos[103]. Cipión y Berganza son, paradójicamente, los seres más libres de poder expresarse profunda y razonadamente dentro de la obra cervantina. Disfrutan excepcionalmente de una voz propia, pudiendo compartir así su inocente y pura visión de un mundo que son capaces de contemplar desde su estado, el más ínfimo y precario de la sociedad en la que viven.

En esta ficción cervantina se trata la autoconsciencia y la perspectiva, dos asuntos muy presentes en la mística neoplatónica. Los filtros literarios empleados permiten que la visión existencial de los perros sea lo más moralmente objetiva posible. El modo de presentar la acción permite debatir sobre la propia esencia estética y filosófica de la ficción picaresca de los seres humanos que está siendo narrada. A pesar de su realidad como bufones de corte y de

---

102 Portuondo ha profundizado más en el concepto de mundo conocido, representado en las narrativas descriptivas expuestas en los mapas de este periodo (*secret*).

103 Este tipo de descripción de la decadencia de la sociedad española fue también explotado por moralistas como Las Casas, siguiendo una lógica narrativa basada en la predicación y el sermón donde, con un tono muy similar, se manipulaba la verdad histórica con intenciones propagandísticas: "Pero el tópico central de la *Brevísima relación* no es la destrucción de las Indias, sino la decadencia moral de España. Las Casas 'sabe' que los funcionarios imperiales, incluido el monarca, 'saben' lo que ocurre en América. En este sentido, la 'enseñanza' lascasiana es un discurso donde el maestro aporta al alumno lo que éste ya sabe pero 'persiste' en ignorar. En síntesis, su desafío no es denunciar lo sabido, sino hacerlo de una manera eficiente y eficaz para tener éxito. La priorización de esta agenda determina que en su textos se combine en dos extremos irreconciliables: el maniqueísmo del propagandista y el espíritu crítico del intelectual. Ambas posiciones, aunque diferenciadas, no se excluyen porque son utilizadas a favor de sus protegidos. Su crítica es aguda y penetrante cuando recuerda al poder político, por medio del príncipe Felipe, que los indios son, por gracia de leyes 'naturales y divinas', 'hijos' y subditos de la corona castellana, es decir, lo 'mismo' que 'nosotros'. Pero cuando se trata de condenarlas acciones de los conquistadores y encomenderos,el razonamiento crítico en la Brevísima relación no sólo 'denuncia', sino que también 'predica' según las propias convicciones de su autor. La estrategia de Las Casas 'defiende a los unos 'difamando' a los otros.' Funda, así, una literatura de propaganda" (García v. 16).

su poca importancia en la cadena del ser, a los perros se les posibilita el ser testigos de los secretos más recónditos de los seres humanos a los que se asocian. Este excepcional caso permite a los lectores saber que el mundo está conceptual y materialmente corrupto, sepultado bajo el manto de apariencias y palabrería que lo disfraza. Cervantes experimenta literariamente con el raro ojo del falso bruto consciente, animal-humano que moralmente parece estar muy por encima del ser humano-animal. La sociedad alternativa que se propone, con principios epistemológicos alejados a los que muestran los perros en sus diálogos humanistas, bien sean defendidos por un hombre o por un animal, será posible cuando las ranas críen pelo, o bien cuando el ser humano utilice adecuadamente el don de su Sabiduría, para alejarse de su embrutecido estado actual.

El pensamiento místico defendía el acercamiento a Dios por la vía del conocimiento intelectual, mediante un método que era autoconsciente de la necesidad del aislamiento entre el mundo sensible y el de las ideas. Si la idea pura ciega, como asegura Platón, la impura y corrupta debería tener un efecto nocivo más allá de la ceguera en el ser humano, según se ilustra en el ejemplar diálogo cervantino. La existencia humana está permanentemente separada de una realidad que la corrompe sistemáticamente, en forma de perpetua pesadilla. ¿Somos sueños de perros que han aprendido a mediar al borde del abismo, entre el mundo de las ideas y el mundo sensible, creaciones de su prevalente diálogo humanista?; ¿sirve el arte literario para aportarnos una perspectiva paradójicamente privilegiada sobre nuestro errático comportamiento?

En los tres textos estudiados se presentan diferentes artificios y arbitrios que ayudan a aproximarse mejor al conocimiento más puro, a partir de perspectivas novedosas, mientras se respetan los ámbitos incompatibles entre verdad e idea. Son tres celebraciones de las posibilidades del desarrollo de la Inteligencia y la Sabiduría, inspiradas, divinamente, en sociedades que conviven, en el caso de Maldonado y Kepler, con las consecuencias de su inocencia. En la obra de Cervantes la aproximación es inversa, ya que la inocencia de los canes protagonistas aparece condicionada por un exceso de sobreexposición a las decepcionantes experiencias picarescas humanas. Las posibilidades del arte barroco se suplementan con arbitrios científicos como el de la excepcional observación de la Tierra desde su propio satélite, la posibilidad de volar, o el que un perro tenga alma. Es una buena demostración de que la ciencia y el arte barrocos podían formar parte de una metodología del conocimiento multidisciplinar compatible que el ser humano, en su uso del libre albedrío, siempre podrá orientar hacia el bien o hacia el mal, como ha sido el caso, desde el principio de los tiempos.

5.2.5 Conclusión: sueños neoplatónicos contrautópicos con nuevas perspectivas, o la difícil convivencia de las ideas puras con la verdad perceptible

La propuesta visión panorámica y comparada del sueño de Cervantes con los de Maldonado y Kepler aporta evidencias sobre ciertos criterios que pudieron haber inspirado algunos de los pasajes de sus obras más relevantes. La fórmula literaria cervantina propuesta en *El coloquio* resulta en un diálogo desmitificador del propio género del sueño neoplatónico contrautópico, contexto que es autorreflexivo acerca del propio acto de soñar[104].

A partir del innovador punto de vista cervantino, el lector es inquietantemente consciente de que la aproximación canina es paradójicamente más humanista que las acciones de los propios seres humanos, comentadas por los perros. Esto es posible gracias a la capacidad adquirida de los canes de contemplar y juzgar la perversión y degeneración a la que conduce una sociedad de ideas corruptas, cuando ésta es observada desde una privilegiada posición hacia los hechos, en este caso, a partir de una paradójica perspectiva "inferior." La esencia contrautópica cervantina reside en que la inocencia y la pureza no están ni en los selenitas ni en los indígenas, como era el caso de los sueños de Maldonado y Kepler, sino en los propios canes que contemplan las acciones de los seres humanos. En los tres casos se utiliza una fórmula literaria formalmente similar a la de las utopías, aunque sus fondos epistemológicos no puedan estar más alejados de este género y opuestos entre sí, ya que los canes establecen un diálogo humanista sobre una sociedad corrupta y despiadada, invirtiendo contrautópicamente el sentido crítico utópico original, que estaba orientado a resaltar las bondades de ciertas comunidades que vivían idealmente, con cierta armonía existencial entre los seres que la habitaban[105]. La

---

104 La perspectiva propuesta es la de un estado de pensamiento imposible, el canino, el cual, por ello, ofrece un punto de vista único sobre la verdad. Como defendía Cusa, en su principio de Dios como el *Non-aluid*, todo hombre tiene una visión diferente del principio del infinito (Catà "perspicere" 290), siendo la capacidad humana de preguntarse por la posibilidad de conocerlo, en lugar de plantearse cual es su naturaleza, lo que ha provocado que se sugiera que Cusa fue el primer pensador moderno (Cassirer 24–5).

105 La oposición a la utopía implica una reacción contra sus principios conservadores, ya que en este género se propone una forma específica de someter acciones nacidas del mundo de las ideas, a las regulaciones del mundo sensible. Al realizarse textualmente una de sus múltiples posibilidades, se reduciría el espectro de la propia causalidad de su implementación futura. En este sentido, la contrautopía en Cervantes se ha explorado principalmente en el *Quijote*. Rey Hazas defiende el papel social de Alonso Quijano como hidalgo en la obra cervantina, lo que reforzaría la idea de un mensaje político en contra de la casta rentista de su tiempo. En oposición a esta idea de Maravall sobre la lectura

contrautopía cervantina se orienta a combatir la falsedad de la idea representada en la obra literaria, quizás porque, al materializarse en el mundo sensible de una utopía, se niega cualquier otra posibilidad de realizarse[106].

El coloquio es uno de los diálogos más autoconscientes sobre la separación entre idea y verdad de la obra cervantina. A partir de las diferentes categorías del ser humano de Bovelles, la virtud ha de preceder y acompañar siempre a la capacidad de razonar. La gran paradoja del conocimiento en *El coloquio* es, precisamente, la atribución de la capacidad de razonar a los animales, que alcanzan mediante su prodigioso nacimiento. Esto es algo que se descubre, al tiempo que los propios responsables de las acciones de los episodios narrados confirman que la mayoría de los seres humanos tiene su virtud intelectual embrutecida.

La genialidad cervantina es que no sólo presenta un planteamiento neoplatónico similar al de Maldonado y Kepler, sino que deja por el camino su seña de identidad literaria, al materializar una contrautopía en la que se invierten los propios principios del sueño utópico, como género idealizado ante el que se contrastan otras fuentes más verosímiles.

---

del *Quijote* como una contrautopía, críticos como López Calle ("caballería"), siguiendo a Martín de Riquer, entre otros, recuerda que, contra lo que se escribe la obra cervantina son las novelas de caballerías, no las órdenes caballerescas reales, utilizándose como modelo el utopismo exhibido en obras como el *Amadís* (López Calle "utopia" 9). Es decir que la aceptación de un espíritu contrautópico en obras como el *Quijote* defendida por Maravall (*contrautopía*), también implica como posibilidad que Don Quijote tuviera la misión de que los valores de las órdenes de caballerías históricas (no las fabuladas, como era el caso) fueran restituidos en la sociedad de La Mancha. Sin embargo, en el discurso de Don Quijote se incluyen valores y creencias caballerescas históricas y místicas, como se aprecia en numerosas intervenciones suyas, en su interacción con Sancho y otros personajes. Estas referencias provienen bien directamente de sus fuentes originales (Lulio, etc.), bien a través de su presencia filtrada en las novelas de caballerías. Aunque el género caballeresco es la mayor influencia directa en la novela y lo que da sentido a la propia confusión de la identidad de Don Quijote, es también evidente que éste no conoce, comparte y defiende sólo valores caballerescos de ficción, sino también los históricos y místicos.

106 Trousson defiende también el concepto del utopismo, un tipo de ideología utópica más allá del género de la utopía, a la que engloba y sobrepasa (28). Por el contrario, el género de la utopía, a partir del modelo de Campanella, que representaba un tipo de "catolicismo liberal" (Culianu 256), tiene tendencia a ser más prescriptiva, ordenada y estructurada, lo que contribuye a limitar, de alguna forma, las posibilidades que ofrece el libre albedrío en los protagonistas. En este sentido, se han identificado tres características definen el relato utópico: el uso del "[...], tiempo presente [...], todavía sigue existiendo, [...] El lugar [...] se finge distante del lugar en que se suponen situados el autor del relato y los destinatarios del mismo" y finalmente, "El objeto sobre el que tratan los relatos utópicos es una sociedad distinta de aquélla a la que pertenecen los destinatarios del relato utópico" (Avilés Fernández "cuatro" 111). Aunque la utopía no sea un género tratado específicamente por Cervantes, en el *Quijote* se comienza mencionando un lugar sin nombre, como señala Molho (cit. en Bagno 28).

En *El casamiento* y *El coloquio* se debate sobre el efecto de la corrupción de ideas o los límites de la verosimilitud en la sociedad, prevaleciendo un tono y un propósito de enseñar y deleitar. Berganza reflexiona sobre la verdad, adaptándola a la evidencia de las costumbres de su tiempo, mediante su narración sobre humanos episodios delictivos y picarescos, demostrando que la prevalencia de ciertos criterios intelectuales parece poder transcender la "cárcel" del cuerpo humano. Una doctrina válida (Humanismo, Neoplatonismo) lo será, independientemente de quien sea el que la ponga en práctica (perros), principio coincidente con el que rige el gobierno utópico descrito en el *Sueño* de Maldonado con respecto a los habitantes de las antípodas, quienes son seres elevados debido a su virtud y honestidad, que están muy por encima de las de sus propios evangelizadores.

Maldonado contrasta la utopía de la luna con la de las antípodas, la cual está en peligro de convertirse en distopía, si se continúa insistiendo en la evangelización (mediación entre idea religiosa y mundo sensible) de los indígenas[107]. La presencia de tres ámbitos, el del mundo material descrito por María de Rojas, el idealizado de los selenitas y el de los indígenas, que está entremedias de los dos, contribuye a establecer una relación entre los diferentes casos donde la verosimilitud general de la obra se eleva, en el propio proceso de su lectura comparada[108]. El método neoplatónico de la separación entre idea y verdad permite racionalizar la experimentación literaria, dentro de la lógica de la existencia de unas creaciones divinas que informan sobre aquellos aspectos del saber que pueden contribuir a mejorar la existencia humana, como ocurre en el *Sueño* de Kepler. La exploración de conocimientos fundamentales para el progreso del ser humano, a través de la comprensión intelectual y razonada del mundo sensible, apunta a la necesidad de un método en el que prime el libre albedrío del pequeño mundo del ser humano ante la mediación de las autoridades escolásticas. Esto es algo también evidente en la armonía existencial que alcanza a los nativos del Nuevo Mundo, tras la partida de los evangelizadores, en el *Sueño* del humanista Maldonado[109].

---

107 Así, Avilés Fernández sugiere una lectura neoplatónica de la obra de Maldonado a partir de la relación entre la vida selenita y la indiana con el mito de la cueva: "Entre la *ciudad lunar* y la *ciudad indiana* existen unos parecidos y unas diferencias tan significativas como las que podrían darse, en la óptica del platonismo, entre el *hiperuranio* y la *cueva*; [...] La *ciudad indiana* reproduce, como su obra, a la *ciudad lunar*; [...] La ciudad ideal de la Luna gana en verosimilitud al ser reproducida en una dimensión intramundana por la ciudad indiana" ("cuatro" 115).

108 Cervantes también practica este tipo de recurso literario dirigido a alcanzar la verosimilitud literaria, basado en el contraste de una ficción más verosímil con otra que lo es menos, en un tipo de efecto *cartellino* o *verosimilitud mágica* (ver Pérez de León *Cervantes*).

109 Como resume Avilés Fernández: "Diez años antes, unos marineros españoles habían llegado al país y les habían hablado de Jesucristo, [...]. A los tres meses de su desembarco,

El descenso a los infiernos del pasado canino confirma al lector la diversidad de maneras en las que la sociedad puede vivir engañada a partir de unas malas decisiones humanas, las cuales son provocadas, en muchos casos, por el uso de una epistemología equivocada; como la que hace que prevalezca el criterio de la ideología corrupta ante la evidencia de lo que acontece en el mundo sensible, lo que se demuestra en episodios como el de los pastores que se comportan como lobos, ya que "[...] los hombres son muy propensos a falsear la verdad cuando creen que esto les conviene" (Parker). Paradójicamente, los perros cervantinos, a pesar de ser producto de una transformación imposible y diabólica, tienen profundos valores humanistas, los cuales les hace ser conscientes de tener que compartir un mundo "humano" carnavalescamente verosímil, que es resultado material de la corrupción que proviene de una defectuosa idealización terrenal.

El sueño de los soldados y los perros cervantinos es continuación de la tradición de las obras de autores humanistas y utópicos como Maldonado, interesados en reflejar un universo literario condicionado por una perspectiva novedosa, iluminada por un espíritu y sentido neoplatónico, algo que también está presente en otros sueños como el de Kepler. Mentes creativas como las de Maldonado, Cervantes y Kepler hacen uso de oníricos recorridos imaginarios neoplatónicos, siendo conscientes del escudo protector del propio género de los sueños, con el que se aseguran un reducto de libertad que parece poder inmunizar el complejo contenido filosófico y estético expuesto en sus obras narrativas. Esto ocurre, al menos durante el breve período de "suspensión de la realidad," que acontece durante la lectura de sus obras. Sólo entonces, principios neoplatónicos como la separación entre idea y verdad parecen realizables, gracias también a ciertos artificios narrativos imaginativos, intelectualmente complejos, como lo es, por ejemplo, la novedosa perspectiva utilizada en el propio sueño neoplatónico contrautópico.

Un caso representativo de la técnica artística empleada en este tipo de exploración autoconsciente de la separación entre el mundo de las ideas y el de su representación, en el contexto del mundo sensible, es el citado paisaje de *A vision of the Holy Family near Verona* de Paolo Fiammingo. El lienzo se presenta en un contexto onírico o de visión, adoptando la forma del efecto de un *cartellino*, el cual había sido frecuentemente explotado en el arte místico de este período (Badiee Banta 127–30)[110]. Con la sofisticada técnica artístico-científica

---

disputaron sobre quién de entre ellos iba a ser el primero y muchos se mataron entre sí [...]. Desde entonces, los sacerdotes indígenas, guiados por la sola luz de la razón, habían seguido enseñando a sus conciudadanos" (*sueños* 128–29).

[110] "The cartellino is a trompe-l'oeil and looks as though it has been stuck onto the painting. The edges of the paper appear to be peeling away slightly, casting a shadow on the surface of the painting. The effect of this simple ruse of Zurbaran's is remarkable since the picture

utilizada se pretende que el ojo aprenda a distinguir la obra humana de la divina, dentro de un contexto de visión onírica[111], tratando de describir, pictóricamente, el proceso intelectual y cognitivo subyacente. Como defendían teólogos como Bovelles, en este cuadro estamos también ante la inefable paradoja de intentar reconciliar lo finito con lo infinito y la verdad con la idea, a partir de los límites de la propia obra de arte (Catà "perspicere" 292)[112], otorgándosenos la posibilidad de tener una visión privilegiada de la realidad, que se articula a partir de la propuesta por San Agustín (Pérez de León *Cervantes*).

Don Quijote llevará a cabo la misión de trasladar ideales corruptos, desde un mundo de fábulas, hasta una realidad exageradamente verosímil y manchega, la cual no excluye olores, sabores fuertes, vulgaridades varias y oligarcas decadentes, en situaciones carnavalescas. Mediante estas delirantes acciones comparadas se resalta la autoconsciencia de la fabulación que ilustra el fracaso de la realización de una idea, cuando se convierte en ficción, en el mundo sensible, estando tan lejana, la idea de la ficción, como el polígono infinito de la circunferencia[113].

---

appears, quite simply, to be a 'painting' by 'Zurbaran' done in '1661' [...]. Like Murillo, Zurbaran is an (almost) 'divine' artist, since he makes the spectator standing before his painting a doubter: the *cartellino* is a technique that befits the poetics of the *engaño/ desengaño*" (Stoichita 119, 120).

[111] En su conclusión, titulada "Theses on the Representation of the Visionary Experience," Stoichita también menciona detalles sobre otras visiones pictóricas barrocas, las cuales están también presentes en los sueños ficticios narrativos, en su objetivo común de representar lo inefable, apreciándose términos familiares en ambos ámbitos como "metafigural object", "intermediation" "testimony", "witness", "filter" "doublé painting [...] unreality irrupting into reality," afirmándose así que: "The visionary experience is an experience of pictures [...]. To represent a vision pictorially involves giving a (dubious) phenomenon of inner sight, substance (rendering it visible) [...]. The visionary painting takes on the characteristics of a visual document (a 'testimony') involving an action that is fundamentally impossible to define [...]. The spectator viewing the visionary painting is requested to take on a role: he is 'the one who sees the seeing' [...]. The visionary is an intermediary. He/she is the 'filter' through which the 'transcendence' is revealed to the spectator [...]. Since the transcendence is ineffable and unrepresentable, its depiction is expressed in terms of a paradoxical rhetoric [...]. At the time of the Counter-Reformation, the icon/ unreal/ sacred/transcendence inhabited the top of the painting, forming from that time on an upper level in the representation [...]. The seeing body becomes the instrument of the representation's rhetoric: its codified creation exteriorizes the unrepresentable" (198).

[112] Este tipo de descripciones oníricas también se pueden conceptualizar dentro de la visión intelectual que anula los contrarios de Cusa, en la que se asegura que "[...] toda la contrariedad de las especies y géneros lógicos queda anulada porque [...] nos vemos trasladados al plano de su origen mismo, al punto qué está más allá de toda separación y oposición. En tal visión, y sólo en ella, es posible alcanzar la auténtica *filiatio Dei*" (Cassirer 28–9).

[113] "Don Quijote no es un modelo de la pura caballería, sino su contramodelo. Es, a este respecto, un instrumento en manos de Cervantes para desacreditar, con sus aventuras paródicas de las correspondientes caballerescas, el caballerismo caricaturesco de los

En este capítulo se ha podido apreciar que la exploración de la epistemología mística neoplatónica aplicada a la obra de ficción tuvo en España como precedente a escritores humanistas de principios del siglo dieciséis como Maldonado, quien ya practicaba el género de los diálogos oníricos en libertad, del mismo modo que ocurrirá, casi un siglo después, en *El casamiento* y *El coloquio*. En ambos casos, se denuncia el efecto de la corrupción de las ideas, especialmente cuando son propagadas por mediadores ideológicos corruptos, sean obispos, pícaros o pastores. En el mismo sentido, el uso de la perspectiva lunar del detallado sueño neoplatónico contrautópico de Maldonado pudo tener continuidad en el *Sueño* de Kepler, donde se presenta la acción literaria desde la perspectiva del objeto mejor estudiado científicamente del período. Así, por ejemplo, en el tratado del jesuita Hevelius sobre el satélite también se le lleva de la mano al desocupado lector por el taller y las herramientas del científico (Winkler and Van Helden 104). Esto ocurre de un modo similar al recorrido que le hace Cervantes al receptor de su obra al principio del *Quijote*, en un nuevo ejemplo de contaminación de los discursos artísticos y científicos en el período Barroco[114].

La exitosa aplicación de conceptos artísticos a la Ciencia (Kepler) y de elementos epistemológicamente científicos en el Arte (Cervantes) definen los momentos en los que ciertos espíritus creativos decidieron explorar literariamente las diferentes maneras de interpretar el mundo sensible, mediante diversas disciplinas del conocimiento, en un período en el que no era raro combinar el arte literario con los avances científicos[115].

El Barroco fue un tiempo en el que se consideraba factible compartir ideas sobre la Filosofía Natural, en textos con los que se podían transmitir mejor cierto tipo de criterios, cuando se presentaban estéticamente como alegorías

---

       libros de caballerías y para mostrarnos cuál es el verdadero caballerismo" (López Calle "caballería").

114 El autor implícito en la obra de Hevelius es un hombre de ciencia, un astrónomo que enseña al lector su taller e instrumentos, antes de pasar a mostrarle el resultado de sus observaciones: "The visual information passed from Hevelius's eye through his brains to his hand, and by his own drawing and engraving directly to the page without the interposition of any agent." (Winkler and Van Helden 111), siguiendo una técnica literaria que también recuerda mucho a los paratextos cervantinos, donde el narrador también comparte con el lector debates literarios y otras claves para la comprensión de su obra, dentro de la propia disciplina literaria.

115 "Cervantes obedecía simplemente al mismo impulso que había conducido a Kepler, un científico, a continuar su revolucionaria *Astronomia nova* con el *De harmonice mundi*, libro que (a excepción de la tercera ley del movimiento de los planetas) es, desde el punto de vista científico, un cuento fantástico claramente idealista" (Riley *teoría* 343–44).

literarias. Esto se aprecia en el reconocimiento del deseo de hombres de ciencia como Kepler de formar parte de la tradición literaria, considerando el soporte intelectual del sueño neoplatónico contrautópico como el recurso más adecuado para poder desarrollar sus planteamientos intelectuales, mediante artificios de ficción como el de su novedoso uso científico-literario de la perspectiva. Una vez se comprenden las implicaciones del progreso metodológico de darle mayor relevancia a la evidencia que a la fuente clásica no contrastable, el método escolástico puede llegar a considerarse una superstición más.

Los tres sueños neoplatónicos contrautópicos estudiados, de autores distantes, cultural y temporalmente, confirman el compromiso de sus protagonistas-narradores de denunciar la separación existente entre el mundo de las ideas y el sensible, a partir de los testimonios de las experiencias de diferentes individuos, las cuales se narran mediante profundos diálogos humanistas. Las diferentes aproximaciones y perspectivas de Maldonado, Cervantes y Kepler, escribiendo en períodos con distintas ideologías religiosas, ya fueran erasmistas, contrarreformistas o protestantes confirman que, por encima de sus creencias personales, el impulso neoplatónico les servirá como guía y marco intelectual adecuado. Su elección del género literario del sueño neoplatónico contrautópico, como plataforma para exponer sus diferentes reflexiones sobre el modo en el que la sociedad de su tiempo había sucumbido en el abismo metodológico existente entre idea y verdad, les hace coincidir en su denuncia de la excepcional mala praxis asociada a intentar implementar ideas, originalmente virtuosas, en el mundo sensible y en la edad que les había tocado vivir. Cualquiera de nosotros estaría de acuerdo en que este planteamiento, intrínseco a la propia naturaleza humana no es, desafortunadamente, poco común, en cualquier tiempo y lugar.

La excepcional posibilidad de debatir la aplicación correcta y convivencia de ambos ámbitos, el de las ideas y la verdad, mediante el uso del género del sueño neoplatónico contrautópico, facilita la representación de un mundo material, más o menos corrupto, pero tal y como es, en su contraste con otro más virtuoso y menos posible. Esto ocurre, independientemente de las diferentes aproximaciones humanistas, religiosas, metaliterarias y científicas particulares de cada autor, las cuales son reflejo de su rara capacidad creativa, que nace de una no menos excepcional autoconsciencia de las posibilidades del Arte y la Ciencia, cuando son orientados a la expansión del conocimiento.

FIGURA 13   *Detalle de la búsqueda del demonio*, "No Corners to Hide". Frank Quitely

Epílogo: sueño y verdad; sabiduría y ciencia; humanismo y neoplatonismo

La presencia de controversias como la antisupersticiosa y la de la licitud del teatro en la obra cervantina sitúan a Cervantes como un autor moralista, capaz de aceptar la posibilidad de la presencia de censores para la protección de sus lectores de las malas fábulas y poetas, como se aprecia en sus diferentes paratextos o *El retablo*, entre otras de sus obras. Se demuestra así su compromiso con la idea de protegernos, haciendo suya la defensa de Platón del ciudadano de la República ante la mala poesía, por su potencial corruptor del ser humano. Es así como tampoco se evita la presencia de una de las controversias del período, como era la de la licitud de los espectáculos en la obra cervantina. Se utilizará uno de los argumentos de los polemistas en defensa de un teatro más ejemplar, que es precisamente el de la necesidad de un intermediario entre obra y público, para proteger a este último del pernicioso efecto de las malas fábulas, como se plantea en el diálogo entre el cura y el canónigo[1]. La opinión sobre la comedia, en el segundo acto de *El rufián viudo*, es significativa en cuanto a la coincidente necesidad de adaptación verosímil de la obra literaria a la verdad. De hecho, en el propio prólogo a la primera parte del *Quijote* también se ironiza sobre la limitación de la presencia y autoridad de los clásicos, aludiéndose al referente más real y creíble posible para informar la obra de ficción, que es el conocimiento del discreto público receptor.

Autoconsciencia, perspectiva y sabiduría son tres elementos de la vía mística que facilitan el acercamiento humano hacia Dios, los cuales se adaptan a la técnica literaria, en el corpus cervantino. Cervantes es uno de los autores que más experimentaron con la perspectiva literaria y en cuya obra se manifiestan mejor las diferentes reflexiones sobre el saber acerca del comportamiento humano más diverso, especialmente cuando está imbuido de una idea corruptora del mundo sensible que proviene de la fábula literaria, algo apreciable en personajes como Don Quijote, Grisóstomo, Cipión, Berganza, Grisóstomo y Marcela, entre otros[2]. En ciertos pasajes de la obra cervantina, como los

---

1 A diferencia de Italia, en España se atiende menos a la crítica sobre la propia estructura de la fábula, que a su efecto en el lector: "Los críticos de las novelas de caballerías en España se preocupaban más de los efectos que éstas producían en el público, y menos de sus cualidades artísticas formales, que los críticos del *romanzo* en Italia" (Riley *teoría* 135).
2 Esto coincide con el hecho de que la capacidad de razonar y alcanzar la virtud intelectual, más elevada que la virtud moral es, para teólogos como Bovelles, un estado elevado al que aspirar dentro de la Filosofía Natural: "Si l' on envisage l'homme en toutes ses acceptions

protagonizados por estos personajes, no se evitan debates metaliterarios transcendentales sobre el saber de su tiempo. La fascinación por la exploración de la psique humana, en relación con la naturaleza, tanto como su identificación del conocimiento que nace del desplazamiento del punto de vista del soñador, dormido o despierto, constituyen fuentes del saber tanto en la obra cervantina como en los casos estudiados de Maldonado y Kepler.

Este ensayo se ha enfocado en el Cervantes más antropocéntrico, humanista y neoplatónico. En su obra, el ser humano está frecuentemente en el centro de la medida de todas las cosas, en contraste con el resto de los seres animados, ocupando así un lugar privilegiado y sagrado. Pero Cervantes fue también un escritor producto de la Contrarreforma, con sus luces y sus sombras. Como se ha apuntado, empresas monumentales como la propia colonización y evangelización española de América, que han sido calificadas como utopías españolas realizadas, fueron también el resultado del ímpetu contrarreformista (Avilés Fernández "utopías" 33). La Contrarreforma promoverá un tipo de ideología religiosa que influirá en la metodología del proceso de adquisición del conocimiento. Sin embargo, esto no evitará que también se consignan grandes logros en el progreso de la humanidad tanto en las Artes como en la Ciencia. La obra cervantina es buena prueba de ello.

Sin embargo, en este ensayo se ha puesto el foco, no tanto en la ideología de Cervantes, sino en encontrar en su obra criterios de otras "ciencias" o disciplinas y métodos del conocimiento de su período, asociadas a la recepción, perspectiva y recursos literarios que se materializan literariamente, a partir de una diversidad de tendencias filosóficas, intelectuales, científicas y estéticas. En *La ciencia de Cervantes* también se ha situado al autor del *Quijote*, en relación con los criterios de otros escritores, los cuales estaban igualmente interesados en utilizar la Literatura como un lenguaje para la comprensión del universo, a la altura de las Matemáticas, la Astronomía o la Música. Esto demuestra que el Barroco fue un período fascinante, lo que se evidencia, precisamente, en la existencia de un tipo de autores como Kepler y Cervantes, quienes fueron capaces de plantearse el fusionar aspectos del Arte y la Ciencia, ideando herramientas y arbitrios artísticos, para aportar nuevas perspectivas autoconscientes de la realidad, que fueran capaces de iluminar a los lectores sobre la

---

selon la nature, comme selon l'âge et la vertu, celuici s'accomplit en quatre degrés. De fait l'homme naturel, en tant qu'enfant, se place au quatrième rang à partir des minéraux; [...] eu égard à la vertu intellectuelle, qui se réalise dans l'homme après la vertu morale, se présentent encore quatre degrees dans l'accomplissment de l'homme par la vertu intellectuelle" (IV, 35,37).

EPÍLOGO   361

necesidad de separar intelectualmente los propios ámbitos de la verdad y la idea, dirigiéndonos hacia una mejor comprensión de la divinidad del mundo.

Cervantes utiliza la obra literaria para reflexionar sobre grandes y complejos planteamientos, como se evidencia en el *Quijote, El coloquio* y el *Persiles*. Al igual que ocurrió con contemporáneos suyos como Kepler y Bruno, entendió que la obra literaria podrá llegar a ser una plataforma artística válida para presentar profundas alegorías del conocimiento. En el caso de *El coloquio*, la contrautopía le sirve de aproximación para poder representar artísticamente el súbito despertar asociado ante realidades de imposibles arbitrios, como el que los animales tengan alma.

En la obra cervantina también se aprecia una respuesta literaria al ambiente antisupersticioso, con el que se pretendía certificar una realidad alejada de las falsas creencias, para poder así despertar al incauto de que lo que pensaba que era milagro u obra del demonio, era "industria" desalmada. Todo ello en una sociedad, en la que el mayor pícaro de todos estaba en la Corte, ordenando limar las monedas de oro para poder llegar a fin de mes, dejando expuestos así los caudales de sus súbditos al libre albedrío del gasto desmesurado y efímero, por Gracia de Dios. Algo, una vez más, recurrente en todo tiempo y lugar.

En *La ciencia de Cervantes*, a partir del marco de la contextualización del autor y de la obra cervantina propuesto, se ha evidenciado el tipo de recepción de la obra y figura de Cervantes por parte de algunos escritores coetáneos suyos. Posteriormente, se ha explorado, en detalle, el modo en que se resuelven algunas de las preguntas fundamentales del arte y ciencia barrocos en la obra cervantina, como son los límites de la verosimilitud, la perspectiva y la concepción de la Literatura como un Arte con un elevado potencial para una representación verosímil de la realidad[3]. En este sentido, se ha explorado además el planteamiento de que autores como Cervantes pudieron haber escrito sus obras siendo conscientes de que la representación artística de los fenómenos regidos por la Filosofía Natural podía estar condicionada por la posibilidad de conciliar métodos de conocimiento irreconciliables, como fueron el escolástico y el experimental. Este tipo de contradictorias aproximaciones

---

[3] En ese sentido, Cervantes también se alinearía con la estrategia manierista de intentar "[...] sobrecoger e impresionar a sus lectores no sólo porque esto fuera agradable, sino para atraer su atención y dotarles de un talante receptivo mediante el cual pudiera ser aceptada una lección de moral y fuera posible comunicarles una verdad universal", para lo que se sirve "[...] de medios estilísticos y conceptuales, que atraían la atención del lector, despertaban su ingenio y le invitaban a ejercitar su inteligencia." Así, la obra barroca también disfrutaba de cierto sentido de libertad, al apoyarse en el doble valor de la admiración que "[...] aunque podía estar relacionada con la ignorancia, también podía estarlo con la curiosidad, que es el origen de la sabiduría" (Riley *teoría* 150).

intelectuales, frecuentemente promovidas por la Iglesia y la Monarquía, fueron implementadas mediante discursos como el antisupersticioso, que estuvo presente hasta finales del siglo dieciocho en España. Mediante esta imposición de la aceptación de una metodología disfuncional del pensamiento, que convive con la natural aceptación de la exageración y la deformación de la verdad histórica, se fue forjando el carácter y sentido de las opiniones del espectador español, a partir del Barroco. La cosmovisión resultante, con honrosas excepciones, se aprecia en el tono, fondo y sentido de estéticas literarias barrocas como la del teatro contrarreformista. Éste, en muchos casos, se enfocará en la deformación propagandística de la historia, con un propósito encomiástico hacia las oligarquías y con una crítica de las costumbres que es ligera, si es que existe, dentro de un tipo de entretenimiento atractivo para los sentidos y evasivo, pero, en muchos casos, intelectualmente vano. A partir del conocimiento de debilidades del ser humano como su frecuente estado de histéresis o su incapacidad de diferenciar realidad de fantasía, se le adaptarán diferentes ilusiones, fabricadas para aprovecharse de su esfuerzo y limitar el saber a aquel que fuera dócil y "bueno", para que siguiera creyendo en tierras de Jauja.

En *La ciencia de Cervantes* se demuestra cómo las contradicciones del imposible consenso metodológico entre el método científico experimental y el eclesiástico-escolástico tuvieron su reflejo en diferentes obras clave, en las que se exploraba y problematizaba, neoplatónicamente, el abismo existente entre verdad e idea. Concretamente, en la obra cervantina se aprecian numerosos episodios que tratan sobre la errática imposición de un método del conocimiento informado, como era, por ejemplo, la navegación, en un contexto en el que no se puede desarrollar técnicamente, al no existir nuevas tierras por descubrir en La Mancha. Esta reflexión sobre los límites geográficos se une a los del propio ser humano, en relación con los animales, planteada en *El coloquio* cervantino, cuya exploración de la imposible reconciliación de escolasticismo, humanismo y ciencia barroca está en línea con las propuestas de otros autores neoplatónicos con los que se compara su obra en este ensayo, como son las de Maldonado y Kepler. Esto demuestra cómo Cervantes es una de las pocas excepciones barrocas españolas que reaccionarían intelectualmente contra las disonancias nacidas de la imposición de discursos y métodos incompatibles con la verdad, con una actitud neoplatónica muy cercana al humanismo renacentista que le precedió, pero con un espíritu libre similar al que inspirará la *Nueva Ciencia*.

Sirva este ensayo para la comprensión de Cervantes y de su obra a partir de una serie de criterios contemporáneos suyos, con la intención de que sea así mejor apreciado, como uno de los primeros y pocos escritores de la Historia capaces de utilizar la Literatura como un lenguaje para transmitir conceptos transcendentales para el ser humano. Entendió el potencial literario como fuente última de un tipo de Sabiduría que estaba basada en la sencillez de la aproximación a la verdad de aquel ser consciente de que, evitando los filtros ideológicos, o de cualquier clase, a la hora de abordar asuntos transcendentales para el ser humano, su obra perviviría y transcendería eternamente. De este modo, habría cumplido el difícil propósito de estar en armonía con las propias reglas que rigen el mundo divino, pudiendo contribuir, de paso, al progreso y bienestar humano, en cualquier tiempo, lugar ... y no-lugar ... de Auristelas infinitas.

FIGURA 14   *Detalle del barril endemoniado*, "No Corners to Hide". Frank Quitely

Obras citadas

Aladro, Jordi. "La muerte de Alonso Quijano, un adiós literario." *Anales Cervantinos*, vol. 37, 2005, págs. 179–90.

Albertini, Tamara. "Charles de Bovelles' Enigmatic *Liber de Sapiente*: A Heroic Notion of Wisdom." *Intellectual History Review*, vol. 21, núm. 3, 2011, págs. 297–306.

Alciato, Andrea. *Declaración magistral sobre las emblemas de Andrés Alciato*. Trad. por Diego López, 1615.

Alciato, Andrea. *Los emblemas de Alciato traducidos en rhimas españolas: añadidos de figuras y de nuevos emblemas en la tercera parte de la obra*. Trad. de Bernardino Daza, Lyon, Guillermo Rovilio, 1549.

Alemán, Mateo. *Guzmán de Alfarache*. Ed. por Julio Cejador, Biblioteca Virtual Miguel de Cervantes, 2009 (Renacimiento, 1912). http://www.cervantesvirtual.com/obra/guzman-de-alfarache/. Consultado el 11 de marzo, 2020.

Alfonseca, Manuel. "La ciencia en el *Quijote* y en su época." *Religión y cultura*, vol. 52, núms. 236–37, 2006, págs. 255–72.

Allen, John J. "The Narrators, the Reader and Don Quijote." *MLN*, vol. 91, núm. 2, 1976, págs. 201–12.

Alvar, Carlos. "Prólogo." *La segunda parte del "Coloquio de los perros" de Ginés Carrillo Cerón*. Centro de estudios cervantinos, 2013, págs. 13–14.

Alves, Abel A. *The Animals of Spain: An Introduction to Imperial Perceptions and Human Interaction with Other Animals, 1492–1826*. Brill, 2011.

Andrés Ferrer, Paloma. "El *Somnium* de Lipsio y la rebelión de los personajes del refranero en el *Sueño* de la muerte de Quevedo." *Cuadernos de Filología Clásica. Estudios Latinos*, vol. 33, núm. 1, 2013, págs. 105–25.

Anónimo. *Lazarillo de Tormes*. Ed. por Francisco Rico y Bienvenido Morros, Cátedra, 2017.

Aristóteles. *Poética*. Ed. por Valentín García Yebra, Gredos, 1974.

Armstrong-Roche, Michael. *Cervantes' Epic Novel: Empire, Religion, and the Dream Life of Heroes in* Persiles, Toronto U.P., 2009.

Armstrong-Roche, Michael. "Europa como bárbaro. Nuevo mundo en la novela épica de Cervantes." *Peregrinamente peregrinos: actas del V Congreso Internacional de la Asociación de Cervantistas, Lisboa, Fundação Calouste Gulbenkian, 1–5 septiembre 2003*, coord. por Alicia Villar Lecumberri, vol. 2, 2004, págs. 1123–38.

Asensio, Eugenio. *Itinerario del entremés: desde Lope de Rueda a Quiñones de Benavente: con cinco entremeses de don Francisco de Quevedo*. Gredos, 1971.

Avalle-Arce, Juan Bautista. "*Persiles* and Allegory." *Cervantes*, vol. 10, núm. 1, 1990, págs. 7–16.

Avalle-Arce, Juan Bautista. *El* Quijote *como forma de vida*. Fundación Juan March-Castalia, 1976. http://www.cervantesvirtual.com/obra-visor/don-quijote-como-forma-de-vida-o/html/. Consultado el 2 de diciembre, 2014.

Avalle-Arce, Juan Bautista., ed. *Los trabajos de Persiles y Sigismunda*. Castalia, 2005.

Avilés Fernández, Miguel, "Otros cuatro relatos utópicos en la España moderna. Las utopías de J. Maldonado, *Omnibona* y *El Deseado Gobierno*." *Las utopías en el mundo hispánico: actas del coloquio celebrado en la Casa de Velázquez = Les utopies dans le monde hispanique: actes du colloque tenu à la Casa de Velázquez: 24-26-XI-1988*, coord. por Jean Pierre Etienvre, Casa de Velázquez-Universidad Complutense, 1990, págs. 109–28.

Avilés Fernández, Miguel. *Sueños ficticios y lucha ideologica en el Siglo de Oro*. Nacional, 1981.

Avilés Fernández, Miguel. "Utopías españolas en la Edad Moderna." *Chronica Nova*, núm. 13, 1982, págs. 27–51.

Badiee Banta, Andaleed. "Simultaneous Vision in Paolo Fiammingo's *A Vision of the Holy Family near Verona*." *Colnaghi Studies Journal*, 9, 2021, págs. 114–133.

Báez Rubí, Linda. "De harmonia mundi: ¿Un reino de Saturno novohispano?" *Anales del Instituto de Investigaciones Estéticas*, vol. xx, núm. 73, 1998, págs. 41–67.

Bagno, Vsévolod Evguen'evich. "El utopismo como base de la mentalidad quijotesca y del quijotismo mundial." *Actas del XII Congreso de la Asociación Internacional de Hispanistas*, coord. por Aengus M. Ward, Jules Whicker y Derek W. Flitter, Universidad de Birmingham, vol. 2, 1998, págs. 28–32.

Bandrés, Javier y Llavona, Rafael. "Minds and Machines in Renaissance Spain: Gómez Pereira's Theory of Animal Behavior." *Journal of the History of the Behavioral Sciences*, vol. 28, núm. 2, 1992, págs. 158–68.

Bañeza Román, Celso. "Cervantes y la Contrarreforma." *Anales Cervantinos*, vol. 24, núm. 1, 1986, págs. 221–27.

Bañeza Román, Celso. "Instituciones y costumbre eclesiásticas en Cervantes." *Anales Cervantinos*, vol. 29, 1991, págs. 73–91.

Baras Escolá, Alfredo. "*El rufián viudo*, ¿sátira política?" *Cervantes*, vol. 29, núm. 2, 2009, págs. 28–57.

Barrera-Osorio, Antonio. *Experiencing Nature: The Spanish American Empire and the Early Scientific Revolution*. U. of Texas Press, 2006.

Barrionuevo de Peralta, Jerónimo *Avisos del Madrid de los Austrias y otras noticias*. Ed. por José María Díez Borque, Castalia, 1996.

Bataillon, Marcel. "Conferencia de Marcel Bataillon en El Colegio de México, 17 de junio de 1948." https://journals.openedition.org/mcv/12167. Consultado el 5 de enero, 2021.

Bataillon, Marcel. *Erasmo y España*. Fondo de Cultura Económica, 1950.

Béhar, Roland. "Agustín en España (siglos XVI y XVII): Aspectos de Filosofía, Teología y Espiritualidad. Fray Luis de León y San Agustín: la *Oratio in Laudem Divi Augustini*." *Criticón*, núm. 111-12, 2011, págs. 43-71.

Bernaldo de Quirós Mateo, José Antonio. "Otra posible interpretación de los "sinónimos voluntarios" de Avellaneda. *Lemir*, núm. 11, 2007, págs. 117-20.

Bernat Vistarini, Antonio Pablo y José Maria Casasayas Truyols. *Desviaciones lúdicas en la crítica cervantina: Primer convivio internacional de "Locos Amenos": Memorial Maurice Molho*, Universidad de Salamanca-Illes Balears, 2000, págs. 291-304.

Berndt-Kelley, Erna. "En torno a sus bestias y a ser bestias." *Actas del X Congreso de la Asociación Internacional de Hispanistas, Barcelona 21-26 de agosto de 1989*, coord. por Antonio Vilanova. Promociones y publicaciones universitarias, vol. I, 1992, págs. 589-96.

Beusterien, John. *Canines in Cervantes and Velazquez: An Animal Studies Reading of Early Modern Spain*. Routledge, 2016.

Bever, Edward. "Witchcraft, Female Aggression, and Power in the Early Modern Community." *Journal of Social History*, vol. 35, núm. 4, 2002, págs. 955-88.

Bianchini, Andreina. "Herrera and Prete Jacopín: The Consequences of the Controversy." *Hispanic Review*, 1978, vol. 46, núm. 2, págs. 221-23.

Blanco, Mercedes. "Literatura e ironía en los *Trabajos de Persiles y Segismunda*." *Actas del II Coloquio Internacional de la Asociación de Cervantistas. Annali, Sezione Romanza*, vol. 36, núm. 2, 1995, págs. 625-35.

Blanco Mourelle, Noel. "Dimas de Miguel y la jerga luliana de la universalidad." *Cuadernos de Historia Moderna*, vol. 44, núm. 1, 2019, págs. 63-82.

Blasco, Javier. "La lengua de Avellaneda en el espejo de la *Pícara Justina*." *Boletín de la Real Academia Española*, vol. 85, núms. 291-92, 2005, págs. 53-109.

Bloom, Harold. *The Western Canon*. Houghton Mifflin Harcourt, 2014.

Boadella, Albert y Sánchez Arnosí, Milagros. *El retablo de las maravillas*. Cátedra, 2011.

Bocken, Iñigo. "The Pictorial Treatises of Charles de Bovelles." *Intellectual History Review*, vol. 21, núm. 3, 2011, págs. 341-52.

Bonet Correa, Antonio. "La fiesta barroca como práctica del poder." *El arte efímero en el mundo hispánico*. UNAM, Instituto de Investigaciones Estéticas, 1978, págs. 45-84.

Borges, Jorge L. "Análisis del último capítulo del *Quijote*." *Revista de la Universidad de Buenos Aires*, año 1, núm. 1, 1956, págs. 28-36.

Borges, Jorge L. "Nota preliminar" in Cervantes' *Novelas ejemplares*. Emecé, 1946, págs. 9-11.

Borges, Jorge L. "Pierre Menard, Autor del Quijote." *Obras Completas*. Emecé, 1974, págs. 444-50.

Bovelles, Charles. *Le libre du sage*. Librairie philosophique J. Vrin, 2010.

Brioso Santos, Héctor. "Rocinante, el Rucio y el realismo equino en el *Quijote*." *Anuario de estudios Cervantinos*, núm. XV, 2019, págs. 25–38.

Bruno, Giordano. *Cause, Principle and Unity: Essays on Magic*. Ed. y trad. por Robert Lucca y Richard J. Blackwell, Cambridge U.P., 1998.

Bruno, Giordano. *Sobre el infinito universo y los mundos*. Ed. por Ángel J. Cappelletti, Aguilar, 1981.

Brunstetter, Daniel R. "Sepúlveda, Las Casas, and the Other: Exploring the Tension between Moral Universalism and Alterity." *The Review of Politics*, vol. 72, núm. 3, 2010, págs. 409–35.

Buisseret, David. "Spanish Colonial Cartography, 1450–1700." *The History of Cartography III: Cartography in the European Renaissance, I*, ed. por David Woodward. Chicago U.P., 2007, 1143–71.

Burningham, Bruce R. "Becoming Quixote: Sancho and the Spider-Verse." *Cervantes*, vol. 40, núm. 2, 2020, págs. 191–212.

Burningham, Bruce R. "Os Manchíadas." *USA Cervantes: cervantistas en Estados Unidos*. Coord. por Georgina Dopico Black y Francisco Layna Ranz. CSIC, 2009, págs. 251–72.

Cacho Casal, Rodrigo. "Cervantes y la sátira: Clodio el maldiciente en el *Persiles*." *MLN*, vol. 121, núm. 2, 2006, págs. 299–321.

Calderón de la Barca, Pedro. *La vida es sueño*. Ed. por Evangelina López Cuadros, Biblioteca virtual Miguel de Cervantes, 2007. http://www.cervantesvirtual.com/obra/la-vida-es-sueno--0/. Consultado el 7 de abril, 2020.

Campagne, Fabián A. *Homo Catholicus, Homo superstitiosus: El discurso antisupersticioso en la España de los siglos XV a XVIII*. Miño y Dávila, 2002.

Campagne, Fabián A. "Medicina y religión en el discurso antisupersticioso español de los siglos XVI a XVIII: un combate por la hegemonía." *Dynamis*. 2000, núm. 20, págs. 417–56.

Campagne, Fabián A. "Witchcraft and the Sense-of-the-Impossible in Early Modem Spain: Some Reflections Based on the Literature of Superstition (ca.1500–1800)." *Harvard Theological Review*. vol. 96, no. 1, 2003, págs. 25–62.

Campanella, Tommaso. *La imaginaria Ciudad del Sol*. Fondo de Cultura Económica, 2017.

Canavaggio, Jean. *Cervantes en su vivir*. Biblioteca Virtual Miguel de Cervantes, 2004. http://www.cervantesvirtual.com/obra-visor/cervantes-en-su-vivir-0/html/. Consultado el 1 de febrero, 2021.

Cañizares-Esguerra, Jorge. *Nature, Empire, and Nation: Explorations of the History of Science in the Iberian World*, Stanford U.P., 2006.

Carabine, Deirdre, *The Unknown God: Negative Theology in the Platonic Tradition: Plato to Eriugena*, Peeters, 1995.

Carrillo Castillo, Jesús. "'The World Is Only One and Not Many': Representation of the Natural World in Imperial Spain." *Spain in the Age of Explorations (1492–1819)*, ed. por Chiyo Ishikawa. University of Nebraska Press, 2004, págs. 139–58.

Carrillo Cerón, Ginés. *Segunda parte de* El coloquio de los perros. Ed. por Abraham Madroñal, Centro de estudios cervantinos, 2013.

Carrizo Rueda, Sofía. "La aventura del barco encantado y nuevas notas sobre las escrituras del viaje en el *Quijote*." *Letras: revista de la Facultad de Filosofía y Letras de la Pontificia Universidad Católica Argentina Santa María de los Buenos Aires*, vols. 61–62, 2010, págs. 75–84.

Carrizo Rueda, Sofía. "*Don Quijote* y la experiencia del viaje." *Don Quijote en Azul: Actas de la I Jornadas Internacionales Cervantinas, Azul, 21–22 de abril de 2007*. Ed. por José Manuel Lucía Mejías y José Manuel Bendersky. Centro de Estudios Cervantinos, 2008, págs. 39–52.

Casalduero, Joaquín. *Sentido y forma de las* Novelas Ejemplares. Gredos, 1962.

Casalduero, Joaquín. *Sentido y forma del* Quijote. *Insula*, 1966.

Cascardi, Anthony J. "Image and Iconoclasm in Don Quijote." *Bulletin of Hispanic Studies*, vol. 82, núm. 5, 2005, págs. 599–614.

Cascardi, Anthony J. "Lope de Vega, Juan de la Cueva, Giraldi Cinthio, and Spanish Poetics." *Revista Hispánica Moderna*, vol. 39, núm. 4, 1976–77, págs. 150–55.

Cascardi, Anthony J. "Two Kinds of Knowing in Plato, Cervantes, and Aristotle." *Philosophy and Literature*, vol. 24, núm. 2, 2000, págs. 406–23.

Cassirer, Ernst. *Individuo y cosmos en la filosofía del Renacimiento*. Emecé, 1951.

Castañega, Martín. *Tratado de las supersticiones y hechicerías*. Ed. por Fabián A. Campagne, Universidad de Buenos Aires, Facultad de Filosofía y Letras, 1997.

Castellano, Juan R. "El negro esclavo en el entremés del Siglo de Oro." *Hispania*, vol. 44, núm. 1, 1961, págs. 55–65.

Castilla Urbano, Francisco. "Principales corrientes de conocimiento: escolasticismo, neoplatonismo y humanismo." *La Biblia Políglota Complutense en su contexto*, ed. por Antonio Alvar Ezquerra, Universidad de Alcala, 2016, págs. 202–14.

Castillo, David R. "Awakening Fiction: The Cervantine Instrument at Work in Anti-Totalitarian Sci-Fi." *Cervantes*, vol. 40, núm. 2, 2020, págs. 159–74.

Castillo, David R. *(a)Wry Views: Anamorphosis, Cervantes and the Early Picaresque*. Purdue U.P., 2011.

Castillo, David R. y Spadaccini, Nicholas. "El antiutopismo en *Los trabajos de Persiles y Sigismunda*: Cervantes y el cervantismo actual." *Cervantes*, vol. 20, núm. 1, 2000, págs. 115–31.

Castillo Solórzano, Alonso. *Aventuras del bachiller Trapaza*. Biblioteca virtual Miguel de Cervantes, 2004. http://www.cervantesvirtual.com/obra/aventuras-del-bachiller-trapaza--0/. Consultado el 7 de abril, 2020.

Castro, Américo. *Cervantes y los casticismos españoles*. Alianza, 1974.

Castro, Américo. *Hacia Cervantes*. Taurus, 1967.

Castro, Américo. *El pensamiento de Cervantes*. Noguer, 1972.

Catà, Cesare. "Forking Paths in Sixteenth-Century Philosophy: Charles de Bovelles and Giordano Bruno." *Viator*, vol. 40, núm. 2, 2009, págs. 381–92.

Catà, Cesare. "*Perspicere Deum*: Nicholas of Cusa and European Art of the Fifteenth Century." *Viator*, vol. 39, núm. 1, 2008, págs. 285–305.

Catà, Cesare. "Viewed Through the Looking-Glass: Human Nature as a Mystical Mirror in Charles de Bovelles' Conception of Sapientia." *Intellectual History Review*, vol. 21, núm. 3, 2011, págs. 307–16.

Cátedra, Pedro, ed. *Diálogo contra* Antoniana Margarita *de Francisco de Sosa. Diálogos españoles del Renacimiento*, dir. por Ana Vián Herrero, Biblioteca de Literatura Universal, 2010, págs. 523–82.

Cervantes, Saavedra Miguel. *Don Quijote de la Mancha*. Coord. por Francisco Rico. Centro virtual Cervantes, https://www.cervantesvirtual.com/obra-visor/el-ingenioso-hidalgo-don-quijote-de-la-mancha-6/html/ y https://www.cervantesvirtual.com/obra/segunda-parte-del-ingenioso-caballero-don-quijote-de-la-mancha--0/. Consultados el 7 de abril de 2020.

Cervantes, Saavedra Miguel. *Entremeses*. Ed. por Nicholas Spadaccini. Cátedra, 1982.

Cervantes, Saavedra Miguel. *La Galatea*. Ed. por Florencio Sevilla Arroyo. Biblioteca Virtual Miguel de Cervantes, 2001. http://www.cervantesvirtual.com/obra/la-galatea--0/. Consultado el 7 de abril de 2020.

Cervantes, Saavedra Miguel. (Attr.). *El hospital de los podridos y otros entremeses*. Ed. por Dámaso Alonso, Mayo de Oro, 1988.

Cervantes, Saavedra Miguel. *Novelas ejemplares*. Ed. por Florencio Sevilla Arroyo. Biblioteca Virtual Miguel de Cervantes, 2001. http://www.cervantesvirtual.com/obra-visor/novelas-ejemplares--0/html/. Consultado el 7 de abril de 2020.

Cervantes, Saavedra Miguel. *Novelas ejemplares*, Ed. por Jorge García López, Galaxia Gutenberg, 2005.

Cervantes, Saavedra Miguel. *Novelas ejemplares*. Ed. por Juan B. Avalle-Arce, Castalia, 1982.

Cervantes, Saavedra Miguel. *La Numancia*. Ed. por Florencio Sevilla Arroyo. Biblioteca Virtual Miguel de Cervantes, 2001. http://cervantes.tamu.edu/cervantes/english/ctxt/comedias/numancia.html/bmcfb508. Consultado el 1 de febrero de 2020.

Cervantes, Saavedra Miguel. *Ocho comedias y ocho entremeses nuevos, nunca representados*. Ed. por Florencio Sevilla Arroyo. Biblioteca Virtual Miguel de Cervantes, 2001. http://www.cervantesvirtualcom/obra-visor/ocho-comedias-y-ocho-entremeses-nuevos-nunca-representados--0/html/. Consultado el 7 de abril, 2020.

Cervantes, Saavedra Miguel. *Los trabajos de Persiles y Sigismunda*. Ed. por Florencio Sevilla Arroyo. Biblioteca Virtual Miguel de Cervantes, 2001. http://www.cervantesvirtual.com/nd/ark:/59851/bmcpv6g0. Consultado el 1 de febrero, 2014.

Cervantes, Saavedra Miguel. *Viaje del Parnaso*. Ed. por Florencio Sevilla Arroyo. Biblioteca Virtual Miguel de Cervantes, 2001. https://www.cervantesvirtual.com/obra-visor/viaje-del-parnaso--0/html/. Consultado el 1 de febrero, 2022.

Checa, Jorge. "Cervantes y la cuestión de los orígenes: escepticismo y lenguaje en *El coloquio de los perros*," *Hispanic Review*, vol. 68, núm. 3., 2000, págs. 295–317.

Chen-Morris, Raz. "'The Quality of Nothing:' Shakespearean Mirrors and Kepler's Visual Economy of Science." *Science in the Age of Baroque*, ed. por Ofer Gal y Raz Chen-Morris. *Archives internationales d'histoire des idées*, núm. 208, 2012, págs. 99–118.

Childers, William P. "El *Persiles* de par en par." *Si ya por atrevido no sale con las manos en la cabeza: el legado poético del* Persiles *cuatrocientos años después*, ed. por Mercedes Alcalá Galán, Antonio Cortijo Ocaña, y Francisco Layna Ranz, *eHumanista*, núm. 5, 2016, págs. 185–204.

Cicerón, Marco Tulio, "El sueño de Escipión." *Sobre la República*. Trad. de Alvaro D´Ors, Gredos, 2006, págs. 158–71, http://xmejuto.blogspot.com/2010/01/el-sueno-de-escipion-marco-tulio.html. Consultado el 1 de febrero, 2014.

Ciruelo, Pedro. *Prácticas y creencias supersticiosas realmente existentes (descriptas in abstracto), recogidas por la Reprobacion de las supersticiones y hechizerias*. Alcalá de Henares, 1530.

Close, Anthony. "La crítica del *Quijote* desde 1925 hasta ahora." *Cervantes*. Centro de estudios cervantinos, 1995, págs. 311–33.

Close, Anthony. "Los episodios del Quijote." *Antología de la crítica sobre el Quijote en el siglo XX*, coord. por José Montero Reguera, Centro virtual de Cervantes, 2005. https://cvc.cervantes.es/literatura/quijote_antologia/default.htm. Consultado el 1 de febrero, 2020.

Close, Anthony. "Fiestas palaciegas en la segunda parte del *Quijote*." *Actas de la Conferencia internacional de estudios cervantinos II*, 1991, págs. 475–84.

Close, Anthony. *The Romantic Approach to* Don Quixote. Cambridge U.P., 2010.

Close, Anthony. "Seemly Pranks. The Palace Episodes in *Don Quixote* Part II." *Art and Literature in Spain: 1600–1800. Studies in Honour of Nigel Glendinning*, Támesis, págs. 69–87.

Colón, Cristobal. *Libro de las profecías*. Alianza, 1992.

Conley, Tom. "Early Modern Literature and Cartography: An Overview." *The History of Cartography, Volume 3: Cartography in the European Renaissance, I*, ed. por David Woodward. Chicago U.P., 2007, págs. 401–11.

Connor Swietlicki, Catherine. "Cervantes's Proto-Science of Sex Chromosomes and Nature-Nurture: Learning in Dehumanizing Times." *Cervantes*, vol. 40, núm. 2, 2020, págs. 93–139.

Coroleu, Alejandro y Fouto, Catarina. "Iberian Peninsula." *Oxford Handbook of Neo-Latin*, Oxford U.P., 2015, págs. 461–76.

Cosgrove, Denis E. "Images of Renaissance Cosmography 1450–1650." *The History of Cartography, III: Cartography in the European Renaissance, I*, ed. por David Woodward. Chicago U.P., 2007, págs. 55–98.

Cotarelo y Mori, Emilio. *Bibliografía de las controversias sobre la licitud del teatro en España*. Universidad de Granada, 1997.

Cotarelo y Mori, Emilio. *Migajas del Ingenio. Colección rarísima de entremeses, bailes y loas*. Imprenta de la Revista de Archivos, 1908.

Covarrubias y Orozco, Sebastián. *Tesoro de la lengua castellana o española*. Turner, 1977.

Cruickshank, Don W. "'Literature' and the Book Trade in Golden-Age Spain." *MLR*, vol. 73, núm. 4, 1978, págs. 799–824.

Culianu, Ioan P. *Eros y magia en el Renacimiento, 1484*. Siruela, 2007.

Cusa, Nicolás de. *La docta ignorancia*. Trad. y ed. por Manuel Fuentes Benot, Aguilar, 1973.

De Armas, Frederick A. (ed.). *Ekphrasis in the Age of Cervantes*. Bucknell U.P., 2005.

De Armas, Frederick A. "The Maculate Moon: Galileo, Kepler and Pantaleón de Ribera's *Vexamen de la Luna*." *Calíope*, vol. 5, núm. 1, 1999, págs. 59–71.

De Armas, Frederick A. *Quixotic Frescoes: Cervantes and Italian Renaissance Art*. Toronto U.P., 2006.

De Armas, Frederick A. "Rocinante in Flight, Dulcinea Infected: Quixotic Moves in James S. A. Corey's *Leviathan Wakes*." *Cervantes*, vol 40, núm. 2, 2020, págs. 141–57.

De Armas Wilson, Diana. *Allegories of Love. Cervantes's* Persiles and Sigismunda, Princeton U.P., 1991.

De la Torre, Alfonso. *Visión deleitable y sumario de las ciencias*. Amsterdam, Paulus Aertsen van Ravestein, 1623.

De León, Fray Luis. *Obras del P. Fr. Luis de León: reconocidas y cotejadas con varios manuscritos auténticos*. Ed. por Antolín Merino y Conrado Muiños Sáenz, Madrid, Compañía de impresores y libreros del reino, 1885.

De León Azcárate, Juan Luis. "El *Libro de las Profecías* (1504) de Cristóbal Colón: La Biblia y el descubrimiento de América." *Religión y cultura*, vols. 241–42, 2007, págs. 360–406.

Del Río, Martín Antonio. *La magia demoníaca*. Ed. por Jesús Moya. Hiperión, (1599) 1991.

Del Río Barredo, María José. "Juan López de Hoyos y la crónica de las ceremonias reales de Madrid, 1568–1570." *Edad de Oro*, núm. 18, 1999, págs. 151–69.

Deleito y Piñuela, José. *La vida religiosa española bajo el cuarto Felipe*. Espasa Calpe, 1963.

Díaz de Benjumea, Nicolás. *La verdad sobre el* Quijote. *Novísima historia crítica de la vida de Cervantes*. Madrid, Imprenta de Gaspar, 1878.

Díaz Martín, José Enrique. *Cervantes y la magia en el Quijote de 1605*. Servicio de Publicaciones de Intercambio Científico de la Universidad de Málaga, 2003.

Dick, Philip K. *Do Androids Dream of Electric Sheep?* Boom!, 2019.

Dieste, Rafael. "Nuevo retablo de las maravillas." *Teatro II*. Ed. por Manuel Aznar Soler, Laia, 1981, págs. 71–94.

Díez Borque, José María. "Lope de Vega y los gustos del 'vulgo.'" *Teatro: revista de estudios teatrales*, núm. 1, 1992, págs. 7–32.

Díez Borque, José María. "Lope y sus públicos: estrategias para el éxito." *Rilce*, vol. 27, núm. 1, págs. 7–54.

Díez Borque, José María. "Relaciones de teatro y fiesta en el barroco español." *Teatro y fiesta en el Barroco: España e Iberoamérica*, coord. por José María Díez Borque, Serbal, 1986, págs. 11–40.

Díez Borque, José María. "Los textos de la fiesta: 'ritualizaciones' celebrativas de la relación del juego de cañas." *La fiesta, la ceremonia, el rito: Coloquio Internacional, Granada, Palacio de la Madraza, 24-26-IX-1987*, 1990, Casa de Velázquez-Universidad de Granada, págs. 181–93.

Disalvo, Antonio. "Ramon Lull and the Language of Chivalry," *Mystics Quarterly*, 1988, vol. 14, núm. 4, págs. 197–206.

Domínguez, Julia. "Coluros, líneas, paralelos y zodíacos: Cervantes y el viaje por la cosmografía en el *Quijote*." *Cervantes*, vol. 29, núm. 2, 2009, págs. 139–57.

Domínguez, Julia. "Imaginar mundos: Memoria y ciencia ficción en la obra de Cervantes." *Cervantes*, vol 40, núm. 2, 2020, págs. 33–51.

Domínguez Ortiz, Antonio. "Iglesia institucional y religiosidad popular en la España Barroca." *La fiesta, la ceremonia, el rito*, ed. por Pierre Cordoba, Jean-Pierre Étienvre y Elvira Ruiz Bueno, Casa de Velázquez, 1990, págs. 9–20.

D'Onofrio, Julia. "Don Quijote acuático. Sentidos simbólicos y representación cervantina en la aventura del barco encantado." *El Quijote en Buenos Aires*, coord. por Alicia Parodi, Julia D'Onofrio y Juan Diego Vila, Universidad de Buenos Aires, 2006, págs. 355–63.

Dopico Black, Georgina. "The Ban and the Bull: Animal Studies, Cultural Studies and Spain." *Journal of Spanish Cultural Studies*, vol. 11, núms. 3–4, 2010, págs. 235–249.

Dunn, Peter N. "La cueva de Montesinos por fuera y por dentro: estructura épica, fisonomía," *MLN*, vol. 88, núm. 2, 1973, págs. 190–202.

Eamon, William. "Epilogue: The Difference That Made Spain, the Difference That Spain Made." *Medical Cultures of the Early Modern Spanish Empire*, ed. por John Slater, José Pardo-Tomás y María Luz López Terrada, Ashgate, 2014, págs. 231–44.

Egginton, William. "Cervantes's Black Mirror." *Cervantes*, vol. 40, núm. 2, 2020, págs. 175–90.

Egginton, William. *The Man Who Invented Fiction: How Cervantes Ushered in the Modern World*. Bloomsbury, 2017.

Egginton, William. "On Relativism, Rights and Differends, or, Ethics and The American Holocaust." *Qui Parle*, vol. 9, núm. 1, 1995, págs. 33–70.

Egido, Aurora. "El *Persiles* y la enfermedad de amor." *Actas del II Coloquio Internacional de la Asociación de Cervantistas II*. Anthropos, 1990, págs. 201–26.

Eisenberg, Daniel. "El rucio de Sancho y la fecha de composición de la *Segunda Parte de Don Quijote*." *Nueva Revista de Filología Hispánica*, vol. 25, núm. 1, 1976, págs. 94–102.

El Saffar, Ruth. *Cervantes: El casamiento engañoso and El coloquio de los perros*. Grant and Cutler-Tamesis, 1976.

Faye, Emmanuel. "Nicolas de Cues et Charles de Bovelles dans le Manuscrit 'Exigua Pluuia' De Beatus Rhenanus." *Archives d'histoire doctrinale et littéraire du Moyen Age*, núm. 65, 1998, págs. 415–50.

Felkel, Robert W. "Voluntarismo y antivoluntarismo en el *Quijote*." *Actas del X Congreso de la Asociación Internacional de Hispanistas*, coord. por Antonio Vilanova. Publicaciones y promociones universitarias, 1992, págs. 613–22.

Fernández, Enrique. "Los tratos de Argel, obra testimonial, denuncia política y literatura terapéutica." *Cervantes*, vol. 20, núm. 1, 2000, págs. 7–26.

Fernández de Avellaneda, Alonso. *El Quijote apócrifo*. Ed. por Miguel Angel Martín Hervás Jiménez. Verbum, 2016.

Fernández Vales, Sandra María. "Noticias deportivas y sociales en el siglo XVI: ostentación del poder de la nobleza en torneos y justas." *IC Revista Científica de Información y Comunicación*, núm. 4, 2007, págs. 212–35.

Ferrari, Michel. "Introduction to Bovelles' *Liber de Sapiente*." *Intellectual History Review*, vol. 21, núm. 3, 2011, págs. 257–65.

Ferrer Valls, Teresa. "La fiesta en el Siglo de Oro: en los márgenes de la ilusión teatral." *Teatro y fiesta del Siglo de Oro en tierras europeas de los Austrias*, SEACEX, 2003 págs. 27–37.

Ferrer Valls, Teresa. *Nobleza y espectáculo teatral, 1535–1622*. UNED, 1993.

Fiammingo, Paolo. *Visión de la Sagrada Familia cerca de Verona*. 1581, Allen Museum, Oberlin, OH.

Ficino, Marsilio. *Platonic Theology*. Ed. por Michael J. B. Allen, James Hankins y William R. Bowen, Harvard U.P., 2005.

Flores, Robert M. "Sancho's Fabrications: A Mirror of the Development of His Imagination." *Hispanic Review*, vol. 38, núm. 2, 1970, págs. 174–82.

Forcione, Alban K. *Cervantes, Aristotle, and the* Persiles. Princeton U.P., 1970.

Forcione, Alban K. *Cervantes' Christian Romance: A Study of* Persiles y Sigismunda. Princeton U.P., 1972.

Forcione, Alban K. *Cervantes and the Humanist Vision. A Study of Four Exemplary Novels*. Princeton U.P., 1982.

Friedman, Edward H., ed. *Metafictional Crossings. Vanderbilt e-Journal of Luso-Hispanic Studies*, núm. 2, 2005.

Fudge, Erica. "Introduction." *Renaissance Beasts: of Animals, Humans, and Other Wonderful Creatures*. Ed. por Erica Fudge. Illinois U.P., 2004, págs. 1–18.

Gal, Ofer y Chen-Morris, Raz. "Baroque Modes and the Production of Knowledge." *Science in the Age of Baroque*, ed. por Ofer Gal y Raz Chen-Morris. Springer, 2012, págs. 1–9.

Galván, Luis. "Imágenes y anagnórisis en *La Celestina*." *Nueva Revista de Filología Hispánica*, vol. 53, núm. 2, 2005, págs. 457–79.

Garau, Jaume. "El tratamiento de la hagiografía en Castillo Solórzano a la luz de la Contrarreforma." *Edad De Oro*, núm. 36, 2018, págs. 75–91.

García, Martha. *Cervantes entre la Reforma y la Contrarreforma: España en el contexto literario de las reformas religiosas*. Academia del Hispanismo, 2019.

García Bédmar, Rodrigo. "Cervantes, Espinosa y el argumento zoológico contra el idealismo." *Anuario de estudios Cervantinos*, núm. 15, 2019, págs. 93–106.

Garcia de Céspedes, Andrés. *Regimiento de Navegación*. Madrid, Juan de la Cuesta, 1606.

García García, Bernardo José. "Las fiestas de corte en los espacios del valido: La privanza del duque de Lerma." *La fiesta cortesana en la época de los Austrias*, ed. por María Luisa Lobato y Bernardo José García García. Junta de Castilla y León, Consejería de Educación y Cultura, 2003, págs. 35–77.

García García, Bernardo José. "Las fiestas de Lerma de 1617: una relación apócrifa y otros testimonios." *Dramaturgia festiva y cultura nobiliaria en el siglo de oro*, ed. por Mabel Moraña, Bernardo José García García y María Luisa Lobato. Iberoamericana, 2007, págs. 203–48.

García García, Heliodoro. *El pensamiento comunero, erasmista, moral y humanístico de Juan Maldonado*. Universidad Complutense, 2015.

García González, Sylma. "'Preñada estaba la encina': de los nuevos nacimientos simbólicos sin madre a la inesperada armonía paterno-filial en *Los trabajos de Persiles y Sigismunda*." *Nueva Revista de Filología Hispánica*, vol. 61, núm. 2, 2013, págs. 475–94.

García Reidy, Alejandro. *Las musas rameras: oficio dramático y conciencia profesional en Lope de Vega*. Iberoamericana, 2013.

García Santo-Tomás, Enrique, ed. *The Refracted Muse: Literature and Optics in Early Modern Spain*. Trad. por Vincent Barletta, Chicago U.P., 2017.

García Santo-Tomás, Enrique. *Science on Stage in Early Modern Spain*. Toronto U.P., 2019.

García V., Gustavo. "La invención 'ética' del sujeto indígena en la *Brevísima relación de la destruición de las Indias*." *Iberoamericana*, vol. 3, núm. 12, 2003, págs. 7–24.

Gascoigne, John. "Crossing the Pillars of Hercules: Francis Bacon, the Scientific Revolution and the New World." *Science in the Age of Baroque*, ed. por Ofer Gal y Raz Chen-Morris. *Archives internationales d'histoire des idées*, núm. 208, 2012, págs. 217–37.

Gasta, Chad. "Cervantes y el debate científico en *El Quijote*." *El Quijote en América: Cervantes, autor universal*, ed. por María Isabel López Martínez y Rosa Eugenia Montes Doncel, Renacimiento, 2016, págs. 56–79.

Gasta, Chad. "Cervantes' theory of Relativity in *Don Quixote*" *Cervantes*, vól, 31, núm. 1, 2011, págs. 51–82.

Gautier Dalché, Patrick. "The Reception of Ptolemy's Geography (End of the Fourteenth to Beginning of the Sixteenth Century)." *The History of Cartography III: Cartography in the European Renaissance, I*, ed. por David Woodward. Chicago U.P., 2007, págs. 285–364.

Gentilli, Luciana. *Fiestas y diversiones en Madrid: La segunda mitad del siglo XVII. Relatos de viajeros europeos*. Bulzoni, 1989.

Gerli, E. Michael. "El retablo de las maravillas: Cervantes's 'Arte nuevo de deshacer comedias.'" *Hispanic Review*, vol. 57, núm. 4, 1989, págs. 477–92.

Gómez Canseco, Luis. "Introducción." *Segundo tomo* del Ingenioso Hidalgo Don Quijote de la Mancha, ed. por Luis Gómez Canseco, Real Academia Española/CEC, 2014, págs. 9–118.

"Gómez Pereira 1500–58." Proyecto filosofía en español. http://filosofia.org/pereira.htm. Consultado el 25 de mayo, 2020.

Gómez Vozmediano, Miguel Fernando. "Clérigos exorcistas en el Toledo postridentino." *Creer y entender: homenaje a Ramón Gonzálvez Ruiz*, Real Academia de Bellas Artes y Ciencias Históricas, 2014, págs. 417–38.

González, Aurelio. "Conjuros, magia y demonios en el teatro cervantino." *Brujería, magia y otros prodigios en la literatura española del Siglo de Oro*, ed. por María Luisa Lobato, Javier San José y Germán Vega, Biblioteca Virtual Miguel de Cervantes, 2016, págs. 195–212.

González de Amezúa y Mayo, Agustín. *Cervantes, creador de la novela corta española*, CSIC, 1956.

González de Amezúa y Mayo, Agustín, ed. *Tratado de las supersticiones y hechicerías del R. P. Fray Martín de Castañega*. Sociedad de Bibliófilos Españoles, 1946.

González Maestro, Jesús. "Teoría de la genialidad en el arte: a propósito de *El coloquio de los perros*." *Anuario de estudios Cervantinos*, núm. 15, 2019, págs. 119–130.

González Vila, Teófilo. *La antropología de Gómez Pereira*. Universidad Complutense, 1974. Proyecto filosofía en español. http://filosofia.org/cla/per/1974tgv0.htm. Consultado el 15 de mayo, 2020.

"Great chain of being." *Britannica*. https://www.britannica.com/topic/Great-Chain-of-Being. Consultado el 15 de mayo, 2020.

Guevara, Antonio de. *Libro de Marco Aurelio*. Sevilla, 1528. Proyecto Filosofía en español. http://www.filosofia.org/cla/gue/guema.htm. Consultado el 11 de marzo, 2020.

Guillén, Jorge, "Vida y muerte de Alonso Quijano," *Romanische Eorschungen*, núm. 64, 1952, pags. 102–13.

Guntert, Georges. "La pluridiscursividad del *Persiles.*" *Visiones y revisiones cervantinas: Actas selectas del VII Congreso internacional de la Asociación de Cervantistas.* Centro de Estudios Cervantinos, coord. por Christoph Strosetzki, 2011, págs. 37–50.

Hallyn, Fernand. *The Poetic Structure of the World: Copernicus and Kepler*, MIT Press, 1990.

Hart, Thomas R. *Cervantes' Exemplary Fictions: a Study of the* Novelas Ejemplares. Kentucky U.P., 1994.

Hasbrouck, Michael D. "Posesión demoníaca, locura y exorcismo en el Quijote." *Cervantes*, vol. 12, núm. 2, 1992, 117–26.

Hatzfeld, Helmut A. *El* Quijote *como obra de arte del lenguaje.* CSIC, 1966.

Headley, John M. *Tommaso Campanella, and the Transformation of the World.* Princeton U.P., 1997.

Hemingway, Ernest. *For whom the Bell Tolls.* Simon and Schuster, 2006.

Henderson, Arnold Clayton. "Medieval Beasts and Modern Cages: The Making of Meaning in Fables and Bestiaries." *Publications of the Modern Language Association*, vol. 97, núm. 1, 1982, págs. 40–49.

Heninger, S. K. *The Cosmographical Glass: Renaissance Diagrams of the Universe.* Huntington Library, 1977.

Hernández, Justo. "La influencia de *El coloquio de los perros* en Sigmund Freud." *Anuario de estudios Cervantinos.* núm. XV, 2019, págs. 159–70.

Herrera, Fernando de. *Controversia sobre sus anotaciones a las obras de Garcilaso de la Vega: poesias ineditas de Herrera.* Ed. por José María Asensio, Sevilla, Geofrin, 1870.

Hevelius, Johannes. *Selenographia: sive Lunae description.* Johnson Reprint, 1967.

Holton, Gerald. *Thematic Origins of Scientific Thought: Kepler to Einstein.* Harvard U.P., 1988.

Hopkins, Jasper. "Translation's Introduction." *Nicholas of Cusa on Learned Ignorance: A translation and an appraisal of* De docta ignorantia. A. J. Benning Press, 1981, págs. 1–50.

Howell, Kenneth J. *God's Two Books: Copernican Cosmology and Biblical Interpretation in Early Modern Science.* Notre Dame U.P., 2002.

Huerta Calvo, Javier. *El teatro breve en la Edad de Oro.* Laberinto, 2001.

Iffland, James. "Exorcizando la 'prosa satánica' de Cervantes (con una apostilla sobre el delirio hermenéutico)." *Desviaciones lúdicas en la crítica cervantina: Primer convivio internacional de "Locos Amenos": Memorial Maurice Molho*, coord. por Antonio Pablo Bernat Vistarini y José Maria Casasayas Truyols, 2000, págs. 291–304.

Ihrie, Maureen. *Skepticism in Cervantes.* Tamesis, 1982.

Jiménez Ríos, Enrique. "Voces de 'raro uso' en diccionarios del español (a propósito de los cambios en la 5a ed. del DRAE)." *Archivum*, núm. 67, 2017, págs. 185–218.

Johnson, Carroll B. *Don Quixote: The Quest for Modern Fiction.* Twayne, 1990.

Joly, Monique. "Tres autores en busca de un personaje: Cervantes, Avellaneda y Lesage frente a Sancho Panza." *Actas del V Congreso Internacional de Hispanistas*, Universidad de Bordeaux III, 1977, págs. 489–99.

Jordán Arroyo, María V. *Entre la vigilia y el sueño: soñar en el Siglo de Oro*. Iberoamericana-Vervuert, 2017.

Juan Manuel, Don. *El Conde Lucanor o Libro de los enxiemplos del Conde Lucanor et de Petronio*. Ed. por Juan Manuel Blecua, Cátedra, 1981.

Kallendorf, Hilaire. "Diabolical Adventures of Don Quixote, or Self-Exorcism and the Rise of the Novel." *Renaissance Quarterly*, 2002, vol. 55, núm. 1, págs. 192–223.

Kamen, Henry. *La invención de España: leyendas e ilusiones que han construido la realidad española*. Espasa, 2020.

Keitt, Andrew. "The devil in the Old World: anti-superstition literature, medical humanism and preternatural philosophy in early modern Spain." *Angels, demons and the New World*, ed. por Fernando Cervantes y Andrew Redden, Cambridge U.P., 2013, págs. 15–39.

Kepler, Johannes. *El sueño o la Astronomía de la luna*. Trad. y ed. por Francisco Socas, Servicio de Publicaciones de la Universidad de Huelva, 2015.

Kinney, Arthur F. "One Witch, Two Dogs, and a Game of Ninepins: Cervantes' Use of Renaissance Dialectic in the *Coloquio de los perros*." *International Journal of the Classical Tradition*, vol. 2, núm. 4, 1996, págs. 487–98.

Kluge, Sofie. *Baroque, Allegory, Comedia: The Transfiguration of Tragedy in Seventeenth-Century Spain*. Kassel-Reichenberger, 2010.

Lanuza-Navarro, Tayra M. C. "The Dramatic Culture of Astrological Medicine in Early Modern Spain." *Medical Cultures of the Early Modern Spanish Empire*, ed. por John Slater, José Pardo-Tomás y María Luz López Terrada, Ashgate, 2014, págs. 189–212.

Lara Cisneros, Gerardo. "El discurso anti-supersticioso y contra la adivinación indígena en Hispanoamérica colonial, siglos XVI–XVII." *Nuevo Mundo Mundos Nuevos Debates*. http://journals.openedition.org/nuevomundo/63680; DOI:10.4000/nuevomundo.63680. Consultado el dos de febrero de 2022.

Lattis, James M. *Between Copernicus and Galileo: Christoph Clavius and the Collapse of Ptolemaic Cosmology*. Chicago U.P., 2007, 1994.

Lauer, A. Robert. "La segunda parte de 'El coloquio de los perros' (1635) de Ginés Carrillo Cerón y relación con 'El coloquio de los perros' de Miguel de Cervantes: Proceso y síntesis de un marco narrativo cervantino." *Cervantes*, vol. 36, núm. 2, 2016, págs. 107–26.

Ledda, Giuseppina y Paba, Tonina. "Cómo se construye la otredad: procedimientos de enaltecimiento y denigración." *Representaciones de la alteridad, ideológica, religiosa, humana y espacial en las relaciones de sucesos, publicadas en España, Italia y Francia en los siglos XVI–XVIII*, coord. por Patrick Bégrand, 2009, págs. 253–72.

Lerner, Isaías, "*Quijote*, Segunda parte: parodia e invención." *Nueva Revista de Filología Hispánica*, vol. 38, núm. 2, 1990, págs. 817–36.

Lida de Malkiel, María Rosa. *La tradición clásica en España*. Ariel, 1975.

Lisón Tolosana, Carmelo. *Demonios y exorcismos en el Siglo de Oro*. Akal, 2004.

Lisón Tolosana, Carmelo. "Espacios éticos de la enfermedad." *Anales de la Real Academia de Ciencias Morales y Políticas*, núm. 73, 1996, págs. 265–84.

Lope de Vega y Carpio, Félix. *Arte nuevo de hacer comedias en este tiempo*. Biblioteca Virtual Miguel de Cervantes, 2003. http://www.cervantesvirtual.com/obra-visor/arte-nuevo-de-hacer-comedias-en-este-tiempo--0/html/. Consultado el 7 de abril, 2020.

Lope de Vega y Carpio, Félix. *El caballero de Olmedo*. Biblioteca Virtual Miguel de Cervantes, 2002. https://www.cervantesvirtual.com/obra/el-caballero-de-olmedo--0/. Consultado el 1 de abril, 2021.

López, Diego. *Declaracion magistral sobre los* Emblemas *de Andres Alciato*. Nájera, Juan de Mongaston, 1615.

López Barrajón Barrios, Zacarías. "Barcino y Butrón como paradigma de los perros en la obra de Cervantes." *Anuario de estudios Cervantinos*, núm. XV, 2019, págs. 189–204.

López Calle, José Antonio. "La cosmología del *Quijote*." *El Catoblepas*. vol. 181, núm. 4, 2017. http://www.nodulo.org/ec/2017/n181p04.htm. Consultado el 11 de marzo, 2020.

López Calle, José Antonio. "El *Quijote*, sátira de la caballería." *El Catoblepas*, núm. 81, 2008. https://www.elcatoblepas.es/2008/n081p09.htm. Consultado el 11 de marzo, 2020.

López Calle, José Antonio. "El *Quijote*, sátira de una utopía política." *El Catoblepas*, núm. 82, 2008. http://www.nodulo.org/ec/2008/n082p09.htm. Consultado el 11 de marzo, 2020.

López Estrada, Francisco. "Fiestas y literatura en los Siglos de Oro: la Edad Media como asunto 'festivo' (el caso del 'Quijote')." *Bulletin hispanique*, vol. 84, núms. 3–4, 1982, págs. 291–327.

López Martínez, José Enrique. "Introducción." *El caballero puntual*, Real Academia Española, 2016, págs. 10–184.

López Pinciano, Alonso. *Philosophia antigua poética*. Ed. por Pedro Muñoz Peña, Valladolid, Hijos de Rodríguez, 1894.

López Terrada, María Luz. "Las prácticas médicas extra académicas en la ciudad de Valencia durante los siglos XVI y XVII." *Dynamis*, núm. 22, 2002, págs. 85–120.

López Terrada, María Luz. "'Sallow-faced girl, either it's love or you've been eating clay': the representation of illness in the Golden age theater." *Medical Cultures of the Early Modern Spanish Empire*, ed. por John Slater, José Pardo-Tomás y María Luz López Terrada, Ashgate, 2014. págs. 167–88.

Lorente-Murphy, Silvia y Frank, Roslyn M. "Roque Guinard y la justicia distributiva en el *Quijote*." *Anales cervantinos*, núm. 20, 1982, págs. 103–11.

Lovejoy, Arthur O. *The Great Chain of Being. A Study of the History of an Idea.* Harvard U.P., 2001.

Lozano Renieblas, Isabel. "Religión e ideología en el *Persiles* de Cervantes." *Cervantes y las religiones*, ed. por Ruth Fine y Santiago López Navia, Iberoamericana, 2008, págs. 361–75.

Lucía Megías, José Manuel. *La juventud de Cervantes.* Edaf, 2016.

Lulio, Raimundo. *Libro de contemplación en Dios.* Centro de Lingüística Aplicada Atenea, 2018.

Lulio, Raimundo. *Libro del orden de caballeria.* Austral, 1949. http://www.cervantesvirtual.com/obra-visor/libro-del-orden-de-caballeria-principes-y-juglares--0/html/ff775fd2-82b1-11df-acc7-002185ce6064_3.html#I_1_. Consultado el 1 de febrero, 2020.

Ly, Nadine. "'La agudeza de Sancho' del rebuzno a la cuestión de la imitación creadora." *Criticón*, núm. 127, 2016, págs. 105–28.

Llosa Sanz, Álvaro. "Fantasmas en escena o la balumba de Chirinos. Magia manipulatoria y actuación en *El retablo de las maravillas* de Miguel de Cervantes." *Cervantes*, vol. 28, núm. 2, 2008, págs. 147–71.

Madroñal, Abraham. "Grazzini y Cervantes. Notas sobre una relación poco conocida." *Anales Cervantinos*, núm. 49, 2017, págs. 393–400.

Madroñal, Abraham. "Introducción." *La segunda parte del "Coloquio de los perros" de Ginés Carrillo Cerón.* Centro de estudios cervantinos, 2013, págs. 19–80.

Madroñal, Abraham. "Juan Palomeque y otros 'sinónomos voluntarios' entre Cervantes y Lope de Vega." *Anales cervantinos*, núm. 18, 2016, págs. 127–43.

Madroñal, Abraham. "El Pleito que tuvo el diablo con el cura de Madrilejos." *La teatralización de la historia en el Siglo de Oro español. Actas del III Coloquio en Granada del 5 al 7 de noviembre de 1999 y cuatro estudios clásicos sobre el tema*, Universidad de Granada, 2001, págs. 329–38.

Maldonado, Juan de. *Somnium.* Ed. y trad. por Miguel Avilés. *Sueños ficticios y lucha ideologica en el Siglo de Oro.* Nacional, 1981, págs. 149–78.

Mancing, Howard. "Cervantes Lives Again." *Cervantes*, vol. 40, núm. 2, 2020, págs. 53–71.

Mancing, Howard. "Lectura comentada del Capítulo XXIX de la segunda parte del *Quijote*." http://cvc.cervantes.es/literatura/clasicos/quijote/edicion/parte2/cap29/nota_cap_29.htm. Consultado el 2 de diciembre, 2014.

Mann, Thomas. *Adel des Geistes.* Berman Fisher Verlag, 1945.

Maravall, José A. *La cultura del Barroco: análisis de una estructura histórica.* Ariel, 1981.

Maravall, José A. *La literatura picaresca desde la historia social: siglos XVI y XVII.* Taurus, 1987.

Maravall, José A. *Utopía y contrautopía en el* Quijote. Visor, 2006.

Margolin, Jean-Claude. "Reflections on the Nature of the *Homo Sapiens* and On the Ideal of Wisdom According to Charles de Bovelles." *Intellectual History Review*, vol. 21, núm. 3, 2011, págs. 281–95.

Marguet, Christine, "El *Persiles* y la novela española del XVII: personaje y voz narrativa." *Los trabajos de Cervantes: XIII Coloquio internacional de la Asociación de Cervantistas, Argamasilla de Alba, 23, 24 y 25 de noviembre de 2017*, ed. por Rafael González Cañal y Almudena García González. Universidad de Castilla-La Mancha, 2019, págs. 203–11.

Mariscal, George. "*Persiles* and the Remaking of Spanish Culture." *Cervantes*, vol. 10, núm. 1, 1990, págs. 93–102.

Márquez Villanueva, Francisco. *Moros, moriscos y turcos de Cervantes: ensayos críticos*. Bellaterra, 2010.

Martin, Adrienne. "Animales quijotescos una aproximación a los estudios de animales en *Don Quijote*." *Comentarios a Cervantes: Actas selectas del VIII Congreso Internacional de la Asociación de Cervantistas, Oviedo, 11–15 de junio de 2012*, coord. por Emilio Martínez Mata y María Fernández Ferreiro, Fundación María Cristina Masaveu Peterson, 2014, págs. 468–76.

Martin, Adrienne. "Zoopoética quijotesca: Cervantes y los Estudios de Animales." *eHumanista / Cervantes*, núm. 1, 2012, págs. 448–64.

Martín Flores, Mario. "De la cueva de Montesinos a las aventuras de Clavileño: un itinerario de carnavalizacion del discurso autoritario en el *Quijote*," *Hispánica*, núm. 38, 1994, págs. 46–60.

Martín Jiménez, Alfonso. "Cervantes, Pasamonte y el *Quijote* de Avellaneda." *Cervantes y el Quijote. Actas del Coloquio Internacional (Oviedo, 27–30 de octubre de 2004)*, ed. por Emilio Martínez Mata. Arco Libros, 2007, págs. 371–46.

Martín Jiménez, Alfonso. "El *Quijote* de Cervantes, el *Quijote* de Avellaneda y la retórica del Siglo de Oro." *Edad de Oro*, núm. XIX, 2000, págs. 171–88.

Martínez López, Enrique. "Mezclar berzas con capachos: armonía y guerra de castas en el 'Entremés del retablo de las maravillas' de Cervantes." *Boletín de la Real Academia Española*, vol. 72, núm. 255, 1992, págs. 67–172.

Martínez Torrón, Diego. *Sobre Cervantes*. Centro de Estudios Cervantinos, 2003.

McGrath, Michael. *Don Quixote and Catholicism: Rereading Cervantine Spirituality*. Purdue Studies in Romance Literatures, 2020.

Menéndez Peláez, Jesús. "Teatro e Iglesia en el siglo XVI de la reforma católica a la contrarreforma del Concilio de Trento." *Criticón*, vols. 94–95, 2005, págs. 49–67.

Menéndez Pelayo, Marcelino. *La ciencia española*. Aldus, 1953.

Menéndez Pelayo, Marcelino. "Cultura literaria de Miguel de Cervantes y elaboración del *Quijote*." *Antología de la crítica sobre el Quijote en el siglo XX*. Coord. por José

Montero Reguera, Centro virtual Cervantes, 2005. https://cvc.cervantes.es/literatura/quijote_antologia/default.htm. Consultado el 1 de febrero, 2020.

Menéndez Pelayo, Marcelino. *Historia de los heterodoxos españoles II*. Librería católica de San José, 1880.

Moffitt Watts, Pauline. "The European Religious Worldview and Its Influence on Mapping." *The History of Cartography III: Cartography in the European Renaissance, I*, ed. por David Woodward, Chicago U.P., 2007, págs. 382–400.

Molho, Maurice. "Filosofía natural o filosofía racional: sobre el concepto de astrología en los *Trabajos de Persiles y Segismunda*." *Actas Del II Congreso Internacional de la Asociación de Cervantistas*, coord. por Giuseppe Grilli, Istituto Universitario Orientale, 1995, págs. 673–79.

Molho, Maurice. "'El sagaz perturbador del género humano' brujas, perros embrujados y otras demonomanías cervantinas." *Cervantes*, vol. 12, núm. 2, 1992, págs. 21–32.

Moncunill Bernet, Ramón. "La concepción luterana sobre la libertad y la doctrina de la Contrarreforma. Su reflejo en nuestros literatos del Siglo de Oro." *Hipogrifo*, vol. 7, núm. 2, 2019, págs. 485–95.

Montaner, Alberto y Lara, Eva eds. *Señales, portentos y demonios. La magia en la literatura y la cultura españolas del Renacimiento*. SEMYR, 2014.

Morell, Hortensia R. "Nostalgias y fantasías 'de la famosa aventura del barco encantado.'" *Hispanic Journal*, vol. 3, núm. 1, 1981, págs. 87–92.

Morgado García, Arturo. *La imagen del mundo animal en la España Moderna*. Universidad de Cádiz, 2015.

Morón Arroyo, Ciriaco. *Para entender el* Quijote. Rialp, 2005.

Muir, Edward. *Ritual in Early Modern Europe*. Cambridge U.P., 1997.

Muñoz Camargo, Diego. *Descripción de la ciudad y provincia de Tlaxcala de las indias y del mar océano para el buen gobierno y ennoblecimiento dellas*. Ed. por René Acuña, Universidad Nacional Autónoma de México, 1981.

Muñoz Sánchez, Juan Ramón. "'No me acabo de desengañar si esta doncella está loca o endemoniada': Análisis del episodio de la dama de verde, Isabela Catrucho (Persiles, III, XIX y XX–XXI)" *Studia Aurea*, núm. 11, 2017, págs. 429–59.

Murillo, Luis A. "Narrative Time in Don Quijote, from Parody to Paradigm," *Cervantes*, vol. 29, núm. 2, 2009, págs. 203–7.

Muro Abad, Juan Robert. "Introducción." *Tratado de las supersticiones y hechicerías y de la posibilidad y remedio dellas (1529)* de Martín de Castañega. Instituto de Estudios Riojanos, 1994, págs. I-LXXX.

Navarro, Gaspar. *Tribunal de supersticion ladina, explorador del saber, astucia y poder del demonio: en que se condena lo que suele correr por bueno en hechizos, agueros, ensalmos, vanos saludadores, maleficios, conjuros, arte notoria, caualista, y paulina, y semejantes acciones vulgares*. Huesca, Pedro Bluson, 1631.

Navarro Brotóns, Víctor. "Astronomy and cosmology in Spain in the Seventeenth century: the new practice of astronomy and the end of the Aristotelian-Scholastic cosmos." *Cronos*, núm. 10, 2007, págs. 15–40.

Navarro Brotóns, Víctor. "La geografía y la cosmografía en la época de *El Quijote*." *La ciencia y el* Quijote, ed. por José Manuel Sánchez Ron, Crítica, 2005, págs. 13–19.

Nelson, Bradley J. "Algorithmic Bias and the Pastoral: Gender Misrecognition in Light of Natural Knowledge." *Cervantes*, vol. 40, 2020, págs. 73–92.

Nelson, Bradley J. "Baroque Science Fiction in Cervantes: A Proposal." *Revista Canadiense de Estudios Hispánicos*, vol. 41, núm. 1, 2016, págs. 193–213.

Nelson, Bradley J. "Eventos ocasionales: la ciencia 'media' y la ficción en *Los trabajos de Persiles y Sigismunda*." *Comentarios a Cervantes: Actas selectas del VIII Congreso Internacional de la Asociación de Cervantistas, Oviedo, 11–15 de junio de 2012*, coord. por Emilio Martínez Mata y María Fernández Ferreiro, Fundación María Cristina Masaveu Peterson, 2014, págs. 1039–51.

Nicolson, Marjorie H. *Voyages to the Moon*. Macmillan, 1960.

O'Kuinghttons Rodríguez, John. "Cervantes, Avellaneda y la hostilidad hacia los libros de caballerías." *Lingüística y Literatura*, núm. 67, 2015, págs. 123–39.

Olds, Katrina B. *Forging the Past: Invented Histories in Counter-Reformation Spain*. 2016.

Ortega y Gasset, José. *Meditaciones del Quijote*. Cátedra, 1990.

Ortiz, Alberto. *Diablo novohispano*. Universidad de Valencia, 2012.

Ortiz, Alberto. "La relación entre la tradición discursiva antisuperstíciosa y la literatura española del siglo de oro. Cervantes y Alarcón." *Actas del XVI Congreso de la Asociación Internacional de Hispanistas*, coord. por Pierre Civil y Françoise Crémoux. Iberoamericana-Vervuert, vol. 2, 2010, págs. 106–15.

Osterc, Ludovik. *El pensamiento social y político del* Quijote: *interpretación histórico-materialista*. UNAM, 1988.

Padilla, Ignacio. *El diablo y Cervantes*. Fondo de Cultura Económica, 2005.

Padrón, Ricardo. "A Sea of Denial: The Early Modern Spanish Invention of the Pacific Rim." *Hispanic Review*, vol. 77, núm. 1, 2009, págs. 1–27.

Padrón, Ricardo. *The Spacious Word: Cartography, Literature, and Empire in Early Modern Spain*. 2004, Chicago U.P..

Pagden, Anthony. *The Fall of Natural Man: The American Indian and the Origins of Comparative Ethnology*. Cambridge U.P., 1982.

Palacios, Miguel de. "Objections of Licentiate Miguel de Palacios, Professor of Sacred Theology in the University of Salamanca, to Several of the Many Paradoxes in Antoniana Margarita and in Their Defense." *Gómez Pereira's* Antoniana Margarita. Brill, 2019, págs. 1155–1203.

Palacios Rodríguez, Leopoldo-Eulogio. *Don Quijote y La vida es sueño*. Rialp, 2016.

Palencia-Roth, Michael. "Enemies of God: Monsters and the Theology of Conquest." *Monsters, Tricksters, and Sacred Cows: Animal Tales and American Identities*, ed. por A. J. Arnold. University of Virginia Press, 1996, págs. 23–49.

Pantaleon de Ribera, Anastasio. *Vejámenes Literarios*. Bernardo Rodríguez, 1909.

Parker, Alexander A. "El concepto de la verdad en el *Quijote*." *Antología de la crítica sobre el Quijote en el siglo XX*, coord. por José Montero Reguera, Centro virtual Cervantes, 2005. https://cvc.cervantes.es/literatura/quijote_antologia/default.htm. Consultado el 1 de febrero, 2020.

Pedrosa Bartolomé, José Manuel. "Cervantes y *El retablo de las maravillas*: tradiciones, poéticas y refutaciones de las magias portátiles." *Folclore y leyendas en la Península ibérica: en torno a la obra de François Delpech*, ed por M. Tausiet y H. Tropé, Consejo Superior de Investigaciones Científicas, 2014, págs. 139–74.

Peinador Marín, Luis Jesús. "Un diálogo del siglo XVI español: *Eremitæ*, de Juan Maldonado." *Criticón*, núm. 52, 1991, págs. 41–90.

Percas de Ponseti, Helena. *Cervantes y su concepto del arte*. Gredos, 1975.

Percas de Ponseti, Helena. "La cueva de Montesinos," *Revista Hispánica Moderna*, vol. 34, num. 1, 1968, págs. 376–99.

Pereira, Gómez. *Antoniana Margarita*. Trad. de Juan Luis Camacho Lliteras, ed. de José Luis Barreiro Barreiro y Concepción Souto García. Universidad de Santiago, Fundación Gustavo Bueno, 2000.

Perer, Benito. *Adversus fallaces* et *Supersticiosas artes*. Ingolstad, Davidis Sartorii, 1591.

Pérez de León, Vicente. "Alonso de Castillo Solórzano, *La castañera* y el teatro breve en la generación postcervantista." *Serenísima palabra Actas del X Congreso de la Asociación Internacional Siglo de Oro (Venecia, 14–18 de julio de 2014)*, coord. por Anna Bognolo, Florencio del Barrio de la Rosa, María del Valle Ojeda Calvo, Donatella Pini, y Andrea Zinato, Ca' Foscari, 2017, págs. 645–53.

Pérez de León, Vicente. *Cervantes y el* Cuarto Misterio, Centro de Estudios Cervantinos, 2010.

Pérez de León, Vicente. "Cervantes entremesado," *ehumanista-Cervantes* 8, 2020, págs. 25–40.

Pérez de León, Vicente. "Las etapas de credibilidad discursiva en las narraciones de viajes imaginarios del último Cervantes." *La pluma es la lengua del alma: Actas del IX Congreso Internacional de la Asociación de Cervantistas (São Paulo, 29 de junio a 3 de julio de 2015)*, ed. por F. Cuevas Cervera, M. Beauchamps, V. Moraes, M. A. Vieira y K. F. Zitelli, Servicio de Publicaciones de la Universidad: Instituto Universitario de Investigación Miguel de Cervantes, 2018, págs. 227–39.

Pérez de León, Vicente. "La exploración de los límites de la razón, la fe y la lógica de los sueños como fuente de conocimiento cervantino: de la aventura del barco encantado al *Persiles*," *eHumanista-Cervantes*, núm. 4, 2015, págs. 435–48.

Pérez de León, Vicente. "El género del sueño que ilumina en el *Quijote II*: de Cicerón a Montesinos." *Anuario de Estudios Cervantinos*, núm. 12, págs. 213–27.

Pérez de León, Vicente. *Histéresis creativa*. University of North Carolina Press, 2015.

Pérez de León, Vicente. "Iatroquímica, Medicina, Alquimia, Teología y picaresca; sobre la polémica del agua de la vida en la mojiganga homónima de Diego de Nájera y Zegrí." *eHumanista*, núm. 39, 2018, págs. 168–83.

Pérez de León, Vicente. "Sobre alterar el orden natural de las cosas: el Quijote en la teoría del vínculo de Giordano Bruno." *1605–2005: Don Quixote across the centuries: actas del congreso celebrado en el College of Wooster del 7 al 9 de abril de 2005*, coord. por John Gabriele, Iberoamericana, 2005, págs. 51–64.

Pérez de León, Vicente. *Tablas destempladas. Los entremeses de Cervantes a examen*, Centro de Estudios Cervantinos, 2005.

Pérez Priego, Miguel Ángel. "Géneros y temas del teatro religioso en el siglo XVI," *Criticón*, vols. 94–5, 2005, págs. 137–46.

Perry, Kathryn. "Unpicking the Seam: Talking Animals and Reader Pleasure in Early Modern Satire." *Renaissance Beasts: of Animals, Humans, and other Wonderful Creatures*. Edited by Erica Fudge, 2004, págs. 19–36.

Pico della Mirandola, Giovanni. *Discurso sobre la dignidad del hombre*. Trad. de Adolfo Ruiz Díaz, UNAM, 2004.

Pimentel, Juan. "The Iberian Vision: Science and Empire in the Framework of a Universal Monarchy, 1500–1800." *Osiris* vol. 15, núm. 1, 2000, págs. 17–30.

Piñeiro, Mariano Esteban. "La ciencia de las estrellas." *La ciencia y el* Quijote, ed. por José Manuel Sánchez Ron, Crítica, 2005, págs. 23–35.

Platón. *La república. Obras completas*, VIII. Ed. por Patricio de Azcárate, Madrid, Medina y Navarro, 1872.

Platón. *Timeo. Obras completas* VI. Ed. por Patricio de Azcárate. Madrid, Medina y Navarro, 1872.

Pollmann, Judith. "Being a Catholic in Early Modern Europe." *The Ashgate Companion to the Counter-Reformation*, ed. por Alexandra Bamji, Geert H. Janssen y Mary Laven, Taylor and Francis, 2016, págs. 165–82.

Portuondo, María M. "Conclusion: Looking behind the Curtain: Clues of Early Modern Spanish Science." *Science on Stage in Early Modern Spain*, ed. por Enrique García Santo-Tomás, Toronto U.P., 2019, págs. 250–74.

Portuondo, María M. "Cosmography at the *Casa, Consejo,* and *Corte* During the Century of Discovery." *Science in the Spanish and Portuguese Empires, 1500–1800*, ed. por Daniela Bleichmar, Paula De Vos, Kristin Huffine, y Kevin Sheehan. Stanford U.P., 2009, págs. 57–77.

Portuondo, María M. *Secret Science: Spanish Cosmography and the New World*, Chicago U.P., 2013.

Prieto García-Seco, David. "*La pícara Justina* en el *Diccionario castellano* de Terreros." *Dicenda*, núm. 35, 2017, págs. 277–306.

Prieto García-Seco, David. "*La pícara Justina* en el *Diccionario de autoridades*", en *Actas del IX Congreso Internacional de la Historia de la Lengua Española* (Cádiz, 2012), Vervuert-Iberoamericana, II, 2015, págs. 1593–1614.

Proyecto Gran Simio. "Sobre el PGS." https://proyectogransimio.org/pgs/que-es-el-pgs/sobre-el-pgs. Consultado el 1 de febrero, 2021.

Quevedo, Francisco de. *Historia de la vida del Buscón*. Biblioteca Virtual Miguel de Cervantes, 1999. http://www.cervantesvirtual.com/obra-visor/historia-de-la-vida-del-buscon-llamado-don-pablos-ejemplo-de-vagabundos-y-espejo-de-tacanos--0/html/. Consultado el 7 de abril, 2020.

Rabell, Carmen R. *Rewriting the Italian Novella in Counter-Reformation Spain*. Támesis, 2003.

Rallo Gruss, Asunción. "De la noticia al relato novelesco: La magia en el diálogo y la miscelánea renacentista." *Señales, Portentos y Demonios. La magia en la literatura y la cultura españolas del Renacimiento*, ed. por A. Montaner y E. Lara, SEMYR, 2014, págs. 489–516.

Ramis Barceló, Rafael. "La filosofía luliana en la universidad durante los siglos XV y XVI." *Anuario Filosófico* vol. 49, núm. 1, 2016, págs. 177–96.

Ramos Rodamilans. Fernando. "Crónica de Pedro Fernández de Quirós: Historia del descubrimiento de las regiones australes hecho por el General Pedro Fernández de Quirós." *Ab Initio*, núm. I, 2010, págs. 104–22.

Redondo, Agustín. "Fiestas burlescas en el palacio ducal: el episodio de Altisidora." *Actas del Tercer Congreso Internacional de la Asociación de Cervantistas*, coord. por Antonio Pablo Bernat Vistarini, Universitat de les Illes Balears, 1998, págs. 49–62.

Redondo, Agustín. "Parodia, creación cervantina y transgresión ideológica: el episodio de Basilio en el *Quijote*." *Actas del II Coloquio Internacional de la Asociación de Cervantistas en Alcalá de Henares*. Anthropos, 1990, págs. 135–48.

Regalado, Antonio. "Cervantes y Calderón: El gran teatro del mundo." *Anales cervantinos* núm. XXX, págs. 407–17.

Rey Hazas, Antonio. "El *Quijote* y la picaresca: la figura del hidalgo en el nacimiento de la novela moderna." *Antología de la crítica sobre el Quijote en el siglo XX*, coord. por José Montero Reguera, Centro virtual Cervantes, 2005. https://cvc.cervantes.es/literatura/quijote_antologia/default.htm. Consultado el 1 de febrero, 2020.

Reyes, Alfonso. "Ruiz de Alarcón y las fiestas de Baltasar Carlos," *Revue Hispanique*, Núm. 36, 1916, págs. 171–76.

Richer, Jean, ed. *Homicidio de la fidelidad y la defensa del honor*. Paris, Jean Richer, 1609.

Riley, Edward O. "Anticipaciones en el Quijote del estilo indirecto libre." *Actas del IV Congreso de la Asociación Internacional de Hispanistas*, Salamanca 1971, ed. por Eugenio de Bustos Tovar. Universidad de Salamanca, vol. II, 1982, págs. 471–78.

Riley, Edward O. *Teoría de la novela en Cervantes*. Taurus, 1981.
Rodrigues-Moura, Enrique. "Religión y poder en la España de la Contrarreforma. Estructura y función de la leyenda de los Austria devotos de la Eucaristía." *Austria, España y Europa: identidades y diversidades: actas del X Simposio Hispano-Austriaco (9–13 de noviembre de 2004)*, coord. por Manuel Maldonado Alemán, 2006, págs. 11–30.
Rodríguez de la Flor, Fernando. "'La Ciencia del Cielo': representaciones del saber cosmológico en el ambiente de la contrarreforma española." *Millars: espai i història*, 1996, núm. 19, págs. 91–121.
Rodríguez de la Flor, Fernando. *Pasiones frías: secreto y disimulación en el Barroco hispano*. Marcial Pons, 2005.
Rodríguez Guridi, Bárbara. "El carácter casi picaresco de las *Novelas ejemplares*." *Novelas ejemplares: Las grietas de la ejemplaridad*, ed. por Julio Baena, Juan de la Cuesta, 2008, págs. 127–66.
Rodríguez Marín, Francisco. *El Ingenioso hidalgo Don Quijote de la Mancha*. Atlas, 1948.
Rodríguez Pardo, José Manuel. *El alma de los brutos en el entorno del Padre Feijoo*. Biblioteca Filosofía en español, Fundación Gustavo Bueno, Pentalfa, 2008.
Rueda, Lope de. *El teatro cómico popular*. Ed. por Angel Muñoz y Beatriz Sánchez Pérez. Castalia, 2001.
Ruiz, Juan. *El libro de Buen Amor*. Ed. por Alberto Blecua, Cátedra, 1992.
Russell, Peter E. "*Don Quixote* as a Funny Book." *Modern Language Review*, núm. 64, 1969, págs. 312–26.
Salas Barbadillo, Alonso Jerónimo. *El caballero puntual*. Ed. por José Enrique López Martínez, Real Academia Española, 2016.
Salas Barbadillo, Alonso Jerónimo. *Correccion de vicios y la sabia Flora Malsabidilla*, Revista de archivos, 1907.
Salas Barbadillo, Alonso Jerónimo. *La ingeniosa Elena*. Biblioteca Virtual Miguel de Cervantes, 2002. http://www.cervantesvirtual.com/nd/ark:/59851/bmcwd3w7. Consultado el 7 de abril, 2020.
Sanchez Cano, David. "Dances for the Royal Festivities in Madrid in the Sixteenth and Seventeenth Centuries." *Dance Research*, vol. 23, núm. 2, 2005, págs. 123–152.
Sánchez Escribano, Federico y Porqueras Mayo, Alberto. *Preceptiva dramática española del Renacimiento y el Barroco*. Gredos, 1965.
Sánchez Granjel, Luis. *Aspectos médicos de la literatura antisuperticiosa española de los siglos XVI y XVII*. Acta Salmanticensia, Universidad de Salamanca, 1953.
Sánchez Iglesias, Alicia. "Deformaciones y exorcismos a través de las Relaciones de sucesos del Siglo de Oro" *Artifara*, núm. 12, 2012, págs. 169–77.
Sánchez Jiménez, Antonio. "Del *Quijote* al *Persiles*: Rota Virgilii, fortitudo et sapientia y la trayectoria literaria de Cervantes." *RILCE*, vol. 27, núm. 2, 2011, págs. 477–500.

Sánchez Jiménez, Antonio. "Vulgo, imitación y natural en el *Arte nuevo de hacer comedias* (1609) de Lope de Vega." *Bulletin of Hispanic Studies*, vol. 88, núm. 7, 2011, págs. 727–42.

Sánchez Ron, José Manuel. "Ciencia, técnica, Cervantes y *El Quijote*." *La ciencia y el Quijote*, ed. por José Manuel Sánchez Ron. Crítica, 2005, págs. 7–12.

Santayana, George. *Persons and Places: Fragments of Autobiography*. Ed. por William G. Holzberger y Herman J. Saatkjamp Jr, MIT Press, 1987.

Sanz Hermida, Jacobo. "La literatura de fascinación española en el siglo XVI." *Estado actual de los estudios sobre el Siglo de Oro: actas del II Congreso Internacional de Hispanistas del Siglo de Oro*, coord. por Manuel García Martín, Universidad de Salamanca, 1993, págs. 957–65.

Schuster, John A. "What Was the Relation of Baroque Culture to the Trajectory of Early Modern Natural Philosophy?" *Science in the Age of Baroque*, ed. por Ofer Gal y Chen-Morris, *Archives internationales d'histoire des idées*, núm. 208, 2012, págs. 13–46.

Schwartz, Marion. *A History of Dogs in the Early Americas*. Yale U.P., 1997.

Selig, Karl-Ludwig. "'Enumeratio'/enumeración en *Don Quijote*." *Actas del IX Congreso de la Asociación Internacional de Hispanistas: 18–23 agosto 1986 Berlín*, coord. por Sebastián Neumeister, 1989, vol. 1, págs. 629–34.

Sevilla Marcos, José María. "El lulismo en España a la muerte de Cristobal Colón." *Memòries de la Reial Acadèmia Mallorquina d'estudis Genealògics, Heràldics i Històrics*, núm. 18, 2008, págs. 17–27.

Shiller, Robert J. *Irrational Exuberance*. Princeton U.P., 2016.

Shiller, Robert J. *Narrative Economics: How Stories Go Viral & Drive Major Economic Events*. Princeton U.P., 2020.

Sieber, Harry. "Literary Time in the 'Cueva de Montesinos'." *Modern Language Notes*, vol. 86, núm. 2, 1971, págs. 268–73.

Singer, Peter. *Animal Liberation: A New Ethics for Our Treatment of Animals*. Avon, 1975.

Slater, John, Pardo-Tomás, José y López-Terrada, Maríaluz. "Introduction." *Medical Cultures in the Early Modern Spanish Empire*, edited por John Slater, Maria Luz López Terrada y José Pardo Tomás, Ashgate, 2014, págs. 1–21.

Smith, C. C. "Los cultismos literarios del Renacimiento: pequeña adición al diccionario crítico etimológico de Corominas." *Bulletin Hispanique*, vol. 61, núms. 2–3, 1959, págs. 236–72.

Smith, Warren S. y Colahan, Clark. "General introduction to Maldonado's life and works." *Spanish Humanism on the Verge of the Picaresque: Juan Maldonado's Ludus Chartarum, Pastor Bonus, and Bacchanalia*, ed. por Warren Smith y Clark Colahan. Leuven U.P., 2017, págs. 1–8.

Smith, Warren S. y Colahan Clark, eds. *Spanish Humanism on the Verge of the Picaresque: Juan Maldonado's Ludus Chartarum, Pastor Bonus and Bacchanalia*. Leuven U.P., 2009.

Smith, Wendell P. "'Ver mundo': Enchanted Boats, Atlases, and Imperial Magic in the Second Part of Don Quijote." *Cervantes*, núm. 32, 2012, págs. 37–80.

Socas, Francisco. "Introducción." *El sueño o la Astronomía de la luna* de Johannes Kepler, trad. y ed. por Francisco Socas. Servicio de Publicaciones de la Universidad de Huelva, 2015, 13–50.

Sommer-Mathis, Andrea. "América en el teatro y en la fiesta." *El teatro descubre América: fiestas y teatro en la Casa de Austria (1492–1700)*, 1992, págs. 17–168.

Sosa, Francisco de. *Diálogo contra* Antoniana Margarita *de Francisco de Sosa. Diálogos españoles del Renacimiento*, ed. por Pedro Cátedra, dir. por Ana Vián Herrero, Biblioteca de Literatura Universal, 2010.

Spadaccini, Nicholas. "Cervantes and the Question of Metafiction." Friedman, Edward H., ed. invitado. *Metafictional Crossings. Vanderbilt e-Journal of Luso-Hispanic Studies*, vol. 2, 2005.

Spadaccini, Nicholas, editor. *Entremeses* de Cervantes. Cátedra, 1984.

Stoichita, Victor. *Visionary Experience in the Golden Age of Spanish Art*. Reaktion Books, 1997.

Suárez, Francisco. *De religione*, II, 3. Coimbra, Artium Collegio, 1608.

Suárez García, José Luis. "La licitud del teatro en el reinado de Felipe II: textos y pretextos." *El teatro en tiempos de Felipe II: actas de las XXI Jornadas de teatro clásico, Almagro, 7, 8 y 9 de julio de 1998*, ed. por Felipe B. Pedraza Jiménez, y Rafael González Cañal. Universidad de Castilla-La Mancha, 1999, págs. 219–51.

Sullivan, Henry W. *Grotesque Purgatory. A Study of Cervantes's Don Quijote, Part II*. Penn State U.P., 1996.

Thomson, Ann. "Animals, Humans, Machines and Thinking Matter, 1690–1707." *Early Science and Medicine*, vol. 15, núms. 1–2, 2010, págs. 3–37.

Torijano, Pablo. "Exorcismo y Literatura. Pervivencia de las fórmulas de identificación demoníaca en la literatura occidental." *Ilu, Revista de ciencias de las religiones*. 2004, núm. 9, págs. 211–26.

Torquemada, Antonio. *Jardín de flores curiosas*. Roger Editor, (1570), 2000.

Torreblanca Villalpando, Francisco. *Discurso acerca de los cuentos de las brujas y cosas tocantes a magia*. Sevilla, 1618.

Torres, Bènèdicte. "Peregrinaciones subterráneas, acuáticas y aéreas de don Quijote." *Peregrinamente peregrinos, actas del V Congreso Internacional de la Asociación de Cervantistas, Lisboa, 1–5 septiembre 2003*, ed. por Alicia Villar Lecumberri, Asociación de Cervantistas, 2004, págs. 1775–94.

Trousson, Raymond. *Historia de la literatura utópica: viajes a países inexistentes*. Península, 1995.

Trowbridge, Richard Hawley. "Wisdom and Suprasensible Knowledge in Bovelles' *De Sapiente*," *Intellectual History Review*, vol. 21, núm. 3, 2011, págs. 353–63.

Ubelaker, Max Andrade. "Don Quixote: Pain, Space, and Artifice," *Cervantes*, 2012, vol. 32, núm. 2, págs. 81–121.

Unamuno, Miguel de. *Niebla*. Ed. por Mario J. Valdes, Catedra, 2007.

Unamuno, Miguel de. *Vida de don Quijote y Sancho*. Biblioteca Virtual Miguel de Cervantes, 2017. http://www.cervantesvirtual.com/obra/vida-de-don-quijote-y-sancho-785968/. Consultado el 7 de abril, 2020.

Urzáiz, Héctor. "La quijotización del teatro, la teatralidad de 'Don Quijote'." *Locos, figurones y quijotes en el teatro de los Siglos de Oro. Actas selectas del XII Congreso de la Asociación Internacional de Teatro Español y Novohispano de los Siglos de Oro, Almagro, 15, 16, 17 de julio de 2005*, ed. por Germán Vega García-Luengos y Rafael González Caña, Universidad de Castilla La Mancha, 2007, págs. 469–80.

Valencia, Pedro de. *Discurso acerca de los cuentos de las brujas y cosas tocantes a la magia*. Universidad de León, (1610), 1997.

Velázquez y Silva, Diego. *Cacería de jabalíes en el Hoyo*. Museo del Prado, 2ª mitad del diecisiete.

Victor, Joseph M. *Charles de Bovelles, 1479–1553, an Intellectual Biography*. Droz, 1978.

Victor, Joseph M. "The Revival of Lullism at Paris, 1499–1516." *Renaissance Quarterly*, vol. 28, núm. 4, 1975, págs. 504–34.

Vidal Navarro, Jesús. "'Este barco ... me está llamando': la famosa aventura del barco encantado, un episodio de magia caballeresca en el *Quijote*." *Tus obras los rincones de la tierra descubren: Actas del VI congreso internacional de la asociación de cervantistas, Alcalá de Henares, 13 Al 16 de diciembre de 2006*, coord. por Alexia Dotras Bravo, Centro de Estudios Cervantinos, 2008, págs. 757–73.

Vilanova, Antonio. *Erasmo y Cervantes*. C.S.I.C., 1949.

Villanueva Fernández, Juan Manuel. "¿Erasmismo o Teología española del siglo XVI? *Cervantes y las religiones. Actas del Coloquio Internacional (extraordinario) de la Asociación de Cervantistas: (Universidad hebrea de Jerusalén, Israel, 19–21 de diciembre de 2005)*, ed. por Ruth Fine y Santiago Alfonso López Navia, Vervuert-Iberoamericana, 2008, págs. 301–26.

Vivanco Cervero, Verónica. "La palabra 'máquina' en el Quijote." *La colmena*, núm. 73, 2012, págs. 25–32.

Wagschal, Steven. *Minding Animals in the Old and New Worlds: A Cognitive Historical Analysis*. Toronto U.P., 2018.

Wardropper, Bruce. "Don Quijote: ¿ficción o historia?" *Antología de la crítica sobre el Quijote en el siglo XX*, coord. por José Montero Reguera, Centro virtual Cervantes, 2005. https://cvc.cervantes.es/literatura/quijote_antologia/default.htm. Consultado el 1 de febrero, 2020.

Weber, Alison. "Don Quijote with Roque Guinart: The Case for an Ironic Reading." *Cervantes*, vol. 6, núm. 2, 1986, págs. 123–40.

Williams, Patrick. *El gran valido el duque de Lerma, la Corte y el gobierno de Felipe III, 1598–1621*. Junta de Castilla y Leon, Consejeria de cultura y turismo, 2010.

Williams, Patrick. "'Un nuevo estilo de grandeza': el duque de Lerma y la vida cortesana en el reinado de Felipe III (1598–1621)." *Dramaturgia festiva y cultura nobiliaria en el Siglo de Oro*, coord. por Bernardo José García García y María Luisa Lobato López, Iberoamericana, 2007, págs. 169–202.

Williamsem, Amy. "Beyond Romance: Metafiction in *Persiles*." *Cervantes*, vol. 10, núm. 1, 1990, págs. 93–102.

Winkler, Mary G. y Van Helden, Albert. "Johannes Hevelius and the visual language of astronomy." *Renaissance and Revolution: Humanists, Scholars, Craftsmen and Natural Philosophers in Early Modern Europe*, ed. por Field, J. V., y Frank A. J. L. James. Cambridge U.P., 1997, págs. 97–116.

Wiseman, Susan J. "Hairy on the Inside: Metamorphosis and Civility in English Werewolf Texts." *Renaissance Beasts: of Animals, Humans, and Other Wonderful Creatures*. Ed. por Erica Fudge. University of Illinois Press, 2004, págs 50–69.

Wright, Anthony D. *The Counter-Reformation: Catholic Europe and the Non-Christian World*. Routledge, 2017.

Wright, Elizabeth. *Pilgrimage to Patronage: Lope de Vega and the Court of Philip III, 1598–1621*. Bucknell U.P., 2001.

Zayas, María de. *Novelas amorosas y ejemplares*. Ed. por Julián Olivares, Cátedra, 2017.

Zimic, Stanislav. *Cuentos y episodios del* Persiles. Mirabel, 2005.

Índice

Aladro, Jordi   245
Albertini, Tamara   20, 113, 288
Alciato, Andrea   XVI, 174, 234–35, 254–256
Alemán, Mateo   9, 11, 14, 62, 112, 311
Alfonseca, Manuel   272
Allen, John J.   257
alma animal   XI, XV, 4–5, 26n, 50n, 66n, 75, 99n, 136, 150n, 171–247
   y automatismo animal   175–78, 187–89, 203–206, 214–219
      y Palacios, Miguel de   204–205, 209n
      y Pereira, Gómez   173n, 179, 187, 200–218, 347
      y Simio, Proyecto Gran   178n
      y Sosa, Francisco de   202–205, 209, 213–15
   y brutos   4, 26, 99, 139, 174–177, 181, 186n, 189, 191n, 194, 197, 199, 202–206, 209, 212–218, 221n, 226–229, 233, 236–239, 242n, 245–247, 274, 279, 293n, 347, 350
   y *Coloquio de los perros, El*   4, 23, 43, 62, 72–75, 82, 110, 112, 115, 149, 153, 179, 188, 199n, 202, 204–206, 209–212, 217–223, 226–230, 249, 251, 293, 316, 319, 322n, 325, 329, 332, 334, 336–338, 341–345, 348, 351–353, 356
   y cuadrúpedos   189, 191, 232–237, 243–246
      Asno   50, 118, 124, 174n, 203, 233–239, 241
      Cerdos   153, 194, 232, 237–44
      Gatos   23, 188–91
      Toros   170, 184n, 187–197, 199, 216n
   y esclavitud   178–181, 206–219
   e inteligencia   1, 7, 181, 195, 213n, 216, 233
   y *Quijote de la Mancha, Don*   240–244
   y *Segunda parte del Coloquio de los perros*   221–226
   y Ser humano   171–198, 231–248
Alvar, Carlos   223
Alves, Abel A   5, 186, 200–201n
Andrés Ferrer, Paloma   329
antisuperstición   XIV–XV, 2–11, 17–23, 29–39, 81–169, 246, 289, 297, 301, 312–313, 322, 336n, 359–362

y Bruno, Giordano   20, 127, 145, 167–168, 173, 253n, 289, 333n, 336n, 338n, 361
y Castañega, Martín   18n, 83, 94, 96n, 98n, 103n, 142
y Ciruelo, Pedro   6, 8, 83, 89–94, 99–100, 103n, 137–38, 141–42, 156n, 313, 320
y del Río, Martín Antonio   6n
y diablo   XIII, 4n, 16–17, 56, 82, 88–169, 220, 320, 348
y exorcismo   XII–XIII, XV, 16, 18n, 83, 96n, 110, 153–169
y engaño   89, 114–124, 143–148, 161–166, 221, 227–230, 321–22, 342
y medicina   XI, 6, 8, 16–18, 21, 29–35, 81n, 86–112, 140, 143n, 154–166, 202–215, 280, 304, 314n, 327n
y *Numancia, La*   XV, 81, 99, 127–140, 166–168, 201
y *Persiles*   XV, 111, 144, 148–150, 153–55, 159n, 164–66, 279–80, 348n, 361
   y Antonio   274–280
   E Isabela Castrucho   XV, 109n, 142, 153–66
   y isla de los Bárbaros, La   149–155, 164, 165–67
   y Mauricio   XV, 149–152, 268–69, 276–280
y *Retablo de las maravillas, El*   XV, 4, 81–87, 140–149, 153, 163–164, 166, 168–69, 314, 318, 348, 359
y sobrenatural   XIII, 16, 82n, 90, 92, 94n, 98n, 109, 135–55, 163–166, 181, 220, 224, 251, 320, 347–348
y Suárez, Francisco   6n, 81, 98n
y superstición   XI, XVI, 3, 8, 16–18, 82–112, 123, 127, 132–48, 154, 163, 165–67, 222, 233, 242, 357
   y adivinación   86, 132, 135, 137–139, 152
   y Astrología   86, 152, 271, 276, 278–280, 345n
   y brujería   17n, 74, 144, 153–157, 177, 188n, 220, 229, 263n, 337, 349
y Tlaxcala, Manuscrito de   XVI, 17, 85n, 102–106, 128n

ÍNDICE   393

antisuperstición (*cont.*)
   y Muñoz Camargo, Diego   17, 85*n*, 128*n*
   y Torquemada, Antonio   6
   y Torreblanca Villalpando, Francisco   6, 81*n*, 83, 86–89, 92*n*, 120
Armstrong–Roche, Michael   165, 276*n*
Arte   XII, XIV–XVI, 1–10, 13*n*, 21, 24, 33, 36–41, 88*n*, 114–116, 141, 174–75, 187, 197*n*, 206, 211, 217, 230, 282, 287–288, 290–293, 295*n*, 298–299, 301–302, 310*n*, 314, 322–328, 347, 355–357, 360–361
   y alegoría   XII, 19, 20*n*, 25, 36, 38, 61, 128*n*, 142, 149*n*, 172, 174*n*, 175, 177, 181, 199, 210*n*, 231–232, 288, 299–301, 314, 323, 356, 361
   y artificio   2–3, 8–9, 23–24, 33, 35*n*, 55, 65, 112–117, 120–121, 126–27, 143, 157, 163–167, 201*n*, 222, 265, 286–301, 307–09, 315, 317–328, 342–346, 350, 354, 357
   y autoconsciencia   XII–XIII, 9–10, 17, 23*n*, 37–39, 41, 60*n*, 63, 75, 108, 112–113, 127, 136, 167, 171, 180, 201–202, 206, 210–211, 213, 216–219, 221–228, 233, 247, 254, 283, 288, 293*n*, 298, 301*n*, 309*n*, 312, 315–316, 319, 321–322, 324–26, 328, 335, 341, 344, 346–359
   y diálogo   XIII, 17, 20, 35, 51, 69, 74, 115, 118, 129–131, 134, 145*n*, 156, 166, 200–202, 206, 210–213, 217–18, 220–230, 243, 252*n*, 257, 261, 264, 267, 310–311, 317, 322, 336–52, 356–59
   y emblemas   XVI, 103, 174–175, 187, 210, 221, 233– 236, 241, 254–256, 264, 288, 314*n*
   y Covarrubias y Orozco, Sebastián   6, 114*n*, 174–175, 237, 274*n*, 327
   y fantasía   19–20, 31*n*, 34, 74, 91, 99, 107, 118, 167, 197–198, 206–207, 227*n*, 243–244, 251–255, 261, 276*n*, 280, 318–321, 326, 328, 334*n*, 337*n*, 341–342, 345*n*, 347, 356, 362
   y ficción   XI, XIV, 3, 8–10, 14, 19, 23, 28, 35, 38, 46, 60–62, 64–66, 70, 74, 79, 85, 109, 112, 164, 188, 210, 218, 223, 226, 235, 243, 247, 251–253, 256–57, 292, 307, 309, 311–312, 316–319, 322*n*, 328, 343, 345, 348–350, 352–53, 355–56, 357, 359

   e idealización   23, 70, 112, 182*n*, 201–202, 227, 280, 308, 317*n*, 319, 323*n*, 333, 339, 342–346, 352–354
   y Literatura   XI–XIII, 7–9, 23, 34, 38–41, 57, 60–61, 63, 77, 86–87, 103, 107, 108–11, 123, 127, 142, 146–48, 171, 185–186, 206, 210–11*n*, 252, 265–266, 276*n*, 282, 295*n*, 300, 307–309, 315, 318–323, 328, 340, 349*n*, 360–362
   y Música   2, 22, 41, 56, 147, 198*n*, 208, 284, 300, 307, 318, 347, 360
   y novelas de caballerías   4*n*, 9, 19, 38, 70–71, 108, 111–112, 117–118, 164–66, 182*n*, 246, 254–55, 257, 264, 267–68, 308–310, 318, 352*n*, 356*n*, 359*n*
   y *novelas ejemplares*   XII, 1, 13, 15, 26, 38, 53, 57, 62–64, 69, 79, 158, 162, 174, 208, 210, 231, 321
   y perspectiva   XII–XIV, 11*n*, 13*n*, 26*n*, 35*n*, 37, 45*n*, 74, 95*n*, 113, 140, 175, 179, 201–202, 207–211, 220–221, 224, 226–227, 253–254, 263, 265, 284, 287–88, 290, 293*n*, 301, 309*n*, 314–315, 317, 321–322, 324, 326–351, 354, 356, 357–361
   y utopía   114, 140, 165, 201–202, 251, 279, 308*n*, 317, 352, 360
      Campanela, Tomás   252*n*, 305*n*, 308, 336*n*, 352*n*
Asensio, Eugenio   39, 47
Avalle-Arce, Juan Bautista   14, 149, 231, 245, 265, 277
Avilés Fernández, Miguel   227, 308, 329, 333, 340, 346, 348, 352–353, 360

Badiee Banta, Andaleed   10, 292, 322, 326, 354
Báez Rubí, Linda   302
Bagno, Vsevolod Evguen'evich   352
Bandrés, Javier   179, 187
Bañeza Román, Celso   15, 23
Baras Escolá, Alfredo   57 50, 62
Barrera-Osorio, Antonio   304, 315*n*
Barroco   XI–XVI, 1–3, 7, 10, 13–14, 35–48, 55–79, 93–94, 113–14, 171, 181–188, 200, 249*n*, 282–85, 288–326, 350, 356, 360–362
   y audiencia   46–47, 57, 132, 135, 141, 148, 157, 177, 182–199, 264, 316

Barroco (*cont.*)
   y comedia nueva   51–55, 63–64, 67,
      71–84, 103, 112, 115, 130, 142, 145,
      154–155, 181– 186, 198, 207, 223, 299,
      316, 359
      y vulgo   85, 103, 171, 181–189, 193, 315
   y controversias   3–7, 9, 34, 39n, 43, 45, 51,
      58–63, 73, 81–84, 103, 179–186, 206, 210,
      214n, 217n, 359
      y licitud de los espectáculos   7, 34,
         107, 143n, 184, 359
   y Corte   28, 40, 55–78, 107n, 181, 185, 189n,
      230, 236, 298, 306–307, 349, 361
   y España   XIVn, 4n, 11n, 14–18, 31–34,
      39n, 45n, 54, 59n, 64–69, 81, 94–98,
      100–101,125, 128n, 131, 154, 179–184, 190,
      194, 215n, 220, 229, 250, 284n 292–315,
      336, 349n, 356, 359–60, 362
   y espectáculos   5–6, 28, 35, 47, 63–64, 91,
      97, 103, 120, 128, 144–148, 171, 175–177,
      180–199, 211, 215, 218, 235, 243, 297, 306,
      316, 348, 359
   y hegemonía   XIII, 9, 11, 13, 18–23, 32,
      38, 66–67, 77–78, 85, 91–102, 137, 141–
      148, 168–169, 182–185, 287, 294–298,
      302–304, 308, 312–13, 315–316
   y Humanismo   XI–XV, 1, 3, 8, 10, 14n, 17,
      21– 23, 26n, 33, 39, 74–75, 78, 90n, 171n,
      173, 177n, 196n, 200–202, 206, 210–213,
      217–222, 226, 249n, 291–292, 311–312,
      317, 320, 322, 328–329, 332–362
   e ideología   XIV, 3–4, 10–17, 33, 50n, 58,
      70, 72, 77–78, 95, 109n, 141, 144–145, 148,
      168, 284, 287, 292, 295–298, 303–318,
      332, 352n, 354, 357, 360
   e imperio   5n, 39–40, 64n, 91n, 93–99,
      128–29, 135–137, 139–40, 215n, 271n,
      273n, 284n, 303–304, 313, 315n, 327n,
      334, 349n
      y América   11n, 82n, 91n, 138–139,
         150–151, 174n, 180, 200, 217n,
         268–269, 296n, 301–302, 308n,
         349n, 360
      y Casas, Bartolomé de   83, 138n, 141n,
         145, 151, 179–80, 217, 249n, 349n
      y colonización   85, 91n, 98, 103, 138,
         149, 173–174, 179, 273, 287n, 301,
         305n, 309n 332, 360
   y decadencia   135, 232–233, 246, 303,
      349n

   e histéresis creativa   6n, 32, 40, 47,
      64n, 182, 296n, 362
   e indígenas   17, 32, 95, 103, 136, 138n,
      178–181, 200, 271n, 304, 331–334,
      344–345, 351, 353–354
   y picaresca   9, 19n, 32, 48, 62, 64, 68,
      76–77, 79, 83, 97, 141, 210–211, 219–221,
      223–224, 230, 230, 236, 309, 311n, 318,
      329n, 336, 340–343, 349–53
   y propaganda   3, 38, 40, 64n, 77, 86n,
      101–102, 114, 148, 182–183, 287, 297–298,
      306–308, 312, 316, 349n, 362
   y Renacimiento   3, 5, 19n, 22–23, 37, 88n,
      113n, 171, 218n, 249n, 282–283, 285–291,
      298, 310–11, 319n, 324
   y simulacros   XIII, 3, 6, 17, 45, 48, 55, 96,
      111, 142–145, 147–148, 153–158, 161–169,
      181, 194n, 199, 227, 230, 235, 242–243,
      253, 264–265, 269, 272–273, 279, 322n,
      324, 327
Bataillon, Marcel   17, 31, 310, 312, 313n
Béhar, Roland   292
Bernaldo de Quirós Mateo, José Antonio   49
Bernat Visitarini, Antonio Pablo   283
Berndt-Kelley, Erna   274
Beusterien, John   174, 176, 194, 211, 219
Bever, Edward   177
Bianchini, Andreina   39
Blanco, Mercedes   164
Blanco Mourelle, Noel   107
Blasco, Javier   45
Bloom, Harold   60
Boadella, Albert   144
Bocken, Íñigo   292, 326
Bonet Correa, Antonio   195, 197
Brioso Santos, Héctor   210n
Brunstetter, Daniel R.   179n
Buisseret, David   249
Burningham, Bruce R.   36n, 271n

Cacho Casal, Rodrigo   278
Campagne, Fabián A.   1, 8, 18, 32, 81–85, 90,
   92n, 93, 94, 97, 111, 137
Canavaggio, Jean   8
Cañizares-Esguerra, Jorge   304, 315
Carabine, Deirdre   283
Carrillo Castillo, Jesús   334n
Carrizo Rueda, Sofía   268
Casalduero, Joaquín   14, 202n, 226n, 245,
   271n

ÍNDICE

Cascardi, Anthony J.   24, 182n, 261n
Cassirer, Ernst   3, 26n, 37n, 282, 283n, 285–287, 299n, 335n, 351n, 355n
Castellano, Juan R.   180
Castilla Urbano, Francisco   21–23
Castillo, David R.   35–36, 160
Castro, Américo   8, 11–13, 37, 90, 231, 245, 310
Catà, Cesare   222n, 288, 290, 319n, 326n, 328n, 351n, 355
Cátedra, Pedro   189, 209n
Cervantes Saavedra, Miguel de   XII, 2–43, 45, 47–53, 55–77, 79–81
    y antihéroe barroco   40, 48, 55–59, 64–68, 70, 73–74, 76, 78, 224, 336
    y Aristóteles   9, 22, 24–25, 113n, 172–73, 180, 200, 228n, 272n, 276n, 278n, 283, 290–291, 310, 325n, 333n, 340n
    y Borges, Jorge Luis   2, 15, 60–63, 79, 231, 245
    y Carrillo Cerón, Ginés   1, 15, 43, 58, 62–63, 72–79, 222–226, 229, 334
    y de Castillo Solórzano, Alonso   47, 57, 62–63, 72, 74, 77–79, 222
    y entremesación   43–51, 53–58
    y Fernández de Avellaneda, Alonso   15, 27, 43–51, 58, 62–63, 68, 70–79, 223, 235–236, 245, 265
    y Platón   2, 22–26, 28–29, 33–34, 201n, 217, 227n, 240, 293n, 301n, 325n, 350
    y Rueda, Lope de   8, 46, 51, 143
    y Salas Barbadillo, Alonso Jerónimo   15, 38–40, 62–70, 72–73, 79, 222
    y Unamuno, Miguel de   2, 15, 60–61, 63, 79, 231, 245n
Checa, Jorge   227n
Chen-Morris, Raz   41, 289n, 299–301, 314n, 319n, 324n
Childers, William P.   163
Ciencia   XI–XVI, 1, 5, 10, 17n, 21–22, 33–41, 86, 86n, 93, 96n, 98, 100–103, 107n, 114, 122, 125, 151–52, 163–64, 171–73, 241–242, 250, 276n, 282, 287–88, 290, 292, 296, 298, 301–04, 309–319, 323–325, 347–48, 350, 356n, 359–362
    y Astronomía   1, 21, 284, 286, 299–300, 317n, 323, 336–338, 347, 356n, 360
        y Brahe, Tycho   337
        y Copérnico, Nicolás   172, 285, 314n
    y Cartografía   XIII, 249–51, 279, 294, 304, 313, 318

395

    y mapas   39, 250, 275, 293, 313, 349n
    y Cosmografía   172n, 250
        y Hevelius, Johannes   XIII, 10, 41, 312n, 356
    y Cosmología   172, 272n, 286n, 333n
    y descubrimientos   37, 39, 101, 171n, 173, 217n, 235, 241, 271n, 280, 284–289, 291n, 293–294, 304–305, 313, 348
    y exploración   XI–XV, 241–242, 266–300, 302, 308
        y García de Céspedes, Andrés   268
        y Colón, Cristóbal   20, 36, 249n, 287n 309n
        y Fernández de Quirós, Pedro   64n, 268–269, 288
    y epistemología   XI, XIII–XV, 2, 5, 7, 10, 17, 23–24, 27, 32, 37, 107n, 114, 158, 253, 282, 290, 300–301, 311, 316–319, 321, 323–324, 345, 350–351, 354, 356
    y Geografía   39, 107n, 135, 172n, 241, 249–251, 271–280, 286, 291n, 293, 313, 318
    y Naturaleza   7, 9, 17–20, 37n, 82–94, 98–99, 112, 116, 136, 167–68, 173, 177n, 180, 187n, 201n, 206–227, 240–243, 251, 273, 279, 286, 291, 299–300, 302–03, 316–317, 319, 326n, 332n, 346, 351n, 360
        y Cadena del ser   XIII, XV, 4, 66, 98, 128n, 149n, 172, 175–188, 191, 194, 199, 204–206, 220, 226, 228–232, 243, 246–247, 345–47, 350
    y Neoplatonismo   XI–XV, 1, 3, 5, 9–10, 21–24, 26, 33, 36, 41, 70, 107, 109, 172, 199–202, 211–212, 218, 227, 251, 253, 282–284, 288, 291–292, 311–312, 316–320, 323, 326, 328–329, 334–336, 340, 344–349, 351, 353, 354, 356–357, 359–362
        y Alcalá de Henares, Universidad de   68, 107n, 283n, 310
        y Bovelles, Charles   2–3, 10, 13n, 17n, 24–26, 33, 113, 217, 221–222, 283–284, 287–293, 300n, 302n, 310, 312n, 315n, 317n, 321n, 324, 326n, 331–333, 335n, 352, 355, 359n
        y Cusa, Nicolás de   XI–XII, 1–3, 17n, 22–23, 33, 36, 41, 113, 173, 199, 217, 240–241, 282–292, 300n, 301n, 306,

y Neoplatonismo (*cont.*)
    312*n*, 315*n*, 319*n*, 333*n*, 335*n*, 351*n*, 355*n*
  y Lulio, Raimundo   17*n*, 19–20, 107–108, 113*n*, 283*n*, 287, 290*n*, 292*n*, 310*n*, 312*n*, 315*n*, 340–41
  y Pico della Mirandola, Giovanni   33, 177*n*, 199*n*, 319*n*
  y *Persiles*   XV–XVI, 249, 253, 265–267, 269, 274–280, 320, 324, 329, 348*n*, 361
  y *Quijote de la Mancha, Don*   231–247, 268–274
  y Razón   33*n*, 37*n*, 88, 99, 127, 137*n*, 156, 172, 175–177, 183, 189, 192, 196, 203*n*, 205, 214–216, 218, 240, 247, 267, 274, 279, 280, 282–83, 287–289, 300, 316, 324–325, 335, 344, 354*n*
  y Saber   XI–XVI, 1–3, 5, 8, 18, 23, 36, 38–41, 81*n*, 93, 98–99, 109, 151*n*, 155–158, 172, 187, 200, 210, 214*n*, 221, 250, 264, 272, 282–319, 323, 344, 353, 359–363
  y sueños   XIII–XVI, 3, 10, 36, 37*n*, 92, 136, 138, 140, 152, 165, 175, 191*n*, 201–202, 206, 208, 211–212, 218–20, 226–227, 249, 251, 253–255, 257–258, 261–267, 274, 276–282, 289, 293*n*, 303*n*, 312, 314, 317, 320, 322–323, 328–330, 333–348, 350–351, 352–357, 359
    y Angolo del Moro, Marco   10*n*
    y Cicerón, Marco Tulio   211, 254, 261–265, 279, 336*n*, 240, 244
    y *coloquio de los perros, El*   249–254, 293*n*, 316, 317*n*, 319–320, 322–26, 334, 336–338, 341–362
      y pastores-lobos   96, 211, 220, 222, 227, 229, 334, 344–347, 349, 354
    y contrautopía   XI, XV, 4, 36, 173*n*, 201–202, 206, 211–212, 218, 220–221, 251, 253, 282, 314, 317, 320, 323, 328, 335–36, 340, 343–348, 351–361
    y Fiammingo, Paolo   10, 37, 41–42, 291–292, 322, 326–327, 354
      y *Visión de la Sagrada Familia cerca de Verona*   10*n*, 42, 322, 326, 354
    y Kepler, Joannes   XI–XV, 2, 10, 22–24, 36, 136, 138, 201*n*, 206, 208, 211, 218, 227, 249, 251, 277, 281, 282, 284–85, 288, 292–293, 311–340, 344–345, 350–362
    y *sueño de la luna, El*   314, 326–50, 353
    y Maldonado, Juan de   XI–XV, 3, 10, 23–24, 136, 138, 201*n*, 206, 208, 211, 218, 249, 251, 277, 282, 292–293, 311–312, 314–315, 317–319, 322–338, 340–346, 350–354, 356–357, 360, 362
      y *eremita, El*   340–342
      y *Sueño, El*   206, 329–336
    y Montesinos, la cueva de   XVI, 121–126, 242, 254–261, 264–270, 279, 320, 345*n*
  y universo   XIV, 17*n*, 27, 32–34, 38–39, 41, 79, 87, 92–95, 96, 108, 113, 128*n*, 137, 154, 165, 168, 171–173, 175, 181, 199, 204*n*, 210, 231*n*, 241, 250, 254–257, 264, 268*n*, 272*n*, 280*n*, 283–288, 292–293, 300*n*, 302*n*, 305*n*, 307, 310*n*, 314*n*, 316*n*, 321–323, 325–326, 330–331, 333*n*, 338–339, 348, 360
  y Física   4*n*, 13*n*, 285
    y Bohr, Niels   13*n*, 347
Close, Anthony   10–11, 13*n*, 14, 37*n*, 60, 114, 198, 235, 310*n*
Colahan, Clark   329, 332
Conley, Tom   293, 318
Connor Swietlicki, Catherine   36
Coroleu, Alejandro   332*n*
Cosgrove, Denis E.   151*n*, 250, 280*n*
Cotarelo y Mori, Emilio   58, 184, 186, 195
Cruickshank, Don W.   182*n*
Culianu, Ioan P.   1, 83–85, 101, 253*n*, 290*n*, 295*n*, 333*n*, 352*n*

De Armas, Frederick A.   35, 36*n*, 324, 337*n*
De Armas Wilson, Diana   83, 156, 157, 163, 276*n*
De la Torre, Alfonso   302–03
De León Azcárate, Juan Luis   249
Del Río Barredo, María José   188
Deleito y Piñuela, José   18*n*, 284*n*, 302*n*
Demonio (ver Diablo)
Díaz de Benjumea, Nicolás   4*n*, 11*n*, 109*n*
Díaz Martín, José Enrique   88*n*
Dick, Philip K.   219

ÍNDICE

Dieste, Rafael   144
Díez Borque, José María   183–185, 189, 194
Disalvo, Antonio   108n
Domínguez, Julia   35n, 271–273
Domínguez Ortiz, Antonio   196n
D'Onofrio, Julia   268n
Dopico Black, Georgina   205n, 216n
Dunn, Peter   257n

Eamon, William   151n, 305
Egginton, William   35–36, 179n
Egido, Aurora   161
Eisenberg, Daniel   271
El Saffar, Ruth   202n, 226n

Faye, Emmanuel   288
Felkel, Robert W.   271
Fernández, Enrique   207n
Fernández Vales, Sandra María   191n
Ferrari, Michel   291–292n, 301n
Ferrer Valls, Teresa   187n, 198
Flores, Robert M.   261n
Forcione, Alban K.   12, 24n, 276n, 300n, 310
Frank, Roslyn M.   228n
Friedman, Edward H.   301n
Fudge, Erica   176n, 178n

Gal, Ofer   41, 289n, 299–301, 314n, 319n, 324n
Galván, Luis   177n
Garau, Jaume   16n
García, Martha   14
García Bédmar, Rodrigo   187n
García García, Bernardo José   190n
García García, Heliodoro   340n
García González, Sylma   275n
García Reidy, Alejandro   77
García Santo-Tomás, Enrique   35, 307
García V., Gustavo   349n
García, Martha   14
Gascoigne, John   296n, 298, 315n
Gasta, Chad   13n, 41n, 271, 292n, 327, 348n
Gautier Dalché, Patrick   249n, 251n, 291n
Gentilli, Luciana   190, 193–195
Gerli, Michael E.   142, 145n
Gómez Canseco, Luis   45n, 49n
Gómez Vozmediano, Miguel Fernando   156n

González, Aurelio   110
González de Amezúa y Mayo, Agustín   13n, 81n
González Maestro, Jesús   210n
González Vila, Teófilo   212n, 214n
Guevara, Antonio de   72, 332
Guillén, Jorge   245n
Guntert, Georges   276n

Hallyn, Fernand   XII, 36, 285n, 286, 290n, 314, 323, 335n, 338n
Hart, Thomas R.   202n
Hasbrouck, Michael D.   142
Hatzfeld, Helmut A.   12–13, 300n
Headley, John M.   252n
Hemingway, Ernest   171
Henderson, Arnold Clayton   175
Heninger   36, 284–286, 305, 325n
Hernández, Justo   63
Herrera, Fernando de   39
Herrera, Juan de   107–108
Holton, Gerald   22
Hopkins, Jasper   241, 266n
Howell, Kenneth J.   316n
Huerta Calvo, Javier   44, 47

Iffland, James   145n
Ihrie, Maureen   12n

Jiménez Ríos, Enrique   44
Johnson, Carroll B.   109n
Joly, Monique   49n
Jordán Arroyo, María V.   202n
Juan Manuel, Don   186

Kallendorf, Hilaire   81, 83 103n, 156
Kamen, Henry   65
Keitt, Andrew   90, 96n
Kinney, Arthur F.   201n, 210
Kluge, Sofie   182n

Lanuza-Navarro, Tayra M. C.   151n
Lara, Eva   82
Lara Cisneros, Gerardo   137–139
Lattis, James M.   250
Lauer, A. Robert   72
Ledda, Giuseppina   187
Lerner, Isaías   263n

Lisón Tolosana, Carmelo   154n, 156–157
López, Diego   1, 14, 35, 37, 48, 234, 255–256
López Barrajón Barrios, Zacarías   227n
López Calle, José Antonio   14, 33n, 303n, 352n, 356n
López Estrada, Francisco   182n
López Martínez, José Enrique   67–69
López Pinciano, Alonso   19n, 24, 43, 46n, 50–51
López Terrada, María Luz   35, 143n, 155–156, 162, 304
Lorente-Murphy, Silvia   228n
Lovejoy, Arthur O.   172–173
Lozano Renieblas, Isabel   161
Lucía Megías, José Manuel   8n
Ly, Nadine   50
Llavona, Rafael   179n, 187n
Llosa Sanz, Álvaro   145n

Madroñal, Abraham   45, 49n, 72, 74–75, 154–155, 223–224, 229n
Mancing, Howard   36n, 268n
Maravall, José Antonio   1, 32, 40, 47, 64n, 65, 67, 182n, 220n, 230n, 306, 351n
Margolin, Jean-Claude   26
Marguet, Christine   160
Mariscal, George   149n
Márquez Villanueva, Francisco   180n, 268n
Martin, Adrienne   232–233
Martín Flores, Mario   257n
Martín Jiménez, Alfonso   45–46, 361
Martínez López, Enrique   142, 145n, 148
Martínez Torrón, Diego   109n
McGrath, Michael   14
Menéndez Peláez, Jesús   16n
Menéndez Pelayo, Marcelino   11n, 14, 16, 19n, 107n, 292n, 327n, 345n
Moffitt Watts, Pauline   249–251
Molho, Maurice   110, 157n, 160, 276n, 352n
Moncunill Bernet, Ramón   295n
Montaner, Alberto   82
Morell, Hortensia R.   236, 274
Morgado García, Arturo   174–175
Morón Arroyo, Ciriaco   13–14, 31
Muir, Edward   194
Muñoz Sánchez, Juan Ramón   157–158

Murillo, Bartolomé Esteban   291, 355n
Murillo, Luis A.   257n
Muro Abad, Juan Robert   94n, 98n

Navarro Brotóns, Victor   221n, 272n
Nelson, Bradley   13n, 35, 153n
Nicolson, Marjorie H.   309n, 336n

O'Kuinghttons Rodríguez, John   50n
Olds, Katrina B.   112n, 294n
Ortega y Gasset, José   13
Ortiz, Alberto   81n, 91n, 96n, 138, 198n, 320n
Osterc, Ludovik   50n

Paba, Tonina   187
Padilla, Ignacio   17n, 110, 159n
Padrón, Ricardo   241n, 273n
Pagden, Anthony   174
Palacios, Miguel de   204–5, 209n
Palacios Rodríguez, Leopoldo-Eulogio   61n
Palencia-Roth, Michael   174
Parker, Alexander A.   12, 252n, 254
Pedrosa Bartolomé, José Manuel   81n, 83, 141n, 144
Peinador Marín, Luis Jesús   311n, 340–341, 342
Percas de Ponseti, Helena   257n, 269
Perer, Benito   6
Pérez de León, Vicente   32, 40, 47, 64n, 78n, 145n, 179n, 182, 261n, 292n, 296n, 347n, 353n, 355
Pérez Priego, Miguel Ángel   15n, 299n
Perry, Kathryn   219n
Pimentel, Juan   304, 305, 308
Piñeiro, Mariano Esteban   152n, 345n
Pollmann, Judith   109n
Porqueras Mayo, Alberto   183–184
Portuondo, María M.   172n, 241, 302n, 304–305, 349n
Prieto García-Seco, David   44–45

Rabell, Carmen R.   9n
Rallo Gruss, Asunción   84
Ramis Barceló, Rafael   283n, 290n, 310n
Ramos Rodamilans, Fernando   269
Redondo, Agustín   111, 188n

Regalado, Antonio   61*n*
Religión   XI, XVI, 1–4, 6–7, 10, 12, 13–16, 21, 29, 32, 38, 64, 75–76, 82–86, 88–99, 103, 109–110, 128–129, 135, 138, 142–143, 151*n*, 154, 160–163, 173, 178–179, 200, 202*n*, 213*n*, 229, 234, 246, 249, 251, 266, 276*n*, 278–280, 284–321, 327*n*, 332, 333–337, 344*n*, 353–363
   y Cielo   36, 87, 108*n*, 121, 128*n*, 151*n*, 172, 238, 244, 249*n*, 262, 277–278, 284*n*, 300, 330, 333*n*, 337–338, 344*n*
   y consciencia   3, 9, 15, 20, 57, 61, 112–113, 188, 212, 245*n*, 251–252, 282*n*, 284, 287–288, 298, 306, 317*n*, 320, 343, 345–346, 350–351, 363
   y Cristianismo   14–16, 31–32, 56, 58, 68, 81–82, 84, 95*n*, 99–103, 121, 129*n*, 136–148, 151, 165, 169, 172–174, 177–178, 180–182, 187, 200, 205–207, 211, 217–220, 224, 227*n*, 229, 232, 245–247, 275, 290*n*, 295*n*, 301, 303–304, 310–312, 320, 333–334, 347
      y Catolicismo   3–6, 13–26, 31–32, 36*n*, 81–98, 100, 102, 114, 117, 129, 131, 136–138, 148–149, 150–56, 164–165, 173, 183*n*, 200, 202*n*, 229–232, 240, 244–247, 250, 274–276, 278, 280, 284*n*, 289, 295–298, 302–313, 318, 326*n*, 332, 336
         y Biblia, La   6, 15*n*, 21, 31*n*, 93, 100, 144, 180, 250, 293, 316*n*
         y Contrarreforma   XI–XIV, 5, 7*n*, 8, 12–16, 18–19, 21, 23*n*, 31–34, 40, 63–64, 73, 78, 83–85, 97, 100, 109, 113, 142, 156, 160–162, 182–183, 246, 289, 295–299, 302–313, 315–316, 336, 357, 360, 362
      e Hipona de, Agustín   20*n*, 81–82, 355
      e Inquisición, Santa   6, 8, 15*n*, 84, 94*n*, 102, 192, 297
      y libre albedrío   4, 16, 33, 41, 53, 82, 90, 94, 138, 140, 152, 157, 163–165, 167, 178, 181, 200, 204–206, 211, 212–220, 222, 227, 245–246, 289, 295*n*, 319*n*, 321, 330, 348, 350, 352–353, 361

   y sermones   97, 130, 141, 183, 196*n* 208, 306, 316, 349*n*
   y Tomás, Santo   81, 98*n*, 138*n*
   y Protestantismo   15*n*, 31, 40*n*, 84–85, 110*n*, 137*n*, 250*n*, 293, 295, 304, 308*n*, 310–311, 318, 357
      y Lutero, Martín   16, 31*n*, 295*n*, 340*n*
   y Dios   XI, XIII, 3, 16–18, 20*n*, 27, 30–31, 33, 39*n*, 82*n*, 86–100, 107*n*, 110–11, 113*n*, 129–30, 133 136–139, 141, 151–153, 161, 172–174, 179–181, 184, 199–200, 213–219, 231–232, 245–246, 252–261, 269*n*, 274*n*, 282–291, 293*n*, 303–304, 317–19, 326, 331–336, 342, 346*n*, 350–351, 359, 361
   y dogmas   2, 7, 12*n*, 14*n*, 15*n*, 32, 38, 58, 82, 96–98, 101, 142, 155*n*, 169, 173, 200, 222, 280, 289, 291, 297, 299*n*, 301*n*, 311, 316, 321–322, 335
   y Escolástica   XII, XIII, XVI, 1–7, 20–23, 26*n*, 31*n*, 36–41, 81, 83, 87, 93–94, 98, 100, 102–103, 160–162, 164, 173, 187*n*, 218*n*, 271*n*, 280, 283–92, 296, 304–306, 326, 353, 357, 361–362
   y evangelización   32, 64, 66, 91*n*, 96*n*, 138–139, 180, 200–201, 249, 269*n*, 274–275, 296–299, 301–304, 313*n*, 315, 332, 335*n*, 343–345, 353, 357
   y profecías   20, 36, 149, 202*n*, 277, 310*n*
   y Teología   XIV, 1, 14*n*, 16, 21, 23*n*, 31*n*, 33, 35, 81*n*, 95*n*, 97*n*, 209*n*, 221*n*, 282–284, 289–290, 293, 300*n*, 302, 320, 325*n*, 335
Rey Hazas, Antonio   19*n*, 45*n*, 351*n*
Reyes, Alfonso   187
Richer, Jean   63
Riley, Edward O.   34*n*, 39*n*, 252, 271, 311*n*, 316*n*, 320*n*, 336, 356*n*, 359*n*, 361*n*
Rodrigues-Moura, Enrique   40*n*
Rodríguez de la Flor, Fernando   7*n*, 100*n*, 177, 303*n*
Rodríguez Guridi, Bárbara   220*n*
Rodríguez Marín, Francisco   274
Rodríguez Pardo, José Manuel   206, 212–215, 217
Russell, Peter E.   11

Sánchez Arnosí, Milagros   144
Sánchez Cano, David   197–198
Sánchez Escribano, Federico   183–184
Sánchez Granjel, Luis   17, 34, 81n, 84, 93–94, 96n, 101, 304
Sánchez Iglesias, Alicia   154
Sánchez Jiménez, Antonio   183–184, 276
Sánchez Ron, José Manuel   300n
Santayana, George   59
Sanz Hermida, Jacobo   86
Schuster, John A   301n, 313–314
Schwartz, Marion   174
Selig, Karl-Ludwig   271n
Sevilla Marcos, José María   287n
Shiller, Robert J.   60n
Sieber, Harry   257n
Singer, Peter   181
Slater, John   156, 162
Smith, C. C.   159n
Smith, Warren S   329n, 332n
Smith, Wendell P.   273
Socas, Francisco   336n, 337, 339
Sommer-Mathis, Andrea   198n
Spadaccini, Nicholas   142, 145n, 161, 301n
Stoichita, Victor   291, 322n, 326, 355n
Sullivan, Henry   231

Thomson, Ann   196n, 214n
Torijano, Pablo   157

Torres, Bènèdicte   267–268
Trousson, Raymond   251, 317n, 352n
Trowbridge, Richard Hawley   26n, 113n, 292–293, 317n, 321n

Ubelaker, Max Andrade   241n
Urzáiz, Héctor   48n

Valencia, Pedro de   6n
Van Helden, Albert   356
Victor, Joseph M.   113, 283–84, 290n, 310n
Vidal Navarro, Jesús   268n
Vilanova, Antonio   12
Villanueva Fernández, Juan Manuel   32n
Vivanco Cervero, Verónica   274n

Wagschal, Steven   176n, 210n, 213n
Wardropper, Bruce   252n
Weber, Alison   228n
Williams, Patrick   187n, 190, 198
Williamsen, Amy   157
Winkler, Mary G.   356
Wiseman, Susan J.   227n
Wright, Anthony D.   84n, 298
Wright, Elizabeth   64

Zayas, María de   62
Zimic, Stanislav   161

Printed in the United States
by Baker & Taylor Publisher Services